Kohlhammer
Urban-
Taschenbücher

Band 86

Hans Eberhard Mayer

Geschichte der Kreuzzüge

Sechste, überarbeitete Auflage

Verlag W. Kohlhammer
Stuttgart Berlin Köln Mainz

Sed abundantius illis omnibus laboravit
(I Cor. 15,10)

Dem Andenken von
Reinhold Röhricht
(1842-1905)

CIP-Kurztitelaufnahme der Deutschen Bibliothek

Mayer, Hans Eberhard:
Geschichte der Kreuzzüge / Hans Eberhard Mayer. – 6., überarb. Aufl. – Stuttgart; Berlin; Köln; Mainz: Kohlhammer, 1985.
(Urban-Taschenbücher; Bd. 86)
ISBN 3-17-008780-0

Umschlagbild: Bleisiegel Johanns von Brienne als König von Jerusalem (1210–1225) mit Abbildung Jerusalems (Felsendom, Davidsturm, Grabeskirche) (Staatl. Münzsammlung, München)

Sechste Auflage 1985

Stuttgart Berlin Köln Mainz
Verlagsort: Stuttgart
Umschlag: hace
Gesamtherstellung:
W. Kohlhammer Druckerei GmbH + Co. Stuttgart
Printed in Germany

Inhalt

Vorwort

Wenn sich ein Buch durch fünf Auflagen hindurch zwanzig Jahre lang am Markt gehalten hat, so wird man sagen können, daß es seine Bewährungsprobe bestanden hat. Da aber die Fachdiskussion zur Geschichte der Kreuzfahrerstaaten, wie sie in den fünfziger Jahren massiv einsetzte, ungebrochen anhält, müßte sich das Buch, wenn es nicht erneuert würde, irgendwann überleben. Ich danke deshalb dem Verlag Kohlhammer für die Gelegenheit, die sechste Auflage von Grund auf neu zu bearbeiten. Auch wenn der Text von 1965 als Basis beibehalten wurde, sind die Änderungen tiefgreifend und reichen von wohlüberlegten, in größerer Sicherheit oder größeren Zweifeln begründeten Nuancen bis zur Umarbeitung oder Erweiterung ganzer Abschnitte. Da die Forschung sich viel mehr mit den Kreuzfahrerstaaten als mit den Kreuzzügen beschäftigt hat, liegt quantitativ und qualitativ das Schwergewicht der Änderungen in den Kapiteln 4, 6, 8 und 14. Ein Anwachsen des Umfangs war dabei nicht zu vermeiden. Um dies in erträglichem Umfang zu halten, habe ich Kapitel 15 der Originalausgabe mit seinem schon damals nur kursorischen Ausblick auf die späten Kreuzzüge nach 1291 weggelassen, weil mein Buch mit den teils schon erschienenen, teils in Vorbereitung befindlichen Untersuchungen über die Kreuzzugssache vom 14. bis 16. Jh. weder konkurrieren kann noch will. In den Anmerkungen habe ich die Hinweise auf die Quellen jetzt weitgehend weggelassen, um mehr Sekundärliteratur zitieren zu können, die den Leser von selbst auf die Quellen führt. Im Interesse eines ruhigeren und verständlicheren Druckbildes habe ich jetzt auf diakritische Zeichen bei den Arabica und Turcica verzichtet; für ihre Hilfe bei dieser Umstellung danke ich Frau Dozentin Dr. Angelika Hartmann (Hamburg). Für die zügige Abwicklung der Neubearbeitung habe ich meinen Kieler Mitarbeitern zu danken, Herrn Dr. Gerhard Rösch, Frau Annelie Gutow und Herrn Axel Gutzeit. Mehr als ich sagen kann, schulde ich den Weggenossen in der Forschung meiner letzten 30 Jahre: Claude Cahen, Marie-Luise Favreau-Lilie, Rudolf Hiestand, Robert B. C. Huygens, Benjamin Z. Kedar, Joshua Prawer, Jean Richard, Jonathan Riley-Smith und R. C. Smail. *Meliora eis, falsa mihi.*

Kiel, im Juli 1985 *Hans Eberhard Mayer*

1. Die Mittelmeerwelt um 1095

Das geographische Weltbild des späten 11. Jahrhunderts unterschied sich kaum von demjenigen der Antike. Man muß sich dessen bewußt sein, ehe man die Geschichte der Kreuzzüge näher untersucht, denn gegen das Ende dieser Epoche hatte sich mit vielem anderen auch dieses Weltbild geändert: die Lehre des Alexandriners Ptolemaios galt zwar nach wie vor, aber die zunehmende Beschäftigung mit seinen Schriften hatte der von den Griechen erarbeiteten, im frühen Mittelalter unter dem Einfluß des Enzyklopädisten Isidor von Sevilla fast in Vergessenheit geratenen Lehre von der Kugelgestalt der Erde zu erneutem Durchbruch verholfen. Vor allem aber erfuhr die Kenntnis der bewohnten Erde während der Kreuzzüge eine gewaltige Ausdehnung nach Osten hin, und zwar im Sinne einer wirklichen, teilweise landesaufnehmenden Beschreibung, nicht als bloße Wiederholung der Tradition. In dem Zeitraum zwischen der Blüte des römischen Reiches und dem Beginn der Kreuzzüge war dagegen der geographische Horizont Europas durch die Christianisierung eigentlich nur in Deutschland und Skandinavien und in Teilen des oströmischen Reiches nennenswert erweitert worden.

Der Schwerpunkt der Welt lag um 1095, von Europa aus gesehen, noch immer in den Mittelmeerländern. Hier hatte der Papst seinen Amtssitz, hier waren die Hauptstädte des oströmischen und des weströmischen Kaiserreiches, Konstantinopel (Byzanz) und Rom. Wohl war die Kaiserkrone des Westens an die deutschen Könige gebunden, aber der deutsche (oder, wie man damals sagte: der römische) König konnte diese Krone nur in Rom aus der Hand des Papstes empfangen. Das Mittelmeer war auch, wenn man von Spanien einmal absieht, die große Trennungslinie zwischen den beiden Weltreligionen Christentum und Islam. Grob gesagt, war die Nordküste des Mittelmeers christlich und die Südküste islamisch. Wo die Muslime über diese Linie nach Norden vorgedrungen waren (s. S. 9), hatte man sie, wie in Frankreich (um 973) und Sizilien (1091), verdrängt oder war wenigstens, wie in Spanien, dabei, es zu tun.

Man hätte erwarten sollen, daß Europa einig gewesen wäre, als es sich zu einem energischen Gegenstoß gegen die Muslime aufraffte, die vom 8. bis 10. Jh. so viel Unglück über Europa gebracht hatten. Der Kontinent hatte zwar die unmittelbaren Folgen dieser durch Ungarn und Normannen noch verschlimmerten Invasionen überwunden und befand sich wieder im Aufstieg, aber von einem auch nur halbwegs einheitlichen politischen Willen, wie ihn einst das Karolingerreich für den eigentlichen Kontinent repräsentiert hatte, konnte nicht die Rede sein. Europa war vielmehr in schwerste innere Kämpfe verwickelt. Das im 11. Jh. erstarkte Reformpapsttum bemühte sich im sogenannten Investiturstreit, die Bevormundung durch die weltliche Macht abzuschütteln, die ihr sichtbares Symbol darin fand, daß der König die Bischöfe und Äbte der Reichskirche mittels der Investitur durch Ring und Stab in ihre kirchlichen Ämter einwies und über diese auf

Grund des sogenannten Eigenkirchenrechts hoheitliche Rechte beanspruchte. Naturgemäß war der Kaiser in diesem Kampf der wichtigste Gegner des Papstes. Kaiser Heinrich IV. (1056–1105) war mit dem Papst vollkommen zerfallen und erkannte nur den von ihm protegierten Gegenpapst Wibert von Ravenna (Clemens III., 1080–1100) an. Der Höhepunkt des Investiturstreits war zwar mit dem berühmten Bußgang Heinrichs IV. nach Canossa (1077) und dem in den nächsten Jahren erfolgten Sturz seines päpstlichen Widersachers Gregor VII. (1073–1085) bereits überschritten, aber der Kaiser war im Kirchenbann, und die Einigung, die 1122 im Wormser Konkordat erzielt werden sollte, zeichnete sich noch lange nicht ab. Für einen Papst, der einen Kreuzzug plante, fiel der Kaiser jedenfalls aus der Berechnung heraus. Ebensowenig konnte er aber auf die Könige von Frankreich und England zählen. Philipp I. von Frankreich (1060–1108) wurde 1094 gebannt, weil er einige Jahre zuvor seine Gattin Berta verstoßen hatte, Wilhelm II. Rufus von England (1087–1100), der Nachkomme jenes Wilhelm des Eroberers, der 1066 das angelsächsische England erobert hatte, war noch mit der Konsolidierung der normannischen Macht beschäftigt und trieb meist eine scharf antikirchliche Politik. Norditalien war in die päpstlichen Wirren mit dem Kaiser verstrickt, Süditalien erst seit kurzem von den Normannen unterworfen, die dort die Byzantiner und Sarazenen vertrieben hatten. Auf der iberischen Halbinsel bemühten sich Asturien-León, Navarra und Aragón sowie Portugal, die Muslime zu vertreiben, was endgültig erst 1492 gelingen sollte.

Seit 1054 war auch die christliche Kirche nicht mehr einig[1]. Die bis heute nicht geheilte Spaltung war scheinbar über einer westlichen Einfügung in das Credo erfolgt, die der Osten nicht unwidersprochen hinnehmen wollte, sowie über der liturgischen Frage, ob man gesäuertes oder ungesäuertes Brot für das Abendmahl verwenden solle. Kirchenpolitische und politische Erwägungen wie das Problem des Primats von Rom und die Rivalität zwischen dem oströmischen und dem weströmischen Kaisertum spielten allerdings ebenso eine gewichtige Rolle wie die zunehmende Entfremdung im Ritus und in der Theologie zwischen den beiden Zweigen der christlichen Kirche, dem griechisch sprechenden Osten und dem lateinischen Westen. Die kulturelle Verschiedenheit der beiden Welten war zu groß geworden, als daß die christliche Einheit auf die Dauer hätte erhalten werden können. Nun waren allerdings seit 1054 keineswegs alle Beziehungen zwischen West und Ost abgebrochen; im Gegenteil: der Wunsch nach einer Kirchenunion geht durch die gesamte päpstliche Politik des Mittelalters hindurch und hat auch die Geschichte der Kreuzzüge nachhaltig beeinflußt. Man war sich in Rom wohl bewußt, daß das Schisma den Westen nicht etwa von der Verantwortung für die christlichen Brüder des Ostens befreite. Schon am Vorabend der Kreuzzüge wollte Gregor VII. 1074 mit einem Orientzug dem Ostreich gegen die seldschukischen Invasionen zu Hilfe kommen, wenn auch vermutlich nicht ganz uneigennützig. Er kehrte seine Politik 1078 völlig um, als im Gefolge einer byzantinischen Palastrevolution ein kurz zuvor abgeschlossener Heiratskontrakt des süditalischen Normannenherzogs Robert Guiskard mit einer byzantinischen Prinzessin, der mit Gregors Unterstützung zustande gekommen war, gegenstandslos wurde. Der Papst ex-

kommunizierte den neuen Kaiser und dehnte diese Maßnahme auch auf Alexios I. Komnenos (1081–1118) aus, der nach einer erneuten Palastrevolution schließlich den Thron errang und mit dem Byzanz nach langen Jahren innerer Wirren endlich wieder einen in jeder Hinsicht tatkräftigen Herrscher erhielt. An eine Union der Kirchen war unter diesen Umständen vorerst nicht zu denken.
Im selben Jahr, als Alexios den Thron bestieg, griffen die Normannen das byzantinische Reich, dem sie 1071 mit Bari seinen letzten italischen Stützpunkt entrissen hatten, auch in Epiros an. Alexios Komnenos konnte mit der Hilfe Venedigs die Normannen vertreiben, zumal Robert Guiskard durch Unruhen in Süditalien nach Hause gerufen wurde, wo ihn der Tod ereilte (1085). Der Hauptgewinner war Venedig, das sich seine Hilfe mit weitgehenden Handelsprivilegien belohnen ließ, die das traditionelle Handelssystem von Byzanz durchlöcherten und gleichzeitig den dauernden politischen Einfluß Venedigs an der Adria begründeten und ein Sprungbrett für die spätere Expansion nach Byzanz, ins östliche Mittelmeer und an die Levante boten.
Gefährlicher als die Normannen war für Byzanz die Lage im islamischen Bereich. Schon bald nach Muhammads Tode hatte sich gezeigt, welche ungeheure politische Stoßkraft in der neuen Religion lag. Beflügelt von der Idee des Dschihad, des heiligen Krieges (der sich von der christlichen Spielart grundlegend dadurch unterschied, daß er weder in der Theorie noch in der Praxis ein Verteidigungskampf, sondern vom ersten Moment an ein offensives Unternehmen war), stießen die Araber in einer atemberaubenden Expansion nach Osten und Westen vor. In der zweiten Hälfte des 7. Jh. eroberten sie ganz Westafrika; 711 setzte der Umaiyade Tariq bei Gibraltar nach Spanien über und beseitigte das Westgotische Reich; erst 732 konnte der Karolinger Karl Martell die arabische Flut in der Schlacht bei Poitiers eindämmen. Aber auch in anderen Teilen Europas gingen die Araber auf Eroberung aus. Während sie im Osten das byzantinische Reich ernsthaft bedrohten, eroberten sie im Westen im 9. Jh. Sizilien und setzten sich in Unteritalien fest, wo sie dem römischen Kaiser Otto II. 982 eine empfindliche Niederlage beibrachten. Von Stützpunkten an der provenzalischen Küste aus verheerten sie Südfrankreich und die Schweiz, kontrollierten die Alpenpässe und nahmen 972 bei einem aufsehenerregenden Handstreich den allseits verehrten Abt Majolus von Cluny auf dem Großen St. Bernhard gefangen. Von nun an wendete sich das Blatt; man raffte sich allmählich zu energischen Gegenmaßnahmen auf. Die Araber konnten sowohl aus Frankreich wie von den Normannen aus Italien und Sizilien verdrängt werden. In Spanien freilich hatten sie fester Fuß gefaßt; hier hat die Reconquista, die Wiedereroberung, bis zum Ende des Mittelalters gedauert.
Religiös bot auch der Islam das Bild des Schismas zwischen Sunniten und Schiiten dar. Die Entwicklung dieses Zwistes muß hier etwas ausführlicher dargestellt werden, weil sie den Gang der islamischen Geschichte in der Kreuzzugszeit stark beeinflußte[2]. Die beiden Glaubensrichtungen gingen zurück auf die Situation beim Tode Muhammads. Während die einen als Kalifen (= Stellvertreter des Propheten) Abu Bakr, einen engen Mitarbeiter Muhammads, anerkannten, glaubten andere, Ali, der Vetter und Schwieger-

sohn Muhammads, habe als dessen Verwandter bessere Ansprüche auf die Nachfolge, die er als vierter Kalif auch tatsächlich antrat. Seine Anhänger nannten sich Schiiten (schiat Ali = Partei Alis) und erkannten nur noch seine Nachkommen als Kalifen an. Demgegenüber bezeichnete sich die andere Partei als Sunniten, weil sie sich im Besitz der rechtmäßigen Überlieferung (sunna = mündlich überlieferte Aussprüche Muhammads) glaubte. Der sunnitischen Richtung hingen besonders die abbasidischen Kalifen in Bagdad an, da sie sich als Emporkömmlinge, die das rechtmäßige Kalifengeschlecht der Umaiyaden in Damaskus ausgerottet hatten, nunmehr besonders orthodox geben mußten. Andererseits konnte es nicht ausbleiben, daß die Schiiten unter sich selbst zerfielen, da Ali mehrere Frauen gehabt hatte. Die Hauptlehre aller Richtungen war, daß die Reihe der Imame (= Nachfolger Alis) an einem bestimmten Punkte abbrechen müsse, weil der letzte Imam im Verborgenen weiterwirke, um als Mahdi, eine eschatologisch gedachte Erlösergestalt, einst die Erde mit Gerechtigkeit zu erfüllen und zur Schia zu bekehren. Man zerstritt sich aber darüber, mit wem denn nun die Reihe der Imame aufhören sollte, und unterschied je nach der Zahl der noch anerkannten Imame die ›Fünfer-‹, ›Siebener-‹ und ›Zwölferschiiten‹, von denen die letzteren den gemäßigten Flügel darstellten, während die Siebenerschiiten im siebten Imam Ismail den Mahdi sahen und den extremen Flügel bildeten, den man auch Ismailiten nannte. Es gelang ihnen, durch ihre sozialrevolutionären Tendenzen und ihre feste Verbindung mit den islamischen Zünften Verbreitung zu gewinnen und 909 in Nordafrika das fatimidische Kalifat (seit 973 in Kairo) in Konkurrenz zum abbasidischen in Bagdad zu begründen. Der Fatimidenkalif galt nun als erschienener Mahdi; er geriet freilich bald ebenso in Abhängigkeit von Armee und Bürokratie wie sein Rivale in Bagdad. Als der ägyptische Wezir al-Afdal 1094 nicht Nizar, den ältesten Sohn des Kalifen, sondern den gefügigen und jungen al-Mustali zum Kalifen machte, verloren die Fatimiden die Unterstützung der Ismailiten, und das Schwergewicht der Sekte verlagerte sich auf den extremen Flügel der Nizariten, deren persischer Zweig als Assassinen bekannt wurde, so genannt nach der lateinischen Verballhornung von Haschisch, einer Droge, mit der sie sich angeblich in rauschhafte Zustände versetzten. Straff organisiert unter einer Art »Großmeister« entwickelten sie den Mord zur religiösen Pflicht und zur politischen Waffe. Zu Beginn des 12. Jh. ließen sie sich auch in Nordsyrien nieder. Von den Sunniten blutig verfolgt, bildeten sie von nun an ein Element der Unsicherheit und des Terrors für Sunniten und Christen, deren Angst die abendländischen Troubadours des 13. Jh. beredten Ausdruck verliehen. Vor allem setzten sie alles daran, die Bildung einer sunnitischen Einheitsfront, die sich nicht nur gegen die im Gefolge des ersten Kreuzzuges entstandenen Kreuzfahrerstaaten, sondern auch gegen die Schiiten gerichtet hätte, zu verhindern und waren so für die Kreuzfahrerstaaten auch wieder von Nutzen.

Politisch war die islamische Welt des 11. Jh., bisher eine Domäne der Araber, bestimmt durch das Eindringen der Türken aus Mittelasien[3]. Die Türken waren ursprünglich schamanistischen Glaubens, bekehrten sich im Laufe des 10. Jh. jedoch zum sunnitischen Islam. Sie retteten den Islam insofern, als sie den kriegerischen Geist der Nomadenvölker mit sich brachten, gerade als die politische Stoßkraft der Araber erloschen war. Besonders wichtig wurden die Seldschuken, ein türkischer Stamm, dessen Herrscher innerhalb wenig mehr als eines halben Jahrhunderts ein riesiges Reich aufbauten, das sich von Horasan über den Iran bis an den Kaukasus, westlich und südlich über das untere und obere Mesopotamien nach Syrien, Palästina und bis in den Hidschaz, die Geburtsstätte des Islam, erstreckte. Die rechtgläubigen Kalifen, von der bisherigen schiitischen Vorherrschaft der persischen Buyiden befreit, waren nur Werkzeuge in der Hand der Seldschukensultane. Sultan Alp Arslan (1063–1073) stieß noch weiter westlich vor und besiegte 1071 bei Manzikert in Ostanatolien das byzantinische Heer. Seit dieser Zeit unterwanderten die Türken unmerklich Anatolien und unterhöhlten dort langsam aber sicher die byzantinische Verwaltung. Diese unter Sultan Malik Schah (1073–1092) abgeschlossene Verdrängung der Byzantiner aus dem eigentlichen Kraftzentrum ihres Reiches brachte die griechische Kirche Anatoliens in Bedrängnis und erschwerte auch die Pilgerreise an die heiligen Stätten Palästinas auf dem Landwege, doch hat die ältere Forschung diese Beschwernisse zweifellos übertrieben. Nur für die Byzantiner war der Verlust Anatoliens eine Katastrophe. Es ist nicht nachweisbar, daß die Türken die östlichen Christen unterdrückten, wie westliche Quellen und angeblich Urban II. in Clermont behaupteten. In den eroberten Gebieten wurden die einheimischen Christen nicht anders behandelt, als es unter dem Islam immer gewesen war: Sie galten als unterworfene, aber den Schutz des islamischen Gesetzes genießende, steuerpflichtige religiöse Minderheit mit begrenzter Kultfreiheit. Was den Christen im Laufe der Eroberung widerfuhr, hing mit den Kriegsläuften zusammen und betraf alle Schichten der Bevölkerung. Besonders die nicht-melkitischen Kirchen des Ostens (nicht griechisch sprechende Jakobiten und Nestorianer), die unter der griechisch-orthodoxen Kirche wegen ihrer monophysitischen und sonstigen ketzerischen Neigungen bedrückt worden waren, hatten keinen Anlaß, den Herrschaftswechsel zu bedauern, und ihre Schriftsteller sangen das Lob Malik Schahs, der nach den Eroberungswirren die Rückkehr zur Ordnung symbolisierte, ebenso laut wie die islamischen Chronisten. Außer der Christenverfolgung durch den Kalifen Hakim (1009) lassen sich im 11. Jh. keine antichristlichen Pogrome nachweisen. Die Verfolgung, die der Turkmene Atsiz 1078 in Jerusalem auslöste, trug ausgesprochen antifatimidischen, das heißt antiarabischen Charakter, und die Christen blieben wahrscheinlich verschont. Bezeichnenderweise ist auch ein Hilferuf der östlichen Christen selbst an das Abendland nicht ergangen. Wenn Urban II. und die Kreuzzugspropaganda die Verfolgung der östlichen Christen betonten, so entweder aus Unkenntnis der wahren Lage oder um bestimmte Ressentiments in Europa zu wecken.

Der byzantinische Kaiser hatte aber sogar in Europa mit den Türken zu tun. Die Petschenegen, ein an der Donau ansässiges Volk türkischer Herkunft, verbündeten sich mit den kleinasiatischen Seldschuken und führten von dieser günstigen Zangenposition aus 1091–1092 einen gefährlichen Krieg gegen Byzanz. Alexios konnte die Petschenegen mit der ihm eigenen Energie im April 1091 so entscheidend schlagen, daß sie nahezu völlig aus der Geschichte verschwanden. Die Seldschuken in Kleinasien saßen aber zu

fest im Sattel, als daß Alexios auch sie wirkungsvoll hätte treffen können. Er mußte sich begnügen, 1092 eine Einigung mit dem Sultan Qilidsch Arslan (1092–1107) herbeizuführen. Als das großseldschukische Reich nach dem Tode Malik Schahs (1092) zerfiel, übernahm Qilidsch Arslan aus der Erbmasse Teile Anatoliens, aus denen sich allmählich das rumseldschukische Sultanat von Ikonium (Rum = [Ost]-Rom) bildete. Der Vertrag mit Alexios gab diesem zunächst Ruhe vor seldschukischen Angriffen und erlaubte dem Sultan, seine Stellung in Kleinasien zu konsolidieren. In Syrien führte der Tod Malik Schahs allerdings zu ernsten Auflösungserscheinungen, die über ein Jahrzehnt andauerten. Am Ende der Entwicklung stand ein System von seldschukischen Emiraten in Vorderasien, deren politische Beziehungen zueinander so fein ausbalanciert waren, daß auch geringfügige Veränderungen an den politischen Gewichten einen Umbau des Systems nötig machten. Daraus erklärt sich der sehr komplizierte und unaufhörliche Wechsel der syrischen Allianzen in der ersten Hälfte des 12. Jh., in den die neu erstandenen Kreuzfahrerstaaten sofort als ein zusätzliches Element der levantinischen Politik mit einbezogen wurden.
Inzwischen hatte es im Westen Veränderungen gegeben. Gregor VII. war 1085 gestorben, und nach dem kurzen Pontifikat Viktors III. hatte Urban II. (1088–1099) den Stuhl Petri bestiegen. Er war ein geschmeidigerer Diplomat als Gregor und versuchte, die Beziehungen zu Byzanz wieder zu bessern[4]. Im Jahre 1089 schickte er eine Gesandtschaft an Alexios, um sich mit ihm auszusöhnen. Die Exkommunikation wurde aufgehoben. Alexios zeigte sich entgegenkommend, und in der Folge bestanden freundliche Beziehungen zwischen Kaiser und Papst, die man von keiner Seite durch Betonung der theologischen Streitigkeiten verschärfen wollte. Alexios war bereit, Urbans Namen wie in früheren Zeiten in die Diptychen (Patriarchenlisten) in Konstantinopel aufzunehmen, sofern Urban innerhalb bestimmter Frist eine befriedigende Glaubenserklärung abgebe. Es wurde nichts daraus, denn Urban fand sich dazu nicht bereit, aber keine der beiden Seiten betrieb die Angelegenheit mit Nachdruck, so daß auch keine nachteiligen Folgen daraus entstanden. Urban war damit zufrieden, daß Alexios jetzt, nachdem er sich von der normannischen Gefahr befreit sah und mit dem Papst in erträglichem Einvernehmen stand, von seinen früher eifrig gepflogenen Verhandlungen mit Kaiser Heinrich IV. absah. Alexios seinerseits konnte jetzt daran denken, die byzantinische Armee, die sich seit der vernichtenden Schlacht bei Manzikert in einem stetigen Niedergang befand, zu reorganisieren. Er hoffte dies unter anderem mit abendländischen Söldnern zu erreichen. Dieses Streben dürfte einer der Gründe gewesen sein, warum er sich auf die Wiederaufnahme der Unionsverhandlungen mit Urban II. einließ. Westliche Soldtruppen waren in Byzanz nichts Neues. Bereits in früheren Jahrhunderten hatte es in Konstantinopel eine ausländische Elitetruppe, die sogenannte Warägergarde, gegeben. Auch normannische Kontingente kämpften trotz aller traditionellen Feindschaft der Normannenstaaten gegenüber Byzanz dennoch häufig in den Reihen der byzantinischen Armee, und ihr Kampfgeist war bekannt und gefürchtet. Auch wenn Byzanz seit 1092 eine Ruhepause hatte, war es nur natürlich, daß Alexios auf solche Soldkontingente nicht verzichten mochte. So bat er beispielsweise den Gra-

fen Robert I. von Flandern, den er bei einer Pilgerfahrt kennengelernt hatte, in jener Zeit um solche Truppen. Und als Urban II. im März 1095 ein Konzil in Piacenza abhielt, das allgemeinen Themen der Kirchenreform gewidmet war, fügte es sich, daß auch Gesandte des byzantinischen Kaisers zugegen waren, die darauf hinwiesen, wie willkommen Alexios westliche Söldner sein würden. Offenbar übertrieben sie ihre Darstellung von der gefährlichen Lage des Reiches, so daß sich in den Kreisen der Kurie die Meinung bildete, dem byzantinischen Reich (und damit der christlichen Kirche im Osten und dem Ziel der Wiedervereinigung der seit 1054 getrennten Kirchen, möglichst unter römischem Primat) könne nur mit drastischen Mitteln geholfen werden. Man hat die Stelle bei Bernold von Konstanz, der uns über das Konzil von Piacenza informiert, oft heftig angefeindet, aber nie ernstlich widerlegt, und Bernolds Äußerungen werden heute ganz allgemein akzeptiert. Überdies ist seit einigen Jahrzehnten eine byzantinische Chronik des 13. Jh. bekannt, die aber verläßliche zeitgenössische Historiker exzerpiert zu haben scheint und die Bernold bestätigt. Sie orientiert uns auch darüber, daß Alexios bei seinem Hilfegesuch an den Papst in Piacenza ausdrücklich den Gedanken der Hilfe für Jerusalem in den Vordergrund rücken ließ, weil er sich davon eine große propagandistische Wirkung in Europa versprach, obgleich er in Wirklichkeit ganz andere Ziele verfolgte, nämlich die Wiedereroberung Anatoliens für Byzanz. Ein Kreuzzug war freilich das letzte, was er wollte. Er hatte an kleinere Soldkontingente gedacht, die er kontrollieren konnte, nicht aber an mehrere große Ritterheere, wie sie später am ersten Kreuzzug teilnahmen. Er wäre wahrscheinlich sehr zurückhaltend gewesen, wenn er geahnt hätte, was auf ihn zukam. Aber das Stichwort war gefallen, und die Dinge nahmen ihren Lauf. Wenig mehr als ein halbes Jahr nach dem Hilfegesuch von Piacenza rief Urban II. in Clermont zum Kreuzzug auf.

2. Die Entstehung der Kreuzzüge

Am 18. November 1095 eröffnete Papst Urban II. in Clermont ein hauptsächlich von französischen Bischöfen besuchtes Konzil, das als Ausgangspunkt der Kreuzzüge in die Geschichte eingegangen ist[5]. Seit dem Sommer des Jahres befand sich der Papst bereits auf einer Rundreise durch das südliche und südöstliche Frankreich, und am 15. August berief er von Le Puy aus das Konzil ein. Obwohl Urban die Behandlung der Kreuzzugsfrage durch die Kirchenversammlung sorgfältig vorbereitet hatte, deutete anfangs offenbar nichts darauf hin, daß sich hier Außergewöhnliches ereignen sollte. Das Konzil beschäftigte sich in der Hauptsache mit innerkirchlichen Themen, die besonders die französische Geistlichkeit betrafen, mit allgemeinen Fragen der Kirchenreform wie der Laieninvestitur und dem simonistischen Ämterkauf sowie mit den ehebrecherischen Beziehungen des französischen Königs zu einer adligen Dame. Auch der Gottesfriede, d. h. das Fehdeverbot an bestimmten Tagen und die Unverletzbarkeit bestimmter

Personen, Orte und Güter, standen auf der Tagesordnung, und durch die Gegenwart des Papstes wurde die bisher nur regional gehandhabte Gottesfriedensbewegung gleichsam vom Papsttum gebilligt und auf den Bereich der gesamten Kirche ausgedehnt. Nur ein einziger der von dem Konzil gefaßten Beschlüsse handelt vom Kreuzzug. In ihm wurde unter bestimmten Voraussetzungen ein geistlicher Lohn für die Kreuzfahrer festgelegt.
Was dem Konzil seine weltgeschichtliche Bedeutung geben sollte, kam erst gegen Schluß, am 27. November. Für diesen Tag war eine große Rede des Papstes vorgesehen, die man wegen des großen Andrangs der Geistlichkeit und der Laien auf ein freies Feld außerhalb der Stadt verlegen mußte. Wir besitzen insgesamt vier Berichte über Urbans Rede, von denen keiner mit Sicherheit authentisch ist, während einige erst nach der Jahrhundertwende geschrieben wurden. Obwohl sie alle erheblich voneinander differieren, läßt sich die Rede wenn auch nicht dem Wortlaut, so doch dem hauptsächlichen Inhalt nach einigermaßen rekonstruieren[6]. Urban II., der als Franzose über eine beträchtliche forensische Beredsamkeit verfügt zu haben scheint, malte in glühenden Farben die angebliche Bedrückung der christlichen Kirchen des Ostens. Die Seldschuken hatten Kleinasien besetzt, die Kirchen und die heiligen Orte der Christenheit wurden zerstört und durch die Heiden geschändet; auch Antiochia, die Stadt Petri, war besetzt worden. Hier lagen für die durch den Gottesfrieden in ihrer Aktivität begrenzte christliche Ritterschaft noch große Aufgaben, und überdies hoffte man, daß durch die Hilfe für die christlichen Brüder im Osten, zu der der Papst im Namen des Herrn in beschwörendem Tone Reiche und Arme aufrief, der Frieden in der Christenheit einkehren werde, weil dann nicht mehr wie bisher der Bruderkampf im Abendland tobe, Witwen und Waisen bedrückt und Kirchen und Klöster durch räuberische Adlige bedroht würden. Nach dem bei Robert dem Mönch überlieferten Text hätte Urban II. die von ihm angeprangerte bürgerkriegähnliche Situation mit einem Zustande allgemeiner Armut und mit der unzureichenden Kultivierung des Bodens und der infolgedessen unzulänglichen Ernährung der Bevölkerung begründet.
Der Erfolg dieser Ansprache muß außerordentlich gewesen sein. *Deus lo volt*, Gott will es, so brach der Ruf aus der Masse hervor. Der Bischof Adhémar von Le Puy, ohne Zweifel schon seit längerem in die päpstlichen Pläne eingeweiht, nahm als erster das Kreuz, und viele der Versammelten taten es ihm nach. Gewänder mußten zu Stoffkreuzen zerschnitten werden, die die Einzelnen sich bei der Kreuznahme in Nachfolge Christi (Matth. 10, 38) auf die Schulter hefteten.
Am 1. Dezember kamen Boten des mächtigen Grafen von Toulouse, Raimund IV. von St.-Gilles, um die Bereitschaft ihres Herrn zu melden, an der Kreuzfahrt teilzunehmen. Da Raimund von der Clermonter Rede Urbans noch nichts erfahren haben konnte, als er die Boten absandte, muß er vorher von Urbans Vorhaben gewußt haben. Die Begeisterung blieb nicht auf Clermont beschränkt. Urban hielt sich noch mehrere Monate in Frankreich auf und predigte den Kreuzzug, so z. B. in Limoges. Er erließ schriftliche Aufrufe, von denen uns noch drei an die Flamen, die Bologneser und die Mönche von Vallombrosa erhalten sind. Auch der Episkopat nahm sich der Kreuzzugsbewegung an und ließ den Aufruf durch Prediger unter das Volk

bringen. Namentlich in Südfrankreich, aber auch im Mâconnais, in Lothringen, den westlichen Gebieten des Reichs, der Champagne, der Normandie und in Flandern war der Widerhall groß, sicherlich größer als Urban II. in Clermont hatte voraussehen können. Überall waren Krieger und Nichtkrieger bereit, die Reise nach Jerusalem anzutreten.

Der Erfolg des Appells von Clermont ist ein bis heute nicht völlig geklärtes und wohl überhaupt nicht vollkommen aufklärbares Phänomen. Es soll hier auch keine Deutung versucht werden, zumal die Gründe für die Kreuznahme ja von Individuum zu Individuum stark schwankten. Man kann nur eine Reihe der verschiedenartigen geistigen und materiellen Motive beleuchten, deren Zusammenströmen und Zusammenwirken nicht nur den einmaligen, spontanen Erfolg von Clermont hervorbrachte, sondern die einmal geborene Kreuzzugsidee auch durch zwei Jahrhunderte wachhielt und sie davor bewahrte, rasch wie ein Strohfeuer zu verglühen.

Mochte der Sinn des Kreuzzugs nach Urbans angeblichen, wenn auch durch die tatsächliche Situation nicht gerechtfertigten Worten zunächst in einer Hilfe für die christlichen Ostkirchen liegen, so wurde daraus doch sehr schnell ein bestimmteres Ziel: es ging um die Befreiung des Hl. Landes, insbesondere Jerusalems und des Grabes des Herrn von dem Joch der heidnischen Herrschaft. Offenbar hat Urban II. in seiner Clermonter Rede das Wort Jerusalem nicht gebraucht; es kommt jedenfalls in der dem Konzil am nächsten stehenden Fassung des Fulcher von Chartres nicht vor. Erst die anderen Versionen bringen glühende Aufrufe Urbans zur Befreiung Jerusalems. Authentischer als die von den Verfassern rhetorisch aufgeputzten Fassungen der Clermonter Rede sind die drei Kreuzzugsschreiben Urbans. Im Brief an die Flamen von Ende 1095 spricht er noch hauptsächlich von der Befreiung der östlichen Kirchen; Jerusalem ist nur am Rande erwähnt. Im Brief an die Bologneser vom September 1096 ist dagegen ausdrücklich Jerusalem als Ziel angegeben. Andererseits spricht Canon 2 des Konzils von Clermont und ganz ähnlich der Brief nach Vallombrosa vom Oktober 1096 ausdrücklich von dem Marsch nach Jerusalem zur Befreiung der christlichen Kirchen. Erdmann wollte die Schwierigkeit lösen, indem er zwischen der Befreiung der Ostkirche als Kriegsziel und Jerusalem als Marschziel unterschied, eine vielleicht etwas spitzfindige Interpretation. Jerusalem kann nicht nur als Lockmittel gebraucht worden sein; dafür war der Name zu wirksam und mußte das Unternehmen sofort einseitig in diese Richtung lenken. Es würde vielmehr für die allgemein feststellbare Planlosigkeit bei der Organisation des Kreuzzuges sprechen, wenn Urban in Clermont von Jerusalem nicht gesprochen, aber vor der sich ihr konkretes Ziel selbst suchenden öffentlichen Meinung im Laufe des Jahres 1096 kapituliert hätte.

Cowdrey hat in einer sehr eindrucksvollen Studie die Dinge anders gesehen und aus verschiedenem bislang unbeachtet gebliebenen Quellenmaterial, insbesondere dem *Fragmentum historiae Andegavenis* vom Februar 1096 und einigen Urkunden, argumentiert, daß Jerusalem im Kreuzzugsdenken Urbans eine zentrale Rolle gespielt habe. Es habe für ihn im Zentrum der Ostkirche gestanden, die er befreien wollte, so daß seine Eroberung unabdingbar gewesen sei. Ich habe dagegen schon früher eingewandt, daß Cowdrey zwar durchaus Recht haben könne, daß man aber nicht unberücksichtigt lassen dürfe, daß der Papst, wenn er von sich aus eine Eroberung Jerusalems anstrebte, Gefahr lief, für Rom einen neuen Rivalen (Jerusalem) zu schaffen statt mit der Befreiung der Ostkirchen einen alten (Konstantinopel) zu eliminieren, daß es ferner keinen Beleg dafür gebe, daß man unmittelbar nach dem Konzil von Clermont allein von Jerusalem und nicht wie in Canon 2 des Konzils und dem Papstbrief an die Flamen (den einzigen Quellen zu der Frage, die noch von 1095 stammen) von Jerusalem nur im Rahmen der Ostkirchenfrage gesprochen habe, da auch das *Fragmentum* von Jerusalem nur im Zusammenhang mit anderen Dingen spreche, nämlich daß man dorthin gehen solle, um die Heiden zu bekämpfen, die »jene Stadt und alles Land der Christen bis nach Konstantinopel« in Besitz genommen hatten, und daß schließlich derselbe Papst, für dessen Denken Jerusalem zentral gewesen sein soll, im Mai 1098, als der Kreuzzug vor Antiochia stekkengeblieben war, von Jerusalem nicht mehr gesprochen habe, sondern nur noch davon, daß es die Sache des Augenblicks sei, die Türken in Asien und die Mauren in Europa *(in Asia Turcos, in Europa Mauros)* zu bekämpfen. Auch das in der Tat eindrucksvolle Urkundenmaterial Cowdreys, in dem in der Regel von dem Zug nach Jerusalem gesprochen wird, was ja aber für 1096 als öffentliche Meinung unter den Historikern nicht strittig ist, ist so eindeutig nicht, denn gerade in der Auvergne, wo das Konzil von Clermont stattfand, wurde in einer deutlich auf den ersten Kreuzzug weisenden Urkunde für die Abtei Sauxillanges etwas ganz anderes gesagt: »Als die Verfolgung durch die Barbaren emporwogte, um die Freiheit der Ostkirche zu zerstören, da geschah es, daß auf die Ermahnung des Papstes die gesamte Kraft und der gesamte Glaube der westlichen Völker der vernichteten Religion zu Hilfe eilten.« Die Dinge liegen also wirklich schwierig und im dunkeln, weshalb auf die andersartige Sicht Cowdreys deutlich hingewiesen werden muß, auch wenn hier daran festgehalten wird, daß nicht Urban, sondern das Volk sich auf Jerusalem konzentrierte.

Schon von hier aus ließ sich an geistige und reale Traditionen anknüpfen. Der bloße Klang des Namens Jerusalem muß für die Menschen des 11. Jh. einen magischen Glanz und Schimmer gehabt haben, den wir heute kaum mehr nachzuempfinden imstande sind[7]. Jerusalem war das Schlüsselwort, das ganz bestimmte psychologische Reaktionen hervorbrachte und ganz bestimmte eschatologische Vorstellungen erweckte. Man dachte nicht nur an die Stadt in Palästina, wo sich das Leiden und Sterben, das Begräbnis und die Wiederauferstehung Jesu Christi abgespielt hatte. Mindestens ebensosehr wuchs vor den Augen der Menschen das Bild des himmlischen Jerusalem empor, mit seinen saphirenen Toren, seinen edelsteingeschmückten Mauern und Plätzen, wie es die Apokalypse (21, 10ff.) und Tobias (13, 21f.) beschrieben hatten; Mittelpunkt einer geistigen Welt, so wie das weltliche Jerusalem nach den Worten des Ezechiel (5, 6) Mittelpunkt der Erde war; Sammelpunkt der Zerstreuten, Ziel der großen Pilgerfahrt der Völker (Tobias 13, 14; Isaias 2, 2), wo Gott unter seinem Volke weilt und wohin die Auserwählten aufsteigen; endzeitlicher Ort; Aufenthalt der Gerechten; Stadt des Paradieses und des Lebensbaumes, der alle Völker heilt.

Solche Vorstellungen mußten um so wirksamer zugunsten des Kreuzzuges arbeiten, als sicherlich eine gute Anzahl von Kreuzfahrern nicht imstande war, zwischen dem irdischen und dem himmlischen Jerusalem zu unterscheiden, und meinte, man marschiere geradewegs auf jene Stätte unendlicher Freuden zu. Im Jerusalembild fand die apokalyptisch-eschatologische Frömmigkeit vor allem der sogenannten *pauperes*, der Armen aus den besitzlosen Klassen, einen Kristallisationspunkt. Die Eschatologisierung der Massen ist von Alphandéry jüngst genau untersucht worden, und er hat eine Fülle beachtenswerter und neuartiger Gedanken zur Entstehung der Kreuzzüge beigetragen, doch ebenso wohl auch die Wirkung eschatologischer Einflüsse überschätzt. Solche Einflüsse, die sich hauptsächlich in Visionen sichtbar machten, waren ja auch nicht immer durchgehend vorhanden. Sie treten auf vor und beim Aufbruch, dann in nennenswertem Umfang erst wieder seit der Eroberung Antiochias 1098. Zwischen 1096 und 1098 ist wenig davon zu spüren. Das spricht dafür, daß die Eschatologisierung stets auch das Ergebnis bestimmter Reizsituationen der Massenpsyche war, daß sich diese Stimmung aber verlor, wenn das Kreuzzugsunternehmen einen ›normalen‹ Gang ging, wobei auch zu berücksichtigen ist, daß bestimmte Visionen offensichtlich von oben her gewünscht und gesteuert wurden, um die sinkende Kampfmoral zu heben. Der bemerkenswerteste Fall hierfür ist die Auffindung der hl. Lanze (vgl. unten S. 54). Aber beim Auszug, vor allem beim Ausmarsch des niederen Volks, das dem Kreuzzug vorauseilte, finden sich deutliche Anzeichen einer eschatologischen Betrachtungsweise. Die »Zeichen«, die vor dem Kreuzzug geschehen waren (Heuschreckenplage, Sternregen vom Himmel), trugen apokalyptischen Charakter (vgl. Apoc. 9, 3; 6, 13), und die apokalyptische Stimmung breitete sich unabhängig von der bischöflichen Kreuzzugspredigt aus, wie uns Balderich von Dol versichert. Sie wurde weitergegeben durch wechselseitige, predigthafte Ermahnung, der die *pauperes* um so leichter Folge leisteten, als sie sich nach den Mißernten der Jahre vor 1096 leicht von Haus und Boden trennten, um den Weg in die Erlösung, in die bessere Zukunft anzutreten, mit der die theologisch ungebildete Masse, erfüllt von dumpfen, vagen und unverarbeiteten eschatologischen Hoffnungen, wohl durchaus auch materielle Begriffe verband. Zum Teil glaubten die *pauperes* sicher an ihre Erwählung, glaubten, daß auf sie Ps.146, 2 zutreffe: »da der Herr Jerusalem bauet und die Verjagten in Israel zusammenbringt«. Sie haben aus einer solchen Gemütslage heraus auch später beim Kreuzzug nicht gezögert, die Anführer bisweilen unter Druck zu setzen; Führer wie Raimund von Toulouse haben mit diesen Gefühlen gerechnet und sich ihrer bedient. Doch soll man die Wirksamkeit der eschatologischen Idee nicht überschätzen, vor allem wenn man bedenkt, daß die Chronisten, die die entsprechenden Belege liefern, alle nach dem Kreuzzug schrieben, zum Teil beträchtlich später, und daß sie an einer Kreuzzugsdoktrin erst selber webten. Es wäre auch falsch, apokalyptische und eschatologische Motive nur den *pauperes* zu unterstellen, sie aber den Rittern abzustreiten, die nach Alphandéry mehr von der Idee des Hl. Krieges im Dienst der Kirche bewegt gewesen seien[8]. Man kann nicht den ganzen Kreuzzug unter eschatologischem Aspekt sehen. Auch für das Jahr 1033 etwa, das Millennium der Passion Christi, schildert uns Raoul Glaber umfangreiche Wallfahrten nach Jerusalem, denen übernatürliche Zeichen vorangegangen waren und die durchaus

in eschatologischem Geiste stattfanden, schienen sie doch die Ankunft des Antichrist anzukündigen, die nach 2. Thess. 2, 3–12 der Parusie Christi vorangeht. Und dennoch wurde kein Kreuzzug aus dieser Wallfahrt. Vor allem wurde keine alles umfassende Massenbewegung daraus wie 1095/96. Letztlich entscheidend war damals eben nicht das zweifellos vorhandene eschatologische Gedankengut, sondern die Bewaffnung der Pilgerfahrt und der im Kreuzzugsablaß schlummernde Lohngedanke.
Neben den geschilderten Vorstellungen eines kindlich-mystischen Glaubens stand aber auch die lange Tradition der Jerusalemwallfahrten[9]. Schon im Jahre 333 können wir einen Pilger aus Bordeaux in Palästina nachweisen, nicht viel später besuchte eine spanische Dame namens Egeria die heiligen Stätten des Ostens und hinterließ einen Bericht, der als Sprachdenkmal eines Lateins im Wandel von der Antike zum Mittelalter von ebenso kapitaler Bedeutung ist wie für die Topographie der *loca sancta.* Gegen Ende des Jahrhunderts (386) ließ sich der Hl. Hieronymus dauernd in Bethlehem nieder, ein halbes Jahrhundert später zog sich die Kaiserin Eudokia nach Jerusalem zurück. Klöster und Hospize entstanden, um die Reisenden aufzunehmen, die im Gefolge der neuen »Pilgermode«, wie man es ruhig bezeichnen darf, nach Palästina kamen. Von nun an riß der Strom der Pilger nicht mehr ab, auch nicht nach der arabischen Eroberung des Hl. Landes im 7. Jh. Der zunehmende Reliquienhandel zwischen Ost und West spielte eine gewisse Rolle, das Interesse an den Hl. Stätten zu erwecken und wachzuhalten, noch stärker aber wirkte die allmähliche Ausbildung der Bußwallfahrt, die als kanonische Strafe auferlegt wurde, für Kapitalverbrechen wie Brudermord oft bis zu sieben Jahren und zu allen großen Wallfahrtszentren: Rom, San Michele auf dem Monte Gargano, Santiago di Compostela und vor allem Jerusalem und Bethlehem. Seit dem 10. Jh. nahmen die Popularität und der Glaube an die Heilswirkung der Pilgerfahrt stark zu. Der Hl. Johannes von Parma wallte nicht weniger als sechsmal ins Hl. Land, bei den damaligen Reiseverhältnissen ein erstaunlicher Beweis von Energie. So leidenschaftliche und temperamentvolle Zeitgenossen wie Graf Fulko Nerra von Anjou und Robert der Teufel von der Normandie pilgerten, zum Teil mehrfach, nach Jerusalem, wenn ihr Gewissen sie wegen ihrer Untaten gegenüber der Kirche und den Klöstern peinigte. Fulko gründete nach seiner Rückkehr die Abtei Beaulieu bei Loches und gab ihr als Hauptreliquie ein Stück Stein vom Hl. Grab, das er angeblich dort im ekstatischen Gebet abgebissen hatte. Der neue und mächtig hochstrebende Orden der Cluniazenser setzte sein weitumspannendes Netz von Beziehungen und sein ganzes Organisationstalent ein, um den äußeren Ablauf der Pilgerfahrten zu erleichtern und die Menschen allgemein dazu anzuhalten. Im 11. Jh. nahm die Wallfahrt nach Jerusalem bei vielen Pilgern einen religiös noch tieferen Charakter an: sie wurde, wie uns der Cluniazensermönch Raoul Glaber versichert, nun auch als Erreichung des höchsten religiösen Zieles des Menschen, als letzte Reise betrachtet. Einmal an den Hl. Stätten angekommen, wollte man dort bleiben bis zum Tode.
Es ist nicht zu verkennen, daß seit der Mitte des 11. Jh. die Schwierigkeiten für die Pilger zu wachsen begannen. Das hing nicht nur damit zusammen, daß der (wegen der Berührung Konstantinopels) oft gewählte Weg durch

Anatolien seit dem Beginn der seldschukischen Invasion schwieriger zu bereisen war; auch die wachsende Zahl der Pilger mußte den islamischen Behörden in Kleinasien und Palästina Sorgen bereiten, ebenso wie die Byzantiner in Unteritalien größeren normannischen Reisegruppen skeptisch gegenüberstanden, da diese sich allzuleicht für dauernd im Lande niederließen. Man hat zwar auf das wirtschaftliche Interesse hingewiesen, das die Muslime an den Pilgerfahrten genommen hätten, doch können die Einnahmen daraus (außer vielleicht in Jerusalem selbst) nicht allzu groß gewesen sein, gehörte doch die Armut zum Ideal des Pilgers. Von hierher war also eher kein Grund gegeben, die Reisen zu erleichtern. Natürlich waren die Reisebedingungen nicht mehr so schlecht wie während der Christenverfolgung des wahnsinnigen Kalifen Hakim, der 1009 die Grabeskirche zu Jerusalem zerstört hatte, aber sie waren auch nicht mehr so angenehm wie zu Zeiten des am palästinensischen Pilgerverkehr lebhaft interessierten Kaisers Karl des Großen und während der Blüte des byzantinischen Reiches. Aber trotz der gelegentlich auftretenden Schwierigkeiten nahm die Zahl der Pilger ständig zu. Bischof Gunther von Bamberg führte 1064/65 eine Gruppe von über 7000 Menschen ins Hl. Land. In der Nähe von Ramla in Palästina wurde der Zug von Muslimen überfallen und mußte sich mehrere Tage zur Wehr setzen. In welcher Form dies geschah, ist nicht genau zu klären, denn die Wallfahrer waren stets unbewaffnet.

Damit ist der trennende und einende Punkt von Wallfahrt und Kreuzzug berührt. Der Kreuzfahrer unterschied sich vom Pilger durch seine Waffen, aber der Kreuzzug war im Grunde nichts anderes als eine bewaffnete Wallfahrt, die mit besonderen geistlichen Privilegien ausgestattet war und als besonders verdienstvoll galt. Der Kreuzzug war eine konsequente Fortbildung der Pilgeridee. Niemandem wäre es eingefallen, zur Eroberung des Hl. Grabes auszuziehen, wären nicht schon Jahrhunderte hindurch die Menschen immer und immer wieder dorthin gewallfahrt. Der ständige Pilgerstrom mußte in der Christenheit den Wunsch aufkeimen lassen, das Grab Christi selbst zu besitzen, nicht um die Schwierigkeiten der Pilgerfahrt zu beseitigen, sondern weil der Gedanke, die Hl. Stätten, das »Erbgut Christi«, in der Hand der Heiden zu wissen, für die Menschen allmählich immer unerträglicher wurde. Der Zusammenhang zwischen Wallfahrt und Kreuzzug liegt offen zutage; das Verdienst, beides institutionell verknüpft zu haben, gebührt Urban II. Wenn man auch mit den zunehmenden Schwierigkeiten der Pilgerfahrt als Wurzel der Kreuzzüge heute besser nicht mehr argumentiert, so ist doch die Bedeutung der Wallfahrt für die Entstehung der Kreuzzüge ganz entscheidend. Urban »machte den populären, aber sachlich unfruchtbaren Wallfahrtsgedanken für den Heidenkrieg fruchtbar« (Erdmann). Die Zeitgenossen waren zunächst bezeichnenderweise gar nicht imstande, deutlich zwischen dem einen und dem anderen zu unterscheiden. Die mittellateinische Sprache hat ein Wort für den Begriff »Kreuzzug« erst sehr spät (Mitte des 13. Jh.) entwickelt und dann selten gebraucht; auch die deutsche kennt es erst seit der Zeit Lessings. Man behalf sich im Mittelalter ganz überwiegend mit Umschreibungen wie *expeditio, iter in terram sanctam* (Reise ins Hl. Land) und – vor allem zu Beginn der Kreuzzüge – mit *peregrinatio,* dem Fachausdruck für die Wallfahrt. Der Übergang ist deutlich fließend.

Die Idee einer bewaffneten Wallfahrt mußte vor allem in der Ritterschaft zündend wirken, die durch die kirchliche Erneuerungsbewegung allmählich an den Glaubenskrieg, den Kampf für die Kirche und den Heidenkampf herangeführt worden war, wie es vor allem Erdmann erforscht hat. Die Stellung der Kirche zum Kriege war begreiflicherweise delikat, galt es doch, ein unvermeidbares Übel mit der friedliebenden und gewaltlosen Lehre Christi in Einklang zu bringen. Im griechisch sprechenden Osten des Römischen Reiches hatten die Theologen den Krieg eindeutig verdammt, was in der Praxis freilich ohne greifbaren Erfolg blieb. Im lateinischen Westen des Reiches war man zu so radikalen und wirkungslosen Stellungnahmen nicht bereit. Maßgebend für das ganze lateinische Mittelalter wurde Augustin, der die Lehre vom »gerechten Krieg« *(bellum iustum)* entwickelte[10]. Allein dieser war zulässig; er durfte nur der Verteidigung oder der Wiedererlangung geraubten Gutes dienen. Mit der zweiten Möglichkeit war freilich einer weitherzigen Interpretation politischer Tatbestände bereits ein großer Spielraum gelassen.
Die Idee des Verteidigungskrieges mußte vor allem im 9. und 10. Jh. an Bedeutung gewinnen, als das ganze christliche Europa sich unablässig Invasionen heidnischer Völker ausgesetzt sah. Normannen, Ungarn und Araber stürmten in kleineren und größeren Gruppen in die christlichen Lande und bedrückten die Bevölkerung, die damals nach dem Zusammenbruch des karolingischen Reiches wohl die schwersten Zeiten des Mittelalters durchstehen mußte. Da Kirchen und Klöster aufgrund ihres Vermögens besondere Anziehungspunkte für die plündernden Eindringlinge waren, lag es auf der Hand, daß die Kirche hier vom Krieg nicht abriet, sondern ihn unterstützte, war es doch tatsächlich ein gerechter Verteidigungskrieg. Für die Ausbildung des Kreuzzugsgedankens ist es wichtig, daß die Invasoren ausnahmslos heidnisch waren, denn auch die Normannen wurden erst christianisiert, als es gelungen war, sie 911 in der Normandie seßhaft zu machen, und die Eroberungen von dieser Seite also nachließen. So verband sich die Idee des *bellum iustum* ganz speziell mit dem Begriff des Heidenkrieges. Papst Leo IV. und Papst Johann VIII. sicherten im 9. Jh. allen das ewige Leben zu, die im Kampfe gegen die Araber oder die Normannen fielen. Dieses Versprechen wurde später in den Kreuzzügen wieder aufgenommen, aber man muß sich hüten, deshalb in den Äußerungen der beiden Päpste schon einen Vorläufer der späteren Kreuzzugsidee zu sehen. Hier wirkt ein Wort des berühmten spanischen Bischofs Isidor von Sevilla aus dem 6. Jh. nach, der formuliert hatte: »Helden werden Männer genannt, die wegen ihrer Weisheit und Tapferkeit des Himmels würdig sind.« Die Bedeutung der Versprechen der beiden Päpste liegt in der entschiedenen Befürwortung der Heidenabwehr, die darin zum Ausdruck kommt. Der Heidenkrieg war im wesentlichen eine Pflicht des Königs, vor allem des Kaisers, als dessen besondere Aufgabe die Befriedung der Kirche im innern und ihre Ausbreitung nach außen galt. Man schritt in der Abwehr der Invasionen mit der Zeit durchaus von der Defensive zur Aggression fort, aber auch dabei operierte man fast stets im Sinne Augustins mit dem gerechten Krieg, vor allem mit der Wiedereroberung geraubten Gutes. Ein Kriegsgrund auf der einen, eine Kriegsschuld auf der anderen Seite ließ sich immer konstruieren. Unter diesem

Gesichtspunkt muß man es auch sehen, wenn später (etwa seit dem dritten Kreuzzug) die mittelalterlichen Chronisten, die Päpste in ihren Kreuzzugsaufrufen und die Kreuzzugsprediger in ihren Sermonen vom Hl. Land immer wieder als dem »Erbgut« des Herrn reden, das der Christenheit gehört und das es wiederzuerobern bzw. zu verteidigen gilt, denn damit war der Kreuzzug sofort gerechtfertigt.

Neben der Abwehr der heidnischen Einfälle ging auch von der Gottesfriedensbewegung ein starker Einfluß aus, der die kirchliche Haltung zum Kriege beeinflußte. Die Bewegung war in ihren Anfängen im wesentlichen eine Selbsthilfeaktion der Kirche. Der Zerfall des Karolingerreiches hatte auch einen Niedergang der staatlichen Ordnungsmacht und der allgemeinen Sitten mit sich gebracht. Der Kriegerstand, der sich allmählich zum Rittertum umformte, war im 10. Jh. allenthalben sichtbar verroht und fiel über kirchlichen und privaten Besitz oft mit ebensoviel Appetit her wie Normannen und Ungarn. Da der Staat diesem Treiben nur unvollkommen wehren konnte, kam es allmählich zu unhaltbaren Zuständen, und von öffentlicher Ordnung, Ruhe und Sicherheit konnte vielfach keine Rede mehr sein. Wenn es auch in erster Linie die Sorge um den eigenen Besitz gewesen sein mag, der die Kirche bewog, hier einzugreifen, so dürfen doch die wohltätigen Wirkungen für die ganze Gesellschaft nicht übersehen werden, die sich als Folge eines solchen Auftretens zeigten. In regionalen Friedenseinigungen, die uns seit dem Ende des 10. Jh. häufig bezeugt sind, ließ man zuerst vom Adel der Gegend die Sicherheit des Klerus, friedlicher Personen und des kirchlichen Besitzes beschwören, dann erließ man seit etwa 1040 in zunehmendem Maß Bestimmungen, die die Fehde an bestimmten Tagen verboten, und schließlich gab es deutliche Bestrebungen, die auf eine gänzliche Abschaffung der Fehde zielten, an deren Stelle Schiedssprüche treten sollten. Die Bewegung wurde vor allem getragen und vorangetrieben von den Männern, die sich der cluniazensischen Reform verbunden fühlten. Im Jahre 910 war in dem Ort Cluny unweit von Mâcon in Burgund ein Kloster gegründet worden, das sich unter tatkräftigen Äbten bald zu einer der bedeutendsten Mönchsgemeinschaften des Abendlandes aufschwang. Die von hier ausgehende Reformbewegung erstrebte in erster Linie die stärkere Beachtung und Vertiefung der benediktinischen Mönchsregel sowie die Befreiung der Klöster von äußeren Einflüssen des Adels. Daneben war die Reform durchaus auch auf die Laien ausgerichtet. Man mühte sich um eine gewisse Spiritualisierung und Verinnerlichung des Laientums, das man in stärkerem Maße an die sittlich ordnenden Kräfte der Kirche, wie sie von den Reformern verstanden wurden, binden wollte. Diese Bemühungen galten insbesondere dem vielfach verrohten Rittertum, und der Gottesfriede erwies sich als eines der Mittel, mit deren Hilfe man gerade bei dieser Schicht ansetzen konnte. Das bedeutete aber eine entschiedene Hinwendung der Kirche zum Krieg, ja es forderte geradezu eine aktive Beteiligung heraus. Mit der Eidesleistung des Adels war es ja noch nicht getan; man mußte Zwangsmaßnahmen gegen die Friedensbrecher planen und notfalls auch durchführen. Da die ganze Bewegung unter der Leitung der Kirche stand, konnte es sich dabei nur um Strafexpeditionen handeln, die von der Kirche ausdrücklich angeordnet wurden, und solche Feldzüge hat es tatsächlich gegeben.

Ein derartiger kirchlicher Krieg, wie er später in anderem Zusammenhang häufiger wurde, galt als »heiliger« Krieg, von der Kirche gutgeheißen und in ihrem Dienst geführt. Die Haltung der einzelnen Kleriker war in diesem Punkt schwankend, denn es traten nun Schwierigkeiten bei der Auslegung der augustinischen Lehre auf, aber seit dem Ende des 10. Jh. kam die Doktrin entschieden in Fluß. Es waren vor allem die Träger der Klosterreform, aber auch der allgemeinen, vom Papsttum ausgehenden Kirchenreform des 11. Jh., die sich für den »heiligen« Krieg einsetzten, unter anderem zweifellos auch deshalb, weil sie erkannten, daß der Kirche hier ein bedeutendes politisches Instrument erwuchs. Dieselben Kreise, die an der allgemeinen Umformung des Kriegerstandes zum Rittertum einen so entscheidenden Anteil hatten, übertrugen auch die Idee des heiligen Krieges langsam vom König – der in alter Zeit als einziger verantwortlicher Träger des Kriegs gegolten hatte – auf die breite ritterliche Schicht, was eine ganz wesentliche Voraussetzung für die Ausbildung der Kreuzzugsidee war.
Auch das Reformpapsttum stand dem heiligen Krieg freundlich gegenüber. Aber schon zwei Päpsten aus der Zeit vor der Kirchenreform hat man regelrechte »Kreuzzugspläne« unterstellt[11]. In der Briefsammlung des Gerbert von Reims, des nachmaligen Papstes Silvester II. (999–1003), findet sich ein Rundschreiben aus seiner vorpäpstlichen Zeit, dessen Echtheit viel umstritten gewesen, letztlich aber doch kaum zu bezweifeln ist. In ihm soll Gerbert nach Meinung mancher Forscher zu bewaffneter Hilfe für die Kirche von Jerusalem aufgerufen haben, doch hat Erdmann gezeigt, daß es sich in Wahrheit nur um die Heischung von Almosen handelte, während der Gedanke einer bewaffneten Intervention zwar auftauchte, von Gerbert aber sofort als untauglich verworfen wurde. Bedeutender schien dagegen eine Enzyklika Sergius' IV. (1009–1012) zu sein, in der der Papst in der Tat zu einer Art Kreuzzug aufforderte. Angesichts der Nachricht von der Zerstörung der Grabeskirche in Jerusalem durch den Kalifen Hakim (1009) erklärte der Papst, der zu Beginn der Enzyklika deutlich an die Pilgertradition nach Jerusalem anknüpfte, er wolle sich an die Spitze einer Flotte setzen, nach Syrien fahren, die Muslime erschlagen und das Hl. Grab wiederherstellen. Die Bedeutung dieses Schreibens für die Entstehung des Kreuzzugsgedankens wäre kaum zu unterschätzen, hätte nicht Gieysztor vor etwa 35 Jahren in einer geistvollen Untersuchung die Enzyklika als eine Fälschung nachgewiesen, die 1096 im Anschluß an das Clermonter Konzil im südfranzösischen Kloster St. Pierre de Moissac unweit Toulouse entstand. Das Schreiben ordnet sich also ein in die Reihe der sogenannten *Excitatoria*, d. h. der propagandistischen Aufrufe, mit deren Hilfe für den ersten Kreuzzug geworben wurde und von denen uns mehrere in Briefform noch vorliegen.
Erst die Reformzeit des 11. Jh. ließ das Papsttum so weit erstarken, daß es ernsthaft an einen Zug in den Osten denken konnte. Die aktivere Politik dieser Päpste bedingte auch eine neue Haltung zum Kriege. Bereits Leo IX. (1048–1054), einer der ersten Reformpäpste, führte 1053 persönlich einen Feldzug gegen die Normannen in Unteritalien, die man auf nahezu ein und dieselbe Stufe stellte mit den Heiden, von denen sie sich in ihrem Wüten auch kaum unterschieden. Der Papst stellte dabei den deutschen Teilneh-

mern an dem Zuge Straflosigkeit ihrer Verbrechen und Erlaß ihrer Bußstrafen in Aussicht, was den Versprechungen von 1095 schon viel näher kommt als die Äußerungen Leos IV. und Johanns VIII. Papst Nikolaus II. (1058–1061) versuchte, die normannische Gefahr endgültig zu beseitigen, indem er mit den Normannenführern Richard von Capua und Robert Guiskard 1059 zu Melfi ein Bündnis schloß. Das geschah in der Form, daß die beiden Normannenfürsten sich vom Papst mit ihren Besitzungen belehnen ließen, also Vasallen der Kirche wurden. Als solche hatten sie wie alle Vasallen die Pflicht zur Heerfolge für ihren Lehnsherren, die hier allerdings noch auf besondere kirchliche Zwecke eingeschränkt wurde. Immerhin verfügte die Kirche jetzt über eine Lehnsstreitmacht zum Schutze des Kirchenstaates, die sie für die Zwecke des Hl. Krieges verwenden konnte. Die Normannen ihrerseits erkannten die Nützlichkeit eines Hl. Krieges ebenso wie die Kirchenmänner; sie führten die Eroberung des nördlichen Sizilien (1061–1072), die Robert Guiskard in seinem Eid von Melfi 1059 bereits angekündigt und zu der er also die Zustimmung der Kirche hatte, ganz im Stile des hl. Krieges mit religiöser Motivierung durch, insbesondere eben als Heidenkrieg, ohne daß hierin, wie Erdmann meinte, schon eine Art Kreuzzug zu sehen ist. Eine aktive Teilnahme des Papsttums an der sizilischen Eroberung ist im übrigen nicht nachweisbar, aber an seiner Konnivenz dürfen wir nicht zweifeln.

Noch stärker als bei den Normannen ist der »Kreuzzugscharakter« des Heidenkampfes in Spanien betont worden[12]. Insbesondere die Eroberung Barbastros 1064, an der viele Franzosen teilnahmen, hat man zu einem Vorkreuzzug aufwerten wollen. Aber auch hier läßt sich eine aktive Mitwirkung des Papsttums, die bei einem Kreuzzug unerläßlich ist, nicht nachweisen. Alexander II. hat diesen Krieg lediglich unterstützt und ihn gebilligt durch eine Art von Ablaß für die Teilnehmer. Daß der Heidenkampf in Spanien als verdienstvoll galt und deshalb eine gewisse Zahl französischer Ritter anlockte, beweist noch nicht, daß es ein Kreuzzug war. Der Heidenkampf galt eben generell als verdienstvoll, und die alte kirchliche Doktrin, daß der Soldat Buße zu tun habe, auch wenn er im Dienste eines gerechten Fürsten im gerechten Krieg töte, war im Verschwinden. In Spanien spielte sich in Wirklichkeit ein »normaler« Hl. Krieg ab, und hier ordnete sich der Heidenkampf auch ein in die lange Tradition der Islamabwehr. Als Teil der gesamteuropäischen Islamabwehr haben die spanischen Kämpfe natürlich einen Einfluß auf die Entstehung der Kreuzzüge insofern ausgeübt, als die Öffentlichkeit gerade in Frankreich, wo diese Feldzüge einen besonders starken Widerhall hatten, mit der Idee der Heidenbekämpfung vertraut blieb. Daß eine innere Verbindung zwischen der Abwehr der Araber und den Kreuzzügen besteht, wenn auch in lockerer Form, liegt auf der Hand. Aber der Krieg in Spanien war kein Kreuzzug; er wurde erst später zu einem Ersatzunternehmen für französische Ritter, die die beschwerliche Fahrt nach Jerusalem scheuten und statt dessen den Islam in Spanien bekämpften. Die Päpste haben dann auch diese Leistung als einem Kreuzzug gleichwertig anerkannt und sie gefördert. Aber es muß daran festgehalten werden, daß die sogenannten spanischen »Vorkreuzzüge« nur heiliger Krieg waren. Erst im Denken Urbans II. ist von Spanien her ein entscheidender Einfluß auf die Ausbildung der Kreuzzugsidee ausgegangen. Das mag auch gelten für die Flottenexpedition der Pisaner und Genuesen 1087 nach Mahdia in Tunesien, die die Pisaner mit einer Romwallfahrt verbanden, so daß viele von ihnen in Afrika noch die Pilgertasche trugen. Das war aber ein zufälliges Zusammentreffen, so daß Erdmann zu weit ging, wenn er meinte, die Kampagne sei »ganz als Kreuzzug ausgeführt« gewesen. Aber Urban wurde hier erneut auf die Möglichkeit hingewiesen, Pilgerfahrten zu bewaffnen.

Urban II. konnte bei seinen Kreuzzugplänen an seinen Vorgänger Gregor VII. anknüpfen, nach dem die ganze Zeit den Namen der gregorianischen Epoche erhalten hat. Dieser war einer der energischsten und streitbarsten Männer, die je auf dem Stuhle Petri gesessen haben. Jetzt ging es nicht mehr um die bloße Freiheit der Kirche von weltlicher Herrschaft, sondern umgekehrt verkündete man jetzt einen Oberherrschaftsanspruch des Papstes. Eine solche Politik mußte zwangsläufig zu dem Konflikt des Investiturstreits führen. Polemik und Publizistik entwickelten sich hierbei zu wichtigen Waffen beider Parteien, und bei der Erbitterung, mit der der Kampf auf beiden Seiten geführt wurde, war es beinahe selbstverständlich, daß fast alle Publizisten sich in irgendeiner Form mit dem Problem des heiligen Krieges befaßten; dies um so mehr als Gregor VII. der ritterlichen Laienschicht viel Aufmerksamkeit zuwandte und in besonderem Maße versucht hat, das Rittertum für den heiligen Krieg im Dienste der Kirche zu gewinnen. Er bediente sich dabei des alten Begriffes der Ritterschaft Christi *(militia Christi)*, worunter man aber den mit friedlichen Mitteln streitenden Kleriker verstanden hatte. Unter Gregor wurde dieser Begriff zur *militia sancti Petri*, zur Ritterschaft des heiligen Petrus, umgemünzt, und dem Ausdruck lag nunmehr durchaus keine friedfertige Anschauung mehr zugrunde, sondern es handelte sich dabei um bewaffnete Kämpfer der Kirche. Es war auch gerade einer der entschiedensten Gregorianer, nämlich der Bischof Bonizo von Sutri in seinem Buch »Über das christliche Leben«, der zum erstenmal in Art eines Katalogs die Pflichten des christlichen Ritters zusammenfaßte. Die Bedeutung Bonizos liegt darin, daß mit ihm die Wendung der Kirche zum Kriege endgültig in positivem Sinne vollzogen ist. Das Rittertum als Stand hatte ein eigenes, ins kirchliche Weltbild eingebettetes Berufsethos erhalten, dessen sichtbarer liturgischer Ausdruck die Ritterweihe war. Es ist wichtig zu wissen, daß am Vorabend der Kreuzzüge ein voll ausgebildeter Kriegerstand vorhanden war, der über die Grenzen einzelner Länder durch einen gemeinsamen Sittenkodex verbunden und also auch zu gemeinsamen Unternehmungen bereit und fähig war.

Die Idee des Heidenkampfes taucht bei Bonizo nicht auf; im Gegenteil, er hat ihn ausdrücklich verworfen. Dies war eine nicht seltene Zeiterscheinung, denn in der Hitze des Investiturstreites (und auch im selben Maß wie die früher unmittelbare Bedrohung Europas durch die Heiden zurückgegangen war) schoben sich andere Erwägungen in der kirchlichen Kriegstheorie in den Vordergrund. Während man für den Augenblick vom Heidenkrieg nicht mehr sprach, befaßte man sich um so nachhaltiger und wiederum von Augustin ausgehend mit dem Krieg gegen Ketzer und Schismatiker. Ohne hier auf Einzelheiten einzugehen, kann man grob unterscheiden, daß die Gregorianer entschlossen für den aggressiven Ketzerkrieg waren, während die Parteigänger des Kaisers sich dagegen aussprachen. Dennoch war die Idee des Heidenkampfes keineswegs tot. Nicht nur Ivo von Chartres, im Investiturstreit ein Mann des Kompromisses, hat sie vertreten; kein Geringerer als Gregor VII. hat während des ganzen Jahres 1074 den Plan eines Zugs in den Orient gehegt, den er selbst anführen wollte und der dazu bestimmt war, das christliche Reich von Byzanz gegen die vordringenden Heiden zu unterstützen. Das später so wirksame Wort vom Grab des Herrn klang schon an, ohne daß sich sagen ließe, ob Gregor speziell nach Jerusalem ziehen wollte. Wir kennen den Plan als solchen aus Gregors Briefen, wissen aber nicht, wie der Papst auf die Idee kam. Auch nahm Gregors Absicht zeitweilig so abenteuerlich-phantastische Züge an, daß man in der ganzen Angelegenheit nicht allzu klar sieht. Die Lage im byzantinischen Reich war freilich verzweifelt genug, um eine Hilfsaktion herauszufordern. Im Jahre 1071 war die byzantinische Militärmacht von den Seldschuken bei Manzikert in Armenien vernichtet worden, und Anatolien war nun den turkmenischen Angriffen schutzlos ausgesetzt. Gleichzeitig stürmten auf dem Balkan die Petschenegen gegen das Reich an, und in Unteritalien fiel Bari an die Normannen. Dazu kam das Schisma von 1054. Da sowohl Gregor VII. wie Urban II. (und viele Päpste nach ihnen) sich um eine Wiedervereinigung der beiden Kirchen bemühten, ist es durchaus denkbar, daß der Unionsgedanke im Hintergrund von Gregors Orientplan stand. Doch war dieser von vornherein nicht praktikabel. Der Papst war im ausbrechenden Investiturstreit unabkömmlich, an eine Beteiligung der Deutschen war nicht zu denken, die Normannen waren ohnehin mit den Byzantinern verfeindet, während der französische Adel von Gregor zur selben Zeit angehalten wurde, im Sinne der kirchlichen Politik gegen den französischen König zu operieren. Der Orientplan Gregors ist jedoch wesentlich, weil hier erstmals die Idee eines Feldzuges in den Raum des östlichen Mittelmeeres unter päpstlicher Leitung auftaucht. Was Urban II. in Clermont propagierte, unterschied sich grob gesehen nicht viel von Gregors Vorhaben, und man darf hier an ein bewußtes Anknüpfen wohl glauben, wie Urban sich auch in anderen Dingen als Vollender der Pläne erwiesen hat, die Gregor nicht mehr erfüllen konnte. Allerdings war der Kreuzzug Urbans II. nicht mehr länger ein Dienst für den Hl. Petrus, wie Gregor ihn gefordert hatte (so Robinson). Wohl gab Urban an Kreuzfahrer Petrusfahnen aus, wohl betonte die offizielle Papstbiographie des Liber pontificalis die Führungsrolle Petri beim Kreuzzug, aber Riley-Smith hat schlagend demonstriert, daß für Adel und Volk hier keine Ritterschaft des Hl. Petrus mehr auftrat, sondern eine Ritterschaft Christi, aber eben jetzt kämpfend, nicht mehr als Kleriker betend wie in der vorgregorianischen Anschauung[13].

Man hat den heiligen Krieg, wie ihn die Kirche bis zum Ende des 11. Jh. ausgebildet hatte, in der Diskussion um die Entstehung der Kreuzzüge vielleicht etwas überbewertet. Vor allem Erdmann neigte wohl dazu, hier die entscheidende Wurzel zu sehen. Eines haben seine Forschungen freilich klar gezeigt: die Theorie vom heiligen Krieg und die damit verbundene Ausbildung eines christlichen Rittertums durch die Kirche und für die Kirche hat den Boden aufgewühlt und vorbereitet, und erst dadurch wurde ein Kreuzzug überhaupt möglich.

Trotz der vorausgegangenen, stark theoretischen Erörterungen über Wallfahrtsgedanken und heiligen Krieg darf man die Motive für die starke Beteiligung der ritterlichen Schicht am Kreuzzug nicht allein im Bereich des Religiösen, der Kollektivpsychologie und des Standesethos suchen. Es waren hier auch ganz dürre wirtschaftliche und gesellschaftliche Faktoren am Werk, mehr als man gemeinhin für zulässig hält. Diese Gründe sind in der engeren Fachdiskussion eher an die Wand gespielt worden, sind aber für das Problem von großer Wichtigkeit. Man hat immer wieder auf die Abenteuerlust der Ritter und auf den Beutetrieb hingewiesen. Im Osten schien die Möglichkeit zu locken, rasch sein Glück zu machen und zu einer bedeutenderen Stellung zu kommen, als es in der alten Heimat möglich war. Die Eroberung Englands durch die Normannen 1066 hatte ähnliches deutlich bewiesen. In der Tat dürfen wir solche Erwägungen für manchen Führer des ersten Kreuzzuges unterstellen, insbesondere für die süditalischen Normannen Tankred und Boemund von Tarent, aber auch für Robert von der Normandie. Urban II. selbst versprach in Clermont den Ausziehenden den ungestörten Besitz der eroberten Länder.

Nun sind Abenteuerlust und Beutetrieb individuelle Züge. Durch die Forschungen von Duby und Herlihy wissen wir aber von ökonomischen und sozialen Schwierigkeiten, die die ritterliche Klasse als Ganzes betrafen und die den Kreuzzug als Ausweg erscheinen ließen[14]. Herlihy hat etwa vom Jahre 850 an eine sich ständig verschärfende Landwirtschaftskrise in Südfrankreich und Italien festgestellt, die ihren Höhepunkt um das Jahr 1000 erreichte. Aus den Chroniken kennen wir gerade für die Jahre nach 1000 sehr lebhafte Schilderungen ständiger Hungersnöte, die darauf zurückzuführen waren, daß die landwirtschaftliche Produktion mit der steigenden Bevölkerungszahl nicht Schritt hielt. Die noch aus der karolingischen Zeit überkommene ständige Teilung des Besitzes unter alle Erben wirkte einer Steigerung der Agrarerzeugung entgegen. Von 1000 an besserte sich die Lage, langsam zuerst, dann aber mit größerer Geschwindigkeit, was nicht etwa auf ein Nachlassen des Bevölkerungsdrucks zurückzuführen war, sondern hauptsächlich auf die Beseitigung der zunehmenden Zersplitterung des Landbesitzes. Kirchliche und adlige Kreise begannen mit dem Aufkauf von Kleinlandbesitz, um daraus lebensfähige Wirtschaftseinheiten zu machen. Man traf auch Vorsorge, daß das einmal zusammengelegte Land beisammen blieb. In der ritterlichen Laienschicht, die uns als vornehmster Träger der Kreuzzüge hier allein interessiert, brachte man dies auf verschiedene Art zuwege. In Nordfrankreich entwickelte man die Primogenitur, das Erbrecht des Erstgeborenen. Den Nachgeborenen blieb es überlassen, sich selbst eine Versorgung zu suchen, entweder in der Kirche oder im Kriegsdienst. Es liegt auf der Hand, daß hier der Kreuzzug als Ventil für die zahlenmäßig anwachsende ritterliche Schicht wirken mußte, und so mögen im Einzelfall durchaus Abenteuerlust und Beutegier wirksam gewesen sein.

In Italien und im Frankreich südlich der Loire, vor allem im burgundischen Raum, entwickelte man verschiedene Formen des Gemeinschaftsbesitzes, um der Landzersplitterung vorzubeugen. Besonders gut sind wir über die Gegend von Mâcon unterrichtet, wo sich eine sehr starke und persönliche

Bindung des einzelnen an die Familie feststellen läßt. Der ritterliche Allodialbesitz, d. h. das in vollem Eigentum befindliche Eigengut, war dort zu Ende des 11. Jh. überwiegend gemeinschaftlicher Besitz der engeren oder weiteren Familie. Die so geschaffene Rechtsform nannte man Frérêche *(fraternitia)*. Sie blieb meist bis in die zweite Generation erhalten und sollte der Zerstückelung des Allods vorbeugen. Im Erbfalle teilte man den Besitz nicht auf, sondern führte ihn in Gesamtregie der Geschwister weiter, nahm bisweilen auch Onkel und Neffen, ja sogar juristische Personen in die Gemeinschaft auf. War auch der Anteil des einzelnen am Gesamtbesitz klein, so war die Gemeinschaft doch reich genug, um einen oder zwei berittene Krieger auszurüsten, wodurch die Standesqualität der Familie gewahrt blieb, während andererseits die Verwaltung der Güter durch die Zurückbleibenden ungestört weitergehen konnte. Diese Lebensform war aber nur durchführbar, wenn sich der einzelne einer strikten Disziplin unterwarf. Die Kontrolle des Individuums durch das Familienoberhaupt scheint gegen Ende des 11. Jh. außerordentlich stark gewesen zu sein. Dies galt vor allem für die Heiratspolitik, denn der Erfolg der Frérêche hing davon ab, daß die Zahl der Teilhaber das wirtschaftlich vertretbare Maß nicht überschritt. Man mußte also die Kinderzahl entgegen der allgemein wachsenden Bevölkerungszahl möglichst konstant halten. Hier gab es nach der damaligen Kenntnis nur eine wirklich wirksame Maßnahme, nämlich eine bewußte Restriktion der Ehen. Wuchsen dennoch zuviele Erben nach, so mußte man sehen, daß man einen Teil davon als Kleriker unterbrachte. Diese Politik läßt sich im Mâconnais tatsächlich nachweisen.

Die Aufrechterhaltung des wirtschaftlichen und sozialen Status der Familie, des Lebensstandards mit anderen Worten, legte also dem einzelnen beträchtliche Opfer auf. Die strenge Wahrung der Familienautorität mußte unabhängigen Gemütern zuwider sein; nicht alle waren bereit, sich den harten Anforderungen des Kollektivs zu beugen, auf die Heirat zu verzichten usw. Den einen Weg aus der Gemeinschaft bot die Kirche, aber er führte von einem Kollektiv ins andere. Der Kreuzzug dagegen, ein anderes großes Ventil im 12. Jh., bot eine wirkliche Möglichkeit der Loslösung aus der Vormundschaft der Frérêche, eine Möglichkeit zur Verselbständigung des einzelnen. Neben dem Ausbrechen aus der Familienzwangsgemeinschaft und dem Wunsch nach einem freieren Leben steht aber auch der freiwillige Aufbruch zum Kreuzzug gerade im Dienst der Familie, um bei zu hoher Erbenzahl dem Kollektiv seinen Besitz zu erhalten und die Aufsplitterung zu verhindern. Ein solches Beispiel sehen wir bei der mâconnaisischen Familie Les Hongre, die 1096 fünf Männer zählte. Zwei von ihnen waren Mönche, zwei gingen, ohne zurückzukehren, nach Jerusalem, so daß der verbleibende Humbert den Allodialbesitz allein erbte; 1147 ging Humberts Enkel auf den Kreuzzug und überließ seinem Bruder freiwillig die gesamte Erbschaft. Deshalb war die Familie noch zu Beginn des 13. Jh. vermögend, als andere Standesgenossen bereits unter dem Druck neuer wirtschaftlicher Verhältnisse zu verarmen begannen. Es ist auch bemerkenswert, daß die frühe Gesetzgebung im lateinischen Königreich von Jerusalem, das die Kreuzfahrer im Hl. Land errichteten, offenbar auf Männer mit sehr starken familiären Banden zugeschnitten war, wie sie sich uns in der Frérêche darbieten. Die ritterlichen Familien hatten in Jerusalem anfänglich nämlich nicht nur das Erbrecht der Töchter, sondern darüber hinaus noch der kollateralen Verwandten, und erst um 1150 wurde die Erbfolge auf leibliche Nachkommen begrenzt. Die frühere Regelung, die deutlich dazu diente, kolonisationswillige Ritter anzulocken, mußte den Absichten der Frérêche entgegenkommen. Starb der Kreuzritter, so konnte die in Europa zurückgebliebene Familie ein neues Mitglied auswählen, das die palästinensische Erbschaft übernahm, wodurch in Europa die Verhältnisse innerhalb der Frérêche weiter gelockert wurden. Nicht von ungefähr ist die Betrachtung des Mâconnais in dieser Hinsicht wichtig, denn gerade in diesem Gebiet fand der Aufruf Urbans II. einen besonders starken Widerhall. Es ist nicht nur eine Laune der Überlieferung, wenn wir aus diesem Gebiet sehr viele Namen von Kreuzfahrern in der ersten Hälfte des 12. Jh. kennen, sondern darin spiegelt sich auch deutlich die gesellschaftliche und wirtschaftliche Situation einer Klasse, die im Kreuzzug unter anderem auch ein Mittel zur Lösung materieller Schwierigkeiten erblickte, oder deren Kreuzzugsbereitschaft durch diese Situation zumindest stark gefördert wurde. Die freiwillige Kreuznahme im Dienst der Familie ist als Motiv zwar jüngst von Riley-Smith mit einem Fragezeichen des Zweifels versehen worden. Er hat statt dessen für die Siedlung im Osten zu Recht den vasallitischen Treuegedanken herausgestellt, was dann auch für die Kreuznahme gelten muß. Aber Restriktion der Heiraten zur Wahrung der wirtschaftlichen Situation der Familie ist ein drastisches Mittel. Und wenn Duby jüngst gezeigt hat, daß man an der Loire (Amboise) und nördlich davon genau dasselbe tat, indem man oft nur dem ältesten, ohnehin erbenden Sohn die Heirat gestattete, dann liegt die Vermutung auf der Hand, daß von den Jüngeren jede Möglichkeit genutzt wurde, sich hier Erleichterung zu verschaffen, auch durch den Kreuzzug. Auch darf die Beachtung des Treuegedankens nicht dazu verleiten, die nicht vasallitisch gebundenen Teilnehmer im Kreuzheer zu übersehen, die beim ersten Kreuzzug vor allem in der Abteilung des Grafen von Toulouse nachweisbar sind.

Es gab allerdings neben den bisher aufgeführten Gründen für die Kreuznahme noch einen weiteren, der die anderen weit in den Schatten stellen sollte: es war der Verdienstgedanke, wie ihn der Kreuzzugsablaß zum Ausdruck brachte[15]. Der Ablaß stellt nach der heutigen Lehre der katholischen Kirche den Abschluß eines ganz bestimmten Sündentilgungsverfahrens dar. Hat der reumütige Sünder durch gute Beichte und die daran anschließende Absolution die Tilgung der Sündenschuld und die Umwandlung der ewigen Sündenstrafen in die zeitlichen (die ihn hier oder im Jenseits treffen können und die insbesondere das Fegefeuer einschließen) erlangt, so erläßt ihm die Kirche gegen die Leistung des Ablaßwerkes auf Grund ihrer Schlüsselgewalt in einem jurisdiktionellen Gnadenakt außerhalb des Bußsakraments, je nachdem ob es sich um einen Teil- oder einen Plenarablaß handelt, einen Teil oder die Gesamtheit sowohl der kanonischen Kirchenstrafen (Bußstrafen) wie der zeitlichen Sündenstrafen, indem sie Gott aus dem »Kirchenschatz« als dem Reservoir der unerschöpflichen Verdienste Christi und der von den Heiligen erworbenen, für sich selbst jedoch nur teilweise verbrauchten Verdienste das Angebot eines Bußersatzes macht. Der Ablaß hat also unbedingt eine transzendentale Wirkung vor Gott *(in foro dei)*, wobei in der Theologie umstritten ist, ob der jurisdiktionelle Akt eine positive Wirkung vor Gott absolut garantiert oder ob ihm eine freie göttliche Akzeptation gegenübersteht und seine positive Wirkung nur indirekt-moralisch insofern gewährleistet ist, als die Kirche garantiert, daß das Angebot an Bußersatz zur Tilgung der gesamten verwirkten Strafe ausreicht, der Sünder somit auch nicht mehr hätte leisten können, wenn er die Strafe vollständig durch Bußwerke abgetragen hätte. Für die Beurteilung der frühen Ablässe, insbesondere der ersten Kreuzzugsablässe, ist es jedoch entscheidend, daß diese so logisch aufgebaute Lehre erst nachträglich geschaffen wurde, um tatsächliche Gebräuche theologisch zu untermauern.

Die Theologen des 12. Jh., als erster Hugo von St. Viktor, erarbeiteten – zumindest faktisch, wenn auch noch nicht formal – den für die Ablaßlehre grundlegenden Unterschied von Sündenschuld und Sündenstrafe, aber erst nach dem ersten Kreuzzug. Auch die so wichtige Lehre vom Kirchenschatz, die das notwendige Äquivalent für den Strafnachlaß bot, wurde erst um 1230 von Hugo von St. Cher formuliert. Im einzelnen war die Berechtigung und die Natur des Ablasses im 12. und frühen 13. Jh. stark umkämpft, und war schon den Theologen manches unklar, so gilt dies erst recht für die Volksmeinung. Diesen Gesichtspunkt muß man in der Darstellung der Kreuzzüge wohl stärker berücksichtigen als bisher geschehen, denn für die Wirkung des Kreuzzugsablasses war weniger seine tatsächliche Natur relevant, als vielmehr das, was man darunter verstand oder verstehen zu dürfen glaubte. Wesentlich an der um 1130 einsetzenden Ablaßdiskussion ist auch, daß sie sich erst am Mißbrauch entzündete. Solange dieser nicht offenkundig wurde, nahm man den Ablaß als willkommene Novität hin, ohne theologisch darüber zu reflektieren. Man muß sich immer vor Augen halten, daß die Propagierung des ersten Kreuzzugsablasses sich in einer Sphäre vollzog, die weder durch eine kirchliche Lehramtsentscheidung präjudiziert noch durch eine theologische Debatte beeinflußt war. Das Novum war überhaupt nur definierbar im Vergleich mit der bisherigen Bußpraxis.

In der Tat muß der Ablaß aus der früheren Bußdisziplin der Kirche hergeleitet werden. Diese war ursprünglich bestimmt durch die Dreiteilung: Bekenntnis – Genugtuung – Rekonziliation (d.h. Wiederzulassung zur Kommunion). Dabei wertete man die Genugtuung als das eigentlich sündentilgende Element, das die Rekonziliation erst ermöglichte, ohne daß man zwischen der Tilgung von Schuld und Strafe schon unterschieden hätte. Grundsätzlich hatte die Bußleistung den begangenen Sünden adäquat zu sein; für diese war gewissermaßen Pfennig für Pfennig zu zahlen. Da es offenkundig ein reiner Zufall war, eine wirklich genau adäquate Bußstrafe zu finden, waren die zeitlichen Sündenstrafen notwendig, denn sie wurden von Gott auferlegt und waren daher der eventuell verbliebenen Restschuld genau angemessen. Weil man nun die von Gott selbst verhängten zeitlichen Sündenstrafen mehr fürchtete als alle irdischen Bußleistungen, führte das System zu einer Bußdisziplin von drakonischer Härte, denn je strenger der Sünder auf Erden büßte, desto weniger würde er im Jenseits zu begleichen haben. Die Härte der Bußpraxis wurde noch durch die Tatsache gefördert, daß bis zum 6. Jh. überhaupt nur die schweren, nicht aber die läßlichen Sünden der Kirchenbuße unterworfen wurden. Als sich dies aus hier nicht zu erörternden Gründen änderte und auch kleinere Sünden in die Buße einbezogen wurden, blieb anfänglich gleichwohl die alte Praxis mit ihren harten Auflagen und langen Bußzeiten bestehen, während der der Sünder von den Sakramenten ausgeschlossen war.

Die Entwicklung des Bußwesens mußte aber zwangsläufig auf eine Nuancierung und Milderung des Strafmaßes hinauslaufen. Man behalf sich zunächst mit dem System der Kommutationen und Redemptionen, d. h. man wandelte das Strafmaß in ein anderes um, das beispielsweise kürzer, aber schwerer, im allgemeinen jedoch faktisch leichter war, obwohl man theoretisch an der Äquivalenz auch des neuen Strafmaßes mit der begangenen Sünde festhielt. Die sogenannten Bußbücher boten tarifmäßige Aufstellungen des angemessenen Strafmaßes und der zugehörigen Redemptionen, die ihrerseits eine der Hauptwurzeln des Kreuzzugablasses darstellen. Eine weitere beträchtliche Milderung brachte die etwa seit dem Jahre 1000 zu beobachtende Verlegung der Rekonziliation auf den Beginn des Bußwerkes, das freilich auch dann noch abgeleistet werden mußte. Dadurch wurde die oft mehrjährige Exkommunikation, eine der am meisten gefürchteten Sündenfolgen, beseitigt. Die Verlagerung brachte aber auch das faktische Ende der alten Weise der totalen Rekonziliation, an deren Stelle sich die in einer Handlung mit der Beichte vereinigte Absolution schob, die zwar eine Rekonziliation mit der Kirche und Gott und so Vergebung der Sündenschuld, aber nicht vollen Nachlaß der Sündenstrafe beinhaltet. Doch ging die Absolution insofern weiter als die Redemption und kam dem Ablaß insofern schon nahe, als sie eine transzendentale Wirkung auch auf den Straferlaß mittels einer besonders wirksamen Fürbitte der Kirche wenigstens intendierte; sie war aber in dieser Hinsicht noch kein jurisdiktioneller Akt und auch kein außersakramentaler Strafenerlaß. Es lag nahe, von hier aus den Schritt zu tun zu einem fester umrissenen und sicherer wirkenden Nachlaß der kirchlichen Bußstrafen, wie ihn dann der Ablaß darstellte, bei dem als Gnadenakt die transzendentale Wirkung *in foro dei* durch die kirchliche Fürbitte einkalkuliert wurde für die Bemessung der kirchlichen Bußstrafe, die dann entsprechend verkürzt werden konnte. »Der Ablaß«, sagt Poschmann, einer der führenden katholischen Ablaßexperten, »war nicht mehr bloß ein Angeld für die Zeit nach dem Tode, sondern auch eine überaus willkommene Entlastung im irdischen Leben.« Das Besondere des Ablasses lag darin, daß man in der Praxis an der Äquivalenz der Bußleistung nicht mehr festhielt, sondern deren Verkürzung später durch die Berufung auf den Kirchenschatz begründete.

Es ist nun bezeichnend, daß der Ablaßgedanke erst dann zu voller Wirksamkeit gelangte, als er sich mit der Idee der Jerusalemwallfahrt verband. Verschiedentlich sind ablaßähnliche Verlautbarungen der Päpste schon vor den Kreuzzügen ergangen, doch sind diese meist als Absolutionen anzusehen. Einen Erlaß der Buße hat beispielsweise Alexander II. 1063 den zur Eroberung Barbastros ausziehenden Kämpfern versprochen; er hat ihnen darüber hinaus freilich auch die *remissio peccatorum* in Aussicht gestellt, den Nachlaß der zeitlichen Sündenstrafen vor Gott. Man hat die Echtheit des päpstlichen Schreibens zu Unrecht bestritten; hier haben wir einen richtiggehenden Plenarablaß vor uns. Daß er weitgehend wirkungslos blieb, hatte verschiedene Gründe. Einmal war der Kreis der Empfänger kleiner als bei dem Kreuzzugsablaß von 1095; Alexander sprach nur diejenigen an, die sich bereits zu dem spanischen Feldzug entschlossen hatten, und ließ offen, ob der Ablaß auch auf die sich erst später Entschließenden auszudehnen sei. Weiter blieb die kirchliche Bußpraxis dadurch gewahrt, daß wenigstens formal erst eine Buße auferlegt werden sollte, ehe sie durch den Ablaß als erledigt galt. Schließlich aber konnte ein Ziel in Spanien eben nicht so verlokkend auf die Massen wirken wie ein Ziel im Hl. Lande. Das Beispiel zeigt deutlich, daß der Ablaß erst in Verbindung mit der Pilgerfahrt nach Jerusalem seine Wirkung entfaltete.

Hierbei war es von Bedeutung, daß die Bußwallfahrt nach Jerusalem als besonders verdienstvoll und heilbringend galt. Die kirchliche Theorie vertrat zwar von Anfang an die Meinung, man könne durch eine Ortsveränderung an sich Gott nicht näher kommen, aber im Volk ließ sich der Glaube an den Heilswert der Jerusalemfahrt nicht ausrotten. Entscheidend für die Popularität der Bußwallfahrt überhaupt wurde die Verlagerung der Rekonziliation auf den Beginn des Bußwerkes, d. h. der Wallfahrt. Dies galt für Bußwallfahrten nach allen Orten; Jerusalem erlangte seine Bedeutung durch die Tradition der hl. Stätten. Schon im 8. Jh. ist der Glaube bezeugt, daß der Besuch der Grabeskirche frei von Sünden mache. Das Konzil von Chalon von 813 wetterte gegen diejenigen, die glaubten, durch die Wallfahrt ihrer Sünden ledig zu sein. Das Konzil berief sich dabei auf Hieronymus, der gesagt hatte, nicht Jerusalem gesehen, sondern dort gut gelebt zu haben, sei lobenswert. Auch diesem zweiten Fall hatte Hieronymus keinen reinigenden Wert zugestehen wollen, schrieb er doch, er sei nach Palästina gegangen, um die Bibel besser zu verstehen, also nicht um geistlicher Vorteile willen. Da das Konzil diesen Kommentar dem Zitat aber nicht hinzufügte, konnte man der Meinung sein, die Synode habe mit Hieronymus wenigstens indirekt der Wallfahrt nach Jerusalem einen reinigenden Wert zugestanden, wenn diese nämlich zu einem Daueraufenthalt führe. Augenscheinlich hat die Kirche später die Überzeugung, daß die Reise nach Jerusalem Ablaßwert habe, nicht mehr wirksam bekämpft. Sie hat sogar formal Teilablässe dafür zugestanden. Alexander III. bewilligte hierfür den Ablaß eines Jahres, aber das war zur Blütezeit der Kreuzzüge, als für den Kreuzzug selbst der volle, zeitlich unbeschränkte Plenarablaß zugestanden wurde, so daß die friedliche Pilgerreise verständlicherweise nur noch mit einem Teilablaß belohnt werden konnte.

Die Annahme erscheint nicht unbegründet, daß der Heilswert der Pilgerfahrt ins Hl. Land vor den Kreuzzügen großzügiger bemessen war und daß ablaßähnliche Versprechungen hierfür in der Tat gemacht wurden. Die erste offizielle Verlautbarung darüber stammt von Urban II. Dieser stellte 1089 das Erzbistum Tarragona wieder her. Er befahl dem katalanischen Adel und Klerus, beim Wiederaufbau der Stadt behilflich zu sein, und fügte hinzu, denen, die aus dem Geist der Buße und Frömmigkeit heraus nach Jerusalem zu gehen beabsichtigten, sei zu raten, den Aufwand und die Kosten dieses Bußwerkes der Wiederherstellung der Kirche von Tarragona zuzuwenden, damit die Stadt als ein den Sarazenenvölkern entgegengestelltes Bollwerk des Christenvolkes gefeiert werden möge; wer sich aber dazu entschließe, dem solle dieselbe Indulgenz (das ist der Fachausdruck für Ablaß, muß aber in dieser Zeit noch nicht notwendigerweise einen solchen bezeichnen) bewilligt werden, die er durch die Reise nach Jerusalem hätte erlangen können. Die Bedenken, die die ältere Papsturkundenforschung gegen den Schlußpassus angemeldet hat, haben der neueren Kritik nicht standhalten können. Wie umfassend der Lohn war, der den Jerusalempilgern gewährt wurde, die beim Aufbau Tarragonas mitarbeiteten, ist nicht mehr zu erkennen; von einem Plenarablaß darf man also keinesfalls reden.

Die Bedeutung des Tarragona-Aufrufs für die Entstehung der Kreuzzüge ist offenkundig, aber leider nur von Erdmann gebührend gewürdigt worden. Hier verbindet sich der christliche Wallfahrtsgedanke mit einem Werk, das der Abwehr der Sarazenen dient. Sechs volle Jahre vor dem Konzil von Clermont hat der Papst also bereits eine Art Indulgenz im Zusammenhang mit dem Heidenkampf bewilligt, und zwar ausgerechnet eine Pilgerindulgenz. Man hat neuerdings auf den defensiven Charakter des Aufbaus von Tarragona Wert gelegt, während der Kreuzzug doch ein offensives Unternehmen war. Doch ist der Einwand nicht stichhaltig, denn der Papst hat sich zum gleichen Thema später nochmals geäußert. In den Jahren 1096–1099 schrieb er an einige Grafen Kataloniens, sie möchten doch um der *remissio peccatorum* (Nachlaß der Sünden) willen am Aufbau Tarragonas mitarbeiten. Wenn die Ritter anderer Provinzen einmütig beschlossen hätten, der asiatischen Kirche zu Hilfe zu kommen und ihre Brüder vom Joch der Sarazenen zu befreien, so solle man in Katalonien der dortigen Kirche gegen die Einfälle der Sarazenen helfen. Urban stellt anschließend allen, die bei dieser Abwehr fallen, dieselbe Indulgenz (und hier ist es ein Ablaß) in Aussicht wie den Kreuzfahrern. Es ist wahr, daß hier nur von dem Lohn für die Gefallenen die Rede ist, aber mit Martyriumswilligen allein ließ sich der Aufbau Tarragonas nicht durchführen; die Mehrzahl der Kampfbereiten wollte in den Genuß des Ablasses, aber doch auch lebend wieder nach Hause kommen. Diese Mehrheit galt es anzusprechen und nach Tarragona umzulenken. Es ergibt sich also von selbst, daß auch den überlebenden Tarragonafahrern die gleichen Vorteile zukommen mußten wie den überlebenden Kreuzfahrern; es wäre sonst nicht zu verantworten gewesen, die Spanier vom Kreuzzug nach Jerusalem abzuhalten. Die Stellung Urbans II. zum Aufbau Tarragonas war unverändert geblieben. Hatte er ihn früher der Pilgerfahrt gleichgesetzt, so identifizierte er ihn später mit dem Kreuzzug. Wenn er für dieselbe Aufgabe einmal den Pilgerlohn, das andere Mal den Kreuzzugsablaß gewährte, so wirft das ein bezeichnendes Licht auf sein Denken: er sah offenbar im Kreuzzug nichts anderes als eine Fortführung der Pilgerfahrt.

Erdmann sah diese Dinge etwas anders. Er meinte, im Vordergrund habe bei Urban die Idee des kirchlich-ritterlichen Heidenkrieges gestanden, der Wallfahrtsgedanke sei nur als »Akzidenz« hinzugetreten. Das Umgekehrte scheint eher richtig und auch besser in die Logik der Dinge zu passen: es ist leicht, eine Wallfahrt zu bewaffnen und unter alten Formen ganz andere Ziele zu verfolgen, aber es ist schwierig, einen Krieger, und kämpfe er für noch so heilige Zwecke, in die von vornherein friedlichen Formen der Wallfahrt zu zwängen. Erdmann sah auch vollkommen richtig, daß kirchlicherseits in Clermont der entscheidende Vorgang nicht der Ablaß, sondern die Militarisierung der Pilgerfahrt und die kirchliche Billigung dieses Vorganges war. Der Kreuzfahrer war eine Art Vorzugspilger, ein Pilger mit Waffenehre. Er stand eine Stufe höher als der friedliche Jerusalempilger, aber der Unterschied war nur ein gradueller, kein grundsätzlicher. So haben es auch die Zeitgenossen verstanden. Den Kreuzfahrern wurde zwar das Schwert gesegnet, zugleich aber auch Stab und Tasche, die alten Abzeichen der Pilgerschaft. Noch ein Jahrhundert später erhielten Friedrich Barbarossa und die Könige von Frankreich und England Stab und Tasche, ehe sie zum Kreuzzug aufbrachen. Auch die Kreuzfahrer haben sich zunächst in erster Linie als Pilger gefühlt. Erdmann hat zwar gesagt, der Ausdruck »Ritter Christi« werde auf dem Kreuzzug geradezu zur Bezeichnung für Kreuzfahrer, während »Pilger« in den Hintergrund trete. Sicherlich war dieses begriffsgeschichtliche Argument zu einem guten Teil für seine Auffassung von der weniger großen Bedeutung der Pilgerfahrt für die Entstehung der Kreuzzüge mitverantwortlich. Hier kommt es entscheidend darauf an, welche Art von Quellen man befragt. Erdmann hat die Chroniken und die Kreuzzugsbriefe herangezogen. Aber die Chronisten sind schlechte Zeugen, waren es doch meist Geistliche, die nach der Eroberung Jerusalems schrieben und an der Ausbildung einer Kreuzzugsdoktrin arbeiteten, aber selbst in den anonymen *Gesta Francorum* findet sich der Ausdruck *Christi milites peregrini,* »Pilgerritter Christi«. Aber noch wichtiger sind die urkundlichen Zeugnisse von Männern, die zur Finanzierung ihrer Ausgaben für den Kreuzzug sich Geld bei der Kirche verschafften. Soweit hier Äußerungen über den Zweck des Auszuges fallen, entstammen sie ganz überwiegend der Pilgerwelt, und der Gedanke der Heidenbekämpfung ist äußerst selten. Von der Bevölkerung Mazedoniens sagt der Verfasser der anonymen *Gesta Francorum:* »Sie glaubten nicht, daß wir Pilger seien, sondern daß wir ihr Land verwüsten und sie töten wollten.« Erst während des Kreuzzuges, erst im Heer selbst, hat sich offenbar die Wendung vom bewaffneten Pilger zum Glaubenskrieger des Kreuzzugs vollzogen, aber als man 1096 auszog, geschah es (neben den erwähnten eschatologischen Aspekten) ganz in der Tradition der Jerusalemwallfahrt.

Nicht anders kann es Urban gesehen haben, denn die beiden Tarragona-Aufrufe lassen deutlich erkennen, daß sein Kreuzzugsgedanke von der Vorstellung der Pilgerfahrt getragen war. Hier liegt auch die eigentliche Wirkung, die die Spanienkämpfe auf die Entstehung der Kreuzzüge ausgeübt haben. Es war freilich kein durchschlagender Erfolg in Spanien, der Urban II. auf die Idee hätte bringen können, den Heidenkrieg generell mit der Pilgerfahrt zu verbinden, denn dem ersten Tarragona-Aufruf von 1089 war offenbar nur geringer Erfolg beschieden, trotz des päpstlichen Lohnversprechens und der finanziellen Anstrengungen des Grafen von Barcelona. Aber gerade der Mißerfolg bewies, daß die Pilgerfahrt mehr lockte als Spanien. Was dort mißlungen war, konnte glücken, wenn die Verbindung von Heidenkrieg und Lohngedanke auf den christlichen Osten als das Hauptziel der Fernwallfahrt angewendet wurde. Daß in dem Wallfahrtsgedanken ungleich mehr Kraft steckte als in der Heidenabwehr in Spanien, bewies später

die Tatsache, daß der Papst nicht einmal den Grafen von Barcelona, der als Landesherr der Hauptinteressent am Aufbau Tarragonas war, dort halten konnte, denn der Graf starb 1096 im Hl. Land. Die Verwendbarkeit der Pilgeridee für die Zwecke einer bewaffneten Intervention im Osten mußte sich einem aufmerksamen Beobachter geradezu aufdrängen.
Nun hat Erdmann trotz der von ihm herangezogenen Tarragona-Aufrufe das Interesse Urbans II. an der Pilgeridee ausdrücklich bestritten und gemeint, Urban habe den Wallfahrtsgedanken nur als Werbemittel benutzt. Aber Urbans spärliche Kreuzzugsschreiben geben für seine Stellung zur Pilgeridee nichts her. Es bleibt noch seine Rede in Clermont. Obwohl in mehreren Versionen überliefert, taucht doch in keiner die Pilgerfahrt auch nur am Rande auf, während sonst alle möglichen religiösen, wirtschaftlichen und sozialen Motive erwähnt werden. Das ist um so bemerkenswerter, als Urban in Clermont doch Argumente verwenden mußte, von denen er annahm, daß sie bei den Zuhörern wirkten. Wenn wir den Chronisten wenigstens in dem glauben dürfen, was sie als Inhalt der Rede übereinstimmend nicht berichten, so rechnete Urban die Pilgerfahrt nicht zu diesen Argumenten, obwohl er sich mit den Problemen der Wallfahrt bei den spanischen Feldzügen intensiv befaßt hatte. Sie war für ihn kein Werbemittel, sondern eine wirkliche Wurzel seiner Kreuzzugsidee. Dafür hat sich die Kreuzzugspropaganda des Pilgergedankens um so nachhaltiger bemächtigt, als sich herausstellte, wie wirksam die Bewaffnung der Wallfahrt war. Gerade die schon erwähnte, in jenen Jahren gefälschte Kreuzzugsenzyklika des Papstes Sergius IV. ist hierfür ein deutlicher Beweis.
Für das Volk erwies sich der Ablaß wohl als noch entscheidender, zumal als er mit der überaus populären Wallfahrtsidee verbunden wurde. Der »Ablaß« von Clermont war im Grunde genommen nichts Neues. Was das Konzil darüber beschloß, war zwar ein jurisdiktioneller Akt, aber kein Plenarablaß im heutigen Sinne, sondern etwas durchaus Herkömmliches. Man beschloß in sehr präziser und nicht mißzudeutender Form, wer allein aus Beweggründen der Frömmigkeit den Kreuzzug antrete, dem solle dieser anstelle aller kirchlichen Buße angerechnet werden. Genauso stellt es auch Urbans Brief an die Bologneser vom September 1906 dar. Ich kann mich der bis vor 20 Jahren allgemein vertretenen Meinung, daß dies einen Plenarablaß darstelle, nicht anschließen, denn das Konzil spricht nirgends auch nur beiläufig von einer transzendentalen Wirkung seines Beschlusses. Man wird nicht mehr darin sehen dürfen als eine Redemption oder eine Absolution, d. h. einen Nachlaß der kanonischen Bußstrafen in einer Art von Redemption (nämlich gegen die Ableistung des Kreuzzuges, dessen Bedeutung als Bußwerk der Umfang des vollkommenen Straferlasses entsprach). Es ist nicht einzusehen, warum hierin weniger eine Absolution zu sehen sein soll, als in einem viel stärker, ja fast präzis ablaßartig formulierten Sündenerlaß Gregors VII. für die Engländer von 1079, den die theologische Forschung, wenn auch nicht ohne Schwierigkeiten, als Absolution deutet. Man ist in der Interpretation des Clermonter Beschlusses viel zu sehr von dem später tatsächlich Gewordenen ausgegangen statt von dem Text selbst. Soweit ich sehe, hat allein Poschmann dies empfunden, wenn er sagt, der Ablaß sei zunächst nur in dem Sinn vollkommen gewesen, als er den Erlaß der vollen

Genugtuung *(remissio iniunctae poenitiae)*, jedoch noch nicht ohne weiteres den vollen Erlaß sämtlicher zeitlicher Sündenstrafen im Jenseits bedeutet habe. Dieser Interpretation steht aber die von Anfang an gebräuchliche, wenn auch im Konzilsbeschluß nicht vorkommende Formel von der *remissio peccatorum* entgegen als dem Erlaß eben dieser zeitlichen Sündenstrafen. Es ist ja wirklich nicht einzusehen, warum man nicht einen präziseren Ausdruck hätte finden können als *remissio peccatorum*, wenn man nur die *remissio poenitentiae* meinte. Wohl ging die Formel auf die Zeit zurück, in der das eine Ganze der kirchlichen Genugtuung noch Schuld und Strafe gleichzeitig tilgte, aber in Papstschreiben kommt sie erst in der zweiten Hälfte des 11. Jh. vor, und je mehr man zwischen Schuld und Strafe unterschied, desto zweideutiger mußte die Formel werden. Wenn Poschmann die Schwierigkeit durch die unbewiesene Behauptung zu beseitigen sucht, die *remissio peccatorum* bestehe dann eben in dem Erlaß der auferlegten Buße, so dreht sich die Beweisführung im Kreise, aber man braucht hierin noch kein apologetisches Bestreben gegenüber der älteren, streckenweise geradezu wüsten protestantischen Ablaßpolemik zu sehen, die gerade der Formel von der *remissio peccatorum* besondere Aufmerksamkeit schenkte, sondern es ist das Bemühen sichtbar, das bei ihm an und für sich Unvereinbare zu vereinen. Unvereinbar ist beides, der Konzilsbeschluß und die Papstformel, aber nur deshalb, weil die gesamte Forschung von der vorgefaßten Meinung ausging, das Konzil von Clermont habe einen regelrechten Plenarablaß verkündet.

Es handelte sich aber (und in Clermont formulierte man exakt!) ausschließlich und allein um den vollen Erlaß der von der Kirche auferlegten irdischen Bußstrafen. Gepredigt hat man freilich etwas ganz anderes, nämlich die *remissio peccatorum*, wörtlich den Nachlaß der Sünden, in der Kirchenlehre gleichbedeutend mit dem Nachlaß der zeitlichen Sündenstrafen (diese Definition aber erstmals bei Huguccio, † 1210). Die populäre Kreuzzugspropaganda ist von allem Anfang an bedenkenlos über die wesentlich engere Formulierung des Konzils von Clermont hinweggeschritten. Keiner der zeitgenössischen Chronisten, die über das Konzil berichten, gibt die offizielle Doktrin wieder. Nur Ordericus Vitalis spricht auch vom Erlaß der Bußstrafen, stellt aber den Erlaß der Sünden(strafen) als wichtiger voran. Davon war aber in Clermont nicht die Rede gewesen. Erdmann geht am Kern der Sache vorbei, wenn er meint, der Unterschied zwischen Nachlaß der Sünden und Erlaß der Pönitenz sei »für die Welt bedeutungslos« gewesen, vielmehr habe hier der allgemeine Glaube an die Sündenvergebung durch die Kreuzfahrt gewirkt. Es sind ja ausgebildete Theologen, die uns von dem Sündenstrafennachlaß berichten; sie konnten ihn von einem Bußstrafenerlaß wohl unterscheiden. Keiner von ihnen äußert aber ein Wort der Kritik oder der Erklärung. Es kann nur die allgemeine Kreuzzugswerbung gewesen sein, die die Beschlüsse von Clermont völlig in den Hintergrund drängte. Wir werden nicht fehlgehen in der Annahme, daß man den Unterschied zwischen dem gewohnten Bußstrafenerlaß und dem jetzt angeblich angebotenen Erlaß der Sündenstrafen (vielleicht der Sünden überhaupt, vgl. S. 37f.) in der Kreuzpredigt sehr deutlich erklärte und den Vorteil des letzteren herauszustellen versuchte, denn der Lohngedanke – und zwar ein

Lohn, den man nur durch die Kreuznahme erwerben konnte – beherrschte von nun an als hervorstechendes Merkmal die Kreuzzugswerbung. Auch wenn wir für den ersten Kreuzzug nahezu keine Quellen haben, dürfen wir hier von späteren Kreuzzügen doch zurückschließen.

Bis zu einem gewissen Grad darf man die Umdeutung der Clermonter Beschlüsse als Mißverständnis bezeichnen. Man versprach mehr, als man nach der Lehre der Kirche geben konnte. Dabei muß man freilich bedenken, daß die Prediger gleichsam im luftleeren Raum argumentierten, da sie weder am Lehramt noch an der theologischen Literatur eine Stütze hatten, weil es eine Ablaßlehre noch gar nicht gab. Mit dieser Interpretation entfällt auch die Behauptung der älteren protestantischen Ablaßkritik, die Päpste hätten sich hier ein souverän gehandhabtes »Machtmittel zur Erzeugung unbedingter Devotion« (Brieger) geschaffen. Gewiß ist der Kreuzzugsablaß, etwa im 13. Jh., auch für politische Ziele eingesetzt worden, aber er scheint keine römische »Erfindung« zu sein. Anders als durch diese Umdeutung zu transzendentaler Wirkung ist der Erfolg der Kreuzzugswerbung 1095/96 aber nicht zu erklären, denn das geforderte Ersatzwerk war doch in sehr vielen Fällen viel beschwerlicher als die entfallene Bußstrafe. Daß der eigentliche Kreuzzugsablaß wahrscheinlich nicht päpstlich-kirchlicher Herkunft ist, sondern in Ausdehnung des Clermonter Beschlusses von den Kreuzzugspredigern (oder, wenn man will, von den Bedürfnissen des Kirchenvolkes oder des Kreuzzuges selbst) gewissermaßen »fabriziert« wurde, geht auch aus der beißenden Kritik hervor, die Abälard um 1130 als erster am Ablaß übte. Er geißelte das Verfahren deshalb, weil die Kirche ja grundsätzlich an der Äquivalenz des Bußwerkes stets festhielt (bei deren Preisgabe die Entwicklung der Kirchenschatzlehre überhaupt sinnlos gewesen wäre) und diese im Ablaß solange nicht vorhanden war, als man von der Existenz des Kirchenschatzes nichts wußte. Die ablaßspendenden Bischöfe beriefen sich zur Zeit Abälards auf ihre Schlüsselgewalt nach Joh. 20, 23, aber der französische Theologe befand sich in voller Übereinstimmung mit der Tradition, wenn er dies als ungenügend ablehnte (Poschmann). Die Kirche konnte also strenggenommen vor der Definition des Kirchenschatzes gar keine zeitlichen Sündenstrafen erlassen, weil sie noch nicht in den Stand gesetzt war, die Äquivalenz der Buße zu wahren. Wenn dennoch unbestreitbar Ablässe erteilt wurden, so liegt die Vermutung nahe, daß man hier eine ohne Rom zustande gekommene Praxis verkirchlichte und die Theorie dafür nachlieferte. Die theologischen Begründungen des 12. Jh. für diese nicht mehr auszurottende und von der Öffentlichkeit dringend geforderte Praxis atmen denn auch alle eine gewisse Ratlosigkeit. Selbst Petrus Cantor († 1197), der nach einem Jahrhundert der Ablaßpraxis und der Diskussion als erster Theologe Positives im Ablaß zu erkennen suchte, sah ihn grundsätzlich noch immer als längst bekannte Redemption. Auch die moderne Theologie hat noch kaum einen Versuch gemacht, wenigstens einmal hypothetisch eine hieb- und stichfeste Begründung des Ablasses in einer Zeit, die den Kirchenschatz nicht kannte, zu geben; sie kann es auch nicht, da sie sonst, wenngleich ebenfalls nur hypothetisch, den Kirchenschatz als nicht unbedingt nötig markierte, außer sie deutet den »Kirchenschatz« als Grund der amtlichen Fürbitte der Kirche für die Nachlassung der zeitlichen Sündenstrafen durch Gott.

Die Kreuzzugsbewegung scheint ganz im Anfang der Kontrolle der Kurie zunächst entglitten zu sein. Wir haben gesehen, daß man sich entgegen den päpstlichen Plänen Jerusalem als Ziel suchte. Es wird sich noch zeigen, daß auch die päpstlichen Pläne zur Organisation des Zuges durch die Ereignisse teilweise überholt wurden. Ähnliches scheint sich auch beim Ablaß ereignet zu haben. Urbans Äußerungen zum Ablaß sind zweideutig. Im Brief an die Flandrer Ende 1095 sprach er selbst von der *remissio peccatorum,* also vom Erlaß der Sündenstrafen, bei den Bolognesern verwendete er die engere Formel des Bußstrafenerlasses, während der Brief nach Vallombrosa auf den Ablaß überhaupt nicht eingeht. Allerdings diente der erste Brief auch der Werbung von Kreuzfahrern, während die anderen beiden die Geistlichen von der Teilnahme abhalten sollten. Die Kurie hat auf jeden Fall der populären Ausdeutung der Clermonter Beschlüsse nicht widersprochen. Sie war sogar genötigt, diese Interpretation in der Folge zu ihrer eigenen zu machen. Die Entwicklung beginnt ganz deutlich bei Eugen III., der nach seinem eigenen Zeugnis zu Beginn des zweiten Kreuzzuges nicht auf Urbans Urkunden, sondern auf die Chronisten zurückgriff, als er erneut einen Kreuzzugsablaß verkündete. Es war kein Wunder, daß hierbei die *remissio peccatorum* zum Vorschein kam.
Einzelne Päpste, wie etwa Gregor VIII., suchten das Rad zurückzudrehen, indem sie den höchst zweideutigen Ausdruck *remissio peccatorum* vermieden und nur einen Bußstrafenerlaß in Aussicht stellten, wie ihn das Konzil von Clermont beschlossen hatte. Aber die Entwicklung war nicht mehr aufzuhalten und fand ihren Abschluß in dem Kreuzzugsdekret des vierten Laterankonzils von 1215, das fortan die Grundlage der päpstlichen Kreuzzugsdoktrin bildete. Hier wurde allen, die auf eigene Kosten und persönlich auf den Kreuzzug gingen, die volle Verzeihung aller Sünden versprochen, für die sie zerknirschten Herzens wahre Beichte abgelegt hatten. Die Verwirrung schien nunmehr vollkommen, denn das scheint einen vollkommenen Nachlaß der Sünde selbst, eine völlige Tilgung durch die Kirche mittels eines außersakramentalen Bußwerkes zu bedeuten. Um die bloßen Sündenstrafen kann es sich hier nicht handeln, da man ja nur Sünden, aber nicht Sündenstrafen beichten kann. Hier greift die von Huguccio, endgültig von dem Aquinaten formulierte Lehre der Kirche ein, wonach die Sünden in zweifacher Hinsicht vergeben werden können, der Schuld (in der Beichte) und der Strafe nach, aber wie sollten die auf Erfolg bedachten Kreuzzugsprediger, die »Menschenfischer«, wie einer von ihnen sich in Anlehnung an Matth. 4, 19 nannte, der Masse von Analphabeten, die ihre Zuhörer bildeten, diesen feinen und noch nicht abschließend definierten Unterschied begreiflich machen? Hätten sie denn auch päpstlicher sein sollen als der Papst, der Nachlaß der Sünden *(remissio peccatorum)* sagte und Nachlaß der Sündenstrafen meinte? Wir haben jedenfalls keinerlei Hinweis darauf, daß die Kreuzpredigt versucht hätte, auf den engeren Begriff des Sündenstrafenerlasses besonderen Wert zu legen. Im Gegenteil: als Abt Martin von Pairis in Basel zu Beginn des 13. Jh. den vierten Kreuzzug predigte, sagte er zum Schluß: »Wenn ihr aber fragt, was ihr an sicherem Lohn von Gott für solche Mühe erhoffen dürft, so verspreche ich euch auf das bestimmteste, daß jeder, der das Kreuz nimmt und reine Beichte ablegt, gänzlich von aller

Sünde gereinigt werden wird.« Welcher nicht theologisch gebildete Zuhörer hätte hierunter etwas anderes verstehen sollen als eine vollständige Tilgung der Sünde, der Schuld und der Strafe nach?

Begünstigt durch die erweiternde Interpretation der Clermonter Beschlüsse hat der Lohngedanke neben anderen Motiven (s. S. 91) in der Kreuzzugswerbung während der ganzen Dauer der Bewegung eine überragende Rolle gespielt. Keiner der Werber glaubte darauf verzichten zu können. Man arbeitete dabei mit ganz deutlichen Bildern und scheute sich nicht, das Kind beim Namen zu nennen: es war ein geistliches Geschäft, das man dem Gläubigen unterbreitete und das auszuschlagen nur die Torheit des letzteren erwiesen hätte. Besonders wirksam wurde das Bild vom »klugen Kaufmann«, zum erstenmal gebraucht in einem Werbebrief des Hl. Bernhard von Clairvaux, der ausgesprochen stark die transzendentale Wirkung des Ablasses betonte: »Jetzt hast Du, tapferer Krieger, eine Gelegenheit, ohne Gefahr zu kämpfen, wo siegen Ruhm bedeutet und sterben Gewinn. Wenn Du ein kluger Kaufmann bist, . . . nimm das Kreuz, und Du wirst für alles, was Du reumütigen Herzens bekennst, Ablaß erhalten. Die Ware (das Kreuz) kostet wenig, wenn man sie erwirbt; wird sie mit frommer Gesinnung erworben, so gilt sie zweifellos soviel wie das Reich Gottes.« Deutlicher läßt es sich nicht mehr sagen, und es konnte auch nicht ohne Wirkung bleiben. Die Metapher kehrt unter anderem wieder in den Carmina Burana aus der ersten Hälfte des 12. Jh.: »Der kluge Kaufmann wird anwesend sein, / der das Leben kaufen will . . . Der letzte wird der erste sein, / und der erste wird der letzte sein, / ungleich ist die Berufung, / aber gleich die Entlohnung *(remuneratio)*, / während allen Arbeitern (Kreuzfahrern) / der Pfennig des Lebens gegeben wird.« Und ein französisches Kreuzlied derselben Zeit lautet: »Ich habe sagen hören als Ratschlag: / ein guter Handel zieht Geld aus der Börse. / Der ist sehr leichtsinnig, / der das Gute sieht und das Schlechte nimmt. / Wißt Ihr, was Gott denen versprochen hat, / die das Kreuz nehmen werden? / Bei Gott, er verspricht, sie sehr schön zu belohnen: / Das Paradies auf ewig. / Wer seinen Profit gut wahrzunehmen versteht, / ist ein Narr, wenn er bis morgen wartet.« Hier spricht nicht nur die Stimme der Werber zu uns, sondern direkt auch die Stimmung der Geworbenen. Gegen Ende des Jahrhunderts dichtete der Provenzale Aimeric de Belenoi: »Denn der Zug ist Hoffnung / auf Gut und Freude und Dank / und Tüchtigkeit und Ehre / und Befreiung von Sünden.« Zur gleichen Zeit sang Heinrich von Rugge hinsichtlich des Kreuzzuges: »ûf bezzer lôn stêt aller mîn gedanc.« Aus dem zweiten Jahrzehnt des 13. Jh. sind uns Kreuzpredigten Jakobs von Vitry erhalten. In eine davon hat er eine Geschichte eingebaut, die nicht wahr zu sein braucht, aber doch möglich gewesen sein muß, wenn er sie verwendete, also auch wieder die Einstellung der Hörer zeigt: eine Frau suchte ihren Mann vom Hören der Kreuzpredigt abzuhalten. Er konnte derselben nur durchs Fenster zuhören, sprang aber stracks durchs Fenster, um das Kreuz zu nehmen, als er vernommen hatte, daß man durch die Kreuznahme so viel Ablaß gewinnen könne, wie sonst nur durch sechzigjähriges Fasten und das Tragen eines Bußgürtels, daß man auch dem Fegefeuer und der Hölle sicher dadurch entgehe.

Man kann also deutlich erkennen, mit welchen Mitteln in der Kreuzzugs-

werbung gearbeitet wurde, wobei es natürlich verfälschend wäre zu behaupten, die Kreuzzugswerbung hätte eine mehr spirituelle Ausdrucksweise vermieden und nur mit drastisch-merkantilen Bildern gearbeitet, die man übrigens auch aus dem Kolorit der Zeit verstehen muß, in der der Fernhandel einen ungeahnten Aufschwung nahm. Der Hl. Bernhard, der das merkantile Vokabular nicht gescheut hat, sagte auch ganz andere Dinge (s. S. 91). Nur: verzichten wollte auch er auf dieses wirksame Werbemoment nicht.
Es empfiehlt sich, die Frage außer acht zu lassen, ob oder ob nicht kirchlicherseits der Eindruck erweckt wurde, es sei im Ablaß (und damit außerhalb des kirchlichen Bußsakraments) eine völlige Tilgung der Sünden (der Schuld wie der Strafe nach) möglich, obgleich es nicht ausgeschlossen erscheint, daß die Zeitgenossen die keineswegs eindeutige kirchliche Terminologie manchmal so auslegten. Der Unterschied zwischen Bußstrafenerlaß und Nachlaß der Sündenstrafen, der sich innerhalb der hergebrachten kirchlichen Ablaßlehre bewegt, reicht noch immer aus, um den Erfolg von Clermont zu erklären. Daß man durch den Heidenkampf Erlaß der Pönitenz erringen konnte, war nichts Neues mehr. Daß man aber, wie es die Kreuzzugspropaganda hinstellte, durch die Kreuznahme einen Nachlaß der Sündenstrafen erhalten konnte, war eine unerhörte Neuerung. Denn sowohl die an den Anfang des Bußwerkes gestellte Rekonziliation wie die kommutierende Redemption betrafen nur die Bußstrafen und hatten keine transzendentale Wirkung auf die Sündenstrafen selbst, während die Absolution eine solche wohl erstrebte, aber nicht garantieren konnte. Demgegenüber bot der Ablaß eine quantitativ bestimmbare und sicher gewährleistete Wirkung vor Gott, durch die die zeitlichen Sündenstrafen ebenso wie die irdischen Bußstrafen gemildert, beim Plenarablaß gänzlich getilgt wurden. Nur Alexander II. hatte für den Heidenkampf diesen Lohn versprochen, doch war das angesichts des weit engeren Adressatenkreises wirkungslos geblieben. Aber in Verbindung mit dem überall populären Gedanken der Wallfahrt nach Jerusalem enthüllte sich die Sprengkraft des Kreuzzugsablasses. Ekkehard von Aura sprach von einem »neuen Weg der Buße«, der hier eingeschlagen worden sei. Hier liegt auch das Geheimnis des überraschenden, nicht zuletzt die Kirche überraschenden Erfolges von Urbans Kreuzzugsaufruf. Man stelle sich einen Ritter im Frankreich südlich der Loire vor, der mit seinen Verwandten in der sozial und wirtschaftlich unbefriedigenden Form der Frérêche lebte, dem der Gottesfriede die Fehde und die oft genug damit verbundene gehobene Wegelagerei versagte. Ihm wurde plötzlich die Gelegenheit zu einer von der Kirche gesteuerten Pilgerfahrt geboten, die ohnehin der Wunsch vieler war, zu einer bewaffneten Pilgerfahrt obendrein, auf der man am ritterlichen Lebenselement des Kampfes teilnehmen durfte. Dafür winkte neben der Aussicht auf Beute noch der vorher nie angebotene vollkommene Erlaß der zeitlichen Sündenstrafen, insbesondere des Fegefeuers. Die Absolution im Bußsakrament nahm die Sündenschuld hinweg, die Kreuznahme bewirkte noch vor Antritt des Ablaßwerkes die Tilgung aller Sündenstrafen. Ein solches Angebot nicht anzunehmen, seine Annahme zumindest nicht sehr ernstlich zu erwägen, wäre in der Tat höchst töricht gewesen. Der »kluge Kaufmann« griff entschlossen zu. Und wer hätte nicht zu den klugen Kaufleuten gehören wollen?

Recht besehen war die Kreuznahme unter solchen Voraussetzungen natürlich auch ein Akt des Glaubens als eines naiven Vertrauens zu den Versprechungen der geistlichen Werber. Man darf freilich nicht annehmen, alle Kreuzfahrer wären aus Frömmigkeit auf den Kreuzzug gezogen. Es gab auch im Mittelalter Skeptiker, und die Motive für die Kreuzfahrt waren vielfältig und verschlungen und sehr häufig sozialer und wirtschaftlicher Natur. Aber für die, die auf dem Boden der Kirchenlehre standen oder zumindest nicht außerhalb derselben, die die Sündenstrafen für eine Realität hielten oder zumindest die Möglichkeit ihrer Existenz einräumten, mußte das Angebot einen unwiderstehlichen Reiz haben. Ob der Kreis dieser Gläubigen die Mehrheit der Bevölkerung stellte, sei dahingestellt, aber er dürfte einen Großteil der zum ersten Kreuzzug Aufbrechenden ausgemacht haben. Die Kreuzfahrer von 1095 konnten freilich nicht ahnen, daß das Angebot, von dem sie Gebrauch machten, in Wirklichkeit viel enger war, als ihnen die »Menschenfischer« versprochen hatten.

3. Der erste Kreuzzug 1096–1099

Mit dem Versprechen geistlichen Lohns war die Werbung für den Kreuzzug keineswegs beendet[16]. Es galt, auch eine rechtlich-organisatorische Form für das Unternehmen zu finden, die abgestimmt sein mußte auf die Teilnehmer, welche man anzusprechen gedachte. Eine Beteiligung der Könige Europas war völlig ausgeschlossen. Urban dachte deshalb an ein Ritterheer, das unter kirchlicher Führung stehen sollte, denn eine andere übergeordnete Institution, die die Leitung hätte übernehmen können, gab es nicht. Noch in Clermont ernannte er den Bischof Adhémar von Le Puy zu seinem Legaten und bezeichnete ihn später gerade heraus als »Führer« des Kreuzzugs. Inwieweit Adhémars Funktionen in Urbans ursprünglichen Plänen nicht nur geistlicher, sondern auch politischer Natur sein sollten, ist umstritten, doch dürfen eventuelle politische Aufgaben keineswegs überschätzt werden. Die militärische Führung sollte nach der päpstlichen Absicht wohl in den Händen des Grafen Raimund IV. von Toulouse liegen, mit dem Urban das Projekt schon vor Clermont besprochen hatte.
Alle Ritter, die schworen, auf den Kreuzzug zu ziehen, wurden in einer symbolischen Handlung in die Reihen der Kreuzfahrer aufgenommen. In Anlehnung an das Matthäuswort von der Nachfolge Christi (Matth. 16, 24) verlieh Urban II. schon in Clermont den ersten Kreuzzugswilligen Stoffkreuze, die sie sich auf die Schulter hefteten. Dieses Stoffkreuz blieb von nun an durch alle Kreuzzüge hindurch das Abzeichen aller Kreuzfahrer. Die Bedeutung dieses Symbols war zweifach. Einmal war es ein Zeichen des göttlichen Schutzes, ein Zeichen der Zugehörigkeit zu einer bestimmten Gemeinschaft, das Zeichen des Pilgers mit Waffenehre. Dann aber war es auch ein rechtliches Symbol, das weltliche Privilegien verbürgte, denn die Kirche erließ weitgehende Bestimmungen zum Schutze der Kreuzfahrer, indem sie den Gottesfrieden und den Schutz der Kirche auf das Gut der

Kreuzfahrer ausdehnte. In der Theorie lief es darauf hinaus, den Besitz der Kreuzfahrer für die Dauer ihrer Abwesenheit der Kontrolle der weltlichen Staatsgewalt zu entziehen und ihn von Abgaben zu befreien; auch ein Schuldenmoratorium wurde den Kreuzfahrern im allgemeinen gewährt, zumal sie für die Reise oft erhebliche Auslagen hatten und bei Standesgenossen oder bei der Kirche Anleihen machen mußten. Wer das Gelübde, d. h. den Eid, das Kreuz zu nehmen, brach, galt hingegen als exkommuniziert. Das Gelübde war von derart zentraler Bedeutung, daß die mittelalterlichen Kirchenrechtler den Kreuzzug als kirchenrechtliche Institution unter der Überschrift *De voto* abhandelten. Zwar hat A. Noth sich an dem Nachweis versucht, daß weder Urban noch das Konzil von Clermont schon das Gelübde eingerichtet hätten, sondern sich dieses vielmehr erst im Heer des ersten Kreuzzuges gebildet habe und vom Papsttum erst unter Calixt II. übernommen worden sei. Aber Noth hat damit zu Recht vehementen Widerspruch von Brundage und anderen erfahren. Die Entgegennahme des Gelübdes und die Verleihung des Stoffkreuzes durch den Klerus sollten wohl auch dazu dienen, unerwünschte Elemente ohne Kampfwert von der Kreuzfahrt abzuhalten. Urban scheint durch die explosive Wirkung des Kreuzzugsgedankens auch in nichtritterlichen Kreisen etwas nervös geworden zu sein, denn wir wissen, daß er 1096 Alte und Kranke tunlichst vom Kreuzzug zurückzuhalten suchte. Kleriker und Mönche sollten nur mit Erlaubnis ihrer Oberen ausziehen. Der Aufbruch wurde vom Papst für den 15. August 1096 festgesetzt. Wahrscheinlich war beabsichtigt, daß sich die verschiedenen Kontingente in Konstantinopel vereinigen sollten[17].

Der Papst blieb nach dem Konzil von Clermont noch acht Monate in Frankreich. Den Bereich des kapetingischen Königs vermied er, aber in Limoges und Angers, vielleicht in Tours und Nîmes predigte er den Kreuzzug. Seine Reise verlief jetzt wie auch in den Wochen vor dem Konzil meist über cluniazensische Klöster, stand er doch als gebürtiger Franzose und ehemaliger Prior von Cluny diesem Orden besonders nahe. Wir dürfen daher annehmen, daß die Cluniazenser der Propagierung des Kreuzzuges ihre Unterstützung verliehen. Urban hatte die Werbung im übrigen den Bischöfen aufgetragen. Das erklärt, daß sie in den Gebieten besonders schwach war, die in Clermont nicht vertreten gewesen waren, so neben England auch Deutschland und Süditalien. Beide Gegenden erfuhren offenbar erst durch die durchziehenden Kreuzfahrer von dem Aufruf Urbans.

Blieb Urban selbst südlich der Loire, so entwickelte sich die Kreuzzugswerbung auch nördlich dieser Linie. Es waren nicht nur die Bischöfe, die predigten; in der Normandie etwa wurde der Abt von St. Bénigne in Dijon tätig. Vor allem aber bemächtigten sich die Volksprediger, die der Armutsbewegung der unteren Schichten nahestanden, der Werbung. Robert d'Arbrissel (ca. 1055–1117), einer der geistigen Führer dieser Gruppe, die in völliger Armut die Nachfolge Christi anstrebte, predigte im Loiretal, aber er wurde noch weit übertroffen, von der Gestalt Peters des Eremiten[18]. Der Einsiedler stammte aus der Pikardie und hatte vermutlich schon vor dem Kreuzzug in Mittelfrankreich als Prediger gewirkt. Von nicht gerade anziehendem Äußeren, meist schmutzstarrend, ritt er auf einem Esel durch die Lande, entfaltete aber infolge seiner offenbar zündenden Beredsamkeit große Ausstrahlung. Ein ganzer Kranz von Legenden hat sich an ihn schon im Mittelalter geknüpft und ihm den Haupteinfluß beim Zustandekommen des Kreuzzuges zugewiesen, wovon heute keine Rede mehr sein kann. Er soll einen Brief mit sich herumgetragen haben, den er angeblich vom Himmel erhalten hatte und in dem zu lesen stand, die Christen würden die Heiden aus den Hl. Stätten vertreiben, wenn sie es nur versuchten. Versionen dieses Briefes sind tatsächlich in Abschriften verbreitet worden. Andere Berichte wollen von Visionen wissen, die er bei einer Wallfahrt nach Jerusalem am Grab des Herrn gehabt haben soll. Bei dem Ruf, der ihm voraus eilte, braucht man sich über seinen Erfolg nicht zu wundern. Er predigte im Berry, im Orleanais, in der Champagne und in Lothringen, um dann nach Trier und Köln zu ziehen, wo er – schon auf dem Weg nach Osten – im April 1096 war. Eine große Masse niederen Volkes, unter der der Ritter Walter ohne Habe besonders bekannt wurde, schloß sich ihm an. Diese »Kreuzfahrer« waren schlecht bis gar nicht bewaffnet und ermangelten vor allem des Geldes, das für die weite Reise nötig war. Die kirchlichen Behörden waren offenbar nicht imstande, ihren Aufbruch zu verhindern, obwohl man an ein solches Kreuzfahrerkontingent bestimmt nicht gedacht hatte. Hier zeigt sich die gewaltige Kraft, die von der durch Urban geschaffenen Verbindung von Wallfahrt, Heidenkrieg und geistlichem Lohn ausging. Die Idee ergriff gleichmäßig alle Stände und ließ sich nicht nur auf das Rittertum beschränken, wie man wohl gehofft hatte. Auch das niedere Volk wollte auf die gebotenen Vorteile nicht verzichten.

Vom Rheinland aus zogen diese größtenteils nichtritterlichen Scharen in verschiedenen Zügen gegen Osten, über Ungarn und Bulgarien nach Konstantinopel. Als erster brach Walter ohne Habe auf, der hauptsächlich Franzosen mit sich führte, während Peter der Einsiedler sich in Köln noch der Kreuzpredigt widmete. Walters Abteilung gelangte ohne allzugroße Schwierigkeiten nach Byzanz (Mitte Juli 1096). Peter erreichte die byzantinische Hauptstadt etwa zwei Wochen später; ihm hatten sich neben den restlichen Franzosen hauptsächlich Lothringer, Rheinländer und Süddeutsche angeschlossen. Bei Nisch zeigte es sich, daß der Eremit Peter weniger geeignet zur Führung ungeordneter Haufen war als der Ritter Walter; es kam nach zuchtlosem Verhalten der Kreuzfahrer zu scharfen Kämpfen mit petschenegischen Soldtruppen in byzantinischem Dienst, wobei Peters Haufen starke Verluste erlitt. Weitere Kontingente, die sich mehr aus Deutschen als aus Franzosen zusammengesetzt zu haben scheinen, standen unter der Führung eines Priesters Gottschalk, eines gewissen Volkmar, über dessen Herkunft wir nichts wissen, sowie des Grafen Emicho von Leiningen und des Vizegrafen von Melun. Sie gelangten allesamt überhaupt nicht bis Konstantinopel. Waren die Züge Walters ohne Habe und Peters des Eremiten noch in relativ ordentlichem Zustande vor sich gegangen, so benahmen sich die Nachfolgenden als wilde Horden, die angesichts ihrer Unordnung nicht einmal das byzantinische Staatsgebiet erreichten, sondern schon vorher in Ungarn niedergemetzelt wurden, nachdem sie sich dort hauptsächlich mit Raub und Plünderung beschäftigt hatten. Sie hatten aber, ehe sie überhaupt aus Deutschland aufbrachen, bereits eine traurige Berühmtheit erlangt. Von unverantwortlichen Predigern fanatisiert und von dem Reichtum der bedeutenden jüdischen Gemeinden längs des Rheins angelockt, ließen sie sich zu Judenpogromen hinreißen, wie sie das Mittelalter bisher nicht erlebt hatte. Besonders Emicho von Leiningen und sein Haufen taten sich hierbei hervor. Kaiser Heinrich IV. hatte, wie es seit langem Tradition der deutschen Könige war, die Juden ausdrücklich in seinen Schutz genommen, und diese zahlten überdies an den Herzog von Niederlothringen noch viel Geld, um sich vor der Mordgier der Kreuzfahrer zu schützen, aber es war alles vergebens. Rheinabwärts ziehend (also durchaus nicht auf dem Weg nach Osten) beraubten und mordeten die Kreuzfahrer nacheinander die Juden in Speier, Worms, Mainz, Trier und Köln, andere fielen über die Hebräer in Neuss und Xanten und sogar in Prag her, worüber uns von jüdischer Seite noch grauenerregende Berichte vorliegen. Ein Teil der Bischöfe versuchte vergeblich, die Juden gegen die mordenden Horden in Schutz zu nehmen. Häufig war das Argument, die Juden seien als Feinde Christi strafwürdig, nur ein schlechter Vorwand, der die wirklichen Motive der Habgier nur unzureichend verhüllte, und es ist anzunehmen, daß viele Kreuzfahrer sich erst aus der jüdischen Beute die notwendigen Mittel für die Reise beschafften, deren sie sich allerdings nur bis zu ihrer Vernichtung in Ungarn erfreuen sollten. Daneben ist aber im Sinne von Riley-Smith wirklich zu bedenken, daß den Kreuzfahrern ein mobilisierendes Feindbild fehlte und man zunächst die Juden substituierte[19].

Mittlerweile hatten die Leute Walters und Peters ein Lager vor Konstantinopel aufgeschlagen, und Peter wurde von Kaiser Alexios Komnenos in Audienz empfangen. Dieser beschenkte ihn reich und riet ihm, vor dem Weitermarsch nach Kleinasien das Eintreffen weiterer Kontingente abzuwarten. Peter war offenbar dazu bereit, aber seine Gefolgsleute drängten, und schließlich rieten auch die Byzantiner zur Überfahrt über den Bosporus, weil die Kreuzfahrer immer unruhiger wurden und die Vorstädte zu plündern begannen. Am 6. August 1096 wurden sie über den Bosporus transportiert und marschierten über Nikomedia nach Civetot, einem byzantinischen Heerlager für englische Soldtruppen, das jetzt verlassen lag. Sie waren nunmehr schon an der Grenze des türkischen Einflußgebiets und konnten es nicht lassen, Vorstöße auf türkisches Gebiet zu unternehmen, wobei die Franzosen in Nicaea reiche Beute machten. Eine daraufhin ausziehende deutsche Gruppe wurde bei Xerigordon von den Türken eingeschlossen. Als das Hauptkontingent ihnen zu Hilfe eilen wollte, wurde auch dieses am 21. Oktober 1096 von den türkischen Truppen völlig aufgerieben. Nur wenige Überlebende retteten sich nach Konstantinopel, wohin sich schon vorher Peter der Einsiedler zu Verhandlungen begeben hatte. Er begleitete von dort aus später die Ritterheere des ersten Kreuzzuges. Die Kreuzfahrt des niederen Volkes war zu Ende; sie hatte nicht nur zu einer Katastrophe geführt und war nicht nur nutzlos geblieben, sondern sie hatte auch den byzantinischen Behörden und dem byzantinischen Volk von vornherein einen ungünstigen Eindruck von den Kreuzfahrern vermittelt. Die Byzantiner standen von nun an den Kräften, die sie gerufen hatten, sehr skeptisch gegenüber. Von allem Anfang an war die Zusammenarbeit zwischen den Kreuzfahrern und Byzanz mit einer Hypothek des gegenseitigen Mißtrauens belastet.

Ein Erfolg des Kreuzzuges war nur von den ritterlichen Truppen zu erwarten, deren Zug hier prototypisch für die Beschwerlichkeiten aller Kreuzzüge ausführlicher geschildert werden soll. Als einer der ersten verließ Mitte August 1096, also zum festgesetzten Termin, Gottfried von Bouillon († 1100) mit einer großen Menge von Lothringern, Nordfranzosen und Deutschen die Heimat. Er stammte aus dem Hause der Grafen von Boulogne und war von Heinrich IV. 1087 zum Herzog von Niederlothringen ernannt worden. Er scheint sich in dieser Stellung keinen allzugroßen Einfluß errungen zu haben, so daß er vielleicht im Kreuzzug die Möglichkeit sah, zu höheren Zielen zu gelangen. Wir wissen allerdings gar nichts über die Gründe seiner Kreuznahme. Aus dem teilweise schon in den Quellen berichteten Verkauf seiner Güter, ja sogar seiner Stammburg Bouillon, hat die Forschung zum Teil geschlossen, daß er die Brücken hinter sich abzubrechen und nicht mehr zurückzukehren gedachte. Aber eine genaue Betrachtung erweist, daß er für die Finanzierung von seinen Familiengütern nur Stenay und Mousay zwischen Verdun und Sedan an den Bischof von Verdun verkaufte, mit dem er hierüber einen langen Streit gehabt hatte und dem er im Zuge dieser Flurbereinigung die von ihm zu Lehen besessene Grafschaft Verdun zurückgab, freilich mit dem Proviso, daß der Bischof sie seinem Bruder Balduin verleihen müsse. Dagegen hat er den »Pays de Bouillon« (östlich von Sedan in Belgien) als seinen Hauptbesitz dem Bischof von Lüttich nur verpfändet, sich und seinen Erben ein Auslösungs- oder Rückkaufsrecht jedenfalls ausdrücklich vorbehalten. Vor allem aber verzichtete er nie auf sein Herzogtum, sondern holte vorschriftsmäßig die kaiserliche Erlaubnis zum Verlassen des Reiches ein, und der Kaiser ernannte auch erst nach Gottfrieds Tod einen neuen Herzog von Niederlothringen (1101). Da Gottfried der erste war, der später über Jerusalem regieren sollte, hat sich die Legende in hervorragendem Maße seiner angenommen und ihn zu einer Art Leitbild des idealen Kreuzfahrers gestempelt. Dieser Prozeß setzte schon kurz nach dem ersten Kreuzzug mit dem Chronisten Albert von Aachen ein, der in Gottfried seinen Heros sah. Gottfried war sicherlich nicht so reinen Herzens und Gemüts, wie man ihn im Mittelalter hingestellt hat, aber er war andererseits auch keine absolut mittelmäßige Figur, wie man im 19. Jh. gern angenommen hat. Er war reich genug, um ein ansehnliches Kontingent von Vasallen und Rittern aufzubringen, und es waren vornehmlich Lothringer, die während und nach dem Kreuzzug in seiner Umgebung einflußreich waren. Vor allem sein Bruder Balduin von Boulogne und ein anderer Verwandter, Balduin von Bourcq, müssen unter seinen Begleitern erwähnt werden. Sein Bruder, der in Jerusalem sein Nachfolger werden sollte, war ursprünglich in der kirchlichen Laufbahn gewesen, aus dieser aber zwischen 1076 und 1086 ausgeschieden, als die Kirchenreform die Kumulation von Pfründen verbot. Die Erbschaft der Eltern war 1076 schon unter die beiden Brüder geteilt, so daß Balduin leer ausging und sein Glück durch eine Einheirat in eine der führenden Familien der Normandie suchte. Daß er dort am Sitz des Schwiegervaters lebte, ist für die Forschung bis vor kurzem dadurch verdeckt worden, daß er nicht mit dem Herzog der Normandie, sondern mit Gottfried von Bouillon zum Kreuzzug aufbrach, also aus Lothringen, wohin er wegen der Grafschaft

Verdun, deren er sich alsbald wieder entäußerte, zurückgekehrt war. Jetzt nahm er sogar seine Frau mit auf den Kreuzzug, da sie sein Faustpfand für eine normannische Erbschaft war. Der Marsch nahm die Richtung durch Ungarn und Bulgarien über Belgrad–Nisch–Sofia–Philippopel–Adrianopel nach Byzanz. Dank guter Disziplin und einem Vertrag mit König Koloman von Ungarn, in dem Balduin von Boulogne als Geisel gestellt wurde, verlief der Zug nahezu reibungslos. Am 23. Dezember 1096 war Gottfried in Konstantinopel, wo er bereits den Grafen Hugo von Vermandois vorfand, der etwa zur gleichen Zeit aufgebrochen war, mit seinem kleinen Kontingent aber den Seeweg genommen hatte.

Die süditalischen Normannen hatten noch nie Abneigung gezeigt, wenn es galt, gen Osten zu ziehen. Einer ihrer mächtigsten Feudalherren war der etwa 40jährige Boemund von Tarent († 1111), der älteste Sohn Robert Guiskards. Sein Sinn stand eindeutig nach mehr Macht, als er in Italien besaß. Denn dort hatte Roberts jüngerer Sohn Roger Borsa die Nachfolge angetreten, während Boemund die Gebiete östlich der Adria hatte erhalten sollen, woraus aber wegen des Zusammenbruchs des normannisch-byzantinischen Krieges 1085 nichts geworden war. Es war verständlich, wenn Boemund sich jetzt anderwärts schadlos halten wollte. Unter allen Anführern des Kreuzzuges darf man ihn getrost als den ehrgeizigsten und skrupellosesten bezeichnen. Von einem echten Kreuzfahrer hatte er wenig an sich, um so mehr aber von der normannischen Unrast und Machtgier. Dennoch wußte Boemund die religiöse Idee durchaus für seine Zwecke zu benutzen und verteilte, als er sich anläßlich einer Belagerung Amalfis zum Kreuzzug entschloß, bereitwillig und eigenhändig Stoffkreuze an seine Gefährten. Seine Truppe war kleiner als die Gottfrieds; unter seinen Gefährten ragte sein junger Neffe Tankred hervor. Auch ein namenloser Geistlicher oder Ritter zog mit ihm, der uns einen wichtigen Bericht über den Kreuzzug, die sogenannten *Gesta Francorum*, hinterlassen hat, die freilich ganz und gar Boemund verherrlichen. Die Normannen setzten zu Schiff über die Adria und nahmen von dort den Weg über Land entlang der alten Via Egnatia nach Byzanz. Boemund war scharf auf Disziplin bedacht, wollte er doch in Konstantinopel einen guten Eindruck erwecken, da man seinem Kommen dort mit gemischten Gefühlen entgegensah; man hatte den Normannenkrieg nicht vergessen. Aus demselben Grund zeigte sich auch die Bevölkerung der durchzogenen Gebiete wenig geneigt, Lebensmittel zu verkaufen. Immerhin kam man ohne allzustarke Plünderung und also auch ohne größere Reibereien mit den Byzantinern voran. Schlimmer wurde es erst, nachdem Boemund die Armee unter Tankreds Führung zurückgelassen hatte und nach Konstantinopel vorausgeeilt war, wo er Anfang April 1097 eintraf.

Das größte Heer kam in Südfrankreich zustande und umfaßte in der Hauptsache Provenzalen und Burgunder. Sein Führer, Graf Raimund von Toulouse, war mit Abstand der reichste aller Kreuzfahrer und konnte allein aus seinen Vasallen eine stattliche Schar aufbringen. Bei ihm befand sich auch der päpstliche Legat Adhémar von Le Puy. Raimund war ein Mann von 55 Jahren, der mit großer Energie, Tapferkeit und Schläue in der Provence und im Languedoc sich zum Herrn über 13 Grafschaften gemacht hatte. Diese hinterließ er seinem Sohn Bertrand, während er seine Frau auf die beschwerliche Reise mitnahm, auf der sie ihm seinen zweiten Sohn gebar. Wilhelm von Malmesbury berichtet, er habe einen Eid geleistet, nie in seine Heimat zurückzukehren, und tatsächlich hat er sie nie mehr gesehen. Unter den Kreuzzugsführern ragt er als der hervor, dem man noch am wenigsten ehrgeizig-materielle Gründe für die Kreuznahme nachsagen kann[20], aber sein Charakter ist schwer zu erkennen. Seinem Kaplan und Chronisten Raimund von Aguilers darf man nur mit Vorsicht folgen, modelte dieser sein Objekt doch jeweils so nach Belieben, daß der Wille Gottes in der Geschichte zum Ausdruck kam, was das Hauptziel des Chronisten gewesen zu sein scheint. Wie Raimunds Heer bis auf den Balkan kam, wissen wir nicht. Von hier an folgte der Graf der albanischen Küste bis Dyrrhachion und nahm von dort aus die Via Egnatia. Da er aber erst im Oktober aufgebrochen war, geriet das Heer nunmehr in den harten Balkanwinter, doch war es Raimund möglich, die Disziplin weitgehend aufrechtzuerhalten. Auf byzantinischem Gebiet erhielten die Kreuzfahrer eine petschenegische Eskorte, mit denen es zu gelegentlichen kleinen Gefechten kam, in deren einem der Legat Adhémar so schwer verletzt wurde, daß er in Thessalonike zunächst zurückbleiben mußte. Roussa (europ. Türkei, türk. Keshan) wurde von den Provenzalen geplündert. Als Raimund kurz danach die Armee verließ, um nach Konstantinopel vorauszueilen, wurden seine Truppen von den Byzantinern arg zerzaust. Sechs Tage nach Raimund gelangten sie am 27. April 1097 nach Konstantinopel, wo kurz zuvor auch der mächtige Graf Robert II. von Flandern (1093–1111) eingetroffen war.

Mit Robert II. von Flandern waren auch der Herzog Robert von der Normandie (1087–1106) und der Graf Stephan von Blois (1089–1102) aufgebrochen. Robert, der in der Normandie nur mit Mühe regierte, hatte sein Herzogtum nicht unwillig für 10000 Mark Silber seinem Bruder Wilhelm Rufus, König von England, verpfändet. Stephan von Blois hingegen, Schwiegersohn Wilhelms des Eroberers, der über so viele Burgen gebot wie das Jahr Tage hatte, konnte sich selbst finanzieren. In seinem Gefolge war auch Fulcher von Chartres, später Kaplan Balduins von Boulogne und einer der Chronisten des ersten Kreuzzuges. Der Zug brach im Oktober auf und überquerte zunächst die Alpen. In Lucca trafen die Kreuzfahrer mit Urban II. zusammen. Daß der Papst dort zwei weitere Legaten und damit für jede Heeresabteilung einen eigenen, ernannt habe, ist in der Chronik von St.-Pierre-le-Vif in Sens überliefert und hat einige Jahre lang die Forschung befruchtet, ist aber nach Hiestands noch unveröffentlichten Forschungen nicht haltbar[21]. Von Lucca aus ging der Zug weiter nach Süditalien. Während Robert von der Normandie und Graf Stephan dort überwinterten, eilte Robert von Flandern gleich nach Byzanz. Die beiden anderen folgten ihm im April 1097 über die Adria und gelangten im Mai ohne größere Schwierigkeiten nach Konstantinopel. Der Aufmarsch der Truppen war beendet.

Alexios hatte nicht mit Heeren dieser Stärke gerechnet. Er mußte jetzt das Beste aus der gegebenen Situation machen. Es kam für ihn natürlich nicht in Betracht, die Truppen in die Stadt Konstantinopel hineinzulassen. Sie wurden jeweils in Lagern um die Vorstädte herum gruppiert. Nur ihre Anführer durften mit kleinem Gefolge die Stadt betreten, ihre Reichtümer und ihre unermeßlichen Reliquienschätze schauen. Alexios entfaltete bei ihrem Empfang die ganze Pracht des byzantinischen Kaiserzeremoniells und überhäufte sie mit Geschenken, wovon zumindest Stephan von Blois sehr angetan war. Das konnte aber nicht über die durch die Ankunft der Kreuzfahrer entstandenen politischen Schwierigkeiten hinwegtäuschen. Alexios hatte das Druckmittel, daß er allein über den nötigen Schiffsraum verfügte, um das Heer über den Bosporus überzusetzen. Andererseits konnte er auch nicht zu lange damit warten, denn es lag ihm daran, die Heeresteile möglichst bald nach ihrer Ankunft nach Kleinasien zu bringen, um die Truppenzahl vor Konstantinopel nicht allzusehr wachsen zu lassen. Außerdem wollte er verständlicherweise eine Klärung darüber herbeiführen, was mit den östlich seines Reiches zu erobernden Ländern geschehen solle. Für Byzanz kam nichts anderes in Frage, als daß die ihm ehedem gehörenden Gebiete wieder byzantinisch würden. Dabei kam Alexios zustatten, daß das erste Kontingent, das unter Graf Hugo von Vermandois, dem Bruder des französischen Königs, in Konstantinopel anlangte, sehr klein war. Diskret, aber unverkennbar, beschränkte Alexios den Franzosen in seiner Bewegungsfreiheit, bis dieser einwilligte, einen Eid zu leisten, wonach er dem byzantinischen Reich alle Lande zurückgeben werde, die vor den türkischen Invasionen byzantinisch gewesen waren[22].

Die Behandlung Hugos durch Alexios blieb den anderen Kreuzfahrern nicht verborgen. Sie führte dazu, daß Gottfried von Bouillon, der als nächster ankam, wiederholte Einladungen des Kaisers, in die Stadt zu kommen, ausschlug. Auch weigerte er sich, den Eid zu leisten. Alexios versuchte zweimal, Gottfried unter Druck zu setzen, indem er die Lebensmittellieferungen für das Heer sperrte, worauf die Lothringer mit Plünderungen der Vorstädte antworteten. Beim zweitenmal, im Januar 1097, ließ Gottfried sogar den kaiserlichen Blachernenpalast belagern. Alexios war nicht gewillt, das zu dulden; auch wollte er Gottfried vor Eintreffen weiterer Kreuzfahrer nach Kleinasien bringen. Er ließ es auf einen Kampf mit den Kreuzfahrern ankommen, bei dem sich diese den byzantinischen Truppen unterlegen erwiesen. Gottfried war nunmehr bereit, am 20. Januar den geforderten Eid zu leisten[23]. Er wurde mit seinem Heer sogleich über die Meerenge transportiert und marschierte entlang der Küste des Marmara-Meeres nach Pelecanum, einem byzantinischen Militärlager. Bald darauf gelangte Boemund mit den Normannen nach Byzanz. Da er aus dem byzantinischen Normannenkrieg her als alter Reichsfeind galt, legte er es darauf an, bei Alexios jetzt einen guten Eindruck zu machen. Bereits Mitte April leistete er den Eid und gelobte, keine Reichsteile wegzunehmen und auch die Wegnahme durch andere nicht zuzulassen. Möglicherweise hatte er die Absicht, von Alexios zum Oberbefehlshaber der kaiserlichen Truppen in Asien ernannt zu werden, was die Gewichte innerhalb der Führungsgruppe des Kreuzzuges erheblich verschoben hätte, aber Alexios mißtraute ihm viel zu sehr, als daß er sich darauf eingelassen hätte. Er erklärte sich jedoch bereit, den Kreuzzug mit Waffen und Lebensmitteln zu unterstützen[24].

Kaum war Boemunds Heer nach der Überfahrt in Pelecanum angelangt, als Raimund von Toulouse in Konstantinopel ankam. Von allen Kreuzzugsführern hat er sich am beharrlichsten geweigert, den geforderten Eid zu leisten. Dies hing damit zusammen, daß in Urbans Kreuzzugsplan der Graf von Toulouse als militärischer Anführer eine Rolle gespielt haben dürfte und daß Raimund, den sein Reichtum, seine Macht, seine kriegerische Erfahrung und sein Alter auch zu einem solchen Posten befähigten, diese Stellung nunmehr bedroht sah, zumal wenn die Gerüchte über Boemunds Verlangen nach einem Befehlshaberposten stimmten. Er erklärte kühl, er sei nur um Gottes willen gen Osten gekommen. Die anderen Anführer, die den Kreuzzug nicht aufgehalten sehen wollten, übten vergeblichen Druck auf Raimund aus, insbesondere Boemund, der sich offen auf die Seite des Kaisers stellte. Es wurde schließlich ein Kompromiß ausgearbeitet, der vielleicht mit Hilfe des Legaten Adhémar von Le Puy zustande kam. Am 26. April leistete Raimund einen modifizierten Eid, in dem er versprach, die Person und den Besitz des Kaisers zu achten. Der Eid folgte vermutlich südfranzösischen Formen, die Raimund geläufig waren und die noch stärker als die anderen Eide die Implikation eines vasallitischen Verhältnisses zu Alexios vermieden. Merkwürdigerweise war Raimund, der sich so lange geweigert hatte, später der einzige, der sich an seinen Eid hielt, was aber vielleicht auch die Bereitwilligkeit der anderen erklärt, den Schwur zu leisten. Raimund hatte von nun an stets ein gutes Verhältnis zu dem Kaiser, mit dem er die Abneigung gegen Boemund teilte. Die restlichen Fürsten gaben ohne Schwierigkeiten die von Alexios gewünschte Erklärung ab und gelangten bald darauf nach Pelecanum.

Ende April 1097 waren Gottfried und die Normannen bereits von dort aus aufgebrochen. Ihr erstes Ziel war Nicaea, die Hauptstadt des Seldschukensultans Qilidsch Arslan. Die durch ihre ökumenischen Konzilien berühmt gewordene Stadt kontrollierte eine der Hauptverbindungen durch Anatolien nach Osten. Sie lag strategisch günstig an einem See und war durch über 200 Türme geschützt. Am 6. Mai kam Gottfried an, vier Wochen später war das gesamte Heer beisammen, die Belagerung kam aber schon am 14. Mai in vollen Gang. In der Stadt befand sich nicht nur der seldschukische Staatsschatz, sondern auch die Familie Qilidsch Arslans, der selbst im Osten sich mit den Danischmendiden, einer ostanatolischen Turkmenen-Dynastie, um den Besitz von Melitene im westlichen Armenien stritt, das für ihn das Durchgangstor zum seldschukischen Hinterland im Irak und in Persien war. Die Kreuzfahrer nahm er nach den Erfahrungen mit den Haufen Peters des Einsiedlers offenbar nicht ernst. Als ihm die Bedrohung klar wurde und er zurückkehrte, war es zu spät. Er konnte die Stadt nicht mehr betreten, wurde in offener Feldschlacht am 21. Mai von den Kreuzfahrern besiegt und zog ab. Hier zeigte sich zum erstenmal, daß die Kreuzritter, wenn sie in offener Schlacht auf die Muslime stießen, diesen durch den wuchtigen Anprall ihrer gepanzerten Reitertruppen überlegen waren. Indes ließ sich Nicaea nicht erobern, solange man es nicht auch vom Wasser her blockieren konnte. Alexios, der sich in Pelecanum aufhielt und von dort den Nachschub leitete, sandte über Land Schiffe, die vor Nicaea wieder flott gemacht wurden und diese Aufgabe übernahmen. Hierdurch und durch den Abzug des Sultans entmutigt, übergab die Besatzung die Stadt am 19. Juni dem byzantinischen Admiral Butunites; Nicaea war wieder byzantinisch. Dies entsprach dem Eid der Kreuzfahrer, aber sie waren dennoch enttäuscht, da

man ihnen verwehrte, die Stadt zu betreten, und von einer Plünderung keine Rede sein konnte. Das Mißtrauen gegenüber den Byzantinern wuchs, obgleich Alexios zum Ausgleich für die entgangene Beute wenigstens reiche Geschenke verteilte. Immerhin war man froh, dieses Hindernis aus dem Weg geräumt zu haben, denn nun konnte der Zug weitergehen. Die Stimmung war gut. In fünf Wochen, so schrieb Stephan von Blois an seine Gemahlin Adelheid, hoffe man in Jerusalem zu sein, falls Antiochia sich nicht als Hindernis erweise. Es sollte zwei Jahre dauern.
Allein der Marsch durch Anatolien bis Antiochia dauerte vier Monate. Er mußte in der ungünstigen Sommerhitze durchgeführt werden, die Kreuzfahrer litten Mangel an Wasser und Lebensmitteln, da die Türken das Land weitgehend verwüstet hatten, ehe sie sich in die Berge zurückzogen. Die Unkenntnis des Geländes, das durch Führer nur unzureichend erschlossen wurde, kam hinzu, und es zeigten sich jetzt auch die ersten Nachteile eines fehlenden einheitlichen Oberkommandos. Der Fürstenrat, der an seiner Stelle stand, war etwas schwerfällig und keineswegs immer einig. Der Aufbruch von Nicaea erfolgte am 26. Juni. Man mußte auf jeden Fall zunächst nach Dorylaeum, südöstlich von Nicaea, von wo aus verschiedene Routen durch Anatolien zur Verfügung standen. Die Kreuzfahrer entschlossen sich, in zwei getrennten Abteilungen zu marschieren, deren erste die süditalischen und nordfranzösischen Normannen, die Flamen und ein byzantinisches Kontingent unter dem General Tatikios umfaßte, während die Provenzalen und Lothringer mit Hugo von Vermandois nachfolgten. Am 29. Juni hatte die erste Abteilung, in der Boemund die Hauptrolle spielte, Feindberührung mit den Truppen Qilidsch Arslans. Frühmorgens am folgenden Tag kam es zur Schlacht. Die Türken griffen von allen Seiten an. Sie machten sich ihre leichtere Bewaffnung und ihre größere Beweglichkeit zunutze, um, unangreifbar für die schwerfällige Phalanx der Panzerreiter, die Christen von überall her mit Pfeilen einzudecken. Sie waren aber andererseits nicht stark genug, um in deren Reihen einzubrechen, die Boemund fest geschlossen hielt. Das für die Türken unerwartete Auftauchen des zweiten Kontingents unter Gottfried von Bouillon und Raimund von Toulouse, die von Boemund verständigt worden waren, entschied den Tag, wobei sich Adhémar von Le Puy durch ein Umflankungsmanöver besonders verdient machte, ohne daß sich sagen ließe, wieweit dies den Ausgang der Schlacht beeinflußte. Der Sultan floh und mit ihm in kopfloser Panik sein Heer. Das türkische Lager fiel mit seinen Prunkzelten und seiner reichen Beute den Kreuzfahrern in die Hände. Der Weg nach Anatolien war freigekämpft. Das Heer vermied jedoch die weiter nördlich verlaufenden Routen, obwohl sie die kürzeren waren und aus byzantinischer Zeit besser ausgebaute Straßen hatten. Man hätte aber durch das Zentrum der türkischen Herrschaft hindurchgemußt; so wählte man lieber den Umweg über den südöstlichen Teil Anatoliens, zog über Philomelium entlang dem Taurus-Gebirge nach Ikonium (Konya) und von dort bis nach Tyana, wo die Straße sich gabelte. Es war ein mühseliger Marsch, den man nur bei Ikonium Mitte August für eine Woche kurzer Rast unterbrechen konnte. Kurz danach gelang dem Heer bei Heraclea ein Sieg über die vereinigten Truppen der Danischmendiden und des Emirs von Kappadokien. Von Tyana aus führte die direkteste

Straße nach Syrien über die Kilikische Pforte, einen sehr engen Paßübergang über den Taurus, hinunter nach Tarsus in der kilikischen Ebene und von dort über das Amanos-Gebirge in das syrische Orontestal. Tankred, Balduin von Boulogne und Balduin von Bourcq verließen hier das Heer, um diesen Weg einzuschlagen.
Für das Hauptheer war der Marsch durch die Kilikische Pforte zu beschwerlich. Daher entschieden sich die anderen Fürsten, die in nordöstlicher Richtung bis Caesarea, dem Zentrum der Danischmendiden, führende Straße zu nehmen, die dort in scharfem Knick nach Südosten umbog und über den Anti-Taurus nach Marasch führte. Die Route hatte den Vorteil, daß man mit der Unterstützung der einheimischen Christen und der gleichfalls christlichen Armenier rechnen konnte. Die Armenier waren um die Mitte des 11. Jh. von den Byzantinern aus Armenien vertrieben worden. Die Flüchtlinge hatten sich zunächst in Kappadokien angesiedelt, waren aber vor dem bald einsetzenden türkischen Druck südwärts ausgewichen, wo sie von Kilikien bis östlich des Euphrat lebten. Westlich der Kilikischen Pforte saß das Geschlecht der Hethumiden, östlich davon regierten die Rupeniden. Von da an ostwärts kam eine Reihe kleinerer armenischer Herrscher, die unter türkischer Oberaufsicht regierten und von denen besonders Toros von Edessa wichtig war.
Die Armee der Kreuzfahrer traf Ende September in dem verlassenen Caesarea ein. Von dort aus marschierten sie über den Anti-Taurus, was sich der einsetzenden Herbstregen halber ziemlich schwierig gestaltete. Mitte Oktober konnten sie sich in Marasch, von den Armeniern freudig empfangen, einige Tage erholen. Am 20. Oktober 1097 erkämpften sie sich den Weg über die Eiserne Brücke, die über den Orontes führte, und am 21. Oktober standen sie vor Antiochia, dem Schlüssel zum nördlichen Syrien.
Tankred und Balduin waren inzwischen südwärts in die kilikische Ebene hinein vorgestoßen, wo die Türken saßen, während das Gebirge in armenischer Hand war. Begonnen hatte es wohl mit selbstsüchtigen Motiven, aber das Unternehmen war nicht ohne Nutzen für den Kreuzzug. Einmal war die rechte Flanke des Hauptheeres auf dem Marsch nach Antiochia gedeckt, zum anderen trennte die Eroberung Kilikiens die anatolischen von den syrischen Seldschuken und verhinderte die Vereinigung ihrer Kräfte zum Entsatz des belagerten Antiochia. Tankred eroberte mit einer kleinen Schar von Rittern Tarsus, mußte es aber dem ungleich mächtigeren Balduin abtreten und zog erbittert ostwärts weiter nach Mamistra. Balduin seinerseits dachte nicht daran, Tarsus dem byzantinischen Kaiser zurückzugeben, wie es seinem Eid entsprochen hätte, schon weil kein Byzantiner zur Hand war. Er ließ eine christliche Besatzung dort, die verstärkt wurde durch Guynemer von Boulogne, einen reich gewordenen Piraten, der mit einer Flotte zufällig in jenen Gewässern kreuzte. Als Balduin nach Mamistra gelangte, ließ sich ein offener Konflikt mit Tankred (von vereinzelten Handgemengen abgesehen) nur mit Mühe vermeiden. Tankred bog südwärts ab und eroberte mit Hilfe Guynemers den Hafen von Alexandretta, um dann kurz vor Antiochia sich wieder mit der Hauptstreitmacht zu vereinigen. Balduin hatte diese bereits in Marasch erreicht, wo gerade seine Gemahlin gestorben war. Mit ihr entschwand Balduins Hoffnung auf eine normannische Erbschaft.

Er zog daher nach einer kurzen Konferenz mit seinen Brüdern sofort ostwärts weiter und griff jetzt dauerhaft in die armenische Politik ein. Nach Südosten vorstoßend eroberte er die wichtigen Festungen Ravendel und Turbessel, die die Gebiete westlich des Euphrat kontrollierten. Von den Armeniern wurde er überall als Befreier von den Türken begrüßt. Östlich des Euphrat war die Stellung des Armeniers Toros von Edessa erschüttert; er hatte ursprünglich in byzantinischen Diensten gestanden und war griechisch-orthodox, was ihn seinen der armenischen Kirche anhängenden monophysitischen Untertanen verhaßt machte. Da er sich außerdem der türkischen Oberaufsicht entledigen wollte, bat er Balduin nach Edessa, wo dieser im Februar 1098 mit nur 80 Rittern eintraf, nachdem er westlich des Euphrat überwintert hatte. Toros adoptierte ihn, indem er ihn nach armenischer Sitte mit in sein Gewand hüllte, und Balduin galt nun als Erbe und Mitregent. Bereits im März aber brach eine von Balduin gern gesehene Revolution aus, in deren Verlauf Toros gelyncht wurde, ohne von seinem Adoptivsohn Hilfe zu erhalten. Am 10. März 1098 übernahm Balduin von Boulogne die Herrschaft in Edessa. Von einer Rückgabe an den byzantinischen Kaiser war hier ebensowenig die Rede wie in Tarsus. Der erste christliche Kreuzfahrerstaat war gegründet, die Grafschaft Edessa, die vorzugsweise armenisch bewohnte Gebiete westlich und östlich des Euphrat kontrollierte und ein nach Nordosten gereckter, schützender Puffer für die bald darauf südlich davon entstehenden weiteren Kreuzfahrerstaaten werden sollte. Der neue Herrscher, hier saturiert, dachte nicht mehr daran, das Kreuzheer bei seinem weiteren Zug nach Süden zu unterstützen.

Schon bei ihrem Marsch durch Kleinasien, mehr aber noch bei ihren syrischen und palästinensischen Kämpfen profitierten die Kreuzfahrer von der islamischen Uneinigkeit in diesen Gebieten. Die Muslime waren nicht imstande zu begreifen, was auf sie zukam; sie hielten es daher nicht für notwendig, ihre internen Streitigkeiten aufzugeben. Ebenso wie das Mittellatein hat auch die mittelalterliche arabische Sprache kein Wort für den Begriff »Kreuzzug« entwickelt. Die Kreuzfahrer wurden von den Muslimen einfach mit einem ethnischen Begriff als »Franken« (d. h. Franzosen, wegen deren überwiegendem Anteil am ersten Kreuzzug) bezeichnet, und man spricht deshalb von den Kreuzfahrerstaaten auch als von den fränkischen Gebieten im Hl. Land. Daß ein religiöser Krieg anders als zur Ausbreitung der eigenen Religion geführt werde, erschien für den Islam, dessen Idee des hl. Krieges, des Dschihad, völlig auf dieser Vorstellung beruhte, unbegreiflich. Den Seldschuken mußte der Kreuzzug als etwas ähnliches wie die vorangegangenen militärischen Expeditionen der Byzantiner vorkommen, an die man gewöhnt war.

In Syrien war bis 1095 Tutusch, der Bruder des großseldschukischen Sultans Malik Schah, die beherrschende politische Figur gewesen. Er hatte den Fatimiden und Turkmenen Damaskus, Jerusalem und Akkon abgejagt. Sein Staatsgebilde war zugleich Puffer gegenüber den Fatimiden und Rivale für die übrigen seldschukischen Gebiete. Im Jahre 1086 erlangte er zu seinen palästinensischen und südsyrischen Besitzungen noch Aleppo hinzu, aber nun fand Malik Schah es an der Zeit einzugreifen und setzte ihm genehme Herrscher in Mosul, Aleppo und Antiochia ein. Als er 1092 starb und das großseldschukische Reich zerfiel, suchte Tutusch seine Macht wiederum auszudehnen, aber er wurde von seinem Neffen Barkyaruk nach Syrien zurückgetrieben. Immerhin konnte er Aleppo seinem Herrschaftsbereich hinzufügen. Als er starb, erbte sein einer Sohn Ridwan (1095–1113) Aleppo, der andere, Dukak (1095–1104), bekam Damaskus. Der Süden Palästinas fiel hingegen wieder an die Fatimiden, die nach dem Tod von Tutusch aus Ägypten einfielen und 1098 die Artuqiden, die Jerusalem als seldschukisches Lehen innehatten, aus der Hl. Stadt vertrieben. Die schiitischen Fatimiden dachten nicht daran, die sunnitischen Seldschuken in ihrem Kampf gegen die Kreuzfahrer zu unterstützen, sondern boten diesen sogar noch eine anti-seldschukische Allianz an, freilich vergeblich. Die Verselbständigung der armenischen Kleinfürstentümer machte die Konfusion noch größer, während die syrisch-islamischen Kleinstaaten nicht über genügend Kräfte verfügten, um den Kreuzzug aufzuhalten. Der Kreuzzug hätte ohne diesen inneren Zerfall des Islam niemals sein Ziel erreicht. Vorerst stand er ohnehin noch vor Antiochia.

Einst die drittgrößte Stadt des römischen Reiches, unweit des Meeres in der fruchtbaren Orontes-Ebene am Berghang gelegen, war Antiochia eine fast uneinnehmbare Festung. Riesige Mauern und 400 Türme aus der Zeit Justinians umgaben die noch immer bedeutende Stadt, in der ein seldschukischer Emir, Yagi Siyan mit Namen, mit Hilfe einer türkischen Armee seit 1087 über eine im wesentlichen christliche Bevölkerung von Griechen und Armeniern herrschte, die während einer Belagerung freilich nicht als zuverlässig gelten konnte. Als das Kreuzfahrerheer am 21. Oktober 1097 vor Antiochia ankam, verzichtete man trotz des Drängens des Grafen von Toulouse und ungeachtet der Tatsache, daß man Antiochia nicht völlig einschließen konnte, auf einen raschen Sturm, der durchaus Aussicht auf Gelingen gehabt hätte. Vor allem Boemund trat entschieden für eine regelrechte Belagerung ein, hoffte er doch, Antiochia für sich behalten zu können, wozu ihn Balduins Staatsgründung in Edessa angeregt haben mochte. Das St.-Georgstor im Westen der Stadt blieb aber offen, und dies erlaubte den Belagerten sowohl die Zufuhr von Nachschub wie auch Ausfälle gegen die Kreuzfahrer, denen man entscheidende Schläge aber nicht versetzen konnte. Erst als Mitte November Verstärkung durch eine genuesische Flottille im Hafen von St. Simeon eintraf, konnten die Belagerer zum Bau befestigter Lager übergehen und die Stadt weiter, wenn auch noch nicht völlig, einkreisen. Der Winter brachte einen empfindlichen Mangel an Lebensmitteln und dazu noch bittere Kälte. Stephan von Blois schrieb an seine Frau, er könne nicht begreifen, warum sich die Leute in Syrien über zuviel Sonne beklagten. Die Fouragekolonnen mußten immer weiter in die Umgegend streifen. Ende Dezember verließen Boemund und Robert von Flandern mit einem Großteil des Heeres die Stadt und stießen ins Orontestal bis nach Schaizar vor, um Lebensmittel aufzutreiben. Sie gerieten unvermutet an das damaszenische Heer unter Dukak, der sich nach vielem Hin und Her zur Hilfe für Antiochia entschlossen hatte, doch wurde er vollständig von den Kreuzfahrern geschlagen. Ähnlich ergebnislos blieb ein Entsatzversuch seitens Ridwans von Aleppo, den dieser wohl auch nur mit halbem Herzen unternahm.

Mittlerweile steigerte sich die Hungersnot, das niedere Volk schreckte selbst vor Kannibalismus nicht zurück. Die sogenannten »Tafurs« taten sich dabei besonders hervor, wilde Flamen, immer in vorderster Linie kämpfend, die mit Peter dem Einsiedler gekommen waren und sich jetzt an gefallenen Türken gütlich taten[25]. Von Zypern aus war zwar der griechische Patriarch von Jerusalem, der mit dem Legaten Adhémar von Le Puy in Verbindung stand, bemüht, die Lage zu lindern, aber seine Lieferungen waren ein Tropfen auf einen heißen Stein. Auch eine von Raimund von Toulouse gegründete gemeinsame Kriegskasse (s. unten S. 162) konnte keine Abhilfe bringen. Im Januar kam es zu Desertionen; unter anderem verließ auch Peter der Einsiedler das Heer, konnte aber zurückgebracht werden. Im Februar 1098 reiste der byzantinische General Tatikios aus nicht genau erkennbaren Motiven ab; seine Abreise wurde von Boemund benutzt, um das antigriechische Ressentiment anzuschüren. Trotz aller Schwierigkeiten gelang aber im März 1098 die völlige Abschließung Antiochias, dem erst im Mai in der Person des großen Kriegers Kerboga von Mosul († 1102) ein Helfer erstand. Kerboga verstärkte die Truppen Mosuls mit denen der Artuqiden aus Mesopotamien, wohin sich diese nach ihrer Vertreibung aus Jerusalem begeben hatten. Sein Marsch auf Antiochia brachte das demoralisierte Kreuzfahrerheer in eine gefährliche Situation. Fiel die Stadt nicht vor Kerbogas Ankunft, so war es um den Kreuzzug geschehen. In dieser Lage trat Boemund als Retter auf. Er hatte schon früher mit seiner Abreise gedroht, wenn man ihm nicht Antiochia überlasse; jetzt verlangte er nochmals offen die Stadt für sich selbst. Er hatte Verbindungen mit einem Unterführer namens Firuz in der Stadt aufgenommen, der ihm Antiochia ausliefern wollte. Gegen den anfänglichen Widerstand Raimunds, der seinem Eid treu zu bleiben versuchte, versprach man Boemund offenbar Antiochia, falls es ihm gelänge, die Stadt in Besitz zu nehmen, und der Kaiser nicht persönlich nach Antiochia komme, um es zu beanspruchen. Trotz des bevorstehenden Falls der Stadt verließ noch am 2. Juni einer der Anführer, Stephan von Blois, das Heer. Er war vorher vermutlich für den Nachschub verantwortlich gewesen und mochte jetzt vom Kreuzzug genug haben, als die Übergabe sicher, seine Aufgabe daher gelöst schien. Auf der Rückreise durch Anatolien traf er auf Kaiser Alexios, der im Begriffe stand, nun auch in Syrien einzufallen, um seine dortigen Rechte zu wahren. Inzwischen hatten sich aber noch weitere Flüchtlinge Stephan angeschlossen, die von der erfolgten Einschließung der Kreuzfahrer im inzwischen eroberten Antiochia berichteten und ein so düsteres Bild der Lage malten, daß Alexios das Unternehmen abbrach, was Boemunds Chancen auf Antiochia wesentlich stärkte. Die öffentliche Meinung in Europa stand Stephan sehr feindselig gegenüber und warf ihm, nicht ganz zu Recht, Feigheit und Flucht vor, und seine Frau war weit davon entfernt, den Heimkehrer willkommen zu heißen.

Am selben Tag, an dem Stephan das Lager vor Antiochia verließ, marschierten die Christen abends zum Schein von der Stadt weg, um aber im Schutze der Nacht zurückzukehren. Boemund wurde in den frühen Morgenstunden des 3. Juni 1098 mit seinen Rittern von Firuz über die Mauern gelassen, und nach kurzer Zeit war die Stadt in der Hand der Kreuzfahrer, die alle Türken, deren sie habhaft werden konnten, niedermetzelten. Yagi Siyan wurde auf der Flucht erschlagen, sein Sohn rettete sich in die Zitadelle, die standhielt. Viel war freilich nicht gewonnen, denn der Anmarsch Kerbogas machte die Belagerer nunmehr zu Belagerten in einer vom Hunger gepeinigten Stadt.

Fürs erste kam Kerboga zu spät. Er hatte sich drei Wochen lang mit einer erfolglosen Belagerung Edessas aufgehalten und daher die Kreuzfahrer nicht mehr vor der Eroberung Antiochias vernichten können. Er übernahm sofort die Zitadelle auf dem Bergkamm in sein Kommando, von wo aus er die Kreuzfahrer dauernd belästigen ließ. Im übrigen legte er einen vollständigen Blockadering um die Stadt. Die Moral des christlichen Heeres sank unter dem Einfluß des Hungers und ständiger Desertionen rapide ab. Etwas Drastisches mußte geschehen, um hier Abhilfe zu schaffen[26]. Da die Situation religiöser Ekstase und allerlei Visionen ohnehin den Boden bereitet hatte, bediente man sich eines Visionärs niederen Standes aus der Provence. Dieser Peter Bartholomaeus offenbarte dem Grafen Raimund, der Hl. Andreas sei ihm mehrfach erschienen und habe ihm mitgeteilt, daß in der Peterskathedrale die Lanze vergraben liege, mit der der römische Hauptmann Christus am Kreuz in die Seite gestochen habe. Adhémar von Le Puy hatte seine Zweifel an der Geschichte, zumal sich eine derartige Lanze ja bereits in der Reliquiensammlung in Konstantinopel befand. Als man aber nach einigen Tagen in der Kirche nachgraben ließ, förderte Peter gegen Abend des 14. Juni tatsächlich eine Lanze zutage. Es gilt heute als unbestritten, daß wir es hier mit einem frommen Betrug zu tun haben, nur ist nicht klar zu sehen, wer hinter der Angelegenheit stand. Die Normannen beschuldigten später, als die Skepsis gegenüber der Lanze allgemein war, die Provenzalen, aber Peter Bartholomaeus hatte bei verschiedenen Gelegenheiten auch durchaus pronormannische Visionen, um so mehr als der Südfranzose Adhémar von Le Puy ihn offenbar nicht sehr schätzte. Es können ebensogut die Normannen die Initiatoren gewesen sein, vielleicht auch eine nicht näher zu identifizierende kirchliche Gruppe. Die Wirkung war zunächst jedenfalls ungeheuer. Die Lanze hob die Moral des Heeres und einigte es für den Moment in dem dringenden Wunsch, die Blockade zu sprengen und Kerboga zu vernichten. Ein erfolgreicher Ausfall war nachgerade auch die einzige Rettungsmöglichkeit. Vor allem Boemund, die zentrale Figur der antiochenischen Kämpfe, drängte darauf, da in Kerbogas Heer Reibereien mit dem damaszenischen Kontingent ausgebrochen waren, weil Kerboga auch in Aleppo Hilfe angefordert hatte. Die Schlacht fand am 28. Juni statt und endete, nachdem Kerboga nicht früh genug attackiert hatte und ein Umflankungsmanöver an Boemunds Umsicht gescheitert war, mit einer panischen Flucht der Türken, deren damaszenische Hilfstruppen zuerst das Weite suchten. Die Beute war unermeßlich und Boemund der Mann des Tages. Ihm ergab sich auch die Zitadelle.

Am vordringlichsten war nunmehr das politische Problem, was man mit Antiochia anfangen sollte. Hierüber zerstritten sich die Normannen vollständig mit den Provenzalen. Der Kreuzzug kam ins Stocken, da aus allgemeinem Mißtrauen heraus niemand von Antiochia wegziehen wollte. Fürs erste konnte man dem Heer auch den Marsch durch die Sommerhitze nicht

zumuten und setzte den Aufbruch für den 1. November fest. Einer ausbrechenden Epidemie wichen die Fürsten aus, Boemund nach Kilikien, Gottfried nach Turbessel, Robert von der Normandie nach Latakia. Adhémar von Le Puy freilich wurde am 1. August vom Tod ereilt. Mit dem päpstlichen Legaten starb ein Mann, der zwar die überragende Rolle, die ihm Urban ursprünglich zugedacht hatte, nicht hatte spielen können, der aber doch ein Moment des Ausgleichs und des Kompromisses unter die uneinigen Fürsten gebrachte hatte. Der normannisch-provenzalische Streit sollte jetzt zunehmen. Im September kehrten die Fürsten nach Antiochia zurück und richteten von dort einen Brief an den Papst, in dem sie ihm den Tod des Legaten mitteilten und ihn aufforderten, persönlich nach Antiochia zu kommen und sich an die Spitze des Kreuzzuges zu setzen. Es war ein auf Zeitgewinn berechneter Verzweiflungseinfall, offensichtlich diktiert von der Unfähigkeit, sich über Antiochia zu einigen. Die Truppen wurden mit Einfällen in das muslimische Gebiet beschäftigt. Im Oktober eroberte Raimund die Stadt al-Bara, wo man erstmals mit Peter von Narbonne einen lateinischen Bischof einsetzte, der freilich seine Weihe noch von dem in Antiochia wieder restaurierten griechischen Patriarchen erhielt. Es war der erste Ansatz zum Aufbau einer eigenen lateinischen Kirchenorganisation, die die Rechte der griechischen Kirche bedrohte. Am 5. November trat der Fürstenrat erneut in der Peterskathedrale zusammen. Boemund konnte diesmal seine Ansprüche auf Antiochia praktisch durchsetzen, die von den meisten Fürsten ohnehin schon lange unterstützt wurden. Auch Raimund mußte nachgeben, nachdem das unruhig gewordene Heer energisch den Weitermarsch verlangt hatte. Raimund tat dies freilich nur unter der Bedingung, daß Boemund auch mit nach Jerusalem ziehe, denn er gedachte nicht, ihm Antiochia ohne weiteres zu überlassen. Es kam allerdings noch nicht zum Abmarsch, sondern bis in den Dezember hinein beschäftigte man sich mit Kampfhandlungen südlich Antiochias, wobei sich die Front zwischen Normannen und Provenzalen stetig verhärtete. Boemund begann mit einer systematischen Diskreditierung der Provenzalen, wozu er insbesondere die Zweifel an der Echtheit der Hl. Lanze anschürte.
Um Weihnachten herum bot ein Großteil des Kreuzheeres dem Grafen von Toulouse das Oberkommando an, wenn er den Zug nach Jerusalem führe. Raimund nahm an, und am 13. Januar 1099 zog man von Maarrat an-Numan aus, einer Festung südöstlich Antiochias, die Raimund im Dezember erobert hatte, vielleicht um sich ein Gegengewicht gegen die Normannen in Antiochia zu verschaffen. Allen voran ging der bald sechzigjährige Raimund, barfuß als Pilger gekleidet, und mit dieser wohlberechneten Geste erinnerte er seine Standesgenossen an ihren Kreuzfahrereid, denn es war ihm klar, daß er mit seinem Kontingent allein nichts ausrichten konnte. Auch suchte er die anderen mit Geldangeboten zu bewegen, sich seinem Oberbefehl zu unterstellen, wovon er sich eine Stärkung gegenüber Boemund erhoffte. Tankred und Robert von der Normandie schlossen sich ihm an, aber Gottfried und Robert von Flandern waren nicht bereit, unter Raimunds Kommando zu dienen, und Boemund ließ sich trotz seines Versprechens, den Zug nach Jerusalem mitzumachen, nicht aus Antiochia locken, aus dem er Anfang Januar die letzten provenzalischen Truppen ver-

trieben hatte. Raimunds Marsch verlief am Ostabhang des Nusairigebirges ohne Zwischenfälle nach Süden[27]. Die Kleinemire, die in dieser Gegend regierten, waren viel zu schwach, um etwas Ernsthaftes zu unternehmen, und lösten sich von der Eroberung zumeist mit Geldzahlungen. Damaskus, Aleppo und Mosul verhielten sich nach dem Debakel von Antiochia still, um so mehr als die syrischen Potentaten keinen Anlaß sahen, den Fatimiden, die seit 1098 wieder nach Palästina vorgestoßen waren, Hilfe zu leisten. Den Sunniten Syriens mochte es sogar gut erscheinen, wenn die Kreuzfahrer die schiitischen Fatimiden bekämpften. Nördlich von Tripolis stieß man auf die Küste, und einzelne Truppendetachements eroberten nordwärts streifend einige Hafenstädte, darunter Tortosa, dessen Kathedrale zu den schönsten noch erhaltenen Baudenkmälern aus der Kreuzfahrerzeit gehört, und Maraclea. Durch diese Erfolge wurden auch Gottfried und Robert von Flandern zum Abmarsch bewogen. Ihnen schloß sich selbst Boemund an, allerdings nur zum Schein, denn schon nach kurzem kehrte er nach Antiochia zurück, wo er nun unangefochten herrschte und von wo aus er sich ein weitläufiges Fürstentum gründete. Raimund hatte sich inzwischen in einer im Endergebnis erfolglosen Belagerung von Arqa nordwestlich von Tripolis festgebissen, das er sich offenbar als Kern einer libanesischen Herrschaft vorstellte, und es blieb Gottfried und Robert von Flandern nichts anderes übrig, als ihm zu Hilfe zu eilen. Von Arqa aus nahm man die Straße der Küste entlang. Der Emir von Tripolis kaufte sich von christlicher Besatzung frei. Am 19. Mai überschritt man den Hundefluß, womit man in fatimidisches Gebiet eindrang. Ein letztes Allianzangebot der Fatimiden war erfolglos geblieben, denn es war an die Bedingung geknüpft, daß die Kreuzfahrer Palästina nicht beträten. So wenig verstanden die Muslime den Charakter des Kreuzzuges. Der Marsch ging nunmehr über Beirut, Sidon, Tyrus, Akkon, Haifa nach Jaffa, wo man ins Landesinnere abbog. In der verlassenen Stadt Ramla setzte man wiederum einen lateinischen Bischof ein, der nun von einem Lateiner geweiht wurde, da ein Grieche nicht zur Hand war. Der neue Bischof wurde zugleich auch im Namen seines Titelheiligen Georg weltlicher Gebieter über das unweit von Ramla gelegene Lydda, den eigentlichen Bischofssitz am Grabe des Hl. Georg. Ramla bekam er wahrscheinlich nicht, jedenfalls war es 1102 nachweislich Teil der Krondomäne, während die Ansprüche des Bischofs auf die weltliche Herrschaft über Lydda sich zwar letztlich durchsetzten, aber Mitte der zwanziger Jahre nicht unangefochten waren[28]. Am 6. Juni besetzte Tankred Bethlehem, die Geburtsstätte des Herrn, und ließ sein Banner über der Geburtskirche aufziehen. Am 7. Juni 1099 erklomm das Heer einen Berg, über den die Straße führte, und nun endlich sahen die Kreuzfahrer, viele mit Tränen der Erschütterung in den Augen, das langersehnte Ziel Jerusalem vor sich liegen. Der Berg, von dem aus sich dieser Anblick bot, hieß fortan bei den Franken »Montjoie« = Berg der Freude. Seit dem Aufbruch Gottfrieds von Bouillon aus Lothringen waren drei Jahre vergangen.

Jerusalem war eine starke Festung, die zudem durch ihre Steillage begünstigt und nur vom Norden und Südwesten her überhaupt angreifbar war. Der fatimidische Gouverneur hatte ausreichende Vorsorgemaßnahmen getroffen. Die christlichen Einwohner waren als unzuverlässig ausgewiesen worden. Wasser und Lebensmittel waren genügend vorhanden, während man die Brunnen außerhalb der Stadt unbrauchbar gemacht hatte. Die Kreuzfahrer, zu gering an Zahl, um die Stadt völlig einzukreisen, konzentrierten sich auf die verwundbaren Teile der Mauer. Ein erster Sturm am 13. Juni wurde abgeschlagen, weil es an Sturmleitern und Belagerungsmaschinen mangelte. Zufällig trafen jedoch am 17. Juni sechs christliche Schiffe in dem verlassenen Hafen von Jaffa ein, die das notwendige Bauwerkzeug bei sich hatten. Holz beschaffte man sich aus der Gegend von Samaria. Aber der Bau der Belagerungstürme ging nur langsam vor sich, und angesichts des Wassermangels und der Hitze erreichte die Moral des Heeres bald wieder einen bedrohlichen Tiefpunkt. Dazu erfuhr man noch, daß die ägyptische Armee im Anmarsch war. Die rechtzeitig erfolgte Vision eines gewissen Peter Desiderius fiel so auf fruchtbaren Boden. Nach mehrtägigem Fasten und einer Prozession um die Stadt müsse diese innerhalb von neun Tagen in die Hände der Christen fallen, wenn man die religiösen Übungen nur ernst genug nehme. In der Tat verwandelte sich der Kreuzzug nach erfolgtem Fasten am 8. Juli vor den erstaunten Blicken der Belagerten in einen regelrechten Pilgerzug, der in feierlicher und ernster Prozession die Stadt umzog. Der Marsch endete auf dem Ölberg, wo Peter der Eremit und andere noch einmal ihre ganze Beredsamkeit anwandten, um dem Heer Kampfgeist einzuflößen. Nachdem man drei Belagerungstürme fertiggestellt hatte, begann man guten Muts in der Nacht vom 13./14. den Angriff. Raimund konnte seinen Turm bereits am 14. Juli an die Mauer im Südwesten heranbringen, aber er konnte sie nicht bezwingen. Gottfried hatte im Norden mit seinem Turm mehr Erfolg. Am 15. Juli 1099 manövrierte er ihn unweit des heutigen Herodestors geschickt an die Mauer und ließ von oben eine Brücke herab. Ein flämischer Ritter aus Tournai namens Letold stürmte als erster Kreuzfahrer auf die Mauer, gefolgt von Gottfried und den Lothringern sowie Tankred. Solange die christliche Herrschaft in Jerusalem dauerte, erinnerte ein großes Steinkreuz an dieser Stelle an die Bezwingung der Stadt durch die Kreuzfahrer. Während die Lothringer ihren Genossen die Tore öffneten, stürmte Tankred zum Tempelplatz, dem Zentrum der Stadt, vor und besetzte die Aqsa-Moschee. Der fatimidische Gouverneur gab den Kampf nun auch im Südabschnitt der Mauer auf und rettete sich in den Davidsturm, eine gewaltige Festung am Jaffator im Westen. Gegen Zusicherung freien Abzugs nach Askalon, der ihm auch gewährt wurde, übergab er den Turm an Raimund, der sich in diesem strategisch wichtigen Gebäude festsetzte. Außer dem Gouverneur und seinem Gefolge kam kein Muslim mit dem Leben davon. Der Rausch des Sieges, der religiöse Fanatismus der Kreuzfahrer und die aufgestaute Erinnerung an die durchstandene Mühsal von drei Jahren entlud sich in einem entsetzlichen Blutbad, dem unabhängig von Religion und Rasse jedweder zum Opfer fiel, der den metzelnden Kreuzfahrern vor die Klinge geriet. Bis an die Knöchel watete man im Blut, und die Straßen waren mit Leichen bedeckt, deren Beseitigung die erste Sorge der Kreuzfahrer nach dem Ende des Wütens war. Die Lothringer taten sich wenigstens dadurch hervor, daß sie keine jüdischen Frauen schändeten. Die kostbare jüdische Gemeindebibliothek (8 Thorarollen und 330 Handschriften) entging der Vernichtung und wurde von den Franken

für viel Geld nach Askalon verkauft. Die islamische Welt war über den christlichen Vandalismus aufs tiefste empört und entsetzt, und die Erinnerung an diesen Massenmord wurde durch lange Zeit hindurch im Islam wachgehalten. Der Kreuzzug aber hatte sein Ziel erreicht. Das Grab des Herrn war wieder in christlicher Hand, wenn auch das Nahen der ägyptischen Armee verkündetete, daß der Erfolg noch nicht gesichert war.
Nachdem die ersten sanitären Ordnungsmaßnahmen getroffen worden waren, versammelten sich die geistlichen und weltlichen Führer des Kreuzzuges, um über weitere Maßnahmen zu beschließen. Es stellte sich jetzt heraus, daß man von Europa ausgezogen war, merkwürdigerweise ohne irgendwelche Vorstellungen zu haben, was man denn mit Jerusalem nach seiner Eroberung anfangen sollte. Solche Pläne hatten sich anscheinend auch während des Kreuzzuges nicht gebildet. Man war sich aber jetzt klar, daß es der Schaffung geistlicher und weltlicher Ämter bedürfe, um die Eroberung zu halten. Die Geistlichkeit, allen voran Bischof Arnulf von Marturano, verlangte, daß zunächst ein Patriarch gewählt werde, ehe man einen weltlichen Herrscher bestimme[29]. Die Wahl mußte jedoch verschoben werden, da dem einzigen Kandidaten Arnulf von Chocques, dem Kaplan des Normannen Robert, die Unterstützung der Lothringer und Provenzalen fehlte. Die Rechte des griechischen Patriarchen beachtete man nicht weiter. Nach Meinung der Kreuzfahrer befand sich dieser in Zypern (wo er wenige Tage vor Eroberung der Stadt gestorben war). Für das Königtum konnten nur Raimund von Toulouse und Gottfried von Bouillon als ernsthafte Kandidaten in Betracht kommen, denn die anderen anwesenden Kreuzzugsführer wollten entweder nicht in Palästina bleiben oder sie hatten nicht genügend Gewicht für das Amt. Raimund lehnte die ihm angebotene Krone ab mit der schlauen Bemerkung, er wolle nicht König sein, wo Christus gelebt habe. Er erkannte wohl, daß ihm das Angebot nur mit halbem Herzen gemacht worden war, und hoffte, durch seine Antwort auch Gottfried an der Übernahme der Herrschaft hindern zu können. Gottfried war im Heer allgemein beliebt, und er hatte es verstanden, sich aus den unerquicklichen Streitigkeiten der Fürsten weitgehend herauszuhalten, wofür man in Kauf nehmen mußte, daß er eine weniger profilierte Persönlichkeit war als etwa Boemund oder Raimund. Er oder seine Berater erwiesen sich jetzt freilich als sehr klug, denn Raimunds Manöver wurde geschickt überspielt, indem Gottfried zwar die Krönung ablehnte, die ihm angebotene Herrschaft aber übernahm, womit die entscheidende Frage, welchen Herrschaftseinfluß man der Kirche zubilligen solle, vorerst offengelassen, ein möglicher Konflikt mit der Geistlichkeit also vermieden wurde, zumal es ohnehin an einer überragenden kirchlichen Persönlichkeit fehlte, die durch eine Krönung ein neues Königreich hätte begründen können[30]. Auf nicht ganz feine Art gelang es Gottfried auch, sich in den Besitz des Davidsturms zu setzen, ohne den er nicht Herr in der Stadt sein konnte. Raimund zog daraufhin verärgert von Jerusalem ab und führte seine Leute zur Pilgerfahrt nach Jericho und an den Jordan. Seine Abwesenheit erleichterte die Wahl eines lateinischen Patriarchen, die nunmehr zugunsten des Normannen Arnulf ausging, über dessen mangelnde kanonische Voraussetzungen man hinwegsah. Immerhin erhielt er aber keine Bischofsweihe, war also bestenfalls Elekt, mög-

licherweise aber nur der Leiter der jerusalemitanischen Kirche in einer ungeklärten Rechtsstellung. Er, der vor Arqa den Glauben an die Hl. Lanze endgültig untergraben hatte, stärkte jetzt seine Stellung, indem er für die Wiederauffindung des Wahren Kreuzes sorgte, das die »provenzalische« Reliquie der Lanze völlig verdrängte.
Trotz aller Reibereien verschloß sich Raimund ebensowenig wie Robert von der Normandie, der damals in gespanntem Verhältnis zu Gottfried gestanden zu haben scheint, dessen Aufruf zur Hilfeleistung gegen das ägyptische Heer, das unter dem Wezir al-Afdal (1094–1121) von Süden heraufrückte. Am 12. August 1099 kam es in der Ebene vor der starken ägyptischen Seefestung Askalon zur Schlacht. Die Ägypter wurden in ihrem Lager von den Kreuzfahrern überrascht und vollständig aufgerieben; al-Afdal floh in seine Heimat. Am 13. August kehrte man im Triumph nach Jerusalem zurück. Der Erfolg des Kreuzzuges war gesichert. Die Freude des Abendlandes war berechtigt, denn die Kreuzfahrer hatten mit der Wiedergewinnung des Hl. Landes eine großartige Leistung vollbracht.

4. Die Kreuzfahrerstaaten 1099–1146

Was die Kreuzfahrer erobert hatten, war kein Land, in dem der biblischen Verheißung gemäß Milch und Honig floß, sondern ein landwirtschaftlich eher karges Gebiet, das infolge seiner geographischen Natur der Isolierung völkischer Gruppen und der Ausbildung kleiner und kleinster Staaten Vorschub leistete[31]. Zur Zeit ihrer größten Ausdehnung reichten die Kreuzfahrerstaaten vom Golf von Alexandretta bis zum Golf von Aqaba am Roten Meer, umfaßten also, wenn man von dem damals schon wieder verlorenen östlichen Vorposten Edessa absieht, ein Gebiet von etwa 800 Kilometer Länge und wechselnder, 150 Kilometer jedoch nicht überschreitender Breite. Die geographischen Grundzüge sind in diesem Gebiet fast überall gleich: von West nach Ost folgt auf die im Süden breitere, dort von Dünen nach dem Meer abgegrenzte Küstenebene in mählichem Anstieg eine hohe Kalkstein-Bergkette, die steil in eine Depression abfällt, um, teilweise erst nach Überwindung einer zweiten Bergkette (Antilibanon), in ein kultiviertes Plateau, dann in die baumlose Steppe auszumünden. Die Hauptgebirge sind im Norden das Nusairigebirge und der Libanon (bis 3000 m Höhe), in der Mitte Antilibanon und Hermon (bis 2700 m), im Süden das palästinensische Hochland (bei Hebron 1027 m). Den Einschnitt bildet im Norden der syrische Graben mit dem Orontes, der sich im Leontes zwischen Libanon und Antilibanon, dann im Jordantal (3 Hauptübergänge: Jakobsfurt nördlich sowie Pont de Senabra und Pont de Judaire südlich des Sees Genezareth) und im Toten Meer (920 km^2; am Ufer bis −394 m unter dem Nullpunkt; bis zu 22% Salzgehalt) fortsetzt. Südlich davon verliert sich das Gebirge in dem flachgewellten Tafelland der unwirtlichen Negevwüste. Die Fruchtbarkeit nimmt von Galilaea an südwärts ab; sie ist im ganzen (von der Küste abgesehen) nicht überwältigend, und vor allem das eigentliche

Hochland Palästinas ist stark verkarstet und wasserarm. Die natürlichen Verkehrswege in der West-Ostrichtung sind mangelhaft; allein von der oft umkämpften Ebene von Akkon aus öffnet sich ein günstiger Weg zum Jordan. Östlich dieses Flusses griffen die Kreuzfahrer zeitweise in die fruchtbare, von einer dunklen Basaltdecke überlagerte Ebene östlich des Sees Genezareth (Terre de Suète, von arabisch as-sawad = der schwarze Boden) und in das vulkanische Gebirgsland von Moab und Edom aus, durch das die strategisch und wirtschaftlich wichtigen Verbindungen des südlichen Syrien nach Ägypten verliefen. Das Klima ist gekennzeichnet von den trockenen und sehr heißen Sommern und den reichlichen, kühlen Winterregen, die gelegentlich auch außerhalb der Hochgebirge in Schnee übergehen (Jerusalem: Durchschnittstemperatur im Juli/August um 25° C, am Tage maximal um 35° mit Extremen bis zu 40° zur Mittagszeit; Durchschnittstemperatur für Januar/Februar +8°, bis −5° in den frühen Morgenstunden). Dazu kamen Erdbeben (1114, 1170, 1185) und überfallartige Invasionen von Mäusen (1120−1124, 1127) und Heuschrecken (1114, 1117, 1120), die die Herden dezimierten und die Kulturpflanzen vernichteten. Weder die Provenzalen noch die süditalischen Normannen machten bei ihrer Verpflanzung klimatisch und landwirtschaftlich einen guten Tausch.

Anfang September 1099 verließen die meisten Kreuzfahrer Jerusalem. Robert von Flandern, Robert von der Normandie, Balduin von Bourcq und Raimund von Toulouse zogen mit ihren Truppen nach Norden ab, die beiden Roberte, um nach Hause zurückzukehren. In Jerusalem blieben nur Gottfried von Bouillon und Tankred zurück, deren Truppen nur etwa 300 Ritter und 2000 Fußsoldaten umfaßten[32]. Gottfrieds Herrschaft beschränkte sich vorerst auf Jerusalem, den Hafen Jaffa und die Orte Lydda, Ramla, Bethlehem und St. Abraham (Hebron), das er stark befestigte. Das zwischen den Städten liegende flache Land war noch von einer feindlich gesinnten muslimischen Bevölkerung erfüllt, die anfangs, solange die fränkische Herrschaft nicht gefestigt schien, jede Zusammenarbeit verweigerte. Selbst die Bevölkerung Jerusalems fühlte sich unsicher, da die Stadtmauern noch beschädigt waren, und es bedurfte besonderer materieller Anreize, sie zum Bleiben zu bewegen. Wer in der Hoffnung wegging, nach einer Konsolidierung der Verhältnisse zurückzukehren, sollte durch eine Assise (»Sitzung«, legislativer Akt des Herrschers und der Barone) sein Gut an den verlieren, der es in der Zwischenzeit ein Jahr und einen Tag in Besitz gehabt hatte (*Assise de l'an et jour*). Erst allmählich gelang es Gottfried, seinen Einfluß auch auf die ländlichen Gebiete Judaeas und Samarias auszudehnen. Tankred begab sich in das nördlich anschließende Galilaea und eroberte sich hier eine eigene Herrschaft, die anfangs aus den Städten Tiberias, Nazareth und Baisan bestand, wozu später noch Haifa, die Terre de Suète und die zwischenliegenden Regionen kamen. Er nahm diese Gebiete als Herrschaft von Tiberias von Gottfried zu Lehen, und allmählich entwickelte sich daraus das spätere Fürstentum Galilaea. Mit der Zeit schob sich ein geschlossenes, christlich beherrschtes Gebiet zwischen die fatimidisch gebliebene Küste und das muslimische Hinterland von Hauran und Transjordanien. Die geographischen Verhältnisse der Region stellten den Kreuzfahrern eigentlich die Aufgabe, die Muslime im Süden und Osten bis in die Wüste zurückzu-

drängen, wobei die Steppengebiete zwischen Kulturland und Wüste als *cordon sanitaire* zwischen Christen und Muslimen hätten dienen können; die letzteren wären auf Ägypten und Mesopotamien beschränkt gewesen. Eine solche Politik erforderte die Einnahme von Aleppo und Damaskus. Dies glückte den Kreuzfahrern nie und sie mußten sich statt dessen in einer Serie von Verträgen 1108–1110 mit der Schaffung eines Niemandslandes im nördlichen Transjordanien in der biblischen Landschaft Gilead zwischen den Flüssen Yabbok (Zerqa) und Yarmuk, in der Terre de Suète und in der libanesischen Beqaa-Ebene zwischen Libanon und Antilibanon sowie in Randgebieten des Hauran begnügen, in denen sie die Einkünfte mit Damaskus teilten und beiden Teilen die Nutzung der Kornkammer und der ausgedehnten Viehweiden auf dem Golan möglich war.
Raimund von Toulouse war inzwischen, nachdem Gottfried seinen Versuch, sich in Südwestpalästina eine Herrschaft aufzubauen, vereitelt hatte, in die byzantinische Hafenstadt Latakia südlich von Antiochia gegangen und hatte dort seinen alten Rivalen Boemund gezwungen, die Belagerung des Hafens, den dieser als Sprungbrett einer byzantinischen Invasion gegen Antiochia fürchtete, aufzuheben. Boemund war bei dieser Aktion von einer pisanischen Flotte unter Erzbischof Daimbert von Pisa unterstützt worden. Mit ihm trat ein neues Element in die syrisch-palästinensische Politik ein. Byzanz und Ägypten waren die größten Seemächte im östlichen Mittelmeer. Dagegen besaßen die Kreuzfahrerstaaten weder in der Anfangszeit noch später jemals eine nennenswerte Flotte. Ohne Flotte aber waren die Ägypter nicht aus den Hafenstädten zu vertreiben, und ohne den Besitz der fruchtbaren Küstenlandschaft und der wirtschaftlich wichtigen Häfen konnten die lateinischen Staaten nicht gedeihen. Da die Byzantiner ihre Flotte meist selbst benötigten, sprangen die italienischen Seestädte in die Bresche. Die nüchternen Kaufleute hatten dem ersten Kreuzzug zunächst mit großer Skepsis gegenübergestanden; erst als er wider ihr Erwarten Erfolg gehabt hatte, waren sie zur offiziellen Unterstützung der Kreuzzugssache bereit. Aber der Preis, den sie forderten und erhielten, war zu allen Zeiten hoch. Die Privilegien, die sie sich oft in erpresserischer Weise verschafften, durchlöcherten die Rechtseinheit des Staates und waren eine andauernde Belastung für seine finanziellen Grundlagen.
Die Pisaner erkannten als erste die Gunst des Augenblicks und rüsteten die Flotte aus, die Daimbert im Osten als Instrument seiner Politik benutzte. Da er wie Boemund gegen die Griechen eingestellt war, bot sich ihm der Fürst von Antiochia als natürlicher Verbündeter an. Nach der Aufhebung der Belagerung Latakias reisten die beiden nach Jerusalem, wo sie zu Weihnachten 1099 zusammen mit Balduin von Edessa, der sich ihnen angeschlossen hatte, eintrafen. Boemund und Balduin hatten ja noch immer ihr Pilgergelübde zu erfüllen. Die Politik ließen sie dabei nicht außer acht. Gottfried benötigte Boemunds und Balduins Ritter ebenso dringend wie Daimberts Flotte; er hatte ihren Wünschen daher nichts entgegenzusetzen. Dem Normannen Arnulf wurde die Leitung der Kirche von Jerusalem entzogen und Daimbert an seiner Stelle zum ersten lateinischen Patriarchen (1099–1102) erhoben. Anschließend erfolgte eine Investitur Gottfrieds mit Jerusalem durch den Patriarchen, und auch Boemund ließ sich von Daimbert mit An-

tiochia investieren, während Balduin von Edessa diesem Beispiel offenbar nicht folgte. Für Boemund bot diese Lösung nur Vorteile, denn Daimberts tatsächliche Macht in Antiochia war gering, solange er Patriarch in Jerusalem war, während Boemund als Lehnsmann des lateinischen Patriarchen nunmehr einen festen Rechtsanspruch auf Antiochia besaß, das er bisher nur unrechtmäßig und in Widerspruch zu seinem dem byzantinischen Kaiser geleisteten Eid beherrscht hatte.

Man hat Daimberts Handlung in der älteren Forschung meist als Ausdruck eines theokratischen Anspruchs der Kirche über den lateinischen Osten gedeutet, doch ist dies kaum zu halten (oben S. 58 Anm. 29). Daimberts Verhalten dürfte kein Ausdruck päpstlichen Wollens gewesen sein. Es ist nicht anzunehmen, daß der Papst ein derart krasses Vorgehen gegen die orthodoxe Geistlichkeit geplant hatte, wie es Daimbert an den Tag legte. Aber Daimbert, der im Schlepptau der kaiserlichen Politik zum Erzbistum gekommen war, war als gregorianischer Reformer ein spätberufener Doktrinär mit dem für solche Gestalten oft typischen Übereifer. Er verletzte die Rechte des Patriarchen von Antiochia nicht nur mit der Investitur Boemunds, sondern auch durch die Weihe vier lateinischer Bischöfe oder Erzbischöfe in dessen Bereich, nämlich in Tarsus, Artah, Mamistra und Edessa. Hierdurch sowie durch unfreundliche Handlungen Boemunds wurde Patriarch Johannes von Antiochia ins Exil nach Konstantinopel getrieben und ein Schisma in der antiochenischen Kirche provoziert, wo der Lateiner Bernhard von Valence (1100–1135) als Patriarch eingesetzt wurde. In Jerusalem schloß Daimbert die Griechen zeitweilig vom Gottesdienst am Hl. Grab aus. Der Akt von Weihnachten 1099 war in Wirklichkeit nichts anderes als eine normale kirchliche Weihe des neu entstandenen Staatswesens in Jerusalem, auch wenn er bereits im 12. Jh. und vielleicht von Daimbert selbst in seinem Brief an Boemund (vgl. unten Anm. 33) als Lehnsnahme gedeutet wurde. Aber das wäre für Gottfried inakzeptabel gewesen. Er scheint lediglich bereit gewesen zu sein, dem Patriarchen eine geistliche Herrschaft im Reich zuzugestehen (Prawer), wie man sie auch in Lydda eingerichtet hatte, nur vielleicht größer und basierend auf dem Stadtviertel von Jerusalem, das die Patriarchen dort besaßen, seitdem die Fatimiden aus Sicherheitsgründen die christliche Bevölkerung auf ein einziges Stadtviertel beschränkt hatten. Daimbert dagegen scheint mit bescheideneren Plänen mindestens angefangen zu haben und an Gottfried, dem er in einem Brief vor seiner Ankunft in Jerusalem einmal den selten bezeugten Titel eines *Sancti Sepulchri advocatus* gab, als Vogt in Jerusalem gedacht zu haben (Hiestand). Daimbert gab sich mit einem Stadtviertel nicht zufrieden, sondern erzwang durch seinen Reichtum und seine Macht in einer Politik fortschreitender Erpressung von Gottfried die Abtretung eines Viertels von Jaffa, dann der Zitadelle von Jerusalem, schließlich der gesamten Stadt und des Restes von Jaffa, was alles Gottfried nur auf Lebenszeit zum Nießbrauch verbleiben sollte.

Das Abkommen ließ Gottfried wenigstens Zeit, seine Macht in der Küstenebene auszudehnen, und in der Tat waren einige kleine Emire der Hafenstädte ebenso wie einige transjordanische Scheiche willens, ihm Tribute zu zahlen. Im Juni 1100 kam eine venezianische Flotte nach Jaffa. Sie wurde von Gottfried freudig begrüßt, da er in ihr eine Gelegenheit sah, sich von Daimberts Druck zu befreien, dessen Stellung durch die Abfahrt der Pisaner geschwächt worden war. Während er noch mit den Venezianern verhandelte, wurde er von einer schweren Krankheit befallen, aber der Vertrag kam noch zustande und sah für eine bis zum 15. August währende Hilfe zollfreien Handel im ganzen Reich, Marktrecht in allen Orten und ein Drittel aller mit der zugesagten Hilfe eroberten Städte vor. Der ungeheure Preis beweist, wie sehr Gottfried daran gelegen war, ein Gegengewicht gegen Daimbert zu schaffen. Doch sollte er eine Änderung der Verhältnisse nicht mehr erleben. Am 18. Juli 1100 erlag er seinem Leiden. Er war der erste christliche Herrscher Jerusalems, dem an der Kreuzigungsstätte Golgatha eine würdige Ruhestätte bereitet wurde.

Es erwies sich als ein verhängnisvoller Fehler Daimberts, daß er Jerusalem kurz vor Gottfrieds Tod verlassen hatte. Wäre er dort gewesen, hätte er möglicherweise die Erfüllung seines Abkommens mit Gottfried durchsetzen können, und es wäre nie zur Entstehung eines Königreiches Jerusalem gekommen. So aber, da das Reich aus einem lothringischen zu einem pisanischen zu werden drohte, übernahm zur Sicherung der lothringischen Dynastie sofort eine Gruppe lothringischer Haushaltsfunktionäre Gottfrieds die Macht in der Stadt; sie forderte Gottfrieds Bruder Balduin von Edessa auf, die Nachfolge des verstorbenen Herzogs anzutreten. Es war keineswegs eine freie Wahl, sondern die Barone handelten nach dem Geblütsrecht ihrer Heimat, wenn sie den nächsten Verwandten als Nachfolger wünschten. Später entwickelte sich zwar in Anknüpfung an Gottfrieds »Wahl« ein Wahlrecht der Barone, aber es war nicht zu übersehen, daß Gottfried von seinen Kampf- und Standesgenossen, nicht von jerusalemitanischen Baronen gewählt worden war. So liefen später stets zwei verfassungsrechtliche Entwicklungen nebeneinander her, deren eine das Wahlrecht der Barone betonte und auf Gottfried zurückging, während die andere geblütsrechtliche Tendenzen hatte und auf der Nachfolge seines Bruders Balduins als Präzedenzfall beruhte.

Daimbert versuchte, die Nachfolge Balduins zu blockieren, indem er den Fürsten von Antiochia bat, Balduin an der Reise nach Jerusalem zu hindern. Der Brief erreichte seinen Empfänger nie[33]. Der ahnungslose Boemund zog im August 1100 nach Norden, um seine Grenzen dort zu konsolidieren, geriet dabei aber in die Gefangenschaft des danischmendidischen Emirs. Antiochia wurde durch Balduin von Edessa gerettet, der dann im Oktober zu einem beschwerlichen Marsch nach Jerusalem aufbrach, wo er im November anlangte, nachdem er die Grafschaft Edessa der Verwaltung seines Vetters Balduin von Bourcq (1100–1118) unterstellt hatte. Daimbert erkannte, daß sich seine Pläne nicht erfüllten. Um wenigstens seine Stellung als Patriarch zu halten, lenkte er zu Weihnachten ein. Am 25. Dezember 1100 krönte er Balduin zum König, doch nicht in der Grabeskirche, dem eigentlichen religiösen Mittelpunkt des neuen Reiches, sondern in der Geburtskirche zu Bethlehem. Der Streitpunkt, ob es ziemlich sei, in Jerusalem als der Stadt des dornengekrönten Christus eine Königskrone zu tragen, war damit umgangen. In seinem Krönungseid versprach Balduin vielleicht, der Diener des Hl. Grabes (also nicht des Patriarchen!) zu sein, bestimmt jedoch, Kirche und Volk von Jerusalem mit Gerechtigkeit und Frieden zu regieren. Seine Nachfolger schwuren in der Krönungszeremonie, das Patriarchat zu schützen. Aus der zeitweilig behaupteten Lehnsabhängigkeit vom Patriarchen war in der Sache wieder die vogteiartige Schutzfunktion über das Hl. Grab geworden. Wenn Balduin jetzt auf dem Königstitel bestand, so lag darin das Programm beschlossen, künftig auch den geringsten Anschein einer Oberhoheit des Patriarchen zu vermeiden. Dieser wurde beschränkt auf seine Rolle als *seigneur espirituel* des Reiches.

Der literarisch gebildete, ursprünglich für den geistlichen Stand bestimmte Balduin I. war aus härterem Holz geschnitzt als sein Bruder. Er hatte es durch seine Rücksichtslosigkeit bei der Gründung der Grafschaft Edessa bewiesen. Nachdem Daimbert ihn gekrönt hatte, wollte er ihn alsbald loswerden. Er bediente sich dazu der Mithilfe des neuen päpstlichen Legaten Mauritius von Porto, der mit einer Flotte Genuas, das als letzte der drei großen Seerepubliken Italiens nach Osten ausgriff, ins Hl. Land gekommen war. Daimbert wurde suspendiert. Er konnte 1102 nochmals für kurze Zeit den Patriarchenstuhl einnehmen, unterstützt von Tankred, der sein Lehen Tiberias mit der Regentschaft über Antiochia an Stelle des gefangenen Boemund vertauscht hatte. Aber dann wurde Daimbert endgültig abgesetzt und mußte wiederum nach Antiochia ins Exil. Er appellierte an den Papst mit der Begründung, er sei von Balduin unrechtmäßig vertrieben worden. Er konnte Paschal II. von dieser Darstellung überzeugen, obgleich er kanonisch gültig – auf Grund schwerer Verfehlungen – von einer Synode unter Vorsitz eines päpstlichen Legaten abgesetzt worden war. Paschal befahl seine Wiedereinsetzung, und ein neuer Konflikt mit dem König wurde nur dadurch vermieden, daß Daimbert starb (1106), ehe er noch in den Osten zurückgekehrt war. Das päpstliche Urteil entsprach den Libertasforderungen der Zeit; eine direkte Beherrschung der Kirche durch den König konnte und wollte der Papst nicht dulden. Die Tatsache, daß der ehrgeizige Daimbert den Papst als Schiedsrichter hatte anrufen müssen, daß päpstliche Legaten seit 1099 dreimal mit der Suspension oder Absetzung von Patriarchen ordnend in die Angelegenheiten der Kirche von Jerusalem eingegriffen hatten, zeigt jedoch, daß die dortige Kirche anders als die antiochenische (s. unten S. 76) der Herrschaft des Papstes unterworfen und fest eingegliedert war in das römische System. Der Patriarch war nichts anderes als ein Metropolit an einem besonders ehrwürdigen Orte und mit einem besonders ehrwürdigen Titel. Der unglückselige Streit zwischen den lateinischen Patriarchen von Antiochia und Jerusalem über die Verteilung der Suffraganbistümer (unten S. 75f.) versetzte die Päpste vollends in die Rolle des über den Parteien stehenden Herrschers und Richters.

Im Abendland hatte der Erfolg des ersten Kreuzzuges allenthalben großen Jubel ausgelöst. Die Kreuzpredigt ging weiter und erfuhr auch durch den Wechsel auf dem päpstlichen Thron 1099 keinen Abbruch. Sie richtete sich besonders an jene, die den ersten Kreuzzug vor der Eroberung der Hl. Stadt verlassen, ihr Gelübde also nicht erfüllt hatten. Durch die Siegesmeldungen wie durch die Bitten um Verstärkungen, die aus dem Osten kamen, gleichermaßen angeregt, entschlossen sich aber auch viele, erstmals das Kreuz zu nehmen[34]. Der größte Erfolg war in der Lombardei zu verzeichnen, wo

sich unter der Führung des Erzbischofs Anselm von Mailand ein großes Heer versammelte. In Südfrankreich nahm der mächtige Herzog Wilhelm IX. von Aquitanien, einer der ersten Troubadours, das Kreuz, im Norden waren Stephan von Blois und Hugo von Vermandois bereit, wiederum auszuziehen, weil sie ihr Gelübde beim ersten Kreuzzug nicht erfüllt hatten und zunehmendem öffentlichem und privatem Druck ausgesetzt waren. Im Osten brachen Graf Wilhelm II. von Nevers und Auxerre, Herzog Otto von Burgund und Graf Stephan von Burgund auf. Die Kirche entsandte die Bischöfe von Paris, Laon und Soissons und den Erzbischof von Besançon. In Deutschland erwachte die Kreuzzugsbegeisterung vor allem in Bayern und Österreich. Der alte Welf IV., Herzog von Bayern, nahm mit vielen seiner Herren das Kreuz. Er wurde begleitet von der Markgräfin Ida von Österreich, der Witwe Luitpolds II., sowie dem Erzbischof Thiemo von Salzburg, dem Bischof Ulrich von Passau, dem Abt von Admont und dem Chronisten Ekkehard von Aura.
Die Lombarden brachen im Herbst 1100 als erste auf und erreichten im Frühjahr 1101 Konstantinopel, wo im Laufe des Sommers auch die übrigen Kontingente eintrafen. Doch warteten die Lombarden nicht auf ihre Genossen, sondern drängten nach Osten weiter. Nach Ostern setzten sie über den Bosporus und marschierten nach Nikomedia, wo sie sich mit Stephan von Blois und den Burgundern vereinigten. Auch Raimund von Toulouse, der vor kurzem aus Latakia gekommen war, stieß hier zu ihnen. Vergeblich versuchten die erfahrenen Franzosen, die Lombarden von ihrem Plan abzuhalten, in das nördliche Anatolien einzufallen, um Boemund von Antiochia zu befreien, der in Neocaesarea in Pontos in Gefangenschaft saß. Nach einem entbehrungsreichen Marsch durch Nordanatolien, der sich nicht genau rekonstruieren läßt, trafen sie östlich des Halys unweit von Merzifon auf das vereinigte türkische Heer des Sultans Qilidsch Arslan, der Danischmendiden und Ridwans von Aleppo und wurden in einer mehrtägigen Schlacht (etwa Mitte Juli 1101) völlig aufgerieben. Nur kümmerliche Reste konnten sich nach Konstantinopel retten, darunter die Grafen von Toulouse, Blois und Burgund und der Erzbischof von Mailand.
Nicht besser erging es dem Grafen Wilhelm von Nevers, dessen Heer gleichfalls nach Nordanatolien vorstieß, bei Ankara aber südwärts abbog und bei Heraclea vernichtet wurde. Wilhelm selbst konnte sich nach Antiochia retten. Die Aquitanier und Bayern waren inzwischen nach mancherlei Kämpfen auf dem Balkan nach Konstantinopel gelangt, hatten dem Kaiser den gleichen Eid geleistet wie die ersten Kreuzfahrer und waren dann der Straße des ersten Kreuzzuges gefolgt. Heraclea wurde auch ihnen zum Schicksal. Sie gerieten dort im September 1101 in einen türkischen Hinterhalt und wurden vollständig geschlagen. Ida von Österreich und Thiemo von Salzburg wurden gefangen oder ermordet. Die Legende bemächtigte sich ihrer mit Motiven, die später in der romanhaften Kreuzzugsliteratur häufig wurden. Ida hätte danach einen sarazenischen Emir geheiratet und wäre die Mutter Zengis, des großen Christengegners, geworden, während Thiemo in der Gefangenschaft ein muslimisches Idol habe reparieren müssen, das daraufhin plötzlich blasphemische Worte von sich gegeben habe, worauf Thiemo das Martyrium habe erleiden müssen. Die Herzoge von

Aquitanien und Bayern retteten sich mit wenigen Begleitern nach Antiochia, wo auch bald die nach Konstantinopel Geflüchteten zu ihnen stießen. Von Antiochia zog der klägliche Rest des Unternehmens nun gen Jerusalem. Der Kreuzzug hatte sich als Fehlschlag erwiesen, und das Abendland mochte vorerst kein großes Kreuzheer mehr auf die Beine stellen. Ein Sühnekreuzzug, durch den sich Kaiser Heinrich IV. vom Bann zu lösen hoffte und dessen Vorbereitung die Verkündung des ersten Reichslandfriedens (1103) galt, blieb angesichts der erstarrten Fronten im Investiturstreit und des Aufstandes von Heinrichs Sohn nur Projekt.

In Antiochia suchte Tankred derweil seinen Staat nach allen Richtungen zu erweitern. Seinem kriegerischen Ungestüm gelang es 1101, Kilikien von Byzanz zurückzuerobern, und darauf machte er sich an die Belagerung Latakias, das ihm nach langer Belagerung 1103 in die Hände fiel. Er konnte aber trotz aller Bemühungen nicht verhindern, daß Raimund von Toulouse mit den Provenzalen den Hafen Tortosa südlich von Latakia besetzte und sich darauf in einer vieljährigen Belagerung von Tripolis verbiß. Diese Stadt war seit den Tagen des ersten Kreuzzuges ein Ziel seines Ehrgeizes, und er gedachte nun nicht zu ruhen und zu rasten, bis er sie erobert und zum Mittelpunkt eines eigenen Staatsgebildes gemacht habe, das die Verbindung zwischen dem normannischen Antiochia im Norden und dem lothringischen Jerusalem im Süden herstellen und dem Grafen von Toulouse ein stärkeres Gewicht gegenüber seinen normannischen Widersachern verleihen sollte. Er blockierte Tripolis durch den Bau einer gewaltigen Burg auf dem »Pilgerberg«. Den Fall der Stadt hat er nicht mehr erlebt, doch legt eine Urkunde von 1103, in der er sich bereits als Graf von Tripolis bezeichnete, deutliches Zeugnis von seinen Plänen ab.

Boemund von Antiochia wurde 1103 gegen Zahlung eines hohen Lösegeldes freigelassen, das auf Betreiben Balduins von Bourcq zusammengebracht worden war, dem Tankred allmählich zu mächtig wurde. Er übernahm wieder die Herrschaft in Antiochia, wo auch Tankred verblieb, der von der ihm offenstehenden Möglichkeit, sein altes Lehen Tiberias wieder zu übernehmen, keinen Gebrauch machte, wohl aus alter Rivalität zu König Balduin I. Boemund begann sofort eine Offensive gegen Ridwan von Aleppo, wobei er von Balduin von Bourcq und Joscelin von Courtenay unterstützt wurde, der 1101 ins Hl. Land gekommen und als Herr von Turbessel der bedeutendste Vasall des Grafen von Edessa westlich des Euphrat war. Dabei bildete sich 1104 der Plan heraus, die große Festung Harran südöstlich von Edessa anzugreifen. Der Plan war gut, denn Harran bildete das Tor zu Mosul, wo nach dem Tode des großen Kerboga (1102) der neue Atabeg (= Regent) in erbitterten Auseinandersetzungen mit seinen islamischen Nachbarn begriffen war. Der Besitz von Harran hätte einen endgültigen Keil zwischen die drei seldschukischen Zentren in Anatolien, Irak und Syrien geschoben und insbesondere Aleppo und Damaskus von den mittelasiatischen Glaubensgenossen getrennt. Dennoch war Damaskus nicht bereit, gegen die Franken zu Felde zu ziehen, denn es betrachtete seinerseits nun wieder Antiochia und Edessa als Puffer gegen Aleppo und Mosul. Damit wurden im weiteren Sinne islamische Chancen gegen die Kreuzfahrer vergeben, obwohl es nicht an einer eindringlichen Analyse der Situation fehlte, die der

damaszenische Philologe as-Sulami 1105 in einem Traktat niederlegte, in dem er zur Beilegung der inneren Streitigkeiten des Islam aufrief, weil nur jetzt in der Anfangsphase die Franken noch wirksam zu bekämpfen seien. Diese wurden freilich auch ohne Damaskus unweit Harrans am Flusse Balih vernichtend geschlagen (1104). Balduin von Bourcq und Joscelin von Courtenay gerieten in Gefangenschaft, Tankred übernahm willig die Regentschaft in Edessa. Die Niederlage hatte weitreichende politische Folgen, die sich freilich nicht sofort zeigten. Zusammen mit dem Mißerfolg des Kreuzzuges von 1101 beseitigte die Schlacht von Harran die Legende von der Unbesiegbarkeit der Kreuzfahrer. Und da die Trennung der Seldschuken mißglückte, war von nun an Edessa als östlichster Vorposten der Christenheit stets bedroht. Daß die kaum gegründete Grafschaft trotzdem noch 40 Jahre lang aushielt, lag nur an der Uneinigkeit des Islam.
Byzanz nutzte die Niederlage der Antiochener, um Kilikien wiederzuerobern und Teile, nämlich den Hafen und die Unterstadt, von Latakia zu besetzen. Boemund fürchtete ernstlich für seinen Staat. Er übertrug Tankred erneut die Regentschaft und ging 1104 nach Europa zurück, zunächst in seine apulischen Besitzungen, dann nach Rom und Frankreich, wo er mit allen Mitteln, die Geld und propagandistisches Geschick ihm boten, ein Heer zu einem Feldzug gegen Byzanz sammelte. Das Ansehen seines Hauses erhöhte er durch geschickt arrangierte Heiraten für sich und seinen Neffen Tankred. Im Jahre 1107 fiel er von Italien aus über die Adria in Albanien ein und belagerte die große Seefestung Dyrrhachion[35]. Eine Aussicht auf Erfolg hatte das Unternehmen nicht, denn Boemund hatte keine eigene Flotte, und Byzanz war jetzt stärker als zur Zeit des letzten Normannenkrieges. Nach einem Jahr mußte er sich 1108 im Vertrag von Deabolis seinem alten Gegner Alexios beugen. Er verpflichtete sich, das um Kilikien und Latakia verkleinerte Fürstentum Antiochia vom byzantinischen Kaiser zu Lehen zu nehmen und den orthodoxen Patriarchen wieder zu restaurieren. Zum Ausgleich sicherte ihm der Kaiser das noch zu erobernde Gebiet um Aleppo zu. Doch traute sich Boemund nach diesem Vertrag, mit dessen Hilfe Alexios wohl Tankred in Syrien entmachten wollte, nicht mehr in den Osten zurück, sondern ging wieder nach Apulien, wo er etwa 1111 vergessen starb. Mit ihm verschwand der unruhigste, ehrgeizigste, gewissenloseste, aber wohl auch klügste Führer des ersten Kreuzzuges. Die Nachfolge in Antiochia trat 1108 endgültig Tankred an, formell als Regent für Boemund, in Wahrheit als selbständiger Herrscher. Er dachte nicht daran, den Vertrag von Deabolis zu erfüllen, sondern kämpfte in der ihm verbleibenden Zeit unaufhörlich um die Vergrößerung Antiochias. Im Norden vertrieb er Byzanz endgültig aus Ostkilikien und aus Latakia, im Süden eroberte er Dschabala, Baniyas und Marqab, das unter dem latinisierten Namen Margat eine der größten Festungen des lateinischen Ostens werden sollte. Als Regent von Antiochia und Edessa war Tankred der mächtigste Mann Syriens. Kaiser Alexios († 1118) war durch erneute Kämpfe mit den anatolischen Seldschuken zu sehr beschäftigt, um die Erfüllung des Vertrages von Deabolis zu erzwingen.
Als Balduin von Bourcq und Joscelin von Courtenay 1108 wieder in Freiheit kamen, geriet Tankred sofort mit ihnen in Streit, weil er Edessa, in dem

er vier Jahre lang Regent gewesen war und das er der Herrschaft seines Verwandten Richard vom Prinzipat (1104–1108) unterstellt hatte, nicht hergeben wollte. Obwohl er auf Vorhaltungen hin zunächst nachgab, kam es doch bald zu bewaffneten Auseinandersetzungen, die erstmals zu fränkisch-syrischen Koalitionen führten. Die Muslime waren noch nicht soweit, daß sie die Idee des hl. Krieges auf die Kreuzfahrer angewendet hätten. Für sie hatte ein derartiges Bündnis also nichts Besonderes an sich. Auf christlicher Seite mußte dies aber einen wahren Kreuzfahrer schockieren, denn es ließ sich nichts denken, was der Kreuzzugsidee mehr widersprochen hätte als ein christlicher Bruderkrieg, in dem beide Seiten sich muslimischer Alliierter bedienten. Hier zeigte sich deutlich, wie weit die syrischen Barone schon vom Kreuzzugsgeist entfernt waren. Auf der einen Seite kämpfte Tankred mit der Unterstützung Aleppos, auf der anderen Seite Balduin, Joscelin und Mosul. Im Endergebnis siegte Tankred zwar in der Schlacht, doch behielt Balduin die Herrschaft über Edessa, aus dem er jetzt in einer Kehrtwendung seiner früheren armenierfreundlichen Politik einen großen Teil der armenischen Bevölkerung vertrieb, wofür die Gründe nicht ganz durchsichtig sind. Es wäre möglicherweise zu weiteren Kämpfen gekommen, wenn nicht die tripolitanische Erbfolgefrage die Aufmerksamkeit aller Beteiligten auf sich gezogen hätte.
Der alte Graf Raimund von Toulouse war am 28. Februar 1105 vor dem belagerten Tripolis gestorben. Er war eine der bedeutendsten Gestalten des ersten Kreuzzuges gewesen, der einzige Mann, der Boemund von Antiochia gewachsen war, derjenige, in dem vor allem die *pauperes,* das niedere Volk, den Führer sahen. Die zeitgenössische Chronistik, die normannische Propaganda und die moderne Geschichtsschreibung haben ihm nicht immer Gerechtigkeit widerfahren lassen, und erst in neuerer Zeit haben J. H. und L. L. Hill seine Verdienste mehr ins rechte Licht gerückt. Es war kaum übertrieben, wenn er von Zeitgenossen als der hervorragendste Fürst der christlichen Ritterschaft bezeichnet wurde.
Die Erbfolgefrage war kompliziert, weil Raimund im Osten nur einen sehr jungen Sohn namens Alfons-Jordan hinterließ. Seine Truppen wählten deshalb seinen Verwandten Wilhelm-Jordan zum Führer. Die Barone von Toulouse aber, die seit Raimunds Abreise unter der Herrschaft seines ältesten Sohnes Bertrand gestanden hatten, erkannten diesen nun nicht mehr an, sondern holten Alfons-Jordan aus Syrien nach Hause. Das bewog Bertrand, seinerseits sein Glück im Osten zu versuchen. Er kam 1108 nach dem Pilgerberg, wo er sofort mit Wilhelm-Jordan in Erbstreitigkeiten geriet. Während sich Wilhelm dem Antiochener Tankred als Vasall unterstellte, rief Bertrand König Balduin I. von Jerusalem zum Schiedsrichter an. Dieser zog von Süden herauf, und im Juni 1109 kam es zu einem großen Fürstentreffen vor Tripolis. Tankred und Wilhelm sahen sich der geschlossenen Front Balduins I., Balduins von Bourcq, Joscelins von Courtenay und Bertrands gegenüber und mußten mit einem Kompromiß zufrieden sein. Tankred gab seine Ansprüche auf Edessa preis, sollte aber dafür seine galilaeischen Besitzungen aus der Zeit vor 1100 als Vasall Balduins I. zurückerhalten, falls Boemund aus Apulien wieder nach Antiochia käme, was allerdings kaum zu befürchten war, so daß Tankred das Gesicht wahrte. Die

Erbschaft Raimunds wurde zwischen den beiden Prätendenten geteilt, die jeweils Vasallen ihres Verbündeten wurden. Nach dieser Übereinkunft, die die dringend notwendige Einheit der Christen wiederherstellte, machte man sich mit Unterstützung genuesischer und provenzalischer Schiffe energisch an die Belagerung von Tripolis, das am 12. Juli 1109 kapitulierte. Die Gründung des letzten Kreuzfahrerstaates war vollendet, und er sollte seine Einheit bald dadurch gewinnen, daß Wilhelm-Jordan kurz nach der Eroberung einem Pfeilschuß erlag, wodurch die Grafschaft in Bertrands Hand vereinigt und ein Lehen des Königreiches Jerusalem wurde[36].

Die Einigung der Fürsten vor Tripolis war ein Höhepunkt im Wirken Balduins I. von Jerusalem, denn sie zeigte ihn in einer wahrhaft königlichen Stellung als obersten Schiedsrichter über allen christlichen Fürsten des Ostens, dessen Spruch sich auch der formal unabhängige Tankred von Antiochia zu beugen hatte. Balduin hatte diese Stellung durch seinen energisch betriebenen Ausbau des Königreiches Jerusalem erreicht. Schon 1101 hatte er Arsuf und Caesarea an der Küste erobert. Den Genuesen hatte er für ihre Hilfe dabei ein Drittel der Beute und ein Quartier in jeder eroberten Stadt zugestehen müssen. Aber der wunde Punkte blieb Askalon, das den Fatimiden stets einen Stützpunkt für Kriegszüge nach Palästina bot. Sie fielen denn auch 1101, 1102 und 1105 mit großen Heeren von Askalon aus in das Reich ein, wurden aber jeweils nach harten Kämpfen bei Ramla, die einen wechselvollen Ausgang hatten und bei denen auch Stephan von Blois, der nimmermüde Kreuzfahrer, den Tod fand, zurückgedrängt. Hierbei kam Balduin zustatten, daß sich Damaskus in seinem Rücken ruhig verhielt, da es gleichfalls den fatimidischen Imperialismus fürchtete. Nach 1105 haben die Fatimiden keinen größeren Versuch zur Rückeroberung Palästinas mehr unternommen, dessen Besitz Balduin somit den Christen endgültig gesichert hat, doch blieb Askalon noch immer eine latente Bedrohung. Balduin wandte sein Interesse nunmehr verstärkt der Küste zu. Dort hatte er Akkon bereits im Mai 1104 mit Hilfe einer genuesischen Flotte bezwungen. Ein umfangreiches Privileg, mit dem er Genua belohnt haben soll und von dem Genua seit der Mitte des 12. Jh. behauptete, es habe über seinen Inhalt eine goldene Inschrift in der Grabeskirche besessen, die dann zerstört worden und jetzt zu restaurieren sei (was Konrad von Montferrat 1192 zubilligte), hat sich allerdings als eine komplizierte Fälschung herausgestellt, die vermutlich für einen kurialen Prozeß angefertigt wurde. Auch die Inschrift hat es nie gegeben[37]. Das Reich aber verfügte mit Akkon endlich über einen großen, sicheren und wetterfesten Hafen, der der offenen Reede Jaffas weit überlegen war. Akkon sollte das wirtschaftliche Zentrum des Landes werden. Damaskus, dessen Handelsverbindungen über die palästinensischen Häfen liefen, konnte dieser Entwicklung nicht tatenlos zusehen, und so begann es, die ägyptischen Gouverneure der Küstenstädte zu unterstützen, indem es Balduin in einen Kleinkrieg in der südsyrischen Landschaft Hauran und in Galilaea verwickelte, wo der Herr von Tiberias mehrere Burgen zur Kontrolle der damaszenischen Handelswege errichtet hatte. Erst 1108 erreichte Balduin einen Waffenstillstand (s. oben S. 61), doch unterstützte Damaskus die Ägypter an der Küste weiterhin. Eine Belagerung Sidons durch Balduin im Jahre 1108 scheiterte, und im folgenden Jahr mußte er nordwärts nach Tripolis ziehen, um die zerstrittenen Fürsten Syriens zu einigen (oben S. 68). Sidon fiel wie Beirut erst 1110 in die Hände der Christen, wobei eine norwegische Flotte unter König Sigurd vor Sidon tatkräftige Hilfe leistete.

Nun kontrollierten die Franken alle Häfen der syrisch-palästinensischen Küste mit Ausnahme von Askalon und Tyrus. Das vorher einigermaßen ausbalancierte Gleichgewicht der Kräfte war verschoben. Damaskus fühlte sich ernstlich bedroht, und sein Atabeg Tugtakin (1095–1128) verband sich daher mit dem neuen Machthaber in Mosul, Maudud (1108–1113), der im Auftrage des Seldschukensultans Muhammad ibn Malik Schah (1105–1118) in einer großen Koalition islamischer Machthaber Asien von den Franken zu säubern suchte. Erste Feldzüge in den Jahren 1110 und 1111 brachten kein entscheidendes Ergebnis, weil die Franken unter Balduin I. von Jerusalem vereint kämpften und das islamische Bündnis nicht so fest war, wie es schien. Doch kaum war die Gefahr für den Moment gebannt, da entzweiten sich die Franken wieder unter sich. Balduin von Bourcq nahm den ihm zu mächtig gewordenen Joscelin von Courtenay gefangen und zwang ihn zur Preisgabe seiner edessenischen Herrschaft Turbessel, worauf Joscelin in die Dienste Balduins I. trat und die Herrschaft Tiberias in Galilaea übernahm, die man für Tankred nicht mehr freizuhalten brauchte, da Boemund 1111 in Apulien gestorben war und Tankred für dessen minderjährigen Sohn weiterhin in Antiochia die Regentschaft führen konnte. Diese ging nach seinem Tod im Dezember 1112 jedoch an seinen Verwandten Roger vom Prinzipat (1112–1119) über, dem Tankred dank seiner unermüdlichen Kriegslust ein gefestigtes Staatsgebilde hinterließ. Für einen mittellosen Abenteurer war die Karriere Tankreds (ebenso wie die Balduins I.) außerordentlich gewesen. Im selben Jahr wie Tankred starb auch Bertrand von Tripolis, dem dort sein junger Sohn Pontius (1112–1137) nachfolgte. Dieser brach endgültig mit der antinormannischen Haltung der Provenzalen, was in seiner Heirat mit der Witwe Tankreds sichtbaren Ausdruck fand. Da zudem Roger von Antiochia die Schwester Balduins von Bourcq heiratete, war der fränkische Norden nunmehr ausgesöhnt und einig. Vielleicht lag es in dieser Einigkeit begründet, daß der byzantinische Kaiser die von ihm 1110–1112 deutlich verfolgten Pläne zu einem Feldzug gegen Antiochia, für die er sich der wohlwollenden Neutralität Pisas versichert hatte, nicht in die Tat umsetzte[38].

Als Balduin I. 1113 den Waffenstillstand mit Damaskus verletzte, benutzte Maudud diese Gelegenheit zu einem neuen Angriff, der sich aber diesmal nicht gegen Syrien, sondern im Verein mit Tugtakin von Damaskus gegen Palästina richtete. Westlich des Sees von Genezareth konnte er Balduins Heer schlagen und anschließend das flache Land besetzen. Aber die meisten Städte hielten seinem Druck stand, und im September mußte sich Maudud vor dem um Kontingente aus den nördlichen Fürstentümern verstärkten Heer der Christen nach Damaskus zurückziehen. Dort wurde der bedeutende und energische Feldherr im Oktober von einem Assassinen ermordet, sehr zur Erleichterung der Franken und Tugtakins, der Maudud inzwischen selbst zu fürchten hatte und dem keineswegs an einer völligen Auslöschung Jerusalems gelegen war. Doch geriet er in Bagdad beim Sultan in den Verdacht, am Mord Maududs mitschuldig zu sein, was ihn 1114 zu einem er-

neuten Waffenstillstand mit Balduin I. bewegte. Die Lage der Franken verbesserte sich noch zusätzlich durch den Tod Ridwans von Aleppo (1113), der eine arge Anarchie auslöste. Dennoch ließ der Seldschukensultan den Krieg gegen die Franken weiterbetreiben, erst durch Aq Sunqur al-Bursuqi (1113–1126), den er zum Atabeg von Mosul machte, dann durch Bursuq ibn Bursuq († 1116), einen landfremden Perser, gegen den sich alle Kräfte Syriens zusammenschlossen. Die vereinigten Franken verbanden sich mit Aleppo und Damaskus und schlugen Bursuq im September 1115 bei Danith südwestlich von Aleppo. Wenn auch die islamisch-fränkische Koalition nun zerbrach, weil die Franken wieder das Übergewicht hatten, so bedeutete die Niederlage doch das Ende der Versuche zur Wiedereroberung Syriens durch die seldschukischen Sultane.
Balduin I. war von 1109–1115 fast dauernd mit den nordsyrischen Angelegenheiten befaßt gewesen, doch war ihm klar, daß er auch die Grenze gegen Süden sichern müsse. Diesem Zweck diente 1115 ein Vorstoß durch die Negevwüste, wo er südlich des Toten Meeres die große Festung Montréal (arab. Schaubak) erbauen ließ, die die Straße vom Toten Meer zum Golf von Aqaba kontrollierte. Im folgenden Jahr nahm er Aqaba (Eilat) ein und besaß nun einen Stützpunkt am Roten Meer, den er durch die Befestigung der vorgelagerten Insel Graye sicherte. Die transjordanische Politik beschränkte sich indessen auf eine lockere Aufsicht über die dortigen Beduinenstämme und gelegentliche Strafexpeditionen. Im Jahre 1117 wurde die in aller Welt Aufsehen erregende Eheaffaire des Königs geregelt[39]. Er war in zweiter Ehe in Edessa mit einer Armenierin verheiratet gewesen, die er vor 1108 verstoßen und mit der fadenscheinigen Begründung, sie habe sexuelle Kontakte mit Muslimen gehabt, ins Kloster gezwungen hatte, von wo sie nach Konstantinopel zu Verwandten entwich. Im Jahre 1113 hatte er sich dann mit Adalasia, der Witwe Rogers von Sizilien verheiratet. Diese Ehe brachte ihm nicht nur bitter benötigtes Geld ein, sie schuf auch eine Allianz mit Sizilien, deren Wert für Balduin in der sizilischen Flotte lag. Doch mußte sich Balduin I., der bisher kinderlos war, dazu verstehen, Adalasias Sohn aus erster Ehe, den jungen Grafen Roger II. von Sizilien, zum Erben einzusetzen, falls er kinderlos stürbe, was nicht nur angesichts des Alters Adalasias durchaus möglich war, sondern auch weil der König allem Anschein nach homosexuell war. Die Vasallen, die Balduin I. mit eiserner Hand beherrschte, wurden nur ungenügend konsultiert und schluckten die explosive Nachfolgeklausel, die auf eine mögliche Ablösung der lothringischen Herrschaft hinauslief, nur zähneknirschend. Die Ehe war bigam, weil die zweite Gemahlin noch lebte, woran sich auch dadurch nichts änderte, daß man ihr in Jerusalem den Lebenswandel einer Prostituierten nachsagte. Als die normannische Erbfolge angesichts einer schweren Erkrankung des Königs im Winter 1116/17 akut zu werden drohte, erzwang die Opposition, jetzt auf päpstliches Drängen auch unterstützt vom Patriarchen, in öffentlichem Konzil die Verstoßung Adalasias, die im Frühjahr 1117 nach Sizilien zurückging. Es war die erste ernsthafte Niederlage des Königs im Inneren und ein schwerer außenpolitischer Fehler, weil der sizilische Hof ernstlich empört und auf lange nicht mehr zur Unterstützung Jerusalems bereit war. Hatten die Vasallen gehofft, der mindestens 46 Jahre alte König

werde erneut heiraten, um endlich einen Thronerben zu produzieren, so sahen sie sich getäuscht. Balduin bestand nun darauf, der Gemahl seiner unerreichbar fernen und hoffnungslos diskreditierten zweiten Frau zu sein, lebte also frauenlos. Die Vasallen hatten ihn zur Eheauflösung zwingen können, hinsichtlich einer neuen Ehe waren sie machtlos.
Im Jahre 1118 unternahm Balduin I. dann eine Expedition nach Ägypten, die ihn bis an den Nil führte, wo er erneut schwer erkrankte. Auf der Heimreise starb er am 2. April unweit Askalons. Er war ein großer Eroberer gewesen und hinterließ, als man ihn neben seinem Bruder Gottfried zur letzten Ruhe bettete, ein gefestigtes Reich mit hohem Ansehen. Im Innern hatte er mit fester Hand regiert und dafür gesorgt, daß die großen Kronlehen nicht erblich wurden, sondern im Todesfall an den König zur freien Verfügung zurückfielen. Seit er sich Daimberts von Pisa entledigt hatte, war er auch mit der Kirche gut ausgekommen, vor allem nachdem Arnulf von Chocques († 1118), der sich seit 1099 als Archidiakon von Jerusalem durchgebracht hatte, endlich 1112 das Patriarchat, das alte Ziel seines Ehrgeizes, erlangt hatte, das er freilich auch jetzt nicht unangefochten besitzen konnte; 1115 wurde er vorübergehend suspendiert. Gottfried hatte kaum Zeit für den Aufbau gehabt. Balduin aber eroberte die Küste, brachte die ägyptischen und seldschukischen Angriffe zum Stehen, stellte einen modus vivendi mit Damaskus her und betrieb die Expansion nach Süden. Er muß als der eigentliche Gründer des Königreichs Jerusalem gelten. Seiner Bedeutung entsprach seine Stellung als kaum angefochtener Oberherr aller christlichen Kreuzfahrerstaaten.
Die Meinungen über die Nachfolge des Königs waren geteilt. Während die einen an seinen Bruder Eustachius, den Grafen von Boulogne, dachten, sprachen sich die anderen unter Führung des Patriarchen und Joscelins für seinen gerade in Jerusalem anwesenden Verwandten Balduin von Bourcq aus, der sich als Graf von Edessa bereits als tüchtig ausgewiesen hatte. Die Wahl ging zu seinen Gunsten aus, aber nicht ohne erhebliche Schwierigkeiten. Eustachius war der nähere Verwandte und überdies in der Designation des sterbenden Balduin I. vor Balduin von Bourcq bevorzugt worden. Eine förmliche Gesandtschaft wurde nach Boulogne abgeordnet, um Eustachius die Krone anzutragen. Mit einiger Mühe konnte er bewogen werden, seine vor allem in England immensen Besitzungen zu verlassen. Naturgemäß hatte aber die Gesandtschaft seine Hauptanhänger aus Jerusalem entfernt, so daß die Partei Balduins von Bourcq jetzt mit dessen Thronkandidatur leichtes Spiel hatte. An Ostern 1118 wurde Balduin II. (1118–1131) zum König gesalbt, aber noch nicht gekrönt. Als die mit Eustachius zurückreisenden Gesandten in Apulien von dem Fait accompli in Jerusalem erfuhren, waren sie so erbittert, daß sie Eustachius zum Kampf um die Krone drängten. Der ohnehin nicht gerade enthusiastische Graf von Boulogne aber wollte dem Reich den Bürgerkrieg ersparen und reiste nach Hause zurück. Wilhelm von Tyrus beklagte den Weg Balduins II. zum Thron als illegal, aber an diesem Präzedenzfall bildete sich offenbar die später öfters zu belegende Auffassung aus, daß der nächste im Osten anwesende Verwandte Ansprüche auf die Nachfolge hatte, die freilich durch eine Wahl zu bestätigen war. Wie sein Vorgänger war Balduin II. ein guter Krieger, doch

wandte er seine Aufmerksamkeit stärker auch den inneren Angelegenheiten zu. Er war beherrschter als Balduin I., führte mit seiner armenischen Gemahlin Morphia eine vorbildliche Ehe und war von tiefer Frömmigkeit, was ihm vom vielen Beten eine dicke Hornhaut an den Knien einbrachte. Trotzdem war er nicht frei von Hinterlist und Tücke, auch Geldgier war ihm nicht fremd. Der Eremit Bernhard von Blois, zugegebenermaßen ein eifernder Purist, attackierte ihn öffentlich wegen nicht näher definierter »enormer Laster«.

Kaum hatte er Joscelin, den er ursprünglich aus Edessa vertrieben hatte, für seine Wahlhilfe mit eben dieser Grafschaft (1119–1131) belohnt, die Joscelin von ihm zu Lehen nahm, da erforderte Nordsyrien dringend seine Anwesenheit. Während der Regierung Rogers von Antiochia hatte der fränkische Druck auf Aleppo stetig zugenommen, bis die Bevölkerung den Artuqiden Ilgazi von Mardin zu Hilfe rief, der die Herrschaft übernahm (1118–1122) und sich mit Tugtakin von Damaskus zu einer entschlossenen Offensive verband. Aleppo, von den Franken, den Artuqiden, Mosul und Damaskus begehrt, war dank seiner geographisch zentralen Lage der Angelpunkt des syrischen Gleichgewichtssystems. Die Waage mußte sich zugunsten desjenigen senken, der ihm seine Unabhängigkeit nahm, um so mehr als die Stadt mit dem Regierungsantritt Ilgazis aus dem seldschukischen Reiche ausschied, ebenso wie Tugtakin 1109 Damaskus verselbständigt hatte. Im Jahre 1119 fiel Ilgazi in dem Fürstentum Antiochia ein. Roger schlug alle Warnungen und Lehren der Vergangenheit in den Wind und wartete das Eintreffen der jerusalemitanisch-tripolitanischen Truppen nicht ab, sondern trat Ilgazi bei al-Balaṭ westlich von Aleppo mit 700 Rittern und 3000 Fußsoldaten entgegen. Am 27. Juni wurden die Franken eingekesselt und vollständig vernichtet; nur zwei Barone von Rang entkamen. Roger selbst fiel kämpfend mit der Blüte seiner Ritterschaft; auch die Gefangenen wurden ermordet. Die Schlacht, die die Franken als »Blutfeld« (*ager sanguinis*) bezeichneten, bewies, daß es der Macht des Seldschukensultans nicht bedurfte, die Franken zu schlagen. Den benachbarten islamischen Herrschern konnte das auch gelingen, wenn sie nur Einheit demonstrierten.

Zum Glück für die Franken nutzte Ilgazi seinen Sieg nicht sofort aus. Balduin II. konnte ihn zurückdrängen, nachdem er die Regentschaft in dem verwaisten Fürstentum Antiochia übernommen hatte, das er bis 1126 für den noch immer minderjährigen Sohn Boemunds in Apulien mit großer Umsicht verwaltete. Eine Neuverteilung der Lehen und die Wiederverheiratung der Witwen sollte dazu dienen, möglichst bald wieder eine kampffähige Mannschaft auf die Beine zu stellen. Allerdings berücksichtigte der Regentschaftsvertrag die Interessen der selbstbewußter gewordenen jerusalemitanischen Vasallen nicht. Die antiochenischen Lehen mußten ausdrücklich in den bisherigen Familien verbleiben, selbst wenn sie an kollaterale Verwandte gingen. Das schloß die Aristokratie Jerusalems vom Erwerb antiochenischen Lehnsbesitzes aus, während sie gezwungen wurde, unvorhergesehen lange im Norden Krieg zu führen. Der Streit um die Thronbesteigung des Königs war nun entschieden, denn als Lehnsherr von Tripolis und Edessa und als Regent von Antiochia war er auch in Jerusalem nicht mehr zu entfernen. Nach der Rückkehr nach Jerusalem wurde er im Dezember

1119 endlich in Bethlehem gekrönt. Die Zeiten waren ausgesprochen krisenhaft. Die Pilgerstraßen waren noch immer unsicher, das Land ging durch eine vierjährige Periode von Mißernten und Hungersnot, die mit zu der Abgabenbefreiung der Hauptnahrungsmittel in Jerusalem 1120 beigetragen haben mag (s. unten S. 140). Der Patriarch bettelte in Compostela um Spenden, der Kantor des Hl. Grabes schickte 1120 eine Kreuzpartikel an seine ehemalige Kirche in Paris, was er mit der diskreten Bitte verband, ihn in das Pariser Kapitel aufzunehmen, zumal er die Einführung des gemeinsamen Lebens an der Grabeskirche 1114 nicht mitgemacht hatte und noch 1121 in Jerusalem in seinem eigenen Haus wohnte. Inmitten dieses verbreiteten Pessimismus zahlte der König der Kirche, die maßgeblich an seiner Erhebung beteiligt gewesen war, den politischen Preis auf dem sogenannten Konzil von Nablus von 1120, das in Wahrheit ein Kronrat der bedeutendsten geistlichen und weltlichen Würdenträger war. Die ersten drei der 25 Beschlüsse gaben der Kirche die ihr bislang vorenthaltene Kontrolle über die kirchlichen Zehnten und beendeten damit jenes Stück Investiturstreit, das sogar bis ins östliche Mittelmeer gedrungen war, so daß es berechtigt ist, vom Konkordat von Nablus zu sprechen. In den anderen Canones wurden erstmals Strafen festgesetzt für Sodomie (= Homosexualität), Bigamie, Ehebruch, sexuelle Beziehungen mit Sarazeninnen oder Sarazenen, Diebstahl und andere Delikte. Die Strafen waren drakonisch, müssen aber wohl in erster Linie als Abschreckungsstrafen gesehen werden, die in anderen Strafrechtsbestimmungen und teilweise auch hier einen Strafantrag des Verletzten voraussetzten oder bei Reue gewisse Auswege eröffneten. In der Eroberungszeit unter Balduin I. waren nur die nötigsten gesetzlichen Regelungen ergangen, die nicht zu vermeiden gewesen waren (s. oben S. 60), während man normale Straftaten offenbar nach gesundem Empfinden und dem heimatlichen Recht des jeweiligen Richters abgeurteilt hatte. Der Katalog von Nablus läßt weniger einen unglaublichen Tiefstand der Sitten (Beugnot) als vielmehr eine bemerkenswerte Rechtsunsicherheit und mangelnde Rechtseinheit erkennen, denen hier gesteuert werden sollte. Auch ist bei aller äußeren Machtfülle die durch das Nachgeben in der Zehntfrage angeschlagene Stellung des Königs gegenüber der Kirche nicht zu übersehen, standen doch im Mittelpunkt der Bestimmungen von Nablus jene Delikte, die in der Eheaffaire Balduins I. eine Rolle gespielt hatten: Bigamie und Homosexualität bei ihm, sexuelle Kontakte mit Sarazenen bei seiner zweiten Frau (freilich als Anklagepunkt 1115 auch beim Patriarchen Arnulf). Die siegreiche Kirche schlug ein auf den Vorgregorianer Balduin I. Gleichzeitig wurden aber in Nablus erstmals die Rechte des Königsgerichts genauer definiert und gegenüber dem bisherigen Selbsthilferecht ausgedehnt. Gleichwohl wurde auch im weltlichen Bereich der Positionsverlust des Königs sichtbar, als ein Teil der Vasallen im Juni 1120 gegen einen Feldzug ins Antiochenische sich des Sprachrohrs des Patriarchen für ihre Opposition bediente. Der Patriarch verweigerte die Herausgabe der für die Kriegsführung unerläßlichen Reliquie des Hl. Kreuzes, und es bedurfte stärksten königlichen Druckes, um ihn zur Herausgabe zu bewegen[40]. Hier wurde die ganze Unpopularität der antiochenischen Regentschaft sichtbar; denn diese, nicht die Königsherrschaft, war der Stein des Anstoßes.

Dank der Energie des Königs ließ der fränkische Druck auf Aleppo nicht nach. Unerwartete Hilfe kam den Christen dabei von König David dem Erneuerer von Georgien, gegen den sich Ilgazi in einen Krieg einließ, der mit einer blutigen Niederlage für ihn endete. Die Macht Ilgazis war gebrochen; er starb 1122. Doch führte Belek, sein Neffe und Nachfolger in Aleppo, den Kampf weiter; er konnte erst den Grafen Joscelin von Edessa, dann im April 1123 auch Balduin II. gefangennehmen, der zur Regelung der Regierung nach Edessa geeilt war. Es sprach für das administrative Geschick Balduins II., daß keine Verfassungskrise ausbrach. In Antiochia übernahm der Patriarch die Regierung, in Jerusalem wählten die Barone Eustachius Garnier, den Herrn von Sidon und Caesarea zum Bailli (= Regent).
Während Joscelin in abenteuerlicher Flucht bald entkam, blieb Balduin II. bis über den Tod Beleks in Gefangenschaft und konnte erst im Sommer 1124 gegen Versprechungen, die er sofort brach, freikommen. Die Politik der Unterstützung Nordsyriens war vom Regenten sofort eingestellt worden. Dafür fiel in des Königs Gefangenschaft das spektakulärste Ereignis seiner Regierung: die Eroberung von Tyrus. Bereits 1119 hatte der König einen dringenden Hilferuf an Venedig gerichtet. Im Herbst 1122 brach daraufhin der Doge mit einer starken Flotte nach Osten auf. Die Gelegenheit war für ihn um so günstiger, als Pisa und Genua untereinander Krieg führten und den christlichen Orient im Moment nicht im selben Maße wie früher unterstützen konnten. Dieser Umstand trieb natürlich den Preis der Venezianer in die Höhe. Nach einem Seesieg über die Ägypter bei Askalon im Mai 1123 waren sie bereit, bei der Eroberung einer Hafenstadt zu helfen. Nach erbitterten Debatten, wen man angreifen solle, entschied das Los für Tyrus. In einem Vertrag, den Patriarch Warmund (1118–1128) und der Konstabler von Jerusalem für den König mit den Venezianern schlossen, wurden die künftigen Rechte der Seerepublik im Reich minuziös festgelegt. Neben Steuer-, Handels- und Maßprivilegien sowie einer Jahresrente von 300 Byzantinern erhielt sie ein Drittel von Tyrus zugesagt. Gleich wichtig war das Gerichtsprivileg: Klagen der Venezianer untereinander sowie alle Klagen gegen einen Venezianer sollten nur noch vor dem venezianischen Gericht in Tyrus abgeurteilt werden. Es war die erste und gefährlichste Lücke in der erst 1120 in Nablus noch demonstrierten Rechtseinheit des Reiches und in der dort festgelegten Kompetenz des Königsgerichts, zumal ähnliche Privilegien bald allen italienischen und südfranzösischen Seestädten gewährt werden mußten. Nur von der Pilgersteuer wurden auch die Venezianer nicht befreit.
Im Anschluß an diesen Vertrag begann eine lange und hartnäckige Belagerung der stark befestigten Hafenstadt, die mit dem Festlande nur durch den schmalen Damm verbunden war, den Alexander der Große 322 vor Christus hatte erbauen lassen. Erst als die Lage durch Hunger aussichtslos geworden war, kapitulierte die Besatzung am 7. Juli 1124 gegen freien Abzug. Der vom König später auch bestätigte Vertrag mit Venedig wurde durchgeführt. Wenngleich der Fall von Tyrus ein großer Triumph für die christliche Sache war, so bereitete er doch innere Schwierigkeiten für die kirchliche Organisation des Reiches[41]. Das Erzbistum Tyrus gehörte mitsamt seinen Suffraganen traditionell zum Patriarchat von Antiochia. Nun hatte aber Ur-

ban II. in Clermont entschieden, daß im christlichen Osten die kirchlichen Grenzen den politischen zu folgen hätten, was eine im Abendland seit Jahrhunderten belegte Praxis war. Die Frage wurde – noch vor der Eroberung von Tyrus – zunächst bei den Suffraganen akut. Beirut, Sidon und Akkon lagen ja im Königreich Jerusalem, unterstanden also nach Urbans Entscheidung jetzt dem Patriarchen von Jerusalem. Die Bischöfe von Tripolis, Tortosa und Dschubail gehörten zur Grafschaft Tripolis, die teils von Antiochia, teils von Jerusalem lehnsabhängig war. Antiochia war keinesfalls bereit, auf seine alten Rechte zu verzichten, und so entwickelte sich ein harter und lange dauernder Patriarchatsstreit um das Erzbistum Tyrus, der der ruhigen Entwicklung der inneren Angelegenheiten der Kreuzfahrerstaaten nicht dienlich war. Im Jahre 1110 entschied Paschal II. zunächst ebenso wie Urban II., wurde aber bald darauf wieder unsicher und wollte die alten Patriarchatsgrenzen wiederherstellen. Von nun an war die Haltung des Papsttums eigentlich immer unentschieden, und so behalfen sich beide Parteien im Norden und im Süden mit Sedisvakanzen, d.h. sie ernannten für die strittigen Bistümer einfach keine Bischöfe. Zwar wurde in Beirut 1112 ein Bischof gewählt, ob er aber damals auch konsekriert wurde, ist ungewiß. Erst als ein ernsthafter Angriff auf Tyrus sich als möglich abzeichnete, weihte der Patriarch von Jerusalem 1122 eigenmächtig einen Erzbischof für Tyrus, der aber noch vor Einnahme der Stadt starb. Nach der Eroberung blieb der Metropolitansitz fast vier Jahre lang vakant, und erst 1128 wurde der Engländer Wilhelm († ca. 1134; nicht zu verwechseln mit dem Geschichtsschreiber Wilhelm II., 1175–1186) zum ersten Erzbischof von Tyrus konsekriert, und zwar in Abhängigkeit von Jerusalem, während Antiochia im Norden Bischöfe kreierte. Die Kurie mußte nun eine Entscheidung treffen, die vollständig zugunsten Jerusalems ausging, und jetzt wurden in den drei südlichen Suffraganbistümern, wie wir am Beispiel Akkons erkennen können, überhaupt erstmals Bischöfe eingesetzt. Streitigkeiten zwischen dem Patriarchen von Jerusalem und dem Erzbischof von Tyrus führten 1139 zu einer erneuten und endgültigen Entscheidung, die wiederum Jerusalem recht gab. Doch blieben die tripolitanischen Bistümer weiterhin unter antiochenischer Herrschaft, und ungeachtet der Tatsache, daß die Kurie die Entscheidung von 1139 nun bis ins 13. Jh. immer aufrechterhielt, hat sie doch tatsächlich durch ihre Legaten nichts unternehmen lassen, um Tripolis dem rechtmäßigen Metropolitan in Tyrus zu unterstellen, sondern sich mit der Teilung der Erzdiözese abgefunden, weil sie um der Einheit einer Kirchenprovinz willen den mühsam erreichten Modus vivendi nicht aufs Spiel setzen wollte. Tyrus selbst blieb auf Dauer bei Jerusalem. Das Patriarchat von Antiochia wurde 1140 von einem römischen Kardinallegaten endgültig dem Papst untergeordnet, als der Legat den Patriarchen Radulf absetzte und die letzten Regungen eines auf die petrinischen Assoziationen Antiochias gestützten Autonomismus erstickte.

Eines der folgenreichsten Ereignisse der Regierung Balduins II. war die Entstehung der geistlichen Ritterorden[42]. Hugo von Payens († 1136), ein Ritter aus der Champagne, hatte offenbar als erster die Idee, daß es gottgefällig sein könne, mönchische Lebensformen mit dem Heidenkampf zu einem neuen ritterlichen Ideal zu verbinden. Er leistete mit acht Genossen dem Patriarchen Warmund von Jerusalem die Gelübde des Gehorsams, der Armut und der Keuschheit, fügte aber als vierten Schwur hinzu, den Pilgern auf der anscheinend noch immer unsicheren Straße von Jaffa nach Jerusalem Schutz und Hilfe zu bieten. Von Balduin II. ließ er sich im königlichen Palast, dem sogenannten *Templum Salomonis* (heute Aqsa-Moschee), Räumlichkeiten anweisen, wonach die Gemeinschaft als Templer bezeichnet wurde. Sie lebten dort zunächst ärmlich nach der Art der Regularkanoniker, doch gelang es ihnen, das Interesse des Hl. Bernhard, des mächtigen Abts von Clairvaux, zu gewinnen, der auf dem Konzil von Troyes 1128 eine unter seiner Mithilfe zustande gekommene Ordensregel beschließen ließ, die ihre endgültige Gestalt durch Ergänzungen des Patriarchen Stephan von Jerusalem (1128–1130) im Jahre 1130 erhielt. Um diese Zeit nahmen die Templer, wohl nach dem Vorbild des Zisterzienserordens, den weißen Mantel als Tracht an, der unter Papst Eugen III. durch ein rotes Kreuz zur Unterscheidung ergänzt wurde. Die nachdrückliche Unterstützung durch den Hl. Bernhard, der in seiner Werbeschrift »Vom Lob der neuen Ritterschaft« (1128) das Ideal des Gott dienenden Ordensritters gegenüber dem räuberischen weltlichen Ritter pries, verschaffte ihnen bald regen Zustrom. Konservativere Gemüter konnten sich nur mühsam mit der Kombination zweier an sich so konträrer Lebensformen abfinden. Der Engländer Walter Map in der Zeit des Dritten Kreuzzuges (und vor Walter vielleicht schon der Zisterzienserabt Isaak von L'Etoile bei Poitiers nach 1147) übte beißende Kritik an den Templern, als deren zentraler Inhalt ihre kämpfende Tätigkeit hervortritt. Ein Vierteljahrhundert später wies Jakob von Vitry, Bischof von Akkon, dies energisch zurück, schrieb aber die Kritik vorsichtshalber nur den Ketzern zu. Der Orden wurde straff unter einem Ordensmeister organisiert und umfaßte die Klassen der Ritter, der dienenden Brüder und der Ordenskapläne. Im Laufe des 12. Jh. befreiten sich die Templer von der Vorherrschaft des Patriarchen, ja sie sprengten überhaupt die kirchliche Diözesanorganisation, da jeder Bischof kirchlicherseits gehalten war, die Ordenskapläne zu weihen, ohne sie vom Eintritt in den Orden abhalten zu dürfen. Im Jahre 1139 war die Ordensbildung praktisch abgeschlossen, 25 Jahre früher, als die ältere Forschung vermutet hatte. Seit 1179, als im Gefolge von Klagen des Episkopats auf dem Dritten Laterankonzil die generelle Zehntbefreiung auf eine solche aus den Erträgen selbst bearbeiteten Landes eingeengt und die Befugnis zur wahllosen Errichtung ordenseigener Kirchen auf die – in Europa mehr als im Hl. Land – immer seltener werdenden abgeschiedenen Gebiete ohne ausreichende geistliche Versorgung beschränkt wurde und die Templer ferner bei der Weihe der Ordenskapläne zuerst den zuständigen Diözesan bemühen mußten (bei dessen Weigerung freilich zu jedem anderen Bischof gehen konnten), wurde ihnen im Gegenzug die für die Stellung innerhalb der Kirche entscheidende Befreiung von der Strafgewalt des Diözesans gewährt, der hinfort gegen ihre Kirchen und Niederlassungen nicht mehr mit Interdikt und Exkommunikation vorgehen durfte. Damit waren jurisdiktionell die Templer ganz dem Apostolischen Stuhl direkt unterstellt. So bedeutend das Verdienst der Ritterorden war, die praktisch als einzige Macht ein stehendes und immer bereites Heer im christlichen Osten unterhielten, sosehr bildeten sie auf

Grund ihrer Privilegien einen Staat im Staat, der dem König und den Bischöfen nicht selten zu einer lästigen Konkurrenz wurde, weil die Orden oft eine eigene Politik machten und durch ihre Exemtionsrechte die Position der herkömmlichen Autoritäten zu untergraben drohten, zumal sie durch reichen Zufluß von Schenkungen in allen Ländern bald zu einer, auch auf dem Finanzmarkt wichtigen, internationalen Organisation wurden. Insbesondere ließen sie sich trotz einer fortschreitenden Übernahme von Burgen mit oder ohne Grundherrschaften nicht in das Feudalsystem integrieren, weil es ihnen (den Templern seit 1139, den Johannitern seit 1186, dem Deutschen Orden seit 1220) ausdrücklich untersagt war, von irgend jemandem etwas zu Lehen zu nehmen.

Von dem Aufstieg der Templer profitierten die Johanniter. Kaufleute aus Amalfi hatten um 1080 in Anlehnung an ältere Einrichtungen ein christliches Hospital gegründet, das bei dem amalfitanischen Benediktinerkloster S. Maria Latina in Jerusalem lag und Johannes dem Täufer (kaum, wie meist angenommen, ursprünglich Johannes dem Almosengeber) geweiht war. Noch vor dem ersten Kreuzzug löste sich die anfänglich wohl laikale Gemeinschaft aus der Kontrolle des Klosters und wurde zur eigenständigen Rechtsperson, was der Papst 1113 anerkannte. Schwieriger war es, sich der Aufsicht des Patriarchen von Jerusalem zu entziehen, um so mehr, als Hl. Grab und Johannesspital im Abendland gemeinsam Spenden und Schenkungen eingeworben hatten, deren Trennung bei einer Verselbständigung des Spitals Schwierigkeiten bereiten mußte. Ursprünglich auf rein karitative Aufgaben beschränkt, die bei ihnen immer eine große Rolle spielten, übernahmen die Johanniter doch bereits 1136 Funktionen im Landesausbau und im Grenzschutz, als sie die Burg und das Umland von Bait Dschibrin erhielten, und seit Beginn der vierziger Jahre kam es zu einer Welle von solchen Burgenübernahmen in der Grafschaft Tripolis, wobei die militärischen Funktionen zunächst aber, seit ca. 1140, von Soldrittern wahrgenommen wurden, denen auch der Geleitschutz für Pilger als Aufgabe zugewiesen wurde. Durch den Erlaß einer an die Augustinusregel angelehnten Lebensordnung vor 1153 und ein päpstliches Privileg von 1154 war nach innen und außen hin die Umgestaltung in einen Orden abgeschlossen, die im Verhältnis zur Diözesanhierarchie durchaus nicht gradlinig, sondern mit erheblichen Rückschlägen verlaufen war. Die Militarisierung, die dem Orden bereits 1168 das Versprechen ermöglichte, dem König 500 Ritter und 500 Turkopolen (leichte Reiter) zu stellen, war ein schleichender Prozeß, dessen Abschluß der Papst 1179 markierte, als er die früher den Soldrittern zugewiesenen Aufgaben jetzt den Johannitern selbst übertrug. Aus der Kaufmannsgründung war damit ein ständisch exklusiver Ritterorden geworden, der sich wie die Templer auch dem Heidenkampf widmete. Wie diese Entwicklung im einzelnen verlief, ist nicht zu erkennen, aber es wäre natürlich daran zu denken, daß sie durch den Eintritt von Soldrittern in den Orden initiiert oder mindestens beschleunigt worden sein könnte, die ihre alten Aufgaben nun aus dem Inneren des Ordens heraus weiterführen wollten. Jedenfalls kam es kurz nach 1170 zu einer schweren Krise im Orden, in der gerade die Burgenübernahme, also ein wesentlicher Aspekt der Militarisierung, als das Gravamen der konservativen, offenbar mehr der alten Armenfürsorge verpflichteten Opposition hervortritt, die den zweifellos bedeutenden Teilaspekt der mit der Militarisierung verbundenen Kosten vielleicht doch zu sehr in den Vordergrund rückte, hinter dem sich eine prinzipielle Abneigung gegen die Militarisierung verborgen haben mag. Zurückdrehen ließ sich das Rad nicht mehr, aber die Opposition erfocht gegen den zuvor offenbar autokratisch herrschenden Meister einen Teilsieg, als dieser künftig für wichtige Entschlüsse, darunter ausdrücklich in der Burgenfrage, an die Zustimmung des Ordenskapitels gebunden wurde. Die Kampftracht wurde erst 1259 endgültig festgelegt (roter Mantel mit weißem achtspitzigem Kreuz). Es konnte im übrigen nicht ausbleiben, daß die beiden Ritterorden miteinander in Konkurrenz gerieten, aber vorerst wogen die Segnungen der beiden Gründungen weit schwerer als die daraus resultierenden Nachteile. Ein weiterer Ritterorden war der des Hl. Lazarus, in dem leprakranke (aber auch gesunde) Ritter dem Heidenkampf obliegen konnten. Die innere Entwicklung bleibt aus Quellenarmut weitgehend verborgen. So können wir eine Beteiligung am Kampf erst ab 1244 fassen, obgleich die Korporation schon seit 1142 nachweisbar ist. Es war ein Wendepunkt in der Ordensgeschichte, als der Papst 1253 eine Statutenänderung billigte, nach der wegen der hohen Kriegsverluste unter den eigentlichen Leprosen künftig auch ein gesundes Ordensmitglied zum Meister gewählt werden durfte. Eine Exemtion von den Diözesanen scheint der Orden nie erreicht zu haben. Von ganz ephemerer Bedeutung blieb ein spanischer Ritterorden, der um 1177 mit einem Ordenshaus auf dem Mons Gaudii bei Jerusalem auch ins Hl. Land ausgriff.

Die Darstellung muß zurücklenken zur Geschichte der Kreuzfahrerstaaten. Balduin II. war 1124 aus der muslimischen Gefangenschaft freigekommen und überzog sofort Aq Sunqur al-Bursuqi, der 1125 zu Mosul noch Aleppo gewonnen hatte, mit Krieg. Damit war das Gleichgewicht der Kräfte in Syrien gestört, denn war bisher Jerusalem der Wächter von Damaskus, Antiochia der von Aleppo und Tripolis der der kleineren Emirate am oberen Orontes gewesen, so bedeutete das Entstehen eines größeren Staatsgebildes, das in Aleppo eine von den seldschukischen Machtzentren relativ weit entfernte Basis hatte und somit Gelegenheit zur Errichtung eines von Bagdad unabhängigen Fürstentums bot, die zwangsläufige Verschiebung der bisherigen Kräfteverteilung. In der Tat hatte Aleppo seine Selbständigkeit nur ungern gegen die größere Sicherheit vertauscht, die die Union mit Mosul verhieß.

Im Mai 1125 konnte Balduin Aq Sunqur bei Azaz in Nordsyrien eine empfindliche Niederlage beibringen. Im Jahre darauf wurde der König endlich seiner antiochenischen Regierungsgeschäfte ledig, denn Boemund II. (1126–1130), der Sohn des Gründers des Fürstentums Antiochia, kam aus Apulien, um seine Erbschaft anzutreten. Seine Aufgabe hätte in der Eroberung Aleppos bestehen müssen, dessen Atabeg eben damals ums Leben kam, worauf das Emirat in einem unvorstellbaren Chaos von Diadochenkämpfen versank. Es war die letzte Gelegenheit zur Bezwingung Aleppos, aber Boemund II., der mit Joscelin von Edessa in einen der nun bereits üblichen Bruderkriege geriet, ließ die Chance ungenutzt verstreichen. Als sich 1127/28 erst Imad ad-Din Zengi († 1146) zum Herrscher von Mosul und

Aleppo aufgeschwungen hatte, war es zu spät. In ihm entstand den Franken ein gefährlicher Gegenspieler.
Ein Versuch Balduins II., Damaskus nach dem Tode des mächtigen Tugtakin († 1128) zu erobern, scheiterte. Zwei Jahre später fiel Boemund II. kämpfend in Kilikien. Da er nur eine minderjährige Tochter Konstanze hinterließ, mußte der König erneut die Mühen der Regentschaft auf sich nehmen, nachdem ein Versuch seiner eigenen Tochter Alice, als Boemunds Witwe die Herrschaft an sich zu reißen, unter beschämenden Umständen gescheitert war. Doch zehrten die Last der Jahre und die Entbehrungen seiner zwei Gefangenschaften jetzt an des Königs Gesundheit, und am 21. August 1131 starb er nach längerer Krankheit, nachdem er sich noch auf dem Totenbett unter die Kanoniker der Grabeskirche hatte aufnehmen lassen; in der Golgathakapelle fand er sein Grab. Der Graf von Edessa, sein alter Waffengefährte seit 30 Jahren, starb kurz nach ihm. Er war bei Aleppo schwer verwundet worden. Als die Muslime in seine Grafschaft einfielen, mußte er die Abwehr seinem Sohne Joscelin II. (1131–1150; † 1159) anvertrauen, doch dieser lehnte ab, weil die Armee von Edessa zu schwach sei. Das ergrimmte den alten Haudegen Joscelin I. so sehr, daß er sich noch einmal aufraffte und sich in der Sänfte dem Feind entgegentragen ließ. Dieser zerstob schon vor der Kunde seines Kommens. Befriedigt, aber von der Mühsal erschöpft, schloß Graf Joscelin I. am Wegrand in seiner Sänfte die Augen zur letzten Ruhe.
Mit Balduin von Bourcq und Joscelin von Courtenay waren die letzten beiden Kreuzzugsführer der ersten Generation dahingegangen. Unmerklich, aber stetig war aus dem Nachwuchs und den eingewanderten Siedlern ein neues Staatsvolk entstanden, das seine Heimat im Orient sah und ein eigenes Staatsgefühl entwickelte. Fulcher von Chartres schrieb 1127 in Jerusalem die folgenden berühmten Sätze in seine Kreuzzugschronik: »Die wir Abendländer waren, sind jetzt zu Orientalen geworden; wer Römer oder Franzose war, ist in diesem Lande zum Galilaeer oder Palästinenser geworden; wer aus Reims oder Chartres stammte, wurde zum Tyrer oder Antiochener. Schon haben wir die Orte unserer Geburt vergessen; schon sind sie den meisten von uns unbekannte oder nie gehörte Namen. Schon besitzt der eine eigene Häuser und Diener wie aus väterlichem Erbrecht, andere freiten, aber nicht nur eine Landsmännin, sondern auch eine Syrerin oder Armenierin, bisweilen auch eine getaufte Sarazenin ... Wer ein Fremdling war, ist jetzt gleichsam ein Eingeborener ... Tagtäglich folgen uns unsere Angehörigen und Verwandten, die, ohne es gewollt zu haben, allen Besitz zurücklassen. Denn wer dort mittellos war, den hat Gott hier reich gemacht, wer wenig Geld hatte, besitzt hier zahllose Byzantiner (= Goldmünzen), und wer kein Dorf besaß, dem gehört hier durch die Gabe Gottes eine ganze Stadt. Warum also sollte ins Abendland zurückkehren, wer hier einen solchen Orient fand?« Hier ist keine Rede mehr von Rittertum und Kreuzfahrergeist. Zur gleichen Zeit, zu der Bernhard von Clairvaux mit seiner Werbeschrift für die Templer dem ritterlichen Kreuzzugsideal neuen Auftrieb gab, verlieh Fulcher von Chartres dem Selbstbewußtsein einer mittelständischen Siedlerklasse beredten Ausdruck. Die beiden Welten waren nicht leicht zu vereinen, und sie sollten sich oft genug gegensätzlich gegenüberstehen.

Die Nachfolge Balduins II. war noch zu seinen Lebzeiten geregelt worden[43]. Da er keine Söhne hatte, ersah man die älteste Tochter Melisendis zur Thronerbin aus. Dies bedeutete die Ersetzung der agnatischen Erbfolge, bei der nur durch Männer verwandte Männer Ansprüche hatten, durch die kognatische Erbfolge, bei der alle Blutsverwandten inklusive der Töchter erbten. Mag angesichts des Fehlens eines agnatischen Erben fraglich sein, ob man damals die Entscheidung so grundsätzlich sah, so wurde sie doch für den Erbgang der Krone präzedenzbildend. Man brauchte für Melisendis freilich einen Mann, der sie bei der Regierung unterstützen, die königliche Kriegspflicht wahrnehmen und mit ihr Thronerben zeugen würde. Im Herbst 1127 schickte man nach Frankreich und warb für die Prinzessin um die Hand des mächtigen Grafen Fulko V. von Anjou. Als Lockmittel, aber vielleich auch, um dadurch dem Adel die weibliche Erbfolge schmackhafter zu machen, versprach man ihm, daß er nicht nur als Prinzgemahl, sondern gemeinsam mit seiner Frau in einer Samtherrschaft regieren werde. Die Verhandlungen gestalteten sich schwierig, weil das Erbrecht der Melisendis noch immer überschattet war von der illegalen Art, mit der ihr Vater auf den Thron gekommen war. Jerusalem sorgte deshalb dafür, daß der Papst die Legitimität Balduins II. 1128 ausdrücklich bestätigte. Dennoch erfolgte der Durchbruch in den Verhandlungen erst 1129, nachdem Jerusalem die Melisendis förmlich zur Erbin des Reichs *(haeres regni)* ernannt hatte. Ganz gewiß geschah dies auf Betreiben Fulkos, der hier das ihm nachweislich genau bekannte Vorbild der Ernennung der Kaiserinwitwe Mathilde zur Erbin von England im Januar 1127 auf den lateinischen Osten übertrug.
Fulko kam 1129 ins Hl. Land, heiratete sofort Melisendis und wurde von Balduin II. schon zu seinen Lebzeiten an der Regierung beteiligt. Auf seinem Totenbett machte der König seine Absichten nochmals ganz klar, indem er nicht nur Tochter und Schwiegersohn, sondern auch deren zweijährigen Sohn Balduin III. zu Nachfolgern designierte und damit eine Samtherrschaft dreier Personen begründete, die für Balduin III. freilich vorerst nur theoretisch blieb. Am 14. September 1131 wurden Fulko und seine Gemahlin gekrönt, nun nicht mehr in Bethlehem, sondern diesmal und künftig in der Jerusalemer Grabeskirche, deren großartiger Ausbau durch die Kreuzfahrer unter Fulko zum Abschluß kam (Weihe erst 15. Juli 1149). Die Verbindung mit Fulko (1131–1143), der das Vertrauen des Papstes und des Königs von Frankreich genoß, brachte der Dynastie von Jerusalem einen beträchtlichen Prestigegewinn, denn Fulkos Sohn Gottfried Plantagenet hatte 1128 die Kaiserinwitwe Mathilde, die einzige Tochter Heinrichs I. von England, geheiratet und so die Dynastie der Plantagenets gegründet, die mit England, der Normandie und dem angiovinischen Hausbesitz ein riesiges Reich beherrschen sollte. Die Erhebung Fulkos zum König von Jerusalem begründete erstmals ein stärkeres Interesse Englands an dem Wohlergehen der Kreuzfahrerstaaten.
Der etwa vierzigjährige Fulko mußte sogleich nach seiner Krönung wie sein Vorgänger nach Norden ziehen, wo die Fürstin-Mutter Alice die Herrschaft von Antiochia wieder an sich reißen wollte, unterstützt von Tripolis und Edessa, die beim Thronwechsel die jerusalemitanische Oberherrschaft abzuschütteln suchten. Fulko mußte über See nach Antiochia, wo er die Re-

gentschaft übernahm, um anschließend den rebellischen Grafen von Tripolis bei Chastel Rouge zu schlagen und eine Versöhnung zu erzwingen.
In die gleiche Zeit fallen auch die ersten Adelsrevolten innerhalb des eigentlichen Königreiches Jerusalem. Romanus von Le Puy, für den unter Balduin II. ein großes Kronlehen in Oultrejourdain (Transjordanien) geschaffen worden war, überwarf sich mit dem König. Er verlor sein Lehen und wurde durch des Königs Schenk Paganus ersetzt. Diese Revolte fällt wohl noch in die Endzeit Balduins II. (Richard), aber dann muß Romanus zweimal revoltiert haben, denn er war unzweifelhaft tief verstrickt in die weit gefährlichere Revolte Hugos von Le Puiset, des mächtigen Grafen von Jaffa, wo zwischen 1108 und 1110 eines der großen Kronlehen aus der Krondomäne gebildet worden war[44]. Die früher auf 1132 datierte Revolte kann frühestens 1133 erfolgt sein, eher aber lag sie spät im Jahre 1134. Gerüchte sprachen von einer Liebesaffäre zwischen Hugo und Melisendis, aber sicher hatte die Revolte politische Gründe, vermutlich einen als wahrscheinlich zu unterstellenden Versuch Fulkos, die von Balduin II. begründete Samtherrschaft durch eine Alleinherrschaft abzulösen. Fulko suchte sich Hugos durch einen Prozeß vor der Haute Cour, dem feudalen Kronrat, zu entledigen. Als sich der des Hochverrats beschuldigte Hugo dem gerichtlichen Zweikampf mit seinem Stiefsohn Walter von Caesarea entzog, kam das Gericht zu einem Schuldspruch. Der Graf warf sich in seine feste Stadt Jaffa und verschaffte sich gar aus Askalon ägyptische Hilfstruppen. Da sein Hochverrat nun offenbar geworden war, ließen ihn selbst seine Vasallen im Stich. In eine unhaltbare Situation geraten, mußte er sich zur Unterwerfung bequemen und wurde auf drei Jahre des Landes verwiesen, starb aber im Exil, nachdem er vor seiner Ausreise durch einen Mordversuch, an dem das Volk dem König die Schuld gab, schwer verletzt worden war. Noch überwog das Prestige der Krone, aber weniger die Tatsache der Revolten an sich, als vielmehr die Milde der Strafen beweisen, daß Fulko im Gegensatz zur landläufigen Meinung nicht zu den starken Königen Jerusalems gerechnet werden darf. Der König, den Wilhelm von Tyrus als tüchtigen Krieger, aber als ungemein vergeßlich schildert, war weicher veranlagt als seine beiden Vorgänger, aber er besaß ein unbestreitbares diplomatisches Geschick. Er hatte mit einer außergewöhnlich energischen Frau zu rechnen, und die Aussage Wilhelms von Tyrus, daß er nach der Niederwerfung der Revolte Hugos so unterwürfig wurde, daß er mit Melisendis selbst in den kleinsten Details zusammenarbeitete, ist der Schlüssel zum Verständnis der Revolte: vorher hatte Fulko seine Frau offenbar nicht konsultiert.
Kaum war die Revolte in Jaffa niedergeschlagen, als der König wiederum nach Antiochia mußte, das er vor sarazenischer Bedrohung rettete. Man wollte dort endlich einen eigenen Fürsten haben, und Fulko entschied sich 1133 für Raimund von Poitiers (1136–1149), den Sohn des Herzogs Wilhelm IX. von Aquitanien. Raimund traf jedoch erst drei Jahre später in Antiochia ein, da er sich verkleidet durch Apulien schleichen mußte, dessen König Roger II. als Verwandter der normannischen Fürsten von Antiochia Erbansprüche zu haben glaubte. Da Fulko in diesen Jahren im Süden beschäftigt war, benutzte die Fürstin-Mutter Alice erneut die Gelegenheit, ihren Witwensitz Latakia zu verlassen. Sie erschien 1135 in Antiochia, wo sie

sich mit dem unkanonisch gewählten Patriarchen Radulf von Domfront (1135–1140) zu einer unsicheren Herrschaft verband. Hatte sie sich früher nicht gescheut, mit dem Schutz Zengis von Mosul zu liebäugeln, so bot sie jetzt die Hand ihrer neunjährigen Tochter Konstanze dem byzantinischen Prinzen Manuel Komnenos an, obgleich Konstanze bereits Raimund von Poitiers versprochen war. Der Plan, der eine byzantinische Herrschaft in Antiochia vorausahnen ließ, war nicht durchführbar; Alice brachte die Barone gegen sich auf und beraubte sich der Stütze des Patriarchen, der keinem griechisch-orthodoxen Konkurrenten zu weichen dachte. Radulf ging nunmehr zur Partei Raimunds über und traute diesen 1136 bald nach seiner Ankunft mit Konstanze, wofür Raimund ihm freilich einen Lehnseid geleistet haben soll. Alice, die in einem raffinierten Täuschungsmanöver überspielt worden war, räumte resigniert das Feld und zog sich für den Rest ihrer Tage nach Latakia zurück, während der 37jährige Raimund sofort in einen Krieg mit den kilikischen Armeniern verwickelt wurde, dem erst byzantinische Intervention ein Ende bereitete. Mit Raimunds Regierungsantritt war das normannische Element in Syrien endgültig von französischem Einfluß verdrängt. Kennzeichnend dafür war, daß kurz vor 1149 am Hofe Raimunds ein altfranzösisches Versepos, die *Chanson des Chétifs,* entstand, in der vor allem Erinnerungen an den gescheiterten Kreuzzug von 1101 aufgingen und die auch der einzige Beitrag der Kreuzfahrerstaaten zur volkssprachlichen Dichtung bleiben sollte.

Zengi hatte unterdessen seit seiner Machtübernahme in Mosul und Aleppo unablässig den Heiligen Krieg gepredigt, aber es wurde bald klar genug, daß der islamische Staat Damaskus dessen vornehmstes Ziel war. Prawer glaubt sogar, daß es nur die nach Zengis Tod schreibenden Chronisten von Mosul waren, die die Vorstellung des Dschihad schon auf Zengis Kampf um Aleppo bezogen. Die Chronisten in Damaskus waren begreiflicherweise zurückhaltender und feierten Zengi als Vorkämpfer des Hl. Krieges erst nach seiner Eroberung Edessas 1144. Erste Feldzüge 1130 und 1135 führten nicht zu der gewünschten Eroberung, zumal Zengi nach dem Tod des Sultans Mahmud (1131) mehrfach in die lange dauernden irakischen Thronfolgewirren hineingezogen wurde. Dagegen fand Damaskus Zeit zu einem Feldzug in Galilaea (1134), den Fulko nur mit Mühe abwenden konnte. Drei Jahre später griffen die Damaszener die Grafschaft Tripolis an. Graf Pontius fand bei diesen Kämpfen den Tod, und sein Sohn Raimund II. (1137–1152) trat die Nachfolge an. Die damaszenische Aktivität mußte Zengi unerwünscht sein und rief ihn aus dem Irak nach Syrien zurück. In einer kurzen, wenn auch erfolglosen Belagerung der Festung Homs zeigte er Damaskus die Zähne, doch nötigte ihn das Nahen einer fränkischen Armee zu einem Waffenstillstand. Statt dessen belagerte er nun die Franken in Montferrand (Barin) am oberen Orontes. Als Fulko mit seinem Heer die Festung entsetzen wollte, wurde er geschlagen und mußte in Montferrand Schutz suchen, wo er nun selbst zum Belagerten wurde. Da er den Anmarsch der vereinigten fränkischen Truppen von Jerusalem, Edessa und Antiochia nicht mehr erfuhr, Zengi andererseits befürchtete, der herannahende Kaiser Johannes II. Komnenos von Byzanz werde Aleppo belagern, einigte man sich im Juli 1137 auf die Kapitulation von Montferrand gegen

den freien Abzug der Franken. Zengi wandte sich wieder gegen Homs, wo ihn der byzantinische Angriff im Frühjahr 1138 überraschte.
Kaiser Johannes II. (1118–1143) hatte zu Beginn seiner Regierung Syrien vernachlässigen müssen, da er Venedig, die Petschenegen und im östlichen Anatolien die Danischmendiden zu bekriegen hatte. Erst 1137 fand er Zeit zum Eingreifen, wofür es mancherlei Grund gab. Hauptsächlich wollte er wohl die byzantinische Herrschaft über Antiochia und Nordsyrien wiederherstellen, aber andererseits galt es auch, den Franken gegen die andrängende Macht Zengis beizustehen. Diese gegensätzlichen Motive finden ihre Erklärung darin, daß Byzanz zur Sicherung seiner theoretischen Ansprüche über Nordsyrien seine schützende Hand über die Kreuzfahrerstaaten halten mußte, wenn es sie auch zu Vasallen herabzudrücken gedachte. Auslöschen durfte es sie nicht. Außerdem war der Kaiser als Oberhaupt der orthodoxen Kirche verpflichtet, seine Glaubensgenossen vor einer islamischen Herrschaft zu schützen, wenngleich es diesen unter dem Islam mitunter besser gegangen war als unter lateinischer Herrschaft, sofern sie sich als sogenannte »dhimmis« mit dem Status einer geschützten Minderheit zufriedengaben. In den Augen der orthodoxen Kirche war aber eine lateinische Herrschaft allemal noch einer islamischen vorzuziehen.
Der Marsch des Kaisers durch Kilikien gestaltete sich zu einem einzigen Triumphzug, und Ende August 1137 stand er bereits vor Antiochia, das nach wenigen Tagen kapitulierte, zumal König Fulko sich nicht bereit fand, Fürst Raimund gegen den Kaiser zu unterstützen. Auch für Fulko bedeutete das Auftauchen des Kaisers ein politisches Problem, aber gleichzeitig verkannte er nicht, daß hier Hilfe gegen Zengi nahte. Er stimmte darum auch der Einigung bei, zu der sich Raimund bequemen mußte. Dieser huldigte dem Kaiser für Antiochia und hißte die kaiserliche Standarte, wofür Johannes vorderhand vom Einmarsch in die Stadt absah, sich jedoch die Herrschaft über Antiochia versprechen ließ, falls es ihm gelänge, Aleppo, Schaizar und Homs zu erobern und daraus in Anlehnung an den Vertrag von 1108 (s. oben S. 67) für Raimund ein neues Fürstentum zu schaffen. Nachdem der Kaiser den Winter in Kilikien verbracht hatte, begann er im März 1138 mit Unterstützung Antiochias und Edessas seine Offensive gegen Zengi. Doch mißglückte ein Überraschungsangriff auf Aleppo, und als es gegen Schaizar ging, das den mittleren Orontes kontrollierte, ließ die fränkische Hilfe plötzlich nach, da eine Eroberung der Festung den Vertrag vom Vorjahr hätte akut werden lassen können. Verärgert zog der Kaiser nach Antiochia zurück, in das er jetzt formell einzog. Aber ehe er noch seine Armee nachrücken lassen konnte, inszenierte Joscelin II. von Edessa geschickt einen Volksaufstand in der Stadt, der Johannes zum Abzug zwang.
Während sich der Kaiser in den folgenden Jahren in Anatolien mit den Danischmendiden herumschlug und Raimund von Antiochia sich durch mancherlei Intrigen des herrschsüchtigen Patriarchen Radulf entledigte, marschierte Zengi, kaum daß er wieder Luft hatte, erneut gegen Damaskus. Er belagerte 1139 die Stadt so ernsthaft, daß der dortige Herrscher sich zu einem Hilferuf nach Jerusalem veranlaßt sah. Fulko und die Barone zauderten nicht, die Allianz abzuschließen, die auch in den Kreisen der damaszeni-

schen Bevölkerung volle Unterstützung fand, da sich Zengi allenthalben als rücksichtsloser und grausamer Eroberer erwiesen hatte und die Allianz den fränkischen Druck auf das landwirtschaftliche Hinterland von Damaskus im Hauran beseitigte. Aus diesem Grunde war Damaskus den Franken 1140 sogar bei der Rückeroberung von Baniyas behilflich, das die Straße von Galilaea und Tyrus nach Damaskus kontrollierte und von wo aus Zengi Jerusalem ebenso wie Damaskus bedrohen konnte. Zengi mußte sich zurückziehen und beschäftigte sich wiederum für fünf Jahre nur noch mit irakischer Politik. Das Bündnis Jerusalems mit Damaskus blieb in dieser Zeit im wesentlichen intakt, da Fulkos diplomatisches Geschick die Ausweitung lokaler Grenzkonflikte verhindern konnte. Fulko nutzte die ihm vergönnte Atempause, um die von Balduin I. begonnene Politik des südlichen Grenzausbaus wieder aufzunehmen. So wie dieser Tyrus 1117 durch den Bau der »Gegenburg« Scandalium blockiert hatte, so legte Fulko zwischen 1136 und 1142 mit Ibelin, Blanchegarde und Bait Dschibrin einen Festungsgürtel um Askalon[45]. Von diesem Ring aus konnten ägyptische Angriffe zum Stehen gebracht, die Umgebung Askalons verwüstet werden. Aber auch der Landesausbau, die Ansiedlung fränkischer Bauern und damit die Intensivierung der Landwirtschaft des Distriktes gedieh im Schutz dieser festen Burgen, die in die Hände der Johanniter bzw. treuer Kronvasallen gegeben wurden, denen sie als Kristallisationspunkt bedeutender Herrschaften und mächtiger Familien dienten. Das war vor allem in Ibelin der Fall, wo Barisan der Alte zum Kastellan ernannt wurde. Er war zuvor Konstabler Hugos von Jaffa gewesen und hatte bei dessen Revolte die Vasallen des Grafen schließlich in das Lager des Königs geführt, wofür er jetzt mit Ibelin belohnt wurde. Er begründete eine der wichtigsten Dynastien des fränkischen Ostens, und die Ibelins hörten nicht mehr auf, eine führende Rolle in Jerusalem und später in Zypern zu spielen[46]. Schon vor diesem Aufstieg der Ibelins war Balduin von Ramla belohnt worden. Ehemals dort königlicher Kastellan, hatte er schon seit 1120 eine quasiseigneuriale Rolle gespielt, obwohl er noch immer Vasall von Jaffa war. Nach dem Fall Hugos erreichte er bald offiziell die Stellung eines Herrn von Ramla, was auch die seigneuriale Position des Bischofs im benachbarten Lydda endgültig verfestigte. Derweil betrieb der Schenk Paganus mit Billigung Fulkos in Transjordanien den dortigen Landesausbau und sicherte die Verbindung zwischen dem Toten und dem Roten Meer durch den Bau einer starken Festung in Moab, die den Namen Kerak oder Petra Deserti (1142) erhielt. Der Herr von Oultrejourdain kontrollierte jetzt die Schafzucht der beduinischen Nomaden ebenso wie die Landwirtschaft auf dem Hochplateau östlich Keraks und die Salzproduktion am Toten Meer und stieg in die Gruppe der großen Kronvasallen auf. Weiter nördlich schützte Belvoir (erbaut 1140) die Jordantalstraße und den Pont de Judaire, Safad (1102; vgl. unten S. 140) die Straße Akkon–Damaskus und die Jakobsfurt, Toron (etwa 1105) und Subeibe (etwa 1130) die Route Tyrus–Damaskus, Beaufort (besetzt 1139) das Leontestal und den Zugang nach Sidon, Krak des Chevaliers, die mächtigste Johanniterfestung (1144), die nordöstliche Flanke von Tripolis. Ganz im Norden kontrollierte das starke Sahyun (erstes Drittel des 12. Jh.) mit seinem wunderbaren Hauptturm und seiner Felsnadel für die Zugbrücke in dem aus dem Fels gehauenen, 28 Meter tiefen Graben die Straße von Latakia zum Orontes, von wo aus die Route nördlich nach Antiochia, östlich nach Aleppo und südlich nach Apamea führte. Außer in den größten der Burgen dürfte das Leben dort keine große Bequemlichkeit geboten haben. Das Fort Le Moinetre, das im Libanon einen Paß an der Straße Baalbek–Beirut kontrollierte und von wo aus die Abgabenteilung in der nördlichen Beqaa-Ebene (s. oben S. 61) überwacht wurde, war in 1260 Metern Höhe alljährlich mehrere Monate unter Schnee gepackt. In die dreistöckige, in eine hemizyklische Felswand gehauene Höhlenfestung Cave de Suète (Habis Dschaldak südlich des Yarmuk), von wo aus die Franken die vorgeschobenen Positionen in der Terre de Suète kontrollierten, drang kaum ein Sonnenstrahl, und in der Regenzeit war vor den Höhlenöffnungen ein Vorhang von Wasser von der Felswand darüber. Nur das Panorama war grandios, ebenso wie bei der weiter südlich gelegenen Höhlenfestung Cave de Tyron. Der Vorteil der Höhlenfestungen war, daß sie keine Baukosten verursachten. Auch banden sie bei einer Belagerung oberhalb und unten im Tal viel feindliche Truppen und konnten mit einem Minimum an Besatzung verteidigt werden, weil der einzige Zugang über einen schmalen Saumpfad erfolgte, der in Cave de Tyron sich auf 10 Metern Länge zu einer Galerie von nur einem Meter Breite und einem Meter Höhe bei einem senkrechten seitlichen Absturz von 300 Metern verengte. Während Fulko Burgen baute, begünstigte seine Gemahlin Melisendis Klöster und Stifte, vor allem das Templum Domini und das Doppelkloster Bethanien, das der Versorgung ihrer Schwester Iveta dienen sollte und das sie mit Jericho überreich beschenkte.

Im Jahre 1142 griff auch Johannes II. Komnenos wieder in Syrien ein. Er rückte durch Anatolien und Kilikien nach Antiochia vor, dessen Fürst jetzt aber von der Huldigung von 1137 nichts mehr wissen wollte und sich hinter dem tatsächlich vorhandenen Unwillen seiner Vasallen, ihr Fürstentum an Byzanz abzutreten, verschanzte. Erstmals in der Kreuzzugszeit können wir hier eine später deutlicher hervortretende Theorie fassen, daß nämlich die Kreuzfahrerstaaten eine besondere Verantwortung der ganzen Christenheit waren, was umgekehrt zu einer gewissen Herrschaftsausübung europäischer Herrscher führte, wenn sie im Hl. Land präsent waren. Hier war dieses Interventionsrecht allerdings noch eingeschränkt auf die Universalgewalten, denn der Bischof von Dschabala wies die byzantinischen Ansprüche nicht nur im Namen der Vasallen, sondern auch im Namen des Papstes und des »Kaisers« (d. h. des deutschen Königs Konrad III.) zurück[47]. Die Jahreszeit war für einen Krieg zu weit fortgeschritten, weshalb Johannes sich wieder ins kilikische Winterquartier zurückzog. Die Pläne, die er dort entwickelte, deuten darauf hin, daß der Kaiser sogar daran dachte, die byzantinische Herrschaft über Palästina wiederherzustellen, die dem Reich 638 verlorengegangen war. Doch König Fulko konnte Johannes durch geschicktes Lavieren von einer bewaffneten »Pilgerfahrt« nach Jerusalem abhalten. Antiochia wurde nur gerettet, weil der Kaiser im April 1143 an den Folgen eines Jagdunfalls starb, kurz ehe er wieder nach Syrien ziehen wollte. Dem gleichen Tod erlag am 10. oder 13. November 1143 König Fulko. Da er die Herrschaft nur als Folge seiner Heirat mit Melisendis erlangt hatte und sein ältester Sohn Balduin erst 13 Jahre alt war, trat nun

seine Witwe Melisendis die Regierung an. Erstmals hören wir von keiner Wahl. Die von Balduin II. begründete Samtherrschaft funktionierte, jetzt von Mutter und Sohn. Zwar war die Mutter Regentin für den minderjährigen Sohn, hatte aber daneben ihren eigenen (territorial undefinierten) Anteil am Reich und herrschte deshalb, wie Wilhelm von Tyrus ausdrücklich versichert, nach Erbrecht. Sie wurde deshalb auch nochmals gekrönt, als Balduin III. jetzt erstmals die Krone empfing.
Da der Kaiser von Byzanz gestorben und in Jerusalem weder die Königin noch das Kind in der Lage waren, in Nordsyrien zu intervenieren, benutzte Zengi die günstige Gelegenheit und marschierte in die Grafschaft Edessa ein. Die Hauptstadt, die ungenügend verteidigt war und von ihrem Fürsten Joscelin II. nicht entsetzt wurde, fiel nach einer Belagerung von vier Wochen am Weihnachtsabend 1144 in Zengis Hände. Bis 1150 gelang es Joscelin II., wenigstens die Euphratlinie mit Turbessel als neuer Hauptstadt zu halten. Als er aber in Gefangenschaft geriet, in der er 1159 starb, verkaufte seine Gemahlin in Erkenntnis der unhaltbaren Situation die verbliebenen sechs Festungen zwischen Orontes und Euphrat an Byzanz, das sie freilich binnen eines Jahres an die Muslime verlor. Der älteste Kreuzfahrerstaat war der erste, der unterging, und Antiochia war seines nordöstlichen Glacis beraubt. Zengi erlebte diesen Triumph nicht mehr; er war 1146 ermordet worden. In Mosul folgte ihm sein ältester Sohn Saif ad-Din Gazi, in Aleppo sein jüngerer Sohn Nur ad-Din (1146–1174), der dafür sorgte, daß den Franken der Tod Zengis keine Erleichterung brachte.

5. Der zweite Kreuzzug 1145–1149

Der Fall Edessas löste im Abendland zwar Aufsehen und Trauer aus, aber keine Volksbewegung. Er wurde jedoch für den Papst zum Anlaß, einen neuen Kreuzzug auszuschreiben[48]. Kurz nachdem Eugen III. (1145–1153) den päpstlichen Thron bestiegen hatte, kam eine Gesandtschaft unter Bischof Hugo von Dschabala an den päpstlichen Hof nach Viterbo, und ihr folgte bald noch eine armenische Delegation. Die Klagen über den Verlust Edessas verfehlten ihre Wirkung auf Eugen nicht, und am 1. Dezember 1145 erließ er die erste päpstliche Kreuzzugsbulle, die nach ihren Anfangsworten als *Quantum praedecessores* bekannt ist. Sie blieb zunächst ohne jedes Echo. Wir wissen nicht einmal, ob sie in Frankreich, an dessen König und Adel sie adressiert ist, sofort Verbreitung fand. Aber der Wunsch des Papstes kam gewissen Vorstellungen des französischen Königs Ludwig VII. (1137–1180) entgegen, die dieser entweder unabhängig von der päpstlichen Bulle oder in deren Kenntnis entwickelte, die der Kirche aber auf jeden Fall nicht genehm waren. Auf einem Hoftag in Bourges an Weihnachten 1145 erklärte der König, er plane einen Feldzug in den Osten, wofür die Zeitgenossen mancherlei Motive namhaft machten. Ludwig dachte aber wohl nicht an einen Kreuzzug in der Art von 1095, sondern mehr an eine rein französische, bewaffnete Pilgerfahrt zum Nutzen des Hl. Landes. So war

denn in Bourges, wo Bischof Gottfried von Langres die Nöte der Kreuzfahrerstaaten schilderte, nicht vom Kreuzzug, vom Papst oder vom Ablaß die Rede, auch die Bulle wurde nicht erwähnt, sondern Gottfried forderte zum Kampf für den König auf. Das Echo der Notabeln war dürftig; sie hatten offenbar keine rechte Lust. Und als des Königs Hauptberater, der Abt Suger von St. Denis, sich dagegen aussprach, blieb Ludwig nichts übrig, als die Entscheidung bis Ostern 1146 zu vertagen und die ganze Frage dem Abt Bernhard von Clairvaux (1115–1153) vorzulegen.
Bernhard war damals unbestritten die profilierteste Figur im geistigen und politischen Leben des Abendlandes. Von ihm hatte der neue Orden der Zisterzienser, der auf eine strengere Beachtung der benediktinischen Mönchsregel drängte, seine Schwungkraft erhalten. Seit seinem unermüdlichen Kampf um die Beseitigung des Schismas von 1130 zwischen den Päpsten Innocenz II. und Anaklet II. war Bernhard einer der leitenden Kirchenpolitiker. Sein Rat sollte in der Kreuzzugssache gleichsam als »göttliches Orakel« eingeholt werden, wie es der Chronist ausdrückt. Aber Bernhard bemerkte wohl, daß das Zusammentreffen des königlichen Planes mit dem päpstlichen Wunsch ein delikates politisches Problem aufwarf, das auch später noch in der Kreuzzugsgeschichte eine bedeutsame Rolle spielen sollte. Selbst wenn Ludwig VII. nur eine bewaffnete Pilgerfahrt plante, so mußte diese im nachträglichen Licht der ja früher ausgestellten Kreuzzugsbulle als Kreuzzug gelten. Wenn man auf der französischen Seite argumentierte, die Bulle sei in Bourges gar nicht zur Sprache gekommen, der König habe vielmehr aus eigener Initiative gehandelt, so mochte sich die Meinung ausbilden, ein König könne unabhängig von der Kirche einen Kreuzzug ausschreiben und durchführen. Gerade deshalb ist die Frage, inwieweit die Bulle Eugens III. den Tag von Bourges beeinflußt habe, im letzten Jahrhundert in der Wissenschaft so erbittert umkämpft gewesen, und die Diskussion war nicht frei von konfessioneller und nationaler Polemik, die ihre Wurzeln in der sachfremden Situation des 19. Jh. hatte. Ob die Bulle in Bourges bekannt war oder nicht, ist von den Quellen her überhaupt nicht zu klären; die Wahrscheinlichkeit spricht eher dafür, daß sie dem König, zumindest aber Bernhard von Clairvaux, bekannt gewesen sein dürfte. Sicher ist nach den Forschungen von Erich Caspar nur, daß sie tatsächlich am 1. Dezember 1145 erlassen wurde, was die Gegenseite lange hartnäckig bestritten hatte, um Ludwig VII. das Verdienst an der Entstehung des Kreuzzuges zuzuschreiben[49].
Der Abt von Clairvaux war begreiflicherweise nicht geneigt, einen auch nur dem Anschein nach vom König ausgehenden Kreuzzug zu unterstützen, hätte er doch der Kirche die Kontrolle über die Kreuzzüge entziehen müssen. Dem Papsttum drohte ein beträchtlicher Prestigeverlust, wenn es nicht mehr als Oberherr über der Bewegung stehen konnte. Bernhard versuchte daher, dem Papst die Initiative wieder zuzuspielen, und erklärte, er könne eine so wichtige Frage nicht beurteilen, ohne den Papst zu fragen. Es folgten im Frühjahr 1146 französisch-päpstliche Verhandlungen, die sich im Endergebnis zu einer zweiten, nur geringfügig geänderten Ausgabe von *Quantum praedecessores* am 1. März 1146 verdichteten. Diese Fassung wurde in Form und Inhalt richtungweisend für alle späteren päpstlichen

Kreuzzugsschreiben. Sie zerfiel in die drei auch später immer wieder vorkommenden Teile der Erzählung, der Ermahnung und der Privilegien *(narratio, exhortatio, privilegia)*. Schon mit den ersten Sätzen, auf die sein Lehrer Bernhard von Clairvaux sicher nicht ohne Einfluß geblieben war, zog der Papst das Kreuzzugsunternehmen wieder an sich. Er betonte energisch die bereits bestehende kirchliche Tradition, indem er sich auf die Vorgänger *(praedecessores)* berief und den Anteil Urbans II. am Zustandekommen des ersten Kreuzzuges schilderte. Es folgte ein kurzer Bericht über den ersten Kreuzzug und eine Schilderung des Verlustes Edessas, den der Papst als Folge der allzu großen Sündhaftigkeit der Christen *(nostris peccatis exigentibus)* darstellte. Damit hatte Eugen erstmals eine Formel gebraucht, die mit besonderer Häufigkeit in der späteren Werbung und der Chronistik wiederkehrt. In der Exhortatio forderte er die Mächtigen und Edlen auf, als gute Söhne zu verteidigen, was die tapferen Väter erworben hätten. Der Christenheit wird auferlegt, zum Nachlaß ihrer Sünden so für die Ostkirche zu kämpfen, daß die Würde des christlichen Namens gemehrt und die Tapferkeit der angesprochenen Ritter makellos erhalten werde. Es folgte die Aufzählung der Privilegien, an erster Stelle der Kreuzzugsablaß. Er wurde hier in Übereinstimmung mit der schon 1096 herrschenden Meinung weiter gefaßt, als der Beschluß von Clermont zuließ. Wenn sich Eugen III. dabei ausdrücklich auf Urban II. berief, so ist dies für dessen Haltung nicht unbedingt beweiskräftig, da Eugen, wie er selbst schreibt, sich seine Meinung nach den Chronisten (also nicht nach Urbans Briefen) bildete. Die Chronisten hatten aber den Ablaß frühzeitig erweitert. Der Schutz der Kirche für die Frauen, die Kinder und den Besitz der Kreuzfahrer wurde erneuert, der auf dem ersten Kreuzzug sichtbar gewordene Kleiderluxus verboten, ein Zinsverbot für Anleihen von Kreuzfahrern ausgesprochen und die Verpfändung ihres Gutes an die Kirche geregelt, womit die dringendsten Finanzierungsprobleme gelöst wurden.

Die nordalpine Kreuzpredigt hat der Papst ausschließlich an Bernhard übertragen. Er selbst ist nur in Italien im Oktober 1146 mit einer Kreuzzugsbulle aktiv geworden. In Frankreich wurde *Quantum praedecessores* nur im Zusammenhang mit Bernhards Werbung verbreitet. Eugen III. konnte Italien nicht verlassen, da er aus Rom vertrieben war, wo Arnold von Brescia die römische Republik erneuerte. Als Bundesgenossen gegen ihn und gegen den Ehrgeiz Rogers II. von Sizilien, der sich nach der Vereinigung aller normannischen Besitzungen in Italien zum König (1130–1154) hatte machen lassen, wünschte der Papst den deutschen König Konrad III. (1138–1152). Es war daher verständlich, wenn er die Kreuzzugswerbung auf die Länder des ersten Kreuzzuges, nämlich Frankreich und Italien, beschränkt sehen wollte. Hat der Papst somit den Anstoß zum zweiten Kreuzzug gegeben, so war es doch ausschließlich die Beredsamkeit des Abts von Clairvaux, die ihn schließlich zustande brachte.

Bernhard hielt sich ursprünglich an den päpstlichen Plan, Deutschland aus dem Kreuzzug herauszulassen. Er begann seine Predigt in Vézelay auf einem französischen Hoftag am 31. März 1146, nachdem er zuvor die Märzbulle hatte verlesen lassen. Die von allen Zeitgenossen gerühmte Beredsamkeit des »honigfließenden Doktors« *(doctor mellifluus)*, die uns auch aus seinen literarischen Werken entgegendrängt, verfehlte ihre Wirkung nicht. Der König und eine Menge hoher Adliger nahmen das Kreuz und beschlossen, für die Vorbereitungen ein Jahr Zeit zu lassen. Der König führte in der folgenden Zeit Verhandlungen mit den Staaten, durch deren Territorium er zu ziehen gedachte, vornehmlich Deutschland und Byzanz, und nahm zur Finanzierung seiner Ausgaben bei einigen Kirchen eine Zwangsanleihe auf, doch ist nach Constables Forschungen (oben Anm. 16) diese Maßnahme nur in Fleury und Le Puy verbürgt und kam auf keinen Fall einer allgemeinen Kreuzzugssteuer gleich.

Der Abt von Clairvaux nutzte die Zeit zu unablässiger Predigt. Sein Vorbild führte dazu, daß die Zisterzienser von nun an die eifrigsten Kreuzzugsprediger blieben, bis sie nach dem Kreuzzug von Damiette diese Rolle an die Bettelorden der Franziskaner und Dominikaner abgaben. Dabei widersetzte sich Bernhard schon früher und auch jetzt wieder kategorisch der persönlichen Kreuzfahrt von Zisterziensern, und wenn Äbte und Bischöfe aus dem Orden später durchaus auf den Kreuzzügen zu finden sind, so waren ihrer doch nicht viele, denn immer wieder verhängte das Generalkapitel Strafen wegen unbefugter Teilnahme. Auch lehnte Bernhard die ihm vom König von Jerusalem angetragene Gründung einer Zisterze bei Jerusalem strikt ab und überließ den schönen Platz den Prämonstratensern zur Besiedelung. Wo Bernhard bei seiner Werbung für den zweiten Kreuzzug nicht selbst hinkommen konnte, ließ er durch Abgesandte Werbeschreiben verlesen, die in ihren Grundzügen (Epistel Nr. 363) von ihm selbst stammten, von seiner Kanzlei aber je nach den örtlichen Bedürfnissen geringfügig variiert und verbreitet wurden. Acht verschiedene allgemeine oder individuelle Adressen sind für diesen Brief noch überliefert. Andere Schreiben traten hinzu. Das Exemplar an den Bischof von Speyer kennzeichnet Bernhards Kreuzpredigt am besten. Der Abt von Clairvaux hatte keine nebelhaften eschatologischen Ideen. Für ihn war der Kreuzzug ein individuelles Bußwerk, der Ablaß wurde vom Mittel zum Zweck mehr zu einer Art Selbstzweck. Nach Bernhards Auffassung sollte nicht nur der Orient von den Heiden, sondern auch die Seelen der Kreuzfahrer von der Sünde befreit werden, und er begrüßte deshalb die Bedrohung der Kreuzfahrerstaaten als Zeichen, daß die angenehme Zeit zur Buße *(acceptabile tempus;* vgl. 2. Cor. 6,2) gekommen war. Das *acceptabile-tempus*-Motiv ist seither aus der Kreuzzugswerbung nicht mehr wegzudenken. Bernhard hatte aber auch eine beängstigende Tendenz, in seinen Zeitgenossen von vornherein Übeltäter zu sehen, die Buße nötig hätten. Deshalb stellte er wie kein anderer den Lohngedanken scharf heraus.

Es sollen hier, stellvertretend für alle späteren Kreuzzugspredigten, typische Stellen seines Briefes nach Speyer in der schönen Übersetzung Wolframs von den Steinen zitiert werden, denn Bernhards eigene Worte sprechen deutlicher als alle Interpretationen: »Seht denn, Ihr Brüder, die willkommene Zeit, die heilerfüllten Tage. Erschüttert werden die Lande und erbeben, weil der Gott vom Himmel sein Land zu verlieren begann. Sein Land sage ich: dort sah man ihn das Wort seines Vaters lehren, dort wandelte er über dreißig Jahre unter den Menschen . . . Jetzt schaffen es unsere Sünden, daß dort die Feinde des Kreuzes ihr weiheloses Haupt erhoben haben: mit dem Zahn des Schwertes verheeren sie das Land der Verheißung ... Was tut Ihr, tapfere Männer? Was tut Ihr, Diener des Kreuzes? So wollt Ihr das Heiligtum den Hunden und die Perlen den Säuen geben? ... Doch was dünkt uns, Ihr Brüder? Ist denn der Arm des Herrn zu kurz oder zur Rettung zu ohnmächtig geworden, daß er zu Schutz und Rückgewinn seines Erblandes uns winzige Würmer aufruft? Kann er denn nicht mehr denn zwölf Legionen Engel schicken ... und die Erde ist frei? Allerdings, er kann das, wenn er will: aber ich sage Euch: es versucht Euch der Herr, Euer Gott: er blickt auf die Menschenkinder, ob denn keiner begreife und erfrage und erleide, was ihm geschieht ... Seht an, mit welcher Kunst er Euch retten will, und erstaunt, blickt in den Abgrund seiner Güte und vertraut, Ihr Sünder ... Er sucht eine Gelegenheit nicht wider Euch, sondern für Euch. Denn einzig dies ists, eine erlesene und allein für Gott auffindbare Gelegenheit der Rettung, wenn nun die Allmacht Totschläger, Räuber, Ehebrecher, Meineidige und Verbrecher aller Art, als hätten sie immer das Rechte getan, ihres Dienstes zu erinnern geruht. Mißtraut nicht, Ihr Sünder; gütig ist der Herr ... Er will als Schuldner gelten, um seinen Truppen als Sold den Nachlaß ihrer Vergehen und ewige Herrlichkeit zu zahlen. Selig nenne ich das Geschlecht, dem so volle Nachlaßzeit zukommt, dem dies Gott wohlgefällige Jahr, dies wahre Jubeljahr begegnet ist ... Du tapfrer Ritter, Du Mann des Kriegs: jetzt hast Du eine Fehde ohne Gefahr, wo der Sieg Ruhm bringt und der Tod Gewinn. Bist Du ein kluger Kaufmann, ein Mann des Erwerbs in dieser Welt: einen großen Markt sage ich Dir an; sieh zu, daß er Dir nicht entgeht. Nimm das Kreuzeszeichen, und für alles, was Du reuigen Herzens beichtest, wirst Du auf einmal Ablaß erlangen. Die Ware ist billig, wenn man sie kauft; und wenn man fromm für sie bezahlt, ist sie ohne Zweifel das Reich Gottes wert.« Bernhard schließt seinen Brief mit Mahnungen, von Judenverfolgungen abzustehen und nicht voreilig aufzubrechen, wie es Peter der Einsiedler zum Schaden seiner Anhänger gemacht habe, sondern in der Ordnung eines wohlgeführten Heeres nach Osten zu ziehen. Der Abt war ein Prediger der kirchlichen Ordnung, der Einordnung in ein System. Vor allem aber unterschied sich seine Kreuzpredigt von der des ersten Kreuzzuges dadurch, daß er sich nicht an die Gesamtheit des Volkes wandte, sondern ausschließlich an die Kriegerklasse, auf deren Dynamik er baute und in der er ein Gefühl besonderer Erwählung zu erwecken suchte.

Besondere Sorgen bereitete Bernhard das unerlaubte Auftreten eines Zisterziensermönches Radulf, der als Wanderprediger im Stil der eschatologisch beeinflußten Volksprediger des ersten Kreuzzuges in Nordfrankreich und im Rheinland wirkte. Er durchbrach das Predigtmonopol des Weltklerus, da er keinen Dispens vom mönchischen Predigtverbot erhalten hatte. Er gefährdete überdies Bernhards Prestige, da dieser seine Predigten ohne eschatologische Zielsetzung aufbaute. Am schlimmsten aber war, daß sich das Volk in den großen Städten des Rheinlandes wiederum zu übelsten Judenpogromen hinreißen ließ. Um dem Treiben Radulfs zu steuern, mußte Bernhard auf Aufforderung des Erzbischofs von Mainz selbst in das Rheintal reisen, wo er gegen Radulf scharf durchgriff. Da er nunmehr ohnehin in Deutschland war und Radulf die Kreuzzugsbegeisterung hier schon angefacht hatte, ließ sich das Land aus dem Kreuzzug nicht mehr heraushalten. Überdies hatte Bernhard, wie sein Brief an die Engländer beweist, die ursprünglichen Vorstellungen des Papstes bereits ausgeweitet. Um einen deutschen Kreuzzug zum Erfolg zu führen, bedurfte es vor allem der Unterstützung durch König Konrad III. Auf einem Reichstag im November 1146 in Frankfurt versagte sich der König noch der Werbung Bernhards, willigte jedoch in eine weitere Zusammenkunft, die in den Weihnachtstagen in Speyer stattfand. Bernhard fühlte, daß Konrads Widerstandskraft nachließ, und stieß seinerseits unerbittlich nach. In einer gewaltigen Predigt, die selbst durch den Dolmetscher nichts von ihrer Wirksamkeit verlor, führte er dem König vor Augen, wie er am jüngsten Tag vor Christus stehen und dieser ihn fragen werde: »Oh, Mensch, was sollte ich für dich tun, das ich nicht schon getan habe?« Dem gewaltigen Appell an seine Gefühle war der König nicht gewachsen. Er nahm das Kreuz und mit ihm zahllose Adlige, an der Spitze des Königs Neffe, Herzog Friedrich von Schwaben. Deutschland war für den Kreuzzug gewonnen. Des Königs Entschluß wurde freilich erleichtert durch die Beilegung der Fehde zwischen dem Grafen von Namur und dem Erzbischof von Trier, die jahrelang das Reich in Unordnung gehalten hatte und deren Beilegung mit ein Grund für Bernhards Deutschlandreise gewesen war. Auch Konrads alter Widersacher, Herzog Welf VI., nahm das Kreuz am Weihnachtsabend, aber wahrscheinlich hat der König dies vor seinem Entschluß nicht mehr erfahren. Im Anschluß an den Reichstag von Speyer erging ein Kreuzzugsschreiben nach Bayern. Der Aufruf führte im Februar 1147 auf einem Reichstag in Regensburg der Kreuzzugsbewegung eine große Zahl von Anhängern zu, unter ihnen den Bischof Otto von Freising, der einer der Geschichtsschreiber des Zuges wurde.

Im März 1147 entschloß sich Konrad, der schon 1125 im Hl. Land gewesen war, auf einem neuerlichen Reichstag zu Frankfurt zur Landroute über Byzanz und Kleinasien. Dieser Weg, der durch die Tradition Gottfrieds von Bouillon als ehrwürdig galt, empfahl sich für ihn um so mehr, als durch die Heirat seiner Schwägerin Berta von Sulzbach mit Kaiser Manuel I. Komnenos (1143-1180) eine feste Allianz mit dem byzantinischen Reich zustandegekommen war und Manuel zudem in Kleinasien beachtliche Erfolge gegen die Seldschuken errungen hatte, die eine Wiederholung der Katastrophe von 1101 undenkbar erscheinen ließen. Die Franzosen hatten sich bereits im Februar ebenfalls für den Landweg entschieden. Roger II. von Sizilien, mit Frankreich gut befreundet, hatte vergeblich für den Seeweg über Italien geworben und hierfür seine Beteiligung am Kreuzzug in Aussicht gestellt. Ludwig VII. erkannte deutlich, daß Roger in Wahrheit an eine antibyzantinische Politik in bester normannischer Tradition dachte, für die er sich seiner versichern wollte. Kaiser Manuel war wenig begeistert über das, was hier auf ihn zukam. Er hatte die Allianz mit dem Reich ja hauptsächlich zur Ausschaltung Rogers II. gegründet. Hiervon konnte nun keine Rede mehr sein. Die gemeinsame Marschroute der Franzosen und Deutschen über den Balkan mochte zudem in byzantinischen Augen ein mögliches Umschwenken Konrads auf die antibyzantinische Linie Rogers II. bedeuten, da Frankreich ja mit diesem im Bunde stand. Auch der Papst, der auf Konrads Hilfe in Italien gezählt hatte, war wenig erbaut von Konrads Kreuzzugsentschluß, konnte und wollte die einmal stattgefundene Ausweitung des Kreuzzuges zu einem gesamteuropäischen Unternehmen aber nicht mehr hindern. So war der Kreuzzug durch die Einbeziehung Deutschlands von Anfang an mit einer schlimmen Hypothek belastet, die der politischen Vorstellungskraft Bernhards von Clairvaux kein sonderlich gutes Zeugnis ausstellt.

Auf dem Frankfurter Reichstag vom März 1147 wurde überdies das deutsche Kontingent noch stark geschwächt, da die sächsischen Fürsten erklärten, sie wollten lieber einen Kreuzzug gegen die Slawen östlich der Reichsgrenze unternehmen. Schon 1108 war in Magdeburg ein Entwurf für Adressaten in den westlichen Reichsteilen verfaßt worden, der unter Berufung auf das Beispiel der nach Jerusalem gezogenen Gallier und mit dem Versprechen zwar nicht der Indulgenz, so doch einer allgemeinen Seelenrettung zum Slawenkrieg und zur Siedlung aufrief. Die Heiden hier seien übel, ihr Land aber höchst ergiebig an Fleisch, Honig, Mehl und Vögeln. Von einem Kreuzzug sollte sich das Unternehmen freilich durch die königliche Leitung unterscheiden. Damals wurde nichts aus der Sache, ja es ist nicht einmal sicher, ob der Aufruf verschickt wurde. Anders 1147. Bernhard und der Papst billigten den sächsischen Vorschlag. Dabei stellte Bernhard in Epistel Nr. 457 keineswegs als erster, aber mit dem ganzen Gewicht seiner Stimme die berüchtigte Alternative »Tod oder Bekehrung« auf, die gerade ihrer Eindeutigkeit wegen so viele schönfärbende Apologeten gefunden hat. Wichtiger war, daß sich der Papst diese Forderung nicht zu eigen machte, sondern in seiner Bulle für den Wendenkreuzzug nur von Bekehrung sprach. Er gewährte den Wendenkreuzfahrern dieselben geistlichen Privilegien geistlicher und weltlicher Natur wie den Kreuzfahrern, die ins Hl. Land gingen. Es blieb ihm allerdings auch kaum etwas anderes übrig, da alles dafür spricht, daß Bernhard bereits vor dem Papst und ohne dessen Wissen eigenmächtig dieses Zugeständnis gemacht hatte, ein Indiz, wie sehr er den Papst in Kreuzzugsdingen präjudizierte. Man konnte den sächsischen Vorschlag auch schlecht ablehnen, weil der Papst etwa zur gleichen Zeit Kaiser Alfons VII. von Kastilien einen Kreuzzug gegen die spanischen Sarazenen genehmigte. In seiner Pfarre am Plöner See sah 20 Jahre später auch der Chronist Helmold von Bosau die drei Unternehmungen im Hl. Land, in Spanien und gegen die Slawen als eine Einheit, auch wenn er den Wendenkreuzzug mit herber Kritik bedachte, da dieser in der Tat die friedliche Kolonisation und Christianisierung, wie sie Graf Adolf II. von Holstein in Wagrien im Einvernehmen mit dem Slawenfürsten Niklot betrieb, in arge Verlegenheit brachte. Graf Adolf hatte auf dem Frankfurter Reichstag sogar offen den Hl. Bernhard zu diskreditieren versucht, indem er dessen Wunderheilungen, wenn auch ohne Erfolg, mit einem kranken Knaben auf die Probe stellte. Helmold legte den Kreuzfahrern in Mecklenburg die im ideologischen Sinne fast blasphemisch zu nennende Frage in den Mund, ob man denn hier am Ende nicht das eigene Land und Volk verwüste. Für die eigentliche Kreuzzugsidee erwies sich der Wendenkreuzzug als ein gefährlicher Präzedenzfall. In Spanien bestand ja eine in die Vorkreuzzugszeit zurückreichende Tradition des Heidenkrieges; es war gewissermaßen ein Sonderfall, und schließlich ging es dort gleichfalls gegen den Islam. Aber wenn das Beispiel des Wendenkreuzzuges Schule machen sollte, so war dem Hl. Land ein wesentlicher Teil der nötigen Unterstützung entzogen, denn Heiden gab es an vielen Orten zu bekämpfen, nicht nur im Hl. Land. In der Tat ist das Kreuzzugssystem im slawischen Osten in der Folgezeit immer stärker ausgebaut worden, vor allem, seit sich im 13. Jahrhundert der Deutsche Ritterorden in Preußen niederließ.

Der wendische Obodritenfürst Niklot kam 1147 dem Angriff der deutschen Fürsten übrigens zuvor. Gegen seine Invasion zog ein großes deutsches Heer unter der Führung Heinrichs des Löwen, des Herzogs von Sachsen, Herzog Konrads von Zähringen, Albrechts des Bären aus der Mark Brandenburg und der Erzbischöfe von Bremen und Magdeburg, doch endete der Feldzug ohne sichtbaren Erfolg mit einer Scheintaufe der Wenden, die den eigentlichen Mißerfolg gerade noch verbarg[50].

Der Aufbruch zum eigentlichen Kreuzzug erfolgte in Deutschland im Mai 1147 von Regensburg, in Frankreich wenige Wochen später von Metz aus. Während der deutsche Zug durch Ungarn noch ohne Zwischenfälle verlief, belasteten deutsche Übergriffe im byzantinischen Reich das Verhältnis zu Manuel Komnenos aufs schwerste. Als Konrad III. im September vor Konstantinopel anlangte, kam es nicht einmal zu einer Begegnung beider Herrscher. Manuel war erbittert, weil ihn die Ankunft der Kreuzfahrerheere seiner Bewegungsfreiheit beraubte und ihn in seiner Hauptstadt festhielt, während Roger II. von Sizilien die Gelegenheit benutzte, um im Herbst 1147 Korfu zu plündern und in Theben und Korinth die Zentren der byzantinischen Seidenindustrie zu vernichten. Erst zwei Jahre später konnte ihn Manuel mit venezianischer Hilfe aus dem Reich vertreiben. Konrad seinerseits legte sich Zurückhaltung auf, weil Manuel einen Sicherheitseid forderte. Das Drängen Manuels, noch mehr aber das Nahen der Franzosen bewog Konrad, nach Kleinasien überzusetzen. Entgegen dem ursprünglichen Plan beschloß man, von dort aus unmittelbar nach Edessa vorzustoßen, statt auf die Franzosen zu warten.

In Nicaea trennte sich ein Teil des Heeres unter Bischof Otto von Freising ab, um an der Küste entlangzuziehen, doch mißlang Konrads Vorhaben, diesem Zug alle Nichtkämpfer anzuvertrauen. Auch seine Heeresgruppe blieb durch den Troß behindert. Ende Oktober wurde Konrads Heer schon bei der ersten Feindberührung mit den Seldschuken in der Nähe von Dorylaeum geschlagen. Der Rückzug an die Küste begann geordnet, wurde aber bald völlig regellos und führte zu schwersten Verlusten. Anfang November war man wieder in Nicaea, wo sich das Heer größtenteils auflöste, um der Heimat zuzustreben. Das Kontingent Ottos von Freising, das an der ägäischen Küste nach Süden gezogen, dann aber ins Landesinnere abgebogen war, wurde bei Laodicaea am Lykos durch einen türkischen Angriff stark in Mitleidenschaft gezogen. Der Durchbruch zur pamphylischen Küste gelang noch, dort aber wurden Ottos Truppen im Februar 1148 aufgerieben. Der Bischof entkam mit einem geringen Rest zu Schiff nach Syrien.

Indessen war das französische Heer am 4. Oktober 1147 nach Konstantinopel gelangt. Wenngleich die Beziehungen zu Manuel äußerlich gut waren, dieser sich auch große Mühe gab, Ludwig VII. für sich zu gewinnen, so gab es doch innerhalb des französischen Heeres eine starke antibyzantinische Partei unter der Führung des Bischofs Gottfried von Langres. Er war ein übler Scharfmacher, der Legatenrechte beanspruchte, sie ehedem auch erhalten hatte, dem der Papst aber auf byzantinisches Betreiben Guido von Florenz, Kardinalpriester von San Crisogono, übergeordnet hatte, ohne daß dieser sich im Heer hätte durchsetzen können. Gottfrieds Partei erhielt Auftrieb sowohl durch Rogers Erfolge in Korfu, die eben damals bekannt wurden, wie auch durch den ruchbar gewordenen Abschluß eines Waffenstillstandes zwischen Kaiser Manuel und dem Seldschukensultan von Ikonium, was die Lateiner schockierte, obwohl gerade ihr Herannahen mit zu dem Vertrag beigetragen hatte. Schon vor der Ankunft in Konstantinopel drängten deshalb die Antibyzantiner zu einem Angriff auf die Stadt, wofür man sich der Hilfe König Rogers versichern sollte. Die Agitation, die die Eroberung Konstantinopels durch die Kreuzfahrer von 1204 vorherahnen ließ und die erstmals die Bereitschaft zum Mißbrauch der Kreuzzugsidee gegen Christen erkennen läßt, ging auch im Lager vor der Stadt weiter, doch obsiegte die Mehrheit, die sich darauf berief, daß der Papst eine Expedition gegen Konstantinopel nicht autorisiert hatte[51].

Der Übergang über die Meerenge zog sich in die Länge, bis Manuel schließlich Gerüchte über einen Sieg der Deutschen in Kleinasien ausstreuen ließ. In der typisch mittelalterlichen Sucht, zur Beute, die für den Ritter ja einen wesentlichen Einkommensbestandteil darstellte, nicht zu spät zu kommen, eilten die Franzosen nach Kleinasien, wo sie durch savoyardische Truppen noch verstärkt wurden. Doch weigerte sich Manuel nun, für Führer und Lebensmittel zu sorgen, solange die Frage der Beziehungen der Kreuzfahrer zum byzantinischen Reich ungeklärt sei. Die französischen Barone mußten sich schließlich zur Leistung des Lehnseides bequemen, während Ludwig versprach, dem Kaiser keine Städte wegzunehmen, die seiner Jurisdiktion unterstünden. Dafür stellte Manuel nun zwar Führer, konnte im übrigen den Kreuzzug seines Vertrages mit dem Sultan halber aber nur lau unterstützen, was die antigriechische Stimmung im Heer noch schürte. Auf dem Marsch durch Anatolien vereinigten sich die Franzosen in Nicaea mit Konrad III. und den Resten des deutschen Heeres. Von dort ging der Zug über Smyrna nach Ephesus. Hier erkrankte Konrad (Weihnachten 1147) und mußte nach Konstantinopel zurückkehren, wo Manuel ihn persönlich pflegte, um die Allianz mit Konrad wieder zu einem arbeitsfähigen politischen Instrument zu machen. Die Franzosen ereilte das gleiche Schicksal wie das deutsche Heer. Kurz nach Neujahr 1148 erlitten sie eine schlimme Niederlage bei Laodicaea am Lykos. Das Restheer schlug sich an die Küste nach der byzantinischen Stadt Adalia durch, die so viele Kreuzfahrer aber weder verpflegen konnte noch wollte. Man forderte in Byzanz Schiffe an, doch kamen nur so wenige, daß es bloß für den König, die Geistlichkeit und die Barone reichte. Die Masse der Zurückgebliebenen wollte sich auf dem Landweg nach Syrien durchschlagen, wurde aber unweit Adalias von den Seldschuken zusammengehauen, während Ludwig und seine Begleiter sicher nach Antiochia entkamen.

In Syrien standen die Dinge nicht eben zum besten, denn als Joscelin II. von Edessa nach Zengis Tod 1146 einen Versuch zur Wiedereroberung seiner

Hauptstadt gemacht hatte, war diese durch das Eingreifen Nur ad-Dins, der die gesamte armenische und jakobitische Bevölkerung dezimierte, endgültig verlorengegangen. Seither warteten Muslime und Franken ohne größere Aktionen auf das Eintreffen der Kreuzfahrer. Fürst Raimund von Antiochia wollte den französischen König zu einem Feldzug gegen Aleppo bewegen, um seine von den kleinasiatischen Seldschuken und Nur ad-Din gefährdete Nordgrenze zu entlasten. Das Kriegsziel war vernünftig, denn Nur ad-Din sollte sich als gefährlicher Gegner der Kreuzfahrerstaaten erweisen, wenngleich dies 1148 vielleicht noch nicht deutlich sichtbar war. Doch mußte klar sein, daß ein Sieg über ihn eine Vereinigung von Aleppo und Damaskus verhindern konnte. Aber Ludwig war allein zu schwach, um Raimund im Norden zu helfen, zumal er sich durch eine angebliche Liebesaffaire seiner Gattin Eleonore mit Raimund, ihrem Onkel, brüskiert fühlte. Um die Kräfte des ohnehin nur noch geringen Kreuzheeres nicht zu spalten, zog er nach Süden, wo sich Otto von Freising inzwischen mit Konrad III. vereinigt hatte, der nach seiner Genesung im April 1148 im Hl. Lande eingetroffen war. Nach dem Besuch der heiligen Stätten trafen sich der französische und der deutsche König in Akkon, wo Konrad, der während des Kreuzzuges begann, seinem Königstitel das imperiale Attribut »Augustus« hinzuzufügen, mit byzantinischem Geld ein neues Heer zu rekrutieren versuchte, während Ludwig durch neu gekommene provenzalische Kreuzfahrer verstärkt wurde. Da es sich bei den in Aussicht genommenen deutschen Söldnern überwiegend um Saisonpilger handelte, die im Spätsommer wieder nach Hause reisen wollten, schied Edessa jetzt als Kriegsziel wegen der schieren Entfernung automatisch aus. In intimen Verhandlungen mit Balduin III. in Jerusalem, von denen anscheinend sogar seine Mutter Melisendis ausgeschlossen war, hatte sich Konrad III. bereits für Damaskus als Kriegsziel gewinnen lassen.

Am 24. Juni 1148 trat in Palmarea bei Akkon eine Versammlung der Haute Cour, des jerusalemitanischen Kronrats, zusammen, die nach einer hier erstmals sichtbaren Tradition durch die abendländischen Kreuzfahrer verstärkt wurde. Neben Konrad III. nahmen auf deutscher Seite die Bischöfe von Freising, Metz und Toul sowie der Bischof von Porto als Legat, ferner die Herzöge von Österreich und Schwaben, Herzog Welf VI. und die Markgrafen von Verona und Montferrat teil. Die Franzosen schickten unter Ludwig VII. die Bischöfe von Langres und Lisieux, Kardinal Guido von Florenz, die Grafen von Perche, Troyes, Flandern und Soissons. Jerusalem wurde durch König Balduin III., Königin Melisendis, den Patriarchen von Jerusalem, die Erzbischöfe von Caesarea und Nazareth, die Bischöfe von Sidon, Akkon, Beirut, Baniyas und Bethlehem, die beiden Ordensmeister sowie (neben dem Konstabler Manasses von Hierges und dem königlichen Großvasallen Philipp von Nablus) die Herren von Tiberias, Sidon, Caesarea, Oultrejourdain, Toron und Beirut vertreten. Der syrische Norden war nicht repräsentiert. Nach einiger Debatte faßte die Versammlung den grenzenlos dummen Beschluß, die Eroberung von Damaskus zu wagen. Edessa war als Ziel ja ausgeschieden, infolge der Abwesenheit der nordsyrischen Barone wurde ein Feldzug gegen Aleppo wohl nicht mit der nötigen Entschiedenheit vertreten, aber Damaskus war das letzte Ziel, dem man sich hätte zuwenden dürfen, denn an der seit 1139 bestehenden Allianz mit Damaskus gegen Aleppo hing der Bestand des Königreiches. Wohl war Damaskus durch den Apostel Paulus eine geheiligte Stätte, aber dennoch war das Bündnis mit dem dortigen Atabeg eine Lebensfrage für Jerusalem, die man keinen noch so idealen Beweggründen preisgeben durfte. Aber Konrad war durch Balduin III. schon festgelegt, so daß der wahrscheinlich auch bereits für das Unternehmen gewonnene Ludwig VII. keine Opposition mehr bildete. Der König von Jerusalem konnte sich von einer Eroberung von Damaskus eine Prestigeerhöhung versprechen, die ihn endlich von der Regentschaft seiner Mutter befreien würde, die über die Volljährigkeit des Königs hinaus andauerte. Melisendis dürfte dem Unternehmen, das neben dem Reich auch sie selbst gefährdete, skeptisch gegenübergestanden haben.

So unbegreiflich der Entschluß ist, so grotesk war seine Durchführung. Am 24. Juli begann die Belagerung der Stadt auf der Westseite in den dortigen Obstplantagen. Das Nahen eines Entsatzheeres unter Nur ad-Din erschreckte den damaszenischen Atabeg ebenso wie die palästinensischen Barone. In einem Satyrspiel ohnegleichen redeten diese den beiden Königen ein, die Plantagen hinderten die Belagerung, und bewogen sie, das Heer in den Südosten in eine heiße und wasserlose Ebene zu verlegen, wodurch noch am selben Tag die Aufhebung der Belagerung und der Rückzug erzwungen wurde, weil sich ein Verbleiben im Südosten als unmöglich erwies. Wilhelm von Tyrus, der sich schon über den Inhalt der Verhandlungen von Palmarea wortkarg äußert, versuchte später in seiner Chronik, die Schuld dem Grafen von Flandern oder dem Einfluß Raimunds von Antiochia zuzuschreiben. Die zeitgenössische öffentliche Meinung des Abendlandes klagte mit Recht die palästinensischen Barone an. Der Feldzug zeitigte üble Folgen. Einmal wurde die öffentliche Meinung in Europa verprellt, zum andern hielten zwar die Atabegs von Damaskus weiterhin zur Allianz, aber das dortige Volk, das das Bündnis bisher getragen hatte, mißtraute von nun an den Franken und öffnete 1154 Nur ad-Din die Tore der Stadt, als er vor Damaskus erschien. Die Vereinigung von Damaskus und Aleppo, die man zu verhindern gesucht hatte, war durch den Feldzug von 1148 nur vorbereitet worden. Konrad III. verließ am 8. September 1148 erbittert das Hl. Land, Ludwig VII. folgte ihm zu Ostern 1149, ohne weitere Erfolge errungen zu haben. »Von dieser Zeit an verschlechterte sich die Situation der Lateiner im Osten sichtbar« bemerkte Wilhelm von Tyrus präzis.

Konrad III. begab sich nach Thessalonike, wo er vor seiner Rückkehr nach Deutschland, etwa im Oktober 1148, einen Vertrag mit Manuel Komnenos schloß, der der Wiederaufnahme ihrer antinormannischen Allianz aus der Zeit vor dem zweiten Kreuzzuge diente[52]. Im folgenden Jahre sollte Konrad mit einem Heer von Italien gegen den Normannenkönig antreten, unterstützt durch byzantinisches Geld und byzantinische Truppen. Der Burgfriede, den Bernhard von Clairvaux in Europa zustande gebracht hatte, um den Kreuzzug zu ermöglichen, war zu Ende. Roger II. hatte sich rechtzeitig darauf eingestellt und 1148 einen Aufstand der welfischen Opposition in Deutschland angezettelt, um den König von einem Eingreifen in Italien abzuhalten. Zusätzlich versicherte sich Roger II. aber des französischen Kö-

nigs als festen Bundesgenossen, als dieser ihn im Juli 1149 auf der Rückreise besuchte. Roger schlug dabei offenbar einen neuen Kreuzzug vor, den er natürlich wiederum gegen die Griechen zu lenken gedachte. Dabei kam ihm zustatten, daß in Frankreich mittlerweile Bernhard von Clairvaux, Suger von St. Denis und der Generalabt von Cluny, Petrus Venerabilis, mit der Propagierung eines neuen, wirklichen Kreuzzuges begonnen hatten, der die Scharte von 1148 auswetzen sollte. Es wäre beinahe gelungen, Bernhard in Chartres zum Anführer eines solchen Unternehmens zu wählen, aber der Plan scheiterte schon daran, daß die französische Ritterschaft nicht willens war, sofort wieder die Last eines Kreuzzuges auf sich zu nehmen. Der Schrecken über den Mißerfolg war noch zu groß, und die Verluste waren zu hoch gewesen. Da auch der Papst sich weigerte, der Koalition gegen Konrad und Manuel beizutreten, weil er unter normannische Herrschaft zu kommen fürchtete, konnte ein großer europäischer Krieg gerade noch vermieden werden.
Der einzige Erfolg des großangelegten Kreuzzuges hatte sich auf einem Nebenschauplatz abgespielt. Eine Gruppe englischer, flämischer und friesischer Kreuzfahrer war zur See nach Palästina aufgebrochen, unterwegs aber den Tejo hinaufgesegelt, und dort hatten die Kreuzfahrer nach mehrmonatiger Belagerung 1147 den Mauren die Stadt Lissabon entrissen[53]. Für einen Kreuzzug, den man mit so vielen Hoffnungen und soviel Elan auf einer so breiten Basis begonnen hatte, war das ein klägliches Ergebnis. Begreiflicherweise war die Enttäuschung über den Mißerfolg um so tiefer, wie sich an den zahlreichen Versuchen ermessen läßt, die das Scheitern motivieren wollten. Die Erklärungen schwankten zwischen rationalen, vor allem von dem französischen Geschichtsschreiber Odo von Deuil vorgebrachten Gründen (Feindseligkeit der Griechen und Türken; Schwierigkeiten des Weges) und metaphysischen Argumenten (menschliche Sünde; Gottes unerforschlicher Ratschluß), deren sich besonders die Zisterzienser Otto von Freising und Bernhard von Clairvaux bedienten. Dazwischen finden wir alle Spielarten natürlicher oder übernatürlicher Erklärung. Gerhoch von Reichersberg und der Annalist von Würzburg, wohl die beiden schärfsten Kritiker des Kreuzzuges, gingen nachträglich so weit, in dem Kreuzzug ein Werk des Teufels und des Antichrist zu sehen. Die wichtigste Zielscheibe der Kritiker war natürlich der Abt von Clairvaux, der wie kein anderer den Kreuzzug gefördert und sich mit ihm identifiziert hatte. Mit seiner Ausweitung des Kreuzzuges zum Mittel der Seelenrettung als Selbstzweck hatte er Hoffnungen erweckt, die durch das Scheitern des Zuges aufs brutalste zerstört wurden und die Kreuzzugsidee zunächst diskreditieren mußten. Bernhard ist den Kritikern im zweiten Buch seiner Schrift *De consideratione* entgegengetreten. Seine Stellungnahme zeigt, daß er die Kritik ernst nahm und unter ihr litt, denn er hat das Gericht Gottes, als das er die Kritik betrachtete, einer Hölle verglichen, in der er jetzt stehe. In seinem Glauben konnte ihn das nicht irre machen, aber seine Schriften lassen doch erkennen, wie peinlich ihm die Sache war. Seine berühmte Enzyklika Nr. 363, mit der er zum Kreuzzug aufgerufen hatte, nahm er bezeichnenderweise in seine sorgfältig zusammengestellte Briefsammlung nicht auf. Er erörterte in *De consideratione* die Vorwürfe, die man ihm machte oder ihm möglicherweise

noch machen würde, aber er war nicht bereit zuzugestehen, daß er unter Umständen durch die innere, aber auch durch die äußere Ausweitung des Kreuzzuges in einer politischen Situation, die einer solchen Ausdehnung nicht zuträglich war, mitverantwortlich für die nachträgliche Enttäuschung war. Seine Verteidigung mündete stets dahin aus, daß er sich hinter dem päpstlichen Predigtauftrag versteckte. Daß er es nach dem Unglück nicht gewesen sein wollte, ist kein sonderlich schöner Zug in seinem Charakterbild. Für diejenigen, die ihm diese Entschuldigung mit Recht nicht abnahmen, baute er eine zweite Verteidigungsstellung auf, indem er sich als Schild zum Schutze Gottes hinstellte, der die vergifteten Pfeile der Gotteslästerer, der Kritiker, die nicht ihn, sondern in Wirklichkeit Gott meinten, auf sich zog, damit sie Gott nicht träfen[54]. Der Eifer, mit dem gerade die Zisterzienser die metaphysische Deutung des Fiaskos betrieben, läßt vermuten, daß sie andere Gründe des Scheiterns verdecken wollten. Doch war die öffentliche Meinung nicht zu täuschen. Europa war so schnell nicht wieder für einen Kreuzzug zu haben.

6. Die Kreuzfahrerstaaten 1149–1187

Die Erbteilung nach Zengis Tod (1146), durch die Saif ad-Din Gazi Mosul und Nur ad-Din (1146–1174) Aleppo bekam, war für die Franken nicht günstig, weil Nur ad-Din dadurch von den östlichen Wirren, die Zengis Kraft so sehr in Anspruch genommen hatten, weitgehend befreit wurde und sich auf den Kampf gegen Damaskus und die Franken konzentrieren konnte[55]. Nur ad-Dins erster Erfolg war die bereits erwähnte Abwehr Joscelins II. bei dessen erfolglosem Versuch zur Wiedergewinnung seiner Hauptstadt Edessa (oben S. 95f.). Danach stürmte er 1147 und 1148 gegen das Fürstentum Antiochia an, dem er den größten Teil seiner Besitzungen östlich des Orontes nahm. Zu durchschlagenden Unternehmungen kam es wegen des zweiten Kreuzzuges vorerst nicht, vielmehr mußte Nur ad-Din zum Entsatz von Damaskus ziehen, während seine Basis Aleppo ungefährdet blieb, da sich die Kreuzfahrer zu einem Angriff in Nordsyrien nicht entschließen konnten. Kaum war jedoch der Kreuzzug beendet, da nahm Nur ad-Din den Krieg gegen Antiochia wieder auf. Im Sommer 1149 erschien er vor der antiochenischen Festung Inab. Raimund von Antiochia trat ihm mit seinen Rittern entgegen, wurde aber am 29. Juni vernichtend geschlagen und kam selbst im Kampfe um. Es war der größte Sieg, den Nur ad-Din je gegen die Franken erfocht; er begründete und festigte sein Prestige in der islamischen Welt.

Sir Hamilton Gibb und Sivan haben mit Recht darauf hingewiesen, daß der Sieg von Inab noch viel weiterreichende Folgen hatte. Nur ad-Din begann sich von nun an ganz als Vorkämpfer des Islam zu fühlen. Er betrachtete sich als Erfüller einer historischen Mission, die darin bestand, die islamischen Kräfte gegen die Franken zu einen. Aus einer im 12. Jh. zunächst eher

sekundären Idee wurde der Dschihad, der muslimische Hl. Krieg, als Ausdruck einer generellen Erneuerung der islamischen Orthodoxie unter Nur ad-Din zu einer treibenden Kraft islamischer Politik. Man kann Nur ad-Din nicht verstehen, wenn man in ihm nicht auch den religiösen Eiferer sieht, denn die politische Einheit setzte die glaubensmäßige voraus. Darum ging er energisch gegen die Schiiten vor und förderte alles, was der Wiedererweckung und Vertiefung des orthodoxen Glaubens dienen konnte. Schulen und Moscheen wurden gegründet; Dichter und Prediger stützten die politischen und religiösen Ziele Nur ad-Dins, indem sie die Volksmasse mit propagandistischen Schlagworten in ekstatische Stimmung zu versetzen suchten und insbesondere gegen die als skandalös empfundene Allianz der Damaszener mit den Franken Front machten, deren Sprengung das unmittelbare Ziel Nur ad-Dins war. Seit 1150 übte er einen stets zunehmenden Druck auf Damaskus aus und lagerte im Laufe der Jahre mehrfach vor der Stadt. Seine zeitweiligen Feldzüge im Edessenischen, wo er nach der Gefangenschaft Joscelins II. seine Eroberungen konsolidierte, nützten der nach dem Tode Unurs (1149) nur noch schwachen Regierung von Damaskus nicht mehr viel, zumal die Milizen der Unterschicht nicht nur der Regierung, sondern auch dem sich schamlos bereichernden Großbürgertum, repräsentiert durch die Familie der Banu as-Sufi, ihre Unterstützung entzogen. Im Jahre 1154 öffnete das Volk Nur ad-Din nahezu kampflos die Tore der Stadt. Auch dieses Fürstentum wurde in sein Programm der religiösen Vertiefung mit einbezogen. Das islamische Syrien war nun vereint, und der Gewinn von Damaskus brachte Nur ad-Din einen beträchtlichen Zuwachs an Heeresstärke. Gibb hat seine syrische Armee auf maximal 6000 Reiter beziffert, von denen 2000 eigene Leibtruppen waren. Der Rest setzte sich aus Kontingenten zusammen, deren Befehlshaber als Gegenleistung für den Unterhalt der Truppen nach einer Art Feudalsystem (iqta) mit Landlehen entschädigt wurden. Besonders bemerkenswert war dabei das verstärkte Eindringen kurdischer Elemente in das Offizierskorps und in die regulären Truppen, wo sie ein Gegengewicht zu den Türken bildeten. Es war eine landfremde Armee.
Die Führungslosigkeit der Franken machte den Aufstieg Nur ad-Dins nur noch bedrohlicher. Balduin III., der König von Jerusalem (1143–1163) war noch nicht erwachsen, Joscelin II. von Edessa war gefangen, der Fürst von Antiochia im Kampf gefallen. Nach der Schlacht bei Inab und noch vor der endgültigen Liquidierung der Grafschaft Edessa hatte Nur ad-Din mit Nachdruck gegen Antiochia gedrängt und seine Macht augenfällig demonstriert, indem er vor den Augen seines Heeres im Mittelländischen Meer badete. Die Stadt selbst wurde durch die Anstrengungen des Patriarchen Amalrich (1144–1193) gerettet. Die Regierung lag unter Amalrichs diskreter Leitung in der Hand von Raimunds Witwe Konstanze, die das Fürstentum ihren Kindern zu erhalten suchte. Das Eingreifen Balduins III. bewog Nur ad-Din, von Antiochia abzulassen, und der Bestand des Fürstentums war fürs erste gesichert. Edessa konnte durch die Intervention des Königs freilich nicht gerettet werden. Auch gestatteten die Verhältnisse im Königreich Jerusalem keine längere Abwesenheit des Königs. Die gemeinschaftliche Regierung mit seiner Mutter Melisendis, die bei Eintritt der Volljäh-

rigkeit des Königs, sich auf ihren eigenständigen Anteil am Reich stützend, keinerlei Anstalten gemacht hatte, die Regentschaft niederzulegen, behagte dem inzwischen neunzehnjährigen König ebensowenig wie der Mehrzahl der Barone. Die Auseinandersetzung zwischen dem jungen König und seiner Mutter war viel schwerwiegender als der Bericht bei Wilhelm von Tyrus vermuten läßt. Dies wird erkennbar, wenn man die Königsurkunden in die Untersuchung mit einbezieht. Melisendis war keineswegs ohne Verbündete. Sie konnte sich vor allem auf die Unterstützung der Kirche verlassen. Sie hatte hohe Kronämter mit ihren Kandidaten besetzt, so vor allem das wichtigste Amt des Konstablers mit Manasses von Hierges, einem Neffen Balduins II., der erst 1140 ins Hl. Land gekommen war. Rohard der Ältere hielt als Vizegraf von Jerusalem Judaea und die Hauptstadt für sie, in Nablus hatte sie die Unterstützung der führenden Familien, nämlich der Millys, vertreten durch Philipp von Nablus, und der dortigen Vizegrafen, und auch Fürst Elinard von Galilaea stand auf ihrer Seite und brachte ihr die Unterstützung der mit ihm verschwägerten Ibelins, die jetzt auch die Herrschaft Ramla erheiratet hatten. Nur sehr allmählich konnte Balduin III. sich eine Machtbasis in der nördlichen Krondomäne um Tyrus und Akkon aufbauen. Seit 1149 waren die Beziehungen zwischen Mutter und Sohn mehr als frostig. Die Kanzlei des Reichs zerfiel in rivalisierende Scriptorien des Königs und seiner Mutter. Melisendis richtete neben dem königlichen Haushalt einen eigenen Haushalt mit eigenen Funktionären ein. Damit verstieß sie gegen die Prinzipien der Samtherrschaft, wie sie von Balduin II. niedergelegt worden waren. In dieser Konstruktion war unbeschadet der Existenz von Einflußzonen das Reich ein ungeteiltes und der Herrschaftsanteil des einzelnen territorial nicht ausgesondert. Die Schaffung eines eigenen Haushalts, mehr noch die eigener Vasallen, näherte sich einer Reichsteilung. Als der König im Sommer 1150 wegen der Gefangennahme Joscelins II. von Edessa nach Norden ziehen mußte, war seine Position verzweifelt. Eine Urkunde aus dieser Zeit zeigt ihn im Besitz von Akkon, aber ansonsten verlassen: sein Gefolge bestand aus seiner Kapelle, einem vertriebenen Erzbischof und entlassenen Kanzler, einem unbekannten Templer, einem Fürsten von Galilaea, der um sein Fürstentum kämpfte, und einem wenig prominenten Vasallen. Allerdings hatte er, ohne daß dies in der Urkunde hervortritt, noch immer die Unterstützung der nördlichen Herrschaften Beirut und Toron. Diejenigen Vasallen, die sich als solche nur der Königinmutter betrachteten, gingen 1150 so weit, daß sie unter Berufung darauf, daß Balduin III. nicht ihr Herr sei, die Heerfolge in den Norden verweigerten, obwohl der König den ebenso ungewöhnlichen Schritt unternommen hatte, sie einzeln schriftlich aufzubieten. Das Ziel war klar: man wollte den König daran hindern, seine traditionelle Rolle als Protektor der nördlichen Kreuzfahrerstaaten wahrzunehmen, was aber mißlang. Ganz im Gegenteil zeigte sich Balduin in Antiochia als geschickter Diplomat in delikaten Verhandlungen mit Byzanz. Die Zwietracht machte es aber unmöglich, die dringendste Frage des Nordens zu lösen, die Wiederverheiratung der Fürstin Konstanze von Antiochia. Der König hatte ihr vergeblich drei sehr achtbare Kandidaten vorgeschlagen und berief 1150 eigens die Vasallen von Antiochia, Jerusalem und Tripolis zu einer Versammlung nach Tripolis, um die

Frage zu entscheiden. Aber Konstanze widersetzte sich auch dort jeder Ehe. Die Erklärung Wilhelms von Tyrus, sie habe ein ungebundenes Leben vorgezogen und außerdem auf Rat des Patriarchen von Antiochia abgelehnt, der sich an der Macht habe halten wollen, ist offenkundig verkehrt, denn weder das eine noch das andere hinderte sie 1153 daran, einen so Unbekannten zu heiraten (unten S. 104), daß sie das Projekt vor ihren eigenen Vasallen geheimhielt, bis der König von Jerusalem seine Zustimmung erteilt hatte. Die wahre Erklärung für die Weigerung Konstanzes 1150 liegt in dem Umstand, daß es offenbar keinen Kandidaten gab, auf den sich der König und seine in Tripolis anwesende Mutter hätten einigen können, so daß jede Entscheidung für Antiochia mit dem Verlust der halben Unterstützung Jerusalems verbunden gewesen wäre[56]. Melisendis hatte zwar ihren Einfluß in Galilaea verloren, hatte aber mit der Erhebung ihres jüngeren Sohnes Amalrich zum Grafen von Jaffa (1151) gekontert, womit sie ihre Kontrolle der mittleren Küstenregion sicherte. Um diese Zeit aber beging sie ihren entscheidenden Fehler. Nach dem Tode Barisans des Alten von Ibelin ließ sie zu, daß seine Witwe Helvis vermutlich 1150, spätestens aber 1151, Manasses von Hierges, den Günstling der Melisendis, heiratete. Während früher allgemein angenommen wurde, daß diese Heirat Manasses die Unterstützung der Ibelins gebracht hätte, trieb sie diese in Wahrheit ins Lager des Königs, und der Frontwechsel ist auch urkundlich bezeugt. Barisan der Alte hatte drei Söhne, für die das väterliche Erbe Ibelin allein nicht ausreichend war. Aber die Mutter besaß die bedeutende Doppelherrschaft Ramla und Mirabel, und mindestens das letztere wurde jetzt von Manasses verwaltet. Die Ehe bedrohte, wenn aus ihr Söhne hervorgingen, das, was Barisan der Alte für die Ibelins mit Geschick erheiratet hatte. Die Ibelins standen Manasses um so kritischer gegenüber, als sie zu den »alten Familien« gehörten, jener kleinen Gruppe seigneurialer Großgrundbesitzer, die in stets exklusiver werdenden ständischen Kategorien dachte. Begreiflicherweise war es ihnen nicht recht, daß Manasses nach zehn Jahren schon der Sprung in diese Schicht glückte. Der Sturz des Konstablers und seines Regimes wurde für die Ibelins zur Notwendigkeit. Erst vor diesem Hintergrund begreift man die Erklärung Wilhelms von Tyrus für den endgültigen Bruch zwischen Balduin III. und Melisendis: die Unzufriedenheit der Barone mit der angeblich arroganten Herrschaft des Manasses. Natürlich vergrößerte die Ehe des Manasses mit Helvis von Ramla dessen Macht, aber das ist auch alles, was Wilhelm von Tyrus sagt. Die ältere Meinung der Forschung, die Ehe sei seine eigentliche Machtbasis gewesen oder habe ihm die Allianz mit den Ibelins gebracht, wird von Wilhelm nicht gestützt. Da Manasses seit 1143 Konstabler war, er aber Helvis frühestens 1150 heiratete und 1152 bereits gestürzt wurde, kam die Ehe auf jeden Fall zu spät, um als Machtbasis dienen zu können.

Im Frühjahr 1152 war die Opposition gegen Melisendis und Manasses stark genug geworden, um Balduin III. entscheidende Schritte zu ermöglichen. Er verlangte vom Patriarchen eine Bestätigungskrönung zu Ostern, aber ohne eine erneute Krönung seiner Mutter. Dies hätte dem versammelten Volk deutlich gemacht, daß er von nun an Alleinherrscher war. Auch wenn die Staatsraison dies dringend erfordern mochte, so hätte doch eine solche

Zeremonie die Rechte der Melisendis verletzt, weil sie die Samtherrschaft zerstört hätte. Es war vorauszusehen, daß der Patriarch den Vorschlag ablehnen würde, aber Balduin ließ nur scheinbar von seinem Vorhaben ab, erschien aber plötzlich am Ostermontag und ohne seine Mutter im Schmuck einer Krone in der Öffentlichkeit. Dies kam einer offenen Kriegserklärung gleich. Auf einer Reichsversammlung konnte als Kompromiß noch eine förmliche Reichsteilung erzielt werden, bei der sich der König allerdings bereits als der Stärkere erwies, da er als erster seinen Teil wählen durfte. Manasses verlor sein wichtiges Konstableramt an Humfred II. von Toron, einen Parteigänger des Königs und eine der bedeutendsten Figuren der nächsten 25 Jahre. Die Teilung sprach den politischen Notwendigkeiten Hohn und hatte nur drei Wochen lang Bestand. Balduin ging zum offenen Krieg über und verjagte Manasses aus seiner Burg Mirabel und zwang ihn ins europäische Exil. Dann vertrieb er seine Mutter aus dem weitgehend unbefestigten Nablus und belagerte sie schließlich in der Zitadelle von Jerusalem, wo sich auch seit kurz vor 1150 auf dem Gelände der heutigen Polizeistation der Königspalast befand. Melisendis mußte die Stadt übergeben und aus der Regierung ausscheiden. Zum standesgemäßen Lebensunterhalt und als Rest ihrer unbestreitbaren Rechte aus der Samtherrschaft, die sie erst mit ihrem Gemahl, dann mit ihrem Sohn innegehabt hatte, verblieb ihr Nablus mit der Krondomäne von Samaria. Der König versprach feierlich, sie in diesem Besitz ungestört zu lassen, und hielt sich an dieses Versprechen bis kurz vor ihrem Tode 1161. Von Nablus aus übte sie noch einen gewissen Einfluß auf die Besetzung geistlicher Ämter aus. Jedenfalls war es 1157 ein hochgestelltes Damenkabinett bestehend aus Melisendis, ihrer Schwester Hodierna von Tripolis und einer in Bethanien als Nonne lebenden Gräfin von Flandern, das die Wahl Amalrichs von Nesle, der vor 1143 Kaplan der Melisendis gewesen war, zum Patriarchen von Jerusalem durchsetzte. Von nun an regierte Balduin III. in der Politik allein, aber der vorangegangene Bürgerkrieg ließ für die Zukunft nichts Gutes ahnen, und er konnte auf die Autorität der Dynastie den großen Vasallen gegenüber keine günstigen Auswirkungen haben.

Balduin III. war ein hochgewachsener, junger Mann mit blondem Haar und einem stattlichen Vollbart. Die Natur hatte ihn mit einem ungewöhnlich scharfen Verstand und einer bemerkenswerten Redegabe ausgerüstet. Er hatte eine sorgfältige Erziehung genossen, so daß seine guten Manieren, seine Höflichkeit zu jedermann, seine Waffengewandtheit, aber auch seine Rechtskundigkeit, seine Vorliebe für die Lektüre historiographischer Schriften und seine Lust an der Diskussion gerühmt wurden. Seine Frömmigkeit überschritt das Durchschnittsmaß offenbar nicht. Eine Leidenschaft für Würfel- und Glücksspiel und eine gewisse erotische Freizügigkeit vor seiner Vermählung vermochte auch ein so wohlwollender Beobachter wie Wilhelm von Tyrus nicht zu übersehen.

Wie so oft war ein Zug nach Norden die erste Aufgabe, die Balduin III. nach seiner zweiten »Krönung« angehen mußte. Er und Melisendis hatten dort einen Ehezwist zwischen Raimund II. von Tripolis und dessen Gemahlin Hodierna, einer Schwester der Melisendis, zu schlichten. Doch noch während der Anwesenheit des Königs wurde der Graf von Assassinen ermordet (1152), und Balduin veranlaßte die Barone, der Gräfin für ihren unmündigen Sohn Raimund III. (1152–1187) zu huldigen. Im Jahr darauf erzielte Balduin III. im Süden einen spektakulären Erfolg. Bereits um 1150 hatte er die von Fulko begonnene Einkreisung Askalons, der »Braut Syriens«, vollendet, indem er auf den Ruinen des antiken Ortes Gaza eine Festung erbaute, die nunmehr die Verbindung Askalons mit dem fatimidischen Süden verhinderte. Im Januar 1153 begann der König mit der Unterstützung aller verfügbaren Kräfte eine energische Belagerung Askalons. Rückschläge ließen sich zwar nicht vermeiden, aber nach hartnäckigen Kämpfen kapitulierte die Besatzung am 19. August 1153 gegen freien Abzug innerhalb von drei Tagen. Den Belagerern fiel unermeßliche Beute in die Hände, und der König vergabte reichlich Geld- und Landlehen daraus an seine Anhänger. Etwa 1154 gab er dann seinem Bruder Amalrich, der 1152 im Bürgerkrieg bis zum Ende bei Melisendis ausgeharrt und deshalb seine Grafschaft Jaffa verloren hatte, nicht nur Jaffa zurück, sondern fügte Stadt und Distrikt von Askalon noch hinzu. Die Doppelgrafschaft Jaffa-Askalon war von nun an das größte Kronlehen. Alles spricht dafür, auch wenn in der Forschung eine gegenteilige Meinung vertreten worden ist, daß sie als ein einziges und unteilbares Lehen galt, wenngleich sie – wie auch andere große Kronlehen – für die Zwecke der Verwaltung in zwei vizegräfliche Distrikte in Jaffa und in Askalon zerfiel. Die Belehnung erfolgte nicht nur aus familienpolitischen Erwägungen. Schon 1123 hatte Hugo II. von Jaffa sich so gebärdet, als werde er nach der damals diskutierten Eroberung Askalons dessen Herr werden. Hatte er hier auch 1126 nach außen zurückgesteckt, so zog er doch im Stillen gemeinsam mit seinem Konstabler Barisan dem Alten in diesem Gebiet schon Grundzüge einer künftigen Feudalstruktur auf. Wenn damals Vereinbarungen in dieser Richtung mit dem König bestanden hatten, so mußten sie jetzt ungeachtet des Sturzes Hugos 1134 (s. oben S. 82) zur Durchführung gelangen, d. h. Jaffa und Askalon mußten vereinigt werden. Hugo schenkte 1123 auch der Marienabtei im Tal Josaphat die Hauptmoschee in Askalon, ein schiitisches Heiligtum besonderen Ranges, wo jetzt die St. Paulskathedrale eingerichtet und zum Bischof ein Kanoniker des Hl. Grabes gewählt wurde. Er mußte freilich bald einem Protest des Bischofs von Bethlehem beim Papst weichen. Wahrscheinlich wurde Bethlehem-Askalon von nun an als Doppelbistum in Personalunion geführt, mindestens aber wurde Askalon gemäß einem Entscheid eines päpstlichen Legaten von 1108 als Pfarrei dem Bistum Bethlehem eingegliedert, was die kirchliche Organisation der Vorkreuzzugszeit in ihr Gegenteil verkehrt hatte.

Noch während der Belagerung Askalons hatte sich Konstanze von Antiochia ganz überraschend zu einer neuen Ehe entschlossen, wählte aber keinen der politisch irgendwie erwägenswerten Kandidaten, sondern Rainald von Châtillon, einen hübschen und tollkühnen Krieger, der aber von zügellosem Temperament, mittellos, ohne Anhang und politischen Weitblick war. Bis zu seinem Ende blieb er ein draufgängerischer Abenteurer, der die Tragweite und Folgen seiner Handlungen nie zu ermessen und abzuschätzen vermochte[57]. Balduin III. war schlecht beraten, als er dieser Verbindung zustimmte, denn Rainald offenbarte sofort brutale Charakterzüge, als er nach seiner Hochzeit den Patriarchen von Antiochia verhaften ließ und ihn mit honigbestrichenem Kopf der syrischen Sonne und den Fliegen aussetzte. Auf energische Vorstellungen Balduins III. mußte Rainald allerdings zurückstecken. Der Patriarch aber zog es vor, seinen Wohnsitz nach Jerusalem zu verlegen.

Zweifellos war es ein großartiger Erfolg, wenn nunmehr die gesamte Küste in fränkischer Hand und der letzte fatimidische Stützpunkt in Palästina gefallen war. Auch war die Eroberung Askalons geeignet, über die Schwierigkeiten im Norden hinwegzutäuschen. Dennoch sollte sie sich in mannigfacher Hinsicht als Pyrrhussieg erweisen. Schon seit Fulkos Zeiten war Askalon keine Gefahr mehr für Jerusalem gewesen. Seine Eroberung eröffnete dagegen den Weg zu einer Expansion nach Süden, wo das reiche Ägypten durch seinen Mangel an befestigten Städten zur Eroberung verlockte. Die Könige von Jerusalem haben dieser Versuchung nachgegeben. Sie haben dadurch nicht nur dem Norden wertvolle Kräfte für die Verteidigung entzogen, sondern darüber hinaus noch die Einmischung Nur ad-Dins und später Saladins in die ägyptischen Angelegenheiten provoziert, die dann zu einer für Jerusalem tödlichen Einkreisung durch ein geeintes islamisches Reich führte. Schon sehr bald zeigten sich nachteilige Folgen. Balduin III. hatte sich nämlich bei der Ausrüstung seines Heeres so stark verschuldet, daß seine politische Bewegungsfreiheit gehemmt war. Schon 1154 konnte er Damaskus gegen den letzten Angriff Nur ad-Dins keine wirksame Hilfe leisten, wie es der Vertrag von 1139 und das fränkische Interesse erfordert hätten. Er mußte der gefährlichen Vereinigung von Damaskus mit Aleppo zusehen und war froh, daß Nur ad-Din, um seine Position zu konsolidieren, einen Waffenstillstand gewährte und auch den bisherigen damaszenischen Tribut weiterzahlte. Dennoch kam es in den folgenden Jahren fortwährend zu Kämpfen zwischen den Franken und Nur ad-Din, die sich hauptsächlich im nördlichen Palästina um die Stadt Baniyas und die oberhalb davon gelegene Festung Subeibe abspielten, die beide nicht nur wichtige Verkehrswege, sondern auch mit dem Quellgebiet des Jordan wichtige Wasserrechte und damit eine reiche Landwirtschaft kontrollierten.

Während dieser Zeit schob sich die syrische Politik wieder in den Vordergrund des Interesses. Dabei kam den Franken und auch den Byzantinern zugute, daß Nur ad-Din im Oktober 1157 von einer sehr schweren Krankheit befallen wurde. Er regelte bereits seine Nachfolge, konnte aber eine Staatskrise dennoch nicht verhindern, vor allem nicht in Aleppo, wo sich die Schiiten gegen die sunnitischen Behörden erhoben. Zwar konnte die Rebellion durch einen persönlichen Auftritt des kranken Herrschers zerschlagen werden, aber in der Armee kam es zu zeitweiligen Auflösungserscheinungen. Nur ad-Din blieb am Leben, hatte aber eine lange Rekonvaleszenz durchzustehen und zeigte auch später nie mehr so ganz jenes kriegerische Ungestüm, das den Beginn seiner Laufbahn gekennzeichnet hatte. Rainald von Antiochia benutzte die Pause, um mit Unterstützung Balduins III. und des gerade anwesenden Grafen Dietrich von Flandern den Sarazenen die Festung Harim zu entreißen (Februar 1158), die Antiochia am Orontes nach Osten hin abschirmte.

Der Fürst von Antiochia versäumte nichts, um sich unbeliebt zu machen.

Vor allem hatte er den byzantinischen Kaiser und auch König Balduin durch eine zusammen mit dem armenischen Fürsten Toros unternommene Expedition gegen die reiche byzantinische Insel Zypern ergrimmt (1156), wo die Antiochener drei Wochen lang eine einzige Orgie der Verwüstung, des Mordes und des Raubes inszenierten. Hier zeigte sich erstmals, daß in Rainald die ritterliche Beutegier über jede vernünftige Erwägung dominierte. Sein Verhalten veranlaßte den König von Jerusalem ein Jahr später zu einer engeren Anlehnung an Byzanz. Die Verhandlungen führten im September 1158 zu der glanzvollen Hochzeit Balduins mit Theodora, der blutjungen Nichte des byzantinischen Kaisers, deren reiche Mitgift den König auch fürs erste aus seinen finanziellen Verlegenheiten befreite. Die politischen Abmachungen gingen offenbar dahin, daß Kaiser Manuel sich zum Kampf gegen Nur ad-Din bereit erklärte, wogegen Balduin seine Zustimmung zur Demütigung Rainalds von Antiochia erteilte. Im Herbst 1158 brach Manuel mit seinem Heer auf. Die kilikischen Armenier wurden vollständig überrascht, und Fürst Toros konnte kaum noch rechtzeitig in die Berge fliehen. Rainald wartete die Ankunft des ihm weit überlegenen Byzantiners gar nicht erst ab, sondern zog ihm gnadesuchend nach Mamistra in Kleinarmenien entgegen, warf sich barfuß und barhäuptig dem Kaiser zu Füßen und versprach, die Zitadelle von Antiochia zu übergeben und einen griechischen Patriarchen einzusetzen. Bald darauf traf Manuel erstmals mit Balduin III. zusammen. Auch er erlag dem Charme des Königs, dessen diplomatisches Geschick nicht nur die Versöhnung Manuels mit dem Armenier Toros, sondern auch einen stillschweigenden Verzicht des Byzantiners auf einen orthodoxen Patriarchen in Antiochia erreichte. Am 12. April 1159 zog Manuel in großem Triumphzug in Antiochia ein.

Acht Tage später verließ er die Stadt, aber nicht um Aleppo zu bekriegen, wie die Franken gehofft hatten, sondern nur um einen Waffenstillstand mit Nur ad-Din abzuschließen. Das Abkommen, ein glanzvolles Zeugnis überlegener byzantinischer Staatskunst, hatte Vorteile für alle Beteiligten, selbst für die Franken, die sich verraten glaubten. Nur ad-Din entging der unmittelbaren Bedrohung durch Manuel; Manuel gewann seine Unterstützung für einen Feldzug gegen die anatolischen Seldschuken, die ihm gefährlicher waren; überdies hatte der Kaiser in Kilikien die gesteckten Kriegsziele völlig erreicht und im christlichen Nordsyrien eine fast zwanzig Jahre währende byzantinische Präponderanz begründet, wenn auch in Antiochia keine byzantinische Verwaltung eingerichtet wurde. Zur Aufrechterhaltung dieses diskreten byzantinischen Einflusses bedurfte es aber eines ständigen Drucks durch Nur ad-Din auf Antiochia, damit sich dessen Politik an dem byzantinischen Schutzherrn orientierte. Manuel schuf also ein kompliziertes Gleichgewichtssystem, das aber nur dann funktionierte, wenn Nur ad-Din die Kreuzfahrerstaaten nicht auslöschte. Manuel hatte bewiesen, daß er im Notfall energisch für die Franken eintreten konnte, und in dieser für Nur ad-Din bestimmten Lehre des kaiserlichen Feldzuges lag der fränkische Vorteil. Ohne wirklichen Einsatz von Menschenleben brachte Manuel einen neuen Status quo in Nordsyrien zuwege, der bis 1176 andauern sollte. Auch die Franken verstanden die Zeichen der Zeit, denn sie nutzten einen Feldzug Nur ad-Dins gegen die anatolischen Seldschuken nicht zu einem

entschlossenen Vorstoß gegen dessen syrische Basen aus, sondern begnügten sich mit einem Kleinkrieg, da ein großer Krieg das byzantinische Gleichgewichtssystem gestört hätte. Dabei geriet Rainald von Antiochia 1160 in die Gefangenschaft des Gouverneurs von Aleppo, wo er 16 Jahre lang bleiben mußte. Niemand bemühte sich um eine Auslösung.
Die Barone wandten sich wegen der Regelung der antiochenischen Regierung nicht an ihren neuen Oberherren Manuel, sondern traten den vertrauten Weg nach Jerusalem an, und Balduin III. setzte gegen die Ansprüche der Fürstin Konstanze den wieder zurückgekehrten Patriarchen Amalrich ein. Das Arrangement gefiel weder Konstanze noch dem byzantinischen Kaiser. Dieser verhandelte damals, nachdem seine erste Gemahlin Berta von Sulzbach 1159 gestorben war, gerade über eine neue Ehe. Da Balduin den byzantinischen Einfluß in Antiochia nicht noch verstärken wollte, schlug er dem Kaiser Melisendis von Tripolis vor, aber nach einjährigem Zögern entschied sich Manuel für Maria von Antiochia, die Tochter Konstanzes, die sich bei Manuel über die Regelung der antiochenischen Frage beschwert hatte. Balduin III., für den das Bündnis mit Byzanz jetzt so lebenswichtig war wie früher die Allianz mit Damaskus, konnte diesem Wunsch nichts entgegensetzen, obwohl er daraus weitere byzantinische Ansprüche auf Antiochia befürchten mußte. Es kam allerdings erst 1163 zu einer Lösung der Regierungskrise, nachdem die Barone Konstanze aus der Stadt vertrieben und ihren Sohn Boemund III. (1163–1201) eingesetzt hatten.
Zu dieser Zeit weilte Balduin III. bereits nicht mehr unter den Lebenden. Er war 1162 während eines Aufenthalts in Tripolis erkrankt. Als sich keine Besserung einstellte, ließ er sich nach Beirut transportieren, um in seinem eigenen Reich zu sterben. Der Tod ereilte ihn am 10. Februar 1163. Nach einem achttägigen Trauerzug von Beirut nach Jerusalem, bei dem selbst die nichtchristliche Bevölkerung den toten König beweint haben soll, wurde er neben seinen Vorfahren in der Grabeskirche beigesetzt. Mit unbestreitbarem diplomatischen Geschick hatte er sein Reich 20 Jahre lang zwischen der türkischen Bedrohung und der bisweilen drückenden Übermacht des byzantinischen Verbündeten durchlaviert. Im September 1161 war ihm seine Mutter Melisendis nach langer Krankheit im Tode vorausgegangen. Sie wurde am Mariengrab im Tal Josaphat beigesetzt, aber es ist möglich, daß ihr der König diese Ruhestätte anwies und sie selbst sich das Kanonikerstift des Templum Domini im Felsendom als Grablege gewünscht hatte, da sie dieses Stift mit Schenkungen überhäufte, während sie der Abtei im Tal Josaphat kaum etwas hatte zukommen lassen. Sollte diese Vermutung richtig sein, so hätte sie sich eine wesentlich prächtigere Grablege gewünscht als sie die Könige von Jerusalem in der Grabeskirche hatten und es hätte für den König Anlaß bestanden, eine solche Absicht zu durchkreuzen. Der Name der Melisendis lebte weiter in ihren religiösen Stiftungen und in jenem prachtvollen Psalter in der British Library, dessen erstklassige Miniaturen von der künstlerischen Höhe des Jerusalemer Scriptoriums zeugen.
Da Balduin ohne Kinder gestorben war, folgte ihm sein sechs Jahre jüngerer Bruder Amalrich, bisher Graf von Jaffa und Askalon, im Alter von 27 Jahren. Obgleich Balduin seinen Bruder auf dem Totenbett noch designiert hatte, war seine Nachfolge im Adel heftig umstritten, ohne daß die Gründe

hierfür erkennbar wären und vor allem ohne daß hervortritt, wen die Opposition als Alternative vorschlug. Das Geblütsrecht setzte sich durch, aber nur weil die Kirche energisch auf die Seite Amalrichs trat. Sie verlangte als Preis freilich die Trennung Amalrichs von seiner Frau Agnes, der Tochter Joscelins II. von Edessa, mit der er im vierten Grad verwandt war. Sie sollte später die »femme fatale« im lateinischen Osten des 12. Jh. werden, und schon damals scheint es Einwände gegen ihre Lebensführung gegeben zu haben. Auch hatte die Kirche 1157 heftig gegen die Ehe opponiert, so daß ein Dispens jetzt nicht in Betracht kam. Amalrich gab nach, als man ihm die fortdauernde Legitimität seiner beiden Kinder Sibylle und Balduin IV. zusicherte. Danach wurde er gesalbt und gekrönt, ehe die Opposition Zeit zur Sammlung hatte, »plötzlich«, wie Wilhelm von Tyrus schreibt und gegen das Herkommen an einem Montag, der kein hoher Festtag war[58]. Amalrich glich seinem Bruder kaum. Zwar hatte er wie dieser eine Adlernase und blondes Haar, dessen Ansatz schon zurückzuweichen begann. Zwar war auch er sehr rechtskundig und hatte wie Balduin III. eine Vorliebe für historische Lektüre. Ja, er wurde zum Mäzen, der Wilhelm von Tyrus als eine Art Hofhistoriograph zur Abfassung seiner berühmten Chronik anregte und ihm auch arabische Geschichtswerke besorgte, mit deren Hilfe Wilhelm eine verlorene Chronik der islamischen Staaten seit Muhammad schrieb. Aber sonst unterschied sich der neue König beträchtlich von seinem Vorgänger. Er war von mittlerer Höhe, doch ungewöhnlich fett, obwohl er Exzesse beim Essen und Trinken sorgfältig vermied. Er war weniger gebildet als ein Bruder, eher schweigsam, in sich gekehrt, kontaktarm und mit einem leichten Sprachfehler behaftet. Dem Glücksspiel gewann er keinen Geschmack ab, um so eher war er Liebesabenteuern zugeneigt. Wilhelm von Tyrus bezichtigte ihn der Geldgier, unter der die Kirchen zu leiden hatten. Amalrich hatte die Notwendigkeit eines wohlbestückten Staatsschatzes genau erkannt. Er war allerdings in der Wahl der Mittel offenbar nicht kleinlich, denn er erklärte Wilhelm ungeniert, das Eigentum des Untertans sei erst gesichert, wenn der Herrscher genügend besitze. In der Tat war ohne Geld ein starkes Königtum in Jerusalem nicht aufrechtzuerhalten, und Geldnot hatte die Könige schon oft genug in ihrer Politik gestört. Amalrich wollte nicht auch darunter leiden, doch hat er den Gelderwerb als Ziel der Außenpolitik gelegentlich in unglücklicher Weise der Vernunft übergeordnet. Während er im Formalen fromm war und selten die Messe versäumte, schockierte er seinen Chronisten auf das heftigste, als er wegen der Auferstehung des Fleisches ernste Skepsis äußerte und nach konkreten Beweisen verlangte.

Im Inneren trat Amalrich als Gesetzgeber hervor. Daß er auch ein entschlossener Richter war, zeigt vor allem seine starke Haltung gegenüber den Ritterorden. An der großen Krise der Johanniter 1171/72 war er als aktiv Handelnder beteiligt, von dem der Meister seinen Rücktritt erbat. Zwölf Templer, die eine Burg östlich des Jordans übergeben hatten, ließ er 1165 kurzerhand hängen, ungeachtet der vom Papst ausgesprochenen Eximierung des Ordens von weltlicher Gerichtsbarkeit. Gegen Ende seiner Regierungszeit ließ er sich auf einen grundsätzlichen Konflikt mit dem Orden über diese Frage ein (s. unten S. 113). Auch richtete Amalrich unter anderem segensreich wirkende Sondergerichte für Handelssachen und Seerechtsfragen ein. In den sechziger Jahren erließ er die berühmte *Assise sur la ligece*, die die kleinen Aftervasallen durch einen Eid in das Verhältnis ligischer Vasallität zum König brachte, d.h. die Bedürfnisse des Königs als ligischem Lehnsherren rangierten vor denen des unmittelbar übergeordneten Lehnsherren. Sah man früher hierin einen Versuch des Königs, sich in den Kleinvasallen eine Stütze gegen den Hochadel zu schaffen, so muß heute zugegeben werden, daß die Assise den entscheidenden Einbruch des Hochadels in die Bezirke der königlichen Gewalt darstellt (s. unten S. 145).

Amalrichs Außenpolitik stand völlig unter dem Zeichen der Expansion nach Ägypten[59]. Diese Politik bot nicht nur Gelegenheit, von den Rückschlägen im Norden abzulenken, sondern auch die bereits verarmende königliche Domäne mit den dringend benötigten Geldmitteln zu versehen, nachdem in Palästina mit der Eroberung Askalons alle Möglichkeiten erschöpft waren. Balduin III. hatte hier schon vorgearbeitet, als er sich 1156 mit den Pisanern über ein Embargo gegenüber Ägypten für Holz, Eisen und Pech (Schiffsbaumaterial) einigte. Freilich blühte der Handel damit als Konterbande immer weiter, und weder die Androhung der Todesstrafe in der jerusalemitanischen Gesetzgebung des 13. Jh. noch ständig wiederholte päpstliche Verbote konnten ihn verhindern. Es ist wahrscheinlich, daß die Eheschließung mit der Byzantinerin Theodora 1157 auch unter dem ägyptischen Aspekt gesehen werden muß, denn ganz sicher verhandelte Balduin III. 1159 mit Kaiser Manuel von Byzanz über die Eroberung Ägyptens. Prawer glaubt, daß Balduin III. eine Grande Alliance aller christlichen Mächte des Ostens von Byzanz bis Jerusalem zur Eliminierung Nur ad-Dins in Syrien und zur Eroberung Ägyptens plante. Jedenfalls versprach er einem seiner Gesandten nach Byzanz als Zeichen der Ernsthaftigkeit seiner Pläne im Vorgriff ein ägyptisches Großlehen von 100 Rittern.

Amalrich war durch seine frühere Stellung als Graf von Jaffa und Askalon auf die ägyptischen Verhältnisse aufmerksam geworden. Das Land lockte durch die schier unerschöpfliche Fülle seiner Naturschätze. Neben der hochentwickelten Landwirtschaft des Niltales gab es dort Fischfang, Indigovorkommen und Alaungruben, die einer leistungsfähigen Textilindustrie (Seide, Leinen, Baumwolle) das Färben erleichterten und (wie manches andere) ein staatliches Exportmonopol bildeten; weitere Produkte waren Seife, Salben und Elfenbein. Noch größeren Profit warf der Handel mit sudanesischen Sklaven und der Transithandel mit Indien einerseits, Byzanz und dem Abendland andererseits ab. Die politischen Verhältnisse waren dagegen desolat. Die fatimidische Dynastie hatte schon lange das Schicksal aller Kalifenhäuser ereilt: sie war ein dekadentes Spielzeug in den Händen mächtiger Wezire, deren zwei, Dirgam und Schawar, sich gerade um die Macht stritten. Die Bürokratie war ungemein hoch entwickelt, die Finanzverwaltung so kompliziert, daß sie (bis in 19. Jh.!) nur von koptischen Beamten gemeistert werden konnte, die von den Fellachen als Blutsauger, von den Herrschern als Betrüger angesehen wurden. Es war klar, daß Amalrich in dem Zengiden Nur ad-Din leicht ein Konkurrent in Ägypten erwachsen konnte. Nachdem Syrien seit 1158 gleichsam neutralisiert war, konnten Entscheidungen zwischen den Franken und den Muslimen nur in Ägypten fallen. Deshalb wandte sich der 1163 von Dirgam vertriebene Schawar auch an Nur ad-Din um Hilfe. Dieser zögerte anfangs, da die Weite seines syrischen Reiches genug Probleme bot, schickte aber schließlich doch seinen kurdischen General Schirkuh nach Ägypten. Dieser brachte Schawar an die Macht, der sich aber sofort mit ihm überwarf. Schawar suchte sich als neuen Verbündeten Amalrich, der schon 1163 kurz in Ägypten gewesen war. Amalrich belagerte Schirkuh 1164 in Bilbais in Unterägypten und brachte ihn in eine gefährliche Situation. Da das nahöstliche Gleichgewicht gestört schien, ließ sich Nur ad-Din aus seiner Reserve hervorlocken und führte eine große Offensive gegen die syrischen Kreuzfahrerstaaten. Bei Artah schlug er im August 1164 die verbündeten tripolitanisch-antiochenischen Truppen entscheidend und nahm Boemund III. von Antiochia und Raimund III. von Tripolis gefangen, von denen der erste bald freikam, während der zweite etwa ein Jahrzehnt gefangen blieb und Amalrich für ihn die Regentschaft führte. Auch die Festung Harim am Orontes fiel wieder an die Muslime, wodurch das Fürstentum endgültig auf die Oronteslinie zurückgeworfen wurde, doch nützte Nur ad-Din die damit gebotene Möglichkeit zu einem Angriff auf die Stadt Antiochia nicht aus, um nicht Byzanz herauszufordern. Auch im Königreich Jerusalem wurde die östliche Flanke in gefährlicher Weise aufgerissen, als Nur ad-Din 1164 Baniyas und seine Burg Subeibe eroberte. Der erfolglose Versuch, es nach Nur ad-Dins Tod zurückzuerobern, sollte die letzte Tat König Amalrichs sein. Für den Moment aber hatte Nur ad-Dins Offensive neben den strategischen Zielen auch das politische erreicht und Amalrich zu einem Vertrag mit Schirkuh bewogen, demzufolge sich die beiden Gegner aus Ägypten zurückzogen.

In den folgenden Jahren kämpfte Nur ad-Din die verbliebenen halbautonomen, islamischen Kleinfürsten in Syrien nieder. Im Jahre 1167 erteilte er Schirkuh die Erlaubnis zu einer neuen Expedition nach Ägypten. Das Gleichgewichtssystem nötigte nunmehr Amalrich auf den Plan. Zwar konnte er bei einem Kronrat in Nablus keine allgemeine Kriegserklärung durchsetzen, aber man bewilligte ihm eine zehnprozentige Sondersteuer auf das bewegliche Vermögen der Kirche und der nicht mitausziehenden Vasallen zur Finanzierung des Feldzuges. Das Heer stieß bis an den Nil vor, und Schawar schloß willig einen Vertrag mit den Franken mit dem Ziel, Schirkuh zu vernichten. Hierfür verpflichtete er sich, an Amalrich 400 000 Golddinar zu zahlen. Der fränkische Unterhändler Hugo von Caesarea bestand darauf, daß der Kalif das Abkommen ratifiziere, und bald kam es zu einer Audienz im Palast zu Kairo, dessen prächtige Höfe mit Fischteichen und seltenen Ziervögeln die Delegation erstaunt durchschritt. Es war ein beredter Ausdruck des überheblichen Selbstvertrauens, das die Lateiner damals an den Tag legten, als Hugo dem Kalifen den Handschlag abforderte, um den Vertrag zu bekräftigen. War schon diese Vorstellung für die islamischen Höflinge ungeheuerlich, so kannte ihr Entsetzen keine Grenzen, als Hugo sich mit der ohnehin schon widerwillig dargebotenen behandschuhten Rechten nicht zufrieden geben wollte und die bare Hand erzwang.

Nach anfänglichen Rückschlägen in Oberägypten gelang es den Verbündeten, Schirkuh in Alexandria zu belagern und ihm so zuzusetzen, daß er schließlich Friedensverhandlungen führen mußte. Man einigte sich darauf, beiderseits Ägypten wieder zu verlassen und so den status quo ante des Gleichgewichts wieder herzustellen. Doch blieben die Franken im Vorteil. Das Bündnis mit Schawar wurde gegen einen jährlichen Tribut von 100000 Dinar beibehalten; die königliche Standarte wehte auf dem Leuchtturm zu Alexandria, und in Kairo verblieb eine fränkische Garnison: Ägypten war eine Art fränkischen Protektorats geworden.

Man hätte vielleicht diesen Zustand erhalten können und sollen, denn er ermöglichte es Nur ad-Din immerhin, sein Gesicht zu wahren, da Ägypten nicht annektiert wurde. Aber unmittelbar nach seiner Rückkehr verstärkte Amalrich das Bündnis mit Byzanz. Er heiratete Maria Komnena, eine Großnichte des Kaisers. Nach langen Verhandlungen wurde die Ehe in großer Hast in Tyrus und nicht in Jerusalem geschlossen, denn in der kurzen Zeitspanne zwischen seiner Rückkehr aus Ägypten und der Hochzeit hatte Amalrich den byzantinischen Abenteurer und späteren Kaiser Andronikos Komnenos in das Reich gelassen und ihn mit Beirut belehnt. Andronikos hatte mit seinen vielen Liebesaffairen die Regierung in Konstantinopel schon häufig in Schwierigkeiten gebracht und hatte, ehe er vor dem Zorn des Kaisers floh, byzantinische Staatsgelder in Zypern und in Kilikien unterschlagen. Das mußte ihn dem geldgierigen Amalrich empfehlen. Andererseits setzte Amalrich die große Mitgift seiner Braut, ja die ganze Ehe aufs Spiel, wenn vor der Eheschließung herauskam, daß er Andronikos aufgenommen hatte. Nicht nur die ungewöhnliche Wahl des Hochzeitsortes zeigt, daß es um eine delikate Angelegenheit ging, sondern auch der Umstand, daß Maria entgegen allem Herkommen zuerst gekrönt und erst dann getraut wurde. Anscheinend bestand die byzantinische Regierung auf dieser Abfolge, die allein sicherstellte, daß Maria überhaupt gekrönt wurde. Boemund III. von Antiochia hatte sich schon 1165 mit einer Nichte Manuels vermählt und auch einen griechischen Patriarchen in Antiochia eingesetzt, der den lateinischen dort verdrängte, bis er 1170 bei einem Erdbeben verschüttet wurde. Amalrich, der sich durch einen förmlichen Vertrag mit Manuel zur Eroberung von Ägypten gestärkt wußte, war 1168 zu neuen Abenteuern bereit, denn anders kann man es kaum bezeichnen. Ohne auf das Eintreffen der für die Seeblockade dringend nötigen byzantinischen Flotte zu warten, ließ sich der König von den aggressiven Elementen seines Kronrats, denen das Arrangement von 1167 nicht günstig genug schien, zu einer voreiligen Expedition überreden. Als Wilhelm von Tyrus mit dem Bündnisvertrag aus Konstantinopel zurückkehrte, war die Armee schon aufgebrochen (Oktober 1168). Man hatte die Beute verteilt, ehe man sie überhaupt besaß. Namentlich die Johanniter hatten sich als Führer der Kriegspartei reiche Versprechungen machen lassen, während sich die Templer zurückhielten, sei es aus Bündnistreue, sei es wegen finanzieller Interessen in Ägypten. Schawar rief in seiner Verzweiflung Schirkuh zu Hilfe und half sich mittlerweile mit einer Politik der verbrannten Erde. Im November eroberten die Franken Bilbais und belagerten Kairo. Es gelang ihnen aber nicht, Schirkuhs Entsatzheer zum Kampf zu stellen, und Amalrich entschloß sich, die Kampagne abzubrechen.

Am 2. Januar 1169 zog Schirkuh in Kairo ein. Er ließ seinen alten Gegner Schawar sofort ermorden und machte sich selbst zum Wezir. Als ihn zwei

Monate später der Tod ereilte, folgt ihm sein Neffe Saladin (Al-Malik an-Nasir Salah ad-Din Yusuf, 1169–1193) im Amt[60]. Er war der fünfte Wezir Ägyptens innerhalb von sechs Jahren, ein sicheres Zeichen für die desolate innere Situation des fatimidischen Kalifats. Saladin sollte der furchtbarste Gegner werden, der jemals den Franken gegenübertrat, nur im 13. Jh. nochmals erreicht von Sultan Baibars, dem aber das gewaltige Ansehen innerhalb des Islam fehlte, das sich Saladin erwarb. Saladin entstammte einer kurdischen Offiziersfamilie. Er wuchs in Baalbek auf, wo sein Vater Aiyub, nach dem die Dynastie die der Aiyubiden genannt wird, Gouverneur war. Vorerst deutete nichts auf eine außergewöhnliche Laufbahn hin. Bekannt wurde der junge Offizier nur durch seine Begabung für Polo. Seit 1152 diente er im Gefolge Nur ad-Dins und war seinem Oheim Schirkuh bei dessen ägyptischen Kriegen behilflich. Erst nach seiner Ernennung zum Wezir zeigte er, was in ihm steckte. Er festigte seine Macht sofort, indem er die ägyptisch-sudanesische Armee zerschlug und mit dem Aufbau einer eigenen Militärorganisation begann. In Kairo ließ er eine große Zitadelle errichten, um die Stadt gegen mögliche fränkische Angriffe zu schützen. Schon vorher wehrte er einen Angriff auf Damiette ab (1169), den die Franken mit Hilfe der nunmehr eingetroffenen byzantinischen Flotte unternahmen. Dieser kläglich gescheiterte fünfte Feldzug Amalrichs nach Ägypten, bei dem die Kooperation zwischen den christlichen Alliierten miserabel war und Amalrich schließlich Geheimverhandlungen mit Damiette führte, wurde von Amalrich vorsätzlich torpediert, aber nicht, wie Lilie meint, weil er prinzipiell Ägypten nicht zusammen mit Byzanz hätte erobern wollen, sondern weil die byzantinische Flottenhilfe mit über 200 Schiffen übergroß ausgefallen war. Man wollte von Byzanz Hilfe, aber keine erstickende Umarmung[61]. Amalrich hatte sich in seinen Ägyptenkampagnen als Finanzierungskünstler gezeigt (unten S. 153). De facto war jetzt die Expansion nach Ägypten zu Ende, wie auch die realen Finanzierungsmöglichkeiten erschöpft gewesen sein dürften. Zwar wollte man 1169 das Abendland mobilisieren und ließ in Paris hierfür sogar die Schlüssel der Stadt Jerusalem überreichen, forderte also damit klar zur Übernahme einer Oberherrschaft auf. Aber all diese Versuche scheiterten an dem unüberbrückbaren anglo-französischen Gegensatz in Europa.

Saladin nahm den Lateinern im Gegenstoß für ihr Unternehmen gegen Damiette 1170 Gaza ab und auch ihren Hafen am Roten Meer in Aqaba (Eilat), in Ägypten marschierte er nilaufwärts und stieß nach Arabien in den Yemen vor, dadurch Ägyptens Herrschaft über das Rote Meer und die traditionellen Verbindungslinien nach Ostasien sichernd. Nach anfänglichem Zögern beseitigte er im September 1171 die Fatimidendynastie, indem er den abbasidischen Kalifen von Bagdad im Freitagsgebet nennen ließ. Damit war die Einheit der sunnitischen Orthodoxie wiederhergestellt. Das Ausbleiben aller Reaktionen der Bevölkerung beweist, daß die schiitische Lehre keinen tiefen Eingang beim Volk gefunden hatte. Dem Titel nach Wezir unter der Oberhoheit Nur ad-Dins war Saladin in der Praxis Sultan von Ägypten. Dies mußte zu Spannungen mit Nur ad-Din führen, der seinen Territorien 1171 noch Mosul und Mesopotamien angliederte. Jeder der beiden sah in seinem Machtbereich das eigentliche Kraftzentrum des Islam, und Saladin wehrte sich dagegen, daß Ägypten in Nur ad-Dins Plänen nur als Geldquelle für den syrischen Krieg dienen sollte. Man ließ die Dinge in der Schwebe. Das Schicksal entschied bald zu Gunsten Saladins, denn Nur ad-Din starb am 15. Mai 1174 in Damaskus. Er hatte persönlich ein einfaches Leben geführt, sich mit zunehmendem Alter noch stärker religiösen Übungen ergeben, meist eine strenge Miene zur Schau getragen und nur selten gelacht. Er hatte nach einem Jahrhundert seldschukischer Nomadenherrschaft viel zur wirtschaftlichen Stärkung Syriens beigetragen. Sein größter Verdienst war aber die religiös-politische Erneuerung des Islam und die Aktivierung der Dschihad-Idee gegen die Franken. Auch der Lateiner Wilhelm von Tyrus konnte ihm den Respekt nicht versagen.

Wenige Monate nach Nur ad-Din starb auch König Amalrich von Jerusalem an einer Dysenterie (11. Juli). Er war noch 1171 zu einem glanzvollen Besuch in Konstantinopel gewesen. Ob er damals eine Art Lehnsabhängigkeit von Manuel anerkannte, ist nicht klar, aber durchaus möglich[62]. Anscheinend verfolgte der König noch immer gewisse ägyptische Träume, die sich nur mit Byzanz realisieren ließen. Das mochte dazu geführt haben, daß die Visite in Jerusalem stark umstritten gewesen war. Der König hatte seinen Kronrat überfahren müssen, indem er zunächst einen Grundsatzbeschluß herbeiführte, daß eine Gesandtschaft nach Byzanz zu schicken sei, und dann der erstaunten Haute Cour erklärte, für eine solche Mission komme nur er selbst in Betracht. Vielleicht fürchtete man, der König könne sich am Bosporus in unerwünschte politische Abhängigkeiten begeben. Jedenfalls ist eine gewisse Aktivität Manuels in Palästina in dieser Zeit unverkennbar. Er ließ die Grabeskirche ausbessern und die Geburtskirche in Bethlehem mit neuen Mosaiken dekorieren. Blitzlichtartig tauchen 1173 ein orthodoxer Erzbischof in Gaza und eine griechische Priestergemeinschaft am Hl. Grab auf, wo die Orthodoxen bereits seit einem Jahrzehnt wieder zugelassen waren. Amalrich war eben auf Byzanz angewiesen. Er war ein Herrscher ohne sonderlichen politischen Weitblick gewesen, aber ein Kämpfer von unerschöpflicher Energie, der auch im Innern, soweit die Verhältnisse es zuließen, mit starker Hand regiert hatte. Seit 1169 hatten die syrischen Assassinen in Raschid ad-Din Sinan[63] († 1193), bekannt als der »Alte vom Berge«, einen energischen Scheich, der eine Allianz mit Amalrich gegen den sunnitischen Nur ad-Din anstrebte[64]. Die erfolgversprechenden Verhandlungen wurden aufs empfindlichste gestört, als die Templer 1173 den Gesandten der Assassinen auf der Reise ermordeten. Amalrich zögerte nicht, des Mörders mit Waffengewalt habhaft zu werden und ihn zu bestrafen, obgleich er damit das Ordensprivileg durchbrach, wonach Ordensmitglieder nur vom Papst gerichtet werden durften. Er soll sogar an eine Auflösung des Ordens gedacht haben. Alles in allem trug aber seine äußerlich glanzvolle Regierung schon den Keim des inneren Zerfalls in sich.

Amalrichs Erbe war ein dreizehnjähriger schwerkranker Knabe. So stand es um Jerusalem nicht gut. Der syrische Norden hatte unter den Folgen eines schweren Erdbebens zu leiden, das 1170 ganz Antiochia und Tripolis in Schutt gelegt hatte. Dazu kam eine Katastrophe der byzantinischen Politik. Im Jahre 1176 wurde Manuel Komnenos von den anatolischen Seldschuken bei Myriokephalon in Phrygien vernichtend geschlagen. Die Niederlage ließ sehr bald auch die ökonomische Überanstrengung sichtbar werden, die allein Manuels glanzvolle Außenpolitik ermöglicht hatte. Ohne Übertreibung darf man sagen, daß die Schlacht bei Myriokephalon, in ihren Folgen nur derjenigen von Manzikert von 1071 vergleichbar, das Schicksal des Ostens entschied. Anatolien war endgültig an die Seldschuken verloren, die byzantinische Position in Kilikien und Syrien völlig untergraben, das kunstvolle Gleichgewichtssystem Manuels dahin, und die Franken blieben ihres Schutzherren beraubt. Andere Verbündete standen nicht bereit, zumal ein sizilisch-fränkischer Versuch zur Eroberung Alexandrias 1174 an Saladins Energie und mangelnder fränkischer Unterstützung gescheitert war. Die Kreuzfahrerstaaten waren von nun an ganz auf sich selbst angewiesen, soweit ihnen das Abendland nicht zu Hilfe eilte. Die Existenz der Franken mußte in dem Maße gefährdeter werden, in dem Saladin seine Macht festigte.

Nach Nur ad-Dins Tod zerfiel das Zengidenreich sofort. Eine Gruppe rivalisierender Offiziere stritt sich um die Vormundschaft für den kleinen Sohn. Saladin, der sich als wahrer Erbe der hochfliegenden Pläne Nur ad-Dins fühlte, besetzte 1174 Damaskus. Zwei Jahre später heiratete er dessen Witwe und konnte einen endgültigen Ausgleich mit den Zengiden erzielen, der allerdings Aleppo und Mosul noch unter der Kontrolle zengidischer Lokalherrscher ließ. Auch der Kalif erkannte ihn nun als Oberherren von Ägypten und Syrien an. Die fränkischen Staaten waren in eine tödliche Umklammerung geraten. Saladin gedachte seine Position zu nützen. Das Programm war von Nur ad-Din bereits 1169 klar festgelegt worden, als er die Herstellung einer Kanzel für die Aqsa-Moschee in Jerusalem in Auftrag gab, dessen Rückeroberung damit zum vordringlichen Ziel wurde.

Die nächsten Jahre dienten der Konsolidierung Saladins. In seinen Feldzügen gegen die Franken 1177 und 1179 zeigte sich, daß er von den Zengiden in Aleppo und Mosul nur ungenügend unterstützt wurde. Diese stellten vielmehr eine ständige potentielle Bedrohung seiner Flanke dar. Saladin ließ den Christenkampf keineswegs ganz einschlafen, aber in den Jahren 1179–1185 richtete er seine Energie hauptsächlich gegen seine islamischen Rivalen, ohne deren Unterwerfung an einen entschlossenen Krieg gegen die Franken nicht zu denken war. Saladin arbeitete dabei mit demselben System von Diplomatie, Propaganda und bewaffneten Demonstrationen, das schon Nur ad-Din gegen Damaskus angewandt hatte. Eine Allianz mit dem anatolischen Seldschukensultan Qilidsch Arslan II. (1180) diente vor allem der Politik gegen Mosul, erwies sich aber später auch als brauchbares Instrument gegen den dritten Kreuzzug. Im Jahre 1182 verhinderte der Sultan die drohende Vereinigung Mosuls mit Aleppo, 1183 brachte er Aleppo unter seine Kontrolle, 1185 verschaffte ihm ein fünfjähriger Waffenstillstand mit den Franken Operationsfreiheit, die er sofort zur Unterwerfung von Mosul ausnutzte, das nun dem Allianzsystem des Sultans fest eingefügt wurde und Saladins Armee um etwa 6000 Mann verstärkte.

Entgegen früheren Annahmen wurde das türkische Element in seinem Heer, das 1187 etwa 12000 Berittene erreichte, nicht durch das kurdische verdrängt. Vielmehr arbeitete bereits Saladin (und keineswegs als erster) mit dem System türkischer Mamluken (unten S. 232), denen er allerdings häufig kurdische Kommandeure verordnete. Die Finanzierung der Armee durch die *iqta* bereitete ihm große Schwierigkeiten, denn dieses feudale Mischsystem von Geld- und Naturalienlohn setzte voraus, daß der Lohnberechtigte während der Erntezeit zur Eintreibung auf seinen Gütern weilte. Es war daher sehr schwierig, die Armee längere Zeit im Feld zu halten, was nur durch äußerste Beanspruchung der Staatskasse, durch Münzverschlechterung und ein kompliziertes Ablösungssystem mesopotamischer, syrischer und ägyptischer Truppen gelang. Da Saladin ohnehin kein Finanzgenie war und seine Orthodoxie – sein größtes politisches Aktivum – die Abschaffung aller unorthodoxen Steuern verlangte (was freilich viel Geld in die private Wirtschaft pumpte), war er fast ständig bankrott. Was er besaß oder erwarb, verteilte er freigiebig unter seine Verwandten und Anhänger, womit er sich die Loyalität insbesondere seiner Emire erkaufte. Der von ihm begründete aiyubidische Staat war ein halbfeudales Familiengebilde, in dem unter dem Sultan die Prinzen von Geblüt als Großvasallen standen; sie verwalteten ihre Provinzen selbständig, waren aber zu gerechter Regierung, zur Kriegsfinanzierung und zur Heerfolge verpflichtet. Sie hatten ihrerseits ihre eigenen Vasallen mit beschränkter Unabhängigkeit, unter denen sich dann das *iqta*-System aufbaute. Saladin regierte also keineswegs einen Einheitsstaat; eine gewisse Einheitlichkeit der Politik wurde nur durch die den Prinzen beigeordneten Wezire erreicht. Als Organe der Zentralregierung fungierten in Ägypten die drei Diwane für Heereswesen, Finanzverwaltung und, als wichtigstes Departement, für Kanzleiangelegenheiten. Aber Saladin war ein schlechter Administrator; er überließ diese Dinge weitgehend seinem Bruder al-Adil und seinem Sekretär, dem Qadi al-Fadil, der der Kanzlei als eine Art Superminister für Äußeres und Inneres vorstand. Als Feldherr war Saladin ein guter Taktiker, jedoch ein schlechter Stratege. Aber er war ein Vollblutpolitiker, der seine Züge stets mit größter Sorgfalt vorbereitete, der jeweiligen Situation anpaßte und durchführte. Dabei wurde er von einer durch nichts zu erschütternden Überzeugung getragen, daß ihm die Rolle zufalle, den Islam als Glauben zu einen. Nach Gibbs, von Ehrenkreutz nicht überzeugend angegriffenen Forschungen, dürfte sein Endziel nicht die Vertreibung der Christen aus dem Hl. Land, sondern die Wiederherstellung des alten kalifischen Einheitsreiches als Ausdruck der Herrschaft des geoffenbarten Gesetzes gewesen sein. Er wollte die seit langem offenkundige politische Demoralisierung des Islam beseitigt sehen. Er übernahm Nur ad-Dins politisches Programm der Vereinigung aller islamischen Kräfte des Nahen Ostens unter seiner Führung. Hierfür bedienten sich beide der Idee des Dschihad gegen die Franken und, untrennbar damit verbunden, des innerislamischen Kampfes der Sunniten gegen die häretischen Schiiten. Die schon unter Nur ad-Din mächtige Propagandamaschinerie wurde unter Saladin noch ausgebaut, denn er erkannte richtig, daß sein Erfolg oder Mißerfolg weitgehend an dem moralischen Kredit hing, den er in der islamischen Welt hatte. Seine Großmut hat ihn zur beliebten Figur der spätmittelalterlichen romantischen Dichtung in Europa werden lassen.

Der militärische Aufmarsch gegen die Franken war 1185 abgeschlossen. Auch diplomatisch hatte der Sultan die Lateiner von allen möglichen Verbündeten zu isolieren versucht. Während er selbst die ägyptische Flotte ausbaute, suchte er die italienischen Seestädte zur Verlagerung ihres Handels nach Alexandria zu bewegen, um die Franken ihrer Unterstützung zu berauben. Mit Byzanz trat er ebenfalls in Kontakt. Auf Manuel Komnenos' Tod (1180) war dort eine Regentschaft seiner Witwe Maria von Antiochia gefolgt. Diese steuerte Manuels latinophilen Kurs noch schärfer, und die in der Hauptstadt wachsenden Gegensätze zwischen Lateinern und Griechen entluden sich 1182 in einem blutigen Massaker über die westlichen Kaufleute. Die Lateinerpartei war beseitigt. Zum neuen Kaiser warf sich Andronikos Komnenos (1183–1185) auf, ein energischer, lateinerfeindlicher Mann mit abenteuerlicher Vergangenheit. Seines Bleibens in Beirut (oben S. 111) war nicht lange gewesen, dann hatte er die Witwe Balduins III. entführt und mit ihr an islamischen Höfen des Mittleren Ostens ein unstetes Wanderleben geführt, bis Theodoras Gefangennahme durch Byzanz zur Unterwerfung des Andronikos unter Manuel geführt hatte. Zum Kaiser emporgespült, sah sich Andronikos vor allem aus Europa bedroht. Der Zwist mit Deutschland wegen des Zweikaiserproblems war mehr ideologischer Natur; die Bedrohung durch die Normannen, die 1184 durch die Verlobung der Prinzessin Konstanze mit Barbarossas Sohn Heinrich VI. in engere Verbindung zum Reich traten und 1185 Thessalonike verwüsteten, war realer. Unter diesen Umständen wurde Byzanz 1185 zu einer Allianz mit Saladin gedrängt, die die Kreuzfahrerstaaten endgültig isolierte. Es spricht für Saladins politisches Geschick, daß sein Bündnis mit den anatolischen Seldschuken dennoch wirksam blieb[65].

Saladins Aufstieg war begleitet vom Abstieg der Franken[66]. Bei der Annullierung seiner ersten Ehe hatte König Amalrich dafür gesorgt, daß die Kinder als legitim erklärt wurden. Da andere männliche Erben fehlten, folgte ihm 1174 sein Sohn Balduin IV. (1174–1185). Er war von Wilhelm von Tyrus erzogen worden, der ihm aber außer Ausdauer, Geduld und einem Talent für den Umgang mit Pferden keine besonderen Eigenschaften zubilligt. Schon früh befiel ihn die Lepra. Die Krankheit entstellte sein Aussehen und führte zu einer unmerklich fortschreitenden Lähmung der Extremitäten, die ihn vom Pferd in die Sänfte umzusteigen nötigte. Sein Schicksal war persönlich und politisch gleichermaßen tragisch. Dem Zerfall des Reiches in zwei einander bitter befehdende Parteien hat er nicht steuern können, aber er hat sich mit heroischen Anstrengungen um seine königliche Stellung bemüht. Es muß ihm klar gewesen sein, daß seine Krankheit seine Amtsfähigkeit in Frage stellte, aber er tat alles, um angebliche oder wirkliche Versuche einer Ablösung, an denen es nicht fehlte, zu blockieren. Diese geradezu fixe Idee seiner Regierung machte ihn zu einem mißtrauischen Menschen, der in jedem den potentiellen Gegenkönig witterte. Man fragt sich natürlich, warum der Adel ihn überhaupt auf den Thron ließ. Man muß aber, was in der Literatur übersehen wird, den Bericht Wilhelms von Tyrus so verstehen, daß man zu Lebzeiten des Vaters zwar schon wußte, daß Balduin krank war, die Krankheit aber erst kurz vor seiner Volljährigkeit (Mitte 1176), also erst nach der Thronbesteigung, diagnostiziert wurde. Die wenigen Eingeweihten mögen selbst die Tatsache der Krankheit geheimgehalten haben, denn als 1174 der Günstling des Königs Amalrich, Milo von Plancy, faktisch das Regiment für Balduin führte, tritt als ein besonderer Vorwurf gegen ihn hervor, daß er die Person des Königs von den Vasallen hermetisch abschirmte, wofür es freilich auch andere Gründe gab. Öfters war Balduin IV. zur Bestellung eines Regenten *(Bailli)* genötigt, zuerst wegen seiner Minderjährigkeit, später wegen seiner Krankheit. Nachdem dem unkonstitutionellen Regime des Milo von Plancy durch seine Ermordung ein rasches Ende gemacht worden war, erhielt noch 1174 der 34jährige Graf Raimund III. von Tripolis als nächster (männlicher) Verwandter des Königs, der durch seine Ehe mit Eschiva, der Witwe des Fürsten von Galilaea, Herr von Tiberias und damit auch einer der größten Lehnsleute des Königs von Jerusalem war, die Regentschaft bis zur Volljährigkeit des Königs. Er betrieb mit straffer Selbstkontrolle eine Politik der besonnenen Abwehr und des Ausgleichs mit den Muslimen, die er in langer Gefangenschaft gut kennengelernt hatte. Er wurde das Haupt der einen Partei, die man vergröbernd die der alten Familien nennen kann. Hierzu gehörten der Konstabler Humfred II. von Toron, die Ibelins und der gebildete, Arabisch sprechende Rainald von Sidon, vor allem aber Wilhelm von Tyrus, den Raimund 1174 zum Kanzler des Königreichs, 1175 zum Erzbischof von Tyrus machte. Allerdings wurde Wilhelm nach dem Ende von Raimunds Regentschaft vorübergehend an der Ausübung seiner Kanzleigeschäfte gehindert, in die er erst im Sommer 1177 wieder zurückkehrte. Einige Jahre konnte sich der Routinier zwischen den Fronten halten und blieb bis 1180 der außenpolitische Hauptberater des Königs, der das Reich auf dem Dritten Laterankonzil und in Konstantinopel vertrat und weiterhin die dann 1182 im byzantinischen Lateinerpogrom zusammenbrechende Anlehnung an Byzanz betrieb, für die er sich schon unter Amalrich eingesetzt hatte. Die andere Partei war komplexer zusammengesetzt. In ihr dominierten die stärker auf Abenteuer und Besitzerwerb bedachten Neuankömmlinge, die erst in der ersten Generation im Hl. Land waren. Rainald von Châtillon war einer ihrer Führer. Er war 1176 endlich aus der Gefangenschaft entlassen worden, konnte aber nicht mehr nach Antiochia zurück, sondern erlangte durch eine geschickte Heirat die mächtige Herrschaft von Oultrejourdain mit der starken Festung Kerak als Mittelpunkt. Dazu gelang ihm die Ausgliederung Hebrons aus der Krondomäne, als dessen erster Seigneur er 1177 erscheint. Dies verletzte die ungeschriebene Regel, daß ein Herr von Oultrejourdain keine anderen Seigneurien besitzen durfte und brüskierte daher um so mehr Humfred II. von Toron, der 1148 und 1149 mit der Übernahme der königlichen Kastellanie in Hebron die Voraussetzungen dafür geschaffen hatte, daß Hebron an ihn fallen werde, wenn es überhaupt zur Seigneurie erhoben werden sollte. Zu Rainald stießen die Brüder Aimerich und Guido von Lusignan, unruhige und ehrgeizige Poitevins, die dort von Richard Löwenherz seit kurzem vertrieben worden waren, dann Joscelin III. von Courtenay, Titulargraf von Edessa (1159–1200), ein Graf ohne Grafschaft, der sich mit einer Habgier ohnegleichen in der Gegend von Akkon die sogenannte »Seigneurie de Joscelin« zusammenraffte, ferner seine Schwester Agnes von Courtenay, die als Mutter Balduins IV. und Großmutter Balduins V. einen besonders schlechten Einfluß auf den König ausübte. Ein Chronist sagte von ihr: »Sie war geldgierig und liebte die Macht allzusehr.« Bis 1169 war sie in dritter Ehe mit Hugo von Ibelin verheiratet und dadurch in die andere

Partei eingebunden. Nach seinem Tod heiratete sie vor 1171 Rainald von Sidon, was die alten Familien so schockierte, daß Rainalds eigener Vater, anscheinend erfolglos, die Annullierung der Ehe betrieb. Rainald verließ nach 1183 seine bisherigen Freunde und verhielt sich bestenfalls neutral. Während Raimunds Regentschaft war die Stellung von Agnes noch relativ bedeutungslos, obwohl sie schon 1175 die Wahl ihres Günstlings Eraclius zum Erzbischof von Caesarea durchsetzte; böse Zungen sprachen von einem Liebesverhältnis. Nach Raimunds Abtritt sorgte sie dafür, daß ihr eigener Einfluß und der ihrer Kamarilla, die in der Literatur als »Hofpartei« bekannt ist, rasch anwuchsen. Sie stand 1176 hinter der Ernennung ihres gerade von ihr aus der Gefangenschaft freigekauften Bruders Joscelin III. zum Seneschalk von Jerusalem. Durch eine Ehe zwischen Maria Komnena, der Witwe des Königs Amalrich, mit Barisan, dem jüngsten der Ibelinbrüder, wuchs ihr Einfluß am Hof (1177), weil die Ehe das Ende von Marias Stellung als ehemaliger Königin bedeutete. Der mächtige Konstabler Humfred II. von Toron wurde, ähnlich wie 1176/77 Wilhelm von Tyrus, kaltgestellt, ohne abgesetzt zu werden. Jedenfalls verschwindet der vorher Allgegenwärtige im Laufe des Jahres 1176 aus den Königsurkunden, zeitweise wegen Krankheit; den Armeeoberbefehl übernahm Rainald von Châtillon. Erst im Februar 1179 bei einem Schiedsgericht zwischen Templern und Johannitern, dann im April 1179 bei schweren Kämpfen bei Baniyas war Humfred wieder dabei. Dort rettete er in alter Treue den leprösen König, kam an den Folgen aber selbst um, ein schwerer Verlust für das Reich. Agnes sorgte dafür, daß Aimerich von Lusignan seine Nachfolge antrat, und wieder munkelte man von einer Liebesaffaire. Bei einer Kampfwahl des Jahres 1180 gelang es Agnes, Eraclius von Caesarea († etwa 1190) gegen die Kandidatur Wilhelms von Tyrus zum Patriarchen zu machen, womit der Aufmarsch der Parteien beendet war. Eraclius galt lange als moralisch haltlos, hat aber in jüngster Zeit von verschiedenen Seiten Ehrenrettungen erhalten. Er hatte wie Wilhelm in Bologna studiert. Daß er sich die Frau eines Kaufmanns aus Nablus als Maitresse hielt, wird heute in Zweifel gezogen. Aber in Europa erregte er bei Moralisten Anstoß, weil er als Gesandter großen Luxus mit Kleidung, Schmuck und Parfüm trieb. Wilhelm dagegen wurde zunehmend aus der Politik verdrängt. Trotz seiner Erfahrungen wurde nicht er 1180 nach Konstantinopel geschickt, sondern Joscelin III. Im März 1183 amtierte er letztmals als Kanzler. Daß er von Eraclius in Rom vergiftet worden sei, ist demonstrierbar verkehrt, während es möglich ist, daß dieser ihn im Frühjahr 1183 exkommunizierte, als die Hofpartei mit der Ernennung Guidos von Lusignan zum Regenten einen großen Sieg errungen hatte. Der Schritt hätte ihm vorübergehend die Leitung der Kanzlei und der Kirche von Tyrus unmöglich gemacht und ihn der Appellation wegen zur Reise nach Rom und damit außer Landes und aus der Politik gezwungen. Am 29. September 1186 ist er gestorben.

Mit der Wahl von 1180 war der Aufmarsch der Parteien beendet. Der größte Teil der Geistlichkeit trat auf die Seite des Patriarchen und der Lusignans, sicherlich auch deshalb, weil der König die Bischöfe durch seine Knauserigkeit gegenüber der Kirche verprellt hatte. Für diese im Gegensatz zur Freigebigkeit seiner Vorgänger stehende Haltung Balduins ist es bezeichnend, daß er, obgleich selbst leprös, nicht einmal dem jerusalemitanischen Leprosenkonvent von St. Lazarus eine Schenkung gemacht hat. Die Ritterorden schlugen sich seit 1186 in verstärktem Maß auf die Seite der Hofpartei, weil der Templermeister Gerard von Ridefordia aus früheren Zeiten einen bitteren persönlichen Haß auf Raimund III. von Tripolis hatte, der ihm vor seinem Eintritt in den Orden die Ehe mit einer reichen Erbtochter eines seiner Vasallen verweigert hatte.

Da Balduin IV. nicht heiraten konnte, konzentrierten sich die Erwägungen hinsichtlich der Thronfolge vorerst auf seine Schwester Sibylle. Sie hatte 1176, noch von dem Regenten Raimund arrangiert, den Markgrafen Wilhelm von Montferrat geheiratet, der aber schon 1177 starb und sie schwanger hinterließ. Ihr Sohn war der nachmalige König Balduin V. Noch vor dessen Geburt propagierte der Graf von Flandern, der 1177 ins Hl. Land kam und in einer Serie verwirrender und sprunghafter Züge das neuerliche Projekt einer byzantinisch-fränkischen Eroberung Ägyptens hintertrieb, die Wiederverheiratung Sibylles mit einem Sohn des Vogts von Béthune, dessen Identität er allerdings nicht preisgab, so daß Wilhelm von Tyrus das Projekt leicht blockieren konnte. Daß Jerusalem in der internationalen Politik kaum noch zählte, zeigt nicht nur der niedrige Rang des Bewerbers, sondern auch die von Wilhelm zurückgewiesene Zumutung, die Thronerbin einem Unbekannten zu versprechen. Auch über die Regentschaft des Grafen wurde verhandelt, wobei die Angst des Königs vor einer Ablösung hervortritt. Als im Frühjahr 1180 der Fürst von Antiochia und Raimund III. von Tripolis aus dem Norden sich ins Königreich begaben, fürchtete der König erneut die Absetzung, mindestens aber eine Lösung der Ehefrage seiner Schwester, die nicht in seinem Sinne war. Er kam solchen Eventualitäten dadurch zuvor, daß er Sibylle mit unziemlicher Hast mit Guido von Lusignan verheiratete, was er bereuen sollte. Dabei mußte ihm klar sein, daß die Ehe die Interessen der mächtigen Ibelins verletzte, weil es 1179 Bestrebungen gegeben hatte, Sibylle mit dem Führer des Hauses Ibelin, Balduin von Ramla, zu verheiraten. Dieses Projekt war auch vom byzantinischen Kaiser unterstützt worden, der für den in Gefangenschaft geratenen Balduin ein monumentales Lösegeld aufbrachte, so daß er in ihm den künftigen König Jerusalems gesehen haben muß. Im Jahre 1186 sollte Balduin dem zum König avancierten Guido als einer von zur zwei Baronen die Huldigung verweigern. An Balduins Stelle schob sich nun Guido von Lusignan; die Hofpartei war einen Schritt weiter. Guido wurde Graf von Jaffa-Askalon. Die einzige Alternative zu Sibylle war ihre Halbschwester Isabella aus der zweiten Ehe König Amalrichs, die bei den Ibelins in Nablus lebte. Noch im selben Jahr (1180) gelang es der Hofpartei, sie dem Einfluß der Ibelins zu entziehen und sie zu verloben mit Humfred IV. von Toron, der zwar der Enkel des Konstablers war, aber vor allem der Erbe Transjordaniens, wo er bei seinem Stiefvater Rainald von Châtillon lebte. Rainald war der Hauptarrangeur der Verbindung, aber Agnes wird ihre Hand im Spiel gehabt haben, da Humfred das väterliche Erbgut Toron aufgeben mußte und Agnes schon 1184 in dessen Besitz erscheint. Die Hofpartei besetzte jetzt die wichtigsten Hofämter, hatte den Episkopat auf ihrer Seite und kontrollierte neben der Krondomäne die Doppelgrafschaft Jaffa-Askalon, Transjordanien und

Hebron sowie Toron. Widerstand konnte nur noch von Galilaea unter Raimund III. und von den Ibelins in Ramla und Nablus kommen. Im Jahr 1182 kam es zu dem beispiellosen Vorgang, daß der König in seiner Panik und von seiner Mutter in seinen Befürchtungen angestachelt, dem Grafen von Tripolis (seinem Vasallen!) kurzerhand das Betreten des Reiches verbot. Unter solchen Umständen war Saladin nicht wirkungsvoll zu bekämpfen. Zwar erfocht Balduin IV. 1177 bei Mont Gisard in der Nähe von Ramla einen glänzenden Sieg, konnte ihn aber nicht ausnutzen; 1179 mußte er es hinnehmen, daß Saladin die neu gebaute Festung Chastellet an der Jakobsfurt am Jordan zerstörte; 1180 kam es dann zu einem zweijährigen Waffenstillstand. Der erfolgreiche Vorstoß Saladins gegen Aleppo (1183) nötigte die Franken zu Gegenmaßnahmen. Es wurde erneut eine Sondersteuer ausgeschrieben, in der die Reichen aber wesentlich milder davonkamen als der Rest der Bevölkerung, auch wenn das Steuerdekret die Gleichheit der Besteuerung betonte. Die Krankheit des Königs verschlimmerte sich ständig. Er hatte Lähmungserscheinungen und begann zu erblinden, ein lebendiger Kadaver von etwa 21 Jahren. Nach einem arabischen Reisebericht von 1184 vermied er der Krankheit wegen nach Möglichkeit öffentliche Auftritte. Er hatte schon 1182 in Europa seine Abdankung angeboten, freilich unter der irrealen Bedingung, daß entweder der französische oder der englische König sein Amt übernehmen würden; in einem Briefsteller der Zeit ist als Stilübung sogar ein Abdankungsschreiben von ihm erhalten. Die Bestellung eines Regenten ließ sich 1183 trotz der Abneigung Balduins dagegen nicht mehr umgehen. Nach Lage der Dinge kam dafür nur Guido von Lusignan in Betracht, in dem man den künftigen Herrscher, mindestens aber den Regenten für Balduin V. nach dem Tode Balduins IV. sehen mußte. Der König traute auch Guido nicht und nahm ihm einen Eid ab, daß er zu seinen Lebzeiten nicht nach der Krone greifen werde. Aus diesen Beweggründen behielt Balduin bezeichnenderweise neben einer Jahresrente von 10000 Goldstücken auch Jerusalem, an dem die Königswürde hing; alles andere bekam der Regent. Die Hofpartei schien am Ziel. Aber sehr bald wurde der König wieder anderen Sinnes, und der Vorwand für die Abberufung Guidos war, daß er die Armee nicht aus einer wasserreichen Stellung in eine höchst riskante Feldschlacht locken ließ, was durchaus herkömmlicher Taktik entsprach. Überdies provozierte der König Streit mit Guido, als er plötzlich Jerusalem gegen Tyrus eintauschen wollte und sich ein kalkulierbares Nein Guidos einhandelte. Balduin nahm also im Herbst 1183 die Regierung wieder in die eigene Hand. Die einzige Alternative zu Guido als Regent aber war Raimund III. Um dies zu verhindern, legte Agnes einen Kompromißvorschlag vor (Hamilton), auf den sich beide Seiten gerade noch einigen konnten, auch wenn er erhebliche Diskussionen auslöste: der König regierte ohne Regent weiter, was in der Praxis die Herrschaft der Hofpartei zementierte. Die Nachfolgefrage aber wurde dadurch gelöst, daß des Königs Neffe Balduin V. am 20. November 1183 in einer ganz ungewöhnlichen Abweichung vom Verfassungsbrauch noch zu Lebzeiten des Vorgängers zum König erhoben wurde und die Huldigung der Vasallen empfing. Danach entsetzte der König die belagerte Burg Kerak in Transjordanien, wo

gerade die Hochzeit zwischen Isabella und Humfred IV. von Toron gefeiert wurde. Um die Ibelins aus Transjordanien fernzuhalten, untersagte Humfred seiner Gemahlin jeden Kontakt mit ihrer Mutter in Nablus.
Dem König ging die Entmachtung Guidos von Lusignan noch nicht weit genug. Er betrieb im Frühjahr 1184 ohne Erfolg auch noch Guidos Scheidung von Sibylle. Das trieb Guido in den offenen Ungehorsam: er ignorierte Vorladungen vor die Haute Cour, obgleich sie der König selbst nach Askalon überbrachte. Jaffa wurde dem Grafen entzogen und unter königliche Verwaltung gestellt. Auf einer Reichsversammlung in Akkon, die über eine hochrangige Gesandtschaft nach Europa befinden sollte, durchbrach der Patriarch die Tagesordnung, um den König mit Guido zu versöhnen. Als der König sich weigerte, ihn überhaupt anzuhören, verließ der Patriarch empört die Versammlung, die der König dann schloß, weil er politisch zu schwach war, um die alte Tagesordnung noch abzuhandeln. Der Patriarch war einer der Exponenten der Hofpartei, und ohne ihn wollte ein guter Teil des Adels überhaupt nicht mehr beraten. Auf einer weiteren Reichsversammlung wurden der Patriarch und die beiden Ordensmeister zu Gesandten nach Europa bestellt, gleichzeitig aber wurde Raimund von Tripolis zum zweiten Male zum Regenten ernannt. Der Graf stellte harte Bedingungen. Für sich verlangte er Beirut als Bezahlung. Außerdem sorgte er gegen eine erneute Absetzung vor, indem er die Garantie verlangte, daß er auf zehn Jahre Regent bleibe, also auch während der Minderjährigkeit Balduins V., ja (wenn die Zahl nicht als eine runde zu nehmen ist) sogar noch etwa zwei Jahre darüber hinaus. Für den Fall eines vorzeitigen Todes des Kindes sollten der Papst, der Kaiser und die Könige von Frankreich und England darüber entscheiden, welche der beiden Töchter Amalrichs, Sibylle oder Isabella, für sich oder ihre Nachkommenschaft die besseren Ansprüche hätte. Die Vormundschaft über Balduin V. lehnte er ab, um sich nicht im Falle seines vorzeitigen Todes dem Mordverdacht gegenüberzusehen. Zum Vormund wurde daher der Großonkel Balduins V. bestellt, Joscelin III. von Courtenay, also ein Mitglied der Gegenpartei. Dies war eine Konzession an Joscelin, die diesen aus der Hofpartei zu lösen schien. Acht Jahre Arbeit der Hofpartei waren vertan. Agnes von Courtenay dürfte dies nicht mehr erlebt haben, jedenfalls war sie am 1. Februar 1185 bereits tot. Da Guido von Lusignan politisch am Ende zu sein schien, die Regentschaft Raimunds für die Hofpartei aber inakzeptabel war, betrieb der Patriarch in Europa nunmehr offen die Ablösung der ganzen Dynastie, obgleich Jerusalem zwei Könige hatte. Er fand für solche Pläne freilich weder in Frankreich noch in England Unterstützung und kehrte 1185 erfolglos zurück.
Am 15. April 1185 erlag der unglückliche Balduin IV. seinem Leiden. Die Nachfolge Balduins V. und die Regentschaft Raimunds begegneten keiner wirksamen Opposition. Allerdings zirkulierten seit 1184 Gerüchte, Raimund strebe selbst nach der Krone. Sie sind kaum sicher zu beurteilen, auch wenn sie sowohl im christlichen wie im muslimischen Lager geäußert wurden. Wenn allerdings die Rekonstruktion Hiestands über die ursprüngliche Konzeption der unvollendet gebliebenen Chronik des Wilhelm von Tyrus richtig ist, deren erhaltener Teil nach Herrschern gegliedert ist, dann sollte Buch XXIII das Buch Raimunds von Tripolis werden, der so von Wilhelm

mindestens als königsgleich angesehen wurde. Dies wäre eine starke Stütze für derartige Pläne Raimunds. Falls die Hoffnungen der Gegenpartei sich auf die Vormundschaft über Balduin V. richteten, so wurden sie durch den überraschenden Tod des Kindes im Spätsommer 1186 zunichte gemacht. Aber nun ließ Joscelin III. die Maske fallen. Er schickte Raimund, der ihm völlig vertraute, nach Tiberias, bemächtigte sich der Krondomäne von Akkon und Beirut und hielt Raimund vom Begräbnis des Königs fern. Balduin V. war der letzte König von Jerusalem, der seine Ruhestätte in der Grabeskirche fand. Da direkte männliche Erben fehlten, hätte jetzt nach dem Testament Balduins IV. die erwähnte Viererkommission über die Thronfolge entscheiden müssen. Doch überspielten Sibylle und ihr Anhang den Grafen von Tripolis in einem geschickt inszenierten Staatsstreich kurz nach dem Begräbnis Balduins V. Als Drahtzieher treten Rainald von Châtillon und der Patriarch Eraclius hervor. Im Endergebnis der dramatischen Ereignisse wurde Sibylle zur Königin gekrönt und krönte dann ihrerseits ihren Gemahl Guido von Lusignan zum König (1186–1190). Nach mehreren, erst jüngst von Kedar der Vergessenheit entrissenen Berichten übertölpelten die beiden aber auch ihre eigenen Parteigänger, die zwar gemeinsam seit einem Jahrzehnt das Reich ausgeplündert hatten, aber über die Person des Königs uneins waren. Eine Mehrheit scheint gegen Guido gewesen zu sein. Man griff das alte Projekt Balduins IV. wieder auf und verlangte vor Sibylles Krönung die Scheidung. Sie lehnte erst ab, gab aber nach, als man ihr das Diktat der Staatsraison klarlegte, nicht ohne für Guidos Lebensunterhalt und die Legitimität der Töchter zu sorgen. Dies scheint die innerparteiliche Opposition eingeschläfert zu haben, so daß man ihr ihre eigentliche, sehr weitgehende Bedingung konzedierte, daß sie nämlich nach erfolgter Krönung ihren Mann frei wählen dürfe. Zur allgemeinen Konsternation wählte sie dann Guido, von dem sie soeben erst geschieden worden war und der nun von dem Patriarchen gesalbt werden mußte. Ein Versuch Raimunds, Isabellas Gemahl zum Gegenkönig zu machen, scheiterte daran, daß dieser zu Guido überlief. Die Barone mußten sich mit den vollendeten Tatsachen abfinden, Raimund zog sich grollend nach Tiberias zurück, und ein offener Bürgerkrieg mit Guido konnte nur mit Mühe vermieden werden. Guidos Partei übernahm entschlossen die Macht, gebrauchte sie aber keineswegs weise.

Unter den Parteigängern Guidos von Lusignan schob sich jetzt Joscelin III. in den Vordergrund, dessen Belohnung durch Guido groß ausfiel. Er erhielt die Herrschaft Toron, und seine ältere Tochter sollte einen Bruder Guidos heiraten. Rainald von Châtillon scheint weniger zufrieden gewesen zu sein. Im Frühjahr 1187 lieferte er dem Sultan Saladin den gewünschten Kriegsgrund, als er während des noch laufenden Waffenstillstandes eine sarazenische Karawane überfiel, die von Damaskus nach Ägypten wollte. Er hatte Saladin durch ähnlich unüberlegte Handlungen schon früher ergrimmt, als er ohne Rücksicht auf Frieden oder Krieg Pilgerzüge nach Mekka angriff und die Küste des Roten Meeres in einem aufsehenerregenden Beutezug plünderte. Saladin konnte die ständige Gefährdung des Hauptverbindungsweges zwischen Ägypten und Syrien in Transjordanien auf die Dauer nicht hinnehmen und erklärte den Krieg, als Rainald jede Wiedergutmachung verweigerte. Das Königtum war zu schwach, um dem Herren von Oultrejourdain Vernunft aufzuzwingen. Daß Rainald die Bitte des Königs abschlug, war nicht ganz ohne Vorbild, aber es war eine beispiellose Negierung der Krone, als er antworten ließ, er habe in Transjordanien keinen Waffenstillstand mit den Sarazenen und sei dort ebenso Herr des Landes wie der König bei sich. Es lief de facto auf eine Unabhängigkeitserklärung hinaus. Guido bemühte sich jetzt erfolgreich um eine Aussöhnung mit dem Grafen von Tripolis, der ein mit Saladin eingegangenes Bündnis löste und sich entschlossen auf die fränkische Seite stellte. In der Nähe von Nazareth sammelte sich zum Endkampf das größte Heer, das die Lateiner jemals zu Felde geschickt hatten. Sie verfügten über etwa 18000 Mann, darunter aber nur 1200 gepanzerte Ritter und etwa 4000 leichtbewaffnete Reiter. Als besondere Notmaßnahme hatte man neben dem Lehnsheer noch den allgemeinen Heerbann aufgeboten, der alle waffenfähigen Männer umfaßte. Zahlenmäßig war Saladin mit seinen 12000 Berittenen den Franken überlegen, doch die Wirkung der christlichen Kavallerie war furchtbar, wenn sie die Gelegenheit fand, in geschlossener Phalanx über die Muslime herzufallen. Die strategische Absicht zielte aber wohl weniger auf die offene Feldschlacht ab als darauf, unter Vermeidung direkter Kontakte Saladin an einem Bewegungskrieg zu hindern, bis die üblichen saisonalen Auflösungserscheinungen sein Heer mindern und ihn zum Rückzug nötigen würden. Saladin kam dieser Absicht durch einen Angriff auf Tiberias zuvor. In der Tat ließen sich die Franken durch dieses Manöver aus ihrer sicheren und wasserreichen Stellung herauslocken. Raimund von Tripolis sprach sich energisch gegen den Abzug aus, obgleich seine eigene Gemahlin in Tiberias belagert war. Er fand auch die Billigung der Barone, aber in der Nacht stimmte der Templermeister den König um. Smail glaubt, daß für diesen verhängnisvollen Entschluß die Erinnerung Guidos wesentlich war, daß er 1183 sein Regentenamt verloren hatte, weil er in ähnlicher Situation beim Wasser blieb. Das mag durchaus mitgespielt haben, aber dazu kam die Rolle des englischen Geldes. Wegen seiner Mitschuld an der Ermordung des Erzbischofs von Canterbury hatte König Heinrich II. von England seit 1172 alljährlich große Geldsummen in den Osten transferiert, wo sie von Templern und Johannitern verwaltet wurden, hatte aber in seinem Testament von 1182 sich die Rückforderung des gesamten Betrages vorbehalten und das Geld, insgesamt 30000 Mark Silber, damit wirksam eingefroren. Nur mit seiner Zustimmung konnte es ausgegeben werden. Der Templermeister aber hatte jetzt seinen Teil des Geldes für die Anwerbung von Söldnern ausgegeben, die denn auch unter der englischen Flagge kämpften. Er und der König waren verdammt zu einem Erfolg, der diese Maßnahme rechtfertigen würde. Am folgenden Morgen begann in glühender Sommerhitze der Zug durch das galilaeische Hügelland nach Tiberias, doch gelang der Durchbruch nicht mehr. Schon am 3. Juli 1187 begannen bei Hattin westlich des Sees Genezareth die Kämpfe mit den Sarazenen. In der wasserlosen Gegend von Durst gepeinigt, die brennenden Augen vom Rauch des Buschfeuers gebeizt, das die Muslime angezündet hatten, verbrachten die Franken eine schreckliche Nacht. Am Morgen fanden sie sich von Saladin eingekreist und erlitten nach einem heroischen Kampf, aus dem nur noch Raimund von Tripolis mit wenigen Genossen der Ausbruch gelang, eine vernichtende Niederlage, wie sie die Geschichte der Kreuzfahrerstaaten bisher nicht gekannt hatte. Viele Ritter blieben tot auf dem Schlachtfeld, der Rest geriet in Gefangenschaft, unter ihnen der König, der Templermeister und Rainald von Châtillon, dem Saladin mit eigener Hand den Kopf abschlug. Auch die gefangenen Ordensritter wurden getötet; nur der Meister blieb am Leben. Die kostbare Reliquie des Hl. Kreuzes, die schon einmal in der Hand der Sassaniden gewesen, aber von Kaiser Heraklius im 7. Jh. nach Jerusalem zurückgebracht worden war, ging endgültig an die Sarazenen verloren und kam nie wieder zum Vorschein.

Die unmittelbaren Folgen der Schlacht bei Hattin waren verheerend. Das Land war fast seiner gesamten kampffähigen Schicht beraubt; Städte und Burgen waren nur noch dünn besetzt. Saladin zog in einem Siegeszug ohnegleichen durch Palästina und Syrien; ein arabischer Chronist nennt 52 Städte und Festungen, die er eroberte. Daß die Franken seinen Kapitulationsbedingungen vertrauen konnten, erleichterte ihnen die Übergabe. Am 10. Juli fiel die wichtige Hafenstadt Akkon, am 4. September folgte Askalon, die Belagerung Jerusalems begann am 18. September, und am 2. Oktober kapitulierte die Stadt, die unter der Führung der Königin Sibylle, des Patriarchen Eraclius und Barisans von Ibelin stand. Auch die absonderlichsten Bußzeremonien hatten nichts genützt. Die vornehmen Damen hatten ihre unbekleideten Töchter auf dem Kalvarienberge öffentlich kalte Wannenbäder nehmen und ihnen das Haupthaar scheren lassen. Aber ohne kampffähige Mannschaft war die Stadt nicht zu halten, und man mußte froh sein, einen gnädigen Sieger zu finden. Wer Geld hatte, konnte sich gegen eine nach Geschlecht und Alter abgestufte Zahlung sicheren Abzug zur Küste erkaufen, wobei Saladin recht großzügig verfuhr. Die Aqsa-Moschee wurde in feierlichem Gottesdienst wieder dem Islam übergeben, Nur ad-Dins Kanzel nunmehr eingebaut, die christlichen Kreuze wurden von den Kirchendächern entfernt, aber immerhin durften 4 syrische Priester am Hl. Grab den Gottesdienst weiterführen. Das Echo dieses Triumphs in der islamischen Welt, für die Jerusalem ja auch eine heilige Stätte darstellte, war ungeheuer. Den Christen verblieb fast nichts. Im Norden mußte Saladin auf seiner Kampagne von 1188 aus Zeitgründen die stark befestigten tripolitanischen Ordensburgen Krak des Chevaliers, Chastel Blanc, Tortosa und Margat unerobert liegenlassen. Im Königreich Jerusalem aber machte er reinen Tisch. Über dem Jordantal mußten Safad und Belvoir Ende 1188/Anfang 1189 kapitulieren. Um die gleiche Zeit fielen in Moab und Edom die letzten, als uneinnehmbar geltenden Festungen Kerak und Montréal, beide durch Hunger. In Kerak hatten die Franken schließlich sogar ihre Frauen und Kinder, die sie doch nicht ernähren konnten, bei den Belagerern gegen Lebensmittel getauscht, während in Montréal akuter Salzmangel während der anderthalbjährigen Blockade zu Erblindungsfällen unter der Besatzung führte. Noch 30 Jahre später aber fand der Magister Thietmar dort eine französische Witwe, die ihn verpflegte und ihm den Weg auf den Sinai wies. Zuletzt kapitulierte auch noch Beaufort im Litaniknie (April 1190). Die Christen krallten sich in drei Küstenstädten fest, die Saladin nicht bezwingen konnte. Tripolis und Antiochia wurden gerettet durch das rechtzeitige

Eintreffen einer sizilischen Hilfsflotte, Tyrus hielt einer zweimaligen Belagerung Saladins stand[67]. Die Stadt war unter dem Kommando des kurz nach der Katastrophe eingetroffenen Markgrafen Konrad von Montferrat, dessen unbeugsame Energie bei der Verteidigung zu einem im Abendland weithin gerühmten, leuchtenden Beispiel wurde. Konrad, der Mann der Stunde, sah sofort, daß sich ihm hier die Chance seines Lebens bot. Als er vor Tyrus einen glänzenden Seesieg gegen die Ägypter erfochten hatte, erzwangen Saladins Emire am 1. Januar 1188 die Aufhebung der Belagerung. Dennoch erschien eine Rettung des Hl. Landes kaum mehr möglich, und Saladin soll schon die Absicht geäußert haben, über Meer zu fahren, um die Ungläubigen ganz auszurotten.

7. Der dritte Kreuzzug 1187–1192

Europa war nach dem zweiten Kreuzzug zunächst einmal kreuzzugsmüde[68]. Aber die seit den späten sechziger Jahren in zunehmendem Maße aus dem Hl. Lande kommenden Hilferufe verfehlten ihre Wirkung in der Öffentlichkeit nicht. Sie richteten sich, wie eh und je, in erster Linie an Westeuropa. Zweifellos betrachtete die öffentliche Meinung den Kreuzzug auch durchaus positiv und als eine Aufgabe insbesondere der Könige. Aber die politische Lage war einem neuen Kreuzzug nicht förderlich. Kaiser Friedrich Barbarossa (1152–1190) war seit den ronkalischen Gesetzen von 1158 mit der Wiederherstellung der Reichsrechte in Italien beschäftigt und wegen dieser Frage in einen leidenschaftlichen Kampf mit den lombardischen Städten verwickelt, der erst 1183 im Frieden von Konstanz zum Abschluß kam. Von 1159 bis 1177 bekämpfte er Papst Alexander III., den er schließlich doch anerkennen mußte. Im Innern machte ihm die durch Heinrich den Löwen, den Herzog von Sachsen und Bayern, repräsentierte welfische Opposition zu schaffen. Der mächtige Herzog war 1172 selbst im Hl. Land, wo er dem Hl. Grab eine Stiftung machte. Bis 1184, als er beim Mainzer Pfingstfest für alle Welt sichtbar den Glanz und die Macht des staufischen Kaisertums entfaltete, war der Kaiser unabkömmlich, doch hat ihn das Bewußtsein seiner imperialen Würde ebenso wie sein realpolitischer Sinn dann sehr bald auf den Kreuzzug gelenkt. Er erkannte, daß es dem kaiserlichen Ansehen sehr abträglich wäre, wenn der Kreuzzug allein den westeuropäischen Herrschern überlassen bliebe. Das Abendland hat ihn im Moment des Kreuzzuges auch als obersten Herren der Christenheit anerkannt; ein in England gefälschter Brief Barbarossas an Saladin zeigt den Kaiser als Weltenherrscher. Die Führungsrolle wuchs ihm gewissermaßen von selbst zu, und der Engländer Wilhelm von Newburgh bezeichnete ihn geradezu als »unseren Kaiser«.

In Jerusalem setzte man seine Hoffnungen auf westeuropäische Hilfe nicht mehr nur auf Frankreich. Man rechnete vor allem auf den englischen König Heinrich II. (1154–1189). Die englische Dynastie der Plantagenets war mit dem in Jerusalem regierenden Hause Anjou verwandt. Dazu kam noch, daß

England jetzt den größeren Teil Frankreichs beherrschte, so daß der König von Frankreich bei jedem Kreuzzug auf die englische Mitwirkung angewiesen war. Als französischer Lehnsmann regierte Heinrich II., zum Teil vertreten durch seine Söhne, über die Herzogtümer Normandie, Bretagne und Aquitanien, die Grafschaften Maine, Anjou, Marche und Poitou. Kapetinger und Plantagenets standen sich in unüberwindlichem Mißtrauen gegenüber. Keiner konnte es sich leisten, allein einen Kreuzzug zu unternehmen, weil er wußte, daß der andere nur darauf lauerte, seine Gebiete überfallen zu können. Keiner konnte aber auch den anderen allein ziehen lassen, weil er selbst damit an politischem Ansehen verloren bzw. weil sein Gegner an Gewicht gewonnen hätte. Es war eine schier ausweglose Situation. Vorderhand blieb nur die Möglichkeit der Geldhilfe. Vor allem Heinrich II. wurde hier eifrig tätig, ohne sein bereitgestelltes Geld allerdings je auszugeben (oben S. 123). Die stets größer werdende Summe sicherte ihm einen 15 Jahre währenden dominierenden Einfluß in der europäischen Kreuzzugspolitik, diente andererseits aber auch als Alibi dafür, daß er selbst nicht auf den Kreuzzug ging und sogar andere, vor allem seine Söhne, daran hinderte. Frankreich scheint sich weniger engagiert zu haben, doch mag dieser Eindruck in der Dürftigkeit und dem Schweigen der Quellen begründet liegen. Heinrich II. schrieb jedenfalls 1166 eine allgemeine Steuer auf Einkommen und bewegliches Vermögen zugunsten des Hl. Landes aus, die auch die Geistlichkeit traf. Es ist die erste Kreuzzugssteuer, deren Einzelheiten im Abendland klar zu erkennen sind. Im übrigen führte man bis in die späten achtziger Jahre ein endloses Hin und Her von Verhandlungen, versprach, das Kreuz zu nehmen, tat es aber dann doch nicht, oder nahm es zwar, ließ sich das Versprechen dann aber kommutieren (Heinrich II. 1172), regelte in detaillierten Vertragswerken das gegenseitige Verhalten der beiden Könige vor oder während des Kreuzzuges eines der beiden Könige sowie für den Fall des Ablebens eines der beiden (Vertrag von Nonancourt 1177). Alles blieb Projekt, und der Vertrag von Nonancourt bewies nicht so sehr die Begeisterung für die gute Sache als das gegenseitige Mißtrauen. Als Philipp II. Augustus (1180–1223) den französischen Thron bestieg, wurde er in langwierige Auseinandersetzungen mit dem Grafen von Flandern verwickelt, während sich der englische König oft genug kaum der Revolten seiner wilden und ungebärdigen Söhne erwehren konnte.
Das Hl. Land schickte 1184/85 die (oben S. 121) erwähnte außerordentliche Gesandtschaft nach Europa, um den dortigen Machthabern den Ernst der Lage vor Augen zu führen und ihnen begreiflich zu machen, daß etwas Durchgreifendes geschehen mußte, wenn man Jerusalem retten wollte. Die Gesandten trafen im November 1184 in Verona mit dem Papst und dem Kaiser zusammen. Barbarossa war geneigt, für das Jahr 1186 einen Kreuzzug zu versprechen. Er revidierte damals seine Italienpolitik und arrangierte sich mit den unteritalischen Normannen, indem er seinen Sohn Heinrich VI. mit Konstanze, der Tochter Rogers II. und der Tante des regierenden Königs Wilhelm II. (1166–1189) verlobte. Er mag das Kreuzzugsanerbieten als Lockmittel gegenüber der Kurie in seinen Verhandlungen gebraucht haben, doch zerschlug sich das Projekt, weil im November 1185 Urban III. auf den päpstlichen Thron gelangte, der neue Streitpunkte mit

dem Kaiser schuf und die deutsche Fürstenopposition gegen ihn schürte. Als die Gesandten nach Paris weiterreisten, sah der französische König zu, daß er sie so rasch wie möglich nach England abschob. Auch Heinrich II. beteuerte nur seinen guten Willen und lehnte ebenso wie Philipp II. Augustus die ihm angetragene Herrschaft über Jerusalem sofort ab. Statt dessen versprach er wieder einmal Geld. Aber von Geld, das man nicht ausgeben durfte, wollte man nicht noch mehr, und es war eines der Ziele der Gesandtschaft, das ebenso unerfüllt blieb wie ihre anderen Wünsche, das schon im Osten lagernde englische Geld endlich ausgeben zu dürfen. Vergeblich rief der Patriarch: »Wir wollen einen Fürsten, der Geld braucht, nicht Geld, das eines Fürsten bedarf.« Weder nahm Heinrich selbst die Herrschaft an, noch schickte er einen seiner Söhne, noch öffnete er auch nur seine Geldbörse im Hl. Land. Verbittert kehrten die Gesandten heim. Immerhin scheint die Gesandtschaft den Anstoß zu einer neuen, in der Literatur viel umstrittenen Kreuzzugssteuer in England und Frankreich gegeben zu haben, die 1185 (oder 1184) ausgeschrieben wurde. Ob sie wirklich erhoben wurde, ist nicht zu beweisen; auch ist nicht sicher, ob der Papst in die Besteuerung der Geistlichkeit eingewilligt hatte.[69]

Erst die Katastrophe der Schlacht bei Hattin im Sommer 1187 brachte den großen Umschwung. Urban III. starb unter dem Eindruck der Nachricht. Sein Nachfolger Gregor VIII. gab, obwohl sein Pontifikat nur etwa zwei Monate dauerte, der Kreuzzugswerbung entscheidende Impulse. Seine Kreuzzugsenzyklika *Audita tremendi* vom 29. Oktober 1187 ist ein ergreifendes Dokument und zugleich ein Glanzstück päpstlicher Rhetorik. Sein Vorschlag eines siebenjährigen Waffenstillstandes zwischen den europäischen Mächten war freilich irreal. Als erster Herrscher schickte Wilhelm II. von Sizilien eine Flotte von 50 Galeeren nach dem Osten, die dort tatkräftige Hilfe beim Entsatz von Tripolis leistete, aber der Tod hinderte ihn an weiterer Hilfe. Der erste, der das Kreuz nahm, war Richard Löwenherz, Graf von Poitou, der ritterlichste unter den Söhnen Heinrichs II., doch war seine Handlung wie oft spontan und eigenmächtig und erfolgte ohne das Einverständnis des Vaters, der freilich nichts dagegen tun konnte, denn Richard schwamm auf einer Woge allgemeiner Sympathie. Die öffentliche Meinung wurde auf vielfältige Weise angestachelt und in eine Art von Begeisterungstaumel versetzt. Die Dichter verfaßten Kreuzlieder und elegische Klagen über den Fall von Jerusalem in Latein und in den Volkssprachen; arabische Chronisten berichten, man habe die Volksstimmung auch mit aufreizenden Bildern aufgeputscht; aus Tyrus kamen unablässig Lageberichte und Hilferufe.

Die Kreuzzugspredigt nördlich der Alpen war dem sehr geschickten zisterziensischen Kardinallegaten Heinrich von Albano und dem Erzbischof Joscius von Tyrus anvertraut. Sie vermittelten unverhofft auch einen Ausgleich zwischen England und Frankreich; unter dem Jubel des Volkes nahmen am 21. Januar 1188 bei Gisors in der Normandie beide Könige und mit ihnen die Großen ihrer Reiche das Kreuz. Der Aufbruch sollte an Ostern 1189, der Zug auf der Landroute erfolgen. Zur Finanzierung wurde eine allgemeine Steuer von 10% auf alle Einkünfte und bewegliches Vermögen (»Saladinszehnter«) verordnet, gegen die vor allem die Geistlichkeit murrte, während die Barone der Steuer durch die Kreuznahme nicht nur entgingen, sondern auch die Abgaben ihrer Hintersassen für sich erhielten. In Wales widmete sich nun der zisterziensische Erzbischof Balduin von Canterbury energisch der Kreuzpredigt im Stile Bernhards von Clairvaux. In Deutschland ging die Werbung ruhiger vor sich[70]. Eine Kreuzzugssteuer erwies sich als unnötig, doch wurde jeder Teilnehmer verpflichtet, Geldmittel für zwei Jahre bei sich zu haben, was gleichzeitig den unerwünschten Troß beschränkte. Die ersten Kreuznahmen erfolgten im Dezember 1187 auf einem Reichstag in Straßburg. Der Kaiser zögerte noch bis zum März 1188, als sich auf dem sogenannten Hoftag Jesu Christi zu Mainz sein alter Gegner Erzbischof Philipp von Köln unterwarf. Nun nahm auch Barbarossa das Kreuz und im April 1189 in Hagenau Stab und Tasche des Pilgers. Einer in Mainz aufflammenden Neigung, die Judenpogrome wiederzubeleben, steuerte der Kaiser sofort und erfolgreich mit drakonischen Strafandrohungen. Wegen des Mangels an Schiffsraum kam nur der Landweg in Betracht, den der Kaiser durch Verhandlungen und Verträge mit Serbien, Ungarn, Byzanz und dem Seldschukensultan von Ikonium sicherte. Ob ein Ultimatum an Saladin geschickt und von diesem abgelehnt wurde, wird nicht ganz deutlich. Sicher ist ein überlieferter Briefwechsel zwischen den beiden zur Gänze eine Fälschung (Möhring), aber es geht – auch für einen Orientalisten – zu weit, die in westlichen Quellen mehrfach bezeugte Gesandtschaft des Kaisers mit dem Argument zu bestreiten, sie sei in arabischen Quellen nicht bezeugt, wenn eingeräumt werden muß, daß auch andere Gesandtschaften des Kaisers zu dem Aiyubiden unbezeugt sind. Des Kaisers Verhandlungen mit den Balkanmächten und seine Allianz mit den Normannen erfüllten aber den byzantinischen Kaiser Isaak II. Angelos (1185–1195) mit äußerstem Mißtrauen und trieben ihn zu einem diplomatischen Doppelspiel zwischen Barbarossa und Saladin. Die deutschen Gesandten wurden in Konstantinopel in Ketten gelegt.

Am 11. Mai 1189 brach das Kreuzheer von Regensburg aus auf. Außer dem Kaiser, der etwa im 67. Lebensjahr stand und den das Gelingen des Kreuzzuges unzweifelhaft zur dominierenden politischen Figur Europas zu machen versprach, zogen mit ihm sein ältester Sohn Herzog Friedrich von Schwaben, der Erzbischof von Tarentaise, die Bischöfe von Lüttich, Würzburg, Passau, Regensburg, Basel, Meißen, Osnabrück und Toul sowie drei Markgrafen und 29 Grafen aus allen deutschen Gauen. Ein österreichischer Kleriker, den man fälschlich Ansbert genannt hat, wurde der Hauptgeschichtsschreiber des Zuges. Die Kölner und Friesen, der Erzbischof von Bremen, Landgraf Ludwig III. von Thüringen und später auch Herzog Leopold V. von Österreich wählten den Weg zur See. Zeitgenossen schätzten das Heer weit überhöht auf 100000 Mann, aber es war sicherlich eines der größten Kreuzheere, das je Europa verließ. Der Marsch durch Ungarn ging glatt, aber sobald man byzantinisches Gebiet betrat, spitzten sich die Dinge zu. Der Plan, Byzanz friedlich zu durchziehen, ließ sich nicht aufrechterhalten. Barbarossa besetzte Philippopel und drohte schon, die Hauptstadt zu erobern und dem Reich ein Ende zu machen; für März 1190 befahl er seinen Sohn Heinrich mit einer italienischen Flotte unter die Mauern von Konstantinopel. Auch sollte Heinrich kaiserliche Kreuzzugsgelder mit Hilfe des bedeutenden venezianischen Finanziers Bernardus (Teutonicus) nach Tyrus transferieren. Einstweilen bezog der Kaiser Winterquartier in Adrianopel. Im Februar 1190 lenkte der schwache Byzantiner ein, und der Vertrag von Adrianopel regelte die Überfahrt des deutschen Heeres nach Asien, die von Gallipoli aus, ohne daß man die Hauptstadt berührt hätte, in der Osterwoche 1190 vonstatten ging. Die Schwäche des byzantinischen Reiches lag nunmehr klar zutage.

Am 25. April betrat das Heer in Anatolien seldschukisches Gebiet. Es zeigte sich, daß der Vertrag mit dem (im Gegensatz zur Darstellung der abendländischen Quellen) durchaus wohlmeinenden Sultan Qilidsch Arslan II. wertlos war, weil dessen ältester Sohn Qutb ad-Din Malikschah in Wirklichkeit das Heft in der Hand hatte und als Schwiegersohn Saladins das deutsche Heer nicht kampflos nach Syrien lassen wollte. Unter unvorstellbaren Strapazen, gepeinigt von Hunger und Durst, schleppten sich die ungefügen Verbände durch Anatolien, wo sie starke Verluste in Kauf nehmen mußten. Am 18. Mai 1190 trafen sie bei Ikonium auf das Heer Qutb ad-Dins, das durch turkmenische Horden, die seit 1185 plündernd in Kleinasien operierten, beträchtlich verstärkt war. Die Deutschen erfochten einen glänzenden Sieg, in der Dankmesse gedachten sie der Leiden Pauli in Ikonium (II. Tim. 3, 11). Der alte Sultan riß die politische Initiative wieder an sich und arrangierte sich mit dem Kaiser. Nach einigen Ruhetagen ging der Zug ohne Beschwerden weiter in das christliche Kleinarmenien. Schon hatte man das Taurusgebirge durchstiegen und war dem Meer bei Seleukia nahegekommen, da ertrank der Kaiser am 10. Juni 1190 in dem Fluß Salef, den er ungeduldig hatte durchschwimmen wollen, als die Truppen sich stauten. Als letzter der Herrscher hatte er das Kreuz genommen, als erster war er ausgezogen, als einziger fand er beim Kreuzzug den Tod. »An dieser Stelle«, klagte ein Kölner Chronist, »und bei diesem traurigen Berichte versagt unser Griffel und verstummt unsere Rede.«

Das Kaisers Tod ließ den deutschen Kreuzzug völlig zusammenbrechen. Seinem Sohn Friedrich fehlte das Format, um das verzweifelte Heer zusammenzuhalten. Von den kilikischen und syrischen Häfen aus traten die meisten die Heimreise an. Der Rest marschierte unter Herzog Friedrichs Führung nach Antiochia, wo durch eine Seuche die Schar noch weiter zusammenschmolz. Hier bestattete man auch das Fleisch des Kaisers in der Peterskirche, während man die ausgelösten Gebeine in Jerusalem würdig beizusetzen hoffte; sie fanden ihre letzte Ruhestätte schließlich in der Kathedrale von Tyrus. Am 7. Oktober 1190 kamen die Reste des einst so stolzen Heeres vor der Stadt Akkon an, wo sie ihre über See gekommenen Landsleute trafen, die freilich durch die plötzliche Abreise des thüringischen Landgrafen erneut dezimiert wurden. Die Deutschen spielten dann beim dritten Kreuzzug keine Rolle mehr. Bedeutsam für die Zukunft wurde allerdings die Gründung einer deutschen Hospitalgenossenschaft durch Lübecker und Bremer Bürger vor Akkon (1190). Aus diesem Spital wurde allmählich erst ein regulierter, mit Krankenpflege befaßter Orden (1196), dessen Aufgabengebiet 1198 auf den Heidenkampf ausgeweitet wurde. Nunmehr war der rein national ausgerichtete geistliche Ritterorden vom Hause der Hl. Maria der Deutschen in Jerusalem (Deutscher Ritterorden) entstanden. Der Papst bestätigte alsbald die Umwandlung; der Orden erhielt die Templerregel, die um 1245 zur Deutschordensregel umredigiert wurde, und nahm als Tracht den weißen Mantel mit dem schwarzen Kreuz an. Umstritten ist, ob das Feldspital vor Akkon anknüpfte an ein vor 1143 in Jerusalem gegründetes deutsches Spital, das damals als rechtlich selbständiges Sondervermögen dem Johanniterorden unterstellt wurde. Weitaus wahrscheinlicher als eine in der jüngsten Literatur behauptete Kontinuität ist die von Favreau verfochtene Neugründungstheorie, nach der das Spital in Akkon mit dem in Jerusalem nichts zu tun hatte, sondern der Deutsche Orden den Besitz des jerusalemitanischen Spitals und damit die Korporation als solche erst 1229 schluckte[71].

Die energische Verteidigung der Stadt Tyrus durch den Markgrafen Konrad von Montferrat (1187) und die Nachrichten von den Zurüstungen zum Kreuzzug hatten den Bewohnern des Hl. Landes wieder Mut eingeflößt. Im Juni 1188 war König Guido gegen die Verpflichtung, außer Landes zu gehen, aus der Gefangenschaft entlassen worden, doch ließ er sich von seinem Eid sofort entbinden. Auch seine ehemaligen Kampfgefährten kamen nach und nach frei. Guido raffte in Tripolis eine Handvoll Ritter zusammen und marschierte nach Tyrus. Aber Konrad gedachte nicht, aus der von ihm verteidigten Stadt, die Kronbesitz war, zu weichen, da er Guido nicht mehr als König anerkannte. Der nun ausbrechende Machtkampf zwischen Guido und Konrad sah bis 1190 eine beispiellose Verschleuderung des ohnehin dezimierten Krongutes, von der vor allem die italienischen und französischen Seestädte profitierten. Nachdem Guido mehrere Monate ergebnislos vor Tyrus gelegen hatte, zeigte er plötzlich, daß doch mehr in ihm steckte, als man bisher vermutet hatte. Er verbündete sich mit einer gerade angekommenen pisanischen Flotte und marschierte zur größten Überraschung Saladins, der anderswo beschäftigt war, stracks auf die Stadt Akkon, deren Belagerung er am 28. August 1189 von seinem befestigten Lager auf dem Hügel Toron aus begann. Es schien ein Akt unglaublicher Torheit zu sein, denn Guidos Macht war nicht mit der sarazenischen Garnison zu vergleichen. Überdies mußte er damit rechnen, daß Saladin in seinem Rücken auftauchen und ihn zwischen sich und der belagerten Stadt zerreiben werde. Aber Guido brauchte eine Basis für die Rückeroberung seines Landes, und Akkon war stets dessen festeste und reichste Stadt gewesen. Mit unbeugsamer Hartnäckigkeit verfolgte er das einmal gesetzte Ziel. Akkon wurde zu einer Prestigefrage, und es war ein schwerer Schlag für Saladin, daß er die Stadt nach zweijähriger Belagerung verlor. Nicht Guido, sondern Saladin war der Tor gewesen, als er den Rat seiner Emire zurückwies, die 1187 eroberte Stadt völlig zu zerstören. Hier zeigte sich, daß er kein guter Stratege war. Er hatte vielmehr die Festung und den Hafen noch ausgebaut und seine gesamte militärische Ausrüstung aus Ägypten und Syrien in der Stadt gelagert. Guidos Marsch auf Akkon wie überhaupt der dritte Kreuzzug trafen Saladin unvorbereitet und unerwartet. Er stand jetzt vor einem bisher für die islamischen Herrscher unbekannten Problem, drei Jahre lang (1190–1192) ein stehendes Heer unterhalten zu müssen. Er hatte »die Einkünfte Ägyptens ausgegeben zur Eroberung Syriens, die Syriens zur Gewinnung Mesopotamiens, die Mesopotamiens zur Besetzung Palästinas«

(al-Fadil); jetzt fehlten ihm die nötigen Geldmittel. Der langjährige Kampf um die Stadt hielt ihn von seinem eigentlichen Ziel, der Ausbreitung der islamischen Orthodoxie, ab. Schon Friedrichs Kreuzzug hatte ihn mit Befürchtungen erfüllt, und er hatte von überall Nachrichten darüber eingeholt. Ehe diese Sorge noch von ihm genommen war, mußte er gegen Guido ziehen.

Vom September 1189 an erhielten die Franken vor Akkon dauernd größere und kleinere Verstärkungen auf dem Seewege aus Europa. Friesen und Skandinavier brachten dringend benötigte Schiffe für die Seeblockade mit, aber es kamen auch Flamen, Franzosen, Engländer, Italiener und die Deutschen unter Ludwig III. von Thüringen. Selbst Konrad von Montferrat lieh anfangs seine Unterstützung, und am 4. Oktober trat man zur Schlacht gegen Saladin an, die aber mit einer empfindlichen Niederlage der Franken endete. Dennoch wollte die von Hunger gepeinigte Stadt schon kapitulieren, als an Weihnachten eine ägyptische Hilfsflotte mit reichem Nachschub die Blockade brach. Das Frühjahr 1190 war von wechselhaften Kämpfen erfüllt. Die Franken konnten einen Seesieg erringen, aber ein Versuch, die Stadt am 5. Mai zu stürmen, scheiterte, und die fränkischen Belagerungsmaschinen gingen in Flammen auf, nachdem die Sarazenen die Holztürme mit dem gefürchteten griechischen Feuer, einer nur mit Essig zu löschenden Naphta-Mischung, bombardiert hatten. Vom 19. bis 26. Mai mühte sich Saladin erneut, die Franken zu vertreiben, aber ohne entscheidenden Erfolg. Dagegen erlitten diese eine schwere Niederlage, als das Fußvolk gegen den Willen der Kommandeure am 25. Juli einen überraschenden Angriff auf Saladins Lager unternahm. Es zeigte sich aber immer deutlicher, daß Saladin gegen die innerhalb eines festen Grabensystems verschanzten Franken keinen durchgreifenden Erfolg erringen konnte, weil seine Truppe auf eine solche Kampfweise einfach nicht eingestellt war. Auch erhielten die Franken laufend Zuzug, vor allem durch Heinrich von der Champagne, den Pfalzgrafen von Troyes, der als Neffe der Könige von England und Frankreich am besten den bereits erkennbaren latenten Gegensatz im Feldlager überbrücken konnte, der sich aus Westeuropa hierhin verpflanzt und schon vorher zu einem zwiegespaltenen Oberbefehl geführt hatte, der jetzt Heinrich übertragen wurde. Am 7. Oktober kam der Herzog von Schwaben mit dem deutschen Restheer, wenige Tage später traf der Erzbischof Balduin von Canterbury ein. Am 12. November gelang es den Franken, Saladin aus seinem Hügellager zu vertreiben, doch nahm dieser sofort eine noch stärkere Position in der Nähe ein.

Konrad von Montferrat hatte seine Unterstützung Guidos mittlerweile eingestellt. Im Herbst waren Königin Sibylle und ihre beiden Töchter gestorben, und Konrad strebte nunmehr selbst nach der Krone. Guido hatte nur als Gemahl Sibylles regiert. Da Nachkommen nicht vorhanden waren, fiel die Erbfolge an Isabella, die jüngere Tochter König Amalrichs, die mit Humfred IV. von Toron verheiratet war. Konrad ließ durchsickern, daß Isabella geheiratet habe, ehe sie das vorgeschriebene Alter erreicht hatte. Geschickt verknüpfte er dieses juristische, wahrscheinlich unzutreffende Argument mit der politischen Opposition der Barone gegen den jungen Humfred, der 1186 sich sofort Guido unterworfen hatte. In einer Justizko-

mödie wurde Isabella von Humfred geschieden und anschließend mit Konrad getraut (24. November 1190), obwohl dieser bereits verheiratet war. Der Erzbischof von Canterbury starb aus Gram über die von ihm bekämpfte Heirat, aber die Kurie fand sich, wenn auch nur zögernd, mit der Bigamie ab. Der Winter 1190/91 brachte den Belagerern eine große Hungersnot, für die man im Feldlager den Markgrafen von Montferrat verantwortlich machte, der sich nach Tyrus zurückgezogen hatte. Für ein Ei zahlte man einen Silberdenar, für einen Sack Korn 100 Goldstücke, und vor den Backöfen prügelten sich die Männer um einen Bissen Brot. Erst das Frühjahr brachte Erleichterung. Es kamen nicht nur Proviantschiffe, sondern endlich nahte auch die langerwartete Militärhilfe: Am 20. April 1191 landete König Philipp II. Augustus von Frankreich vor Akkon, sieben Wochen später folgte ihm Richard Löwenherz.
Die Verwirklichung des englisch-französischen Kreuzzuges war nach guten Anfängen durch einen neuen Krieg zwischen Frankreich und England (1188/89) ins Stocken geraten. Zu allem Unglück erhob sich Richard Löwenherz noch gegen seinen Vater. Die Dichter kritisierten diesen Zustand ebenso offen wie die Kurie, aber ohne Erfolg. Auch die Literaten waren nicht müßig, allen voran Peter von Blois, der einen Traktat »Über die Beschleunigung des Kreuzzuges« und um dieselbe Zeit die *Passio Reginaldi* schrieb, in der er Rainald von Châtillon zum Märtyrer hochstilisierte und einen geradezu pathologischen Haß über Saladin ergoß. Gegen diese Leidenschaft blieb die besonnene Kritik des Engländers Radulf Niger wirkungslos, der im französischen Exil nüchtern auf alle Schwierigkeiten des Kreuzzuges hinwies, in seiner späteren Chronik allerdings nicht an dieser Kritik festhielt, sondern von Rainald von Châtillon wie Peter von Blois als *beatus Reinaldus* sprach[72].
Kurz nachdem der Friede mit Mühe wiederhergestellt war, verstarb Heinrich II. im Juli 1189. Sein Sohn Richard trat seine Nachfolge als König (1189–1199) und Kreuzfahrer an. Er war jetzt 32 Jahre alt, groß, von starker Statur und blondhaarig, ein Haudegen ohnegleichen, ein fähiger Feldherr, eine glanzvolle ritterliche Erscheinung, aber von ausgeprägter psychischer Labilität, die ihn zwischen Großmut, Grausamkeit und devoter Zerknirschung hin- und herschwanken ließ. Demgegenüber war der 25jährige König von Frankreich gar nicht mitreißend. Er besaß einen trockenen Witz, zeigte aber Eigenschaften des vegetativen Dystonikers und litt häufig an Todesfurcht. An Wissenschaft und Kunst nahm er ebensowenig Anteil wie Richard, aber er war ein Staatsmann von ausdauernder Energie, der bei der Festigung seiner Monarchie gegen England behutsam von Erfolg zu Erfolg schritt. Er war ärmer, aber klüger als Richard. Dieser hatte den reichen Staatsschatz seines Vaters ererbt, aber er verkaufte zusätzlich noch in großem Umfange Kronämter, um Mittel für den Kreuzzug flüssig zu machen. England, das er in zehnjähriger Regierungszeit nur zehn Monate sah, war ihm nur eine Geldquelle zur Befriedigung seiner unersättlichen Kriegslust.
Am 4. Juli 1190 marschierten die beiden Könige endlich vom Sammelpunkt Vézelay ab. Sie hatten sich nun doch für den Seeweg entschieden und trennten sich in Lyon. Philipp II. Augustus zog nach Genua. Sein Vertrag mit den Genuesen nennt 650 Ritter, 1300 Knappen und ebensoviele Pferde,

Proviant und Futter für acht, Wein für vier Monate. Dieses Heer sollte für 5850 Mark Silber ins Hl. Land befördert werden. Richard zog dagegen rhôneabwärts nach Marseille, wo er die englische Flotte erwartete, die etwa 100 Frachtschiffe und 20 Kriegsschiffe zählte. Im September trafen beide Flotten in Messina ein, wo man überwinterte. Mit dem Herrscher von Sizilien, Tankred von Lecce, haderte Richard wegen der Erbansprüche seiner Schwester Johanna, die die Gemahlin des letzten Königs gewesen war. Zwischendurch fand er Zeit für eine Unterredung mit dem als Propheten bekannten kalabresischen Abt Joachim von Corazzo (Fiore), der ihm den Sieg im Orient prophezeite. Das hochtrabende Auftreten der Engländer ließ bald den immer schwelenden sizilischen Fremdenhaß virulent werden, und Richard war genötigt, in einer fünfstündigen Blitzaktion die Stadt Messina zu erobern. Er habe sie rascher in seine Gewalt gebracht, als ein Priester die Matutin singen könne, lobte der anglonormannische Dichter Ambroise, der mit seiner *Estoire de la Guerre Sainte* den Heldentaten Richards und den Leiden der kleinen Kreuzfahrer ein unvergängliches Denkmal setzte. Wegen der Teilung der Beute, die zwischen Philipp und Richard vereinbart worden war, gab es jetzt die ersten Schwierigkeiten, die auch in Zukunft nie mehr abreißen sollten. Am 30. März 1191 segelte Philipp erbost allein aus Messina ab, Richard folgte ihm am 10. April, eroberte noch in einem kühnen Feldzug unterwegs die Insel Zypern, die von dem »Kaiser« Isaak Komnenos beherrscht wurde (Mai 1191). Bereits auf der Insel traf Richard mit König Guido zusammen und schlug sich als Lehnsherr seiner Familie in Poitou sofort auf dessen Seite, während Konrad von Montferrat von Philipp II. Augustus und dem Herzog von Österreich als neuem Führer der Deutschen gestützt wurde. Diese Spaltung vertiefte die englisch-französischen Gegensätze noch mehr; auch die Deutschen kamen mit den Franzosen nicht mehr aus.

Dennoch wurde die Belagerung Akkons nach Richards Ankunft (8. Juni) energischer als vorher betrieben, vor allem mit Hilfe großer französischer Belagerungsmaschinen. Saladins Angriffe auf das Lager nützten nichts. Am 12. Juli 1191 kapitulierte die entnervte Besatzung gegen des Sultans Willen. Für eine selbst aus Zisternen mit Wasser nur mäßig versorgte Stadt ohne Quelle hatte sie, wenn nicht blockadebrechende Schiffe Wasser brachten (wir hören von solchen Lebensmittellieferungen), ungewöhnlich lange durchgehalten. Die Besatzung sollte freigelassen werden, wenn Saladin das Hl. Kreuz wieder herausgebe, 1500 namentlich genannte christliche Gefangene entlasse und 200000 Byzantiner Lösegeld zahle. Nach einer zweijährigen Belagerung wehten nun endlich die Standarten Frankreichs und Englands über der Stadt, allerdings nur diese. In Messina hatten die Könige bereits einen Beuteteilungsvertrag geschlossen, den sie nun so auslegten, daß nur sie und ihr Anhang an der Beute zu beteiligen waren, nicht aber die anderen, die bis zu zwei Jahren vor Akkon gelegen hatten. Leopold von Österreich durchbrach dieses Beutekartell, indem er in der Stadt das babenbergische Banner aufpflanzte. Ehe das Beispiel Schule machen konnte, riß Richard Löwenherz es mit eigener Hand nieder. Es ging ums Geschäft, nicht um einen point d'honneur oder englische Arroganz, wie in der älteren Literatur zu lesen steht. Die Verluste waren schwer gewesen. Eine offiziöse Totenliste nennt die Königin Sibylle, den Patriarchen Eraclius, 5 Erzbischöfe, 6 Bischöfe, 4 Äbte, einen Prior, einen Archidiakon, 2 Herzöge, einen Landgrafen, 10 Grafen, 3 Vizegrafen und 30 weitere hohe Adlige. Die Verluste der kleinen Ritter und des Fußvolks blieben ungezählt. Die sarazenische Gefallenenquote wurde noch empfindlich vermehrt, als Richard in einem Anfall von Zorn die 3000 Gefangenen ermorden ließ, weil es wegen der ersten Rate des Lösegeldes, mit dem Saladin vielleicht überfordert war, Schwierigkeiten gab.

Die Regierung des Landes wurde nun als Kompromiß geregelt: Guido wurde als König bestätigt, Konrad sollte sein Erbe sein. Aber der wahre Herrscher des Hl. Landes war vorerst Richard I., um so mehr als der französische König Ende Juli die Heimreise antrat. Er war viel krank gewesen, mußte sich zu Hause um die Erbschaft des Grafen von Flandern kümmern und hatte, wenn Richard zurückblieb, Gelegenheit, gegen die Normandie vorzugehen. Vom französischen Standpunkt aus gesehen war seine Abreise klug, aber die englischen Chronisten ziehen ihn der Feigheit und des Eidbruchs. Mit ihm reiste Roger von Hoveden aus Yorkshire, der sein Tagebuch zu einem der wertvollsten Berichte über den anglo-französischen Kreuzzug ausarbeitete. Philipps Heer blieb unter der Führung des Herzogs von Burgund zurück, der aber so wenig Geld hatte, daß er die Truppen nur mit Hilfe von englischen Darlehen besolden konnte.

Noch ein ganzes Jahr führte Richard Krieg mit Saladin, dessen Ansehen durch den Fall Akkons erheblich gelitten hatte. Saladins Heer zeigte ernstliche Auflösungserscheinungen, nur die Truppen aus Ägypten und Mosul waren verläßlich. Selbst seine Verwandten, voran sein Neffe Taqi ad-Din, zettelten Meutereien und Streitigkeiten an, die ihn an einer energischen Kriegführung hinderten. Er sah sein Ziel hauptsächlich in der Bewahrung Jerusalems und richtete sein taktisches Bemühen deshalb darauf, die Versorgungslinien der Kreuzfahrer im Landesinneren zu bedrohen. Diese Taktik hat Richard tatsächlich von ernstlichen Angriffsversuchen auf Jerusalem abgehalten. Aber als General war Richard Saladin überlegen und ließ sich in keine Falle locken. Er marschierte am 22. August von Akkon zunächst nach Süden, denn wenn er nach Jerusalem wollte, benötigte er Jaffa, den nächstliegenden Hafen, als Basis. Der Zug war ein Musterbeispiel der Kreuzfahrertaktik. Von der See her wurde das Heer durch die Flotte abgeschirmt, die die Schnelligkeit des Zuges bestimmte. Die drei Ritterformationen in der Mitte wurden an ihrer östlichen Flanke gegen dauernde Angriffe durch enggeschlossenes Fußvolk gedeckt, dessen Überbeanspruchung dadurch vermieden wurde, daß es sich mit anderen unberittenen Abteilungen ablöste, die sonst direkt an der Küste marschierten. Saladin versuchte am 7. September bei Arsuf nördlich von Jaffa das christliche Heer in einer entscheidenden Schlacht aufzubrechen. Aber Richard hielt eisern die Schlachtordnung zusammen, die gefürchteten englischen Bogenschützen wehrten die Feinde so lange ab, bis diese Zeichen der Ermattung zeigten. Dann erst folgte der geballte Angriff der englischen Ritterschaft, dem die Muslime nicht gewachsen waren. Die Verluste waren auf beiden Seiten gering, aber der moralische Sieg lag bei den Lateinern, die die erste große Schlacht seit Hattin gewonnen und damit die Legende von Saladins Überlegenheit zerstört hatten.

Nach der Besetzung Jaffas gönnte Richard dem Heer eine Pause. Von nun an verhandelte er nahezu unablässig über eine Beendigung des Krieges. Saladin wurde dabei durch seinen Bruder al-Adil vertreten, der ein äußerst geschickter Diplomat war und mit seiner Verzögerungstaktik die Franken zermürbte. Er spaltete sie auf, indem er gleichzeitig mit Richard und Konrad von Montferrat verhandelte. Die in höflicher Atmosphäre geführten Unterhandlungen, in denen gar das abstruse Projekt einer Heirat zwischen Richards Schwester und Saladins Bruder besprochen worden sein soll, zeigen einen politischen Geist, der von der religiösen Kreuzzugsidee weit entfernt war. Das Problem, wie die Existenz der Kreuzfahrerstaaten bewahrt bleiben könne, war eben ein politisches Problem, das trotz der im Heer unzweifelhaft vorhandenen religiösen Begeisterung nur mit politischen Mitteln gelöst werden konnte. Auch ein so impulsiver Mensch wie Richard konnte sich dieser Erkenntnis nicht verschließen, zumal sich Kreuzzugsgeist ebensowenig auf die Dauer konservieren läßt wie revolutionärer Schwung. Die Depravierung einer noblen Idee zu bejammern, liegt kein Anlaß vor, wenn man sich klar macht, daß die Lage pragmatisches Handeln dringend erforderte.

Einen Vorstoß gegen Jerusalem mußte das christliche Heer um Neujahr in Bait Nuba, 20 Kilometer vor der ungenügend befestigten Stadt, abbrechen. Die Masse des Heeres kritisierte diesen Entschluß, der angesichts Saladins Taktik aber richtig war. Die Franzosen gingen nach Akkon zurück, die Engländer beschäftigte Richard mit dem Wiederaufbau von Askalon.

Im April kam die Nachricht, daß Richards Bruder Johann ohne Land hochverräterische Verhandlungen mit dem französischen König angeknüpft habe. Die Situation war nicht unmittelbar drängend, aber Richard erkannte, daß er nicht unbegrenzt im Osten bleiben könne. Der Kompromiß zwischen Guido und Konrad hatte sich nicht bewährt. Auf das Drängen der Barone ließ Richard jetzt seinen Schützling Guido fallen, und der energische Konrad von Montferrat wurde zum König gewählt, wie es auch dem geltenden Geblütsrecht entsprach. Guido wurde damit abgefunden, daß ihm Richard die Herrschaft über Zypern verschaffte, die er bereits früher den Templern verkauft hatte, deren Ansprüche Guido nun ablösen mußte. Aber die Krone trug Konrad nicht mehr. Als am Abend des 28. April 1192 seine Frau Isabella zu lange im Bade blieb und daher das Essen nicht beginnen konnte (so will es der Chronist Ernoul), begab sich Konrad zum Bischof von Beauvais, um dort zu speisen. Da dessen Mahl aber schon vorbei war, lief er langsam wieder seinem tyrischen Palast zu. Als er um eine Ecke bog, wurde er von zwei Assassinen erstochen. Es war die letzte Tat des »Alten vom Berge«, der bald darauf starb. Die öffentliche Meinung beschuldigte Richard der Anstiftung, und die englischen Chronisten erfanden zur Abwehr des Vorwurfs einen Brief des Assassinenscheichs an den wieder in die Heimat zurückgekehrten Herzog Leopold V. von Österreich, worin Richard freigesprochen wurde. Der wahre Verantwortliche ist nicht zu erkennen[73]. Nach wenigen Tagen heiratete Konrads Witwe den Grafen Heinrich von der Champagne, der dann vom Volk von Tyrus als König akklamiert wurde, auf Richards Rat die Herrschaft auch annahm, wenn auch etwas widerstrebend, aber nie den Königstitel führte, wohl weil er nie ge-

krönt wurde oder weil er auf die Champagne nicht verzichten wollte. Aus der Ehe ging eine Tochter Alice hervor (unten S. 220), die dann illegitim war, wenn Isabella 1190 zu Unrecht von Humfred IV. von Toron geschieden worden war. Diese Frage hielt später wegen der Erbfolge in der Champagne ganz Nordfrankreich in Atem, bis schließlich 1234 Ludwig der Heilige von Frankreich eine enorm kostspielige Regelung dieser Frage zuwege brachte.
Der Sommer 1192 brachte einen neuen Vorstoß Richards auf Jerusalem, der aber wiederum in Bait Nuba steckenblieb. Als sich das Heer dann nach Akkon zurückzog, eroberte Saladin die Stadt Jaffa. Kaum hatte Richard davon gehört, als er eine Handvoll Ritter zusammensuchte, nach Jaffa segelte und in einem seiner bekanntesten Husarenstücke nur ungenügend gerüstet durch das seichte Wasser an den Strand watete und binnen kurzem die Stadt von den Feinden säuberte. Nachdem er am 5. August noch einen Angriff Saladins abgewehrt hatte, schloß er am 2. September einen Waffenstillstand auf etwas über 3 Jahre. Beide Seiten hatten erkannt, daß sie einander nicht entscheidend zu vernichten vermochten; auch die Hl. Stadt konnten die Christen nicht wieder erobern. Der Vertrag sah vor, daß die Küste von Tyrus bis Jaffa wieder christlich sein solle. Askalon, das den Hauptpunkt der Verhandlungen gebildet hatte, fiel an den Sultan, doch wurden vorher die Befestigungen geschleift, ebenso in Darum und Gaza. Jerusalem verblieb den Sarazenen, aber man vereinbarte freien Pilgerverkehr, wovon Richard selbst keinen Gebrauch machte. Tripolis und Antiochia, das in den ganzen Kämpfen neutral geblieben war, wurden im Oktober in den Waffenstillstand eingeschlossen.
Am 9. Oktober 1192 verließ Richard das Hl. Land. Er hinterließ ein englisches Spital in Akkon, das englische Kleriker mit seiner Hilfe gegründet und dem hl. Thomas von Canterbury geweiht hatten; um 1230 wurde es vom Bischof von Winchester reformiert zu einem Ritterorden und in die akkonensische Vorstadt Montmusard verlegt, wo das englische Quartier darum herumwuchs, ohne daß die Ritter je eine große Rolle gespielt hätten. Bei der Rückreise nötigte ein Schiffbruch Richard dazu, verkleidet durch Österreich zu ziehen, dessen Herzog den Zwischenfall mit dem Banner nicht vergessen hatte. Richard wurde erkannt und in Dürnstein festgesetzt. Leopold lieferte ihn später an Kaiser Heinrich VI. aus, der ihn erst 1194 wieder freiließ, nachdem England ein ungeheures Lösegeld von 150000 Mark Silber aufgebracht und Richard England vom Kaiser zu Lehen genommen hatte. Im Jahre 1199 ist Richard im Kampf gegen Philipp II. Augustus gefallen. Schon vor ihm war Saladin im März 1193 im Alter von 55 Jahren gestorben. Mit ihm war eine der größten Persönlichkeiten des mittelalterlichen Islam dahingegangen, ein Mann, dessen Erfolg fast ausschließlich aus der moralischen Kraft seiner Idee erklärt werden muß. Es lag ganz auf der Linie der islamischen Tradition, daß sein Reich alsbald zu zerfallen begann. Diese Tatsache verewigte vorerst den Waffenstillstand und gab den Kreuzfahrerstaaten auf etwa 50 Jahre Ruhe vor einem entscheidenden Krieg mit den Aiyubiden. Der größte abendländische Kreuzzug war vorbei. Der Erfolg war mager genug; der größere Teil Palästinas verblieb den Muslimen. Aber die vereinigten Kräfte der Franken und des Abendlandes hatten

den Bestand der Kreuzfahrerstaaten für ein weiteres Jahrhundert gesichert. Eine ähnliche Anstrengung hat Europa jedoch nie mehr unternommen.
Von Deutschland aus wurde allerdings bald ein neuer Kreuzzug geplant, bei dem schon sehr stark politische Motive mitspielten[74]. Der neue Kaiser, Heinrich VI. (1190–1197), hatte hochfliegende Pläne. Er war durch seine Heirat mit Konstanze und den kinderlosen Tod Wilhelms II. unverhofft Erbe von Sizilien und Unteritalien, das er 1194 erobern mußte. Auch politisch trat er das Erbe der Normannen an, die seit eh und je Expansionspläne im östlichen Mittelmeer gehabt hatten. Leo II., Fürst von Kleinarmenien, unter dem das kilikische Armenien seinen Höhepunkt erreichte, erbat 1194 erfolgreich die Belehnung durch den Kaiser. Seine Vorfahren und er selbst hatten Kleinarmenien in ständiger Auseinandersetzung mit Byzanz und dessen armenischen Alliierten aus der Familie der Hethumiden (oben S. 50) zu einem vitalen christlichen Staat gemacht, dessen wirtschaftliche Basis in der kilikischen Ebene und den Städten Tarsus und Seleukia ruhte und dessen politisches Gewicht durch die starken Festungen der rupenidischen Herrscherfamilie in den kilikischen Gebirgen gewährleistet wurde.
Die größte Aufmerksamkeit richtete der Kaiser aber auf Byzanz. Er verlobte 1194 seinen Bruder Philipp mit Irene, der Tochter des byzantinischen Kaisers Isaak Angelos. Die Hochzeit fand 1197 statt; sie sollte für die Geschichte der Kreuzzüge noch sehr folgenreich werden. Einstweilen verschaffte die Verbindung Heinrich einen dynastischen Erbanspruch seiner Familie auf Byzanz, und als Isaak Angelos seinen Thron an seinen noch schwächeren Bruder Alexios III. (1195–1203) verlor, bot das staufisch-byzantinische Verlöbnis dem Kaiser Gelegenheit, seinen Druck auf Byzanz mit dem Nimbus des Rechts zu umkleiden. Er selbst nahm 1195 das Kreuz, auch um zu einer Verständigung mit dem Papst zu kommen und versprach, neben dem Kreuzheer auf eigene Kosten 1500 Panzerritter und 1500 Knappen als Söldner zu unterhalten. Doch kam der Kreuzzug, für den in den folgenden Jahren in Deutschland geworben wurde, nicht sofort zustande. Einmal scheiterte des Kaisers Plan, Deutschland und Sizilien zu einer Erbmonarchie zu machen, an dem Widerstand der niederdeutschen Fürsten und der Kurie; zweitens trat Rom ungeachtet der religiösen Differenzen entschieden für Byzanz ein und drängte auf einen Kreuzzug ins Hl. Land statt gegen Byzanz, weil der Kurie selbst völlige politische Ohnmacht gedroht hätte, wenn auch noch Byzanz dem Westreich eingegliedert worden wäre; zum dritten erkauften sich die Byzantiner mit einer ebenso harten wie unpopulären Tributzahlung von jährlich 16 Zentnern Gold, dem sogenannten Alamanikon, vorläufig Ruhe.
Des Kaisers Plan, den Kreuzzug selbst anzuführen, mußte aufgegeben werden. Statt dessen wurden der Reichsmarschall Heinrich von Kalden und der Reichskanzler Konrad von Querfurt, Bischof von Hildesheim, zu Anführern ernannt. Von März 1197 an schifften sich die deutschen Truppen in Süditalien ein; das Hauptkontingent verließ Anfang September Messina. Auf dem Weg nach Akkon unterbrachen sie die Reise in Zypern, wo der Kanzler den Bruder und Nachfolger Guidos, Aimerich von Lusignan, zum König von Zypern krönte und so die Oberhoheit des Reiches über die Insel begründete. Auch im Hl. Lande war den Deutschen ein bleibender Erfolg

beschieden. Unter der Führung des Herzogs von Brabant konnten sie die Landverbindung zwischen dem Königreich Jerusalem und der Grafschaft Tripolis durch die Besetzung von Sidon und Beirut (24. Oktober 1197) wiederherstellen.
Der plötzliche und unerwartete Tod Heinrichs VI. in Messina am 28. September 1197 stürzte das mittelalterliche Kaiserreich in eine seiner schwersten Krisen, denn Heinrich hatte keine Zeit gehabt, sein großes Werk irgendwie zu festigen. Sein Sohn war ein Kind, und die Macht hatte allein auf der Autorität des Kaisers geruht. Unter diesen Umständen löste sich der deutsche Kreuzzug bald auf. Nur Leo II. von Kleinarmenien zog noch seinen Nutzen, denn im Januar 1198 erhielt er aus der Hand des Erzbischofs von Mainz die lang ersehnte Königskrone. Die mit der Krönung verbundene Union der armenischen Kirche mit Rom war aber rein äußerlich.

8. Die innere Entwicklung der Kreuzfahrerstaaten im 12. und 13. Jahrhundert

Als der islamische Reisende Ibn Dschubair 1184 durch das Hl. Land zog, fand er zu seinem Erstaunen trotz des zunehmenden politischen Verfalls des Landes relativ idyllische wirtschaftliche und soziale Zustände vor[75]. Gemeinsam bestellten Franken und Muslime stellenweise das Land und gemeinsam weideten sie ihr Vieh. Die großen Handelskarawanen zogen unbehelligt nach Akkon, wo sie am Zollamt von einer reibungslos funktionierenden Verwaltung arabisch sprechender Christen abgefertigt wurden. Man muß sich aber hüten, aus dieser Schilderung auf eine humane Gesinnung der Franken oder auf eine wechselseitige Durchdringung von christlichem und islamischem Lebensbereich zu schließen. Wenn das Joch der fränkischen Herrschaft für die Muslime nicht allzu drückend war, so nur deshalb, weil Menschenmangel zu allen Zeiten das größte Problem der Kreuzfahrerstaaten war. Bei der Eroberung war die islamische Bevölkerung teils getötet worden, teils war sie ausgewandert. Von den Kreuzfahrern blieben nur wenige im Lande; Jerusalem hatte um 1100 nur ein paar hundert Einwohner. Selbst in der Stadt waren die Lebensverhältnisse unsicher, vom flachen Land ganz zu schweigen. Die im Hl. Land Zurückgebliebenen verteilten sich im wesentlichen nach ethnischen Gesichtspunkten: die Lothringer und Nordfranzosen blieben im Königreich Jerusalem, die Provenzalen in Tripolis, die Normannen in Antiochia, das später auch unter französische Herrschaft geriet.
Es war eine Lebensfrage, ob es gelingen würde, kampffähige und siedlungswillige Männer aus Europa anzulocken[76]. Dabei zeigte sich gleich, daß die Städte leichter zu bevölkern waren als das Land. Allerdings ist die Auffassung, Gottfried von Bouillon habe wegen des geringen Umfangs seiner Domäne fast nur Geldlehen vergeben, heute nicht mehr unbestritten. So viel ist freilich richtig, daß das Geldlehen unter Gottfried wichtig war und das

Landlehen unter Balduin I. an Bedeutung zunahm. Daneben stand noch die eigenmächtige Landnahme bei der Eroberung, als deren Folge sich vereinzelt noch lange fränkischer Allodialbesitz, d. h. freies Eigentum, erhalten hat. Jean Richard hat es für Zypern und Tripolis nachgewiesen, Prawer für das Königreich Jerusalem. Jüngst ist dies von Riley-Smith mit Nachdruck bestritten worden, und man wird ihm wohl darin zustimmen müssen, daß *fiés francs*, also dienstfreie Lehen, letztlich eben doch Lehen waren, auch wenn für sie der lehensbegründende Rechtsakt der Mannschaft *(homagium)* nicht stattfand und sie keinen Dienst leisteten, sich also praktisch dem Vollallod annäherten. Daneben aber, von den *fiés francs* in den Rechtsbüchern getrennt behandelt und auch im Rechtsalltag nachweisbar, gab es das Vollallod, an dessen Existenz auch weiterhin festzuhalten ist. Mit dieser Diskussion verbindet sich unterschwellig eine andere, ob nämlich der Prozeß der Feudalisierung ungeregelt entsprechend den Zufällen der Eroberung (Prawer) oder geregelt nach einem herrscherlichen Plan (Riley-Smith) verlaufen sei; das Vollallod gilt hierbei als Indiz eines ungeregelten Ablaufes, seine Nichtexistenz spricht für das Gegenteil. Vermiede man dieses starre Entweder-Oder, so könnten sich die Fronten auflockern: nichts spricht gegen die Annahme, daß Gottfried nach Möglichkeit planvoll handelte, aber ebenso wenig dagegen, daß die Landnahme der Eroberer von Zufälligkeiten abhing. Selbst Lehen entstanden so, etwa das des Gaufried vom Davidsturm, der um 1100 aus jakobitischem Klosterbesitz in Jerusalem sein Lehen bildete, nur weil die Mönche vorübergehend emigriert waren[77]. Der Prozeß der Feudalisierung war jedenfalls relativ langsam. Durch besonderes Entgegenkommen in der Gesetzgebung versuchte man, ritterliche Krieger zur Einwanderung oder zum Bleiben zu bewegen. Man bot ihnen im Gegensatz zu Europa auch für Militärlehen das Erbrecht der Töchter und der kollateralen Verwandten. Fiel der Ritter im Kampf, so blieb sein Besitz, auch wenn er keine direkten Nachkommen hatte, der in Europa verbliebenen Familiengemeinschaft erhalten, die nun einen neuen Mann in den Osten schicken konnte. Den Einwanderern aus den niederen Schichten kam man unter Balduin III. mit der *Assise du coup apparent* entgegen, die Pilgern und armen Leuten den Zeugenbeweis vor Gericht erließ, da die Neuankömmlinge oft nur schwer Zeugen finden konnten.

Die Küstenstädte waren dank ihrer wirtschaftlichen Position relativ leicht zu besiedeln; auch in Antiochia hatte man wenig Schwierigkeiten. Dort verband sich ein angenehmes Klima mit einer schönen Lage zwischen Bergen und Meer und der Sicherheitsgarantie der gewaltigen Befestigungen aus byzantinischer Zeit mit ihren 360 Türmen zu einem starken Anreiz. Auch bot das städtische Leben in einem Lande, wo die Stadt immer eine zentrale Rolle gespielt hatte und das die Segnungen byzantinischer und orientalischer Zivilisation und Lebensart kannte, einen in Europa ungeahnten Komfort. Die Häuser waren nach außen hin meist unansehnlich; im Innern fand man oft große Prachtentfaltung. Die Bürger von Antiochia hatten ein kunstvolles Kanalisationssystem und fließendes Wasser in ihren Häusern, lebten also komfortabler als ein westeuropäischer König. In Jerusalem erwies sich seltsamerweise die Besiedlung als problematisch, obwohl doch die ganze Anstrengung des ersten Kreuzzuges dieser Stadt gegolten hatte. Die gesamte eingeborene Bevölkerung war 1099 niedergemetzelt worden, und diese Politik gegenüber der städtischen Bevölkerungsschicht änderten die Kreuzfahrer erst mit der Eroberung Sidons (1110). Jerusalem war zwar die Hauptstadt mit der weltlichen und kirchlichen Verwaltung, aber es fehlte ihm, vom Pilgerverkehr und einem auch für Geschenke ins Ausland arbeitenden, auf Quantität bedachten Goldschmiedehandwerk abgesehen, jedes wirtschaftliche Stimulans; es gab weder Manufaktur noch Fernhandel. Die Könige mußten daher hier zu besonderen Maßnahmen greifen (*Assise de l'an et jour,* S. 60). Balduin I. siedelte um 1115 im ehemals jüdischen Viertel eine große Zahl christlicher Syrer aus Transjordanien an, die er besonders privilegierte; 1120 schaffte Balduin II. auf Bitten des Patriarchen alle Abgaben auf importierte Lebensmittel, insbesondere auf Getreide, ab, wobei das finanzielle Interesse des Hl. Grabes, das praktisch ein Bäckereimonopol in Jerusalem besaß, eine erhebliche Rolle spielte.

Obgleich die fränkische Gesellschaft im Kern immer städtisch orientiert blieb, war es doch zur Durchsetzung der abendländischen Herrschaft unerläßlich, auch das Land mit einem administrativ-kolonisatorischen System zu überziehen. Der Landesausbau ging hier oft Hand in Hand mit den Bedürfnissen der Verteidigung. Vor allem der König, aber auch mächtige Haushaltsfunktionäre, bauten zunächst einmal Burgen mit rein defensiven oder offensiven Absichten, namentlich im Südwesten um Askalon und im Südosten in der Nähe des Toten Meeres. Es konnte nicht ausbleiben, daß um diese Burgen Vorstädte mit einer Kirche und im weiteren Umkreis Dörfer entstanden, von wo aus siedlungswillige Menschen die Landwirtschaft intensivierten, aus deren Abgaben wiederum der Burgherr als Lehnsträger des Königs die Burg unterhielt und die Sicherheit garantierte. In Gaza läßt sich die Ausweitung der Siedlung gut beobachten. Man hatte dort 1149 in den antiken Ruinen eine Burg errichtet, deren Mauern aber nicht den Umfang der alten Stadt erreichten. Als nach dem Fall Askalons 1153 die militärischen Aufgaben Gazas unbedeutender wurden, entwickelte sich die Siedlung so stark, daß man einen zweiten, größeren Mauerring bauen mußte.

Besonders gut sind wir über Bau und Funktion der Burg Safad unterrichtet. Sie kontrollierte die Straße Akkon–Damaskus und die Jakobsfurt, den wichtigsten Jordanübergang. Von den Sarazenen 1218 zerstört, wurde sie 1240 von den Templern mit riesigen Kosten neu erbaut zu einer starken und unzugänglichen Festung. In Friedenszeiten hatte die Burg eine Besatzung von 50 Tempelrittern, 30 dienenden Brüdern, 50 leichtberittenen Turkopolen, 300 Bogenschützen und weiteren 820 Mann und 400 Sklaven. Im Krieg konnte Safad weitere 2000 Menschen aufnehmen und bot so der örtlichen lateinischen Bevölkerung sichere Zuflucht. Eine Beschreibung der Burg schildert eindrücklich die Landwirtschaft, die Viehzucht und die Fischerei der Gegend. Getreide, Feigen, Granatäpfel, Oliven, Trauben und Gemüse werden erwähnt, es gab Honigproduktion, ausgezeichnete und kommerziell ausgebeutete Steinbrüche und ein Bewässerungssystem für die Plantagen. Die Wasserversorgung wurde durch Quellen und Zisternen innerhalb der Burgmauern gesichert. Das abgelieferte Korn wurde in burgeigenen wind- oder tiergetriebenen Mühlen gemahlen und im eigenen Ofen verbacken. Mühlen gab es auch außerhalb der Burg, wo zwölf Wassermühlen erwähnt werden, von denen ungewiß ist, ob sie grundherrlicher Ordensbesitz waren oder nicht. Die Bevölkerung des Distrikts wurde geschätzt auf 10000 Menschen, die sich auf 260 Dörfer verteilten. Zu Füßen der Burg lag die Siedlung, größer als die anderen Orte und mit einem Markt versehen. Der Berichterstatter traf die Funktion der Burg sehr genau, wenn er bemerkte, daß sie die Sarazenen vom Übergang über den Jordan und von Raubzügen in Richtung Akkon abhielt und damit der Landwirtschaft und der Kolonisation *(terrae colonia)* sicheren Schutz bot.

Auch das Siedlungsprojekt der Johanniter in Bait Dschibrin bei Askalon läßt sich 1168 gut erkennen. Hier siedelten ausschließlich die Franken, im ganzen 32 Familien. Sechs davon waren schon vorher in Palästina ansässig gewesen, die anderen waren Neuankömmlinge aus der Auvergne, Gascogne, Lombardei, Poitou, Katalonien, Burgund, Flandern und Carcassonne. Sie erhielten jeweils 42 Hektar Land als *tenure en bourgeoisie*[78], besaßen in der Form der Freizügigkeit die persönliche Freiheit und zahlten neben einem Teil der etwa anfallenden Sarazenenbeute (sie mußten also gelegentlich in den Krieg) das *Terraticum,* eine ertragsabhängige Naturaliensteuer, gemäß dem Gewohnheitsrecht von Ramla-Lydda, das ein öfter benutztes Vorbild für den Landesausbau gewesen zu sein scheint, der hier wie überall ganz nach europäischen Vorbildern vor sich ging. Ein weiterer Anreiz war die Abschaffung des Vorkaufsrechts der Johanniter, so daß das Land gegen eine mäßige Abgabe an den Grundherrn frei veräußert werden konnte. Gegen Ende des Jahrhunderts besaß die Siedlung einen eigenen Gerichtshof *(Cour des bourgeois),* der ihr einen gewissen Grad von Selbstverwaltung sicherte. In *Magna Mahumeria* bei Jerusalem kennen wir ein großes Siedlungsunternehmen der Kanoniker des Hl. Grabes, wie überhaupt die Kirche im Landesinneren einen starken Anteil an der Kolonisation gehabt haben wird. Die Administration wurde hier strenger gehandhabt und vertrieb gelegentlich einen Siedler. Der *Dispensator* hatte als Beauftragter des Grundherren ein wachsames Auge auf die Qualität der Arbeit; er konnte verwarnen, Geldstrafen verhängen oder das Land einziehen, freilich nur unter Mitwirkung der lokalen Selbstverwaltungsorganisation. Die Strenge der Siedlungskontrakte läßt es als möglich erscheinen, daß sich die Siedler bisweilen aus Pilgern rekrutierten, denen das Geld für die Heimreise fehlte. Das von Bernhard von Clairvaux (De laude novae militiae c. 5 § 10) und noch von Burchard von Monte Sion gezeichnete Bild des Hl. Landes als einer Art Verbrecherkolonie tut der historischen Wirklichkeit allerdings Gewalt an. Auch in *Magna Mahumeria* siedelten übrigens ausnahmslos Franken, im ganzen etwa 140 Familien, während im Südosten auch Muslime angesiedelt wurden. Die Zahl der Herde wurde hier zur Besteuerungseinheit und tritt als solche noch im großen Steuerdekret von 1183 auf. Am dichtesten besiedelt wurde außer der Küste offenbar die Gegend um Jerusalem, denn als 1168 die Johanniter 10000 Byzantiner erhielten, um für den ungarischen Thronfolger Land zu kaufen, mußten sie mitteilen, daß sie in der Nähe der Hauptstadt keines hätten erwerben können.

So bildete sich neben der adligen Oberschicht eine zweite freie fränkische Klasse, die *burgenses* oder *Bourgeois* (unten S. 158f.), die aus einer kontinuierlich anhaltenden Einwanderung hervorgingen, als deren Motiv wir – von den oben erwähnten Ausnahmen abgesehen – hauptsächlich soziale Vorteile vermuten müssen, denn selbstverständlich stand ein fränkischer Bourgeois sozial über einem noch so reichen syrischen Grundbesitzer, und die große Trennungslinie verlief nicht wie sonst zwischen adlig und nichtadlig, sondern zwischen Franken und Nichtfranken. Allein die Franken, d.h. die römisch-katholischen Christen, bildeten das Staatsvolk, das alle politische Entscheidungsgewalt besaß. Der König war offiziell der *rex Latinorum.* Mochte die Beteiligung der Bourgeois am politischen Leben in den meisten Fällen auch rein formal sein, so war sie doch bei gewissen Akten nötig, so bei der Entscheidung über die Thronfolge und bei der Krönung, nach der die Bourgeois Jerusalems beim Krönungsmahl zu servieren hatten. Der größte Teil der Bourgeois blieb in den Städten Jerusalem, Akkon, Tyrus, Tripolis und Antiochia, aber man soll die Siedlung auf dem Lande auch nicht unterschätzen. Man hat die fränkische Gesamtbevölkerung, Adlige, Kleriker, Bourgeois, für das Königreich Jerusalem um 1187 auf etwa 120000 geschätzt, davon 30000 für Jerusalem, 40000 für Akkon, 25000–30000 für Tyrus[79].

Bei den fränkischen Siedlern im Hl. Land bildete sich seit etwa 1120, wie Fulcher von Chartres (oben S. 80) bezeugt, ein eigenes Staatsgefühl aus, dem Wilhelm von Tyrus im Prolog seiner Chronik (1184) beredten Ausdruck verlieh und das erst im 13. Jh. ernstlich erschüttert wurde, als sich mit der wachsenden Macht der italienischen Kaufmannsgemeinden an der Küste und der Gründung des Deutschen Ritterordens einseitig national ausgerichtete Fremdkörper bildeten, die im einen Fall den heimischen Wirtschaftsinteressen, im anderen Fall der weltweiten staufischen Politik gegen die Bedürfnisse des Hl. Landes dienten. Jean Richard hat darum nicht zu Unrecht von einem Prozeß der Entnationalisierung gesprochen.

Dieser an der Spitze ziemlich reinblütigen Schicht der fränkischen Adligen und Bourgeois, die im 12. Jh. auch als *Poulains* (= Jungtiere, d.h. nicht eigentliche Kreuzfahrer, sondern dauerhaft siedelnde Abkömmlinge derselben) bezeichnet wurde, stand ein buntes Völkergemisch ohne politische Rechte als unteres Stratum der Gesellschaft gegenüber, das von der herrschenden Schicht sowohl ethnisch wie religiös abgegrenzt war[80]. Dabei war für die Zeit die religiöse Barriere die entscheidende; war sie erst beseitigt, so brauchte die ethnische Fremdartigkeit einem sozialen Aufstieg nicht im Wege zu sein (s. unten S. 167). Fulcher von Chartres rechnet sogar mit gelegentlichen Ehen zwischen fränkischen Siedlern und getauften Sarazeninnen, dagegen war das Connubium mit einer Fremdgläubigen natürlich verboten, und das Konkubinat mit einer Muhammedanerin wurde nach den drakonischen Bestimmungen des Konzils von Nablus (1120) mit Entmannung und dem Abschneiden der Nase bestraft. Den Hauptteil der einheimischen Bevölkerung stellten die christlichen Syrer, unter sich religiös aufgespalten in Orthodoxe, monotheletische Maroniten im Libanon und monophysitische Jakobiten, wobei diese Aufeinanderfolge gleichzeitig die grobe, aber keineswegs einheitliche geographische Verteilung von Süden nach Norden wiedergibt. Die Sprache dieser Volksschichten war größtenteils arabisch; das alte Syrisch erlosch im 13. Jh. Schon unter arabischer und türkischer Herrschaft waren die syrischen Christen eine geduldete Schicht gewesen, die Handwerk und Ackerbau betrieb, und ihr Schicksal änderte sich unter den Franken nur wenig. Daneben finden wir, besonders im Antiochenischen, aber auch in den palästinensischen Küstenstädten, eine beachtliche Zahl von Armeniern und Griechen, die teils Handel trieben, teils in den orthodoxen Klöstern der Kirche dienten. Ein Versuch König Amalrichs, etwa 30000 armenische Siedler in das Königreich Jerusalem zu ziehen, die dieselben – finanziell also offenbar nicht drückenden – Bedingungen wie die Muslime erhalten, jedoch Kriegsdienst leisten sollten, scheiterte daran, daß die Kirche einen besonderen Zehnten verlangte, von dem die Muslime ja befreit waren, der in Jerusalem aber generell die Hintersassen nicht traf (s. unten S. 156). Wo Franken und syrische Christen zum Landesausbau nicht ausreichten, griff man auch auf Muslime meist syrischer Herkunft zurück, die zu konvertieren nur religiöse Eiferer wie Jakob von Vitry, Bischof von Akkon im 13. Jh., sich mühten. Araber und Türken waren nur noch in verschwindender Anzahl vorhanden, doch finden sich Beduinengruppen mit nomadischem Lebensstil, die samt ihren Herden als Eigentum des königlichen Fiskus galten. Von einiger Bedeutung war das jüdische Element in den Küstenstädten, wo die Juden eine Art Monopol für Wollfärberei und Glasfabrikation besaßen. In Jerusalem freilich erhielt die jüdische Gemeinde erst 1187 unter Saladin wieder ein Lebensrecht. Auch auf dem Lande gab es jüdische Bevölkerungsreste, in dichterer Häufung vor allem im nördlichen Galilaea. Seit dem frühen 13. Jh. kam es zu einer steigenden Einwanderung von Juden nach Palästina, insbesondere aus Frankreich. Der führende Exponent dieser Bewegung war der spanische Rabbi Nachmanides, der sich 1267 im Hl. Land niederließ und in seinem Kommentar zum Pentateuch die Pilgerfahrt als fromme Pflicht ersetzte durch die Verpflichtung zur dauerhaften Besiedlung. Aus religiösen Gründen befanden sich in Jerusalem schließlich noch Georgier, koptische Äthiopier und vereinzelt nestorianische Christen aus Innerasien.

An der Spitze der sozialen Leiter stand der mit einer immer stärker am Geblütsrecht orientierten Wahl erkorene König bzw. im Norden der Landesfürst[81]. Man muß sich endgültig von der Vorstellung frei machen, die bis in die Mitte des 20. Jh. von namhaften Rechtshistorikern vertreten wurde, daß die Kreuzfahrer auf der tabula rasa des eroberten Landes einen idealen Feudalstaat errichtet hätten mit einer allmächtigen Nobilität und einem ohnmächtigen Königtum, wie das die Praxis des 13. Jh. und die jerusalemitanischen Rechtsbücher dieser Zeit zeigen. Die Feudalisierung ging langsam vor sich, der König hatte zu Beginn durchaus das Übergewicht. Absolut war er freilich nicht, er konnte es nicht sein in einem Lande, in dem im 12. Jh. der Krieg die Regel, der Frieden die Ausnahme war (zum 13. Jh. unten S. 219). Diese Situation brachte den König im Laufe der Zeit in eine fortschreitende Abhängigkeit von seinen Vasallen. Am Anfang war es aber durchaus anders. Der König herrschte unmittelbar durch seine Vizegrafen in der Krondomäne, deren Zentren Jerusalem, Nablus, Tyrus und Akkon waren. Die adlige Klasse formierte sich langsam in den Jahrzehnten 1100–1130, doch konnten sich die einzelnen Familien noch nicht in bestimmten Herrschaften festsetzen. Diese waren vielmehr fest in der Hand des Königs und wechselten oft den Besitzer. Die Gesetzgebung, die nach mittelalterlicher Anschauung der Zustimmung der Betroffenen bedurfte, galt einheitlich im ganzen Lande; freilich hat der König auch selbständig Verwaltungsmaßnahmen getroffen. So galt eine königliche Verordnung über die Straßenreinigung in Jerusalem im 13. Jh. als verfassungswidrig, weil sie im 12. Jh. ohne Zustimmung der Bevölkerung zustande gekommen war. Das Recht, Verträge mit den italienischen Seestädten oder Byzanz abzuschließen, gebührte ausschließlich dem König; er allein besaß das Münz- und Zollregal, um 1150 hatte er im ganzen Lande gewisse jurisdiktionelle Befugnisse, die der seigneurialen Gerichtsbarkeit vorgingen, so die Aburteilung minderjähriger Diebe und die Gerichtshoheit über Aftervasallen, die dann dem Königsgericht zu überstellen waren, wenn sie *in flagranti* beim Diebstahl in einer fremden Seigneurie ertappt wurden, dafür aber dann sehr wahrscheinlich den drakonischen Strafen (Auspeitschung und Brandeisen bei geringerem, Verstümmelung oder Blendung bei höherem Wert des Diebesguts) entgingen. Der König beanspruchte 1171 noch das Recht, den Rücktritt des Johannitermeisters zu genehmigen. Bis gegen Ende des Jahrhunderts ernannte er den Patriarchen in einem unkanonischen Verfahren, indem er einen von zwei Kandidaten auswählte, die von den Kanonikern des Hl. Grabes vorgeschlagen wurden; er konnte aber auch beide Bewerber verwerfen[82]. Noch ist nicht genau geklärt, inwieweit der König nach einem Gesetz eher Balduins II. als Balduins III. *(Establissement dou roi Bauduin)* in zwölf genau definierten Fällen Lehen einziehen konnte. Ein solches Vorgehen wurde im Gegensatz zur abendländischen Praxis, aber in Übereinstimmung mit dem römischen Recht nicht nur durch rein lehnrechtliche Delikte ausgelöst, sondern insbesondere durch Vergehen gegen den im König repräsentierten Staat *(crimina laesae majestatis)*, die dessen Einkünfte schmälerten, wie Geldfälschung, eigenmächtige Münzprägung und Verletzung der staatlichen Hafen- und Wegerechte. Daneben standen noch typische Staatsverbrechen wie Hochverrat und Apostasie. Riley-Smith hat aber jüngst mit gewichtigen Überlegungen die bisher einhellige Meinung der Forschung ins Wanken gebracht, daß in diesen Fällen die Lehen ohne Gerichtsverfahren (*sans esgart de cort,* so aber nur in der Kapitelüberschrift) eingezogen werden konnten. Er glaubt, daß das Gesetz hier nur das Strafmaß festsetzte, dessen Verhängung jedoch einen vorangehenden Schuldspruch durch die Vasallen in der eigentlichen Sache vorausgesetzt hätte.

In einer Übergangszeit, etwa von 1130–1160, konnte der Adel dem König gegenüber seine Position ausbauen. Bestimmte Familien setzten sich in einzelnen Herrschaften dauernd fest; wen der König hier entfernen wollte, den mußte er an anderer Stelle entschädigen. Erstmals hören wir von Adelsrevolten. Die adlige Klasse wurde differenzierter. Es entstand eine Oberschicht von etwa einem Dutzend Familien, die im Gegensatz zu früher mehrere Lehen in einer Hand vereinigten. Hierzu gehörten vor allem die Inhaber der vier großen Kronlehen (Grafschaft Jaffa-Askalon, Fürstentum Galilaea, Herrschaft von Sidon und Caesarea, Herrschaft Oultrejourdain mit St. Abraham). Daß diese vier nach einer Theorie des 13. Jh. unteilbar und ihre Barone jeweils nur von den anderen drei gerichtet worden wären, ist – die Unteilbarkeit von Jaffa-Askalon ausgenommen – in der Praxis unbeweisbar. Nur durch Heirat konnte man in diese selbstbewußte Oberschicht noch eindringen. Unter ihr stand die Masse der kleinen Ritter, deren Lehen nur einen Krieger zu stellen hatte. Sie besaßen meistens Geldlehen, die knapp zum Lebensunterhalt reichten und sie in starker Abhängigkeit vom Lehnsherren hielten. Die *Assise sur la ligece* König Amalrichs (oben S. 109) bedeutete den entscheidenden Einbruch der hohen Nobilität in die Bezirke der königlichen Macht. Hatte man früher gemeint, die Einführung der ligischen Vasallität gegenüber dem König auch für die Aftervasallen habe diese zu Pairs mit den Baronen gemacht und damit dem König eine Stütze gegen den Hochadel geboten, so haben Prawer und Riley-Smith gezeigt, daß die Assise seit 1198 ausschließlich gegen den König, nie zu seinen Gunsten angerufen wurde. Pairs wurden die Aftervasallen ja nur dem König gegenüber; im Verband ihrer Baronie blieben sie ihrem Baron untergeben. Die Zeugenlisten der Königsurkunden zeigen, daß in der königlichen Kurie nach wie vor die Magnaten dominierten. Den Klein- und Aftervasallen fehlte es *a priori* am Geld, um ihre Rechte auf Sitz und Stimme im Pairsgericht der *Haute Cour* auszuüben, zumal sie mit drei Mitgliedern bereits beschlußfähig war. Die Assise bot dem Adel geradezu die Gelegenheit zu ständischer Interessenwahrung in der Form der kollektiven Dienstverweigerung, sofern man nur einen legalistischen Grund fand. Das alte Verfahren kollektiver Aktionen, nachweisbar bei der Revolte Hugos von Jaffa (oben S. 82), war wesentlich aufwendiger und riskanter gewesen. Um den Dienst nicht mehr leisten zu müssen, hatten die Vasallen ihm die Lehen zurückgegeben. Die Haute Cour gewann in steigendem Maß an Bedeutung. Eine Art von geheimem Rat des Königs, der sich im 12. Jh. noch belegen läßt, verschwand, und im 13. Jh. war die Haute Cour nicht nur das normale seigneuriale Gericht für die Krondomäne, sondern für die Oberklasse auch das einzige und oberste Organ der Rechtsprechung. Sie übte die Gesetzgebung, wählte König und Regent insoweit, als sie zwischen mehreren geblütsrechtlichen Ansprüchen entschied, und bestimmte auch, ausgehend von der vasallitischen Verpflichtung zum *consilium* (Ratschlag), die Richtlinien der Politik. Ein eigenes Register führte sie allerdings bestenfalls in den letzten Jahren des Reiches. In außergewöhnlichen Situationen, aber wirklich nur dann, kam es gelegentlich zu gemeinsamen Beratungen der Haute Cour und der Cour des Bourgeois. Zwar ist der Versuch gemacht worden, dies schon weit ins 12. Jh. zurückzuverlegen, aber es handelt sich dabei nur um Exempel, die zeigen, daß für bestimmte Entscheidungen die Zustimmung der Bourgeois notwendig oder wünschenswert war; für gemeinsame Sitzungen ist daraus nichts ableitbar. Zur Haute Cour gehörte nicht nur der einheimische Adel, sondern – mindestens als Ratgeber des Königs – spätestens seit 1120 auch der Episkopat, seit 1148 (oben S. 96) auch ausländische hochrangige Kreuzfahrer. Auch die Meister der großen Ritterorden nahmen in dem Maß, in dem ihre Macht wuchs, an den Beratungen aktiv teil. Seit 1261 kam es zu einer Präsenz mittelständischer Elemente, aber nicht der Bourgeoisie als einer Klasse, sondern der immer mächtiger werdenden ausländischen Kaufmannskolonien sowie der in einer Zeit niedergehender öffentlicher Ordnung immer zahlreicher werdenden Bruderschaften, die freilich nicht votieren, sondern nur reden durften. Der Adel wahrte also sein Machtmonopol, aber die Verhinderung einer Repräsentanz der Gesamtbourgeoisie machte die Fortentwicklung der Haute Cour zu einem ständischen Parlament um so unmöglicher, als in einem generellen Soldkonflikt der führende Adelsjurist seinem eigenen Stand das Recht auf eine kollektive Petition absprach und statt dessen dazu riet, alle Klagen individuell vorzubringen und, wenn nötig, dann die *Assise sur la ligece* einzusetzen, deren Wahrung ihm offenbar oberstes Interesse war. Zu allen Zeiten dominierte also in der Haute Cour der Einfluß der großen Barone. Diese hatten unter König Amalrich das Privileg der Erbfolge der kollateralen Verwandten erfolgreich verteidigen können *(le cours des anciens fies est a toz heirs)*, während es den kleinen Vasallen entzogen worden war. Auch das beweist, daß Amalrichs Amtszeit keine Schwächung, sondern eine Stärkung des Hochadels sah. Es bildeten sich nun auch eigene Baronialgerichte, und im 13. Jh. zählt Johann von Ibelin 22 Lehen auf, die *court coin et justise* hatten, d. h. eigene Gerichtsbarkeit und das Recht auf die Führung eines Bleisiegels, das seit ca. 1254 zu einem Hauptcharakteristikum der Seigneurien wurde, deren Wachssiegel nur Urkunden von begrenzter Gültigkeit besiegelten. Seit dem Ende des 12. Jh. usurpierten einige Baronien (Beirut, Sidon, Tyrus und vielleicht Jaffa) sogar das königliche Münzrecht, wenn auch möglicherweise nur aus ökonomischen Sachzwängen zur Vermehrung von Kontantgeld[83]. Die größten Barone hatten sogar Funktionäre, die den großen Kronämtern nachgebildet waren.

Die Finanznot brachte die Könige in eine immer schlechtere Position. Schon Balduin III. war stark verschuldet gewesen, Amalrich hatte seine Söldner nur mit aufgenommenem Geld bezahlen können. Saladins Eroberungen dezimierten die unter Balduin IV. ohnehin schon klein gewordene Domäne beträchtlich, ebenso die verschwenderischen Vergabungen, mit denen Guido von Lusignan diejenigen belohnte, die ihn an die Macht gebracht hatten. Versuche des Königs Aimerich, im 13. Jh. diese Entwicklung rückgängig zu machen, scheiterten. Der Adel wurde mächtiger und mächtiger; in der zweiten Hälfte des 13. Jh., als der König allerdings in Zypern saß, schlossen die Barone sogar ihre eigenen Friedensverträge mit den Muslimen. Es konnte eben nicht ohne Folgen bleiben, daß es seit 1225 nur noch landfremde Könige gab, die nur gelegentlich ins Hl. Land kamen, sich im übrigen aber durch *Baillis* (Regenten) vertreten ließen.

Zudem hatte sich der Adel im Kampf gegen den staufischen Zentralismus zusammengeschlossen und seine Rechte energisch verteidigt. Er wollte sie nun auch kodifiziert sehen. Nach der Tradition des 13. Jh. besaß Jerusalem immer ein geschriebenes Recht. Unmittelbar nach der Eroberung habe Gottfried von Bouillon eine Rechtssammlung zusammenstellen lassen, die am Hl. Grab deponiert und dann fortlaufend durch legislative Einzelmaßnahmen ergänzt worden sei. Diese Sammlung, bekannt unter dem Namen *Lettres de Sépulcre*, soll 1187 durch Saladin vernichtet worden sein. Ein Kern der Wahrheit wird in diesem Bericht stecken, aber es ist sehr umstritten und zweifelhaft, ob es wirklich ein kodifiziertes Recht gab. König Aimerich wollte die verlorenen *Lettres du Sépulcre* (kein »Codex« Gottfrieds von Bouillon, sondern eben eine Sammlung legislativer Einzelakte) durch den rechtsgelehrten Radulf von Tiberias rekonstruieren lassen, der sich dieser seinen Standesinteressen abträglichen Aufgabe indes entzog. Die Tradition wurde teils durch mündlich überliefertes Gewohnheitsrecht aufrechterhalten, teils fand sie ihren Niederschlag in einer Teilkodifizierung, dem *Livre au Roi* (1196–1205), der noch einen Abglanz der starken Monarchie des 12. Jh. zeigt und vielleicht ein von Aimerich inspirierter Versuch war, sich eine solche Stärke zu verschaffen[84]. Aber als Reflex auf den zentralistischen staufischen Zugriff erfolgte in den *Assises de Jerusalem*[85], die uns nur dadurch erhalten sind, daß sie auch für Zypern galten und dort abgeschrieben wurden, eine Kodifizierung ganz anderer Art, die die Rechte der Vasallen zusammenfaßte und gemeinhin als klarste und umfassendste Darstellung eines extrem feudalen Staatsaufbaus gilt. Klar heißt aber noch nicht fortschrittlich: der krasse Gruppenegoismus dieses Rechts, sein starrer Formalismus erstickten schon im Keim jede Möglichkeit einer lebendigen Weiterentwicklung, auch wenn die Juristerei blühte. Diese fand ihren Niederschlag in mehreren Werken sehr rechtskundiger Barone wie Philipp von Novara, Johann von Ibelin, Graf von Jaffa, und Geoffroy Le Tort, von denen besonders der *Livre de Jean d'Ibelin* (etwa 1265) wichtig wurde, ein juristisches Handbuch, das für das mündliche Gewohnheitsrecht nur noch Raum ließ, wo der Codex keine Antwort gab, wobei freilich die ganze Kodifikation und insbesondere die einzelnen Assisen in diesem traditionalistischen Zeitalter formell nicht als neues Recht, sondern nur als authentische Interpretation des »guten« alten Gewohnheitsrechts galten. Diese Sammlungen definierten im einzelnen ein ungeheuer kompliziertes Verfahrensrecht, das dem Beklagten mancherlei Rechtsgarantien bis hin zu dem für alle Franken zulässigen gerichtlichen Zweikampf gewährte, ihm freilich auch gefährliche Fußangeln stellte, so daß vor der Haute Cour Anwaltszwang herrschte. Namentlich Philipp von Novara war eine Kapazität in der Kunst der prozessualen Schikane und Advokatenkniffe, mit denen ein Prozeß je nach Lage der Dinge beschleunigt oder unangemessen verzögert werden konnte. Das wichtigste, aber auch am leichtesten im jeweiligen Klasseninteresse manipulierbare Entscheidungsmittel war der *recort de court*, d. h. die kollektive Erinnerung des Gerichts hinsichtlich der Natur seiner eigenen Präzedenzfälle. Die Rechtsvorstellung Johanns von Ibelin war stärker von einem gestaltenden Prinzip durchdrungen. Für ihn baute sich das jerusalemitanische Recht auf einer Art Vertrag auf, der nach der gemeinsamen Eroberung des Landes durch die Wahl Gottfrieds von Bouillon zustande gekommen war. Die Treue gegenüber dem Lehnsherren war daher nur insoweit vasallitische Pflicht, als der Herr die genau definierten und gegenüber dem 12. Jh. stark erweiterten Rechte des Vasallen achtete. In einem solchen System waren der König oder sein Bailli nur noch der Spielball von Interessen, bestenfalls Erste unter Gleichen.

Der Adel verbesserte also seine soziale und rechtliche Stellung als Klasse ständig. Das bedeutet nicht, daß einzelne Familien kein wechselvolles Schicksal gehabt hätten, wie sich am Beispiel der Mazoirs zeigt. Rainald I. Mazoir stieg in den dreißiger Jahren des 12. Jh. zum Konstabler von Antiochia auf, seinen Sohn Rainald II. finden wir in den sechziger und siebziger Jahren als antiochenischen Lehnsmann und Schwager des Grafen von Tripolis auf der riesigen, fast uneinnehmbaren Festung Margat nahe beim

Meer. Mit einem Kastellan, 6–7 Vasallen, einem Notar, einem Kleriker mit Magistertitel, einigen Bourgeois und einem syrischen Gutsverwalter unterhielt Rainald II. eine kleine Hofhaltung, aber die finanzielle Last des Unterhalts muß drückend gewesen sein, denn seit 1165 ist ein immer schneller werdender Rhythmus von Verkäufen und Konzessionen an den Johanniterorden zu beobachten. Dieser schuf sich hier den Kern eines neuen Besitzkomplexes, der 1186 abgerundet wurde, als Rainalds Sohn Bertrand die Festung, die Stadt Valania, drei Abteien und 19 Dörfer »wegen der übergroßen Unkosten und der allzu großen Nachbarschaft der Ungläubigen« gegen eine Jahresrente von 2200 Byzantinern verkaufte. Er zog sich zunächst nach Tripolis zurück, taucht aber 1217 in Zypern auf, wo die Rente auf 2000 Byzantiner gekürzt wurde. Seine Tochter heiratete einen reichen zyprischen Baron namens Aimerich Barlais, der zum Bailli aufstieg, als Parteigänger Kaiser Friedrichs II. aber später seine Lehen verlor und ins Exil gehen mußte. Sein Sohn Amalrich ließ sich 1266 die Jahresrente mit 14400 Byzantinern kapitalisieren. Margat aber, das zum Sitz der syrischen Zentralverwaltung der Johanniter geworden war, kapitulierte 1285 vor dem Ansturm der Mamluken. Dabei war Margat noch relativ spät an die Johanniter übergegangen. Sie hatten 1144 schon Krak des Chevaliers mit seiner umfangreichen Grenzmark erworben, 1168 übernahmen sie Belvoir, während die Templer im gleichen Jahr Safad als Geschenk des Königs erhielten, nachdem sie Tortosa vom dortigen Bischof schon 1152 zum Wiederaufbau erhalten hatten. In allen diesen Burgen entfalteten die Ritterorden eine kostspielige Ausbautätigkeit.

Die Lebensspanne der Adligen war meist kurz. König Fulko starb mit 53, Balduin III. mit 33, Amalrich mit 38, Balduin IV. mit 24, Balduin V. mit 9 Jahren. Die Lepra scheint häufig gewesen zu sein und erforderte eine besondere Gesetzgebung. Zwei Könige heirateten armenische, zwei andere byzantinische Prinzessinnen, aber sonst kamen die Ehepartner der Oberschicht fast ausschließlich aus fränkischen Geschlechtern. Konkubinate mit Christinnen gab es in allen Schichten, auch beim Klerus. Kinderehen waren nicht selten, die durch Krieg und Klima zermürbten Männer hinterließen also meist junge Witwen, die durch Gesetz gezwungen waren, bald wieder zu heiraten, und zwar einen von drei Kandidaten des Königs, die freilich alle standesgemäß sein mußten (Mesallianceverbot), um die Wehrfähigkeit des Lehens auch bei weiblicher Erbfolge zu garantieren. Ein Musterbeispiel ist Isabella, die jüngere Tochter König Amalrichs. Sie heiratete 1183 mit elf Jahren Humfred IV. von Toron. Wenn sie einen einheimischen Baron ehelichte, so ist dies keine Ausnahme von dem von Prawer postulierten ungeschriebenen Grundsatz, daß königliche Prinzessinnen entweder nach Tripolis oder Antiochia oder aber mit einem Europäer verheiratet wurden, da man die Thronfolge, um das fein ausbalancierte Gleichgewicht zwischen den großen Familien des Landes nicht nachhaltig zu verändern, lieber einem Landfremden gab. Da Amalrich bei der Annullierung seiner ersten Ehe (oben S. 108) die Legitimität der daraus hervorgegangenen Kinder durchsetzte, standen 1183 zwischen Isabella und dem Thron noch Balduin IV., ihre ältere Halbschwester Sibylle und deren Sohn Balduin V. Isabellas erste Ehe wurde 1190 aus politischen Gründen geschieden, und da sie nunmehr die Thronerbin war, kehrte man zu dem alten System der ausländischen Gemahle zurück, denen sie von nun an die Krone und Unglück brachte: Konrad von Montferrat (1190–1192) wurde von den Assassinen ermordet; Heinrich von der Champagne (1192–1197) stürzte rückwärts aus dem Fenster, Aimerich von Lusignan (1198–1205) starb an übermäßigem Fischgenuß. So war Isabella mit 33 Jahren einmal geschieden und dreimal verwitwet; sie starb selbst kurz nach Aimerich. Im übrigen war das Statut der Frauen kaum verschieden vom Abendland[86]. Jakob von Vitry schilderte sie freilich als haremsartig eingesperrt, dagegen betonen die anders denkenden Orientalen ihr übergroßes Maß an Freiheit. Die Frau konnte Lehen besitzen, was sie grundsätzlich von den adligen Damen Europas unterschied; sie konnte auch Lehen erben, sofern alle Brüder in der Reihenfolge der Geburt bereits versorgt waren, aber sie besaß keine Sonderstellung zwischen Ost und West, sondern ihre Position wurde lediglich den Bedingungen der Umwelt angepaßt.

Die Zentralverwaltung war im Vergleich zu Europa nicht stark entwickelt. Die wiederholt von Riley-Smith vorgetragene These, das Reich sei in Übernahme fatimidischer Institutionen relativ stark bürokratisiert gewesen[87], ist von der Forschung bisher nicht aufgenommen worden und auch wenig plausibel. Unbestreitbar gab es Kontinuität in den Methoden der Landwirtschaft, vielleicht auch in gewissen Prozeduren des Handels. Da man die alten Dörfer übernehmen mußte und intakt ließ, gab es natürlich auch dort Kontinuität der Lebensform und der Gewohnheiten. Auch ist richtig, daß die Kreuzfahrer, hätten sie arabische Institutionen nicht übernommen, sich anders verhalten hätten als andere Eroberer des Mittelalters. Aber die Eroberung zerschlug die alten Besitzeinheiten hier viel stärker als anderswo, denn nur die alten christlichen Besitzkomplexe blieben einigermaßen intakt. Die großen staatlichen und karitativen Latifundien der muslimischen Zeit aber wurden mit einer Willkür parzelliert, die erst vor der Grundeinheit des Dorfes Halt machte. Damit waren die ohnehin arabisch gehaltenen alten Archive unbrauchbar. Selbst wenn die prozentuale Abgabe der Bauern an den Grundherren manchmal *carragium* (arabisch *kharadsch*) hieß, so hieß sie doch öfter *terragium* und war nicht dasselbe wie *kharadsch*, denn dies war eine öffentlich-rechtliche Abgabe an den Staat gewesen, *carragium* war eine privatrechtliche an den Grundherren.

Aus den lothringischen Haushaltsfunktionären der ersten Könige entwikkelten sich die großen Kronämter. Der wichtigste Mann war der Konstabler, der die Armee kommandierte, die Söldner bezahlte und die Militärgerichtsbarkeit ausübte. Sein Stellvertreter war der Marschall, dem die Söldner unterstanden und der für den Ersatz getöteter Pferde verantwortlich war. Die Bedeutung dieser Militärämter beruhte auf der ständigen Kriegsgefahr. Demgegenüber trat der in Europa so wichtige Seneschalk zurück. Er war der Stellvertreter des Königs im Gericht, verwaltete die königlichen Festungen und präsidierte der *Secrète*, einer locker organisierten Finanzbehörde, bei der der Name viel stärker für das Vorbild der byzantinischen *sekreta* als des islamischen *diwan* spricht. Für die Vermutung, sie habe sich in Jerusalem aus der Kanzlei abgespalten, spricht nichts. Über ihre Arbeitsweise wissen wir fast nichts, aber man muß Riley-Smith zustimmen, daß sie wohl auch katasteramtsartige Funktionen hatte. Ganz sicher waren in ihr die Geldlehen registriert. Erwägenswert ist die Vermutung, daß die Krone sich überall eine lockere Oberaufsicht über das Katasterwesen vorbehielt. Dagegen spricht es gegen eine straffe Bürokratisierung, daß die Quellen den Schluß nahelegen, daß die *Grant Secrète* (so genannt im 13. Jh.) keine Zentralbehörde für die gesamte Krondomäne war, sondern daß es mehrere regional zuständige *Secrètes* gab. Dem Kämmerer, dem als Entlohnung ein spezielles »Kammerlehen« zustand, oblagen gewisse Ehrenämter und die Verwaltung des königlichen Haushalts. Über die Pflichten des Schenks ist nichts Näheres bekannt. Die Vizegrafen waren (nicht immer adlige) Beamte, die einen Bezirk der Krondomäne verwalteten und als Vorsitzende der *Cour des Bourgeois* die öffentliche Ordnung garantierten. Hieraus ergibt sich, daß auch die Barone mit eigenem Gericht ihre Vizegrafen hatten, die als wichtigste ihrer Funktionäre die lokale Verwaltung führten. Eine Geschichte der Kanzlei durch diesen Autor ist im Entwurf abgeschlossen. Aus ihr wird sich ergeben, daß man sich dieses Regierungsbüro nicht als hochentwickelt vorstellen darf: ein Kanzler, oft ein Vizekanzler, ein Notar, gelegentlich noch ein zusätzlicher Schreiber, das war das ganze Personal, bei dem es sich natürlich um Kleriker handelte, die aber nicht unbedingt der königlichen Kapelle entstammten. Die Kanzler, für die ihr Amt Sprungbrett zum Episkopat war, gaben wie überall die tatsächliche Leitung des Urkundengeschäftes ab, als sie das Kanzleramt neben dem bischöflichen behalten durften. Dafür nahmen sie vielfach, vor allem der Kanzler Wilhelm von Tyrus, Einfluß auf die auswärtige Politik. Sie waren unabsetzbar, konnten aber *de facto* in Notfällen von der Ausübung ihres Amtes abgehalten werden. Die Arbeitsweise war vergleichsweise rudimentär. Von einem Register des Urkundenauslaufs hören wir nichts, und der Urkundenverkehr wurde überwiegend in der Form des feierlichen Diploms abgewickelt, auch bei zweiseitigen Verträgen, wo ein separater Gegeneid die Verpflichtungen des Partners festhielt. Das einfache Verwaltungsmandat, das Hauptcharakteristikum hochentwickelter Zentralbürokratien, war nicht ganz unbekannt, aber sehr selten, wenigstens bis in die Zeit der zu Hause so regierenden landfremden Könige des 13. Jh.

In Zypern, das ja eine wesentlich längere Verfassungsentwicklung hatte, wurde die Verwaltung stärker durchorganisiert: in der Kanzlei kannte man auch das Mandat, neben den Registern der *Secrète* und der *Haute Cour* begegnen auch Aufzeichnungen des einzelnen Grundherren für Einkünfte und Besitz *(Remembrances de la Secrète, Remembrances de la Haute Cour, Prahtico).* Auch die Kanzlei scheint Register geführt zu haben. Die Secrète von Zypern, die unter der Leitung eines eigenen hohen Kronbeamten *(Bailli de la Secrète)* stand, war einflußreicher als in Jerusalem, denn der Gerichtsschreiber der Haute Cour mußte vor ihr Rechnung legen. Da bereits die Secrète die Finanzen bearbeitete, hatte die Kammer, die sich in Europa zur zentralen Finanzbehörde entwickelte, nur die klassische Aufgabe, den königlichen Hof *(Hôtel du roi)* zu versorgen. Sie kaufte Tuche an, beschäftigte einen eigenen »Kammerschneider« und die Hundepfleger und Falkner des Königs, der wohl auch eine Menagerie von wilden Tieren, mindestens aber 1468 eine Löwin hielt, die für 365 Byzantiner im Jahr Futter brauchte, eine enorme Summe, wenn man bedenkt, daß auf der Insel ein normales Ritterlehen 1000–1500 Byzantiner brachte. Die Jagdleidenschaft scheint im Adel groß gewesen zu sein. Ludolf von Sudheim berichtet von einem extravaganten zypriotischen Grafen, der 500 Jagdhunde mit 125 Pflegern besessen habe. Das klingt übertrieben, gewinnt aber an Glaubwürdigkeit, wenn von anderer Seite eigens betont wird, beim Fall dieses Grafen habe der König dessen Jagdhunde und Jagdleoparden konfisziert, und wenn man bedenkt, daß Hundepfleger oft nur nebenberuflich tätig waren und dafür als Lohn beim König lediglich von der *mète du sel* (unten S. 152) befreit wurden. Im 14. Jh. entwickelte Zypern noch eine ganze Reihe eigener Kronbeamter. Der wichtigste war der *Auditor* mit eigenem Schreiber und eigenem Register; er diente ursprünglich wohl der freiwilligen Gerichtsbarkeit, später war er Kronanwalt vor der Haute Cour. Der *Bailli de la Cour* war eine Art Haushofmeister, während die einfachen Baillis anfangs die niedere Gerichtsbarkeit für die Krondomäne in jeweils einer »Diözese« (Verwaltungsbezirk) ausübten. Im Bezirk Nikosia trat an ihre Stelle der königliche Vizegraf, der einzige Beamte dieses Titels, den die Insel kannte. Im 15. Jh. waren die Baillis nur noch mit der wirtschaftlichen Nutzung der Krondomäne befaßt; an die Stelle der fünf Diözesen waren zwölf *contrées* getreten. Die *Maîtres de enquêtes* vertraten den Fiskus als Gläubiger gegenüber dem Nachlaß Verstorbener *(Inquisitio post mortem)*. Die Heeresorganisation brachte in Zypern noch die Ämter des Großturkopoliers (ursprünglich Kommandeur leichtbewaffneter Hilfstruppen) und des Admirals hervor, während der im 15. Jh. zu belegende Staatsrat eine aus Europa verpflanzte Einrichtung war, die das Kabinett der Neuzeit vorherahnen ließ.

Oberflächlich betrachtet ähnelten die Institutionen von Antiochia, die wir fragmentarisch aus einer armenischen Übersetzung der antiochenischen Assisen kennen, denen von Jerusalem, aber das Fürstentum war von Anfang an erblich, wie es der normannischen Praxis entsprach, und das Wahlrecht der Haute Cour beschränkte sich auf die Ernennung eines *Bailli* (Regent). Das Geldlehen war noch stärker ausgebildet und im Gegensatz zu Jerusalem erhielt der Fürst bei jedem lehnrechtlichen Erbfall den Neunten des Jahresertrags. Das eingeborene Element in der Verwaltung war bedeutsamer, und diese überhaupt mehr nach byzantinischem Vorbild ausgerichtet, von wo man die Einrichtung der *duces* für die Verwaltung von Antiochia, Latakia und Dschabala übernommen hatte. Diese *duces* wurden vom Fürsten ein- und abgesetzt.

Die Einkünfte des Königs flossen aus verschiedenen Quellen. Alle Vierteljahre rechneten die Vizegrafen den Ertrag der Krondomäne bei der Secrète ab, die darüber ein Register führte. Diese Einkünfte stammten aus Feudalabgaben und Ertragssteuern der Landwirtschaft sowie der städtischen Produktion. Regalien wie das Münzrecht warfen ihre Erträge ab. Eine Besonderheit der Münzprägung waren die Nachprägungen islamischer Golddinare *(bisancii saracenati)* in den königlichen Münzstätten seit 1124, die im Laufe des 12. Jh. im Edelmetallgehalt sukzessive verschlechtert wurden[88]. Auf den Protest Innocenz IV. ging man im 13. Jh. dazu über, diese Stücke, die dem Handel mit den Muslimen dienten, mit christlichen Inschriften in kufischen Typen zu versehen, etwa: »Gemünzt zu Akkon im Jahre 1251.

Ein einziger Gott, ein einziger Glaube, eine einzige Taufe« (vgl. Ephes. 4, 5). Ein Kuriosum sind die zahlreich, aber nur fragmentarisch erhaltenen, wahrscheinlich nie kreisförmig gewesenen Goldfragmente, die auf Lateinisch Königsnamen von Jerusalem nannten. Daß sie bei abgegriffenen Goldmünzen zum Gewichtsausgleich gedient haben sollten, ist unwahrscheinlich. Daß man sie an Pilger als Geschenke an Kirchen verkauft haben sollte, klingt plausibler, ist aber keineswegs gesichert. Außerdem besaß der König in der Domäne finanzielle Rechte an gewissen Produktionen (Seifenherstellung, Färberei, Gerberei, Zuckerherstellung), die gegen ein Fixum an Generalagenten verpachtet wurden, denen das Risiko der Abgabeneintreibung oblag. Besonders die christlich-syrischen Handwerker waren mit Abgaben belastet. Die Muslime zahlten eine mäßige Kopfsteuer, die Beduinen Tribute; der König hatte das Strandrecht; die allgemeinen Vermögenssteuern in Notzeiten wurden schon erwähnt. Die wichtigste Einnahmequelle waren die Zölle und Hafengebühren von Akkon und Tyrus. Königliche Anweisungen auf die Hafenkasse von Akkon sind sehr zahlreich, wurden aber keineswegs auch immer bezahlt. In der *funda,* einer Mischung von Bazar und Lagerhaus, erhob die Marktpolizei besondere Marktgebühren. Im 13. Jh. wurden Importe aus dem Orient, die für den Transithandel bestimmt waren, mit variablen Marktabgaben zwischen 4,16% und 11,2% des Wertes belegt; höher belastet (bis zu 25%) waren Importe, die für den Verbrauch im eigenen Land gedacht waren. Die Bevorzugung des Transithandels diente der Abwehr der Konkurrenz in den ägyptischen Deltahäfen. Fremde Schiffe mußten ein Ankergeld von einer Mark Silber und die *terciaria,* d. h. ein Drittel des von den Fahrgästen erhobenen Fahrpreises erlegen. Diese Pilgersteuer scheint wichtig gewesen zu sein, denn sie wurde dem König bei der umfangreichen Privilegierung der Venezianer 1123 ausdrücklich vorbehalten. Die Pilger selber zahlten eine Abgabe auf ihr mitgebrachtes Vermögen, von der sie um 1130 von Balduin II. befreit wurden. Das königliche Finanzsystem war aber zu allen Zeiten unzureichend, weshalb die Könige auch stets weniger Konjunkturpolitik mit fiskalischen Mitteln trieben als die abendländischen Staaten. Immerhin kennen wir aber das große Binnenzollbefreiungsprivileg für Jerusalem von 1120 (vgl. oben S. 140). Besser ging es dem König von Zypern, der auf seiner Insel überhaupt lange das machtpolitische Übergewicht wahren konnte. Nach Jean Richard war die Krondomäne 1367 in der Diözese Limassol so groß wie der Besitz des gesamten Laienadels zusammen. Der König hatte Einkünfte von etwa 100000 Byzantinern, davon 86500 aus Landbesitz, den Rest aus sonstigen Rechten, dazu kamen noch Monopole wie die Tuchfärberei von Nikosia und die Salinen von Larnaka. Unter Jakob I. wurde die *mète du sel* eingeführt, die jeden Dörfler zum Ankauf einer bestimmten Menge von Salz zwang. Die Verpachtung der Einkünfte war in Zypern für die königliche Domäne im 14. Jh. die Regel, während im 15. Jh. die direkte Bewirtschaftung überwog. Dazu kam der »königliche Zehnte« (unten S. 217) und unter Jakob II. die *rata,* eine dreijährige Sondersteuer auf alle Nettoeinkünfte (nach den normalen Steuern), für deren Verwaltung eigens das Neue Büro *(nouvel ofice)* geschaffen wurde.

Das Heerwesen[89] beruhte auf dem Lehen, vor allem dem Geldlehen, das pro

Ritter etwa 400–500 Byzantiner jährlich abwarf. Johann von Ibelin überliefert eine (allerdings unvollständige) Liste der Ritterlehen (Stand von etwa 1180) und kam dabei auf 675 Ritter aus den großen und kleinen Kronlehen, denen natürlich noch die Truppen der Ritterorden zugerechnet werden müssen. Die Geistlichkeit und die städtische Bourgeoisie stellten *Sergeants* (Fußsoldaten), der Patriarch, die Kanoniker des Hl. Grabes, die Städte Jerusalem und Akkon je 500, die Erzbischöfe von Nazareth und Tyrus, der Bischof von Akkon und der Abt vom Berge Sion je 150, die Bourgeoisie von Tyrus 100 usw., im ganzen 5025. Hierzu kamen leichtbewaffnete Reitertruppen, die aus der eingeborenen Bevölkerung rekrutiert wurden und als Turkopolen bekannt und oft getaufte Muslime waren. Söldner gab es von Anfang an. In Notzeiten konnte man alle waffenfähigen fränkischen Männer aufbieten, und eine nicht zu verachtende Hilfe waren die Kreuzfahrer, die alljährlich für eine Saison zum Kampf ins Hl. Land kamen. Mit der ausgebildeten Kriegskunst der Byzantiner konnten die Franken nicht konkurrieren. Das Kriegsziel war nicht die völlige Vernichtung der feindlichen Kampfkraft, sondern fast stets ein lokalisierter Konflikt mit einem fest umrissenen geographischen Ziel. Die Vorstellung des begrenzten Krieges führte mit dem Erstarken der muslimischen Armeen zu einer Strategie des Verteidigungskrieges, die eine offene Schlacht mit ihren Risiken vermied und lediglich darauf abzielte, die Kräfte des Gegners zu binden, bis die üblichen Auflösungserscheinungen ihn zum Rückzug nötigen würden. Hierbei kam den Königen zugute, daß die Dienstpflicht ihrer Vasallen innerhalb des Reichs drastisch höher war als in Europa (dort meist 40 Tage im Jahr). Früher hielt man den Dienst sogar für zeitlich unbegrenzt, obwohl dies für die Vasallen ökonomisch ruinös gewesen wäre. Riley-Smith hat bahnbrechend erkannt, daß dies nicht der Fall war, sondern der Dienst zwar immer für die Dauer des Aufgebots geleistet werden mußte, dieses aber nicht für mehr als ein Jahr ergehen durfte. Selbst dies war nur eine Notbremse der Vasallen. Entscheidend war der erste Teil der Bestimmung, der den König schon vor dem Feldzug zu einer Entscheidung über seine Dauer zwang. Nach Ablauf des Aufgebots durften die Vasallen freilich nicht nach Hause gehen, aber der König mußte sie nun gesondert bezahlen. Der Dienst im Ausland unterlag drastischen Einschränkungen, die den König unter Verhandlungszwang mit den Vasallen stellten, wenn er dort überhaupt Krieg führen wollte; gesondert bezahlt werden mußte hier auf alle Fälle. Von den fünf Feldzügen, die König Amalrich in Ägypten unternahm, wurde der von 1164 von der unterstützten Partei in Ägypten finanziert, also von den Muslimen, der von 1167 mittels des Kompromisses einer zehnprozentigen Sondersteuer für diejenigen, die in den Verhandlungen die Heerfolge erfolgreich verweigerten. Bei der Kampagne von 1168 köderte man Vasallen und Ritterorden mit den bombastischsten Versprechungen von Besitz in Ägypten, die Expedition von 1169 bezahlte Byzanz. Krieg war nie nur staatliche Notwendigkeit, sondern immer auch individueller Broterwerb. Seit 1168 *(Assise de Bilbeis)* konnten die Ritter jedoch den nichtberittenen Kriegsdienst bei Belagerungen verweigern – ein deutliches Zeichen der Kastenbildung. Die taktischen Erwägungen zielten darauf ab, die Schlachtformation unter allen Umständen eng geschlossen beisammenzuhalten; wer sich hiergegen verging, hatte nach der Templerregel strenge Strafen zu erwarten. Lockerte sich der Verband, so wurde er bald ein Opfer der schnelleren und wendigeren türkischen Kavallerie. Dem Fußvolk fiel die Aufgabe zu, die schwerbewaffneten Ritter auf dem Marsch und im Kampf so lange zu schützen, bis diese Gelegenheit hatten, sich als Phalanx auf die Feinde zu stürzen. Einem solchen Angriff waren die Muslime nur selten gewachsen. Die Burgen wurden häufig so angelegt, daß man sich durch Lichtsignale mit den Nachbarn verständigen konnte. Ihrer offensiven Rolle als »Gegenburg« wurde schon gedacht. Ihre Hauptaufgabe war jedoch fiskalischer und defensiver Natur (oben S. 140f.), nicht weil sie den Einfall feindlicher Truppen hätten verhindern können, sondern weil sie der Bevölkerung Zuflucht und dem Gegenstoß eine Basis boten. Mit der Behauptung, der fränkische Burgenbau sei nach byzantischen und arabischen Vorbildern fortschrittlicher gewesen als in Europa, oder gar das Hl. Land sei in einen äußeren und zwei innere Festungsgürtel gegliedert gewesen, soll man nach Smails Forschungen vorsichtiger umgehen. Die Kreuzfahrer übernahmen zum Teil byzantinische Festungen, die Aiyubiden und Mamluken bauten sie später aus, vor allem den riesigen Krak des Chevaliers. Der eigentliche Kreuzfahreranteil an diesen Burgen scheint sich von der europäischen Technik kaum unterschieden zu haben; Stärke und Solidität der Mauern und die günstige Lage waren die wichtigsten Kennzeichen.

Nachdem Patriarch Daimberts Versuch, sich eine eigene große kirchliche Herrschaft zu schaffen, gescheitert war, wurde die palästinensische Kirche fest in den Verband der römischen eingegliedert[90]. Durch Legaten und delegierte Richter übte Rom die Kontrolle aus. An der Spitze der kirchlichen Verwaltung standen die Patriarchen von Jerusalem und Antiochia; die kirchlichen Grenzen folgten den politischen, wie sich an dem Streit zeigte, zu welchem Patriarchat Tyrus gehören solle (S. 76). Zum Patriarchat Jerusalem gehörten die sukzessive gegründeten Erzbistümer Caesarea, Tyrus, Nazareth und Petra sowie die Bistümer Ramla-Lydda, Bethlehem, Sebaste, Tiberias, Beirut, Akkon, Sidon, Baniyas und St. Abraham (Hebron), wo man 1119 die Gebeine der drei Erzväter Abraham, Isaak und Jakob fand und wo von nun an einer der beliebtesten Wallfahrtsorte für Christen und Muslime war. Der Patriarch besaß in Jerusalem ein Stadtviertel mit einem schillernden Status. Es war keine Seigneurie des Reiches, weil kein Ritterdienst geleistet wurde, wie es das Erzbistum Nazareth und das Bistum Lydda als die beiden einzigen geistlichen Seigneurien des Reiches mit Sitz und Stimme in der Haute Cour taten. Andererseits übte der Patriarch, vor allem in der Rechtsprechung, manches grundherrliche Recht aus. Als Immunität, d. h. staatsfreier Bezirk, ist das Quartier des Patriarchen vielleicht am besten gekennzeichnet. Eine Besonderheit waren die von mir als »Stiftsbistümer« bezeichneten bischofslosen Bistümer Haifa, Jaffa und Nablus, die vom Erzbischof von Caesarea und von den Prioren der Stifte des Templum Domini und des Hl. Grabes verwaltet wurden. Die Bischofskirche des Patriarchen war das Hl. Grab, die bedeutendste Kirche des Landes, die neben umfangreichen Besitzungen im Hl. Lande noch große Güter in Europa (1128: 60 Kirchen in 18 europäischen Diözesen, meist in Apulien) hatte. Als Domkapitel fungierte am Hl. Grab das Augustiner-Chorherrenstift unter der Lei-

tung seines Priors, das 1114 von dem Patriarchen Arnulf gegen den Widerstand der weltlichen Chorherren in ein reguliertes Chorherrenstift überführt worden war. Andere bedeutende geistliche Institutionen waren die Kanoniker auf dem Ölberg, die Abtei auf dem Berge Sion, die Benediktinerabteien S. Maria Latina und S. Maria im Tal Josaphat zu Jerusalem und das Thaborkloster, wo die Cluniazenser siedelten. Seit 1170 war auch die Benediktinerabtei Palmarea bei Tiberias, das Hauskloster des Herrn von Baisan, der dort die sonst im Klosterwesen Jerusalems nicht bezeugte Stellung des Klostervogts hatte, cluniazensisch. Die an sich seltene Form des Doppelklosters von Nonnen und Mönchen fand sich, wohl nach dem Vorbild von Fontevrault, in der sehr wohlhabenden königlichen Hausgründung Bethanien. Die Prämonstratenser hatten ihr kleines Zentrum in St. Samuel auf dem Freudenberge bei Jerusalem, Zisterzienser fanden sich nur in der Grafschaft Tripolis und im Fürstentum Antiochia. Das Eremitentum spielte nach Kedars Forschungen schon im 12. Jh. eine bedeutende Rolle. Die Einsiedler bevorzugten die Schwarzen Berge des Nordens und die judäische Wüste, bevölkerten aber auch die Mauern Jerusalems derart, daß nach 1187 ihre Vertreibung von dort beklagt wurde. Der Episkopat suchte die Bewegung frühzeitig zu kanalisieren; der Erfolg kam erst, als sich im 13. Jh. am Berge Karmel aus Einsiedlern der Karmeliterorden bildete. Bald nach ihrer Anerkennung durch die Kirche ließen sich auch die Bettelorden im Hl. Lande nieder; vor allem die Dominikaner stellten in der zweiten Hälfte des 13. Jh. viele Bischöfe.
Das religiöse Leben hatte seinen natürlichen Mittelpunkt in Jerusalem und seiner Umgebung. Das Weihnachtsfest beging man in Bethlehem, Lichtmeß bei den Kanonikern des Tempels des Herrn, den man in der wunderbaren achteckigen Omarmoschee (Felsendom), dem ältesten noch erhaltenen Beispiel islamischer Architektur, zu sehen glaubte, Christi Himmelfahrt auf dem Ölberg, Pfingsten auf dem Berge Sion, Mariä Himmelfahrt im Tale Josaphat, also an den Stätten der Tradition. Des Karfreitags gedachte man am Kalvarienberge, am Karsamstag vollzog sich in der Grabeskirche alljährlich das seit grauer Vorzeit gefeierte »Feuerwunder«, ein schließlich 1238 von Gregor IX. verbotener pyrotechnischer Unfug, bei dem die Lampen in der Grabkapelle angeblich durch ein himmlisches Feuer entzündet wurden; als das Wunder 1101 einmal nicht funktionierte, gab es in der Menge heillose Verwirrung und für den Klerus bange Stunden. Der 15. Juli schließlich brachte ein besonderes Fest, das der Eroberung der Stadt und der Weihe der Grabeskirche gedachte. Für den Klerikernachwuchs gab es eigene Schulen, so am Hl. Grab, doch gingen besonders Befähigte zum Studium nach Frankreich und Italien, Wilhelm von Tyrus fast 20 Jahre lang[91]. Die Kleriker hatten ihre eigene Gerichtsbarkeit, einmal über sich selbst, dann aber generell für Heresie, Zauberei, Testaments- und Ehesachen sowie sexuelle Verfehlungen. Mit den Ritterorden lag der Klerus in ständigem Kampf, weil die Orden die Diözesanorganisation und -gerichtsbarkeit durchbrachen und die Bischöfe zur Weihe der Ordenspriester gezwungen waren. Hatten die Johanniter den Unmut des Patriarchen von Jerusalem schon durch den Neubau ihres Hospitals erregt, das die Grabeskirche an Größe weit übertraf, so steigerte sich der Zorn des Kirchenfürsten bis zur Weißglut, als die Ordensleute 1153 seine Predigten in der Kapelle am Kalvarienberge

dadurch unmöglich machten, daß sie seine Stimme mit Glockenlärm übertönten; ja, sie drangen eines Tages sogar bewaffnet in die Kapelle ein und verwandelten sie in eine Art Schießstand. Die bei dieser Gelegenheit aufgelesenen Pfeile hingen noch lange danach gebündelt in dem Gotteshaus, um die Erinnerung an die Untat wachzuhalten. Die geistlichen Zehnten, eine Haupteinnahmequelle der Kirche, bildeten ein ewiges Streitobjekt mit weltlichen Adligen und mit den Orden, und zwar deshalb, weil im Gegensatz zu Europa im Hl. Land und in Zypern nicht der Hintersasse, sondern der Grundherr (einschließlich des Königs und auch im Prinzip kirchlicher Korporationen, soweit sie nicht vom Papst oder dem Episkopat von der Zehntzahlung eximiert wurden oder bestimmte Zehnten als Schenkung aus bischöflicher Hand erhielten, was die allgemeine Regel gerade bestätigt) zehntpflichtig war, die Zehnten auch nicht an die einzelnen Pfarrkirchen, sondern zentral an die Kathedrale zur Umlage auf die Pfarreien gezahlt wurden. Diese Regelung sicherte dem lateinischen Klerus Abgaben aus dem großen Kreis der nichtlateinischen Christen, ja selbst der Muslime, da das zehntpflichtige Einkommen der lateinischen Grundherren ja auch von solchen Gruppen erbracht wurde, von denen direkt man nach europäischem Muster keinen Zehnt für die lateinische Kirche hätte erheben dürfen. Dies wird 1113 als Ausnahme von der Regel ausdrücklich formuliert, als der Papst dem Kloster Josaphat als Teil der Zehntexemtion auch den ungeschmälerten Besitz der Abgaben der ungläubigen Bauern zusicherte. Für die von ihnen direkt bewirtschafteten Güter konnten die Ritterorden seit Anastasius IV. und Alexander III. Zehntbefreiung beanspruchen, sehr zum Unmut der Bischöfe. Dennoch ist eine erhaltene Zehntliste des antiochenischen Bischofs von Valania von 1193 achtunggebietend und zeigt den Reichtum auch durchschnittlicher Diözesane, auch wenn viel von diesem Einkommen zum Unterhalt der Pfarreien benötigt wurde. Es liegt auf der Hand, daß dieses System die Bischöfe nicht gerade dazu anhielt, das Land mit einem dichten Netz von Pfarreien zu überziehen. In den Städten gab es tunlichst nur eine Pfarrkirche, die an Bischofssitzen mit der Kathedrale identisch war. So hatte Jerusalem als einzige Pfarrkirche die Grabeskirche, obwohl es wenigstens 27 Kirchen hatte. Nur in besonders volkreichen Städten wie Akkon mit seinen 38 Kirchen wurden mehrere Pfarreien eingerichtet, wobei in den Häfen die Italiener in ihren Quartieren die Pfarrei über ihre Landsleute in eigenen Kirchen beanspruchten, oftmals in erbitterter Auseinandersetzung mit den Diözesanen, die sich dort auch mit den Ritterorden um einträgliche Pfarrechte wie das Begräbnis stritten. Die ländliche Pfarrei ist erst in den letzten Jahren von Hamilton und Mayer in den Blick genommen worden. Sie war noch viel rarer als die städtische, aber im Gegensatz zu älteren Annahmen gab es sie. Ihre Seltenheit hing stark zusammen mit den Siedlungsgewohnheiten der Lateiner. Sie waren in den Städten konzentriert, und auch der grundherrliche Adel lebte nicht auf dem Lande, und soweit Franken überhaupt auf dem Land siedelten, taten sie dies in geschlossenen Dörfern, in denen weder syrische Christen noch Muslime lebten, so daß nur an wenigen Orten überhaupt ein Bedürfnis nach einer ländlichen Pfarrkirche bestand. Wo solche Siedlungen bestanden (z. B. *Magna Mahumeria* = al Bira; *Emmaus* = Qubeibeh), gab es nachweislich auch lateinische Kirchen, die sicher mit Parochialrechten versehen waren. Wo die Klöster Landesausbau betrieben, richteten sie ebenfalls Kirchen (etwa *Legio* = Ladschun, dort in erbitterter Auseinandersetzung mit dem Diözesan um die Pfarrechte) oder doch wenigstens Kapellen (*Sephoria* bei Lydda) ein. Um in dem kleinen Reich die ständige Grundbesitzverschiebung zugunsten der Kirche zu verhindern, verbot der *Livre au Roi* den Verkauf von Lehen an die Kirche, doch war die Praxis stets lässiger als die Theorie. Selbst die Könige haben die Kirche reich bedacht, nicht nur weil dies dem Idealbild des mittelalterlichen Königs entsprach, sondern auch weil sie die Kirche als Finanzmacht benötigten. Wilhelm von Tyrus etwa beklagte bitter, wie stark sein Gönner Amalrich seine Politik durch Rückgriff auf das kirchliche Vermögen finanziert habe. Andererseits entspricht unter Amalrich dem finanziellen Anteil der Kirche auch ein bedeutender Einfluß des Klerus auf die Politik, den niemand besser verkörperte als gerade Wilhelm von Tyrus, der wohl die *libertas* der Kirche gegenüber dem König verfocht, von politischer Abstinenz des Klerus jedoch nichts hielt. Die Bischofswahlen bedurften der königlichen Bestätigung; während der Sedisvakanz fielen die Einkünfte anscheinend an den König. Dies folgte dem abendländischen Brauch, wie überhaupt die kirchliche Organisation kaum von der in Europa abwich. Natürlich stellte sich auch im lateinischen Orient die Frage nach der Abgrenzung von *sacerdotium* und *regnum*, wenn auch nicht mit der erbitterten Grundsätzlichkeit, mit der sie im Kaiserreich umkämpft war. Das Papsttum hat in seiner Politik gegenüber den Kreuzfahrerstaaten an der Forderung der *libertas ecclesiae* immer festgehalten, andererseits aber nicht verkannt, daß nur ein starker weltlicher Arm diese Staaten gegen die Heiden schützen konnte. Entgegen früheren Annahmen berührte aber der unglückselige Streit um die Investitur der Bischöfe mit Ring und Stab (s. oben S. 7) und damit um die weltliche Kontrolle der Kirche auch das Königreich Jerusalem, wo mit Balduin I. ein König herrschte, der einst in Europa als entschiedener Anhänger vorgregorianischer Lebensformen aus dem Klerus ausgeschieden war, weil ihm die Einkünfte gekürzt wurden. Zwar verhinderte er nicht, daß nach der schockierenden Gefangensetzung des Papstes durch Kaiser Heinrich V. 1111 ein päpstlicher Legat vom Boden des Königreichs Jerusalem aus als erster den Kaiser exkommunizierte[92], aber schon 1101 hatte er einen scharfen Zusammenstoß mit dem Patriarchen von Jerusalem wegen der Frage, ob die kirchlichen Einkünfte der Kirche oder dem König gebührten. Der Patriarch warf ihm vor, die Freiheit der Kirche zu beeinträchtigen, ein Schlagwort, das damals jeder verstand. Über die Zehnten als Haupteinnahmequelle der Kirche übte Balduin I. eine strikte Kontrolle aus, die sich mit den Anschauungen der Zeit nicht mehr vertrug, aber erst 1120 abgeschafft wurde, als sein Nachfolger, wohl als Preis für seine Wahl, sie im Konkordat von Nablus feierlich der Kirche zurückgab (oben S. 74). Nach diesem Sieg der Kirche trat das Papsttum den königlichen Einflußnahmen auf die Bischofswahlen, die sich vor allem bei der Besetzung des Patriarchats zeigten, nicht mehr entgegen; erst Papst Coelestin III. (1191–1198) schwächte die königlichen Prärogative auf ein bloßes Bestätigungsrecht ab. Im alexandrinischen Schisma zwischen Papst Alexander III. und seinen Gegenpäpsten (1159–1177) versuchte der König anfangs, einen Kurs vorsichtiger Neutralität zu steuern, und wollte den alexandrinischen Legaten nur als inoffiziellen Pilger ins Land lassen; eine Mehrheit des Episkopats setzte schließlich ein Einschwenken auf die alexandrinische Linie durch. Wilhelm von Tyrus, seit 1165 vom Studium in Frankreich und Italien zurück, scheint (vielleicht unter dem Einfluß der bolognesischen Legisten, bei denen er gehört hatte) mehr der kaiserlichen Seite zugeneigt zu haben, denn er beklagte die finanziellen Lasten, die der alexandrinische Legat der palästinensischen Kirche auferlegte. Die Beziehungen zu den anderen christlichen Kirchen waren erträglich. Die Hauptspannung bestand gegenüber den orthodoxen Griechen, die offenbar am Hl. Grab nur zeitweise dienen durften (vgl. oben S. 113), doch die meisten ihrer Klöster behielten und in Byzanz auch ein Schattenpatriarchat für Jerusalem aufrechterhielten, das vom Abt-Erzbischof des Sinaiklosters anerkannt wurde (1166). Mit den Jakobiten stand man, von Einzelfällen abgesehen (Plünderung des Klosters Bar Sauma durch Joscelin II. von Edessa 1148), auf gutem Fuß. Königin Melisendis beschenkte sie ebenso wie die Armenier und die Orthodoxen. Die Maroniten gingen 1181 eine dauerhafte Union mit der lateinischen Kirche ein. Die fortschreitende Verkleinerung des Reiches nach 1187 drängte Klöster und Bischöfe immer mehr in Akkon zusammen. Als seit 1225 die Könige außer Landes blieben, entfiel das kirchliche Wahlbestätigungsrecht des Königs, während das Prestige des Patriarchen, des *Seignor espirituel* des Reiches, stieg, der seit etwa 1220 als »geborener« Legat wirklicher, nicht ehrenamtlicher päpstlicher Bevollmächtigter war, da Kardinallegaten *a latere* kaum noch in den Orient geschickt wurden. Seit etwa 1262 verwaltete er in Personalunion noch das Bistum Akkon, da er ja jetzt in Akkon residierte und es mit dem dortigen Bischof zu unliebsamen Reibereien gekommen war. In den letzten Jahrzehnten des Reiches mußte der Patriarch dann *nolens volens* manche herrscherliche Funktionen übernehmen.

Neben dem Adel erwuchs, ab 1110 nachweisbar, eine weitere Klasse freier Menschen, die Bourgeoisie. Man darf sie nicht mit dem Bürgertum unserer Tage gleichsetzen. Gewiß gab es in den Städten, sozial gesehen, ein Bürgertum von lateinischen und syrischen Christen, aber der Ausdruck Bourgeoisie bezeichnet in den Kreuzfahrerstaaten vor allem die politische Organisationsform der nichtadligen Franken. Daß die eingeborene Bevölkerung seit langem in religiösen und ethnischen Gruppen organisiert war, förderte die Bildung der fränkischen Bourgeoisie ebenso wie der dem Mittelalter teure Grundsatz der Standesgerichtsbarkeit. Die Bourgeoisie setzte sich einmal aus den Siedlern in den kleinen Neugründungen im Landesinneren und an den Grenzen zusammen (S. 140f.), deren Landbesitz ausdrücklich als *tenure en bourgeoisie* bezeichnet wird, zum anderen aus den Handwerkern und Kaufleuten in den Küstenstädten und in Jerusalem. Die italienischen und südfranzösischen Fernhändler gehörten nicht dazu, da sie eigene Gemeinden bildeten. Die Bourgeois waren persönlich frei, standen aber in einem Treueverhältnis zum Grund- oder Stadtherren. Ihr Familienrecht ist für Jerusalem schwer zu erkennen; soviel ist deutlich, daß der ökonomische Zusammenhalt der Familie im 13. Jh. lockerer wurde, denn es fehlen die im 12. Jh. noch erkennbaren Beschränkungen bei der freien Verfügung über das Familiengut. In Antiochia folgte das eheliche Güterrecht der Bourgeois ganz normannischen Vorbildern. Interessanterweise hat sich hier das Recht der Gründerschicht erhalten, während das ursprünglich sicher auch normannische Güterrecht des Adels durch das französische ersetzt wurde, wie dies auch der politischen Entwicklung in Antiochia entsprach.

Um 1240 gab sich die Bourgeoisie in Jerusalem ihr eigenes Recht mit dem *Livre des Assises des Bourgeois,* als dessen Grundlage die provenzalische, also römisch-rechtlich bestimmte Sammlung *Lo Codi* diente, die aber sorgfältig den palästinensischen Gegebenheiten angepaßt wurde[93]. Die rechtliche Organisation der Bourgeoisie war aber viel älter. Schon im 12. Jh. begegnen wir den *Cours des Bourgeois,* eigenen Gerichtshöfen und Selbstverwaltungsorganen, die das Korrelat zu der *Haute Cour* des Adels bildeten. Seit 1125 läßt sich in Jerusalem die Entwicklung dieses Gerichts in den Urkunden verfolgen, 1135 ist es vermutlich in Akkon, 1149 in Jerusalem als fest etablierte Institution vorhanden. Im 13. Jh. gab es 4 königliche und 33 baroniale Gerichtshöfe dieser Art, die sich dreimal in der Woche unter dem Vorsitz des Vizegrafen als Vertreter des Stadtherren zu versammeln hatten. Zwölf Geschworene, ausschließlich Franken, sprachen Recht in Zivil- und Kriminalaffairen über fränkische Bourgeois, ohne daß es eine Revisionsmöglichkeit gegeben hätte, während man vor der Haute Cour wenigstens noch das Gericht zum Zweikampf fordern konnte, diesen aber binnen eines Tages gegen alle Richter siegreich beenden mußte, um dem Galgen zu entgehen. Die *Cour des Bourgeois* übte gleichzeitig die Blutgerichtsbarkeit über alle Nichtfranken aus und diente auch als Beurkundungsbehörde für Akte der freiwilligen Gerichtsbarkeit, weshalb seit 1251 eigene Register geführt wurden. Außerdem war dieses Gericht die Berufungsinstanz für die *Cour de la Fonde* und die *Cour de la Chaine,* die beide seit den Tagen König Amalrichs nachweisbar sind[94]. Die *Cour de la Fonde* war ein Gericht für Handelssachen in den Marktstädten und registrierte gleichzeitig kommerzielle Transaktionen, soweit sie keine Immobilien betrafen. Da bei den Streitfällen oft Franken und christliche Nichtfranken die Kontrahenten waren, wurde das Gericht gemischt besetzt und bestand aus zwei Franken und vier christlichen Syrern, doch fielen in Handelssachen auch Griechen, Muslime, Juden und andere unter seine Jurisdiktion. Dagegen war die *Cour de la Chaine (Chaine* = Hafensperrkette) rein fränkisch besetzt, da sie sich nur mit Fragen des See- und Schiffahrtsrechts zu befassen hatte, wo Streitfälle mit Eingeborenen kaum entstehen konnten. Prozesse mit einem Streitwert über einer Mark Silber (= ca. 240 Gramm) gingen an die *Cour des Bourgeois.* Beide Gerichte dienten auch der Einhebung der Zölle und Handelsabgaben und ihrer Auszahlung für Staatszwecke. Der gerichtliche Zweikampf als Beweismittel war bei diesen Sondergerichten ausgeschlossen.

Neben der Bourgeoisie haben sich im 13. Jh. auch Kommunen gebildet, aber im Gegensatz zu Europa nur ganz vereinzelt[95]. Wir kennen solche politischen Gebilde vielleicht 1187 in Tyrus, sicher ab 1194 in Antiochia, ab 1231 in Akkon und ab 1288 in Tripolis. Sie haben nie eine bedeutende Rolle gespielt, eben weil ein großer Teil der fränkischen Bourgeoisie schon eine Rechtsform hatte, dann aber auch, weil die mächtigen italienischen Gemeinden Fremdkörper in den Städten bildeten, die sich keiner Kommune unterstellten. So haben die Kommunen denn in Palästina auch keinen langen Bestand gehabt, zumal die Kirche gegen sie auftrat, in Akkon auf Bitten des Kaisers Friedrich II., in Antiochia als Reflex gegen eine egalitäre Haltung der Kommune, die die ursprünglich beigetretenen Kleriker nun ebenso besteuern wollte wie die anderen Mitglieder. Aber nicht nur deshalb kam es im lateinischen Osten nicht zur Ausbildung städtischer Autonomie, sondern auch wegen der dort beispiellosen Konzentration des gesamten Staatsvolkes in den Städten, in denen ja neben Fremdgläubigen nicht nur die Mittelklasse und die italienischen Fernhändler lebten, sondern auch der gesamte, für die städtische Autonomie nicht zu gewinnende Adel. Auch die Könige hätten sich von ihrer ökonomischen Hauptbasis abgeschnitten, wenn sie die Städte wie in Europa privilegiert und etwa als Verbündete in der Auseinandersetzung mit dem Adel gesucht hätten. Alle Kommunen im Hl. Land entwickelten sich in einer Situation, in der der Stadtherr nicht willens oder nicht imstande war, das Gemeinwesen wirksam zu verteidigen. In Akkon war es das antistaufische Ressentiment, das die Kommune hervorbrachte. Dort gehörten sogar die Spitzen des Adels wie Johann von Ibelin dazu. In Antiochia beteiligten sich von Anfang an auch die in der Bevölkerung zahlreichen Griechen, in Akkon aber war die Kommune rein fränkisch organisiert. Sie ging dort aus der religiösen Bruderschaft der Kirche des Hl. Andreas hervor, wurde dann aber zur Schwurgemeinschaft für die Stadtregierung ausgebildet, wobei man in der Stadt als abstraktem Begriff den Stadtherrn sah. Die Andreasbruderschaft eignete sich besonders als Nukleus einer Kommune, weil sie alte Königsprivilegien besaß, nach denen ihr jeder Franke unabhängig von seiner Herkunft oder seinem sozialen Rang angehören konnte. Das gab der Sache nach außen hin einen legalistischen Anstrich, weil ja formal nichts anderes geschah als der massenhafte Eintritt in eine herrscherlich lizensierte Bruderschaft. Die Organisation lehnte sich ganz an europäische Vorbilder an. Die Kommune wurde geleitet von Konsuln oder Syndici unter dem Vorsitz eines Bürgermeisters; als ihr Zentrum hatte sie einen Glockenturm (Campanile), sie verfügte über ein eigenes Budget mit Besteuerungsrecht, richterliche Befugnisse und zweifellos auch eine Miliz. Während sie in Antiochia langsam zerfallen zu sein scheint, wurde sie in Akkon förmlich aufgelöst (1241). Kaum ein Strukturproblem der Kreuzfahrerstaaten hat so lebhafte Debatten ausgelöst wie die Kommune von Akkon. La Monte sah sie ganz als normale mediterrane Kommune mit innerstädtischer, auf Stadtautonomie gerichteten Zielsetzung. Prawer sah dagegen gesamtstaatliche Motive am Werk: die Kommune habe sich als die rechte Regierung des Landes verstanden, da die Haute Cour, wenn sie der zu bekämpfende staufische Regent nicht einberief, als Plattform für politischen Widerstand nicht mehr zur Verfügung stand. Riley-Smith hat beides bestritten und den einzigen Zweck der Kommune negativ interpretiert: sie habe nur der Organisation des Widerstands gegen das staufische Regime gedient. Zwar habe die Haute Cour weiterhin getagt (was indessen sehr schwierig zu beurteilen ist), aber die Waffe der *Assise sur la ligece* (oben S. 109) habe sich als stumpf erwiesen, da der staufische Regent des Kaisers über genügend Soldtruppen verfügt habe, um den Dienstentzug der Vasallen wirkungslos zu machen. Freilich ist dann schwer verständlich, warum man die Assise noch 1229 erfolgreich gegen den Kaiser selbst hatte anwenden können, der über annähernd eben so viele Truppen außerhalb des feudalen Aufgebots Jerusalems verfügte (nämlich 600 Ritter), und warum man die Kommune schon 1231 gründete, obwohl die Assise erst 1232 versagte, als man sie einzusetzen versuchte. Richard hat dagegen erneut auf städtische Aspekte aufmerksam gemacht, gegen Prawer aber auch den gewichtigen Einwand geltend gemacht, daß die Barone der Kommune nicht bereit waren, deren Jurisdiktion auch in ihren eigenen Seigneurien (etwa Beirut und Caesarea) anzuerkennen. Ich selbst habe gleichfalls eine mittlere Stellung eingenommen und innerstädtische Aspekte nicht ausschließen wollen, zumal es mir unausweichlich scheint, daß es schon 1198 in Akkon eine Kommune gegeben haben muß, die dann allerdings nur den rein innerstädtischen Zweck einer stärkeren Beteiligung der Schwurgemeinschaft am Stadtregiment verfolgt haben kann. Von anderen Hinweisen abgesehen bleibt nämlich sonst unverständlich, daß die Barone 1241 die Bourgeois fallen ließen und dem Kaiser die Auflösung der Kommune anboten, konkretisiert in der Kassierung der kommunalen Ämter mit Ausnahme derjenigen (eben der der alten Kommune), die es schon vor 1225 gegeben hatte. Die These hat zwar in der Forschung keinen Beifall gefunden, aber die Stelle ist auch nicht anders erklärt worden, jedenfalls soweit man sich überhaupt an den Wortlaut der Quelle hielt. Vielleicht kann man aber doch für Prawer noch ein bisher nicht benutztes Argument anführen, und dann hat man schließlich und endlich so viel an Hinweisen für eine staatliche *und* für eine innerstädtische Motivation, daß man sich hoffentlich darauf wird einigen können, daß hier beides involviert war. Eine rein innerstädtisch motivierte Kommune, gebildet aus einer Bruderschaft an einer Kirche, hätte doch sicher ihren Ursprung in einer Kirche in der Stadt gesucht. Nicht von ungefähr heißt es aber in dem Bericht über die Kommunalgründung, es habe »im Lande« *(en la terre)* eine *Frarie de Saint-André* gegeben. Und in der Tat, nach einer Urkunde von 1166 (Röhricht, Regesta regni Hieros. Nr. 422 a) lag die ganz an der Südspitze Akkons plazierte Andreaskirche außerhalb der Mauern *(extra muros)*. Das deutet dann doch wieder auf überstädtische Motive hin.

In dem Maße, in dem klar wurde, daß die Bourgeoisie bei den kommunalen Experimenten vom Adel lediglich zeitweilig als Verbündeter benutzt wurde, zogen sich die Bourgeois anscheinend zunehmend in die im Gegensatz zur *Frarie de Saint-André* meist an der Herkunft ausgerichteten Bruderschaften zurück, in denen sie Sozialfürsorge und andere Solidarität fanden und die in der Politik und in der Stadtverteidigung ihr Gewicht entfalteten (oben S. 145). Riley-Smith hat ganz richtig erkannt, daß sie die alte Organisationsform der *borgesie* nicht ersetzten. Das konnten sie um so weniger, als ihnen auch ritterliche Mitglieder nicht fremd waren, jedenfalls bei der italienischen Heiliggeistbruderschaft in Akkon. Auch waren sie teilweise von geistlichen Korporationen abhängig und daher für eine Repräsentanz ungeeignet, so bei den beiden uns bekannten fremdgläubigen Bruderschaften in Akkon, der griechisch-orthodoxen Georgsbruderschaft, die sich den Johannitern ebenso unterstellt hatte wie die Jakobsbruderschaft für lateinische Spanier, und bei der Bruderschaft der »Mosserins« (Kaufleute chaldäischen Glaubens aus Mosul), die den Templern unterstanden. Dane-

ben dienten die Bruderschaften auch mit gemeinsamen Kassen der technischen Bewältigung gewisser Kreuzzugsprobleme, was allerdings schon auf das Vorbild einer *confraternitas* mit gemeinsamer Kasse beim ersten Kreuzzug zurückging.
Was in den Kreuzfahrerstädten ganz fehlte, waren Zünfte, und damit fehlte eines der wesentlichsten Elemente, das in Europa die städtische Autonomie vorantrieb. Zwar waren Handwerker gleichen Gewerbes in jeweils einer Straße konzentriert, aber nur zum Zweck der Überwachung und Besteuerung, und allein die Ärzte scheinen ein Kollegium gebildet zu haben, dem unter dem Vorsitz des Bischofs die Examination und Lizenzierung fremdländischer Ärzte oblag. Es ist ganz klar, warum es nicht zur Zunftbildung kam. Nie hätten sich fränkische Handwerker mit syrisch-christlichen, jüdischen oder griechisch-orthodoxen Handwerkern, die es ja gab, in einer Zunft vereinigt. Damit war *a priori* der Zweck der Zunft, nämlich die Regulierung des Marktes von der Angebotsseite her, unerreichbar, ebenso wie man in einem dringend auf Einwanderung angewiesenen Land neue fränkische Handwerker nicht hätte abweisen können.
Am stärksten fielen in den Städten die exterritorialen italienischen Gemeinden auf, die aus der beispiellosen Privilegierung des frühen 12. Jh. (oben S. 75) hervorgegangen waren[96]. Soweit man echte Privilegien nicht hatte, hat man vor Fälschungen nicht zurückgescheut. Besonders ungeniert gingen dabei die Marseillaiser vor, deren palästinensischer Konsul 1248, als der Kreuzzug Ludwigs IX. von Frankreich bevorstand, Schuldscheindarlehen bei marseillaisischen Kaufleuten in Akkon aufnahm, angeblich um damit Privilegien der Könige Fulko und Aimerich, die in betrügerischer Weise der Kommune entfremdet worden seien, »zurückzukaufen«, in Wahrheit um sie von einem florierenden Fälscheratelier in Akkon, das auch für andere Kunden arbeitete, überhaupt erst fälschen zu lassen. Die Stadt Marseille zahlte ihren Kaufleuten nach der Heimkehr gegen die Einreichung der Schuldscheine, von denen 20 noch im Stadtarchiv Marseille liegen, die Darlehen zurück. Die Genuesen behaupteten seit einem kurialen Prozeß von 1155 gar, sie hätten einst in der Grabeskirche eine Inschrift in goldenen Lettern besessen, die ihren Anteil an der Unterwerfung des Hl. Landes und ihren Lohn dafür (je ein Quartier in Jaffa und Jerusalem sowie ein Drittel von Caesarea, Arsur und Akkon) festgehalten habe. Sie verlangten jetzt ihre Restitution, anfangs erfolglos, obwohl man mit der Angelegenheit die Kurie ebenso in Atem hielt wie den Hof von Jerusalem. Erst 1192 konnten sie die Erlaubnis des Herrschers zur »Restaurierung« dieser Inschrift erhalten. Im 13. Jh. fand dann ein fiktiver Text der Inschrift Eingang in den genuesischen *Liber iurium.* Das Reich war auf die italienischen Seestädte angewiesen, weil es keine eigene Kriegsflotte hatte, man brauchte die Italiener als Importeure und Exporteure und mußte sie schließlich auch vom Anlaufen der ägyptischen Häfen abzuhalten versuchen. Das enorme Privileg von 1123 für Venedig hat der Forschung allerdings bis vor kurzem den Blick dafür verstellt, daß das Engagement der einzelnen italienischen Seestädte in der Levante nach Umfang und Charakter durchaus verschieden war. Venedig hatte natürlich mit dem Drittel von Tyrus und vor allem des Umlandes der Stadt einen wirtschaftlich nutzbaren Besitzkomplex, der nicht unbeträcht-

liche Einkünfte abgeworfen haben dürfte und für den Venedig, ohne daß es in die Feudalstruktur des Reiches eingegliedert gewesen wäre, dem König sogar einen unterproportionalen Kriegsdienst von drei Rittern zu leisten hatte. Aber das alles darf nicht darüber hinwegtäuschen, daß sich Venedig im 12. Jh. in der Levante nur lau engagierte und erst im 13. Jh. zur dort führenden Seemacht wurde, vor allem nach dem Sieg über Genua im Krieg von St. Sabas (unten S. 239). Seither trachtete man nach einer Vergrößerung des an Bedeutung jetzt zunehmenden Quartiers in Akkon, das nach dem Stadtinneren hin mit Mauern und Toren befestigt wurde, und 1286 importierte man zum Ausbau des Quartiers 72 Tonnen Steine bis aus Venedig her, sei es weil der istrische Stein besonders hart ist, sei es weil die Mamluken die Zufuhr größerer Bausteinmengen nach Akkon bereits unterbanden. Aber im 12. Jh. war nicht Venedig, sondern, wie Favreau-Lilie zeigen wird, Pisa die treibende italienische Kraft in der Levante. Während die venezianischen Quartiere außerhalb der jährlichen Handelssaison oft ziemlich leer standen, betrieben die Pisaner planvoll neben der Bildung autonomer Quartiere eine Dauersiedlung innerhalb des Reiches. Im dritten Kreuzzug versuchten sie sogar mittels einer Serie von Privilegien praktisch den ganzen wirtschaftlich bedeutenden Teil Akkons von der Südspitze über den Hafen bis zum Arsenal im Nordosten zu übernehmen und scheinen im Osten auch eine ständige Flottenpräsenz unterhalten zu haben, die freilich auch der Piraterie diente, vor der levantinischen Küste einer ständigen Gefahr für alle. Jedenfalls waren sie für Heinrich von Champagne unentbehrliche, wenngleich lästige Alliierte. Freilich haben starke Monarchen, auch Heinrich gegenüber Pisa, immer wieder versucht, diese Vorrechte auf ein erträgliches Maß zurückzuschrauben. König Fulko verweigerte dem Dogen von Venedig die 300 Byzantiner aus der Hafenkasse von Akkon, die diesem aus dem Vertrag von 1123 jährlich zustanden, und 1164 war man sie noch immer schuldig. In den Wirren vor und während des dritten Kreuzzuges (oben S. 130) wurde alles wieder erneuert und erweitert. Auch der innere Ausbau dieser Niederlassungen ging weiter. Ursprünglich hatten sich die Kaufleute einfach als kirchliche Gemeinde um ihre eigene Nationalkirche geschart und eine Art rudimentärer Selbstverwaltung ausgebildet. Aber bald nahmen die heimischen Regierungen die Sache in die Hand. Im Jahre 1157 begegnen wir dem ersten pisanischen Verwaltungsbeamten, und bald hatte jede Gemeinde ihren Bailli, Vizegrafen oder Konsul, der als verantwortlicher Repräsentant der Republik die Verwaltung der Kolonie leitete. Daneben bediente sich Venedig auch weiterhin der kirchlichen Organisation. Im 13. Jh. errichtete man dann Oberverwaltungsbehörden, unter denen alle syrischen Kolonien einer Republik vereinigt wurden, was eine einheitlichere Politik erlaubte. Die Venezianer hatten ihr Hauptquartier in Tyrus, wo sie von 1200 bis 1247 mit dem Erzbischof um die Jurisdiktion ihrer Markuskirche stritten, die Genuesen und Pisaner residierten in Akkon. Von geringerer politischer und wirtschaftlicher Bedeutung waren die Kolonien von Amalfi, Marseille und Montpellier. Aber alle hatten sie gemeinsame Grundzüge: die Kaufleute wohnten und handelten in einem eigenen Stadtquartier mit eigener Kirche, Warenhaus *(funda, fondaco)*, Bad, Bäckerei, Mühle, Schlachthaus usw. Man lebte wirtschaftlich autark und entging dadurch den Abgaben, die man bei

Benutzung der stadtherrlichen (d. h. königlichen) Regiebetriebe hätte zahlen müssen. Die niedere Gerichtsbarkeit, vor allem aber Handelssachen, wurden vor einem eigenen Gericht erledigt, soweit der Italiener der Beklagte war, während die Blutgerichtsbarkeit der vizegräflichen *Cour des Bourgeois* verblieb. Soweit die Krone die gesamte Gerichtsbarkeit in einem schwachen Moment einmal aus der Hand gegeben hatte, wurde dies später interpretatorisch bestritten oder in einem neuen Privileg zurechtgerückt, wenn die Situation es zuließ. Die Italiener genossen im ganzen Lande weitgehende Handelsfreiheit und waren von allerlei Abgaben, Zöllen, Ankergeldern und dem Zwang zur Benutzung der königlichen Maße und Gewichte befreit; ferner übten sie in ihrem Viertel die Polizeigewalt und die Marktpolizei aus, die sonst dem Vizegrafen zustand. Dabei gingen alle italienischen Republiken den Weg, auch Fremde (allerdings meist die Leute aus dem heimatlichen Umland) zu schutzbefohlenen Pisanern, Venezianern, Genuesen zu erklären, um auch ihnen den Nutzen der Privilegien zu verschaffen. Dieser muß also für die Kaufleute und damit für die Heimatstadt groß gewesen sein und, korrespondierend dazu, eine erhebliche Belastung für das Königreich Jerusalem, auch wenn der italienische Fernhandel natürlich die Wirtschaft stimulierte. Der Grad dieser Belastung ist umstritten. Riley-Smith hat ihn eher gering eingeschätzt, wogegen Favreau-Lilie erhebliche Bedenken angemeldet hat; dabei geht es um Details der Abgabenerhebung und -befreiung, auf deren verschiedene Interpretation hier nicht eingegangen werden kann. Je schwächer das Königtum wurde, desto stärker wurden die italienischen Kommunen. Sie griffen im 13. Jh. oft mit Waffengewalt in die inneren Auseinandersetzungen ein, und wären die einzelnen Republiken nicht unter sich so hoffnungslos zerstritten gewesen, so hätten sie in der zweiten Hälfte des 13. Jh. das Hl. Land fraglos in ein italienisches Protektorat verwandelt.

Der Handel von Outremer, wie man das Hl. Land damals nannte, ist für das 12. Jh. von der Forschung früher etwas überschätzt, dann aber unterschätzt worden[97]. Syrien und Palästina waren ursprünglich keine stark von Europäern besuchten Handelsplätze; vor den Kreuzzügen finden wir dort nur amalfitanische und genuesische Kaufleute. Der Levantehandel lag noch in den Händen von Juden, Griechen und Syrern, wie sich gerade in Genua erkennen läßt; auch verlief er im wesentlichen über Alexandrien. Die wichtigen genuesischen Notariatsregister scheinen das ägyptische Übergewicht bis weit ins 12. Jh. hinein zu bestätigen, denn der Genueser Notar Giovanni Scriba hatte 1156–1164 in Alexandrien 58 Klienten, in Syrien aber nur 34. Das Bild ändert sich aber sofort, wenn man statt der Zahl der Handelskontrakte die investierten Kapitalien betrachtet. Die 58 ägyptischen Verträge repräsentierten 9031, die 34 syrischen jedoch 10075 Pfund genuesisch, die durchschnittliche Investition betrug in Alexandrien 156, in Syrien über 300 Pfund, wobei man allerdings bedenken muß, daß Ägyptens Hauptimportwaren (Eisen, Holz, Pech, d. h. Schiffsbaumaterialien) von Päpsten und Konzilen als Konterbande deklariert waren und daher im Notariatsregister nicht aktenkundig werden durften. Aber auch ein marseillaisisches Notariatsregister von 1248 bestätigt, daß die durchschnittliche Investition in den Kreuzfahrerstaaten höher war als anderswo. Der Handel wickelte sich im

Rahmen zweier Vertragstypen ab, die beide der Risikoverteilung dienten: Kapitalist *(socius stans)* und eigentlicher Fernhändler *(socius tractans)* taten sich zusammen. Bei der sogenannten *societas* schoß der Händler ein Drittel des Kapitals ein und hatte Anspruch auf die Hälfte des Gewinns (33% aus seinem Kapital [+ 25% aus den zwei Dritteln des Kapitalisten = 16,5% des Gesamtkapitals]), während er vom Verlust nur ein Drittel trug. Im 13. Jh. überwog dann die *commenda*, bei der nur der Kapitalist investierte, dem *Tractator* aber 25% des Gewinns zustanden, während er vom Kapitalrisiko und damit von der Beteiligung an einem Verlust verschont blieb. Daneben stand das von der Kirche wegen des kirchlichen Zinsverbots bekämpfte Seedarlehen, bei dem der *Tractator* Fremdkapital zu einem festen Zinssatz von 35% pro Jahr aufnahm, was eine normale Gewinnspanne von wenigstens 50% voraussetzte, um das Geschäft noch lohnend zu gestalten. Überblickt man nun den Kreis der Investoren in den Registern des Giovanni Scriba, so ergibt sich ein deutliches Wechselspiel von Handel und Politik: 80% der im Syrienhandel investierten Kapitalien kamen von sieben Leuten, der Rest verteilte sich auf 20 Investoren, wogegen am Ägyptenhandel der gleichen Periode etwa 100 Personen teilnahmen. Von den sieben führenden Investoren war einer Jude, einer ein christlicher Syrer, die fünf Genuesen aber gehörten alle zu der politisch führenden Gruppe, die jährlich die Konsuln stellte, drei von ihnen gehörten zum Geschlecht der Visconti. Dieser kleine, illustre Kreis monopolisierte also den Syrienhandel und kontrollierte ihn an Ort und Stelle durch Vertrauensleute aus demselben Milieu wie etwa die Familie Embriaco, die Dschubail seit 1109 als genuesischen Außenposten hielt und im 13. Jh. zu einer Adelsherrschaft ausbaute. Die heimischen Großkapitalisten betätigten sich selbstverständlich nur als *socii stantes*. Nun ist richtig, daß Giovanni Scriba als Stadtschreiber enge Beziehungen zu der herrschenden Klasse hatte; in der Tat ergibt das Register des Wilhelm Cassinese für 1191 ein ganz anderes Bild: hier ist die Zahl der mittelmäßigen Investoren stark angewachsen, doch ist das Jahr in jeder Hinsicht unnormal. Der Ägyptenhandel war wegen des gerade im Gang befindlichen dritten Kreuzzuges völlig unterbunden, die Konjunktur nichtsdestoweniger angeheizt durch zwei Kriege: den Kreuzzug und Heinrichs VI. Versuch zur Eroberung Siziliens; sowohl die Gesamtsumme der Investitionen wie die Zahl der Sizilien- und Syrienkontrakte liegen daher weit über dem Normalen. Auch kam 1191 erstmals die ghibellinische Partei in Genua zum Zuge, brach das Konsulregime der alten Familien und beauftragte einen auswärtigen Podestà mit der Regierung. Hand in Hand damit ging offenbar die Auflösung des alten syrischen Handelsmonopols der Visconti. Einen neuerlichen Aufschwung im Syrienhandel, der auch außerhalb Genuas zu beobachten ist, brachte die Ausschaltung von Byzanz (1204) und die lange Pause im Kampf mit den Muslimen (1229–1244), während der Ägyptenhandel durch die nach Ägypten gerichteten Kreuzzüge der ersten Hälfte des 13. Jh. empfindliche Rückschläge erlitt. Man muß die Kämpfe der ägyptischen Mamlukensultane gegen die Franken seit 1250 auch als Handelskriege zugunsten der ägyptischen Deltahäfen und der ägyptischen Karimi-Kaufleute sehen, die nach der Vernichtung der Kreuzfahrerstaaten den Gewürzhandel im 14. Jh. in Ägypten monopolisierten; der Gütertransport im Mittelmeer blieb freilich auch dann die alleinige Domäne der Italiener.

Ägypten besaß im 12. und 13. Jh. nach wie vor den Transithandel mit Indien und Arabien, aber der persische, syrische und mesopotamische Handel ging über Akkon und Tyrus, ebenso Teile des indischen Gewürzhandels. Nach Europa wurden hier vor allem verschifft: Drogen und Pharmazeutika, darunter Ingwer, Aloe, Myrrhen, Kampfer, Sennesblätter, Bitterwurzeln und der liturgisch wichtige Weihrauch, Gewürze wie Pfeffer, Zimt, Muskat, Gewürznelken, Kardamom, Stoffe und Gewebe wie Linnen, Seide, Damast, Musselin, Färbemittel für die europäische Textilproduktion, vor allem Alaun (es wurde für die Rotfärbung vor der Erschließung der kleinasiatischen Gruben in Phokäa 1275 ganz überwiegend von einem ägyptischen Staatsmonopol angekauft), Indigo (Blaufärbung) und Brasilholz, feine Hölzer (Sandelholz), Elfenbein, damaszenische Stahlwaren, Parfums, Orientperlen, Juwelen, Porzellane. Dazu kamen aus der eigenen Produktion Staubzucker, ein Haupterzeugnis von Outremer, das vor allem um Tyrus und Akkon hergestellt wurde, jüdische Glasfabrikate und galiläische Weine. Nach Ägypten exportierte man gesalzenen Fisch, Früchte (Datteln, Orangen und Zitrusfrüchte), Oliven- und Sesamöl. Dem Landesverbrauch diente der Import von Getreide, Salz, Töpfereiwaren und Hühnern aus Ägypten. Aus Europa kamen für den Transithandel in die islamischen Länder europäische Textilien aus Frankreich, Flandern und England, Metalle wie Kupfer, Quecksilber, Blei und Eisen, Holz, Pech, Pferdesättel, Mandeln, Nüsse sowie gesalzenes Schweinefleisch für die Franken, da der Islam dieses Produkt nicht erzeugte. Die Weiterverhandlung der Importe nach Osten lag überwiegend in der Hand muslimischer Kaufleute wie der »Mosserins« (oben S. 161), indessen begegnen im 13. Jh. Venezianer in Damaskus und Sangimignanesi in Aleppo, wo sie eine teuer bezahlte Spezialität feilboten, toskanischen Safran zur Gelbfärbung von Textilien. Der Sklavenhandel und der Pilgerverkehr runden das Bild ab (unten S. 202). Im Kreditgeschäft waren die Italiener in der Levante erst im 13. Jh. aktiv. Die *Collection Courtois,* aus der man dies besonders eindringlich nachweisen wollte, ist allerdings eine im 19. Jh. gefälschte Sammlung von Urkunden. Aber schon im 12. Jh. nahmen die Prokuratoren von San Marco in Venedig von Kreuzfahrern Depositen an, die nach Bedarf ins Hl. Land transferiert wurden, wenn auch eher durch die Ritterorden.

Die Landwirtschaft war hauptsächlich in den Händen der eingeborenen Bevölkerung, teils christlicher Syrer, teils muslimischer Fellachen. Sieht man von den islamischen Sklaven ab, so war das Schicksal dieser politisch rechtlosen Klasse nicht schlecht. Schon am Vorabend der Kreuzzüge war Palästina in einer Art »Feudalisierungsprozeß« (Prawer) begriffen, d. h. durch die Schaffung großer Latifundien des islamischen Staates und der islamischen Karitativinstitutionen war die Schicht freier muslimischer Bauern bereits im Verschwinden, so daß die Eroberung durch die Kreuzfahrer die bäuerliche Schicht nicht allzusehr tangierte. Vielleicht waren deshalb muslimische Aufstände relativ selten. Wo sich die Lebensumstände verschlechterten, scheint man eher in die Emigration ausgewichen zu sein. Als der fränkische Herr von Mirabel die Muslime viermal so hoch besteuerte wie üblich und überdies einen islamischen Prediger zum Schweigen brachte, angeblich weil er die Muslime am Freitag von der Arbeit abhielt, eher aber weil er die Situation in Mirabel angriff, da emigrierte 1156 allmählich die Bevölkerung von acht muslimischen Dörfern und ließ sich in einer Vorstadt von Damaskus nieder, wo sie ein aktives Zentrum der Gegenkreuzzugspropaganda bildete[98]. Aber im allgemeinen konnten es sich die Franken nicht leisten, die Muslime allzu hart zu bedrücken. Sie waren zwar an die Scholle gebunden, genossen aber Kultfreiheit (wenn sie auch mit verschwindenden Ausnahmen weder Moschee noch Qadi besaßen), zahlten außer den normalen Abgaben eine mäßige Kopfsteuer und hatten so wie die Syrer in der *Cour des Syriens* in der *Cour du Rais* ihr eigenes Gericht. Daß die *Cour des Syriens* allmählich von der *Cour de la Fonde* aufgesogen worden sei, stimmt offenbar nur für Akkon; mit Sicherheit dauerte sie in Zypern bis in die zweite Hälfte des 14. Jh. fort. Die Sklaven konnten sich durch die Taufe befreien; der Grundherr gewann dann einen abhängigen Pächter, auch wenn er einen Sklaven verlor. Dennoch scheinen die Grundherren der Konversion ihrer Sklaven ablehnend gegenübergestanden und sie oft genug verhindert, ja die konversionswilligen Muslime sogar vom Kirchgang abgehalten zu haben, denn 1237 und 1238 intervenierte Papst Gregor IX. energisch zugunsten dieser Konversionswilligen, sicherte freilich den Grundherren entgegen dem herrschenden Gewohnheitsrecht zu, daß konvertierte Sklaven künftig im Zustand der Unfreiheit verbleiben müßten. Balduin I. ließ einen Sarazenen gar zum Kämmerer aufsteigen, nachdem er ihn über die Taufe gehalten und ihm seinen eigenen Namen gegeben hatte. Im frühen 12. Jh. konnten geschickte syrische Christen sogar in den fränkischen Ritterstand gelangen, wie die Familie Arrabit, die seit 1122 als Lehnsmannen der Ibelins begegnen. Auch die syrischen *rais* waren oft wohlhabende Grundbesitzer; wir dürfen ihre Stellung nicht unterschätzen. Der *rais* (lat. *regulus*), der sein in der Familie erbliches Notabelnamt verwaltete, war in der türkischen Zeit eine Art Polizeichef gewesen; unter den Franken vertrat er diesen gegenüber seine soziale Gruppe und präsidierte dem nach ihm benannten Gericht, das über kleine Vergehen befand, während die Blut- und Hochgerichtsfälle an die *Cour des Bourgeois* gingen. Grundlegend für unsere insgesamt dürftigen Kenntnisse des Amtes des *rais* ist die von Riley-Smith erarbeitete Scheidung in den städtischen und den dörflichen *rais*, von denen der erstere in weit höherem Maß richterliche Befugnisse ausübte als der letztere. Zwischen den einzelnen dörflichen *rais* bestanden erhebliche Unterschiede. In der Regel unterstand ihm ein Dorf, aber es sind Fälle bekannt, in denen ihm mehrere Dörfer unterstanden, und umgekehrt Fälle, in denen ein Dorf drei verschiedene *rais* hatte. Schlechter unterrichtet sind wir über einen anderen eingeborenen Funktionär, den *Mathessep*, Erbe des islamischen *muhtasib*, der früher über die öffentliche Moral und den lokalen Handel gewacht hatte. In Jerusalem ist das Amt kaum belegt, in Zypern übte der *Mathessep* als Assistent des Vizegrafen eine gewisse Kontrolle über die Handwerker aus.

Die sozialen und wirtschaftlichen Verhältnisse im ländlichen Bereich sind von Prawer für die Herrschaft Tyrus besonders genau untersucht worden[99]. Das Gebiet war mit etwa 120 Dörfern *(Casalia)* auf 450 Quadratkilometern dicht besiedelt. Von den Casalia besaßen ursprünglich der König zwei Drittel, die Venezianer ein Drittel; 1243 sah die Verteilung anders aus: der König hatte 36%, die Venezianer 31%, die Kirche 13% (also nicht sehr viel, aber auf Kosten des Königs erworben), individuelle Grundherren 12%; 8% waren in anderen Händen. Die Casalia waren von sehr verschiedener Größe, ihre landwirtschaftliche Nutzfläche schwankte zwischen 190 und 1120 Hektar, ausgedrückt in *Carrucae* zu etwa 35 Hektar. Die Carruca sollte ursprünglich der Ernährung einer Familie dienen, wurde aber bald zum reinen Fiskalmaß; das ganze Ackerland war ein für allemal in Carrucae eingeteilt, und diese Einteilung wurde in den Registern der *Secrète* festgehalten. Zum Ackerland kamen die Zuckerrohrfelder, die Olivenhaine und Weinberge sowie das Weideland (*gastina*, eigentlich Wüstung) hinzu. Die Bevölkerung der Casalia schwankte entsprechend ihrer Größe zwischen 3 und 36 Familien. Der Ackerbau folgte einem komplizierten Zweijahresrhythmus in einer Zweifelderwirtschaft, wobei aber ein Feld jeweils geteilt wurde. Im Anbau wechselten innerhalb dieses Systems Wintergetreide mit Gemüsebau, Sommerkulturen und Brache. Wo Wasser vorhanden war, wurden die Rechte daran für die oft kunstvolle Bewässerung detailliert geregelt und eifersüchtig überwacht. Die Abgaben an den Grundherren bestanden in einem Prozentsatz der Ernte, darüber hinaus zahlte der Bauer weder den formalen Anerkennungszins an den Grundeigentümer noch geistlichen Zehnten. Im Unterschied zu Europa gab es kein Dominikalland, das von den Bauern für den Grundherren bestellt wurde. Dies mag damit zusammenhängen, daß man es bei der überkommenen Regelung beließ, die diese Einrichtung nicht gekannt hatte (wie überhaupt die Kontinuität in der Landwirtschaft stark war), oder damit, daß die bäuerliche Arbeitskraft im Hl. Land für eine solche zugegebenermaßen unrentable Produktionsweise zu kostbar war. Die zweite Hypothese wird dadurch gestützt, daß selbst die Ritterorden wenig Dominikalland hatten, obwohl sie dafür vom geistlichen Zehnten befreit waren. Auch trug dazu bei, daß die Grundherren in den Städten lebten und daher eine direkte Bewirtschaftung ohnehin schlecht hätten überwachen können. Das führte auch dazu, daß es die patriarchalische Beziehung zwischen Grundherr und Bauer, die für Europa kennzeichnend war, nicht gab. Die Bauern waren dem Herrn nicht persönlich bekannt, sondern dienten ihm nur als Einkommensquelle, und oft genug, wenn sich mehrere Herren in ein Dorf teilten, besaßen sie nicht bestimmte Bauern, sondern bestimmte Prozentsätze der vom Dorf erwirtschafteten Revenuen. In Zypern, wo die Casalia noch in einzelne Weiler *(presteries)* unterteilt waren, betrug dagegen das Dominikalland etwa ein Siebtel des Ackerlandes eines Casale. Daher waren Hand- und Spanndienste der Hintersassen nötig, und die einzelnen Casalia besaßen auch eine durchgebildete Verwaltung mit differenzierter Aufgabenteilung.

Kulturell blieb die fränkische Gesellschaft im Osten meist provinziell und ganz und gar von Europa abhängig[100]. Man schloß sich sorgsam von allen islamischen Einflüssen ab, die in Spanien und Sizilien die Kultur so reich befruchteten. Mit den Muslimen hatte man eine Koexistenz, aber keine Symbiose. Schon die Zahl derer, die in der Oberschicht arabisch lernten, war verschwindend gering. Die Umgangssprache, außerhalb der Kirche im 13. Jh. auch die Amtssprache, war französisch. Der Piacentiner Visconti, Archidiakon von Lüttich und nachmals Papst Gregor X., predigte 1271 in

Akkon denselben Sermon erst lateinisch, dann französisch. In Zypern entwickelte sich aus Französisch, Italienisch und Griechisch eine eigene *Lingua franca*. Über Äußerlichkeiten der Kleidung, der Heilkunde und des zivilisatorischen Komforts ging die Annäherung an den Islam nicht hinaus. Die Wissenschaft hatte in Outremer überhaupt keinen Raum. Das heißt nicht, daß die Franken nicht Bedeutendes geleistet hätten, nur haben sie kaum Eigenes entwickelt. Sie waren eifrige Baumeister. Hiervon legen nicht nur die großen Burgen Zeugnis ab, sondern auch die bedeutenden Erweiterungen an der Grabeskirche, die großartige Annenkirche in Jerusalem (später die Grablege der dortigen französischen Generalkonsuln, jener Großmoguln im Palästina des 19. Jh.) mit ihrer ebenso wuchtigen wie erhaben-einfachen Romanik, die durch ihre Dimensionen eindrucksvolle Kathedrale von Ramla (heute die Moschee) mit ihren gewaltigen Pfeilerbündeln, die nur mittelgroße, aber schöne Johanniterkirche in Abu Ghosh bei Jerusalem, die mitten auf der Quelle sitzt und so die Bedeutung der Wasserrechte im Lande illustriert, die schöne gotische Kirche St. Andreas vor den Mauern Akkons, von der es eine Zeichnung von 1681 gibt, die wunderbare Kathedrale von Tortosa, die noch vorhanden ist. An der Marienkirche von Tyrus hatten französische und venezianische Baumeister gearbeitet, wie man überhaupt bedenken muß, daß die Künstler im Hl. Land meist nicht dort geboren waren, sondern aus Europa oder Byzanz kamen. Eine Ausnahme unter den rein abendländischen Bauten war der Palast der Ibelins in Beirut, der offenbar byzantinisch beeinflußt war und den Wilbrand von Oldenburg 1213 staunend beschrieb. Er lag mit der Vorderfront zum Meer, mit der Rückseite nach Obstgärten zu; der Boden bestand aus kunstvollen Mosaiken, die eine leicht vom Wind gekräuselte Wasserfläche nachahmten. Im Zentrum des Gebäudes war ein marmorverkleideter Brunnen mit einem Drachen als Brunnenfigur, dessen hochspritzende, kristallklare Fontäne die Räume kühlte und befeuchtete. Möglicherweise übernahmen die Kreuzfahrerarchitekten den Spitzbogen von ihren islamischen Kollegen. Die große Zisterne von Ramla von 789 ist bereits vollständig mit Spitzbogen versehen, und dieser Bau konnte den Kreuzfahrern nicht verborgen bleiben, doch hängt die Frage der Übernahme dieses architektonischen Elements wesentlich davon ab, ob man die ersten Beispiele des Spitzbogens im Abendland kurz vor oder kurz nach dem ersten Kreuzzug ansetzen soll, was nicht ganz geklärt ist. Auffallend an den Kreuzfahrerbauten ist die herrliche Bearbeitung der Steinquadern durch die fränkischen Steinmetzen. Die Bearbeitung unter einem Winkel von 45 Grad, die ein feines diagonales Rillenmuster erzeugte, ist dafür ebenso charakteristisch wie die vielfachen Steinmetzzeichen (über 600), von denen sicher ist, daß sie die »Signatur« des Steinmetzen bildeten, während weitaus weniger sicher ist, ob sie, wie vermutet, für Abrechnungszwecke benutzt wurden. In der figürlichen Bauplastik ist im Hl. Land Hervorragendes geleistet worden. Die fünf 1908 in Nazareth ausgegrabenen Kapitelle, wohl von Steinmetzen aus Burgund und aus dem Berry (auch wenn dies natürlich nicht unbestritten blieb) gemeißelt, sind von erlesener Schönheit und gehören zum Besten, was Frankreich auf diesem Gebiet geleistet hat. Problematisch ist allerdings der Versuch, aus ihnen und anderen Fundstücken in Nazareth das Portal der dortigen Marienkathedrale zusammenzusetzen. Nicht nur bleibt letztlich unklar, warum im Portal der Bezug auf die Patronin ganz fehlt, dafür der Apostel Petrus in den Vordergrund gerückt wird, dessen Statue (noch dazu mit einer zwar für Petrus naheliegenden, dennoch aber ganz außergewöhnlichen Ikonographie: den üblichen Schlüssel in der einen, aber einen Kirchenbau in der anderen Hand) den Mittelpfeiler des Doppelportals geziert haben soll, sondern es gibt noch ein weiteres, voll durchgearbeitetes, bis vor kurzem unbekanntes Kapitell, das von den Maßen her in der Rekonstruktion nicht unterzubringen ist, aber dieselbe Szene zeigt wie eines der Kapitelle von 1908: die Erweckung Tabithas durch Petrus. Es ist zwar nicht ausgeschlossen, daß hier – so die These – das ikonographische Programm unter der Arbeit geändert wurde, so daß das Kapitell überflüssig wurde, aber Theorien, die in einer auf wenige Überreste angewiesenen Wissenschaft solche Relikte quasi in Luft auflösen, vereinfachend gesagt mit der Annahme, das Stück sei auf den Müll geworfen worden, bleiben rein methodisch unbefriedigend. Die Erforschung der ornamentalen, nichtfigürlichen Bauplastik des Königreiches Jerusalem hat in den letzten Jahren eine wahre Renaissance erfahren, ausgelöst durch Buschhausen, der das Material vorbildlich zusammenstellt, aber mit seiner These, dieses sei pauschal apulischen Steinmetzen zuzuordnen, die im Gefolge Kaiser Friedrichs II. ins Hl. Land gekommen seien, vehementen Widerspruch gefunden hat, wohl zu Recht. Es bleibt das methodische Verdienst, die Monumente, die die ältere Forschung rein monographisch abgehandelt hatte, nach stilistischen Kriterien zu Gruppen geordnet zu haben. Im Gegenstoß gegen Buschhausen ist ein auf dem Tempelplatz in Jerusalem arbeitendes Steinmetzatelier für die Zeit 1170–1187 postuliert worden, in dem überwiegend provenzalische Steinmetzen tätig gewesen wären, denen sich andere aus Sizilien und Kampanien zugesellt hätten. Mit wenigen Ausnahmen, so der beiden Triplexkapitelle (heute Archäologisches Museum Istanbul) aus Latrun am Beginn des Straßenaufstiegs von Jaffa nach Jerusalem und des Grabmals Balduins V., handelt es sich hier eher um provinzielle Arbeiten. Manche der vorgeführten Parallelen sind auch für den Laien unmittelbar einsichtig, andere werden es sicher dem Kunsthistoriker sein. Auch ist es ein Verdienst von Z. Jacoby, für die Gruppe mit einem bahnbrechenden Aufsatz über das Grabmal König Balduins V. ein sicher datiertes Monument ganz überzeugend rekonstruiert zu haben, wenn auch dem Historiker nicht wohl dabei ist, daß seither dieses Atelier in der Literatur seine Tätigkeit ständig ausweitet und schon quasi eine Art von Monopol in und um die Hauptstadt und in weiten Teilen des Landes zugesprochen erhält. Gegen Buschhausen wird der Spieß hier umgedreht: nicht apulische Steinmetzen seien nach dem Osten gekommen, sondern der »Temple Area Workshop« sei nach der Katastrophe von 1187 mit ihrem Zusammenbruch des Marktes (was hier sicher stimmt, sonst aber eine gefährliche kunsthistorische Wunderwaffe ist) nach Apulien emigriert, wo er gleich acht Kirchen ausgeschmückt habe. Resigniert kann man dem Laien nur raten, die Monumente vorwiegend ästhetisch auf sich wirken zu lassen. Eine weitere Gruppe von Steinmetzen, diesmal aus Poitou (Fontevrault) und der Charente, könnte um 1130 im Hl. Land gearbeitet haben. Die Münzen der Kreuzfahrer waren meist rohe Produkte; die Siegel waren bes-

ser. An kunstgewerblichen Gegenständen ist fast nichts erhalten. Was noch vorhanden ist, dürfte meist französische Importware sein, doch hinterließen die Kreuzfahrer im Felsendom acht schmiedeeiserne Gitter (die Reste heute im islamischen Museum auf dem Tempelplatz in Jerusalem), die zu den schönsten Produkten mittelalterlicher Schmiedekunst gehören. Erst in jüngster Zeit ist man auch auf Goldschmiedearbeiten aus Jerusalem aufmerksam geworden, und zwar auf Kreuzreliquiare aus der ersten Hälfte des 12. Jh. (Landesmuseum Stuttgart, Stadtmuseum Augsburg, Kirchenschatz von S. Sepolcro in Barletta, vielleicht auch der Behälter eines Reliquiars in der Abtei Scheyern), die mitsamt den darin geborgenen Kreuzpartikeln anscheinend der Spendensammlung für das Hl. Grab in Europa dienten; sie sind von eher primitiver Arbeit und durch die Verwendung identischer Stanzen für die Metallbearbeitung her auf schnelle Produktion angelegt.
In der schönen Literatur sind die Franken kaum hervorgetreten. Bei der Eroberung zerstörten sie die große arabische Bibliothek von Tripolis, verkauften die jüdische von Jerusalem, bauten aber später an der Kathedrale von Tyrus (sicher auch in Jerusalem) eine recht gute Bibliothek auf, die auch durch arabische Werke bereichert wurde. Von der Kirche von Nazareth ist noch ein fragmentarischer Bibliothekskatalog aus der Zeit um 1200 erhalten, in dem neben Autoren der römischen Antike Hieronymus, Augustinus und Gregor der Große dominieren, von Jüngeren nur Anselm von Canterbury und Ivo von Chartres vorkommen, und der qualitativ recht durchschnittlich und auch quantitativ mit etwas über 60 Werken nicht sehr bedeutend ist, wenn man bedenkt, daß allein ein – allerdings gelehrter – Dekan von Chartres 36 Bände an St.-Jean-en-Vallée hinterließ[101]. Der aus Palästina gebürtige Wilhelm von Tyrus, der 20 Jahre lang in Chartres die »freien Künste«, in Paris die Theologie und in Bologna die Jurisprudenz studiert hatte und dann im Hl. Land eine steile Karriere machte (Kanzler des Reichs, Erzbischof von Tyrus, Prinzenerzieher, Hofhistoriograph), die ihm lediglich 1180 das Patriarchat von Jerusalem vorenthielt, war einer der besten Geschichtsschreiber des 12. Jh. überhaupt und er rühmte das Interesse der Könige an historischer Lektüre. Abgesehen von den Kodifikationen des feudalen Gewohnheitsrechtes (oben S. 147), wo die Kreuzfahrerstaaten teils durch eingeborene (Johann von Ibelin), teils durch eingewanderte Autoren (Philipp von Novara) allerdings Spitzenleistungen hervorbrachten, haben die Franken in den Wissenschaften keine Rolle gespielt. In der Jurisprudenz könnte Johannes von Ancona ca. 1265 im Osten eine Summe des Kirchenrechts verfaßt haben, aber die fortgeschrittene Medizin blieb eine orientalische Domäne, von Naturwissenschaften hören wir gar nichts (der Botaniker Rufinus war zwar »Abt von Tyrus«, aber offenbar *in absentia*) und ebenso wenig von Leistungen in der Theologie, denn der Traktat über den Glauben, den Benedikt von Alignan, Bischof von Marseille, 1261 in Akkon schrieb, kann man kaum den Produkten des Hl. Landes zurechnen. Die von dem Dominikaner Wilhelm von Tripolis 1273 demonstrierte Kenntnis des Islam blieb hinter der in Europa zurück. Zu der Itinerarienliteratur hat in Akkon der vorübergehend dort ansässige flämische Franziskaner Wilhelm von Rubroek beigesteuert (unten S. 236). Während die Kreuzzüge in Europa die Dichtung reichlich befruchteten *(Chanson d'Antioche, Chanson de*

Jérusalem), kam aus dem Osten nur eine einzige derartige Dichtung, die *Chanson des Chétifs,* die vor 1149 am Hof zu Antiochia entstand und Ereignisse des Kreuzzuges von 1101 besang. Die geduldige Arbeit Weitzmanns hat im Sinaikloster eine Gruppe von Kreuzfahrerikonen identifiziert, die meistens dort gemalt sind. Sie sind in byzantinisierender Manier gemalt, ohne sich indessen mit den Spitzenprodukten der byzantinischen Ikonenmalerei in irgendeiner Weise messen zu können. Die geringen Reste von Freskomalerei aus der Kreuzfahrerzeit (Stein von Bethphage, die Fragmente von Abu Ghosh und die Fresken aus Margat und Krak des Chevaliers im Museum von Tortosa) sind erst seit kurzem Gegenstand der Forschung. In der Buchmalerei war das Scriptorium des Hl. Grabes allerdings zu außerordentlichen Leistungen fähig. Hier entstanden liturgische Bücher für den Gebrauch der Königsfamilie, ausgesprochene Luxusprodukte nach älteren byzantinischen Vorbildern mit englischen und italienischen Einflüssen. In einem so internationalen Land war die Stilbildung eine Sache des Zufalls, die nicht mit dem sonst überwiegenden französischen Wesen Hand in Hand zu gehen brauchte. Auch im 13. Jh. konnte man in Jerusalem noch wahrhaft königliche Handschriften illuminieren, wobei byzantinische und lateinische Elemente zu einem durchaus eigenständigen Stil verschmolzen wurden. Seit 1244 hat man nur noch in Akkon illuminiert und dort unter Ludwig dem Heiligen in der sog. Arsenalbibel erstklassige Arbeit geleistet. Dann aber wurde die Buchmalerei immer provinzieller und kunstloser, doch illustrierte man nun auch französische historiographische Werke, die offenbar das Interesse des Stadtadels fanden, der sich jetzt auch dramatische Darstellungen der Sagen von König Artus und seiner ritterlichen Tafelrunde (1286) vorspielen ließ. Schon vor 1236 war dieser Stoff als Theaterstück in Zypern beim Ritterschlag zweier Söhne des »Alten Herrn von Beirut« gespielt worden, wie Philipp von Novara in seinen Memoiren berichtet, und dies ist das älteste Zeugnis für die dramatisierte Version des Themas. In Zypern entstanden im 14. Jh. noch zwei Kompendien über die Dressur und die Krankheiten von Jagdfalken, deren Schutz schon König Fulko von Jerusalem im 12. Jh. ein eigenes Gesetz gewidmet hatte.

9. Der vierte Kreuzzug (1198–1204) und das fränkische Griechenland (1204–1311)

Der Zusammenbruch des deutschen Kreuzzuges Kaiser Heinrichs VI. fiel mit einem bedeutsamen Wechsel auf dem Papstthron zusammen. Im Jahre 1198 wurde Innocenz III. († 1216) zum Papst gewählt. Er hatte eine sorgfältige theologische und kirchenrechtliche Ausbildung erhalten, die ihn befähigte, unter Ausnutzung des mitteleuropäischen Machtvakuums nach dem Tod Heinrichs VI. energisch die Überhöhung des Papsttums über die weltliche Gewalt zu betreiben und den Papst zu einer priesterköniglichen Stel-

lung emporzuheben. In einem solchen Weltbild konnte und durfte der Kreuzzug nicht mehr länger allein in den Händen der Könige liegen; nicht nur die Ausschreibung, die unbestrittenes päpstliches Recht war, sondern die Gesamtleitung gebührte dem Papst. Neben diesem kirchenpolitischen Ziel stand aber ein ernstes Interesse an der Wiederherstellung des alten lateinischen Königreiches von Jerusalem, das 1187 ausgelöscht und 1192 nur höchst unvollkommen wiederhergestellt worden war. Über diesen beiden stark wirksamen Motiven, die seinen ganzen Pontifikat durchziehen, übersah der Papst jedoch, daß auf eine aktive Mitwirkung der Herrscher bei der Finanzierung der Heeresorganisation und der militärischen Durchführung überhaupt nicht mehr verzichtet werden konnte. Diese Realität mochte dadurch verdunkelt werden, daß einzig der erste Kreuzzug, an dem die Könige keinen Anteil gehabt hatten, zum Erfolg geführt hatte, aber es blieb dennoch eine Realität, die auf der seit 1095 in Westeuropa wesentlich vervollkommneten staatlichen Organisation beruhte. Es war die Tragik im Kreuzzugsstreben Innocenz' III., daß die von ihm errichtete kirchliche Organisationsform des Kreuzzugs, wie sie sich vor allem im Kreuzzugsdekret des Vierten Laterankonzils niederschlug, keinen Ersatz für die staatliche Macht zu bieten vermochte. Den Kreuzzügen Innocenz' III. waren daher nur Schein- oder Mißerfolge beschieden.
Schon kurz nachdem er den Stuhl Petri bestiegen hatte, proklamierte der Papst im August 1198 einen neuen Kreuzzug, vor allem in Frankreich[102]. Er schrieb an die hohe Geistlichkeit, an den Hochadel und die italienischen Seestädte, auf deren Flottenkapazität man angewiesen war. Den Königen, die für seine Pläne nicht von wesentlicher Bedeutung waren, schrieb er nicht. Sie sollten sich zwar vertragen, um nicht durch ihren Zwist das Zustandekommen des Kreuzzuges zu stören, aber sie erhielten keine Aufforderung zur Teilnahme. Sie waren in der Tat auch allesamt viel zu sehr mit ihren eigenen Angelegenheiten beschäftigt, England und Frankreich mit ihrer alten Auseinandersetzung, Philipp von Schwaben und Otto IV. mit dem Kampf um die deutsche Königskrone. Der Papst hätte sie damals aber als Teilnehmer auch nicht gewollt, denn er hob in seinen Schreiben eindringlich das Scheitern der national geführten Kreuzzüge hervor.
Die Kreuzpredigt wurde in Frankreich bis 1203 mit großem Erfolg durch den Kardinallegaten Peter Capuano und den Leutpriester Fulko von Neuilly († 1202) durchgeführt. Fulko war schon seit 1195 mit wachsendem Erfolg als Prediger in Frankreich tätig. Er war ein Mann von hoher rhetorischer Begabung, der durch sein tadelloses Äußeres und seine gepflegte Erscheinung vorteilhaft von den oft struppigen Volkspredigern früherer Kreuzzüge abstach. Die Predigt dieses Zöglings der Pariser Schulen hatte denn auch anderen Charakter. Er hatte als Prediger der Moral und der Reform begonnen und vor allem gegen Wucher, Luxus und Prostitution gewettert. Das eschatologische Moment, das im ersten Kreuzzug eine so große Rolle gespielt hatte mit seinen Hoffnungen auf endzeitliche Ereignisse, trat gegenüber einer praktischen Moralpredigt zurück, die den Akzent auf eine reinigende Buße hier und jetzt setzte. Fulkos Wirken wurde begünstigt durch die Welle der Armutsbewegung, die sich im Laufe des 12. Jh. immer mehr ausgebreitet hatte und der Innocenz III. zum Durch-

bruch innerhalb der Kirche verhalf. Schon Peter von Blois hatte in seiner Enttäuschung über die Verzögerung des dritten Kreuzzuges Töne angeschlagen, die man nun öfters hörte: die Reichen, an ihrer Spitze natürlich die Könige, sind der wahren Buße und des Hl. Landes unwürdig; ihre Kreuzzüge sind gescheitert. Die Armen sind die wahrhaft Auserwählten, während eine universelle Berufung zum Kreuzzug abgelehnt wird. Hier war die Christologie der Armutsbewegung wirksam, die unter anderen auch Petrus Cantor, der Lehrer Fulkos, vertreten hatte. Neben den paulinisch vergeistigten Christus trat ergänzend das Bild des demütigen, mittellosen, leidenden Jesus, neben den Gesalbten der nackt und wehrlos Gekreuzigte, dem es nachzueifern galt. Wie viele weltverbessernde Vorstellungen war die Idee von der Berufung der Armen und Reinen zur Befreiung des Hl. Grabes an sich ethisch einwandfrei, nur ging sie völlig an der Wirklichkeit vorbei. Weniger denn je konnte man auf die Hilfe der Fürsten verzichten. Schon bei der Rekrutierung des Kreuzzuges zeigte sich, daß man der Wirkung des Lehnssystems bedurfte, um genügend ritterliche Kämpfer in Nachahmung des lehnsherrlichen Vorbildes zur Kreuznahme zu bewegen. Die noch zu schildernde Abweichung des Kreuzzuges von seinem ursprünglichen Ziel war letztlich eine Folge des Geldmangels, dem nur die Könige hätten abhelfen können. Und in ihrer höchsten und reinsten Ausformung führte die Idee der armen Kreuzfahrer schließlich zu dem unseligen Kinderkreuzzug von 1212.
Nachdem der erste Termin für die Versammlung eines Kreuzheeres ergebnislos verstrichen war, suchte der Papst neben seiner unablässig weitergehenden Werbung der Sache dadurch voranzuhelfen, daß er eine Kreuzzugssteuer von 2,5% auf die geistlichen Einkommen dekretierte. Obgleich er versicherte, daß dies kein Präzedenzfall für eine regelmäßige Besteuerung geistlicher Einkommen durch den Papst sein sollte, mußte er schon 1215 wieder zu diesem Mittel greifen, da ihm ein anderes Finanzinstrument nicht zur Verfügung stand. Die Zisterzienser, einst die Vorkämpfer des zweiten Kreuzzuges, verweigerten die Steuer 1199; sie warfen dem Papst geradezu Verfolgung des Ordens vor, und trotz stärksten Drucks konnte Innozenz von dem Orden nur eine freiwillige Zahlung erhalten, mußte aber gleichzeitig die Steuerfreiheit prinzipiell bestätigen. Immerhin kamen nunmehr auch Erfolge. Im November 1199 formierten sich bei einem Turnier in der Champagne die ersten Kontingente. Entgegen einer vielfach verbreiteten Ansicht ist die Anwesenheit Fulkos von Neuilly bei dem Turnier nicht nachweisbar. Die Grafen Theobald von der Champagne und Ludwig von Blois nahmen das Kreuz, ebenso der Marschall der Champagne, Gottfried von Villehardouin († ca. 1213), der zum offiziösen Berichterstatter des Kreuzzugs wurde. Nicht weniger interessant ist der Bericht des Pikarden Robert de Clari († nach 1216), der sich selbst ganz bewußt als »pauvre chevalier«, als armen Ritter, bezeichnete und damit seine Anhänglichkeit an das Armutsideal dokumentierte. Bald danach gelobte auch der Graf Balduin von Flandern und Hennegau die Kreuzfahrt, und viele Adlige Nordfrankreichs folgten dem Beispiel ihrer Herren. Die drei Grafen schickten sechs Gesandte nach Italien, die mit einer der Seerepubliken einen Vertrag über den Transport des Heeres aushandeln sollten. Die Verhandlungen sind ein

Meilenstein in der Geschichte der Diplomatie, denn wir begegnen hier erstmals Generalbevollmächtigten mit völliger Handlungsfreiheit. Die Gesandten hatten von ihren Herren fertig gesiegelte Blankopergamente für den Vertrag dabei. Sie waren es auch, die sich Venedig als Partner aussuchten. Der Vertrag, den sie mit dem Dogen Enrico Dandolo (1192–1205) schlossen, sah vor, daß Venedig den Schiffsraum und die Verpflegung auf ein Jahr für 4500 Ritter, 9000 Knappen und 20000 Fußsoldaten stellen und sich überdies mit 50 Kriegsschiffen aktiv am Kreuzzug beteiligten solle. Als Fahrpeis vereinbarte man 85000 Mark Silber, zahlbar in vier Raten. Die Heereszіffern beruhten auf Schätzungen der Gesandten und erwiesen sich später als weit überhöht. In einem geheimen Zusatzabkommen vereinbarte man Ägypten als Angriffsziel, doch kamen die Parteien überein, die Kreuzfahrer zunächst im Glauben zu lassen, es gehe ins Hl. Land, da man sonst Schwierigkeiten fürchtete. Ägypten war aber tatsächlich das einzig vernünftige Kriegsziel, denn man konnte auf eine durchgreifende Hilfe für Jerusalem nicht hoffen, wenn man nicht zuvor das Zentrum der aiyubidischen Macht in Ägypten entscheidend traf.

Kaum waren die Gesandten mit dem Vertrag heimgekehrt, als Theobald von der Champagne starb. Auf einer Versammlung in Soissons (Juni 1201) wählten die Barone nunmehr den Markgrafen Bonifaz von Montferrat zum Anführer, eine Stellung, die Theobald offiziell nicht gehabt hatte. Die Wahl eines Italieners muß überraschen, wenn sie auch vom französischen König gefördert worden war. Aber die Montferrat hatten seit Generationen immer wieder Ostkontakte aufgenommen und gepflegt, sowohl mit dem Hl. Land wie mit Byzanz. Die Familie hatte unbestreitbar eine Osttradition. Ob Bonifaz schon damals Ansprüche auf Thessalonike erhob und damit von vornherein die Absicht hatte, auf griechischem Boden zu kämpfen, ist ungewiß.

Der festgesetzte Reisetermin im April 1202 verstrich ungenutzt. Die Burgunder und Provenzalen entschieden sich für das nähere Marseille als Verschiffungshafen und schwächten dadurch das Hauptheer. Die Nordfranzosen und ein kleines deutsches Kontingent unter dem elsässischen Zisterzienserabt Martin von Pairis zogen nach Venedig. Hier geriet das Heer bald in die peinlichste Geldverlegenheit, weil nur etwa 11000 Mann zusammengekommen waren, die Venezianer aber den auf der Grundlage von 33500 Mann kalkulierten Preis nicht herabsetzten. Trotz aller Bemühungen mußte man 34000 Mark schuldig bleiben. Da schlug der Doge ein Schuldenmoratorium vor, falls die Kreuzfahrer bereit seien, die 1186 von Venedig abgefallene Stadt Zara an der dalmatinischen Küste von dem König von Ungarn zurückzuerobern. Den Anführern blieb nichts übrig, als diesen Vorschlag anzunehmen, da die Venezianer sonst auf sofortige Bezahlung gedrungen hätten. Aber schon zu diesem Zeitpunkt regte sich der Protest im Heer, weil der Angriff eines Kreuzheeres auf eine christliche Stadt als Sünde ohnegleichen erschien. Die Opposition wurde überstimmt, und im Oktober 1202 segelte die Flotte von Venedig ab. Am 24. November wurde Zara erobert, nicht ohne daß es vorher erneuten Widerstand gegeben hätte, als dessen Zentrum sich die Zisterzienser unter dem Abt von Les-Vaux-de-Cernay sowie eine Gruppe nordfranzösischer Barone unter Simon de

Montfort herausbildeten. Sie hatten die Unterstützung des Papstes, dessen Einspruch aber wirkungslos blieb. Freilich verfiel nun das gesamte Heer der Exkommunikation. Nur mit Mühe konnten die Franzosen und Deutschen erreichen, daß wenigstens der über sie verhängte Bann aufgehoben wurde. Die Venezianer blieben exkommuniziert, doch verbot der Papst nicht, mit ihnen weiterhin menschlich und politisch zu verkehren. Innocenz wollte den Kreuzzug retten und opferte dafür Prinzipien, die er nicht hätte preisgeben dürfen, denn der Angriff auf eine Stadt des christlichen Ungarn, dessen König gleichfalls zum Kreuzzug rüstete, war ein gefährlicher Präzedenzfall. Hier und in der Folgezeit ist die päpstliche Stellungnahme zum vierten Kreuzzug stets zwielichtig geblieben. Widerstrebend hat sich der Papst alle Wendungen dieses Kreuzzuges, den er als den seinigen betrachtete, aufzwingen lassen und versucht, aus der entstandenen Situation das Beste zu machen. Er hat es damit selbst verschuldet, daß auch er dem Vorwurf ausgesetzt war, für die Abirrungen dieses Kreuzzuges von langer Hand verantwortlich zu sein.

Für die Weiterreise war es zu spät im Jahr; so beschloß man, in Zara zu überwintern. Um die Jahreswende 1202/03 erschienen plötzlich Gesandte des deutschen Königs Philipp von Schwaben (1198–1208) und des byzantinischen Thronprätendenten Alexios IV. Angelos, mit deren Ankunft der Kreuzzug in die Krise kam. Alexios war der Sohn des geblendeten und von seinem Bruder Alexios III. vom Thron verstoßenen Isaak II. Angelos. Irene, die Gemahlin Philipps von Schwaben, war seine Schwester. Dem jungen Alexios IV. gelang 1201 die Flucht aus dem byzantinischen Kerker, doch der Papst weigerte sich, seine Sache zu unterstützen, und Alexios wandte sich deshalb an seinen Schwager. Aber Philipp, den der Papst durch seine Begünstigung Ottos IV. (1198–1218) im deutschen Thronstreit eben aufs tiefste demütigte, konnte Alexios nicht aktiv helfen. Immerhin entsann man sich jetzt des Kreuzfahrerheeres, das Alexios in Venedig noch bei der Sammlung gesehen hatte. Die Gesandten schlugen in Zara vor, das Heer solle in Konstantinopel den rechtmäßigen Herrscher Isaak Angelos wieder auf den Thron bringen. Hierfür versprach Alexios mit der Freigiebigkeit eines Prätendenten das Blaue vom Himmel: die Kirchenunion mit Rom, hohe Geldzahlungen an die Venezianer und Kreuzfahrer und die Unterstützung des Kreuzzuges durch 10000 byzantinische Soldaten, wenn er nur erst wieder an der Macht sei. Der Doge war dem Vorschlag aufgeschlossen, von den Franzosen unterschrieben den Vertrag zwar die mächtigsten Führer, aber insgesamt nur 11 Barone. Als unbedingter Stauferanhänger sprach sich auch Bonifaz von Montferrat für die Annahme aus. Gegen das Projekt erhob sich die heftigste Opposition, angeführt wiederum von Simon de Montfort und dem Abt von Vaux, die im Laufe des Winters erbittert heimreisten. Aber schließlich konnten auch die Bischöfe für den Plan gewonnen werden. Die führenden Barone kehrten in ihrer Werbung für die Sache das legalistische Argument der rechtmäßigen Dynastie stark hervor, was seinen Eindruck auf die Ritter nicht verfehlte. So waren die Bande des Lehnswesens ebenso wirksam, um den Widerstand zu ersticken, wie die Tatsache, daß eine winterliche Abreise mit großen Gefahren verbunden gewesen wäre. Die große Masse der Kreuzfahrer köderte man nach Frolow wahrscheinlich mit der

Schilderung der ungeheuren Menge von Reliquien, die in Konstantinopel aufgehäuft waren. Das Argument kam nicht nur der notorischen mittelalterlichen Beutegier entgegen, es traf auch zusammen mit dem seit dem Schisma von 1054 immer stärker gewordenen Griechenhaß: die schismatischen Byzantiner, so behauptete man, waren zur Verwahrung der reichsten Reliquienschätze der Welt unwürdig geworden. Die Schrift, in der Gunther von Pairis die Reise seines Abtes Martin beschreibt, legt allenthalben Zeugnis von dieser Haltung ab. So konnte der Widerstand um so eher überwunden werden, als der Papst, der schon im November 1202 von den Absichten Alexios IV. gewußt hatte, erst im Juni 1203 bei den Kreuzfahrern gegen die Richtungsänderung protestierte. Aber da war es bereits zu spät, denn schon im April 1203 war die Flotte von Zara abgesegelt, nun in Begleitung des inzwischen aus Deutschland gekommenen Prätendenten. In Korfu bäumte sich die eine Hälfte des Heeres noch einmal gegen die unchristliche Richtungsänderung auf. Nur mit Mühe konnten Bonifaz und die Venezianer die Truppen an der Auflösung hindern. Am 24. Juni 1203 warfen die Schiffe Anker vor Chalkedon, gegenüber von Konstantinopel.
Über die Richtungsänderung des Kreuzzuges ist sehr viel Gelehrtentinte verschrieben worden, und die Literatur zu diesem im Grunde unfruchtbaren und unlösbaren Streit blüht noch heute weiter[103]. Die Fronten sind dabei gekennzeichnet mit den Schlagworten »Zufallstheorie« (d.h. die Abweichung war die Folge der Verkettung einer Reihe von Zufällen) und »Intrigentheorie« (d.h. der Zug änderte seine Richtung infolge eines lange und sorgfältig vorbereiteten Komplotts). Die Zufallstheorie knüpfte im wesentlichen an Villehardouins Schilderung an, während die Intrigentheoretiker, bei denen im letzten Jahrhundert gewisse nationale Vorurteile nicht zu verkennen sind, diese Darstellung in Frage stellten und nach einem Sündenbock suchten. Die Diskussion wurde 1861 durch Louis de Mas-Latrie eröffnet, der die Venezianer des Verrats beschuldigte, weil sie, wie der zypriotische Chronist Ernoul schon im ersten Viertel des 13. Jh. berichtet hatte, angeblich noch vor der Abfahrt aus Venedig einen Handelsvertrag mit Ägypten geschlossen und versprochen hätten, den Kreuzzug nach Byzanz umzuleiten. Ernoul gab die Meinung der zypriotischen Franzosen wieder, die ihre Landsleute von der Schuld an dem skandalösen Unternehmen exkulpieren wollten. In der Tat paßte die Abweichung des Zuges prächtig in das politische Konzept des greisen Dogen Enrico Dandolo, der ein kühler Realpolitiker großen Formats und der Emotion der Kreuzzugsidee nur wenig zugänglich war. Sein Streben ging darauf, die Vormachtstellung Venedigs im östlichen Mittelmeer endgültig zu sichern. Zwar war Venedig seit 1082 im byzantinischen Reich beispiellos privilegiert, doch hatten die Kaufleute immer wieder, zuletzt 1182, unter heftigen byzantinischen Pogromen zu leiden gehabt, und die byzantinische Regierung hatte den venezianischen Druck dadurch zu erleichtern gesucht, daß sie auch den Rivalinnen Pisa und Genua Handelsbegünstigungen gewährte. Es ist aber nicht zu beweisen, daß der Doge schon im Lager von Zara die völlige Auslöschung des byzantinischen Reiches beabsichtigt hätte. Die antivenezianische Theorie erhielt indes mächtigen Auftrieb, als Karl Hopf 1867 mit seiner ganzen Autorität Einzelheiten der venezianisch-ägyptischen Verhandlungen schilderte, die

Namen der Unterhändler nannte und den Inhalt des Vertrages vom 13. Mai 1202 mitteilte. Den Beleg blieb Hopf freilich schuldig, und es war eine peinliche Entdeckung, als Hanotaux und Streit 1877 unabhängig voneinander nachwiesen, daß Hopfs Vertrag nie existiert hatte und Hopf bestenfalls einen längst bekannten Vertrag im Auge gehabt haben konnte, der jedoch zu 1208 einzureihen war. Waren die Venezianer damit freigesprochen, so hatte der Graf Riant bereits 1875 den Akzent verschoben: nicht mehr die Venezianer, sondern Philipp von Schwaben und sein ghibellinischer Verwandter Bonifaz von Montferrat waren nunmehr die Verschworenen. In der Tat ließ Philipp von Schwaben ja seinen Schwager Alexios IV. den Kreuzfahrern im Lager von Zara empfehlen. Es ist ganz unbestritten, daß er seine Hand bei der Richtungsänderung im Spiel hatte, aber fraglich, ob es sich dabei um ein lange und sorgfältig vorbereitetes Komplott handelte. Philipp war ja der politische Erbe der alten normannisch-staufischen Pläne gegen Byzanz; seine Ehe mit Irene brachte ihn noch stärker mit der byzantinischen Frage in Berührung: die Familienbande legten ihm die Unterstützung des Prätendenten nahe. Aber man muß doch auch bedenken, daß Philipp in der fraglichen Zeit in einem Kampf um Leben und Tod mit Otto IV. und Innocenz III. begriffen war, daß er kaum Zeit hatte, sich intensiv und aktiv handelnd um die byzantinischen Dinge zu bemühen, daß er seinen Schwager, dem er selbst nicht helfen konnte, vielleicht nach Zara abschob, um ihn zunächst einmal los zu sein, was nicht ausschloß, daß er von einem Erfolg des Unternehmens später zu profitieren gedachte.
Soweit die Intrigentheorie heute noch vertreten wird, ist sie im großen und ganzen bei dem Vorwurf gegen Philipp geblieben. Die Theorie hängt aber entscheidend an der Frage, wann Alexios IV. nach Europa kam, und diese ist nicht zu beantworten. Der Byzantiner Niketas berichtet, Alexios sei 1201 geflohen, Villehardouin (so glaubte man) beschreibt seine Ankunft zu August 1202. Die übrigen westlichen Quellen lassen keine eindeutige Interpretation zu. Innocenz III. schrieb im November 1202, Alexios IV. habe ihn *olim* (d.h. »einst«) besucht. H. Grégoire glaubte, dies müsse sich auf 1201 beziehen, könne jedenfalls nicht auf 1202 zutreffen, aber das Argument ist zu spitzfindig und preßt die Quelle zu sehr, zumal die Bedeutung von *olim* von der fernsten Vergangenheit bis zur fernsten Zukunft reicht. Kam Alexios erst 1202 nach Italien, so bleibt keine Zeit für ein sorgfältig geplantes staufisches Komplott, kam er 1201, so ist die Möglichkeit eines solchen Plans gegeben, aber es müßte befriedigend erklärt werden, was Philipp damit beabsichtigt hätte. Dies tut auch Folda nicht, der ansonsten in einer wichtigen Arbeit nachwies, daß Villehardouin die Ankunft des Alexios IV. überhaupt nicht datierte, sondern zu 1202 lediglich sein Auftreten in Verona notierte. Villehardouin steht also einer Ankunft 1201 nicht entgegen, wie sie heute allgemein auch angenommen wird. In der wissenschaftlichen Debatte ist am einflußreichsten W. Norden (1898) geblieben mit dem, was Queller die »modifizierte Zufallstheorie« nennt: Viele, unter ihnen die Venezianer und der Staufer, fanden die Eroberung Konstantinopels wünschenswert, aber keiner plante ein Komplott. Soweit es in der Forschung zu diesem dornigen Problem überhaupt eine herrschende Meinung gibt, ist es im wesentlichen diejenige von Norden.

Die Kreuzfahrer gingen bald nach ihrer Ankunft gegen Konstantinopel vor. Sie eroberten den Vorort Galata und sprengten die Kette, die die Hafeneinfahrt ins Goldene Horn verschloß. Am 17. Juli 1203 stürmten sie zu Lande und zur See gegen die Stadt an, die durch den Mut der englischen und dänischen Warägergarde gerettet wurde. Aber Alexios III. verlor den Kopf und floh aus der Stadt, in der nun Isaak II. Angelos und als Mitkaiser sein Sohn Alexios IV. auf den Thron kamen. Freilich war dieses Regiment völlig abhängig von den vor der Stadt lagernden Kreuzfahrern. Bald genug stellte sich heraus, daß Alexios seinen finanziellen Verpflichtungen aus dem Vertrag von Zara gar nicht nachkommen konnte. Obwohl wir einem Vortragsmanuskript eines byzantinischen Hofbeamten, der eine ungehaltene Rede an den Kaiser aufsetzte, entnehmen können, daß es am Hof eine Partei gab, die eine friedliche Übereinkunft mit den Lateinern befürwortete, war Alexios IV. bei der lateinerfeindlichen Bevölkerung verhaßt, und so wurde seine politische Stellung immer schwächer, und im Januar 1204 wurde er nebst seinem Vater durch einen Aufstand hinweggefegt und ermordet. Den Thron bestieg nun Alexios V. Dukas Murtzuphlos, aber die Kreuzfahrer gedachten nicht, dessen ausgesprochen lateinerfeindliche Haltung hinzunehmen. Sie entschlossen sich nun mit Vorbedacht zu einer absoluten Beseitigung des altehrwürdigen Oströmischen Reiches, zur Rache für das byzantinische Lateinerpogrom von 1182. Ein Vertrag vom März 1204 gründete praktisch schon den Nachfolgestaat und legte seine Verfassung im einzelnen fest.

Diesmal hatte der Sturm auf die Stadt mehr Erfolg. Am 12. April konnten die Kreuzfahrer die Mauern besetzen; am 13. April 1204 war alles zu Ende. Drei Tage lang herrschte ein unbeschreibliches Morden und Plündern in der Stadt. Unersetzliche Kulturwerte in unvorstellbarer Zahl gingen in den Händen der barbarischen Soldateska zugrunde. Als großartigstes Beutestück brachten die Venezianer die berühmte Quadriga aus dem 6. Jh. v. Chr. nach Hause, die heute die Front des Markusdomes ziert. Aber auch die Reliquienjäger kamen jetzt zum Zuge. In naiver Offenheit berichtet Gunther von Pairis, wie sein Abt Martin in der Pantokratorkirche einen griechischen Priester mit dem Tode bedrohte, bis dieser ihm einen Reliquienhort zeigte, der den Abt stärker beeindruckte als alle Schätze Griechenlands. »Und er tauchte beide Hände eilig und begehrlich hinein, und kräftig geschürzt wie er war, füllte er den Bausch der Kutte mit dem heiligen Kirchenraub«, um die Beute dann fröhlich lachend zum Schiff zu bringen. Gunthers Reliquienliste weist Abt Martin in der Tat als rüstigen Mann aus, denn der Raub umfaßte eine Spur vom Blute des Herrn, ein Stück vom wahren Kreuz Christi, einen nicht geringen Teil des Hl. Johannes, einen Arm des Hl. Jakobus, einen Fuß des Hl. Kosmas, einen Zahn des Hl. Laurentius, Reliquien von weiteren 28 männlichen und 8 weiblichen Heiligen sowie Reste, größtenteils Steinbrocken, von 16 heiligen Stätten. Auch in Frankreich kennen wir noch eine Menge Reliquien, die damals in Konstantinopel geraubt wurden[104]. Während Villehardouin rühmte, daß nie zuvor in einer Stadt so reiche Beute gemacht worden sei, sang auf der anderen Seite der Chronist und Augenzeuge Niketas später, obwohl er selbst von einem ihm befreundeten venezianischen Kaufmann geschützt worden war, ein ergreifendes

Klagelied auf den Fall der Stadt, ein rhetorisch brillantes Dokument ohnmächtigen Hasses, reichlich durchsetzt mit Zitaten aus dem Buch Hiob und den Klageliedern des Jeremias. Die seit dem ersten Kreuzzug ständig gewachsene Feindschaft der Lateiner gegen die Griechen hatte mit der Eroberung von Byzanz ihren größten und schändlichsten Triumph gefeiert.
Gemäß den Bestimmungen des Vertrages vom März 1204 wurde das byzantinische Reich mit größter Kaltblütigkeit und Methodik zerlegt, die die kühle Staatsraison der Venezianer erkennen läßt[105]. Von der offiziellen Beute im Wert von etwa 900000 Mark Silber gingen 500000 an die Venezianer. Dann trat das vorgesehene Wahlkonzil aus 6 Venezianern und 6 Franken zusammen, um einen neuen Kaiser zu wählen. Der venezianischen Einheitsfront gelang es mühelos, die Kandidatur des Bonifaz von Montferrat zu blockieren und statt dessen den schwächeren Balduin von Flandern (1204–1205) wählen zu lassen, der am 16. Mai mit byzantinischem Gepränge, aber durchaus nach lateinischem Ritus in der Hagia Sophia zum ersten Kaiser von Romania, dem lateinischen Kaiserreich von Konstantinopel, gekrönt wurde und nach byzantinischem Vorbild seine Urkunden mit roter Tinte unterschrieb. Dennoch besaß er nur einen Schatten der Herrschaftsfülle seiner byzantinischen Vorgänger. Der Vertrag von 1204 entmachtete ihn von vornherein dadurch, daß er von der Verteilung der rund 600 Lehen und der hohen Ämter ausgeschlossen wurde, sich also keine Hausmacht schaffen konnte. Die Verteilung erfolgte durch eine paritätisch besetzte venezianisch-fränkische Kommission. Vertragsgemäß erhielt der Kaiser den Blachernenpalast und den Bukoleonpalast in Konstantinopel sowie ein Viertel des Reiches, und zwar Thrakien und das nordwestliche Kleinasien nebst den Inseln Lesbos, Chios und Samos. Erhielt der Kaiser ein Viertel des Reiches, so wurden die anderen drei Viertel je zur Hälfte Venedig und den Kreuzfahrern zugesprochen. Bonifaz, der Ansprüche auf Kleinasien erhoben hatte, gründete sich unter manchen Schwierigkeiten in Makedonien und Thessalien das Königreich Thessalonike, in dem ethnisch die Lombarden überwogen. Die Venezianer waren klug genug, von ihrem Anteil von drei Achteln des Reiches nur zu nehmen, was sie halten konnten, auch wenn der Doge von Venedig sich künftig stolz »Herr eines Viertels und einer Hälfte (eines Viertels, d. h. insgesamt von drei Achteln) des Kaiserreiches Romania« titulierte. Venedig verzichtete auf Epiros und die Morea (Peloponnes), faßte aber Fuß an der Adriaküste, besetzte einige Hafenstädte an der peloponnesischen Westküste, ferner die ionischen Inseln sowie Stützpunkte im Archipel. Hier gründete Marco Sanudo 1207 ein Herzogtum des Archipel mit Naxos und Paros als Schwerpunkten und der Herrschaft über die Zykladen. Als sein Lehnsmann herrschte ein Dandulo in Andros, dem dort die venezianische Familie Ghisi nachfolgte. Auch über Euboea übte Venedig eine Schutzherrschaft durch seine Baillis in Negroponte aus, die die venezianischen lehnsherrlichen Rechte gegenüber den veronesischen »Dreiherren« (s. unten S. 186) vertraten. Von Bonifaz erwarb Venedig käuflich dessen Ansprüche auf Kreta, das als Candia bis 1669 ein venezianischer Vorposten im östlichen Mittelmeer blieb. Nirgendwo hat Venedig intensiver gesiedelt als in Kreta, wohin man bis 1252 3500 Venezianer schickte, immerhin etwas mehr als fünf Prozent der Bevölkerung der

Metropole. Um Kreta zu »venezianisieren«, reichte dies aber nicht hin, und so mußte man seit 1219 doch die Rechte der alten *Archontes* (s. unten S. 186) anerkennen und einen *modus vivendi* mit ihnen suchen statt sie zu verdrängen. Freilich war ihre Integration in das venezianische System nur eine begrenzte, im Gegensatz zur fränkischen Morea. Ferner fielen den Venezianern die wichtigsten Häfen am Hellespont und am Marmarameer zu und in einer neuerlichen Reichsteilung im Oktober 1204 noch drei Achtel der Stadt Konstantinopel mit der Hagia Sophia. Die Venezianer kontrollierten nun völlig den Seeweg von Venedig nach Byzanz. Es war jetzt ein venezianisches Kolonialreich im Entstehen, das erst im 16. Jh. der osmanischen Expansion zum Opfer fiel. Regiert wurde es durch einen venezianischen Podestà mit Hilfe eines Rates und unterstand nach anfänglichen Schwierigkeiten der festen Kontrolle der Republik von San Marco. Im Oktober 1205 regelte ein neuerlicher Vertrag die Kriegsdienstpflicht der Venezianer und schuf als eine Art obersten Regierungsorgans einen gemischt venezianisch-fränkischen Staatsrat, dem der Kaiser präsidierte. Die drei Verträge vom März und Oktober 1204 und vom Oktober 1205 blieben das Rückgrat der Verfassung, und jeder Kaiser hatte vor der Krönung diese Verträge zu beschwören. Die *Assises de Romanie* berichten, man habe für das lateinische Kaiserreich das Recht von Jerusalem übernommen, doch ist dies eine späte Legende. Man kannte im Kaiserreich vermutlich nur mündlich tradiertes Gewohnheitsrecht. Die Amtssprache war Latein, selten und nur seit Balduin II. Französisch, das aber von Anfang an die Umgangssprache des Hofes war. Der flandrische Charakter des Kaisertums blieb in der Kanzlei gewahrt, deren Leiter immer ein Geistlicher aus Flandern war. Freilich scheint die Kanzlei des Patriarchen und auch die der Venezianer bedeutender gewesen zu sein als die kaiserliche Kanzlei, von der unsicher ist, inwieweit ihr Leiter auch für den Schatz zuständig war. Soweit man also überhaupt von einer Verfassung des Kaiserreichs reden kann, waren die Interessen der tragenden Glieder des Reiches, nämlich des Kaisers, seines mächtigen Feudaladels und der Venezianer, so unterschiedlich, daß die Verfassung nur einer fortschreitenden Schwächung des Staatswesens Vorschub leistete.

Der sogenannte »Kreuzzug« war zu Ende, und niemand sprach mehr von der Hilfe für das Hl. Land. Die Eroberer setzten sich für die Dauer im Lande fest. Der Papst und das Abendland waren zunächst begeistert über den Fall des verhaßten Konstantinopel, der *civitas diu profana* (der »lange schon entweihten Stadt«). Als der Papst jedoch von den Greueln der Eroberung hörte, war er aufs äußerste entsetzt. Dennoch fand er sich mit der geschaffenen Lage ab, denn er war Optimist genug, um sich von einem festen fränkischen Staat in Griechenland starke Hilfe für die Terra Sancta und überdies die Herstellung der lang ersehnten Union der griechisch-orthodoxen mit der römischen Kirche zu erhoffen. Nach dem Märzvertrag von 1204 wurde das Kapitel der Hagia Sophia allen Regeln des Kirchenrechts zuwider von den Venezianern besetzt, weil die Franken ja den Kaiser gestellt hatten. Das Amt des lateinischen Patriarchen von Konstantinopel wurde fortan trotz aller päpstlichen Bemühungen eine ziemlich feste venezianische Pfründe. Die Union wurde formell vollzogen, blieb aber eine mit Gewalt aufgepflanzte und verhaßte Sache, die sich nur auf die jurisdiktionelle Unterordnung bezog, während die Griechen in Fragen des Glaubens und des Ritus intransigent blieben. Die griechischen Prälaten wurden großenteils durch Lateiner ersetzt, die überkommene hierarchische Gliederung aus meist finanziellen Gründen durch Veränderung, Verschiebung und Neugründung von Bistümern stark verändert. Die Zisterzienser und der neue Orden der Franziskaner gründeten in der Folgezeit Klöster in Griechenland. Die schwierigste Frage war die des Kirchenbesitzes. Der Vertrag von 1204 hatte den Kirchen nur ein Existenzminimum zugebilligt; der Rest sollte zur Beute gehören. Ließ man den Kirchen ursprünglich nur den 15. Teil allen Besitzes außerhalb Konstantinopels, so wurde dies im Kaiserreich nach mancherlei Abschwächungen 1219 endgültig auf den elften Teil festgesetzt. Ähnliche Vereinbarungen hatte man schon 1210 für Nord- und Mittelgriechenland getroffen; 1223 wurde die Frage auch für Südgriechenland geklärt. Die lateinische Bevölkerung hatte den geistlichen Zehnten zu bezahlen, die Griechen ließ man mit dem Dreißigsten davonkommen.

In Mittel- und Südgriechenland entstanden mit der tatkräftigen Hilfe des neuen Königs von Thessalonike (der diesen Titel freilich offiziell nie führte) neue fränkische Fürstentümer in lockerer Lehnsabhängigkeit vom lateinischen Kaiser, so in Attika und Böotien das Herzogtum Athen (Herzogstitel volkstümlich sofort, offiziell seit 1280) unter dem Burgunder Otto de la Roche, der in Frankreich so unbekannt war, daß Alberich von Troisfontaines schrieb, er sei durch eine Art Wunder Herzog von Athen und Theben geworden. Auf der Halbinsel Morea bildete sich das französisch bestimmte Fürstentum Achaia, erst unter Wilhelm von Champlitte, dann unter dem Haus Villehardouin. Die Reste der Byzantiner dagegen formierten sich in drei Kraftzentren, die die Tradition des untergegangenen Reiches fortführten. Relativ bedeutungslos war das Kaisertum von Trapezunt unter den Komnenen am Schwarzen Meer, das bald teils zu einem türkischen Vasallenstaat wurde, teils vom Kaisertum Nicaea aufgesogen wurde, welches von der Dynastie der Laskariden mit dem Machtmittelpunkt in Bithynien regiert wurde. In Nordgriechenland entstand der Despotat Epiros unter den Angeloi. Mit diesen Staaten hatten die Franken nun zu kämpfen, außerdem aber mit den alten Gegnern von Byzanz, den Bulgaren. Gleich beim ersten Zusammenstoß mit den letzteren verloren die Lateiner 1205 die Schlacht von Adrianopel. Der Kaiser geriet in Gefangenschaft und blieb verschollen; auch der Doge Enrico Dandolo starb bald danach und fand sein Grab in der Hagia Sophia. Balduins Bruder Heinrich trat erst als Regent, von 1206–1216 als Kaiser die Nachfolge an. Er war der einzige bedeutende Herrscher, den Romania hatte. Er erkannte richtig, daß seine Macht nur gefestigt werden könne, wenn es gelänge, das nicaenische Reich in Kleinasien zu vernichten. Nachdem er selbst anfangs Kleinasien fast völlig hatte räumen müssen, konnte er 1211 den laskaridischen Kaiser besiegen und im Frieden von 1214 wenigstens den Status quo von 1204 wiederherstellen, der den Nordwesten Kleinasiens in lateinischer Hand ließ. Einen Konflikt mit den lombardischen Baronen Thessaliens konnte er zu einem guten Ende bringen (um 1210). Den Griechen gegenüber betrieb er eine versöhnliche Politik.

Unter seinen schwachen Nachfolgern trieb das Reich unaufhaltsam dem

Ende entgegen. Die Lehnsstaaten wurden praktisch unabhängig, und das Reich war auf sich selbst gestellt. Heinrichs Nachfolger Peter von Courtenay, Graf von Auxerre (1216–1219), konnte die Herrschaft nicht mehr antreten, weil er schon auf der Reise nach Konstantinopel in Gefangenschaft geriet. Die Krone fiel nach einer kurzen Regierung seiner Gemahlin Jolanthe an seinen mittleren Sohn Robert, den ein Chronist als ungebildeten Pfuscher *(quasi rudis et idiota)* bezeichnete. Unter seiner Regierung ging das Königreich Thessalonike verloren. Bonifaz von Montferrat war bereits 1207 gefallen; sein 1209 zum König gekrönter junger Sohn Demetrius konnte sein Reich nicht halten gegen die stürmischen Angriffe des epirotischen Herrschers Theodoros Angelos Dukas Komnenos (1224–1230), dessen drei Kaisernamen ein politisches Programm ausdrückten. Demetrius floh 1224 nach dem Verlust seiner Hauptstadt nach Italien.
Von Nicaea aus trat Kaiser Johannes III. Vatatzes (1222–1254), ein sehr energischer und ökonomischer Herrscher, zum Kampf gegen das lateinische Kaiserreich an. Im Frieden von 1225 mußten die Lateiner fast ganz Kleinasien abtreten, und Johannes marschierte noch in Thrakien und Adrianopel ein. Schon drohte er, auch Konstantinopel zu erobern, als ihm Epiros in den Arm fiel, dessen Herrscher gleichfalls nach Thrakien kam und die Nicaeer vor Adrianopel zurücktrieb. Aus seiner Not wurde das lateinische Reich nur durch den Bulgarenzar Ivan Asen II. gerettet, der 1230 die Macht des Epiros ein für allemal brach und von dessen Gnade dann das lateinische Reich abhing. Dort war auf Robert dessen elfjähriger Bruder Balduin II. (1228–1261; Titularkaiser bis 1273) gefolgt, der als einziger lateinischer Kaiser in Konstantinopel geboren war und darum den alten byzantinischen Kaisertitel des Porphyrogenitus (»Purpurgeborener«) annahm. Um sich von dem bulgarischen Druck zu befreien, wählten die Barone 1231 den Titularkönig von Jerusalem, Johann von Brienne, zum Mitkaiser, der vorher sein Königreich im Hl. Lande an Kaiser Friedrich II. verloren hatte. Johann stemmte sich mit Energie einer bulgarisch-nicaenischen Koalition entgegen, die 1236 die Lateiner in höchste Gefahr brachte, aus der sie nur durch die Uneinigkeit ihrer Gegner gerettet wurden. Als Johann 1237 starb, bestand das Reich fast nur noch aus Konstantinopel und war auf allen Seiten von nicaenischem Gebiet umgeben. Ein vom Papst organisierter Kreuzzug zur Unterstützung des lateinischen Kaiserreiches blieb vergeblich. Bald darauf (1241) starb auch Ivan Asen II., und nun war der Kaiser von Nicaea der einzige ernsthafte Anwärter auf ein wiederzuerrichtendes byzantinisches Reich, dessen Wiederherstellung Johann Vatatzes und seine Nachfolger energisch betrieben. Zugleich wurde Nicaea das Zentrum der ins Exil gegangenen griechischen Kirche. Dem lateinischen Kaiserreich ging es indessen immer schlechter. Aus dem Westen kam keine Hilfe, obgleich Papst Gregor IX. (1227–1241) zuließ, Gelübde für den Sarazenenkampf im Hl. Land in solche für den Kampf in Griechenland umzuwandeln. Der Herrscher von Konstantinopel lebte in bitterer Armut. Wohl kein Kaiser oder König war je in so peinlicher Geldverlegenheit. Er durchreiste jahrelang die Welt von England bis zum Nil, um seinen europäischen Besitz und kostbare Reliquien aus Konstantinopel zu Geld zu machen. Sogar die Dornenkrone verpfändete man den Venezianern, von denen sie Ludwig der Heilige

von Frankreich 1238 auslöste und nach Paris in die Sainte Chapelle überführte. Als die Reliquien ausgingen und auch die Bleidächer des Kaiserpalastes verkauft waren, verpfändete der Kaiser gar noch seinen Sohn Philipp für ein Darlehen von umgerechnet etwa 400000 Mark. Diesmal mußte König Alfons X. von Kastilien die Schulden zahlen. Den ersehnten Kreuzzug brachte Balduin II. nicht zustande. Politisch war er völlig abhängig von der finanziellen und moralischen Unterstützung, die Frankreich ihm angedeihen ließ. Das französische Element war eben ethnisch besonders ausgeprägt; schon 1224 hatte Honorius III. das lateinische Kaiserreich als *Nova Francia* bezeichnet. Dagegen fand Balduin beim deutschen Kaiser kaum Unterstützung, da dieser wegen seines Kampfes mit dem Papst enge Beziehungen zum Kaiser von Nicaea unterhielt. Selbst Papst Innocenz IV. (1243–1254) setzte nicht mehr auf die Karte Konstantinopel, denn er betrieb die Unionsverhandlungen nunmehr direkt mit Nicaea. Es war eine Ironie der Geschichte, daß erst der Fall des lateinischen Kaiserreiches den Weg zur Union frei machte, die 1274 unter Papst Gregor X. zustande kam, als Karl von Anjou ein neues lateinisches Reich in Byzanz zu errichten drohte. Doch blieb diese Union, die nur bis 1282 hielt, in der Praxis ebenso wirkungslos wie die 1439 infolge des türkischen Drucks bewirkte Union auf dem Konzil von Ferrara-Florenz.

Das Ende der Lateinerherrschaft in Konstantinopel kam plötzlich. Ein Feldherr des in Nicaea inzwischen an die Macht gekommenen Kaisers Michael VIII. Palaiologos (1259–1282) fand die Stadt im Glauben an einen Waffenstillstand fast wehrlos, als er daran vorbei nach Thrakien ziehen wollte. Kurz entschlossen eroberte er sie am 25. Juli 1261, und am 15. August hielt der erste Palaiologenkaiser, dessen Dynastie nun bis 1453 in Byzanz regieren sollte, seinen Einzug, während Balduin II. nach Europa floh. Schon vorher hatte Michael am 13. März 1261 mit Genua den Vertrag von Nymphaion geschlossen, der die Genuesen ebenso reichlich privilegierte wie früher die Venezianer. Mit der Lateinerherrschaft fiel auch die venezianische Alleinherrschaft im östlichen Mittelmeer. Der Vertrag von Nymphaion wurde der Ausgangspunkt für die Gründung eines genuesischen Kolonialreiches, dessen Schwerpunkte bei Pera am Goldenen Horn, vor allem aber bei Kaffa und Asow im Schwarzen und Asowschen Meer lagen. Zugleich führte der Vertrag zu etwa 100 Jahre währenden Kriegen mit Venedig, die Genua 1381 im Frieden von Turin verlor; doch die ligurische Republik hatte um die Mitte des 14. Jh. ihre Herrschaft noch über die byzantinischen Inseln Chios, Lesbos und Samos ausdehnen können.

Als bedeutendste fränkische Staatsgründung in Griechenland erwies sich das peloponnesische Fürstentum Achaia[106]. Dies zeigte sich richtig erst nach dem Tode Fürst Gottfrieds I. Villehardouin (1209–1229?), eines Neffen des Geschichtsschreibers, da 1224 das Königreich Thessalonike gefallen war. Die Regierung Gottfrieds II. (1229?–1246) war eine Periode inneren Ausbaus und guter Regentschaft. Seine Einkünfte erlaubten dem Fürsten, den lateinischen Kaiser 1236 und 1238 im Kampf gegen Johannes III. Vatatzes von Nicaea tatkräftig zu unterstützen. Die ionische Inselgrafschaft Kephalonia, vorher zur venezianischen Einflußsphäre gehörig, wurde nun ein achaisches Lehen. In Frankreich wurde damals für junge Adlige ein Art Kavalierstour nach Morea zur Mode, weil man glaubte, nirgends die Tugenden der Ritterschaft besser lernen zu können als am Hofe von Andravida im westlichen Elis, wo der Fürst residierte. Den Höhepunkt seiner Macht erreichte Achaia unter Fürst Wilhelm II. Villehardouin (1246–1278). Er eroberte den Rest der Halbinsel Morea, erbaute in Mistra, nahe dem antiken Sparta, eine der stärksten Festungen des Landes, begleitete Ludwig IX. von Frankreich auf seinen ersten Kreuzzug ins Hl. Land. Von ihm ließ er sich auch die Erlaubnis erteilen, Geld wie die königlich französische Münze zu prägen. Das Herzogtum des Archipel, das Herzogtum Athen und die Herrschaft Negroponte wurden noch in den Lehnsverband eingeschlossen.

Achaia war nun das Zentrum des fränkischen Griechenland. Infolge seiner geographischen Isolierung war der Staat im Innern stetig durchfeudalisiert worden. Er wurde nach einem Gewohnheitsrecht regiert, das man endgültig (nach einer Vorstufe von ca. 1276) zwischen 1333 und 1346 in den *Assises de Romanie* kodifizierte, die in der Morea immer nur eine einflußreiche Privataufzeichnung blieben, während Venedig im 15. Jh. den Codex in italienischer Version für seine Besitzungen offiziell einführte. Dieses Recht war nicht, wie der Verfasser versichert, aus Jerusalem über das lateinische Kaiserreich gekommen; Jerusalem lieh nur den Nimbus und einige Formulierungen. Der von Achaia beherrschte Staatenverband umfaßte zur Zeit seiner größten Blüte etwa 1000 Ritterlehen, was einen Begriff von der Bedeutung des Fürstentums vermittelt. In Achaia selbst lagen davon etwa 600. Sie waren überwiegend gebildet worden aus Konfiskationen des Besitzes des byzantinischen Fiskus, geflohener Landbesitzer, der orthodoxen Kirche und rebellischer byzantinischer Magnaten. An der Spitze der Lehnspyramide stand der Fürst, der an die feudalen Gewohnheiten gebunden und im Prozeß- und Besteuerungsrecht von seinen Vasallen abhängig war. Doch war die moralische und infolgedessen die faktische Macht der Dynastie weit größer als etwa in Jerusalem. Der Schwerpunkt der fürstlichen Domäne lag wie die Hauptstadt und das Wirtschaftszentrum Glarentza im Westen der Morea. Der Haushalt des Fürsten wurde geleitet vom Konstabler, dem Marschall (beides erbliche Ämter), dem Logotheten (Kanzler), dem Protovestiarios (Kämmerer), der die Einkünfte des Fürsten an Steuereinnehmer verpachtete und den seit 1209 belegten Lehenskataster führte, sowie dem Schatzmeister. Ungeachtet der teilweise griechischen Titel war der Staatsaufbau durchaus abendländisch. Vier Kastellane verwalteten das Hausgut des Fürsten, und besondere Untersuchungsbeamte *(enquêteurs)* beaufsichtigten die Verwaltung der nachgeordneten Barone *(bers de terre)*. Die Baronien, etwa 12 an der Zahl, genossen Pairsrang und übten die Blutsgerichtsbarkeit. Ihre Größe schwankte zwischen 4 und 24 Ritterlehen, von denen etwa ein Drittel unterverlehnt war, während der Rest die Baronialdomäne bildete, aus der der Baron seiner militärischen Dienstverpflichtung nachkam. Unter den Baronen stand die Masse der ligischen Vasallen, die nur die einfache Strafgerichtsbarkeit ausüben konnten. Ihre Dienstpflicht war hart: sie umfaßte 4 Monate Felddienst und 4 Monate Garnisonsdienst, und nur den Rest des Jahres konnten diese Ritter auf ihren eigenen Gütern verbringen. Nach ihnen kamen die einfachen Lehnsträger, die nur noch die Zivilgerichtsbarkeit über ihre Bauern ausübten. Sie waren bei der Verheiratung ihrer Töchter dem Konsens des Lehnsherren unterworfen und mußten durch eine Sondersteuer *(collecte)* die Mittel für das Lösegeld des Fürsten oder die Aussteuer seiner Tochter aufbringen. Ihre Militärverpflichtung wurde von Fall zu Fall in der Lehnsurkunde festgesetzt. Sozial unter den einfachen Lehnsträgern, ihnen aber materiell fast gleichgestellt, standen die *Archontes,* die alten byzantinischen Magnaten, die im gebirgigen Landesinnern besonders zahlreich waren und die so lange Widerstand geleistet hatten, bis man sie in das abendländische Lehnssystem einbaute. Ob die lehnsähnliche byzantinische Institution der *Pronoia* dieser Integration Vorschub leistete oder das abendländische Lehnswesen einer dafür überhaupt nicht vorbereiteten Gesellschaftsordnung aufgepfropft wurde, ist unsicher, weil D. Jacobys dezidiert vorgetragene Meinung, es habe vor 1204 in der Morea keine *Pronoia* gegeben, keineswegs unbestritten geblieben ist. In jedem Falle war die Integrationspolitik der moreotischen Franken eine grundsätzlich andere Politik als die von Venedig anfangs versuchte Verdrängung der Archonten durch eine Besiedelung, wenn auch beide Konzepte für die Beherrschung des Landes schließlich zu einem Einlenken gegenüber den Archonten führten. Schließlich gab es noch halbe Ritterlehen für nichtadlige fränkische Sergeanten. Alle Lehen vererbten sich in der Primogenitur, mit weiblichem und kollateralem Erbrecht und dem Vorrang des nächsten Verwandten, auch wenn dieser durch die weibliche Linie repräsentiert wurde. Im Gegensatz zu Jerusalem hatten die Witwen freie Gattenwahl. Der Landbau wurde hauptsächlich von den *Vilains* betrieben, unter denen sich die Paröken der byzantinischen Zeit verbargen. Sie waren an ihren Besitz, die sogenannte *Stasis,* gebunden und hatten davon fixe Abgaben und Hand- und Spanndienste für das Dominikalland des Herrn zu leisten. Zum Ausgleich dafür konnte die *Stasis* aber auch nicht enteignet werden.

Um 1255 war es mit der Ruhe für Achaia zu Ende. Wegen einer lehnsrechtlichen Erbfrage in Euboea überwarf sich Wilhelm II. mit Venedig, und das ganze fränkische Griechenland wurde in diese Händel verwickelt, die unter dem Namen *Guerre des tierciers de l'Eubée* bekannt wurden, weil die Herren von Euboea sich nach den drei großen Lehen, in die die Insel zerfiel, *Terzieri* (d. h. Dreiherren) nannten. Wilhelm ging schließlich als Sieger aus dem Kriege hervor. Als er aber 1259 im Bunde mit Manfred von Sizilien und Michael II. von Epiros gegen Michael VIII. Palaiologos von Nicaea kämpfte, geriet er in Gefangenschaft, als die Epiroten in der Entscheidungsschlacht zum Gegner überliefen. Erst nach der Restauration des byzantinischen Reiches kam er 1262 frei, mußte aber Monembasia und Mistra an Byzanz abtreten und dessen Oberhoheit anerkennen. Kaum zu Hause angelangt, nahm er den Kampf gegen Byzanz wieder auf. Diesmal lehnte er sich an Karl von Anjou an, der seit der Schlacht von Benevent (1266) Herr von Unteritalien und Sizilien war. Im Vertrag von Viterbo trat er Achaia nebst seinen Lehnsstaaten an Karl ab, behielt aber den Nießbrauch auf Lebenszeit. Die Nachfolge sollte Karls Sohn Philipp antreten, der Wilhelms Tochter Isabella heiratete. Von nun an war Achaia nur mehr eine angiovinische Dependenz, gelegentlich sich selbst überlassen, wenn die Anjous Wichtigeres zu tun hatten, doch mit angiovinischem Geld und Truppen gegen Kaiser Michael VIII. Palaiologos, den letzten Vertreter der byzantinischen Großmachtpolitik, gehalten. Die Tage der Unabhängigkeit waren für die Franken vorbei. Achaia handelte sich dafür in seinen nördlichen und westlichen Kerngebieten eine Periode der Ruhe ein, konnte aber nicht verhindern, daß die Byzantiner von Süden einen tiefen Keil nach Lakonien und bis nach Arkadien hineintrieben. Da Philipp von Anjou 1277 ein Jahr vor Wilhelm II. starb, wurde nach dessen Tod Karl von Anjou Fürst von Achaia. Seine weitausschauenden Ostpläne wurden durch die Sizilianische Vesper (1282), die Erhebung der Italiener gegen die verhaßte französische Herrschaft, zunichte gemacht. Sizilien fiel jetzt an Peter III. von Aragon, während Karl († 1285) nur Neapel behielt. Sein Sohn Karl II. von Anjou, ganz mit dem Kampf gegen Aragon beschäftigt und ohnedies ein schwacher Regent, gab 1289 Achaia als angiovinisches Lehen an Isabella, Wilhelms Tochter, die Florentius von Hennegau (1289–1297) heiratete. Nominell war Achaia wieder unabhängig, aber in Wahrheit beweisen die fortlaufenden Eingriffe Karls II., daß sich an dem angiovinischen Übergewicht nichts geändert hatte. Die Regierung des Florentius war jedoch dank einer besonnenen Politik gegenüber Byzanz friedlich und zeigte noch einmal den ritterlichen Glanz früherer Jahre. Isabellas nächster Gemahl, Philipp von Savoyen (1301–1306) war dagegen ein hochfahrender Mann, der sowohl beim einheimischen Adel wie bei Karl II. von Anjou in Neapel Anstoß erregte. Karl setzte ihn 1306 wegen Felonie (Treubruch) ab und übertrug Achaia seinem eigenen Sohn Philipp von Tarent, dem »Despoten von Romania«. Die Katastrophe, die 1311 Athen befiel, bedeutete auch für Achaia einen Schlag, von dem es sich nie wieder erholte: die französische Oberschicht wurde fast völlig von Italienern verdrängt; Italienisch wurde zur Landessprache. Das Land versank in den immer komplizierter werdenden Wirren der venezianischen, byzantinischen und osmanischen Balkanpolitik. Immer kleiner werdend, erlag es 1432 dem griechischen Despoten von Morea, um bald darauf unter türkische Herrschaft zu kommen.

In Athen war 1308 der letzte Herzog aus dem burgundischen Hause de la Roche gestorben. Sein Nachfolger wurde Walter von Brienne, Graf von Lecce. Er verlor sein Herzogtum an eine der abenteuerlichsten Rotten von Briganten, die je Europa heimgesucht hat; ein ehemaliger Templer namens Roger Flor († 1305) hatte aus katalanischen, aragonesischen und navarresischen Landsknechten die sogenannte Katalanische Kompanie, eine Art wandernder Republik, gegründet, die viele Jahre in Unteritalien im Dienste Aragons gegen die Anjous von Neapel focht[107]. Als die Kompanie nach dem Frieden von Caltabellotta (1302) arbeitslos geworden war, akzeptierte Roger mit seinen 6500 Mann ein Angebot des byzantinischen Kaisers Andronikos II. Palaiologos (1282–1328), der sich auf andere Weise nicht mehr der vor dem Mongolensturm nach Westen ausgewichenen Türken in Kleinasien zu erwehren wußte. Aber die Katalanen wurden bald genug zu einer wahren Pest für das innerlich und äußerlich arg geschwächte Reich. Von ihrem Stützpunkt Gallipoli aus bekämpften sie seit 1305 Byzanz, plünderten zunächst Thrakien, dann seit 1309 Thessalien. Als auch diese Provinz arm geräubert war, überrannten die Katalanen 1311 das Herzogtum Athen. Katalanisch verdrängte nun hier das Französische als Landessprache; die *Assises de Romanie* mußten dem Gewohnheitsrecht von Barcelona weichen. Katalanische Straßenräuber, in einem schwer definierbaren Verhältnis an die Könige von Aragon (-Sizilien) gebunden, die seit 1312 einen nicht in Griechenland residierenden Herzog ernannten, regierten nun von Theben aus einen guten Teil des südlichen Griechenland. Als 1379 Theben an die Navarresische Kompanie fiel, verblieb doch noch Athen mit seiner gewaltigen Festung auf der Akropolis, deren Propyläen als Palast und deren Parthenon als Marienkirche diente. Im Jahre 1388 kam das florentinische Bankhaus der Acciajuoli in Athen an die Macht, die als Herzöge, teils von den Türken, teils von Byzanz abhängig, noch bis 1456 herrschten, um dann endgültig den Osmanen zu weichen.

Die Inseln hielten sich meist etwas länger. Negroponte wurde 1366–1390 endgültig venezianisch und blieb es bis 1470, die Sanudo und später die Crispo herrschten über Naxos noch bis 1539, über Andros bis 1566. Chios, wo sich bereits 1304 eine genuesische Dynastie etabliert hatte, war von 1346 bis 1566 formell genuesisch, faktisch aber in den Händen der sogenannten *Mahona,* einer Art von Aktiengesellschaft, die ursprünglich aus den genuesischen Schiffseignern bestand, die Chios für Genua erobert hatten und nun als Bezahlung die Verwaltung und Ausbeutung von Chios übertragen bekamen, das vor allem durch seine Mastixproduktion bedeutend war. Im Jahre 1364 nahmen fast alle Teilhaber den Familiennamen Giustiniani an, wodurch Chios zu einer Art Familienbetrieb wurde, obwohl keiner der Neu-Giustiniani ursprünglich dieser Familie angehört hatte, die auch in der ursprünglichen *Mahona* keine Rolle spielte. Lesbos bildete von 1355–1462 ein genuesisches Herzogtum, Rhodos war von 1309–1522 in den Händen der Johanniter. Als letzte Insel kapitulierte Kreta 1669 vor den Osmanen.

10. Der Kinderkreuzzug von 1212 und der Kreuzzug gegen Damiette (1217–1221)

Während die fränkischen Staaten in Griechenland errichtet wurden, kühlte sich die Kreuzzugsbegeisterung im Westen keineswegs ab, obgleich der Ausgang des vierten Kreuzzuges dies hätte nahelegen können. Es kam im Gegenteil, da der Präzedenzfall eines Kreuzzugs gegen Christen einmal da war, zu einer starken Aktivität innerhalb Europas selbst. In Spanien errangen die Könige von Kastilien, Aragon und Navarra 1212 in der Schlacht bei Las Navas de Tolosa den bisher größten Erfolg der Reconquista gegen die islamischen Almohaden, und sie durften sich dabei auf einen kirchlich genehmigten Kreuzzug stützen. Noch bedeutsamer waren die Albigenserkreuzzüge in den Jahren 1209–1229[108]. Die der dualistischen Lehre der Katharer anhängenden ketzerischen Albigenser hatten sich im 12. Jh. im westlichen Languedoc stark entwickelt. Nach anfänglichem Zögern ließ Innocenz III. das Kreuz gegen ihren Schutzherren Raimund VI. von Toulouse predigen, und durch den Fanatismus des päpstlichen Legaten und des Heerführers Simon de Montfort artete das Unternehmen zu einem beschämenden Skandal (um so beschämender, als gerade der zweite Kreuzzug das Ein-

dringen dieser Lehre aus dem Balkan erleichtert hatte) und gleichzeitig zu einem Machtkampf um ein katalanisch-südfranzösisches Reich beiderseits der Pyrenäen aus. Der Friede von Paris 1229 enthüllte die kapetingische Monarchie als den wahren Sieger, denn diese konnte nun mit der Eingliederung des Languedoc beginnen. Die albigensische Ketzerei war nicht ausgerottet, doch blieb sie fortan unbedeutend, und Südfrankreich wurde der römischen Kirche erhalten. Dennoch ist die Pervertierung der ursprünglichen Kreuzzugsidee, die zur Bekämpfung (wenngleich ketzerischer) Christen herangezogen wurde, nicht zu verkennen, auch wenn der Kanonist Hostiensis später eine kirchenrechtliche Begründung dieser Ausweitung lieferte. Dasselbe gilt für eine ganze Reihe politischer Kreuzzüge, die das Papsttum im 13. Jh. in Italien gegen seine politischen Gegner aus dem staufischen Lager führte. Hier ging es nicht einmal mehr gegen Ketzer, sondern gegen Rechtgläubige. Was dem Haupt der Kirche recht war, war den Gliedern billig. So ließ der Erzbischof von Bremen die Stedinger Bauern zu Ketzern stempeln, um einen Kreuzzug gegen sie zustandezubringen, der eindeutig nur der Durchsetzung der politischen Ziele des Bremers galt und nach der Niederlage der Stedinger in der Schlacht bei Altenesch (1234) das Ende der bäuerlichen Freiheit in den Wesermarschen besiegelte. Der weltliche Arm war freilich nicht unbeteiligt, denn die erst jüngst verschärften Ketzergesetze Friedrichs II. bildeten die Rechtsgrundlage für die in großem Stil durchgeführte bäuerliche Enteignung der Stedinger. Alle diese Züge müssen hier aus der unmittelbaren Betrachtung ausgeklammert werden; schon der verfügbare Raum zwingt zu diesem Verfahren, dem auch die Schilderung der »Kreuzzüge« gegen die Slawen zum Opfer fallen muß, deren Exponent seit 1226 der Deutsche Ritterorden in Preußen wurde, obwohl bereits seit 1184 norddeutsche Kreuzfahrer mit der Eroberung Livlands beschäftigt waren (Schwertbrüderorden).
Nicht übergangen werden darf jedoch der Kinderkreuzzug von 1212[109]. Er hatte seinen Ursprung wahrscheinlich in den Rheinlanden und in Niederlothringen. Dort sammelten sich seit März und Mai große Scharen von Jugendlichen, vermehrt um kleinere Gruppen von älteren Leuten sowie einzelne Kleriker. Ihren Führer fanden sie in einem Kölner Knaben namens Nikolaus, dem sie in starker Verehrung anhingen und dessen Verheißungen sie glaubten. Fragte man sie auf ihrem Zug durchs Land, wohin sie wollten, so antworteten sie »Zu Gott«. Aber ihre Absicht war klar: sie wollten das Hl. Grab zurückerobern und damit die Aufgabe erfüllen, an der die Mächtigen dieser Erde gescheitert waren. Daß sie dem Irrtum zum Opfer fielen, dies unbewaffnet und ohne Geld und Organisation bewerkstelligen zu können, ist nur dem rationalen Denken unfaßlich, den Teilnehmern selbst, die durchweg den unteren, armen sozialen Schichten angehörten, erschien es als durchaus sicher. Das Jahr 1212 war eine Zeit, in der allenthalben die religiöse Leidenschaft durch die Predigt gegen die Albigenser erregt wurde. Zu diesen fanatisierend wirkenden Aufrufen kamen aber tiefer liegende psychologische Wirkungen. Kinderkreuzzüge dieser Art waren nicht ohne Vorbild. Schon früher hatten sich Bußzüge gesammelt, die ihr Heil darin fanden, am Bau einer der mächtigen Kathedralen, etwa in Chartres, mitzuwirken, und es waren Gruppen dabei, die lediglich aus Heranwachsenden

unter der Führung eines jugendlichen Thaumaturgen bestanden. Dazu trat noch die in dieser Zeit in Nordfrankreich, aber auch anderswo stark ausgeprägte Verehrung der unschuldigen, von Herodes ermordeten Kinder von Bethlehem, die auf dieser Erde von den jüngsten Gliedern der Kirche, den Kindern, repräsentiert wurden. Am Festtag der unschuldigen Kinder (28.12.) pflegten die Kinder sich ihren eigenen Kinderbischof zu wählen und zu weihen. In der hier sichtbar werdenden Vorstellung von der besonderen Erwählung der unschuldigen Kinder muß man die Wurzel für den naiven Glauben sehen, daß diesen Ärmsten und Reinsten waffenlos die Eroberung Jerusalems gelingen werde. Der Kinderkreuzzug war Triumph und Niederlage der Armutsidee zugleich.

Weder die kirchlichen noch die weltlichen Behörden haben sich der Zerstreuung der Teilnehmer mit der nötigen Energie gewidmet. Nur der französische König scheint eine große französische Gruppe zur Auflösung veranlaßt zu haben. Diese stand unter der Führung eines gewissen Stephan aus dem Vendômois, dem Christus als armer Pilger erschienen war und angeblich einen der damals so beliebten Himmelsbriefe gebracht hatte. Enthusiasmiert waren die Kinder nach St. Denis gezogen, doch ist nicht nachweisbar, ob sie die Absicht hatten, nach Jerusalem zu gehen. Im übrigen sind die Kommentare der geistlichen Chronisten zu dem Phänomen des Kinderkreuzzuges zwar oft säuerlich, denn unter den gebildeten Erwachsenen wird sich die Mehrzahl keinen Illusionen über die Erfolgsaussichten hingegeben haben. Etwas Entscheidendes scheint man aber nicht unternommen zu haben, um den Auszug der unglücklichen Kinder zu verhindern. Wo der Klerus jedoch der Sache entgegentrat, fiel ihm noch die begeisterte Laienbevölkerung in den Arm und hinderte auch den geringsten Versuch des Widerstandes. Immerhin hatte das Unternehmen nie den offiziellen Segen der Kirche, war also theoretisch gar kein Kreuzzug.

Anfang Juli brach der größte Teil unter der Leitung des Nikolaus auf, zog rheinaufwärts und dann über die Alpen nach Italien. Am 25. August kamen die Kinder, trotz Verlusten unterwegs angeblich immer noch 7000 an der Zahl, nach Genua, wo aber weder das erhoffte Wunder eintrat, daß Gott sie trockenen Fußes über das Meer ziehen lassen werde, noch die Italiener, die schon in der Lombardei den Zug mit viel mehr Skepsis verfolgt hatten als die Deutschen, den nötigen Schiffsraum bereitstellten. Von hier an verlieren sich die Spuren ins Ungewisse. Ein Teil soll, wenn wir den Berichten glauben dürfen, in zwei Schiffen von Pisa abgesegelt sein, ohne daß man je wieder etwas von ihnen hörte. Andere sollen nach Rom gegangen sein, daß der Papst sie von ihrem Gelübde löse, in dem sie gefangen waren, obgleich der Kreuzzug nicht offiziell ausgeschrieben worden war. Aber auch der Papst konnte nur die vom Schwur befreien, die ohnehin noch nicht eidesfähig waren. Einzelne sollen gar bis Brindisi gekommen sein, der Rest aber zog entmutigt und enttäuscht im November wieder über die Alpen nach Hause, nun von denselben Leuten verlacht, die ihren Hinzug begeistert umjubelt hatten. Alberich von Troisfontaines berichtet über eine andere Gruppe, die sich im Rheintal abgespalten und den Weg übers Rhônetal nach Marseille genommen hatte, verwechselte sie allerdings mit den Kindern Stephans. Sein sehr legendärer Bericht, der sich lediglich auf einen angeblich nach achtzehn Jahren orientalischer Sklaverei Zurückgekehrten stützt, enthält dennoch einige nachprüfbar wahre Tatsachen und damit wenigstens einen Kern Wahrheit. Nach Alberich sollen die Kinder von zwei Marseillaiser Kaufleuten in sieben Schiffen verfrachtet worden sein, von denen zwei bei Sardinien untergingen, während die Passagiere der anderen fünf auf den Sklavenmärkten Nordafrikas und Ägyptens verkauft wurden. Nachdem der mit so heißem Herzen unternommene Versuch des Kinderkreuzzuges allenthalben so kläglich gescheitert war, fiel es den Chronisten nicht schwer, in dem mangelnden Beistand Gottes den Beweis dafür zu sehen, daß der Zug von vornherein nur ein Werk des Teufels gewesen sei. Unter dieser Erklärung schlägt deutlich auch das eigene schlechte Gewissen.

Auch das Papsttum rüstete wieder zu einem neuen Kreuzzug. Es muß Innocenz III. schwer getroffen haben, daß der vierte Kreuzzug seiner Führung so vollständig entglitten war, denn seit Urban II. hatte kein Papst so darum gekämpft, den Kreuzzug zu einem kirchlich-päpstlichen Unternehmen zu machen. Daneben war Innocenz von dem ehrlichen Willen erfüllt, dem Hl. Land zu helfen, und hatte gehofft, die Ausschaltung des byzantinischen Reiches werde neben der Kirchenunion wenigstens dieses Resultat zeitigen. Statt dessen zogen die neugegründeten und von der islamischen Macht weit entfernten fränkischen Staaten in Griechenland noch ritterliche Familien aus Palästina und Syrien ab. Innocenz mußte die Überzeugung gewinnen, daß ein Kreuzzug wie der vorangegangene vierte, in dem weltliche politische Mächte wie die Venezianer und die Staufer einen bedeutsamen Einfluß auf den Gang der Dinge ausübten, weder dem Hl. Land, noch der Kreuzzugsidee, noch den politischen Zielen der Kurie förderlich waren. Empfahl sich schon von hierher eine energischere päpstliche Leitung künftiger Expeditionen, so hatte der Kinderkreuzzug gezeigt, daß im Volk noch eine starke Bereitschaft zum Glaubenskampf vorhanden war, die man zu Gunsten des Hl. Landes und der Kirche benutzen konnte, wenn es gelang, sie durch kirchliche Leitung in die gewünschten Bahnen zu lenken. Man darf nicht übersehen, daß Innocenz im Kreuzzug ein wesentliches Mittel zur Durchsetzung seiner hierarchischen Vorstellungen sah. Er erkannte, wie nach ihm Kaiser Friedrich II., daß Ansehen und Gunst der öffentlichen Meinung dem zufallen und auf natürliche Weise zu einer überlegenen politischen Führungsrolle verhelfen mußten, der sich zum Vorkämpfer der Kreuzzugsidee machen und einen tatsächlichen, durchgreifenden Erfolg für sein Unternehmen buchen konnte.

Nach den bitteren Lehren seiner früheren Regierungsjahre hat Innocenz III. sein Ziel gegen Ende seines Pontifikats beharrlich verfolgt. Er begann 1213 mit der Bulle *Quia maior* eine tatkräftige Werbung für einen neuen Kreuzzug[110]. Der Anlaß, die Befestigung des Berges Tabor in Galilaea durch die Aiyubiden, war nichtig, die Kreuzfahrerstaaten waren dadurch nicht sonderlich bedroht, aber die politische Lage in Europa war den päpstlichen Zielen günstig. Die Könige von England und Frankreich waren in einen mörderischen Krieg verwickelt, in dem es um Bestand oder Nichtbestand der französischen Monarchie und des englischen Festlandbesitzes ging. In vielfältiger Verbindung mit diesem 1214 durch die Schlacht bei Bouvines entschiedenen Kampf stand der nicht minder erregende Streit zwischen

Friedrich II. und dem Welfen Otto IV. um die deutsche Krone. An eine Beteiligung der Herrscher an dem geplanten Kreuzzug war also nicht zu denken. Der Papst wollte sie auch nicht unbedingt; er wandte sich an das gesamte Volk der Christenheit. *Quia maior* verlangt die Beteiligung aller Christen ohne Ansehen des Standes oder der Fähigkeit, die Bulle zielt in der Tat auf einer Art »levée en masse« (Alphandéry). Zu den weltlichen Waffen sollten die geistlichen kommen, und so ordnete der Papst allmonatliche Prozessionen an, um die Erlösung des Hl. Landes zu erflehen. Damit war auch den Ärmsten und Schwächsten ihr Platz im Kampf gegen den Islam angewiesen. Am Erfolg seines Bemühens wird Innocenz nicht gezweifelt haben, denn er war von der ruhigen Gewißheit erfüllt, daß nach den Verheißungen der Apokalypse die Tage des Islam sich ohnehin zu Ende neigten (Apoc. 13, 18: die Zahl des Tieres ist 666, d. h. der Islam dauert von seinem Beginn 622 an gerechnet höchstens 666 Jahre, also keinesfalls über 1288 hinaus[111]).

Zur Regelung der organisatorischen Fragen berief der Papst ein Konzil für 1215 ein. Aber schon 1213 schwärmten die Kreuzprediger aus. In Frankreich tat sich vor allem der Legat Robert de Courson hervor, ein Studiengenosse des Papstes. Seine Tätigkeit interpretiert aufs anschaulichste die Absichten von *Quia maior*: der Legat verteilte das Kreuz ohne Unterschied an alle, auch an Kinder, Greise, Frauen, Blinde und Lepröse. Seine Predigt blieb trotz ihres Erfolges nicht ohne Widerspruch, der teils von der Geistlichkeit kam, die er reformieren, teils vom Feudaladel, dessen Gerichtsbarkeit er zugunsten der Kirche beschränken wollte. Selbst der Papst mußte sich von seinen Handlungen distanzieren, und auch der König konnte nicht schweigen: ein königliches Dekret vom März 1215 regelte die Rechtsstellung der Kreuzfahrer in sichtbarer Zurückweisung der einseitigen kirchlichen Führungsansprüche. In Nordwestdeutschland, Flandern und Holland predigte der Scholaster Oliver von Köln mit großem Widerhall das Kreuz. Neben dem Erfolg ist aber auch nicht zu übersehen, daß sich die Zahl der Kritiker mehrte. Darauf deutet die straffere Aufsicht über die Kreuzpredigt, die offenbar für jede Diözese eine Art Propagandabüro vorsah, von dem aus die Prediger mit Sammlungen päpstlicher und anderer Briefe versorgt wurden, deren Argumente ihnen das nötige Arbeitsmaterial lieferten. Besonders das sogenannte Rommersdorfer Briefbuch ist hier zu erwähnen[112]. Die Oberleitung der Kreuzzugswerbung wurde offenbar bald einer neugegründeten Behörde an der Kurie, der für das ständig zunehmende Dispensationswesen zuständigen Poenitentiarie, übertragen, womit der Zusammenhang von Bußwesen und Kreuzzug offen gekennzeichnet werden sollte.

Dem Papst war klar, daß es einer neuen Organisation bedürfe, wenn man die finanzkräftigen Könige aus der Kreuzzugsbewegung ausschalten wollte. Diesem Zweck diente das Vierte Laterankonzil, das im November 1215 zusammentrat und mit seinen 1300 versammelten Prälaten eine machtvolle Heerschau der *ecclesia militans* war. Man debattierte die Ketzerverfolgung, bestimmte über das Schicksal der im Albigenserkreuzzug eroberten Grafschaft Toulouse, formulierte die Transsubstantiationslehre, schränkte die Übersetzung der Bibel in die Volkssprache ein, aber Innocenz' größtes In-

teresse galt dem Kreuzzug. Ein besonderes Kreuzzugsdekret, das den Schlußpunkt in der Entwicklung der päpstlichen Kreuzzugsdoktrin bildete und kirchenrechtlich um 1250 von dem berühmten Kanonisten Hostiensis in seiner *Summa aurea* und später auch in seinem Hauptwerk, der *Lectura*, juristisch unterbaut und interpretiert wurde, regelte alle Fragen[113]. Im Juni 1217 sollten sich die Kreuzfahrer in den süditalienischen Häfen Brindisi und Messina versammeln, wo der Papst selbst die Flotte segnen wollte. Die mitziehenden Kleriker sollten von ihrer Residenzpflicht entbunden werden, d.h. auch während der Kreuzfahrt das heimatliche Einkommen behalten dürfen. Alle Prälaten hatten auf die sorgsame Erfüllung der Gelübde zu achten und diese notfalls mit der Exkommunikation oder dem noch weitergehenden Interdikt zu erzwingen. Wer nicht selbst auszog, sollte wenigstens andere auf drei Jahre ausrüsten. Da man im Seeweg jetzt die einzige Möglichkeit sah, große Heere in den Osten zu befördern, wurden die Schiffsbauer mit besonderer Gunst bedacht. Während sich die Kurie selbst mit einer Zahlung von 30000 Pfund am Kreuzzug zu beteiligen versprach, erlegte sie der gesamten Geistlichkeit auf drei Jahre den Zwanzigsten ihres Einkommens, den Kardinälen aber gar den Zehnten auf. Der Kirchenbann drohte denen, die strategische Güter an die Sarazenen verkauften, Vermögenskonfiskation und Sklaverei jenen, die als Freibeuter in sarazenische Dienste gingen. Auf vier Jahre wurde überhaupt jeglicher Levantehandel verboten, um den nötigen Schiffsraum zu erhalten. Alle Kreuzfahrer wurden von Steuern und Zöllen befreit und dem Schutz des Apostolischen Stuhls bis zu ihrer Rückkehr oder dem Eintreffen sicherer Kunde von ihrem Tode unterstellt; für ihre Schulden galt ein Moratorium. Auf vier Jahre wurde der christlichen Welt ein allgemeiner Friede geboten.
Besonders folgenreich wurde die hier erstmals von einem Konzil gebilligte (seit 1198 vom Papst verkündete) Bestimmung, wer statt selbst auszuziehen einen anderen ausrüste, erhalte dieselbe Plenarindulgenz wie die Kreuzfahrer. Im Interesse einer gesicherten Finanzierung war diese Bestimmung wohl ebenso unumgänglich wie die Besteuerung der Geistlichkeit, zugleich pervertierte die Regelung aber die ursprüngliche Kreuzzugsidee. Von hier war es nur noch ein Schritt, bis man ein bereits geleistetes Kreuzzugsgelübde in eine Geldzahlung umwandeln konnte. Auch war damit (neben einer an und für sich vorbildlichen Behördenorganisation der Apostolischen Kammer und des Kollektorenwesens) allerlei Mißbräuchen in der kirchlichen und kurialen Finanzverwaltung Tür und Tor geöffnet, die dann in den untragbaren Verhältnissen des vorreformatorischen Ablaßhandels kulminieren sollten. Schon im 13.Jh. erklärten die Päpste alle möglichen rein inneritalischen Unternehmungen gegen die Staufer mit fadenscheinigen Argumenten zu Kreuzzügen, um die Kreuzzugssteuern in diesem Kampf einsetzen zu können. Aber auch weltliche Herrscher ließen sich gerne die Einkünfte aus der immer wieder erneuerten Kreuzzugssteuer übertragen, ohne ihr Gelübde je zu erfüllen. Haakon V. von Norwegen praktizierte dieses Verfahren erfolgreich dreimal. Am Ende mußte Bonifaz VIII. das Recht der Könige anerkennen, die Geistlichkeit ihrer Länder für ihre eigenen weltlich-politischen Zwecke zu besteuern. Diese weitreichenden Folgen hat Innocenz III. nicht voraussehen können, obgleich schon zu seinen Lebzeiten

Dichter wie Walther von der Vogelweide herbe Kritik übten. Die Ausweitung des Ablasses auf die nur finanziell Beteiligten war aber der einzige Weg, alles Volk dem päpstlichen Unternehmen einzugliedern und zugleich eine ökonomische Notwendigkeit. Wer den Kreuzzug führen wollte, mußte ihn finanzieren, und Innocenz sah sich als alleinigen Leiter der Bewegung. Er war deshalb peinlich überrascht, als der junge Staufer Friedrich II. (1215–1250) unter dem Einfluß kreuzzugsbegeisterter Augustiner 1215 plötzlich das Kreuz nahm, einmal sicherlich aus Kreuzzugseifer, dann wohl auch aus politischen Erwägungen, die aber beim Papst die berechtigte Befürchtung erwecken mußten, er wolle ihm den Rang streitig machen und in die Fußstapfen Heinrichs VI. treten. Diese Gefahr hatte Innocenz selbst vergrößert. An der Ausdehnung des Kreuzablasses auf zahlende Nichtkombattanten war wohl positiv zu bewerten, daß das Heilsinstrument nicht länger ein Klassenprivileg der ritterlichen Schicht blieb, sondern dem gemeinen Volk wieder zurückgegeben wurde, das sich schon am ersten Kreuzzug so stark beteiligt hatte. Doch je weiter man die Privilegierung ausdehnte, um so stärker mußte der Führungsanspruch beim Kreuzzug zum politischen Streitobjekt zwischen Kirche und Staat, zwischen Papst und Kaiser oder König werden, was die spätere Geschichte Friedrichs II. zur Genüge beweist.

Innocenz III. starb mitten in den Vorbereitungen zum Kreuzzug am 16. Juli 1216 in Perugia. Sein Nachfolger Honorius III. (1216–1227) machte zwar die Kreuzzugssache ebensosehr zu seiner eigenen wie Innocenz III., aber er war ein Mann ohne Genie, dem die politische Tat- und Spannkraft seines Vorgängers fehlte. Es zeigte sich jetzt auch, daß aus Frankreich, das mit den Albigenserkriegen beschäftigt war, nicht viel an Kreuzfahrern erhofft werden durfte. Dagegen war die Begeisterung in Österreich und Ungarn, dessen König schon seit 1196 das Kreuz trug, größer. Gegen die endgültige Abtretung Zaras erklärten sich die Venezianer zum Transport des ungarischen Heeres bereit. Im August 1217 sammelten sich die österreichisch-ungarischen Truppen in Split, während in dem ursprünglich vorgeschriebenen Hafen Brindisi nur ganz wenige Franzosen in See stachen. Leopold VI. von Österreich segelte sofort von Split ab, kurz danach folgte im September Andreas von Ungarn; in Akkon stießen zu den Kreuzfahrern noch der Fürst von Antiochia und König Hugo von Zypern. Beratungen mit dem König von Jerusalem, Johann von Brienne, und mit den Ordensmeistern und Baronen führten weder zu einem einheitlichen Oberbefehl noch zu einem festen Kriegsziel. Vom ungarischen König nur mäßig unterstützt, unternahmen die Kreuzfahrer im Spätherbst und Frühwinter 1217 drei Expeditionen gegen die Sarazenen, die sich aber nicht zum Kampf stellten, so daß jede Wirkung ausblieb. Im Januar 1218 zog König Andreas verärgert ab, um über Anatolien heimzureisen. Mit ihm gingen Boemund IV. von Antiochia und Hugo von Zypern, der aber noch vor seiner Heimkehr starb. Die verbliebenen Kreuzfahrer waren für militärische Operationen zu schwach und verbrachten ihre Zeit mit dem Wiederaufbau Caesareas und dem Ausbau des templerischen »Pilgerschlosses« (Athlith) zu einer fast unbezwingbaren Festung am Meer, die die Karmelpässe nach Süden zu schützen hatte. Erst als im April und Mai 1218 die friesischen und niederrheinischen Kreuzfahrer unter dem Kölner Domscholaster Oliver nach einjähriger Fahrt und abenteuerlichen Kämpfen in Portugal in den Hafen Akkon einliefen, war wieder an Krieg zu denken. Ein Kriegsrat beschloß, die Stadt Damiette im Nildelta anzugreifen, womit man den alten Plan wieder aufnahm, das islamische Machtzentrum in Ägypten zu vernichten, um Jerusalem dann desto leichter erobern zu können. Jakob von Vitry, der Bischof von Akkon, übernahm es, den Papst von dem Beschluß zu unterrichten, und seine Briefe sind eine wichtige Quelle für die Geschichte des Kreuzzuges.

Sultan Saladin hatte das aiyubidische Reich bei seinem Tode unter seine Söhne und seinen Bruder und geistigen Erben al-Adil geteilt. Dieser hatte die Neffen erfolgreich zurückdrängen können und war 1200–1218 anerkannter Oberherr des aiyubidischen Gesamtstaates. Ohne feste Residenz regierte er dort, wo seine Anwesenheit am nötigsten war. Das Aiyubidenreich (s. oben S. 115) war mit Ausnahme Ägyptens keineswegs ein zentralisierter Staat, sondern vereinigte in sich eine ganze Reihe zentrifugaler Kräfte, die zusammenzuhalten eine große diplomatische Kunst erforderte. Diesen Schwierigkeiten hatten die Franken an der palästinensischen Küste im wesentlichen die Ruhe zu verdanken, deren sie sich zur Zeit al-Adils erfreuten. Auch hatte dieser die seldschukischen und 1204 die byzantinischen Verbündeten verloren, die Saladin noch gehabt hatte. Unter der Oberhoheit al-Adils regierten seine drei Söhne in den Teilreichen: al-Kamil, der auch als Nachfolger al-Adils ausersehen war, besaß das Kernland Ägypten, al-Muazzam regierte Syrien und Palästina, al-Aschraf herrschte in al-Dschazira, dem oberen Mesopotamien. Unter dem Teilherrscher standen in Syrien und Dschazira noch eine Reihe von Stadtstaaten, die von aiyubidischen Seitenlinien oder zweitrangigen Dynastien (Artuqiden, Zengiden) regiert wurden.

Die Franken hatten ihr Vorhaben gegen Damiette, wie Gottschalk nachwies, auch diplomatisch abgesichert und ein Allianzangebot des anatolischen Rumseldschukensultans Kaikawus (1210–1219) angenommen. Kaikawus hatte Absichten auf Aleppo und al-Dschazira; er bestärkte daher die Franken und Kreuzfahrer in ihren ägyptischen Kriegsplänen, weil er hoffte, in Ägypten die Hauptmacht der Aiyubiden binden und desto ungestörter im Norden seinen Absichten nachgehen zu können. Der Zangenangriff gegen das aiyubidische Reich brach denn auch gleichzeitig los. Ende Mai 1218 kamen die Kreuzfahrer vor Damiette an, einer starken Festung und dem zweitwichtigsten Hafen Ägyptens, und schlugen auf dem westlichen Nilufer gegenüber der Stadt ihr Lager auf. Im Juni ging Kaikawus gegen Aleppo vor, doch zerbrach sein Kriegszug am entschlossenen Widerstand al-Aschrafs schon im August. Der seldschukische Feldzug war zu schnell gescheitert, um den Kreuzfahrern Flankendeckung zu geben.

Der stärkste Punkt der Befestigungen von Damiette war der Kettenturm im Nil, so genannt nach der Sperrkette, die von ihm zum Ostufer lief, auf dem sich die Stadt befand. Ihm galt daher zunächst die Hauptanstrengung der Kreuzfahrer, denn die Westhälfte des Nils war anscheinend unschiffbar, so daß der Turm praktisch die gesamte Nilmündung kontrollierte. Al-Kamil, den der fränkische Angriff vollständig überrascht hatte, schlug mit seinen Truppen eilig ein Lager etwas südlich der Stadt auf dem Ostufer auf. Sein taktisches Ziel war es, die Franken am Übergang über den Fluß zu hindern,

da sie dann Damiette von der Landseite her ganz hätten einkreisen können. Die Kreuzfahrer trugen mit Schiffen und Brandern und unterstützt von dem unablässigen Trommelfeuer von acht Steinprojektilmaschinen mehrfach Angriffe gegen den Kettenturm vor, wurden aber immer abgeschlagen. Da ließ der Domscholaster Oliver, der uns in seiner *Historia Damiatina* einen bedeutenden Bericht über den Kreuzzug hinterlassen hat, mit deutschem Geld eine Belagerungsmaschine besonderer Art konstruieren: auf zwei zusammengebundenen Koggen wurden vier Mastbäume errichtet, die an der Spitze eine hölzerne Befestigungsanlage, unter ihr eine an Flaschenzügen bewegbare Fallbrücke trugen. Am 24. August 1218 gelang es trotz der erbitterten Abwehr der Belagerten, die mit griechischem Feuer die Maschine fast zerstört hätten, die Brücke auf die Zinnen des Turms herabzulassen und die oberen Stockwerke zu besetzen. Am folgenden Tag kapitulierte die Besatzung. Die Kreuzfahrer kappten die Sperrkette, zerstörten die Pontonbrücke nach Osten zur Stadt hin und erbauten statt dessen eine neue zu ihrem Lager im Westen. Ihr Erfolg machte in der islamischen Welt einen großen Eindruck. Sultan al-Adil starb vor Kummer. Von nun an war jederzeit damit zu rechnen, daß die immanenten Spannungen im Aiyubidenreich zum Ausbruch kommen konnten, denn auf die Dauer gedachten sich al-Muazzam und al-Aschraf nicht der Oberherrschaft al-Kamils (1218–1238) zu beugen, doch standen sie vorerst noch gegen die Franken zusammen.
Von September 1218 an erhielten die Kreuzfahrer, die trotz der Eroberung des Kettenturmes noch immer nicht auf dem östlichen Ufer Fuß fassen konnten, laufend Verstärkungen aus Europa. Es kamen Italiener, Franzosen, Engländer und Spanier. Freilich wurde die Ankunft neuer Krieger vom Frühjahr 1219 an wieder durch einen dünnen, aber stetigen Strom von Heimreisenden ausgeglichen, denen die kirchlichen Führer vergeblich versprachen, der Plenarablaß solle sogar für ihre Familien gelten, wenn sie blieben. Auch die üblichen Lagerkrankheiten fehlten nicht. Ein großer Teil des Heeres erlag einer hartnäckigen Ruhrepidemie, und nur ein religiöser Fanatiker wie Jakob von Vitry konnte glauben, die Betroffenen hätten dies jubilierend als »Einladung zu einer himmlischen Mahlzeit« begrüßt und seien nahezu schmerzlos gestorben. Nie in der Geschichte hat es an interessierten Kreisen gefehlt, die den Tod im Kriege auf die eine oder andere Weise glorifizierten.
Unter den Neuankömmlingen des Herbstes 1218 waren auch zwei Kardinallegaten, die der Papst geschickt hatte, Robert de Courson, der bald starb, und Pelagius von Albano. Ihnen fiel es zu, die seit Innocenz III. üblich gewordene Vorstellung von der kirchlichen Oberleitung des Kreuzzuges durchzusetzen. Hierfür hätte es nun großen diplomatischen Geschicks bedurft, denn wenn auch König Johann von Brienne der militärische Führer des Heeres war, so bestand in diesem durchaus keine einheitliche Stimmung. Dieser Aufgabe war Pelagius, der dafür umfassende Vollmachten hatte, nicht gewachsen. Der Tod Roberts beraubte ihn jeder kollegialen Konkurrenz, die für seine blinde, vorwärtsstürmende Energie das dringend benötigte retardierende Moment hätte sein können. Der Portugiese Pelagius, der sich schon während einer Legation im Lateinischen Kaiserreich durch besondere Intransigenz hervorgetan hatte, war ein herrischer, suffi-

santer und ungemein starrköpfiger Mann. Er bildete sich seine Partei aus den Neuankömmlingen, den geistlichen Ritterorden und den italo-palästinensischen Kaufleuten, mit deren Hilfe er König Johann, die fränkischen Barone der Kreuzfahrerstaaten und Olivers Friesen und Rheinländer ausmanövrieren konnte. Es dauerte nicht lange, bis das Kreuzfahrerheer in zwei feindliche Gruppen zerspalten war. Unbekümmert um das kanonische Recht mischte sich Pelagius auch in die militärischen Angelegenheiten ein. Trotzdem verliefen die Dinge für die Kreuzfahrer nicht ungünstig. Ein Angriff al-Kamils auf das Kreuzfahrerlager am 9. Oktober scheiterte an der Wachsamkeit Johanns von Brienne. Der Winter sah nur unentschlossene Angriffe der Kreuzfahrer, aber Anfang Februar übernahm Pelagius, den jetzt und auch später anfängliche Mißerfolge nie abhalten konnten, ein einmal gewähltes taktisches Ziel mit aller Beharrlichkeit zu verfolgen, energisch die Führung. Seinem Erfolg kam allerdings entgegen, daß die Verschlechterung der militärischen Lage al-Kamils, der den koptischen Christen und der städtischen Bevölkerung unablässig schwere Steuern auferlegte und neue Truppenkontingente abzwang, zu einer Verschwörung unter den ägyptischen Emiren führte. Kopflos floh der Sultan aus dem Lager, das auch von der Armee in panischem Schrecken verlassen wurde. Dies ermöglichte den Kreuzfahrern, am 5. Februar 1219 das auf dem Ostufer gelegene Lager zu besetzen. Sie machten dort nicht nur reiche Beute, sondern konnten nunmehr auch Damiette vollständig einkreisen und von allen Zufuhren abschneiden. Al-Kamil dachte schon daran, bis in den Yemen zu fliehen, als aus Syrien sein Bruder al-Muazzam kam und energisch eingriff. Den HauptrTädelsführer der Verschwörer ließ er einfach nach Syrien entführen, und daraufhin brach die Fronde zusammen.
Dies stellte das Selbstvertrauen al-Kamils wieder her. Aber die Bedrohung Damiettes war für ihn so unangenehm, daß er im März 1219 den Hl. Krieg ausrief. Vorher hatte er erfolglos versucht, sich mit den Kreuzfahrern zu arrangieren. Sein Angebot war ein langfristiger Waffenstillstand und die Rückgabe des ganzen ehemaligen Königreichs von Jerusalem außer Transjordanien, für das er 30000 Byzantiner Entschädigung anbot. Dafür sollten die Kreuzfahrer Ägypten räumen. Die Annahme des Vorschlages scheiterte an dem Widerstand des Legaten. Der Sultan nahm den Kampf wieder auf, aber ein Angriff gegen das christliche Lager zerbrach an den guten Befestigungsanlagen und den beiden Pontonbrücken (eine davon über 38 Schiffe hinweg), die die Kreuzfahrer erbaut hatten. Ebenso erfolglos blieb der Versuch, den Nilarm von Damiette zu sperren und den Fluß nur durch den Arm von Rosette zu leiten, weil die Dämme brachen. Der Mai sah zwar die Heimreise des tapferen Leopold VI. von Österreich, den Pelagius vergeblich zu halten versuchte, aber trotzdem unternahm der Legat im Juli und August eine Reihe schwerer Sturmangriffe auf die Stadt. Sie hatten keinen Erfolg, verstörten aber die Muslime. Erst am 29. August konnte al-Kamil einen größeren Erfolg gegen die Belagerer erfechten. Er nutzte die Gunst der Stunde, um ihnen erneut sein Friedensangebot zu unterbreiten. Jetzt verpflichtete er sich gar noch, das Hl. Kreuz zurückzugeben und die schon im März in Palästina vorsorglich geschleiften Festungen und Stadtmauern von Jerusalem auf seine Kosten wieder aufzubauen. Al-Kamil wollte die

ägyptischen Kernlande des aiyubidischen Reiches retten. Seine Lage hatte sich ungeachtet seines Erfolges vom August verschlechtert, denn das Ausbleiben der Nilüberschwemmung bedrohte sein Land mit einer Mißernte. Zudem waren die Verhältnisse in Damiette fast unhaltbar geworden. Die Bevölkerung wurde vom Hunger gepeinigt. Für ein Huhn zahlte man 30, für eine Kuh 800 Dinare, und Zucker war so rar wie Juwelen. Dennoch hätte der Besitz von Damiette für die Kreuzfahrer noch nicht den Ägyptens bedeutet, und so war al-Kamils Angebot in der Tat äußerst großzügig. Johann von Brienne sprach sich auch für die Annahme aus, zumal Jerusalem doch das allgemein ersehnte Ziel jenseits des ägyptischen Feldzuges war. Aber Pelagius lehnte wiederum ab. Die Meister der Orden meinten, Jerusalem werde sich ohne Transjordanien nicht verteidigen lassen, und das Hl. Kreuz habe schon Saladin nach dem Fall Akkons nicht finden können. Die Italiener brannten darauf, in Damiette ihre Niederlassungen zu gründen, und so blieb die Chance, den Kreuzzug erfolgreich zu beenden, ungenutzt. Um diese Zeit weilte auch der Hl. Franziskus von Assisi, der der Armutsbewegung durch die Gründung des Franziskanerordens und durch die Reinheit seines Beispiels zum Sieg verhelfen sollte, im Lager der Kreuzfahrer. Wo die Waffen versagten, versuchte er es mit der Predigt. Der Legat ließ ihn nach anfänglichem Zögern in das Lager al-Kamils ziehen, der seinen Worten mit jener Nachsicht zuhörte, die in dieser Periode der Verhandlungen angebracht war, aber die gewünschte Bekehrung zog al-Kamil nicht in Erwägung. Der Versuch blieb politisch ephemer, begründete aber ein dauerhaftes Interesse der Franziskaner am Hl. Lande und an der asiatischen Heidenmission, die von ihnen überhaupt erst eingerichtet wurde und der sie sich hinfort mit großem Eifer wenn auch unzulänglichem Erfolge widmeten, da der Ordensgründer die Mission als Aufgabe in seiner Regel verankert hatte. Seit 1333 entwickelte sich auf dem Zionsberge bei Jerusalem (bis 1524; heute im Konvent in der Altstadt) die *Custodia Terrae Sanctae* der Franziskaner, der Rom die Obhut der christlichen heiligen Stätten im Nahen Osten anvertraute. Vom 13. Jh. an hat sich die Kurie auch für Gesandtschaften in den Nahen, Mittleren und Fernen Osten mit besonderer Vorliebe der Franziskaner bedient, obgleich auch der neue Predigerorden der Dominikaner auf diesem Gebiet tätig wurde[114].

Damiette war vom Herbst 1219 an unhaltbar geworden. Am 5. November fanden die Christen einige Abschnitte der Mauer unbesetzt, und ohne daß es einen Verrat gegeben hätte, eroberten sie fast kampflos die Stadt. Die ohnehin von Hunger und Krankheit zermürbte Bevölkerung wurde entweder vertrieben oder versklavt; nur die Kinder konnte Jakob von Vitry durch die Taufe retten. Der Eindruck, den der Fall der Stadt in der islamischen Welt machte, war niederschmetternd. Al-Kamil tat, was er konnte. Er verlegte sein Lager nilaufwärts nach al-Mansura (die Siegreiche), wo er eine neue Lagerstadt erbaute, die in der Kreuzzugsgeschichte berühmt werden sollte. Damit war der Weg nach Kairo verlegt. Al-Muazzam sandte er nach Palästina zurück, um die Franken dort beschäftigt zu halten. Im übrigen mußte er auf Zeitgewinn hinarbeiten, denn ein Gegenangriff war nur mit der vereinigten Macht aller Aiyubiden denkbar. Sein Bruder al-Aschraf aber war von 1218–1220, nachdem er die Rumseldschuken zurückgeworfen hatte, unablässig mit dem Kampf um die Thronfolge in Mosul beschäftigt, dessen Prätendent das Stadtfürstentum vom Aiyubidenreich abzuspalten drohte.

Die Kreuzfahrer richteten sich inzwischen in Damiette ein, wurden aber durch innere Zwistigkeiten während des ganzen Jahres 1220 und bis in den Sommer 1221 an entschiedenen Aktionen gehindert. Johann von Brienne beanspruchte die Stadt für sich und ließ bereits Münzen schlagen, die ihn als Herrscher von Damiette auswiesen[115]. Dagegen erklärte Pelagius, die Stadt gehöre der Gemeinschaft aller Kreuzfahrer, deren Repräsentanz nur der Kirche zufallen konnte. Im Frühjahr 1220 segelte Johann verärgert nach Akkon zurück, weil der Legat seine vorläufige Zustimmung zu Johanns Herrschaft von einer päpstlichen Entscheidung abhängig gemacht hatte, deren Ausgang nicht zweifelhaft sein konnte. Im übrigen waren des Königs Kassen leer, und al-Muazzam hatte in Palästina erfolgreich gegen die Franken operiert; Akkon und das halbverlassene Tyrus, kaum mehr war ihnen noch verblieben. Johanns Abfahrt ließ Pelagius als einzigen Anführer zurück, doch gelang es ihm nur unvollkommen, die bis zu bewaffneten Zusammenstößen reichenden Eifersüchteleien der einzelnen Nationen zu bändigen, die nur dadurch einigermaßen unter Kontrolle gehalten werden konnten, daß man ihnen getrennte Quartiere in der Stadt anwies. Allein die Italiener unterstützten den Legaten noch, und auch sie nur, nachdem die Beute zu ihren Gunsten neu verteilt worden war.

Um die Kreuzfahrer zu Taten anzuspornen, ließ Pelagius arabisch verfaßte Prophetien ins Französische übertragen und den Kreuzfahrern predigen, sie auch durch Abschriften im Abendland verbreiten[116]. Die wichtigste dieser Prophezeiungen, die *Prophetie de Hannan, fils d'Isaac,* war angeblich von einem im 9. Jh. lebenden persischen Arzt und Übersetzer nestorianischen Glaubens, in Wahrheit aber im Winter 1219/20 in nestorianischen Kreisen verfaßt worden. So sagte die Schrift begreiflicherweise die Kreuzzugsgeschichte bis zum Fall Damiettes exakt voraus. In der Gestalt des großen, mageren Anführers der Christen erkannte sich Pelagius mit Leichtigkeit wieder. Dann wurde die Ankunft zweier Könige angekündigt, von denen man in dem einen Kaiser Friedrich II. sah. Jedermann setzte nun seine Hoffnung in Damiette auf den versprochenen Kreuzzug Friedrichs II. Nicht zuletzt war Pelagius selbst von dem festen Glauben an diese Prophezeiungen erfüllt. Sie müssen für ihn weit mehr gewesen sein als Propagandainstrumente, denn sein Widerstand gegen al-Kamils Friedensangebote ist rational nicht erklärbar, wird aber verständlich, wenn man annimmt, daß er ganz unter dem Einfluß der erwähnten Schriften stand. Der Sieg war danach unabwendbar. Ein nicht näher zu identifizierender König David, so berichtete Pelagius dem Papst, stand schon zehn Tagemärsche vor Bagdad.

Es kam anders, als Pelagius gedacht hatte. Zunächst blieb Friedrich II. aus, obgleich er bei seiner Kaiserkrönung 1220 erneut den Kreuzzug gelobt hatte. Immerhin schickte er aber etwa 500 Ritter unter Herzog Ludwig von Bayern, die trotz anderslautender Befehle des Kaisers das Drängen des Legaten auf die Eroberung Ägyptens unterstützten. Johann von Brienne, der auf energische Vorhaltungen des Papstes am 7. Juli 1221 nach Damiette zurückkehrte, widersprach vergeblich dem törichten Unternehmen. Ein neuerliches Friedensangebot al-Kamils scheiterte daran, daß die Franken nun

auch Transjordanien forderten, das als Brücke zwischen Ägypten und Syrien für die Aiyubiden unentbehrlich war. Am 17. Juli brachen die Kreuzfahrer zur Eroberung des Landes auf und stießen auf dem Ostufer flußaufwärts vor, bis sie sich am 24. Juli vor Mansura einigelten. Ihr Lager lag in dem Winkel, der durch den Nil und einen seiner Nebenflüsse gebildet wurde, und nur die Unkenntnis der hydrographischen Verhältnisse Ägyptens konnte die Franken glauben machen, dies sei eine strategisch geschützte Position.
Die Lage im Aiyubidenreich hatte sich inzwischen geändert, nachdem al-Aschraf im Frühjahr 1221 den dritten Mosulkrieg beendet und damit die Abspaltung eines Teils von Mesopotamien verhindert hatte. Er konnte nun den immer dringenderen Appellen al-Kamils nachkommen, während er die Georgier, die ihn gegen die Mongolen zu Hilfe riefen, abschlägig beschied, weil er wie fast alle islamischen Fürsten die mongolische Gefahr unterschätzte. Anfang August waren die Truppen der drei aiyubidischen Brüder in Ägypten vereint, und um den 10. August sahen sich die Kreuzfahrer in einem geschickten Manöver der Muslime umgangen und zu Lande und zu Wasser von jeder Verbindung mit Damiette abgeschnitten. Weder Lebensmittel noch Entsatz konnte zu ihnen gelangen, da al-Kamil die Flußdeiche hatte durchstechen lassen, was bei dem jahreszeitlichen Hochstand des Nils zur vollständigen Überschwemmung des umliegenden Landes führte. Am 26. August versuchten die verzweifelten Kreuzfahrer, sich auf der einzigen noch offenen, von al-Kamil aber besetzten Straße nach Damiette durchzuhauen. Nach wenigen Meilen blieben sie im Morast stecken, denn der Sultan hatte nun auch diese Straße noch unter Wasser gesetzt. Pelagius mußte nun um Frieden bitten, und am folgenden Tage wurde ein Waffenstillstand auf acht Jahre geschlossen, der die Räumung Ägyptens gegen freien Abzug der Christen vorsah. Der Kreuzzug, der die Abtretung Jerusalems so oft in greifbare Nähe rücken ließ, hatte der Starrköpfigkeit des Legaten halber ein unrühmliches Ende gefunden. Am 8. September 1221 zog al-Kamil als Sieger in Damiette ein. Kurz darauf demonstrierte eine Siegesfeier in al-Mansura noch einmal die Einheit des Aiyubidenreiches. Die Sängerinnen sangen:

> Als Pharao von Akko ungerecht ward und nach Ägypten kam,
> um das Land heimzusuchen,
> Kam Moses uns mit einem Stock in der Hand zu Hilfe
> und ertränkte einen nach dem anderen im Meer.

Die Verantwortung lag aber nicht bei dem Pharao von Akko (= Johann von Brienne). Honorius III. versuchte, Friedrich II. damit zu belasten, aber die Lieder der Troubadours geben die öffentliche Meinung unverfälscht wieder. Der Normanne Guillaume le Clerc schrieb in seiner Satire *Le Besant de Dieu* (etwa 1227): »Wir haben diese Stadt durch Torheit und Sünde verloren wegen des Legaten, der die Christen führte ... Denn es ist sicherlich gegen das (kanonische) Gesetz, wenn die Kleriker Ritter anführen; der Geistliche sollte seine Bibel und die Psalmen rezitieren, aber den Ritter auf das große Schlachtfeld gehen lassen.« Noch empörter waren die durch den Albigenserkreuzzug verbitterten provenzalischen Dichter, allen voran Guillem Figueira mit seinem schrecklichen Sirventés gegen Rom. Der Feldzug gegen Damiette war der letzte Versuch der Kirche gewesen, den Kreuzzug zu einem ausschließlich von ihr geleiteten und kontrollierten Unternehmen zu machen[117].

11. Der Kreuzzug Kaiser Friedrichs II. 1228–1229

Der Leser wird bereits bemerkt haben, daß die Kreuzzüge im 13. Jh. rascher aufeinanderfolgen als im 12. Jh. und daß sie ohne Zusammenhang mit der Entwicklung der Kreuzfahrerstaaten (dazu unten S. 210) geschildert werden. In der Tat haben die Kreuzzüge des 13. Jh. nicht etwa einen das Abendland besonders erregenden Anlaß wie der zweite (Fall Edessas) und dritte Kreuzzug (Fall Jerusalems), sondern sind (von rein politischen Motiven einmal abgesehen) hervorgerufen durch den dauernden Schwächezustand des Hl. Landes, das sich von der Katastrophe von 1187 nie wieder erholte, sich in der Aiyubidenzeit jedoch keiner ernstlichen, die Existenz völlig gefährdenden Bedrohung ausgesetzt sah. Ohne eine gewisse »Initialzündung« war es aber kaum möglich, die großen Massen zur Kreuzfahrt zu bewegen, die im 12. Jh. ausgezogen waren. Die Kreuzheere des 13. Jh. sind durchweg kleiner. An die Stelle der großen, aber vereinzelten Wellen tritt ein dünner, aber nie ganz versickernder Zustrom von Kreuzfahrern. Diesen hatte es auch im 12. Jh. gegeben; aus ihm hatte sich die ständig steigende Zahl europäischer Dauersiedler im Hl. Lande rekrutiert. Die Zuwanderung von Siedlern scheint im 13. Jh. weitgehend aufgehört zu haben, denn die Verhältnisse waren zu unsicher, die Konkurrenz der fränkischen Staaten in Griechenland zu stark geworden. Dafür kamen jetzt in verstärktem Maß alljährlich zu ziemlich feststehenden Zeiten ritterliche Krieger, die man als Saisonkreuzfahrer bezeichnen kann, weil ihre Kampfkraft dem Hl. Land jeweils für eine kurze Periode zur Verfügung stand. Man darf ihre Bedeutung keinesfalls unterschätzen, denn sie bildeten neben den geistlichen Ritterorden, die aber oft ihre eigene, von den Interessen des Staates abweichende Politik trieben, die einzige größere Truppe, auf deren Vorhandensein man sicher zählen konnte. Hier macht sich auch ein Wandel in der zeitgenössischen Auffassung vom Kreuzzug bemerkbar. An die Stelle der elementaren *commotio* (Massenbewegung) des ersten Kreuzzuges tritt das geregelte *passagium* (Überfahrt). Dieser ursprünglich aus dem Wirtschaftsleben stammende Ausdruck zeigt, wie die Kreuzzüge des 12. Jh. in einen fest etablierten saisonalen Rhythmus münden. Typisch für diese Auffassung vom festen Rhythmus ist die Aussage des Annalisten von St. Médard in Soissons (um 1250), der berichtet, schon vor dem Kinderkreuzzug seien Tiere der verschiedensten Gattungen jeweils im festen Abstand von 10 Jahren ins Hl. Land aufgebrochen, wobei der Aufbruch von Tieren immer als Zeichen der nahenden Endzeit galt.

Die italienischen Seestädte unternahmen jährlich zwei *passagia*, die März- oder Osterfahrt und die Herbstfahrt. Damit waren zunächst nur die Schiffskonvois der Händler bezeichnet, die aber die beste Gelegenheit für die

Pilgerreise boten. Die Osterfahrt scheint beliebter, in den Zahlungsbedingungen auch günstiger gewesen zu sein. Ob man damit immer, wie Alphandéry meinte, auch religiöse Vorstellungen (Ostertermin, *ver sacrum*) verbunden hat, ist recht zweifelhaft. Aber es ist unbestreitbar, daß der Pilgerverkehr im 13. Jh. eine große Blüte erlebte. Das finanzielle Interesse der Städte daran war so stark, daß Marseille 1234 das Monopol der geistlichen Ritterorden einschränkte: diese durften von Marseille aus fortan jährlich nur noch insgesamt 6000 Pilger transportieren. Als Rückreisetermin setzte Venedig 1233 den 8. Mai für die Osterfahrt, den 8. Oktober für die Herbstfahrt fest. Die »Saison« war also sehr kurz bemessen, wenn man sich nicht entschloß, ein halbes oder ganzes Jahr im Hl. Land zu bleiben[118]. Zu dieser Gruppe gehörte etwa der unermeßlich reiche Graf Odo von Nevers, der am 20. Oktober 1265 in Akkon ankam und am 7. August 1266 dort im Geruch der Heiligkeit starb. Sein Testament erregte schon bei einem zeitgenössischen Chronisten Aufsehen, und die Abrechnung seiner Testamentsvollstrecker ist ein Dokument, das zeigt, mit welcher Fülle von Vorräten und Waffen und Geld, aber auch mit welchem Luxus an Handschriften und Juwelen, Altargerät und Paramenten der europäische Hochadel ins Hl. Land pilgerte. Die Masse der meist armen Pilger fuhr unter erbärmlichen Umständen im Zwischendeck nach Outremer. Jakob von Vitry als Bischof reiste dagegen gewissermaßen erster Klasse. Er hatte fünf Kabinen für sich, sein Gefolge und die Pferde gemietet, Wein, Fleisch und Zwieback hatte er für drei Monate eingekauft. Beim Sturm, der das Schiff nach allen Richtungen schlingern ließ, ging es freilich auch dem Bischof schlecht. Man traute sich kein Feuer zu entzünden, so gab es kein warmes Essen. Den meisten war es ohnehin nicht nach Essen zumute. Als Jakob nach Akkon kam, hatte seine Reise ab Genua etwa einen Monat gedauert.

Mit dem Wandel in der Natur der Kreuzzüge war auch eine veränderte Auffassung vom Heidentum verbunden. Die Dichter, allen voran Wolfram von Eschenbach in seinem »Willehalm« (um 1220), schufen das Bild des »edlen Heiden«, wie ihn etwa Saladin repräsentiert hatte. Dieser edle Heide ist dem christlichen Kreuzritter an menschlichen Eigenschaften und Tugenden völlig gleichwertig, und gerade aus dieser Ausgangssituation erwächst der tragische Konflikt, wenn der Ritter gegen einen achtbaren Gegner, den Gott doch auch erschaffen hatte, zum Kampf zwischen Christen und Heiden antreten muß. Von Toleranz kann man in diesem Zusammenhang noch kaum sprechen, wohl aber von einer vertieften Humanität, die aus einer verfeinerten höfischen Kultur erwuchs. Ein solcher Wechsel in der Vorstellung vom Heidentum setzte natürlich auch eine gewandelte Anschauung vom Islam als der wichtigsten heidnischen Religion voraus. Seit der Mitte des 12. Jh. war die Theorie, die Muslime seien Idolatristen, langsam im Schwinden; man erkannte allmählich, daß sie im Gegenteil höchst rigorose und bilderfeindliche Monotheisten waren. Ihr Irrtum lag für die Christen nicht so sehr in ihrer Gottesauffassung als in ihrer Vorstellung von Christus. Der Generalabt Petrus Venerabilis von Cluny ließ 1143 den Koran durch den Engländer Robert von Ketton ins Lateinische übersetzen, so daß die islamische Lehre erstmals überhaupt zugänglich wurde. Petrus war auch einer der ersten, die den Kampf durch Überredung ersetzen wollten, denn er schrieb: »Ich greife Euch nicht mit Waffen an, wie viele von uns oft tun, sondern mit Worten, nicht mit Gewalt, sondern mit Vernunft, nicht mit Haß, sondern mit Liebe ... Ich liebe Euch; aus Liebe schreibe ich Euch; mit der Schrift lade ich Euch zur Rettung.« Hatte Petrus die Muslime, die ja zahlenmäßig den weit überwiegenden Teil der bekannten Heiden darstellten, noch auf ein Drittel bis die Hälfte der Weltbevölkerung geschätzt, so erwies das Auftreten der Mongolen seit etwa 1220, daß diese Schätzung völlig verfehlt war, daß es jenseits des Islam noch riesige heidnische Völker gab, die das Verhältnis von Christen zu Heiden sehr zuungunsten der ersteren verschoben, was vor allem Roger Bacon in seinem berühmten *Opus Maius* (um 1266) erkannte[119]. Man konnte aus dieser veränderten Lage verschiedene Schlüsse ziehen: entweder man mußte die militärischen Anstrengungen gewaltig steigern, was aber nur eine theoretische, wenn auch fleißig debattierte Möglichkeit war, oder man konnte den waffenlosen Kreuzzug versuchen, was eine Illusion blieb, der sich nur die Kinder von 1212 hingaben. Eines aber war klar: die von Bernhard von Clairvaux (Brief 457) für den Wendenkampf aufgestellte Alternative »Bekehrung oder Vernichtung« war im Orient keinesfalls zu realisieren. So mußte neben der Militärhilfe zur Erhaltung der Kreuzfahrerstaaten die missionarische Bekehrung stärker hervortreten. Dieser Wandel der Kenntnisse und Vorstellungen lieferte die Basis für die verstärkte, im Gegensatz zu den Zisterziensern nie auf gewaltsame Bekehrung gerichtete Missionstätigkeit der Bettelorden bis tief nach Asien hinein. Das eindringlichste Zeugnis für diese winzigen Christengemeinden im Fernen Osten ist der 1951 gefundene Grabstein der Katharina Vilioni, die 1342 in Jangtschau nördlich von Nangking starb. Die örtlichen Franziskaner verfaßten die lateinische Grabschrift, aber der Künstler, der das Martyrium der Hl. Katharina darstellte, war zweifellos ein (doch wohl getaufter) Chinese.

Die neue Einschätzung der Lage im Fernen Osten ermöglichte aber auch einen Versuch, der im 12. Jh. völlig undenkbar gewesen und auf den erbitterten Widerstand der öffentlichen Meinung gestoßen wäre, der auch im 13. Jh. noch genügend Anstoß erregte, aber dennoch von einem Mann unternommen wurde, der seiner Zeit voraus war, ohne sich doch ganz von ihr lösen zu können: Kaiser Friedrich II. (1220–1250) versuchte erstmals, einen Kreuzzug mit politischen Mitteln zum Erfolg zu führen[120]. Papst Innocenz III. hatte das Kreuzzugsgelübde Friedrichs II. von 1215 auf dem Vierten Laterankonzil vollständig ignoriert, weil die Beteiligung des Königs nicht in sein Konzept eines päpstlichen Kreuzzuges paßte. Auch Honorius III. erbat vorerst die Erfüllung des Gelübdes nicht, zumal Friedrich bis 1218 mit dem Kampf gegen seinen Rivalen Otto IV. so beschäftigt war, daß er an einen Kreuzzug nicht denken konnte. Erst als diese Gefahr beseitigt, gleichzeitig aber die erste, ungarische Welle des fünften Kreuzzuges versandet war, rief Honorius, nicht ganz unbeeinflußt vom Druck der öffentlichen Meinung, den König zu tätiger Mithilfe auf. Der Kreuzzug war ohne die weltliche Gewalt nicht zu verwirklichen. Da der Papst den König brauchte, kam er ihm auch entgegen: 1220 krönte er ihn zum Kaiser und, wichtiger noch, fand sich damit ab, daß Friedrich II. fortan wieder sein Stammland Sizilien beherrschte. Die für die Kurie existenzbedrohende Um-

klammerung durch die Vereinigung des Reiches und Unteritaliens in einer Hand hatte Innocenz III. dadurch zu verhindern gesucht, daß er Friedrich das Versprechen abnötigte, die Herrschaft in Sizilien an seinen Sohn Heinrich zu übertragen. Sofort nach dem Tod des Papstes hatte Friedrich diesen Plan durchkreuzt, indem er Heinrich zum deutschen König wählen ließ und damit die Vereinigung in der Hand seines Sohnes durchsetzte. Unter diesen Umständen hatte es für Honorius wenig Sinn, auf dem alten Versprechen Friedrichs zu beharren. Der Kaiser gelobte seinerseits bei der Krönung erneut den Kreuzzug. Er hatte schon zuvor den Papst mit Erfolg gebeten, alle mit dem Bann zu bedrohen, die bis zum Sommer 1219 ihr Kreuzgelübde nicht erfüllt hätten. Das war kein kluger Schachzug Friedrichs, denn damit hatte er sich der Möglichkeit begeben, seinen eigenen Kreuzzugstermin nach Belieben festzusetzen. In den folgenden Jahren wurde darum das Gelübde für ihn zu einer immer stärkeren Belastung, denn da ihm die Kaiserkrönung den Weg nach Sizilien wieder eröffnet hatte, sah er seine vordringliche Aufgabe darin, die fast anarchischen Zustände in Unteritalien zu beenden. In den folgenden Jahren, mehr noch allerdings nach dem Kreuzzug, gestaltete er das Königreich Sizilien zu einem straff zentralistisch gelenkten Staat um, der in der Folge seine eigentliche Machtbasis in dem großen Kampf mit der Kurie war, bei dem es nun nicht mehr wie im 11. Jh. um den Primat von Kaiser oder Papst, sondern in erster Linie um die Beherrschung Italiens ging.
Zunächst aber arbeitete der Kaiser noch mit der Kurie zusammen, von der er wieder und wieder Aufschub für seinen Kreuzzug erhielt. Wie H. M. Schaller gezeigt hat, war seine Kanzlei damals von einer kirchlichen Gruppe unter der Leitung des Templers Richard durchsetzt, der erst päpstlicher Kämmerer gewesen war und jetzt in gleicher Funktion dem Kaiser diente. Neben ihm stand seit 1216 als enger Berater und Freund des Kaisers der Meister des Deutschen Ritterordens, Hermann von Salza. Beide versuchten ausgleichend zwischen Kaiser und Papst zu wirken, und sie fanden an der Kurie in dem Kardinal und Großpoenitentiar Thomas von Capua einen verständnisvollen Partner. Freilich konnte auch das Wirken dieser Männer den drohenden Konflikt nur aufschieben.
Der Mißerfolg des Kreuzzuges von Damiette (1221), der das Prestige des Papstes besonders hart traf, bewirkte, daß die Kurie nicht mehr zu drängen aufhörte. Im Juli 1225 regelte der Vertrag von San Germano endgültig die Modalitäten der Kreuzfahrt. Der Kaiser verpflichtete sich, 1000 Ritter auf zwei Jahre zu besolden und den Transportraum für weitere 2000 zu beschaffen. Er selbst war gehalten, im August 1227 die Fahrt anzutreten, widrigenfalls eine Konventionalstrafe in der ungeheuren Höhe von 100000 Unzen Gold verwirkt und der Kaiser mit seiner ausdrücklichen Zustimmung dem Kirchenbann verfallen sein sollte. Starb der Kaiser, so sollte sein Nachfolger in Sizilien in seine Verpflichtungen einrücken. Im Gegensatz zu ähnlichen Verträgen mit anderen Herrschern fehlte aber eine Bestimmung, was geschehen solle, wenn der Kaiser erkranke. Nur zu diesen sehr harten Bedingungen konnte Friedrich nochmals zwei Jahre Aufschub erreichen. Freilich war die Kirche nicht der einzige Sieger des Tages. Es war vielmehr ein Erfolg Friedrichs, daß der Vertrag von San Germano den Kreuzzug wieder

der alleinigen Leitung des Kaisers anvertraute; von einer kurialen Finanzhilfe in Gestalt einer Kreuzzugssteuer auf Geistliche und Laien, auf der Friedrich noch 1223 bestanden hatte, war nun nicht mehr die Rede. Die Kurie verlor damit auch den Einfluß, den ihr die Steuer gesichert hätte. Man hat zu wenig erkannt, daß der Vertrag von San Germano auch kompromißartige Züge hat.

Im November 1225 schuf sich der Kaiser auch einen dynastischen Anspruch auf Jerusalem; er heiratete Isabella, die Tochter des jerusalemitanischen Königs Johann von Brienne. Schon seit 1223 hatte Hermann von Salza mit Johann über diese Heirat auf Wunsch des Papstes verhandelt, aber Friedrich hatte sich zunächst recht kühl verhalten. Jetzt aber paßte die Verbindung in sein politisches Kalkül. Johann hatte gehofft, bis zu seinem Tod noch regieren zu können, mußte sich aber damit abfinden, daß Friedrich sofort nach seiner Hochzeit den Königstitel annahm. Friedrich war formal im Recht, denn Johann hatte nur als Gemahl Marias von Montferrat, der Tochter Konrads von Montferrat, und nach deren Tode 1211 als Vormund seiner Tochter Isabella geherrscht. Diese Rechte waren jetzt auf Friedrich als Gatten übergegangen. Die fränkischen Barone im Osten, die sich vom Kaiser mehr erwarteten als von Johann und den staufischen Zentralismus noch nicht kennengelernt hatten, erhoben keine Einwände.

Im März 1227 starb Honorius III. Sein Nachfolger Gregor IX. (1227 bis 1241) war aus härterem Holze geschnitzt; er entstammte derselben Familie wie Innocenz III. Gregor IX. sah sehr bald, daß die Kurie die staufische Bedrohung in Italien nicht hinnehmen könne. Aber die Vorbereitungen zum Kreuzzug liefen in Italien und Deutschland so gut, daß der Papst nicht eingreifen konnte. Den Bemühungen Hermanns von Salza gelang es, den Landgrafen Ludwig IV. von Thüringen mit einem großen Anhang zur Kreuznahme zu bewegen. Im August 1227 sammelte sich in Brindisi ein wider Erwarten großes Heer, das trotz einer ausgebrochenen Seuche in See ging. Als der Kaiser mit dem Landgrafen nachfolgte, wurde Ludwig nach dreitägiger Schiffsreise von der Seuche dahingerafft, während der Kaiser schwer erkrankte. Eine Rückkehr konnte die schwerwiegendsten Konsequenzen haben, da dieser Fall im Vertrag von 1225 nicht vorgesehen war. Aber selbst Hermann von Salza riet zur Umkehr, und der Kaiser begab sich in das Heilbad Pozzuoli nahe Neapel. Unmittelbar danach tat ihn Gregor IX. am 29. September unter maßlosen Anklagen in den Bann. Friedrich antwortete mit einem Manifest, das in seiner nüchternen Darstellung der Fakten sehr wirkungsvoll war. Nach dem Vertrag von San Germano war Gregor IX. formal im Recht, doch ist nicht zu verkennen, daß er in dem abgebrochenen Kreuzzug nur einen willkommenen Vorwand sah, den zu mächtig gewordenen Kaiser in seine Schranken zu weisen. Der erste große Machtkampf Friedrichs II. mit der Kurie war eröffnet und zugleich die nun nicht mehr abreißende Propagandatätigkeit beider Seiten, die sich der im 13. Jh. zu höchster Vollendung gesteigerten Stilkunst bediente, um in flammenden Manifesten den Gegner auch publizistisch zu bekämpfen. Das nach Palästina vorausgesegelte Heer wagte indessen keinen Krieg zu beginnen, da der Waffenstillstand von Damiette (1221) noch bis 1229 lief und nur von der Ankunft eines gekrönten Hauptes gebrochen werden konnte. Statt des-

sen erbauten die Kreuzfahrer die Festung Montfort (Starkenberg) zwischen Akkon und Tyrus, die fortan dem Deutschen Orden im Hl. Land als stärkster Stützpunkt diente.
Mit dem Bann hatte Gregor IX. dem Kaiser kirchenrechtlich den Kreuzzug als politisches Instrument aus der Hand geschlagen, denn mit einem Exkommunizierten war jede Beziehung in geistlichen und weltlichen Dingen zu vermeiden. Der Papst, der den reuigen Sünder zu begnadigen gehalten war, stellte denn auch unannehmbare Bedingungen für die von Friedrich erstrebte Rekonziliation, so eine päpstliche Oberaufsicht in Sizilien. Hätte der Kaiser nachgegeben und wäre er in Italien geblieben, so hätte er das Vorgehen des Papstes gerechtfertigt und das Spiel verloren, kaum daß es begonnen hatte. Er kümmerte sich daher nicht um das ausdrückliche Verbot des Papstes, vor der Absolution den Kreuzzug anzutreten, sondern kündigte ihn für den Sommer 1228 an. Dennoch war Gregor, der offenbar fest auf die Wirkung des Bannes gebaut hatte, maßlos überrascht, als der Kaiser sich am 28. Juni 1228 in Brindisi zu Schiff begab, um zu seinem Heer nach Palästina zu reisen. Es war ein Schritt von beispielloser Kühnheit, und Friedrich spielte hoch. Die Lombardei zu befrieden, war ihm nicht gelungen. Schlimmer war, daß er damit rechnen mußte, daß der Papst nunmehr Sizilien als heimgefallenes päpstliches Lehen einziehen und ihn als Kaiser absetzen könne. Aber er hatte kaum eine andere Wahl. Nur durch einen Erfolg im Osten konnte er seine abendländische Herrschaft sichern und erhöhen. Die Beherrschung des Orients hatte zu allen Zeiten als letzte Vollendung der Kosmokratie gegolten, und der Kaiser stellte mit seiner Kreuzfahrt der Kirche stolz das Programm seiner Weltgeltung entgegen. Dabei wurde er getragen von der damals mächtigen Woge eschatologischer Vorstellungen und Verheißungen, die verkündeten, der messianisch gedachte Endkaiser werde Jerusalem gewinnen, Orient und Okzident unter seiner Weltherrschaft vereinen und zum Zeichen des nunmehr dauerhaft gewordenen Friedens seinen Schild an den dürren Baum hängen, der darauf zu grünen anfangen sollte. Einige Handschriften der *Prophetie de Hannan* von 1219/20 (s. oben S. 199) hatten den abessinischen Negus, dem die größte Aufgabe, nämlich die Vernichtung des Islam zufiel, durch den König von Kalabrien (= Friedrich II.) ersetzt. Wir dürfen als sicher annehmen, daß Friedrich II., der wie kein anderer vor oder nach ihm von der Würde seiner imperialen Stellung durchdrungen war, neben allen realpolitischen Erwägungen auch von solchen Vorstellungen geleitet war. Gleichzeitig war seine Kreuzfahrt aber eine unerhörte Gefahr für das Papsttum. Nie hatte bisher jemand bestritten, daß das Recht zur Ausschreibung des Kreuzzuges ausschließlich dem Papst zukam. Bernhard von Clairvaux hatte eifersüchtig über dieses Recht gewacht (s. oben S. 88), und hierin besaß der Papst eine letzte Kontrollmöglichkeit über die Kreuzzugsbewegung. Aber dieses Recht war jetzt vom Kaiser, der als Gebannter gegen das ausdrückliche päpstliche Verbot auf den Kreuzzug ging, bedroht. Man versteht, daß Gregor alles tat, um den Erfolg des Kreuzzuges zu verhindern.
Nach einer kurzen Zwischenlandung in Zypern, während der der Kaiser die Lehnsherrschaft des Reiches über das Inselkönigtum erneuerte und kaiserliche Besatzungen in den Burgen zurückließ, landete der seit 1218 herbeige-

sehnte Herrscher am 7. September 1228 in Akkon, vom Volk enthusiastisch begrüßt als der, der »Heil für Israel« (1. Mac. 5, 62) bringen werde. Aber das Heer war schon recht zusammengeschmolzen und zudem gespalten: der Kaiser hatte die Unterstützung Hermanns von Salza und seiner Ordensritter, dann der Deutschen und Sizilianer, schließlich der Pisaner und Genuesen. Aber die Templer und Johanniter standen mit ihren Machtmitteln gegen ihn wie der Klerus überhaupt, allen voran Gerald von Valence, der Patriarch von Jerusalem (1225–1239). Er war die Seele des Widerstandes gegen den Kaiser. Die Stimme des Volkes aber gab der Dichter Freidank wieder. Er klagte über den Bann des Kaisers und seine Wirkungen:

Daz kruice man für sünde gap,
z'erloesen daz vil hêre grap;
daz wil man nû mit banne wern.
wie sol man nû die sêle ernern?

Aber er gab auch seiner festen Überzeugung Ausdruck, wer mit rechtem Glauben das Kreuz genommen habe

(daz ist der geloube mîn),
der sol ouch sünden ledic sîn.

Friedrich II. war nicht so töricht gewesen, ohne diplomatische Vorbereitung in den Osten zu gehen. Die Lage war für ihn günstig, denn seit 1221 waren die aiyubidischen Brüder, die vereint die Franken zurückgeworfen hatten, zunehmend zerfallen. Es war zu einem Machtkampf zwischen al-Kamil und al-Muazzam gekommen. In seiner Not hatte al-Kamil, der sich den Rücken freihalten wollte, 1227 sein Angebot von 1219 wiederholt und dem Kaiser die Rückgabe der Eroberungen Saladins angetragen. Al-Muazzam schloß sich diesem Angebot allerdings nicht an. Sein Tod am 12. November 1227 befreite al-Kamil aus der Gefahr eines Zweifrontenkrieges, aber der Kreuzzug war nicht mehr aufzuhalten. Sofort nach seiner Landung begann Friedrich II. Verhandlungen mit dem Sultan al-Kamil, die dieser nun in die Länge zog, um die ungünstige Situation, in der sich Friedrich infolge des klerikalen Widerstandes befand, auszunutzen. Friedrichs militärische Operationen waren bedeutungslos und dienten nur dem Ziel, den Unterhandlungen gelegentlich Nachdruck zu verleihen. Der Kaiser, dessen gewinnende Heiterkeit als Erbteil seiner Ahnen in den christlichen Quellen gerühmt wird, hinterließ bei den Muslimen keinen nachhaltigen äußeren Eindruck. Sie schilderten ihn als glatzköpfig und kurzsichtig, und einer von ihnen bemerkte trocken, auf dem Sklavenmarkt wäre er keine 20 Dirham wert gewesen. Doch imponierte ihnen sein reges Interesse an der arabischen Wissenschaft.

Während der Sultan den Kaiser hinhielt und ihn veranlaßte, seine Forderungen erheblich zu vermindern und zuzugeben, daß es um sein kaiserliches Ansehen geschehen wäre, wenn er erfolglos heimkehre, erfolgte gleichzeitig nach raschen Verhandlungen im Vertrag von Tell al-Adschul (Ende 1228) eine Neuverteilung des Aiyubidenreiches. Syrien mit Damaskus sollte an al-Aschraf fallen, Palästina dagegen an al-Kamil. Damit stärkte der Vertrag von Tell al-Adschul die Stellung Ägyptens auf Kosten der aiyubidischen Teilreiche und sicherte al-Kamils Oberherrschaft. Dies war aber nur ein Programm, das erst mit Waffengewalt gegen an-Nasir, den Sohn al-Muazzams, durchgesetzt werden mußte. Um für diesen Zwist gerüstet zu sein, der unmittelbar nach dem Abschluß des Vertrags ausbrach, schloß al-Kamil am 18. Februar 1229 zu Jaffa einen Friedensvertrag mit dem Kaiser, der 10 Jahre 5 Monate und 40 Tage gelten sollte[121]. Jerusalem, dessen Befestigungen schon 1219 von al-Muazzam geschleift worden waren, fiel wieder an die Franken, ebenso einige Orte zwischen Jerusalem und der Küste, so sicherlich Lydda und Bethlehem, vielleicht (aber nur nach christlichen Quellen) auch Nazareth, die Herrschaft Toron und Sidon am Meer. Der Vertrag gab den Franken also eine Hauptstadt, vor allem aber beträchtlichen Landgewinn im Norden. Ansonsten sollte es beim Status quo bleiben, was vor allem für die festen Burgen der Ritterorden galt. Innerhalb Jerusalems blieb allerdings der Tempelplatz mit den beiden islamischen Heiligtümern des Felsendomes und der Aqsa-Moschee islamisch; die Muslime durften dort ihre eigene Verwaltung unter einem Qadi behalten. Unsicher ist, ob in dem Vertrag der Wiederaufbau der Mauern Jerusalems erlaubt war oder nicht, aber es gibt Hinweise, daß al-Kamil die Abtretung der Stadt nur als vorläufig ansah und deshalb die erneute Befestigung kaum zugestanden haben wird. Des Kaisers Haltung in diesem Punkt ist dunkel. In der Tat ist Jerusalem bis zu seinem neuerlichen Verlust an die Muslime (1244) unbefestigt geblieben.

Die Bedeutung dieses Vertrages liegt weniger darin, daß Friedrich II. mit einem Federstrich das langersehnte Ziel einer christlichen Herrschaft am Grabe des Herrn erreichte, die seit 1187 mit allen militärischen Anstrengungen nicht hatte erlangt werden können, sondern daß al-Kamil nun an die Neuordnung seines Reiches gehen konnte und der Kaiser in seinem Ansehen vor der Welt und in seinem eigenen Selbstbewußtsein ungemein gesteigert war, die Bemühungen des Papsttums im Kampf gegen Friedrich jedoch zunichte gemacht worden waren. Die Kirche war denn auch empört über das Abkommen, nicht minder entsetzt waren die islamischen Orthodoxen. Sowohl der Papst wie der Patriarch verdammten den Vertrag. Letzterer, der ein fanatischer Sarazenenhasser war, störte sich vor allem an der islamischen Enklave in der heiligen Stadt und daran, daß von den Rechten seiner Kirche mit keinem Wort die Rede war. Die Umgebung Jerusalems, wo sehr viel Besitz des Hl. Grabes gelegen hatte, blieb muslimisch. Friedrich versuchte vergeblich, Gerald für seinen Vertrag zu gewinnen. Der Patriarch machte dagegen einen letzten Versuch, den Einzug des Kaisers in Jerusalem zu verhindern, indem er den Erzbischof von Caesarea nach Jerusalem schickte, um die Stadt mit der schärfsten Kirchenstrafe, dem Interdikt, zu belegen, das jeglichen Gottesdienst verbot. Der Erzbischof kam am 19. März, aber da war es schon um einen Tag zu spät. Am 17. war der Kaiser in die Stadt eingezogen und hatte auch das islamische Reservat besichtigt. Für sein jetzt übersteigertes Selbstbewußtsein zeugt seine ins Maßlose überspielende Absicht, sich, dem Gebannten, in der Grabeskirche die Messe lesen zu lassen. Hermann von Salza konnte ihn hieran gerade noch hindern, womit er ohne Zweifel Vernunft bewies. Da der Patriarch nicht anwesend war und sich auch geweigert hätte – übrigens mit guten Rechtsgründen –, die noch immer ausstehende Krönung Friedrichs zum König von Jerusalem zu vollziehen, ging der Kaiser am 18. März 1229 in der Grabeskirche unter der Krone. Ein

solcher Akt war wohl kühn und herausfordernd, aber er zeigte keineswegs, wie man gemeint hat, bonapartistische Züge einer Selbstkrönung, wäre doch Friedrich im Gegensatz zu dem Korsen eine kirchliche Krönung zweifellos hoch willkommen gewesen. Wie die Dinge lagen, war diese nun einmal nicht zu erreichen, aber Friedrich konnte ohne die sakrale Würde der Krone Jerusalem nicht verlassen, und schlechte Nachrichten aus Italien machten seine baldige Abreise erforderlich. Auch sein dynastischer Anspruch auf die Krone von Jerusalem bedurfte stärkerer Sicherung, denn noch vor seiner Abreise aus Italien war seine Gattin Isabella am 8. Mai 1228 an den Folgen der Geburt Konrads IV. gestorben, und nach dem Recht von Jerusalem war Friedrich, auch wenn er sich weiter König nannte, nur noch als Vormund seines Sohnes Herrscher im Hl. Land.
Vom Krönungstag stammt ein bedeutendes Manifest des Kaisers an die Völker der Erde, erstmals in jenem überwältigenden Pathos verfaßt, das die spätstaufische Kanzleisprache auszeichnet. Hier ließ sich der Kaiser zu einer überirdischen Stellung emporheben; zwischen Gott und den Menschen war Friedrich in engelgleicher Gottnähe. Was er getan hatte, hatte Gott in ihm vollbracht. Dann wurde er in die Tradition des Davidskönigtums gestellt. In der mittelalterlichen Anschauung war David König und Prophet und die Praefiguration Christi, dem er gelegentlich sogar angeglichen wurde. »So sollen erkennen«, schrieb der Kaiser, »des rechten Glaubens Verehrer von nun an und sollen es verkünden weit und breit auf dem Erdenrund, daß jener, der gebenedeit ist für alle Zeiten, uns heimgesucht und Erlösung geschaffen hat seinem Volke und uns errichtet hat ein Horn im Hause Davids, seines Knaben.«
Im Süden Italiens war die Lage inzwischen prekär geworden. Johann von Brienne, noch immer über seinen Thronverlust verärgert, hatte sich vom Papst bewegen lassen, an der Spitze eines päpstlichen Heeres in das Königreich Sizilien einzufallen. Diese Handlungsweise Gregors hinterließ vielfach einen schlechten Beigeschmack, denn noch galt es als besonders schimpflich, das Eigentum eines abwesenden Kreuzfahrers zu schmälern, und die Kirche hatte diesen Standpunkt stets vertreten. Friedrichs Anwesenheit in Italien war dringend erforderlich. So sicherte er die Nachfolge seines Sohnes Konrad, die theoretisch allerdings davon abhing, daß der einjährige Knabe innerhalb eines Jahres nach Akkon käme, um seine Herrschaft zu beanspruchen. Dann schiffte sich der Kaiser am 1. Mai 1229 in Akkon ein. Dasselbe Volk, das seine Ankunft so umjubelt hatte, schmähte ihn nun in beispiellosen Rüpelszenen, als er zum Hafen ritt. Die Metzger sollen ihm Gedärme nachgeworfen haben; es war deutlich, daß die Propaganda des Patriarchen ihre Wirkung getan hatte. Aber der mächtigste Herr des Abendlandes ließ sich nichts anmerken. Am 10. Juni landete der Kaiser in Brindisi. Erst einen Monat später erfuhr der Papst überhaupt, daß Friedrich Akkon verlassen hatte, aber schon im Herbst hatte der Kaiser das päpstliche Heer aufgerieben. Gregor IX. hatte die erste Runde des Kampfes verloren. Gegen einen militärisch siegreichen Herrscher, der mit der Gloriole des Endkaisers umgeben aus Jerusalem kam und die Stadt wieder christlicher Herrschaft unterworfen hatte, der mit einer rauschhaft-prunkvollen Hofhaltung durch die Lande zog, später noch gefolgt von einer kuriosen Menagerie exotischen

Getiers, konnte der Papst nichts ausrichten. Im Mai 1230 wurde in San Germano Friede geschlossen. Nach außen hin war es wieder der Kaiser, der sich demütigte. Er ließ die Kirche nicht ohne Rekompensationen, aber er war in Wirklichkeit eindeutig der Sieger. Niemand machte ihm mehr die Herrschaft über Sizilien streitig, dessen Verwaltung er im Jahr darauf in den Konstitutionen von Melfi zentralistisch regelte. Der Bann wurde aufgehoben, der Kaiser, eben noch »Schüler Muhammads«, wurde wieder zum »geliebten Sohn der Kirche«, die seinen Kreuzzugserfolg nun doch anerkennen mußte. Noch vor dem Friedensschluß hatte der Kaiser in der unterworfenen Stadt Bitonto eine Kanzel erbauen lassen, die nach der eindringlichen Interpretation von Schaller die staufische Endkaiserfamilie von Friedrich I. bis zu Konrad IV. darstellt und eine Predigt des Nikolaus von Bari illustriert, in der der Kaiser als himmlische Majestät gepriesen und in eine gottähnliche Stellung emporgehoben wurde. Schaller hat richtig betont, daß die staufische Endkaiseridee mit dem Krönungsmanifest des 18. März 1229, der Predigt des Nikolaus von Bari und der Kanzel von Bitonto beginnt. Von nun an galt der Kaiser seinen Anhängern als der erhoffte Messias, und auch seine wildesten Gegner beugten sich dieser eschatologischen Sicht, wenn sie ihn seit 1239 als den Vorläufer des Antichrist bezeichneten. Daß mit ihm eine Ära zu Ende gehe, war niemandem zweifelhaft[122].

12. Das Königreich Zypern bis 1489 und die Kreuzfahrerstaaten 1192–1244

Der Kreuzzug Friedrichs II. hatte für das Hl. Land schwerwiegende Folgen, denn der Kaiser gedachte, das Königreich Jerusalem und die Insel Zypern fest seinem staufischen Imperium einzugliedern. Aber das Standes- und Klassenbewußtsein der fränkischen Barone war zu stark entwickelt, als daß sie diesen Versuch ohne Gegenwehr hingenommen hätten. Das große, beherrschende Ereignis in der Geschichte der Kreuzfahrerstaaten in der Zeit von 1192–1244 ist der antighibellinische Kampf gegen den staufischen Zentralismus. Friedrich II. unterlag schließlich, weil er die Hartnäckigkeit der Barone unterschätzt hatte und weil der mit seiner zweiten Exkommunikation im Jahre 1239 ausgebrochene Endkampf zwischen ihm und der römischen Kurie seine Kräfte bis zu seinem Tode in Italien band, so daß er seine Mittelmeerpläne nicht mehr mit der nötigen Energie verfolgen konnte.

Bei den Auseinandersetzungen zwischen dem Kaiser und den palästinensischen Baronen spielte die zyprische Frage eine große Rolle, weshalb hier zunächst ein kursorischer Überblick über die Geschichte des Inselkönigreiches bis zum Ende seiner Selbständigkeit (1489) gegeben werden soll, an den sich die Darstellung der Geschichte der festländischen Staaten bis 1244 anschließt[123]. Seit der Eroberung durch Richard Löwenherz (1191) war die Insel Zypern von großer Bedeutung für die Kreuzfahrerstaaten. Der Besitz

Zyperns sicherte den Christen, da sich Byzanz mit dem Verlust der Insel abfand und die islamische Seemacht in vorosmanischer Zeit nie so bedeutend war, daß eine völlige und dauerhafte Eroberung möglich gewesen wäre, eine unangreifbare Position. Die Insel, die dem Festlande so nahe liegt, daß man an klaren Tagen von den Höhen des Wallfahrtsortes Stavrovouni jenseits des Meeres die Bergkette des Libanon erblickt, war zugleich Nachschubbasis, Zwischenstation für Händler und Pilger, Absprungbrett für künftige Kreuzzüge und Zufluchtsort für Flüchtlinge aus dem Hl. Land. Natürlich zog die sichere Lage ebenso ritterliche Familien aus den festländischen christlichen Herrschaften ab wie das fränkische Griechenland, aber da die Insel so nahe war, schufen sich die fränkischen Barone, denen die Verträge von 1192 und 1229 ihren Festlandbesitz beließen oder zurückgaben, in Zypern nur eine Art Auffangstellung für den Ernstfall, behielten aber im übrigen ihren festländischen Lehensbesitz vielfach bei und standen dort noch für den Krieg zur Verfügung. Es ist daher in der Folgezeit eine zunehmende genealogische Verflechtung und besitzmäßige Verwurzelung der großen palästinensischen Familien beiderseits des Meeres zu beobachten.

Guido von Lusignan, der 1192 sein Königreich Jerusalem verlor und mit der Herrschaft über Zypern vertauschte (s. oben S. 135), kam solchen Bestrebungen eifrig entgegen. In den zwei Jahren seiner Regierung, mit denen eine fast dreihundertjährige Herrschaft seiner Familie über die Insel begann, legte er die Grundlagen eines neuen Feudalstaates nach abendländischem Muster. Vor allem brauchte er Vasallen, ohne die er sich gegen die eingeborene griechisch-zypriotische Bevölkerung nicht halten konnte. Er verteilte daher freigiebig das öffentliche Land an die von Saladin in Palästina vertriebenen Ritter. Insgesamt vergab er etwa 300 Ritterlehen im Wert von 400 Byzantinern jährlich sowie 200 Turkopolenlehen für nichtritterliche Krieger, die über zwei Pferde und eine Rüstung verfügten und dafür mit 300 Byzantinern abgefunden wurden. Mit dieser Politik leerte Guido die Staatskasse fast völlig. Sein Bruder und Nachfolger Aimerich von Zypern (1194–1205; König seit 1197) sah es daher als seine vornehmste Aufgabe an, den königlichen Schatz wieder aufzufüllen. Mit einem Wechselspiel von Gewalt und Überredung bewog er seine Vasallen, einen Teil ihrer Einkünfte wieder abzugeben. Als er starb, betrugen seine jährlichen Einnahmen mindestens 200000 Byzantiner, und 1367 nahm der König allein in der Diözese Limassol 100000 Byzantiner aus der Verpachtung von Grundbesitz und den Erträgen aus Fiskalrechten ein. Der gesamte Laienadel hatte zusammen nur ebensoviel Einkommen in der Diözese wie der König, und auf dieser wirtschaftlichen Überlegenheit des Königs, die sehr von den festländischen Verhältnissen abstach, ruhte auch sein politisches Übergewicht. Als Aimerich 1197 auch die Krone von Jerusalem übernahm[124], traf er eine bedeutsame Entscheidung: er vereinigte Jerusalem und Zypern nicht unter einer Krone, wie es der Papst gern gesehen hätte, sondern begründete lediglich eine Personalunion, die bei völlig getrennter Verwaltung Zypern davor bewahrte, zum einseitigen Nutzen Jerusalems finanziell auszubluten. Bei dieser Regelung ist es auch in nachstaufischer Zeit geblieben, als die Krone von Jerusalem wieder an die Lusignans fiel. Das heißt nicht, daß die zypriotischen Herrscher und Ritter den Bedürfnissen des Hl. Landes gegenüber teilnahmslos gewesen wären. Sie nahmen an den Kreuzzügen Heinrichs VI. 1197, des Königs von Ungarn 1217, Johanns von Brienne vor Damiette 1219 und Ludwigs IX. von Frankreich 1249 teil. Im Rahmen vernünftigen politischen Handelns hat Zypern also sein Teil zur Verteidigung der festländischen Staaten beigetragen.

In Aimerichs Regierungszeit fällt auch die Errichtung der lateinischen Kirchenorganisation in Zypern (1196). Zum Metropolitansitz des Erzbischofs wurde die Hauptstadt Nikosia bestimmt; unter dem Erzbischof standen als Suffragane die Bischöfe von Limassol, Famagusta und Paphos. Es ist eine Besonderheit der lateinischen Kirche in Zypern, daß sie eigentlich nur die oberen Ränge der Hierarchie ausgebildet hat; außer den Kathedralkirchen gab es kaum Pfarreien, in der von Jean Richard erforschten Diözese Limassol 1367 nur drei, von denen sich eine noch zusätzlich zur Kathedrale in Limassol befand. Die Pfarreien unterstanden als abhängige Priorate direkt der Kathedrale. Die lateinische Bevölkerung, die überwiegend in Nikosia, Famagusta, Limassol, Paphos und Kyrenia konzentriert war, während auf dem Lande die Griechen dominierten, ging an hohen Festtagen in den Dom der Bischofsstadt, wenn sie nicht ein Kloster der Bettelorden in der Nähe hatte oder, wie manche Adlige, über einen Hauskaplan verfügte. Besonders bedeutend unter den Klöstern waren der Dominikanerkonvent in Nikosia, der als königliche Grabstätte diente, und das Prämonstratenserkloster Bellapais, dessen Kirchenruinen aus dem 14. Jh. zusammen mit denen der Kathedrale Sainte-Sophie in Nikosia aus dem 13. Jh. zu den schönsten gotischen Kirchenbauten der Lateiner in Zypern zählen. Das entscheidende Problem der Kirchenpolitik war hier wie in den griechischen Kreuzfahrerstaaten das Verhältnis zur griechisch-orthodoxen Kirche. Die Reibungspunkte waren vor allem die Azymenfrage, d. h. ob man die Hostie aus gesäuertem oder wie bei den Lateinern aus ungesäuertem Brot herstellen solle, und das Abhängigkeitsverhältnis der griechischen Hierarchie von der lateinischen. Bei den rituellen Differenzen fehlte es nicht an Bekehrungsversuchen, aber auch nicht an Verfolgungen, Ketzerverbrennungen, Landesverweis, Auswanderung und ähnlichen unerfreulichen Ereignissen. In der Praxis wurde die Frage nie gelöst, denn die Griechen blieben hartnäckig bei ihrem Ritus. Was das zweite Problem betraf, so wurde es durch die *Constitutio Cypria* Papst Alexanders IV. von 1260 theoretisch so geregelt, daß die griechischen Bischöfe zwar Bischofsrang behielten, aber kirchenrechtlich als Vikare des lateinischen Erzbischofs von Nikosia galten. Sie mußten ihm Treue schwören und unterstanden seiner Jurisdiktion in Glaubens- und Disziplinarangelegenheiten. Dieser Lösung, die keineswegs immer genau eingehalten wurde, waren schwere Streitigkeiten vorausgegangen, und der Friede wurde 1260 auch nicht endgültig hergestellt, denn zu den Reibereien zwischen Lateinern und Griechen kamen noch die erbitterten innergriechischen Zerwürfnisse zwischen den Konformisten, die sich der lateinischen Kirche näherten, und den strengen Orthodoxen. Die ehemals 14 griechischen Bistümer waren schon 1222 auf vier reduziert worden, deren Bischöfe nicht in der Diözesanhauptstadt residieren durften. So hatte der griechische Bischof von Limassol seinen Sitz in Lefkara, der von Nikosia in Soli. Die

fränkischen Adligen der Eroberungszeit hatten die Besitzungen der griechischen Kirche arg dezimiert, dennoch nahm der Bischof von Nikosia 1329 immerhin 1500 Gulden = 9000 Byzantiner ein. Das war freilich vergleichsweise bescheiden neben den 18400 Byzantinern, die das lateinische Bistum der viel kleineren Diözese Limassol 1367 vereinnahmte.
Auch Zypern litt wie Jerusalem darunter, daß die Könige oft zu früh starben und ihre Nachfolger noch minderjährig waren. Aimerichs Sohn Hugo I. (1205–1218) war bei der Thronbesteigung erst 10 Jahre alt, dessen Sohn und Nachfolger Heinrich I. (1218–1253) erst acht Monate, Hugo II. (1253–1267) gar nur zwei Monate. Die Vormundschaft und Regentschaft wurde für Heinrich I. durch seine Mutter Alice, die Tochter Heinrichs von der Champagne, ausgeübt, aber die Barone setzten als Verwaltungsbaillis Verwandte aus der berühmten palästinensischen Familie der Ibelins ein, erst Alices Onkel Philipp (1218–1227), dann Johann von Ibelin, den »alten Herrn von Beirut« (1227–1228). Als Friedrich II. 1228 sich auf der Insel aufhielt, zwang er Johann, ihm den jungen König und die vier starken Königsburgen im Norden (Kyrenia, Kantara, Buffavento und St. Hilarion, von den Franken Dieudamour genannt) auszuliefern. Friedrich beanspruchte die Bailliage (Regentschaft) für sich und verpachtete sie 1229 an seine Parteigänger auf Zypern. Da er dies ohne Mitwirkung der Haute Cour tat, die in Nikosia genauso wichtig war wie auf dem Festland, verstieß er gegen die lehnsrechtlichen Vorstellungen der Zeit. Wir haben dürftige Hinweise, daß die zypriotischen Barone sich ursprünglich eigene Assisen gegeben hatten, jetzt aber schien das Recht von Jerusalem günstiger zu sein, das sich seit etwa 1230 auch für Zypern als gültig nachweisen läßt. Die berühmte *Assise sur la ligece* des Königs Amalrich von Jerusalem bot nämlich die beste Handhabe gegen Friedrichs Vorgehen, da sie alle ligischen Vasallen verpflichtete, einmütig gegenüber dem Lehnsherren zusammenzustehen, wenn dieser ein Lehen (hier die Bailliage) ohne Pairsgericht einzog. Allerdings war das zyprische Recht dem jerusalemitanischen nur angeglichen und wurde erst 1369 völlig durch das letztere ersetzt. Kaum hatte Friedrich II. der Insel den Rücken gekehrt, da brach der Aufstand gegen das Regiment seiner Baillis los, und Zypern wurde nun in den langen Longobardenkrieg verwickelt, der sich größtenteils auf dem Festlande abspielte und daher im Zusammenhang mit dessen Geschichte (s. unten S. 224) dargestellt werden muß. Er endete für Zypern mit der Kapitulation der kaiserlichen Festung Kyrenia (1233) zehn Jahre früher als in Palästina. Der staufische Zugriff auf Zypern war damit endgültig abgewendet, und 1247 befreite Papst Innocenz IV. König Heinrich I. von allen Treueiden, die er dem Kaiser möglicherweise geschworen habe, und nahm Zypern in den Schutz des apostolischen Stuhls.
Mit dem staufischen Imperium im östlichen Mittelmeer brachen auch die Orientpläne des Deutschordensmeisters Hermann von Salza zusammen. Er hatte schon 1220 dem Grafen Otto von Henneberg dessen palästinensische Erbschaft abgekauft und dem Orden damit die große *Seigneurie de Joscelin* (oben S. 117) verschafft. Als Hauptstütze des Kaisers während seines Kreuzzuges ist der Deutsche Orden von Friedrich II. stark privilegiert worden, und hätte der Kaiser den Longobardenkrieg nicht verloren, so hätte dies der

Grundstein für eine den beiden anderen Ritterorden gleiche Stellung der Deutschherren im östlichen Mittelmeer werden können, wobei Zypern als Reichslehen eine Hauptrolle gespielt hätte. Als sich 1230 absehen ließ, daß daraus nichts werden würde, hat sich Hermann von Salza ein päpstliches Privileg für das Kulmerland besorgt und dann energische Schritte unternommen, um das preußische Programm, das schon in der Goldenen Bulle von Rimini Friedrichs II. 1226 niedergelegt worden war, zu verwirklichen[125].

Im Jahre 1246 folgte Heinrich I. von Zypern seiner Mutter als Regent des Königreiches Jerusalem mit dem Titel eines *Seigneur du Royaume de Jérusalem.* Damit war in Abwesenheit des rechtmäßigen Königs die Verantwortung für die Regierung des Festlandreiches wieder in die Hände des Königs von Zypern gelangt. Heinrichs Sohn und Nachfolger Hugo II. (1253 bis 1267), für den der heilige Thomas von Aquin seinen bedeutenden, von Tolomeo von Lucca vollendeten Fürstenspiegel *De regimine principum* zu schreiben begann, starb noch, ehe er überhaupt erwachsen war. Mit ihm endete die Herrschaft des Hauses Lusignan in direkter männlicher Linie. König wurde nun Hugos Vetter, Hugo von Antiochia-Lusignan. Seine Mutter war eine Lusignan, und er führte ausschließlich ihren Namen, um die Kontinuität der Dynastie zu betonen. Dieser Hugo III. (1267–1284), der wie seine Vorgänger *Seigneur de Jérusalem* war, erlangte nach dem Tode Konradins, des letzten jerusalemitanischen Königs aus staufischem Hause (1268), auch wieder die Krone von Jerusalem als Hugo I. Seine Hauptsorge galt seinem festländischen Reich, das unter den Angriffen der Mamluken schwer zu leiden hatte. Um es zu unterstützen, versuchte er 1271 die zeitlich und geographisch unbeschränkte Heerfolge seiner zypriotischen Barone, die nur auf der Insel Lehen besaßen, durchzusetzen, und zwar allein aus den Einkünften ihrer Lehen und ohne die für jeden Auslandsdienst als unentbehrlich angesehene zusätzliche Entlohnung. Für die Vasallen waren hier zwei wesentliche Punkte tangiert, die eigenen Finanzen und die Ausdehnung der königlichen Macht. Hugos Ansinnen wurde von Jakob von Ibelin zurückgewiesen mit dem Argument, daß ein solcher Dienst immer nur freiwillig und gegen Bezahlung geleistet worden sei, und wenn überhaupt jemand Anspruch darauf habe, so eher die Ibelins, die das zypriotische Heer öfter auf den Kontinent geführt hätten als der König. Im Jahre 1273 kam es zu einem Kompromiß, der vier Monate Festlandsdienst vorsah, und an dieser für die Vasallen entscheidenden Begrenzung, die nicht an dem Prinzip rüttelte, daß der Auslandsdienst stärkeren Einschränkungen unterlag als der Inlandsdienst, scheiterte der Versuch Hugos, das 1276 (s. unten S. 249) preisgegebene Königreich Jerusalem 1279 gegen die Ansprüche Karls von Anjou zu verteidigen. Erst nach dem Tode Karls kehrten die Könige von Zypern wieder auf den Thron von Jerusalem zurück (1285). In Zypern selbst folgten auf Hugo III. seine beiden Söhne Johann I. (1284–1285) und Heinrich II. (1285–1324). Unter ihm, einem Epileptiker, ging 1291 der Rest des festländischen Reiches verloren, und die Lusignans regierten fortan nur noch in Zypern, wurden aber in Famagusta noch immer zu Königen von Jerusalem gekrönt. Der Fall des Hl. Landes brachte dem König viel persönliches Unglück, denn sein Bruder Amalrich, vertriebener Titularherr

von Tyrus, bemächtigte sich unter dem Vorwand der Epilepsie des Königs auf vier Jahre der Herrschaft als Tyrann mit dem Gouverneurstitel und schob Heinrich II. nach Kleinarmenien ab, von wo er erst nach der Ermordung Amalrichs (1310) zurückkehren konnte.
Von dieser Palastrevolution abgesehen, war die innere Geschichte Zyperns seit 1233 ruhig verlaufen. Natürlich hatte der König Auseinandersetzungen mit den Baronen; auch er war nur der Erste unter Gleichen, der von der Haute Cour in Nikosia abhing. Aber aus verschiedenen Gründen war er mächtiger als der König von Jerusalem. Er war reicher als der Festlandskönig; die zypriotischen Kronlehen erreichten nie die Größe der vier Festlandsbaronien, ihre Einkünfte schwankten zwischen 100 und 21000 Byzantinern (1367), aber Durchschnittslehen mit 1000–1500 Byzantinern waren nicht selten. Damit waren sie etwa zwei- bis dreimal so hoch dotiert wie auf dem Festland. Dazu kam, daß in Zypern der in Jerusalem für die großen Kronlehen wichtige Rechtsgrundsatz der kollateralen Erbfolge nicht galt. Starb die direkte Linie aus, so fiel das Lehen an die Krone zurück, für die es keinen »Leihezwang« gab, der den König zur sofortigen Wiedervergabung gezwungen und ihn gehindert hätte, seine Hausmacht zu stärken. Auch das Münzrecht und die Gerichtsbarkeit über die Bourgeoisie blieben völlig in der Hand des Königs. Die Barone waren diesem also deutlich unterlegen, auch wenn der Adel als Korporation bereits 1311 ein eigenes Archiv gehabt zu haben scheint. Bezeichnenderweise mußte der Gerichtsschreiber der baronialen Haute Cour in der königlichen Secrète Rechnung legen. Vor allem hatten die Barone, weil die äußere Bedrohung fehlte, keine festen Burgen. Über solche verfügten nur der König und die Ritterorden. Jean Richard hat daher mit Recht darauf hingewiesen, daß Insurrektionen einzelner Adliger unmöglich waren. Man kannte in Zypern nur die Palastrevolution oder die Erhebung der gesamten Ritterschaft. Im übrigen folgten der Staat und die fränkische Gesellschaft im wesentlichen dem jerusalemitanischen Vorbild, weswegen hier auf dessen Darstellung (oben Kap. 8) verwiesen sei, wo auch die zypriotischen Besonderheiten erwähnt sind, die meist auf byzantinische Einflüsse zurückgehen. Nach byzantinischem Vorbild lebte vor allem die verarmte eingeborene griechische Bevölkerung, die aus drei Klassen bestand: den an die Scholle gebundenen *Paroikoi*, die eine Kopfsteuer und ein Drittel der Grunderträge zahlten sowie zwei Tage in der Woche Hand- und Spanndienste leisteten, den *Perperiarii*, die als persönliche Freie eine Jahresabgabe von 15 Hyperpern (= Byzantiner) und ein Drittel der Erträge abführten, und den *Eleutheroi* oder *Francomati*, die auf freiem Land saßen und nur noch ein Fünftel der Erträge an den früheren Grundherren zahlten. Die wirtschaftliche Bedeutung Zyperns wuchs nach dem Fall Akkons (1291), denn Famagusta übernahm jetzt die Stellung Akkons im Levantehandel. Die Bevölkerung wuchs so, daß die zu klein gewordene Kathedrale dem heute sichtbaren schönen gotischen Neubau weichen mußte. Mit einem Sonderstatut ausgestattet, galt die Stadt lange als Königreich Jerusalem im Exil. Wirtschaftlich besonders stark waren die schon seit 1232 privilegierten Genuesen, mit denen der König in ständigem Streit und Krieg lag. Die Venezianer kamen erst nach 1291. Das System der Schutzbefohlenen (s. oben S. 164) wurde in Zypern auch auf eingeborene Griechen oder zu-

gewanderte Ostchristen aus Syrien ausgedehnt, die als »weiße Venezianer« oder »weiße Genuesen« bekannt waren, während der Status der ganz selten belegten »schwarzen Genuesen« nicht sicher geklärt werden kann. Als heimische Handelsprodukte hatten vor allem Zucker, aus Verdunstung gewonnenes Salz, die berühmten Zypernweine und Stoffe große Bedeutung. Auch der Schiffsbau war in Famagusta von einiger Wichtigkeit.

Die folgenden Schicksale Zyperns können nur noch ganz kurz geschildert werden. Hugo IV. (1324–1359) tat sich im Türkenkampf hervor, unter seinem Nachfolger Peter I. (1359–1369) erlebte die Herrschaft der Lusignans ihren Höhepunkt. Der König unternahm erfolgreiche Eroberungszüge nach Kilikien und wurde 1368 zum König des von den Mamluken hart bedrängten Kleinarmenien gewählt, allerdings ohne die Regierung anzutreten. Kleinarmeniens Tage waren gezählt. Nach dem endgültigen Zerfall des Reiches 1375 und dem Tode seines letzten christlichen Königs Leos VI. (1393) wurde Kleinarmenien zwar als Titularkönigtum mit der Krone Zyperns dauerhaft verbunden, aber das Land selbst blieb bis 1516 unter ägyptischer Herrschaft und vertauschte sie dann mit der türkischen. Als nach dem ersten Weltkrieg das osmanische Reich zerfiel, wurden die nochmals aufgeflackerten armenischen Selbständigkeitsbestrebungen auch in Kilikien von der neuen Türkei in unbeschreiblichen Massakern erstickt. Neben seinen armenischen Abenteuern betrieb Peter I. aber vor allem noch einmal einen wirklichen Kreuzzug zur Wiedereroberung des Hl. Landes, tatkräftig unterstützt von seinem auch literarisch bedeutsamen Kanzler Philipp von Mezières. In jahrelangen Reisen durch Europa bereitete er den Feldzug vor, und mit der Eroberung Alexandriens (1365) ließ sich das Unternehmen gut an, mußte aber sofort abgebrochen werden, weil die Beute so unermeßlich war, daß das Heer nicht mehr an Krieg dachte, sondern nur noch daran, wie der Raub in Sicherheit gebracht werden könne. Peter I. wurde 1369 das Opfer einer allgemeinen Adelsrevolte, nicht, wie man bis vor kurzem annahm, wegen Ehehändeln und Hofintrigen, sondern weil sich die Barone entschlossen gegen seine etwas absolutistischen Tendenzen wehrten. Er hatte nichtadlige Bourgeois in Kronämter einrücken lassen, hielt sich ausländische Söldner, die das Waffenprivileg der Barone zu unterhöhlen drohten, behielt Steuern bei, die ihrer Natur nach zeitlich befristet waren, und löste die Revolution schließlich aus, als er Vasallen ohne den Spruch der Haute Cour einkerkerte. Die Revolution von 1369 hatte zur Folge, daß das Recht von Jerusalem jetzt offiziell auch zum zypriotischen gemacht wurde. Eine Kommission von Baronen wurde beauftragt, das beste (d. h. für die Vasallen günstigste) Manuskript des *Livre de Jean d'Ibelin* ausfindig zu machen. In der Theorie bedeutete dies die Beseitigung des Übergewichts der Krone. Tatsächlich sprach von nun an die Haute Cour auch bei der Verwaltung des Krongutes mit; alle Königsurkunden, die sich mit dem Bestand oder der Verwaltung der Königsdomäne befaßten, wurden seit 1369 von zwei Mitgliedern der Haute Cour »garantiert«, d. h. gegengezeichnet. In der Praxis freilich blieb diese Rechtsübernahme ohne größere Bedeutung. Nicht durch Revolution, sondern durch Evolution veränderte sich das Königreich: mehr und mehr drangen nach 1369 Griechen und Syrer (d. h. Ostchristen aller Couleur) in die Verwaltung und auch in die landbesitzende Aristokratie ein.

Unter Peters Nachfolger Peter II. (1369–1382) begann der innere Zerfall. In einem Krieg mit den Genuesen verlor er an diese die Hafenstadt Famagusta (1373), die bald zu einer Dependenz der genuesischen Bank von San Giorgio wurde. Da Famagusta das wirtschaftliche Zentrum der Insel war, blieb seine Rückeroberung von nun an das dringendste Ziel der zypriotischen Könige. Unter Jakob I. (1382–1398) und Janus (1398–1432) wurde das Königreich immer schwächer. Die unteren Klassen profitierten davon. Schon Peter I. hatte seine Politik teilweise durch die gebührenpflichtige Freilassung von Hintersassen finanziert; der in den Genueserkriegen eingeführte »königliche Zehnte« (neben dem kirchlichen) zwang auch den Adel, von dieser Möglichkeit Gebrauch zu machen. Zu Beginn des 16. Jh. standen nur noch 47185 Paröken gegen 77066 Frankomaten.
Der Mamlukensultan nahm 1426 Rache für den Angriff auf Alexandrien und eroberte und verheerte die Insel, die nun zu einem tributpflichtigen mamlukischen Vasallenstaat wurde. Unter Johann II. (1432–1458), Charlotte von Lusignan und ihrem Gemahl Ludwig von Savoyen (1458–1460) und dem durch eine Revolution an die Macht gekommenen Jakob II. dem Bastard (1460–1473), wurden die inneren Auseinandersetzungen immer mörderischer. Die Rückeroberung Famagustas (1464) blieb wirkungslos, da Jakob II. durch seine Heirat mit der venezianischen Patrizierin Katharina Cornaro unter venezianischen Einfluß geriet. Katharina herrschte nach dem Tode Jakobs III. (1473–1474) noch bis 1489. Mit ihrer Abdankung am 26. Februar 1489 ging die Herrschaft des poitevinischen Geschlechts der Lusignans zu Ende, und über Famagusta wurde das Banner von San Marco aufgezogen. Bis 1571 gehörte Zypern noch zum venezianischen Kolonialreich, dann fiel es an die Türken.
Über die innere Entwicklung der Kreuzfahrerstaaten auf dem Festland seit 1192 sind wir nicht mehr so gut unterrichtet wie vorher. Zu viele Archivfonds sind verloren, und eine Chronik vom Range derjenigen Wilhelms von Tyrus gab es nicht mehr. Wohl wurde diese in altfranzösischer Sprache fortgesetzt, in einigen Versionen sogar bis 1277, aber diese Fortsetzungen, die zum Teil gar nicht im Orient, sondern in Europa entstanden sind, haben nicht mehr das historiographische Format ihres lateinischen Vorbildes. Auch die in der Sammlung *Gestes des Chiprois* vereinigten Chroniken, die trotz ihres Titels teilweise auf dem Festland oder wenigstens von Festländern geschrieben wurden, sind eher dürftige Produkte der Geschichtsschreibung. Es fehlen vor allem die wohlausgewogenen Charakterbilder der Könige, die einen Glanzpunkt von Wilhelms Chronik bilden[126].
Saladins Waffenstillstand mit Richard Löwenherz (1192) (s. oben S. 136) stellte das Königreich »Jerusalem« wieder her, allerdings ohne die alte Hauptstadt, an deren Stelle Akkon trat. Den Franken gehörte im wesentlichen nur der *Littoral*, d. h. das Küstengebiet von oberhalb von Tyrus bis etwas südlich von Jaffa, doch ohne Nazareth und Beaufort am Litani zu erreichen; die natürliche Jordangrenze im Osten war also verloren. Lydda und Ramla waren zwischen Muslimen und Franken geteilt. Zwischen Tripolis und dem Reiche Jerusalem bestand keine Landverbindung mehr. Weiter nördlich schob sich zwischen Tripolis und Antiochia, das die obere Oronteslinie hatte halten können, islamisches Gebiet bei Latakia. Im Innern

brachte das 13. Jh. eine gewisse Umschichtung des durch die Ereignisse von 1187 und die Abwanderung nach Griechenland dezimierten Adels. Manche »alten« Familien, die sich noch gehalten hatten, erloschen im Mannesstamm (Arsuf vor 1198, Haïfa etwa 1244, Scandalion etwa 1260); dafür rückten andere Familien, die jedoch nicht immer aus Frankreich kamen (Walter der Deutsche in Mergecolon, die flämische Familie Termonde in Adelon, der Spanier Alvarez um 1250 in Haifa) in den Hochadel auf. Zum unbestrittenen Haupt der Barone machte sich die Familie Ibelin[127], die Beirut (seit vor 1205; planmäßiger Ausbau des dortigen Hafens ab 1220), Arsuf (nach 1206), Ramla und die Grafschaft Jaffa (ab 1246/47) kontrollierte, dazu reichen Besitz in Zypern hatte und mit den führenden palästinensischen Geschlechtern verschwägert war.
Nachdem Konrad von Montferrat ermordet worden war, hatte Heinrich von der Champagne, Pfalzgraf von Troyes, dessen Witwe Isabella geheiratet und damit als Kandidat Richards I. von England die Herrschaft im Hl. Land angetreten, während König Guido von Lusignan schon vor Konrads Tod mit Zypern abgefunden worden war. Heinrich von der Champagne, der aus nicht ganz klar zu erkennenden Gründen den Königstitel nie führte, sondern sich Herr von Jerusalem nannte, war ein Mann von diplomatischer Begabung. Er sah es (neben dem materiellen Wiederaufbau) als seine oberste Aufgabe an, die aus der Zeit Balduins IV. herrührenden mörderischen Spannungen in seinem Reich zu vermindern, die so viel zum Fall Jerusalems beigetragen hatten und als deren Exponenten die Familien Montferrat und Lusignan galten. Er stützte sich stärker auf die Genuesen und die Parteigänger des ermordeten Montferrat, als Richard I. von England vorausgeahnt haben mag. Heinrich verbündete sich zwar zunächst mit den an sich seit eh und je mit den Lusignans liierten Pisanern, vertrieb sie aber aus dem Reich, als ihre Piraterie vor seinen Küsten nicht aufhörte. Darüber kam es zum Bruch mit dem Konstabler des Reichs, Aimerich von Lusignan. Auch dieser mußte das Land verlassen und begab sich nach Zypern, wo er 1194 seinem Bruder Guido nachfolgte. Heinrich hielt es jetzt für geraten, sich mit Aimerich zu arrangieren. Bei einem Besuch in Zypern wurde eine Heirat von Heinrichs Töchtern mit Aimerichs Söhnen verabredet, wofür Aimerich endlich die Restschuld aus seines Bruders Kauf von Zypern zahlte und die Pisaner wieder auf dem Kontinent zugelassen wurden. Heinrichs Projekt war vernünftig und hätte, wenn es durchgeführt worden wäre, eine starke neue Dynastie begründet, doch kam schließlich nur eine einzige Ehe zustande, und das war nicht genug, um die Ansprüche anderer Prätendenten abzuwehren. Heinrich versuchte auch, die königlichen Rechte gegenüber der Kirche zu wahren. Über dem königlichen Bestätigungsrecht für die Patriarchenwahl kam es 1194 zum Konflikt, bei dem Heinrich aber zurückstecken mußte, nachdem er zuerst allzu scharf vorgegangen war und die Kanoniker des Hl. Grabes hatte einsperren lassen. Der König starb am 10. September 1197 durch einen Sturz aus dem Fenster, als eben die Truppen Heinrichs VI. als Vorboten des neuen Kreuzzuges angelangt waren. Das Unternehmen nahm nach dem Tod des Kaisers ein klägliches Ende (s. oben S. 138). Zunächst war sogar Jaffa verlorengegangen, noch vor dem Tod Heinrichs von der Champagne.

Zu seinem Nachfolger wählten die Barone Aimerich von Lusignan, der seit kurzem König von Zypern war. Die Wahl war keineswegs eine freie und vom Erbrecht unbeschwerte, denn die Barone wählten im Grunde nicht den König, sondern nur einen neuen Gemahl für Heinrichs Witwe Isabella, die die Krone weitertrug. Hierbei entschieden sie sich unter deutschem Druck für den reichen Aimerich von Zypern und gegen den rechtsgelehrten, aber armen einheimischen Baron Radulf von Tiberias. So kam eine Personalunion zwischen Jerusalem und Zypern zustande, wobei allerdings Jerusalem kein deutsches Lehen war wie Zypern, wenngleich Aimerichs Wahl eine Periode staufischen Einflusses in der Levante begründete. Die Regierung Aimerichs (1197–1205) war ganz dem Hl. Land gewidmet; er scheint nach seiner Krönung im Oktober 1197, die auch endlich seiner Gemahlin Isabella I. zur Krönungszeremonie verhalf, nicht mehr nach Zypern zurückgekehrt zu sein. Im Verein mit den deutschen Kreuzfahrern konnte Beirut und die Landverbindung nach Tripolis wieder erobert werden. Aimerichs Regierung war vor allem durch den Versuch gekennzeichnet, das alte Gewohnheitsrecht wiederherzustellen. Zwar entzog sich Radulf von Tiberias der ihm angetragenen Aufgabe, aber Aimerich ließ später mit dem *Livre au roi* (s. oben S. 147) die erste Rechtskodifizierung für Jerusalem vornehmen, die noch einen Schimmer der starken Monarchie des 12. Jh. zeigt und damit Aimerichs Ziel einer Restauration enthüllt. Doch war der Widerstand der Barone schon zu stark geworden, und als Aimerich seinen Seneschalk Radulf von Tiberias, vielleicht in der zusätzlichen Absicht, seine Lehen einzuziehen, ohne Gerichtsverfahren verbannen wollte, weil er in ihm den Hintermann eines deutschen Attentats auf sich sah, stieß er auf offene Opposition, die nur mühsam durch einen Kompromiß beigelegt werden konnte, der beiden Parteien erlaubte, das Gesicht zu wahren. Die Vasallen hatten, von Radulf dazu aufgerufen, erstmals die *Assise sur la ligece* angewandt und dem König die kollektive Dienstverweigerung angedroht, ohne dies aber nachhaltig in die Tat umsetzen zu müssen, da Radulf freiwillig ins Exil ging. Der vierte Kreuzzug brachte dem Hl. Land keine Hilfe, da er in Konstantinopel steckenblieb, doch konnte der Waffenstillstand mit den Aiyubiden immer wieder erneuert werden. Im Jahre 1204 wurde Jaffa zurückgewonnen. Im großen und ganzen war das Reich von Jerusalem dank der konzilianten Haltung des Sultans al-Adil und später wegen der aiyubidischen Bruderkämpfe vor einem entschlossenen Angriff der Muslime bis kurz vor die Jahrhundertmitte geschützt. Ohne die stets erneuerten Waffenstillstände (1192–1197, 1198–1204, 1204–1210, 1211–1217, 1221–1239, 1241–1244, 1255–1263, 1272–1290) hätten die Kreuzfahrerstaaten unmöglich noch fast ein ganzes Jahrhundert aushalten können. Was Saladin nicht gelungen war, wollten die späteren Aiyubiden nicht mehr versuchen. Sie fanden sich mit der Existenz der Kreuzfahrerstaaten ab.

Am 1. April 1205 starb Aimerich am übermäßigen Genuß von Goldbrassen. Isabella I., die zunächst allein weiterregierte, folgte ihm bald in den Tod; und schon vor ihm war ihrer beider Sohn verschieden. Da sein anderer Sohn Hugo nicht aus der Ehe mit Isabella, sondern aus seiner ersten Ehe mit einer Ibelin stammte, konnte er wohl in Zypern, nicht aber in Jerusalem die Nachfolge antreten. Hier fiel der Thron an die montferratische Linie zurück. Von nun an lösten die Nachkommen Isabellas aus ihren drei letzten Ehen einander in der Thronfolge oder Regentschaft ab; bis 1291 waren sie Könige von Jerusalem. Der folgende, stark vereinfachte Stammbaum verdeutlicht diese Zusammenhänge, die sich in diesem Rahmen nicht bis in die letzten Verästelungen schildern lassen.

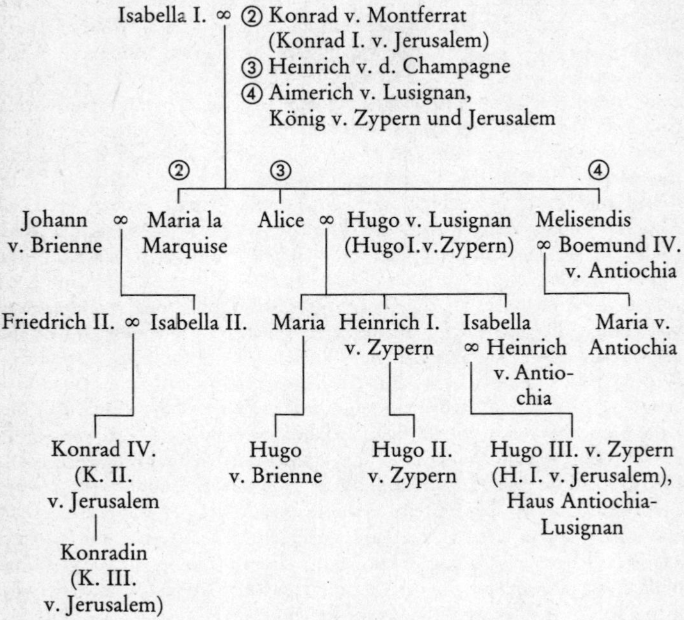

Thronfolgerin Isabellas I. war als Kind aus zweiter Ehe Maria la Marquise, so genannt nach ihrem Vater, dem Markgrafen Konrad. Zum Bailli (Regenten) wurde Johann von Ibelin, der »alte Herr von Beirut«, bestellt, der ein nicht erbberechtigter Halbbruder Isabellas war. Mit ihm beginnt die lange Reihe der Baillis des 13. Jh., die hier allerdings nicht alle erwähnt werden können. Nach den bahnbrechenden Forschungen Riley-Smiths zu diesem Thema kamen für die Bailliage primär Verwandte in Betracht. Nach dem Präzedenzfall der Regentschaftsregierung für den jungen Balduin V. übernahm zunächst ein eventuell noch lebender Elternteil (Johann von Brienne für Isabella II., Friedrich II. für Konrad IV.) die Regentschaft. Waren beide Eltern verstorben, so kam, jedenfalls im Prinzip, der nächste männliche oder weibliche Verwandte des Herrschers (im Osten, so schon 1118; s. oben S. 72) aus der zur Thronfolge berechtigten Linie der Familie zum Zuge (Alice von Zypern für Konrad IV. 1243). Für beide Personengruppen war freilich Voraussetzung, daß sie das Regentenamt in der Haute Cour persönlich beanspruchten. Das heißt nicht, daß die Haute Cour den Regenten gewählt hätte. Sie entschied lediglich darüber, ob der behauptete Verwandtschaftsgrad richtig war und zur Regentschaft berechtigte, sowie darüber, wer von zwei Bewerbern die besseren Ansprüche hatte. Daß eine solche Entscheidung bei jeder Regentenbestellung erneut notwendig wurde, bedeutet zugleich, daß die Bailliage nicht erblich war, jedenfalls nicht vor 1268 (s. unten S. 248). Nur wenn es keine Verwandten mehr gab, erwuchs der Haute Cour ein Recht zur freien Regentenwahl, die dann auf einen der Barone fiel. Die Vormundschaft über den minderjährigen Herrscher gebührte dagegen anscheinend dem nächsten Verwandten aus dem nicht erbberechtigten Zweig der Familie. Von dieser Regelung wurde lediglich abgesehen, wenn der Vater selbst als nächster Verwandter des erbberechtigten Zweiges Bailli wurde, da hier nicht zu befürchten war, er werde sich den Thron durch die Ermordung des unmündigen Herrschers verschaffen, weil eine Thronfolge von Eltern natürlich nicht zugelassen war. Der Bailli übte alle Funktionen des Königs aus und verfügte auch über die Einnahmen, doch mußte er dem volljährig gewordenen König Rechnung legen. Das allezeit wache Mißtrauen der Barone gegen einen Usurpator führte dazu, daß die königlichen Festungen nicht dem Bailli unterstanden, sondern nach dem Spruch der Haute Cour an einzelne Adlige verteilt wurden. Da die Kronvasallen nicht verpflichtet waren, dem Bailli den Lehnseid zu schwören, den sie dem Herrscher schuldeten, konnte der Bailli für die Dauer der Regentschaft ihre Lehen, deren Dienste er bei mangelnder Eidesleistung sonst verloren hätte, vorübergehend einziehen. Die Rechtsverhältnisse innerhalb der Institution, die man unterschiedslos als Bailliage bezeichnete, wurden durch zwei Entwicklungen zunehmend komplizierter. Waren die Regenten ursprünglich nur für Fälle minderjähriger Thronerben gedacht gewesen, so mußten sie später auch für die landfremden staufischen Herrscher bestellt werden, die nie in den Osten kamen, um ihr Reich zu beanspruchen. Außerdem waren die rechtmäßigen Regenten, insbesondere Friedrich II. und diejenigen aus dem zypriotischen Hause Lusignan, selbst häufig außer Landes. Sie konnten dann eigene Verwaltungsbaillis als Stellvertreter (*lieutenants* in Riley-Smiths ins Deutsche nicht übersetzbarer ausgezeichneter Terminologie, d. h. *locumtenentes*) einsetzen, wovon vor allem Friedrich II. Gebrauch machte. Minderjährige Regenten (für einen unmündigen Herrscher!) waren bei einem auf Verwandtschaft basierenden Rechtsdenken zwar systemimmanent, aber offenkundig unsinnig. Man sah daher anfangs davon ab, denn als Johann von Ibelin 1205 die Regentschaft für Maria la Marquise übernahm, hatte sie zwei minderjährige Halbschwestern Alice und Melisendis, die nach dem Vorbild des Thronwechsels von 1163 so lange die nächsten Thronerben nach Maria waren, wie diese keine Kinder hatte. Noch 1253 scheute man davor zurück, für den nur wenige Monate alten Hugo II. von Zypern sofort einen Anspruch auf die Regentschaft anzumelden. Das tat man erst 1258, und nun brauchte man konsequenterweise Vormund und Regent für den Regenten (unten S. 239f.). Hugo II. starb 1267, noch ehe er überhaupt volljährig wurde. Bis dahin aber waren für ihn vier Regenten mit fünf Amtsperioden verschlissen worden, die ihrerseits drei Verwaltungsbaillis mit vier Amtszeiten ernannten.

Die Regentschaft Johanns von Ibelin dauerte bis 1210. Dann wurde Maria la

Marquise verheiratet, und zwar mit Johann von Brienne. Er war tapfer und energisch, aber als Staatsmann und Diplomat keineswegs erstrangig. Seine Laufbahn zeichnete sich vor allem dadurch aus, daß er unaufhörlich ein Reich nach dem anderen zu erringen versuchte. Als seine Gemahlin 1212 starb, heiratete er zwei Jahre später Stephanie, die Tochter König Leos II. von Kleinarmenien. Während des fünften Kreuzzuges, der der Höhepunkt seiner Laufbahn war und auch größere Kämpfe in Syrien brachte, versuchte er vergeblich, dem Kardinallegaten Pelagius die Kontrolle über das Heer zu entwinden und sich Damiette anzueignen. Von Pelagius aus dem Felde geschlagen, bemühte sich Johann von Brienne, der ja seit dem Tode von Maria la Marquise nur noch als Regent für seine Tochter Isabella regierte, vergeblich, die Thronfolge in Kilikien auf Grund seiner Ehe mit Stephanie anzutreten (1219). Seine Tochter Isabella II. verheiratete er 1225 mit Kaiser Friedrich II. Johann selbst wurde dabei von den gewiegten kaiserlichen Diplomaten ausmanövriert und verlor sehr zu seinem Erstaunen sofort nach der Hochzeit den Thron; doch war dies für ihn kein Grund zur Resignation und er brachte es 1231 tatsächlich noch fertig, sich zum lateinischen Kaiser von Konstantinopel krönen zu lassen († 1237).

Die wichtigsten Ereignisse hatten sich in all dieser Zeit im Norden abgespielt. Graf Raimund III. von Tripolis war bald nach der Schlacht von Hattin (1187) gestorben, und mit ihm war die Dynastie Toulouse in Tripolis erloschen. Als Nachfolger hatte er seinen Patensohn Raimund von Antiochia bestimmt, der der älteste Sohn des dort regierenden Fürsten Boemund III. (1163–1201) war, aber Boemund hatte seinen jüngsten Sohn Boemund (IV.) in Tripolis eingesetzt. Zwischen Boemund III. und seinem kleinarmenischen Vasallen Leo II. aus dem Hause der Rupeniden, mit dem eine Periode kleinarmenischer Großmachtpolitik begann, spitzte sich die Situation seit dem Fall Jerusalems, dessen Könige früher die Protektoren Antiochias gewesen waren, immer mehr zu, da sich Boemund durch Leo bedroht fühlte. In der Tat ließ ihn dieser 1194 hinterlistig gefangennehmen, aber Leos Versuch, sich Antiochias zu bemächtigen, scheiterte am Widerstand der damals in der Stadt organisierten Kommune. Auf Bitten der Antiochener griff Heinrich von der Champagne ein, reiste 1194 nach Kleinarmenien und bewog Leo zur Freigabe Boemunds. Dafür wurde Leo aus der antiochenischen Lehnshoheit entlassen. Nun war für Leo der Weg zur Königskrone frei; er empfing sie 1198 aus der Hand des deutschen Kanzlers als deutscher Lehnsmann. Boemunds Sohn Raimund heiratete als Zeichen der Aussöhnung Leos Nichte Alice, starb aber bald, nachdem ihm ein Sohn Raimund Rupen geboren war. Durch den vorzeitigen Tod Raimunds war die Erbfolge in Antiochia völlig offen, und als dann noch Boemund III. (1201) starb, brach ein erbitterter Krieg zwischen Kleinarmenien und Tripolis um die Thronfolge aus, der fünfzehn Jahre dauern sollte. Leo II. verfocht die Erbfolge seines Großneffen Raimund Rupen, der nach den in Antiochia geltenden Regeln der Primogenitur in der Tat nachfolgeberechtigt war. Auf Leos Seite waren die hohen Barone und der Papst, der Leo schonend behandelte mit Rücksicht auf die 1198 anläßlich der Krönung zustandegekommene Kirchenunion der Armenier mit Rom. Innocenz III. mußte allerdings die Enttäuschung erleben, daß Leo die Union mehrfach löste und wieder schloß, je nachdem wie es das antiochenische Problem gerade erforderte. Auf der anderen Seite stand Boemund von Tripolis, der erklärte, er sei der nächste Verwandte des zuletzt regierenden Fürsten, ein Grundsatz, der in den Kreuzfahrerstaaten immer wichtiger wurde. Den Tripolitaner unterstützte die Kommune, in der die armenierfeindlichen Griechen eine große Rolle spielten. Die anfängliche Hilfe des lateinischen Klerus verscherzte sich Boemund, als er 1207 einen griechischen Patriarchen einsetzte, der bis 1213 im Amt blieb. Boemund wollte sich damit der Griechen nur um so nachhaltiger versichern, und da Byzanz in die Hände der Franken gefallen war (1204), war die Einsetzung eines orthodoxen Patriarchen jetzt ganz ungefährlich. Aber der lateinische Klerus rückte nun von Boemund ab, überwarf sich wegen einer Steuerfrage auch mit der Kommune und ging ganz ins armenische Lager über. Dagegen stellte sich Aleppo energisch auf die Seite Boemunds, der die Allianz mit den Muslimen ebensowenig scheute wie seine Vorgänger. Az-Zahir von Aleppo vertrieb Leo mehrfach aus Antiochia, dessen Zitadelle immer fest in Boemunds Hand blieb. Erst 1213 verbesserte sich Leos Situation, denn die Gerüchte über den neuen Kreuzzug, dessen Werbung mit der Papstbulle *Quia maior* begann, brachte az-Zahir wieder mehr auf die Seite des Sultans al-Adil, der Leo begünstigte. Durch die Heirat Stephanies mit Johann von Brienne sicherte sich Leo auch die Hilfe Jerusalems, und so konnte er 1216 Antiochia gewinnen und Raimund Rupen dort zum Fürsten einsetzen. Dieser verdarb es aber mit den Bewohnern so gründlich, daß er 1219 durch eine Revolte gestürzt wurde und Boemund von Tripolis endgültig die Herrschaft als Boemund IV. von Antiochia (1219–1233) antreten konnte.

Leo mußte die fortwährenden Interventionen in Nordsyrien mit Verlusten in Westkilikien an die Rumseldschuken bezahlen. Dennoch war er ein bedeutender Herrscher. Er manövrierte im Innern die Hethumiden aus, die als byzantinische Vasallen schon seit langem einen erbitterten Kampf mit den Rupeniden geführt hatten. Auch den Handel förderte Leo eifrig, und er gestaltete sein Reich so sehr nach fränkischen Sitten um, daß unter seinem Nachfolger die Assisen von Antiochia als Gesetzbuch eingeführt wurden (von dem Konstabler Smpad ins Armenische übersetzt). Als Leo 1219 starb, brach der Kampf um die armenische Nachfolge aus, denn Raimund Rupen war von dem König zugunsten von Leos Tochter Isabella enterbt worden. Der Versuch Johanns von Brienne, den Thron für Leos ältere Tochter zu erwerben, mißlang, aber Raimund Rupen hatte genausowenig Glück. Unter diesen Umständen schien eine Allianz mit Antiochia günstig, und so verheiratete der Regent Konstantin von Lampron, der aus dem Hause der Hethumiden stammte, Isabella 1222 mit Philipp von Antiochia, einem Sohn Boemunds IV., aber schon 1224 beseitigte er ihn wieder und gab Isabella 1226 seinem eigenen Sohn Hethum zur Frau, der als Hethum I. nunmehr König von Kleinarmenien (1226–1269) wurde und den alten Antagonismus der beiden kleinarmenischen Fürstenfamilien beenden konnte[128].

Die ein Jahr zuvor erfolgte Hochzeit Kaiser Friedrichs II. mit Isabella, der Tochter Johanns von Brienne, leitete einen neuen Abschnitt in der Geschichte des Hl. Landes ein. Der Kaiser war nun bis zum Tode Isabellas (1228) König von Jerusalem, danach allerdings nur noch Regent für ihrer beider Sohn Konrad IV. (Konrad II. von Jerusalem, geboren 25. April 1228). Nur als solchen erkannten die Barone den Kaiser an. Die Krönung in Jerusalem (1229) war staatsrechtlich bedeutungslos, soweit sie nicht nachträglich Friedrichs Königtum bis 1228 legitimierte. Friedrichs Kreuzzug und der anschließende Versuch, das Hl. Land dem Kaiserreich fest einzugliedern, lösten einen erbitterten Abwehrkampf der Barone aus, die ihre Standesrechte bedroht sahen und niemals bereit waren, ihre Gruppeninteressen hintanzustellen. Freilich fochten sie gegen ein ebenso ausgeprägtes Eigeninteresse des Staufers, aber die Sicht des Geschichtsschreibers Philipp von Novara, der die Reaktion der Barone mit dem Nimbus des Freiheitskampfes umkleidete, ist nur die eine Seite der Medaille. Über allem staufischen Hausinteresse ist nicht zu übersehen, daß das, was der Kaiser mit dem Vertrag von 1229 erreicht hatte, durchaus den Keim zu einer positiven Entwicklung in sich trug, denn wenn das Hl. Land irgend etwas benötigte, so eine starke Regierung. Von 1228 bis 1243 wütete in Palästina jedoch der sogenannte »Longobardenkrieg«, so bezeichnet nach Friedrichs deutschen und italienischen Soldtruppen, die keineswegs Lombarden waren, aber großenteils aus Unteritalien, dem alten byzantinischen *Thema* (= Provinz) Langobardia stammten. Leider sind wir über diesen Krieg, der das Reich in einen Zustand der »legalisierten Anarchie« (Runciman) stürzte, nur einseitig durch Berichte der antikaiserlichen Partei unterrichtet, vor allem durch die Memoiren des berühmten Juristen Philipp von Novara, die er selbstbewußt »Geschichte des Krieges zwischen Kaiser Friedrich und Messire Johann von Ibelin« nannte, dadurch den Führer der Antighibellinen zu kaisergleicher Stellung erhöhend. Die Unruhen begannen in Zypern, als der dortige Bailli Johann von Ibelin zwar den jungen König an den Lehnsherrn Friedrich auslieferte, sich aber weigerte, die Bailliage abzugeben und die Festung Beirut auf dem Festland dem Kaiser auszuliefern. Beide Forderungen Friedrichs verstießen gegen das Gesetz, denn über sie hätte vor den Gerichtshöfen in Nikosia und Akkon entschieden werden müssen, was der alte Herr von Beirut auch vorschlug. Es kam zunächst zu einem Kompromiß, der Zypern unter der Kontrolle des Kaisers ließ, während über Beirut vor der Haute Cour von Akkon entschieden werden sollte. Daß Friedrich dieses Versprechen nicht einlöste, machte die Ibelins zu hartnäckigen und erbitterten Gegnern des Kaisers. Zunächst aber konnte dieser den Erfolg des Vertrages mit al-Kamil für sich buchen. Das Königreich wurde an zwei Stellen nach Osten hin erweitert, bei Jerusalem und bei Nazareth in Galilaea. Ehe der Kaiser nach Europa zurückging, verpachtete er noch die Bailliage über Zypern an ein Konsortium von fünf treuen Baronen. Da diese begreiflicherweise zunächst ihre Unkosten decken wollten, erhob sich bald Widerstand gegen ihre Verwaltung, und Johann von Ibelin konnte sie mit festländischer Verstärkung bis zum Juli 1230 von der Insel vertreiben.

Kaum hatte Friedrich II. 1230 seinen Frieden mit dem Papst gemacht, da griff er erneut im Osten ein. Er schickte 1231 eine Schnellseglerstaffel unter der Führung des Reichsmarschalls Richard Filangieri aus, der von seinen Brüdern Lothar und Heinrich unterstützt wurde. Da sie in Zypern nicht zu landen wagten, segelten sie weiter nach Palästina und machten Tyrus zu ihrem Hauptquartier, wo Lothar Filangieri kommandierte. Richard begann mit der Belagerung von Beirut, da er vom Kaiser mit der Enteignung der Ibelins beauftragt war. Das vereinigte fast alle Barone in deren Lager, und das Reich war wieder einmal in zwei Parteien gespalten. Auf der einen Seite standen die Kaiserlichen mit den Deutschrittern, den Pisanern und dem vertriebenen zypriotischen Fünferkonsortium. Der Gegenseite gehörten 43 große Barone des Hl. Landes, die Genuesen und der König von Zypern an. Die Zentren der Opposition waren Beirut und Akkon, wo sich aus städtischem Patriziat und Stadtadel eine zum äußersten entschlossene Kommune bildete, die 1232 Johann von Ibelin zum Führer wählte. Er, der am unmittelbarsten bedroht war, wurde zur Seele des Aufstandes. Johann von Ibelin war ein aufrechter, tapferer und gebildeter Mann, dem man es kaum verargen kann, daß er unter diesen Umständen die Verteidigung seiner Klassenprivilegien einem staufischen Einheitsstaat und der damit wahrscheinlich verbundenen, aber doch nicht mit letzter Sicherheit vorauszusagenden Stärkung des Hl. Landes vorzog. Neutral waren nur die Kirche, solange sich Gregor IX. um eine Vermittlung im kaiserlichen Interesse bemühte, und der Norden unter Boemund IV. und Boemund V. von Antiochia-Tripolis (1233–1252); aber Antiochia, durch die muslimische Enklave bei Latakia von den Kreuzfahrerstaaten getrennt, war ohnehin seit dem Tode Boemunds IV. (1233) in ständigem Niedergang begriffen und vor allem wirtschaftlich verarmt. Nordsyrien verschwindet fast 30 Jahre weitgehend aus der Geschichte. Die Barone von Jerusalem erkannten indessen Richard Filangieri zwar als rechtmäßigen Vertreter des Regenten an, bekämpften ihn aber dennoch energisch. Der Reichsmarschall konnte die Ibelins am 3. Mai 1232 bei Caselimbert zwischen Tyrus und Akkon schwer schlagen, aber als er von diesem Erfolg angefeuert den Krieg nach Zypern trug, wurde er seinerseits am 15. Juni bei Agridi nahe der Festung Dieudamour von Johann von Ibelin besiegt, und mit der Kapitulation Kyrenias im April 1233 endete die zweite und endgültige Befreiung Zyperns durch die Ibelins. Zwar ging die kaiserliche Verwaltung auf dem Kontinent weiter, aber praktisch regierte der weitverzweigte Clan der Ibelins, der auch zum europäischen Hochadel verwandtschaftliche Beziehungen hatte. In den Jahren 1234–1236 bemühten sich Hermann von Salza und der Papst um einen Kompromiß, der die Fortdauer der kaiserlichen Verwaltung gesichert hätte. Es war fruchtlos, da man den Baronen das Recht auf die Regentenwahl bestritt und die Aufhebung der Kommune verlangte, die das Zentrum von Johanns Macht war. Im Jahre 1236 starb Johann von Ibelin, aber seine hochbegabte Familie stellte in seinem Sohn Barisan sofort einen neuen Führer, der von 1239 an von seinem Vetter Philipp von Montfort, einem Verwandten des mächtigen Earls von Leicester Simon von Montfort, abgelöst wurde.

Drei Jahre nach Johanns Tod lief der Vertrag Friedrichs II. mit al-Kamil ab. Die Muslime benutzten die Gelegenheit, um sofort das unbefestigte Jerusalem zu besetzen, das aber von einer Gruppe von Kreuzfahrern unter Führung Theobalds IV. von der Champagne (seit 1234 König von Navarra) wieder befreit wurde. Der letzte Rest der Befestigungen, die Zitadelle des Davidsturms, wurde jetzt zerstört. Der Papst hatte diesen Kreuzzug bereits seit 1234 geplant und zeitweise auch ohne wesentlichen Erfolg versucht (s. oben S. 183), ihn nach Konstantinopel zu schicken, um dort Johann von

Brienne in seinem Kampf gegen die Byzantiner und Bulgaren zu helfen. Die Situation in Palästina war 1239 für die Franken nicht schlecht. Al-Kamil war seit 1229 mit der Neuordnung des Aiyubidenreiches beschäftigt, die sich aus dem Vertrag von Tell al-Adschul ergab. Dann mußte er sich mit den Hwarizmiern befassen. Zu Ende des 12. Jh. hatte sich auf den Trümmern des iranischen Seldschukenreiches die Herrschaft des Hwarizm-Schah gebildet, der kurzfristig mit seinen nur oberflächlich islamisierten Qiptschak-Türken den gesamten islamischen Osten beherrschte, vor allem das westliche Turkestan (Hwarizm, Transoxanien und Horasan). Die Mongolen überrannten 1220 das hwarizmische Reich, und die Hwarizmier wichen nach Westen aus. Um 1230 beherrschten sie Teile Armeniens und Azarbaidschan, und wenn sie auch einen Puffer gegen die Mongolen bildeten, so bedrohten sie doch zugleich die Ostgrenzen der Aiyubiden und der Rumseldschuken. Eine Koalition dieser beiden Mächte besiegte 1230 den Hwarizm-Schah, ohne zu ahnen, daß er damit so geschwächt wurde, daß die Mongolen seinem Restreich ein Jahr später mühelos ein Ende bereiten konnten und ihnen das Tor nach Vorderasien geöffnet war. Al-Kamil hatte bald gegen seine seldschukischen Alliierten zu kämpfen. Als er den Krieg verlor, rebellierte sein Bruder al-Aschraf, und al-Kamil mußte gegen ihn ziehen. Erst al-Aschrafs Tod 1237 beendete den Bruderkrieg, aber ein Jahr darauf starb al-Kamil, und nun versank das Aiyubidenreich in den Diadochenkämpfen seiner Söhne as-Salih Aiyub (Damaskus) und al-Adil II. (Ägypten). As-Salih kämpfte zunächst gegen Ägypten, das er 1240 gewann. Während dieser Wirren waren die Kreuzfahrer Theobalds 1239 nach Süden vorgestoßen und hatten Askalon zurückerobert. Im Jahre 1240 kam ein weiteres Heer unter Richard, dem Earl von Cornwall, ins Hl. Land. Da as-Salih nun von Ägypten aus seine ursprüngliche Basis in Syrien zurückerobern mußte, schloß er 1241 einen Vertrag mit Richard, der die Abtretungen al-Kamils von 1229 bestätigte, vermehrt um das Hinterland von Sidon, das östliche Galilaea mit Tiberias und das Gebiet von Jaffa und Askalon, wo Richard die Zitadelle im Norden des Mauerrings wieder aufbaute. Nur Samaria und Hebron blieben muslimisch; in Galilaea aber war die Jordangrenze wieder erreicht, und das Land hatte einen größeren Umfang als je seit 1187[129].

Als Richard wieder abgereist war, brach bald der Longobardenkrieg wieder aus. Am 25. April 1243 wurde Konrad IV. 15 Jahre alt und damit volljährig. Da jetzt die Regentschaft des Kaisers endete, hatten die formalrechtlich denkenden Barone bis zu diesem Zeitpunkt oder doch fast bis dahin gewartet, ehe sie gegen die Kaiserlichen erneut losschlugen. Eher im Juni 1243 als im Juni 1242 (was von den Quellen her vertretbar ist, aber, wie Riley-Smith richtig sagt, den rechtlichen Gegebenheiten nicht gerecht geworden wäre) wählten sie in Akkon Alice von Zypern (als Tochter Heinrichs von der Champagne) zur Regentin, deren Ansprüche auf den Thron selbst sie noch 1229 zurückgewiesen hatten. Nach ihrem Tode kam die Bailliage an ihren indolenten Sohn Heinrich I. von Zypern, der sich *Seigneur de Jérusalem* nannte, theoretisch mehr als Bailli, weniger als König. Doch war er in Wahrheit nur ein Spielball in der Hand der Ibelins, die bald nach Alices Wahl mit der Belagerung von Tyrus begonnen hatten. Lothar Filangieri hatte kapitulieren müssen, um das Leben seines in Gefangenschaft geratenen Bruders Richard zu retten. Damit war der staufische Zugriff endgültig abgewehrt worden und die nahezu absolute Vorherrschaft der Barone bis zum Untergang des Reiches gesichert. Es war ein deutliches Zeichen für die Schwäche der Monarchie, daß Tyrus, der Juwel der Krondomäne, nicht in den königlichen Besitz zurückkehrte, sondern in den Besitz Philipps von Montfort kam. Die nun nicht mehr benötigte Kommune war bereits früher, wohl 1241, aufgelöst worden, doch spielten die religiösen Bruderschaften Akkons, die ihre Keimzelle gewesen waren, auch weiterhin eine gewisse politische Rolle.

Die immer stärker werdenden Spannungen zwischen as-Salih und seinen syrischen Gegnern führten zu einer Annäherung zwischen Damaskus und den Franken. Die alte Allianz von 1139 wurde noch einmal erneuert, und die Muslime räumten 1243 sogar ihr Reservat in Jerusalem. Aber Ägypten war im 13. Jh. übermächtig, und so hatte die Allianz mit Damaskus nicht mehr denselben Wert wie im 12. Jh. Der Krieg zwischen den aiyubidischen Herrschern brach 1244 aus. As-Salih hatte sich mit den hwarizmischen Truppen verbunden, die seit ihrer Niederlage gegen die Mongolen ruhelos in Mesopotamien operierten und gegen Geld jedem Herrn zu dienen bereit waren. Als sie von Norden her durch das Hl. Land schwärmten, besetzten sie, ohne nennenswerten Widerstand zu finden, Jerusalem, das damit endgültig der christlichen Herrschaft verloren ging. Nachdem sich die Hwarizmier mit den ägyptischen Truppen vereinigt hatten, schlugen sie das fränkisch-damaszenische Heer am 17. Oktober vernichtend bei Gaza. Es war die schlimmste Niederlage seit der Schlacht bei Hattin. Ihre Folgen waren die neuerliche Einigung des Aiyubidenreiches (1245) und der Verlust Ostgalilaeas und Askalons (1247). Bis 1250 war nicht nur der Süden verspielt, sondern auch im Norden die Jordanlinie wieder verloren; Beaufort und Safad bildeten hier fortan die Grenzen nach Osten.

13. Der erste Kreuzzug Ludwigs des Heiligen (1248–1254) und der Einbruch der Mongolen in Vorderasien

Die Eroberung Jerusalems durch die Hwarizmier machte trotz der damit verbundenen Grausamkeiten in Europa keinen großen Eindruck. Als Papst Innocenz IV., der vor Friedrich II. in Lyon Schutz gesucht hatte, 1245 auf einem dort abgehaltenen Konzil mit der Werbung für einen neuen Kreuzzug begann, hatte er nicht allzu viel Erfolg. Er selbst war ebenso wie der Kaiser in den großen Kampf der beiden universalen Mächte verwickelt, in Italien tobte der Krieg der Guelfen gegen die Ghibellinen, und die Anhänger des Abtes Joachim von Fiore verlachten auf Grund des pseudojoachitischen Jeremiaskommentars alle Kreuzzugsversuche, weil Christus selbst angeblich gegen die Rückgewinnung Jerusalems war, anders als Joachim selbst, der nur gehofft hatte, daß die Kreuzzüge durch göttliche Wunder überflüssig würden und sie in jedem Falle nur nach einer inneren Reinigung der Christenheit für erfolgversprechend gehalten hatte[130]. Heinrich III. von England (1216–1272) war viel zu sehr mit seinen ungebärdigen Baronen beschäftigt, als daß er an einen Kreuzzug hätte denken können. Frankreich war die einzige europäische Macht, die zu einem Kreuzzug im Moment überhaupt fähig war; und der französische König Ludwig IX., der Heilige (1226–1270), war dem Papst in der Tat zuvorgekommen und hatte schon im Dezember 1244 das Kreuz genommen. Es ist unklar und jedenfalls in den Quellen nicht überliefert, ob der Fall Jerusalems ihn dabei beeinflußte; der unmittelbare Anlaß war eine schwere Krankheit, aus der der König errettet wurde. In Ludwig dem Heiligen erstand der Kreuzzugsbewegung noch einmal ein großer, Begeisterung einflößender Anführer, in dem selbst die Kreuzzugsidee rein und unverfälscht glühte. Von 1245 bis zu seinem Tode 1270 war der Kreuzzug die Basis der französischen Politik[131].

Ludwig IX. wurde höchstwahrscheinlich 1214 geboren und bestieg schon in jungen Jahren den Thron. Er hatte das Glück, in seiner Mutter Blanka von Kastilien eine äußerst tatkräftige und kluge Regentin zu besitzen, die ihn, als er volljährig wurde, 1234 mit Margarete von der Provence verheiratete, aber selbst weiterhin einen dominierenden Einfluß in der Politik ausübte, von dem sich Ludwig letztlich erst mit seinem Kreuzzugsgelübde befreite, das zunächst bei Blanka (und nicht nur bei ihr) auf energischen Widerstand stieß. Die Vasallen, die in der Regentschaft eine Chance witterten, drängten sich wieder hervor, wurden aber von Blanka ebenso gedemütigt, wie auch England die erstarkte französische Macht 1242 zu spüren bekam. Unter Ludwig dem Heiligen schritt die französische Expansion nach Süden rüstig fort, 1247 fiel den Kapetingern die Provence, 1249 die Grafschaft Toulouse zu, und der stärkere Norden hatte über den kultivierteren Süden gesiegt. Im Inneren erwies sich Ludwig als ein kluger, gerechter und unbeugsamer Herrscher, der die Rechtsprechung reformierte, den gerichtlichen Zweikampf verbot und sein Land zu wirtschaftlicher Blüte emporführte. Die Kirche konnte immer mit seiner Unterstützung rechnen, aber er wahrte auch ihr gegenüber entschieden die königlichen Rechte. Im großen Kampf des Kaisers mit der Kurie blieb er neutral und war Pressionsversuchen beider Seiten unzugänglich. Der Kirchenbann gegen den Kaiser durfte in Frankreich verkündet werden, aber der König unterband die Kreuzzugswerbung gegen den Staufer, der für ihn noch immer der Kaiser war, und suchte mäßigend auf den Papst einzuwirken. Ludwigs größte Stärke lag in seiner von den Zeitgenossen und der Nachwelt gleichermaßen gerühmten Persönlichkeit. Er war durchaus nicht immer der irenische Heilige, als den ihn die zeitgenössische Hagiographie zum Teil hinstellen wollte. Sein im Grunde mildes Temperament kannte auch starke Zornausbrüche, doch war er berechtigter Kritik gegenüber zugänglich. Unnachsichtig gegen seine zarte Gesundheit führte er persönlich ein Leben der Bedürfnislosigkeit und der strengen Askese, und sein unbestreitbar tiefes religiöses Empfinden führte ihn manchmal bis an die Grenze der Ekstase. Wenn es um die Dinge des Glaubens oder des Kreuzzuges ging, widerstand er sogar seiner Mutter, an die er ungewöhnlich starke Bindungen gehabt haben muß, weit stärkere jedenfalls als an seine Gemahlin. Er war ein Mann, der seinen Mitmenschen

im täglichen Umgang mit ihnen bewies, daß ihn die Macht nicht korrumpiert hatte, daß auch der König ein Mensch geblieben war. In dieser Beziehung sticht Ludwig höchst vorteilhaft von Friedrich II. ab, der sich in mystischer Verhüllung zu gottähnlichen Ehren emporheben ließ. Seine Kraft und Ausstrahlung lagen in der Entschiedenheit, mit der er eine moralische Idee verfolgte, und darin kann ihm in der Kreuzzugsgeschichte nur Saladin gleichgesetzt werden. Für seine Wirkung ist nicht so sehr bezeichnend, daß er schon 27 Jahre nach seinem Tode kanonisiert wurde, als vielmehr daß selbst Voltaire diese Heiligsprechung für richtig hielt.
Der König bereitete den Kreuzzug mit aller Umsicht vor. Ein auf dem Konzil von Lyon beschlossener allgemeiner Kreuzzugszwanzigster der Kirche brachte Ludwig von außerhalb Frankreichs nichts oder nur so wenig, daß er die französische Kirche zu einem Zehnten überredete, der fünf Jahre lang jährlich 190000 *livres tournois* in die königliche Kasse spülte, insgesamt also 950000. Daneben wurden auch die Städte stark herangezogen. Paris steuerte 10000 *livres parisis* bei, das winzige Rigny-le-Ferron bei Sens noch immer 3 *livres parisis.* Durch Hochrechnung hat man den Beitrag der Städte auf 274200 *livres tournois* geschätzt. Darin stecken erhebliche Unsicherheitsfaktoren, etwa ob der Beitrag der Normandie wie sonst auch hier 45 Prozent betrug, aber das königliche Schatzamt bezifferte im 14. Jh. die Gesamtkosten des Kreuzzuges mit 1,3 Millionen *livres tournois,* die sich im einzelnen so verteilten: Hofausgaben 200000, Lösegeld für den König 210000, Kriegskosten 750000, Schiffsbau 40000, Bau von Festungsanlagen im Hl. Land 120000, Auslösung christlicher Gefangener 1300 *livres.* Die Bedeutung der Schatzamtsberechnung wird klarer, wenn man erfährt, daß die Jahreseinkünfte des französischen Königs 1256–1259 etwa 250000 *livres* pro Jahr betrugen, die Kosten des Kreuzzuges also dem Staatsbudget von etwas mehr als fünf Jahren gleichkamen. Auf dem Papier hatte Jean de Joinville recht, wenn er schrieb, der König habe nicht sein Geld, sondern nur das der Kirche ausgegeben, wenngleich dies natürlich die Schwierigkeiten und die Langsamkeit der Eintreibung nicht berücksichtigte. Jedenfalls zeigt sich, welcher enormen Belastung Kirche und Bürgertum ausgesetzt wurden. Mit Marseille, das formell noch zum Hl. Römischen Reich gehörte und das der König durch den damals gegründeten Hafen Aigues-Mortes zu ersetzen trachtete, schloß er Verträge über den Truppentransport, während er sich der Hilfe der genuesischen Bankiers für die umfangreichen Geldtransaktionen versicherte. In Zypern ließ er vorsorglich zwei Jahre lang große Vorräte an Wein und Getreide anlegen. Im August 1248 trat der König von Aigues-Mortes aus die Fahrt an, das Hauptheer schiffte sich mit der alten Kreuzfahrerhymne *Veni Creator Spiritus* im Alten Hafen von Marseille ein. Hier trat auch der 25jährige Ritter Jean de Joinville die Reise an, der an dem kultivierten Hofe des Grafen Theobald IV. von der Champagne aufgewachsen war. Mit seiner *Histoire de Saint Louis* hat uns Joinville den wichtigsten und lebendigsten Bericht vom Kreuzzug Ludwigs IX. hinterlassen, aber man muß bedenken, daß er diese Chronik erst im hohen Alter (um 1309) verfaßte und in seinem Werk die historische Objektivität oft der hagiographischen Verklärung opferte. Vor allem versuchte Joinville, die Schuld am Scheitern des Kreuzzuges einseitig auf des Königs

Bruder Robert von Artois abzuwälzen. Das nimmt seinem Werk freilich nichts von seiner literarischen Bedeutung.
Der König beschloß, in Zypern zu überwintern, um weitere Verstärkung abzuwarten, obwohl die Chance zu einem Angriff auf Ägypten – ein anderes Ziel kam gar nicht mehr in Frage – gut gewesen wäre, weil as-Salih gerade Aleppo bekriegte. Das wohlorganisierte Heer, das sich in Zypern versammelte, wird zwischen 15000 und 25000 Mann betragen haben, darunter 2500 Ritter und 5000 Armbrustschützen. Es war übrigens ein rein französisches Heer, in dem Angehörige anderer Nationen (Deutsche, Norweger, Engländer und Schotten) numerisch überhaupt nicht ins Gewicht fielen. Es scheint sich auch überwiegend um ein feudales Kriegsheer gehandelt zu haben[132]. Dieser Aufmarsch blieb dem Sultan natürlich nicht verborgen, und als die Kreuzfahrer Ende Mai von Zypern aufbrachen und am 5. Juni 1249 vor Damiette ankerten, war die Küste von den Feinden besetzt. Aber mit flachgehenden Landungsbooten konnten die Christen fast bis ans Ufer gelangen, dann wateten die Ritter noch den Rest des Weges, stürzten sich tropfnaß auf die Feinde und vertrieben sie in kurzer Zeit. Die Ägypter zogen sich merkwürdigerweise, obgleich noch nichts verloren war, nicht nach Damiette, sondern weiter nilaufwärts zurück. Dies führte zu einer Panik in der Stadt, die am 6. Juni kampflos geräumt wurde. Angesichts dieses unerwarteten Erfolges hatte der kranke Sultan alle Mühe, die Ordnung in seinem Heer wiederherzustellen, das er dann bei al-Mansura stationierte.
Ludwig beschloß, den Sommer in Damiette zu verbringen. Er wollte auf Verstärkung warten, die sein Bruder Alfons von Poitiers angekündigt hatte. Er erinnerte sich vielleicht auch an die Katastrophe von 1221, als die Kreuzfahrer im Sommer im Nilschlamm steckengeblieben waren. Der Krieg verlagerte sich derweil nach Syrien, wo Sidon verlorenging. Im November gründete Ludwig in Damiette ein Erzbistum, dessen Gründungsurkunde noch erhalten ist[133]. Es zeigt sich, daß Ludwig, wiewohl dies bei seiner Kreuznahme keine Rolle gespielt haben dürfte, einmal in den Osten gekommen, die Fäden territorialer Erwerbspolitik früherer Kapetinger wieder aufnahm: So wie Philipp Augustus in seinem Vertrag mit den Genuesen (s. oben S. 132f.) diesen territoriale Konzessionen im zurückzuerobernden, aber keineswegs Philipp gehörenden Hl. Land machte, so betrachtete auch Ludwig das noch 1218 dem König von Jerusalem zugewiesene Damiette und ebenso das noch zu erobernde Ägypten, wo er dem Erzbischof und dem Kapitel Einkünfte, dem Erzbischof zudem noch zehn Lehen anwies, kraft Beuterechts als zu seiner Disposition stehend; er mag an seinen Bruder Robert von Artois als künftigen Herrscher gedacht haben. Die Urkunde ist bezeichnend für die Art, in der Ludwig Ideale und praktische Politik zu verbinden wußte.
Am 20. November 1249 begann das französische Heer auf den Spuren der Kreuzfahrer von 1221 dem Ostufer des Nils entlang in Richtung Kairo zu ziehen, obgleich manche zu einem Angriff auf Alexandrien geraten hatten, der vielleicht erfolgreicher gewesen wäre. Das Aiyubidenreich war in einer schwierigen Situation, weil am 22. November as-Salih starb. Aber seine Lieblingsfrau rettete mit Hilfe der Leibgarde in außergewöhnlich energischer und tatkräftiger Weise die Situation, bis der Thronfolger Turan Schah

aus Mesopotamien eingetroffen war. Der Vormarsch der Kreuzfahrer gestaltete sich indessen sehr mühsam, und erst Mitte Dezember langten sie vor al-Mansura an, wo sie wieder in dem vom Nil und einem seiner Nebenflüsse gebildeten Winkel eingeklemmt waren. Ludwig faßte nun den Plan, über diesen Nebenfluß überzusetzen, Mansura zu umgehen und dann von hinten anzugreifen. Der Übergang erfolgte am 8. Februar 1250, aber die Vorhut unter Robert von Artois griff voreilig ein ägyptisches Truppenlager an, eroberte es und tötete den ägyptischen Oberbefehlshaber im Bade. Durch diesen Teilerfolg verführt, preschten die Franzosen nach Mansura vor, wurden aber dort in den engen Straßen zusammengehauen. Als Ludwig IX. mit dem Hauptheer über dem Fluß war, griff ihn die bereits reorganisierte ägyptische Armee unter der neuen Führung von Rukn ad-Din Baibars Bunduqdari an. Der König, der mit seinem goldenen Helm und seinem deutschen Schwert weithin erkennbar war, schlug gewaltig drein. Seine Energie und Besonnenheit retteten die Schlacht, aber der Feldzug war verloren. Die Verluste waren groß, und Ludwig zog sich nicht rasch genug nach Damiette zurück. Als er sich Ende März dazu entschloß, war es zu spät. Das Heer war durch Seuchen und Hunger geschwächt, weil die Muslime den Nachschub auf dem Nil unterbunden hatten. Der König selbst war von der Ruhr völlig entkräftet und sah keine andere Möglichkeit, als auf halbem Weg nach Damiette am 6. April die Kapitulation anzubieten. Er verzichtete auf die Möglichkeit, sich zu Schiff zu retten, und ging lieber mit seinem Heer in Gefangenschaft. Das Gefolge des Königs von Frankreich schrumpfte auf zwei Personen, seinen Kaplan Wilhelm von Chartres und seinen Koch Isambard. Damiette wurde dank der Tatkraft der französischen Königin gehalten, die dort gerade einen Sohn geboren hatte und nun mit äußerster Mühe den Abzug der italienischen Kaufleute verhinderte, der mit Sicherheit eine Panik zur Folge gehabt hätte. Damit hatten die Kreuzfahrer ein wertvolles Pfand für Verhandlungen mit den Ägyptern. Am 6. Mai schlossen die Gegner einen Vertrag, durch den die Person des Königs gegen Damiette getauscht wurde. Außerdem zahlte Ludwig für seine gefangene Restarmee sofort die erste Hälfte eines Lösegeldes von insgesamt 800000 Byzantinern = 400000 *livres tournois*. Davon fanden sich »nur« 177000 in der also noch sehr ansehnlich bestückten königlichen Kasse; den Rest von 23000 Byzantinern besorgte man gegen formale Proteste bei den Templern aus den von ihnen gehaltenen Depositenkonten Dritter. Am 8. Mai segelte Ludwig von Damiette nach Akkon ab. Sein Heer löste sich auf. Sein Bruder Karl von Anjou hielt den Kreuzzug für beendet und gab sich sogleich wieder dem verbotenen Würfelspiel hin, das schon Philipp II. Augustus und Richard Löwenherz während des dritten Kreuzzuges drastisch eingeschränkt hatten (nicht ohne sich selbst von dem Verbot auszunehmen!). Das führte dazu, daß Ludwig, für den der Kreuzzug noch keineswegs zu Ende war, Karl die Würfel entriß und über Bord warf. Er hatte kaum mehr 1400 Mann übrig, aber trotz drängender Bitten seiner Mutter, die in Frankreich die Regentschaft führte, und gegen den Einspruch des Kronrats entschied sich Ludwig, im Hl. Land zu bleiben, das seiner Hilfe bedurfte. Auch war des Königs Heer noch in Gefangenschaft.
Vier Tage vor der Freilassung des Königs hatte sich in Kairo eine Palastre-

volution abgespielt, die die allergrößten Folgen haben sollte. Die mamlukische Leibgarde hatte geputscht[134]. Die Mamluken waren als Elitetruppen schon immer wichtig gewesen. Unter Mamluken (*mamluk* = etwas, das besessen wird) verstand man weiße, türkische Sklaven (damals meist aus der Qiptschak Steppe), die in jungen Jahren angekauft und dann sowohl islamisiert wie für den Soldatenberuf erzogen wurden. Meist ließ man sie frei, wenn sie wehrfähig waren. Sie hatten keine Familienbande mehr (ihr Vatersname ist stereotyp immer derselbe, d. h. rein fiktiv: Ibn Abdallah) und kein Staatsgefühl, sondern kannten nur die persönliche Loyalität zu ihrem Herrn. Das empfahl sie als Leibwächter, doch ihre Prätorianerposition machte sie zu einer arroganten Kriegerkaste, die des Arabischen häufig nur unzulänglich mächtig war, aber wohl wußte, daß sie ihrem Herrn unentbehrlich war. Er regierte nur so lange, wie er seine Macht auf sie stützte, sie freilich blieben nur an der Macht, so lange er herrschte. Wie bei den schwarzen Eunuchen, die nur in der Verwaltung eine Chance hatten, dauerten Karriere und Glück eines Mamluken nur eine Generation, denn anders als die Eunuchen gründeten sie zwar Familien, konnten aber ihre aristokratische Stellung nicht vererben, da ihre Kinder schon von Geburt an Muslime waren und daher nach islamischem Recht nie versklavt werden konnten, und anfängliche Versklavung war neben der Herkunft aus einer umschriebenen, aber fernen Region die Grundvoraussetzung für die Aufnahme in diese elitäre Aristokratie auf Zeit, die im Gegensatz zu den Eunuchen noch zusätzlich mindestens latent dadurch gefährdet war, daß jeder neue Herrscher die alten Mamluken tunlichst verjagte und sich neue heranzog. Es war ein immens kostspieliges System, das freilich sowohl gegen Franken wie Mongolen unbestreitbare militärische Leistungen erbrachte. Solange der größte Teil des aiyubidischen Heeres von freien Kurden kommandiert wurde, konnten die Mamluken dem Staat nicht gefährlich werden, aber der zentralistisch gesinnte as-Salih hatte das mamlukische System vervollkommnet, um mit Hilfe dieser türkischen Militärmaschinerie die Einheit des sich auflösenden Aiyubidenreiches noch einmal zu erzwingen. Den ersten Rang im Heer nahmen jetzt die Bahriyya-Mamluken ein, so genannt nach der Nilinsel, wo as-Salih sie kaserniert hatte. Ihre Zahl betrug nur etwa ein Tausend, aber es war eine furchtlose Reitertruppe, die die Hauptstadt beherrschte. Als der Erbe as-Salihs, Turan Schah, Miene machte, die Verwaltung mit seinen mitgebrachten mesopotamischen Parteigängern zu durchsetzen, fühlten sich die Bahriyya bedroht und ließen Turan-Schah am 2. Mai 1250 ermorden. Damit war die aiyubidische Herrschaft in Ägypten beendet, wo Aybeg zum ersten Mamlukensultan aufstieg. Das erbliche kurdische Regime wurde durch die auf Wahl basierende türkische Militäroligarchie abgelöst. Nicht das mamlukische Phänomen als solches war dabei bemerkenswert, sondern daß die Mamluken jetzt das Sultanat, dem sie zuvor gedient hatten, selbst usurpierten. An-Nasir von Aleppo wurde jetzt zum Haupt der aiyubidischen Legitimisten in Syrien, das gegenüber dem wirtschaftlich starken Ägypten das Zentrum der islamischen Kultur arabischer Zunge bildete. Der Krieg zwischen den Mamluken und den Aiyubiden blieb nicht aus, und eine Einigung kam erst im April 1253 zustande. Die Aiyubiden behielten Syrien und das nördliche Palästina, die Mamluken wurden in Ägypten und dem südlichen Palästina anerkannt. Dieser Einigung folgten aber blutige Kämpfe innerhalb der Bahriyya, die bis 1254 andauerten und durch die Auswanderung eines Teiles des Regiments nur ungenügend beigelegt wurden, denn die Exilmamluken bildeten noch bis 1260 eine für die Ägypter gefährliche militante Gruppe in Syrien.

Ludwig der Heilige profitierte von diesen Auseinandersetzungen, denn sowohl die Aiyubiden wie die Mamluken bemühten sich um seine Unterstützung. Der König erkannte klar, daß die Zukunft bei Ägypten lag, und schloß 1252 einen Vertrag mit den Mamluken, der seinem Heer die Freiheit brachte und ihm die zweite Rate seines Lösegeldes erließ. Die militärischen Ziele der Allianz, die sich gegen die Aiyubiden richtete, wurden von diesen aber mit Waffengewalt durchkreuzt. In den vier Jahren von 1250 bis 1254, in denen Ludwig der Heilige in Palästina war, regierte er das Hl. Land mit seiner ganzen Autorität, ohne daß irgend jemand, sei es Baron oder Ordensmeister, ihm dies streitig gemacht hätte. Er baute mit großer Umsicht die Befestigungen von Akkon, Caesarea, Jaffa und Sidon wieder auf, er versuchte, die Familienstreitigkeiten in Antiochia beizulegen, und verwies den Templermarschall, der ohne sein Wissen Verträge mit den Aiyubiden geschlossen hatte, kurzerhand des Landes. Dennoch war die Regentschaft *(bailliage)* des Königs von Zypern auf dem Festland nicht völlig nominell. Wo er konnte, versuchte er, seine Position neben der übermächtigen des französischen Königs zur Geltung zu bringen. Sein Stellvertreter, Johann von Arsur aus der Familie der Ibelins, versuchte sich 1251 an einer revolutionären Verwaltungsreform, als er vorschlug, sowohl in der Haute Cour wie in der Cour des Bourgeois Register zu führen. Er konnte gegen die Opposition des Adels nur den zweiten Teil des Vorschlages durchsetzen, der den Baronen im Hinblick auf ihre zahlreichen *tenures en bourgeoisie* nützlich war, während sie das Register in der Haute Cour nicht zuließen, wo es den liebgewordenen *recort de court* (s. oben S. 147) zu verdrängen gedroht hätte[135]. Ludwig wurde auch zum Mäzen der Malschule von Akkon, die mit der herrlichen Pariser Arsenalbibel noch einmal ein künstlerisches Meisterwerk schuf; als Vorbild hatten byzantinische Handschriften gedient, die Ludwig vielleicht dem in stetiger Geldnot befindlichen Kaiser Balduin II. von Konstantinopel abgekauft hatte. Durch predigthafte Reden des Königs wurde Joinville im Winter 1250/51 zur Abfassung seines *Credo* inspiriert, in dem die wichtigsten Sätze des christlichen Glaubens erläutert wurden. Das mit Miniaturen geschmückte Werk war dazu bestimmt, den Sterbenden zum Trost vorgelesen und vorgezeigt zu werden, um sie vor teuflischen Anfechtungen zu bewahren.

Im Frühjahr 1254 erkannte der König, daß er nicht mehr länger im Hl. Land bleiben dürfe. Seine Mutter war Ende 1252 gestorben und wurde als Regentin durch seine Brüder nur unvollkommen ersetzt. Die Folgen im Orient wurden alsbald sichtbar. Der König mußte 1253 plötzlich als Kreditnehmer auftreten und borgte bei den Italienern 100000 Pfund. Als das Geld ausging, legten ihm die Barone von Jerusalem unverblümt die Abreise nahe. Am 24. April 1254 verließ Ludwig der Heilige, der letzte kreuzfahrende König, das Hl. Land. Er hatte in erster Linie Ruhm für Gott gesucht, aber noch immer gewann ein König durch den Kreuzzug so viel morali-

sches Ansehen, daß Ludwig – zumal Kaiser Friedrich II. 1250 gestorben und das Reich in schwerem Niedergang begriffen war – als »ungekrönter Kaiser« der Schiedsrichter des Abendlandes war.
Ehe Ludwig IX. das Hl. Land verließ, nahm er noch Kontakt mit den Mongolen auf, in der Hoffnung, er könne in ihnen den Franken einen mächtigen Verbündeten gegen die Muslime verschaffen[136]. In der Tat waren die Mongolen in der zweiten Hälfte des 13. Jh. die einzige Macht, die den Islam noch ganz hätte vernichten können, wobei freilich die Christen Gefahr gelaufen wären, ihren eigenen Rettern anschließend zum Opfer zu fallen. Bei diesen Plänen, die an der Kurie und in Europa bis nach 1300 intensiv debattiert wurden, war entscheidend, daß die Mongolen in ihrer Mehrheit weder Christen noch Muslime waren, daß jedoch der Einfluß der Nestorianer, die die menschliche Natur Christi stärker betonten als die göttliche und daher im 5. Jh. zu Ketzern erklärt worden und nach Innerasien ausgewichen waren, bei den mongolischen Großkhanen und ihren Frauen nicht unbedeutend war; ja einige mongolische Stämme waren geschlossen nestorianisch. So konnte man hoffen, die Mongolen würden sich eher zum Christentum bekehren als zum Islam. Mit der nestorianischen Häresie gedachte man dann schon fertig zu werden. Innocenz IV. schickte schon 1245–1247 den Franziskaner Johannes von Piano del Carpine in den Osten, um den mongolischen Großkhan zu bekehren, der aber seinerseits den Papst zur Unterwerfung aufforderte. Ähnlich erfolglos verliefen die Mission des Dominikaners Ascelinus (1245–1248), über die wir aus der von J. Richard sorgfältig edierten *Histoire des Tartares* seines Begleiters Simon von St. Quentin gut unterrichtet sind, so wie die Gesandtschaft des Dominikaners Andreas von Longjumeau 1249–1252, den Ludwig IX. von Zypern aus entsandt hatte. Auch hier stand der Bekehrungsversuch im Vordergrund. Die christliche Seite verkannte dabei, daß die Großkhane in Wahrheit religiös indifferent waren und die nichtorthodoxen Muslime und Buddhisten kaum weniger gut behandelten als die Nestorianer. Das verstärkte Werben um die Mongolen zeigt aber, wie sehr diese zum beherrschenden Faktor in der Politik Vorderasiens geworden waren. Die Haltung der einzelnen Mächte zu dem mongolischen Problem wurde immer mehr der Maßstab, an dem sie selbst von dritten Mächten gemessen wurden.
Das mongolische Großreich hatte vorher und nachher nicht mehr seinesgleichen in der Geschichte[137]. Es war nicht nur durch seine Größe staunenerregend, sondern auch durch die explosionsartige Geschwindigkeit, mit der es entstand. Gerade diese überaus schnelle Expansion führte dazu, daß die Muslime die mongolische Gefahr anfangs weit unterschätzten, vor allem solange noch das Hwarizmische Reich zwischen ihnen und den Mongolen lag. Die Mongolen, ein in mehrere Stämme gegliedertes Nomadenvolk, stammten wie die Türken aus den dürren Steppengebieten zwischen dem Baikalsee und dem Altaigebirge. Erstmals machten sie sich im 10. Jh. in der Geschichte bemerkbar, als sie sich nach Süden ausbreiteten und die von ihnen vertriebenen Hitai in Nordchina das Reich der Liao begründeten, das um 1125 zerstört wurde, worauf die Liao nach Westen zurückfielen und östlich des Jaxartes das Reich der Qara Hitai aufbauten. Nach dieser ersten Berührung mit der chinesischen Kultur versanken die Mongolen wieder in

einen Wirrwarr von Stammeskämpfen. Ihr kometenhafter Aufstieg begann kurz nach 1200. Innerhalb eines Jahrzehnts hatte sich Temüdschin, einer ihrer Führer, zum Herrn aller mongolischen Stämme gemacht. Im Jahre 1206 wählte ihn eine Volksversammlung zum Großkhan aller Mongolen unter dem sprachlich ungeklärten Titel Dschingiz Khan. Von nun an waren die riesigen mongolischen Volksmassen willens, als politische Einheit zu handeln; sie glaubten an einen göttlichen Auftrag, die Welt unter mongolischer Herrschaft zu einen (»eine Sonne am Himmel, ein Herr auf Erden«). In wenigen Jahren organisierte Dschingiz Khan sein Reich. Er sammelte die mongolische Rechtsüberlieferung in einem Gesetzbuch, der sogenannten Yasak, die das Privateigentum mit drakonischen Strafen schützte. Die Armee wurde in Zehnergruppen und dem Vielfachen davon organisiert, wobei die Zehntausendschaften selbständige operative Einheiten bildeten. Ihre Stärke lag neben der verwegenen, des Todes nicht achtenden Tapferkeit der Mongolen in ihrer außerordentlichen Beweglichkeit, die es den mongolischen Reitern erlaubte, den Gegner anzugreifen, ehe dieser seine Verteidigung richtig organisiert hatte. Die »pfeifenden Pfeile« der Mongolen, deren durchbohrte Pfeilspitzen im Flug ein heulendes Geräusch verursachten, erregten Angst und Schrecken. Eine eiserne Disziplin hielt das Heer zusammen, das im Laufe der Eroberung immer mehr durch türkische Einheiten verstärkt wurde. Die Kriegführung der Mongolen war von äußerster Brutalität. Sie spannten ihre Untertanen rücksichtslos zum Transport gewaltiger Mengen von Belagerungsmaterial ein. Die Bewohner der eroberten Städte wurden, soweit sie nicht von vornherein kapituliert hatten, großenteils niedergemetzelt. Die wehrfähigen Männer konnten bestenfalls damit rechnen, von den Mongolen bei späteren Belagerungen als Kugelfang vor dem Heer hergetrieben zu werden. Die Frauen und Kinder wurden versklavt, und nur Techniker, die den Eroberern nützlich waren, konnten auf Gnade rechnen. So vernichteten die nomadischen Mongolen in Mittelasien die dortige wirtschaftliche und kulturelle Blüte, die auf einer alten Stadtkultur beruhte, und trennten den persischen Iran endgültig von der arabischen Welt, während sie im Osten, von der überlegenen chinesischen Kultur angezogen, ganz chinesische Sitten annahmen.

Als Dschingiz Khan sein Reformwerk abgeschlossen hatte, ging er daran, den Landhunger seiner nomadischen Steppenvölker zu befriedigen. Er fiel 1211/12 in Nordchina ein, dessen Unterwerfung 1215 mit der Eroberung Pekings abgeschlossen wurde, dann vernichtete er 1219/20 den Ostteil des hwarzmischen Reiches in Transoxanien und Horasan. Dieser rasche Zusammenbruch zweier bisher für unüberwindlich gehaltener Reiche begründete den Ruhm der Mongolen und flößte ihren präsumptiven Opfern panische Angst ein. Den mächtigen Hwarizm Schah hatten sie fast wehrlos vor sich hergetrieben, bis dieser verzweifelt südlich des Indus Schutz suchte, obgleich er gerade noch das abbasidische Kalifat auszulöschen gedroht hatte. Den Nachbarn der Mongolen blieb nur noch die »Wahl zwischen freiwilliger Unterwerfung, die meist der Auslöschung gleichkam, und dem Widerstand, an dessen Erfolg sie von vornherein verzweifelten« (Cahen). Von 1220 bis 1223 verwüsteten die Eroberer Azarbaidschan, Südrußland und die Länder an der mittleren Wolga, zogen sich aber zunächst wieder zurück. Dschingiz Khan starb 1227, aber seine Söhne führten die Expansion unter dem Großkhan Ögödai weiter: 1230–1233 fiel der Iran und der Rest des hwarizmischen Reiches, und das öffnete den Mongolen den Weg nach Vorderasien; 1231–1234 fiel Korea; 1237–1239 folgte Südrußland, wo die Mongolen die jahrhundertelange tatarische Herrschaft der »Goldenen Horde« begründeten; 1240 fegten sie durch die Ukraine und Polen westwärts, vernichteten 1241 bei Liegnitz ein deutsches Heer und machten 1243 Anatolien zu einem mongolischen Protektorat. Nur der Tod Ögödais 1241 rettete Mitteleuropa vor dem Mongolensturm; die Eroberer schwenkten durch den Balkan ab. Die folgenden zehnjährigen inneren Auseinandersetzungen, die erst mit der Wahl Mönges (1251–1259) endeten, verhinderten zunächst weitere Eroberungen, aber Mönge Khan nahm die Expansion in bisher nie gekanntem Ausmaße nach beiden Richtungen wieder auf. Im Osten unterwarf er zusammen mit seinem Bruder Qubilai Khan (Großkhan 1260–1294) Südchina, wo Qubilai Khan als Gründer der Yüan Dynastie eine glanzvolle, rein chinesische Hofhaltung entfaltete, die uns der Venezianer Marco Polo geschildert hat, der zwanzig Jahre dort lebte. Um 1280 war ganz China der mongolischen Herrschaft unterworfen. Kambodscha und Tonkin waren abhängige Protektorate. Im Westen waren zu dieser Zeit der Iran und Mesopotamien vollständig besiegt, und man konnte von Kiew oder Bagdad bis nach Peking reisen, ohne eine Landesgrenze zu überschreiten. Allerdings machten die Großkhane immer mehr rein chinesische Politik, und die westlichen Teilreiche im Iran, Transoxanien und Rußland wurden mehr und mehr selbständig.

Vom Hl. Land aus war mit Wissen und Unterstützung Ludwigs IX. erneut ein Franziskaner in die Mongolei gereist, der Flame Wilhelm von Rubroek, der eigentlich dort nur missionieren wollte, dann aber etappenweise bis an den Hof Mönge Khans in Qaraqorum weitergereicht wurde, weil man ein simples Empfehlungsschreiben des Königs infolge falscher Übersetzung zu Wilhelms Entsetzen für ein Allianzangebot hielt. In Qaraqorum traf er auf den dort versklavten Pariser Goldschmied Guillaume Boucher, der ihm ein silbernes Kreuz »nach gallischer Art« verehrte, d.h. mit dem leidenden Christus darauf, den die Nestorianer sofort entfernten, weil das Kreuz für sie nicht das Zeichen der Passion, sondern der Parusie Christi war. Nicht nur so schockierten sie Wilhelm, sondern auch durch andere Mißbräuche. Ihren Gottesdienst auf Syrisch konnten sie nur ebenso radebrechen »wie bei uns die Mönche, die die Grammatik nicht beherrschen«, sie wuschen sich wie Muslime die Füße, ehe sie die Kirche betraten, praktizierten gelegentlich die Polygamie und überkamen die stets drohende Gefahr eines Priestermangels mit der allerdings drastischen Maßnahme, daß bei einem der ganz seltenen Besuche eines Bischofs dieser gleich sämtliche männlichen Kinder zu Priestern weihte. Der Flame, der uns einen der wertvollsten Berichte über jene Regionen hinterlassen hat, brachte von seiner mehrjährigen Reise (1253–1255) zwar die Überzeugung mit, die Lateiner seien theologisch allen anderen Konfessionen überlegen und der Osten könne wahrscheinlich leicht bekehrt werden. Die Allianz wollte Mönge Khan aber nur dann abschließen, wenn Ludwig sein Vasall würde, und auf dieser Basis konnte man sich nicht einigen. Als Wilhelm 1255 zurückkehrte, wollte er Ludwig IX.

mündlich berichten, aber einen wirklich Bibelkundigen ließ man so schnell nicht ziehen, und der Provinzial steckte ihn kurzerhand als Bibeldozenten in das Franziskanerkloster in Akkon, wo er seinen Reisebericht niederschrieb. Auf seine Bitten hin erreichte Ludwig Wilhelms Befreiung aus dem ungeliebten Posten, denn Roger Bacon machte nach 1257 seine Bekanntschaft in Paris. Bei Wilhelms Rückkehr aus Qaraqorum rüstete Mönges Bruder Hülagü im Westen bereits zur weiteren Eroberung islamischer Länder. Mit etwa 120000 Mann brach er 1255 in Vorderasien ein, vernichtete 1256 die persischen Assassinen in Alamut, und am 10. Februar 1258 erstürmten die Mongolen Bagdad und erstickten den letzten abbasidischen Kalifen al-Mustasim, ein degeneriertes Geschöpf, das seine Zeit mit Vögeln spielend verbrachte und dem schon der zeitgenössische Bar Hebraeus infantile Haltung vorwarf, mit einem Teppich. Damit hatte die sunnitische Orthodoxie ihr geistliches Oberhaupt verloren, und die Schiiten konnten wieder aufatmen. Von 1258 bis 1260 unterwarf Hülagü das obere Mesopotamien. Die Christen der Kreuzfahrerstaaten, die in ihm den Feind der Mamluken witterten, sahen ihm dennoch nur teilweise frohlockend entgegen, als er 1259/60 Damaskus und Aleppo eroberte und seinen General Ketboga dann mit einem Teilheer südwärts gegen Ägypten vorstoßen ließ. Aber bei Ain Dschalut in Galilaea trat ihm das mamlukische Heer unter Sultan Qotuz und dem General Baibars entgegen (September 1260). In einer erbitterten Schlacht wurden die Mongolen besiegt. Es war eine der großen Entscheidungen der Geschichte: die Legende von der Unbesiegbarkeit der Mongolen war zerstört, ihre Expansion nach Westen und Nordafrika endgültig aufgehalten, der Fortbestand des Islam gesichert, die mamlukische Oberherrschaft über Syrien und Palästina hergestellt. Die Flüchtlinge aus Mesopotamien und Syrien sorgten dafür, daß von nun an Kairo das kulturelle Zentrum des arabisch sprechenden Islam wurde. Bei Ain Dschalut zeigten sich auch die ersten Sprünge im Gefüge des mongolischen Großreichs, denn hier kämpften auf mamlukischer Seite mongolische Truppen der Goldenen Horde, die seit längerem mit Hülagüs Mongolen völlig zerstritten waren. Hülagü († 1265) begnügte sich mit dem Iran, wo er das Reich der Il-Khane (Landfürsten) gründete und die Angriffe der Mamluken abwehrte. Er selbst und seine Nachfolger neigten religiös zum Buddhismus und arbeiteten noch eng mit dem Großkhan zusammen. Aber der Tod Qubilai Khans brachte das System des mongolischen Großreichs zum Einsturz. Es war zu groß geworden, brauchte man doch von jeder seiner Grenzen ein Jahr, bis man nach Qaraqorum gelangte. Das Ostreich wurde nun ganz buddhistisch, während sich die Il-Khane 1295 endgültig zum Islam bekehrten und damit alle Hoffnungen zerstörten, die die Christen seit 1245 auf die Mongolen gesetzt hatten.

14. Die Kreuzfahrerstaaten 1254–1291

Die Abreise Ludwigs des Heiligen hinterließ ein Machtvakuum in Palästina, das in den Annalen des Königreichs Jerusalem ohne Beispiel war. Heinrich I. von Zypern, Regent mit dynastischem Anspruch, war im Januar 1253 gestorben; sein Sohn und potentieller Nachfolger im Regentenamt, Hugo II., war aber erst Ende 1252 geboren worden. Im Mai 1254 starb in Italien Konrad IV., der auch König von Jerusalem gewesen war. Auch sein Sohn Konradin war ein Kind, zwei Jahre alt, und es bestand bei ihm ebensowenig Hoffnung wie bei seinem Vater, daß er jemals nach dem Osten kommen werde, um selbst das Königreich Jerusalem zu regieren. Dennoch (oder vielleicht gerade deshalb) betrachteten die Barone in Akkon Konradin als rechtmäßigen König von Jerusalem (Konrad III., 1254–1268). Ein landfremder König war den Baronen wahrscheinlich das liebste. Man muß sich jedenfalls hüten, in ihrem Festhalten an Konradin eine besondere Treue zum staufischen Hause zu sehen; allenfalls mag eine gewisse Loyalität gegenüber dem Recht mitgespielt haben. Aber wie der Staat war auch die Kirche völlig führungslos. Der Patriarch von Jerusalem starb 1254; der Nachfolger Jakob Pantaleon, Bischof von Verdun und nachmals Papst Urban IV., wurde erst im April 1255 gewählt und kam erst im Juni 1256 ins Hl. Land. Der Stellvertreter des Patriarchen, der Erzbischof von Tyrus, war schon 1253 gestorben, und noch im Herbst 1254 war sein Nachfolger nur Elekt, nicht voll amtierender Erzbischof. Ebenfalls seit 1253 war Akkon, das wichtigste Bistum, verwaist, und auch hier kam der neue Bischof erst im Juni 1256 in den Osten. Odo von Châteauroux, der Kreuzzugslegat, reiste im September 1254 ab. Nun brach die Anarchie aus. Die Kanzlei der Zentralgewalt war schon unter Friedrich II. eingeschlafen und wurde von den Baronen nach dem Zusammenbruch der staufischen Verwaltung 1243 nicht mehr wiederbelebt. Daß das Regentensiegel 1252 außer Landes in Zypern war, schien niemanden zu stören. Nach der wirkungslosen Absetzung Friedrichs II. durch Papst Innocenz IV. 1254 war es so weit, daß der Papst der Stadt Ankona ein Handelsprivileg für Jerusalem ausstellte. Und bezeichnenderweise nahmen die Barone 1253/54 eine neue Siegelformel an *(bulle de plomp empreint en mes dreis coing de ma seignorie)*, die ihre Bleisiegel erst wirklich zu Herrschaftszeichen machte und die die juristische Literatur ihnen seit einem halben Jahrhundert nahelegte, die aber zuvor nur der Regent verwendet hatte und von der die jetzt wichtiger werdenden öffentlichen Notare auch nichts wissen wollten, so daß es ein Akt der Usurpation gewesen sein dürfte. Soweit man von Regierung überhaupt noch sprechen konnte, wurde sie ausgeübt von den Baillis, d. h. 1253–1258 vom Adel selbst, danach nominell von den Regenten mit dynastischem Anspruch, faktisch jedoch meist von den von diesen eingesetzten Verwaltungsbaillis, also wiederum vom Adel. Die eigentliche Bailliage war zunächst die Domäne des Hauses Ibelin, allerdings zweier ganz gegensätzlicher Charaktere, des Zentralisten Johann von Arsur (1253–1254, 1256–1258) und des Hauptvertreters des adligen Klasseninteresses, des Grafen Johann von Jaffa (1254–1256) (oben S. 147, S. 233), die die Regentschaft durchaus auch ihren eigenen Zwecken dienstbar zu machen verstanden, so als Johann von Jaffa im Frühjahr 1256 den Versuch machte, mit dem Reichsheer das zu seiner Grafschaft gehörende Askalon zurückzuerobern, was mißlang, ihn aber in sehr schwierige Finanzverhandlungen mit den Johannitern brachte, die seit dem Verlust Askalons 1247 auf die finanzielle Entschädigung pochten, die Friedrich II. ihnen für diesen Fall zugesagt hatte. Neben die jeweiligen Regenten traten als Machtfaktoren ergänzend die Meister der drei Ritterorden und die Baillis und Konsuln der Italiener in der Levante und seit 1265 auch immer mehr der Patriarch von Jerusalem (oben S. 158).

Die auswärtige Politik richtete sich zunächst darauf, das alte, aus der Aiyubidenzeit gewohnte System der immer wieder verlängerten Waffenstillstandsverträge zu erneuern[138]. Ludwig IX. von Frankreich hatte noch vor seiner Abreise einen solchen Vertrag mit Damaskus auf zweieinhalb Jahre abgeschlossen, obgleich er selbst ja mehr Ägypten zuneigte. Ein Jahr später (1255) schlossen die Franken einen langfristigen Vertrag mit Ägypten auf zehn Jahre ab. Im Innern wurde das kleine Königreich dagegen von den schlimmsten Zwistigkeiten heimgesucht. Im Jahre 1256 kam es in der Levante zum ersten großen Kolonialkrieg zwischen Venedig und Genua[139]. Der seit 1251 schon gerichtlich schwelende Streit entzündete sich an der Frage, wem gewisse Häuser des Klosters St. Sabas in Akkon gehören sollten, Venedig oder Genua. Als im Sommer 1256 sowohl neue Kolonialbeamte beider Städte ihre Ämter in Akkon antraten und in der dornigen Frage auch noch widersprüchliche Papstbriefe mitbrachten, entbrannte der offene Kampf. Die Genuesen besetzten das venezianische Viertel. Die Venezianer konnten sie nur mit Mühe wieder zurückwerfen, Philipp von Montfort benutzte die Gelegenheit, um die in Akkon beschäftigten Venezianer nun aus seiner neuen Herrschaft Tyrus zu vertreiben, wo ihnen nach dem Vertrag von 1123 ja ein ganzes Drittel der Stadt gehörte. Diese Maßnahme konnten die Venezianer nicht hinnehmen, weil Tyrus ihre Hauptniederlassung im Hl. Land war. Der ursprünglich lokale Konflikt weitete sich 1257 zum »Krieg von St. Sabas« aus, weil nun auch der Feudaladel Partei ergriff. So stand sich wieder das ganze Land in Waffen gegenüber, auf der einen Seite die Venezianer, unterstützt von den Pisanern und Provenzalen, der Mehrzahl der Ibelins (vor allem Johann von Jaffa), den Templern und den Deutschrittern, auf der anderen Seite die Genuesen, die mit Johann von Arsur, der Johann von Jaffa gerade aus der Regentschaft verdrängt hatte, mit Philipp von Montfort, den Johannitern und den katalanischen Kaufleuten verbündet waren. Die Kampfhandlungen spielten sich vor allem zwischen den Italienern und ihren aus Europa entsandten Flotten ab, wobei es in Akkon zu blutigen Kämpfen kam und viele Häuser durch Steinbombardement zerstört wurden. Die in den Quellen genannte Zahl von 20000 Toten wird freilich übertrieben sein. Im Februar 1258 inszenierte Johann von Jaffa einen Coup, der dazu bestimmt war, Johann von Arsur als Regent zu stürzen. Er brachte das Kind Hugo II. von Zypern nach Akkon und ließ seine Mutter, die Königin Plaisance von Zypern, die Regentschaft für Hugo II. verlangen. Gerade weil der Anspruch rechtlich unanfechtbar war, hatte man seit 1253 peinlich vermieden, das Kind nach Akkon zu bringen. Für den Minderjährigen mußte aber nun ein regierender Vormund ernannt werden, und der eigentliche Kunstgriff Johanns von Jaffa bestand darin, Plaisance in diese Stellung zu manövrieren, wofür nur ihre Verwandtschaft zu Hugo II. entscheidend war, während ihre sehr entfernte Verwandtschaft zum landfremden König Konradin, die an sich über die Regentschaft entschied, nun übergangen werden konnte, sie aber de facto trotzdem Regentin wurde. Das Land hatte nun einen minderjährigen König Konradin mit einem minderjährigen Regenten Hugo, für den seine Mutter herrschte. Da sie mit Johann von Arsur, der jetzt von Hugo als Regent abgelöst wurde, sehr verfeindet war, hätte Johann von Arsur an sich von jeder Macht ausgeschlossen werden müssen. Aber Plaisance einigte sich überraschend mit ihm und ernannte ihn zum Verwaltungsbailli, der sie vertrat. Seine Funktion als Administrator war durch den subtilen Kunstgriff Johanns von Jaffa nun durch zwei Zwischenglieder (Hugo und Plaisance) vom König getrennt. Die Rechnung des Grafen von Jaffa ging nur insoweit auf, als Plaisance gemeinsam mit ihrem Bruder Boemund VI. von Antiochia-Tripolis die Vasallen Jerusalems gegen Genua einte. In diese Kämpfe griffen auch die tripolitanischen Vasallen Boemunds ein. Nur Bertrand von Giblet aus der genuesischen Familie der Embriaci verweigerte den Dienst. Als er doch dazu gezwungen wurde, griff er zwar an, aber ohne Waffen und laut seinen Namen rufend. Dieser Zwischenfall ebenso wie die Tatsache, daß Boemund VI. die Haute Cour von Tripolis als Kampfort der Vasallen gegen fürstliche Willkür dadurch geschwächt zu haben scheint, daß er sie mit »Römern«, d.h. landfremden Anhängern seiner Mutter Lucienne von Segni (aus einer Familie, die im 13. Jh. drei Päpste stellte) durchsetzte, trieb die Vasallen noch 1258 in die offene Revolte, die sie um 1260, weil die Haute Cour versagte, in einer paritätisch besetzten Zwölferkommission mit einem unparteiischen Vorsitzenden beilegten. Als die Genuesen 1258 auf der Reede vor Akkon eine schwere Niederlage ihrer Flotte gegen Venedig hinnehmen mußten, und gleichzeitig ein Versuch Philipps von Montfort, sich Akkons zu bemächtigen, mißlang, war der Krieg praktisch zugunsten der Venezianer entschieden. Akkon war eine Art venezianischer Dependance geworden. Die venezianische Staatslegende will es, daß die beiden freistehenden Pilaster auf der Piazetta in Venedig, die sog. *pilastri d'Acri,* aus St. Sabas in Akkon stammen und als Spolien des venezianischen Sieges hier aufgestellt wurden. Die Steinmetzzeichen sind allerdings in Konstantinopel wiedergefunden worden, so daß die Säulen aus der Beute von 1204 stammen. Aber wenn ab 1258 auch die militärischen Operationen nachließen, flammte der Konflikt doch bei jedem Passagium, also zweimal im Jahr, wenn die italienischen Flotten in den Osten kamen, unweigerlich erneut auf. Im Jahre 1261 erzielte man eine vorläufige Einigung: die Genuesen behielten einen Stützpunkt in Tyrus, wurden aber aus Akkon ausgeschlossen, das den Venezianern und den Pisanern zufiel. Genua rächte sich im byzantinischen Reich mit dem Vertrag von Nymphaion (1261), der die venezianische Vormachtstellung in Byzanz bedrohte (s. oben S. 184). Das Hauptgewicht der Auseinandersetzung verlagerte sich nunmehr dorthin, aber auch der syrische Seekrieg riß nicht ab, bis Ludwig der Heilige schließlich 1270 erreichte, daß ein wirklicher Friede zustande kam. Die Genuesen bekamen ihr in Trümmern liegendes Quartier in Akkon zurück; Venedig kehrte 1277 nach Tyrus zurück.

Aber Pisa schloß sich dem Frieden nicht an, und der Krieg zwischen der toskanischen und der ligurischen Republik dauerte noch bis 1288 an. Der lange Bürgerkrieg zeigt die Schwäche der Zentralgewalt, die nach dem Tode Johanns von Arsur an Gottfried von Sergines ging (Mai 1259), was aber Johann von Jaffa († 1266) dadurch konterkarierte, daß er Plaisance († 1261) zur Maitresse nahm, wogegen Urban IV. 1261 laut wetterte.

Wenn die direkten Kampfhandlungen im Krieg von St. Sabas um 1260 nachließen, so hing das auch damit zusammen, daß das mongolische Problem immer drängender wurde. Der Norden setzte entschlossen auf die mongolische Karte; es blieb ihm allerdings kaum eine andere Wahl. Die Mongolen hatten schon 1243 ein Protektorat über den anatolischen Rumseldschukenstaat errichtet, und seither suchte auch das kilikische Armenien Anlehnung bei den neuen Herren. Schon 1247 hatte König Hethum I. seinen auch als Chronisten bedeutenden Konstabler Smpad beim Großkhan die Unterwerfung anbieten lassen; aus Samarkand schrieb Smpad 1248 nach Zypern und berichtete von den Verwüstungen der Mongolen, die er unterwegs gesehen hatte. Hethum hielt es 1254 für geboten, persönlich nach Qaraqorum zu reisen, wo er mit Mönge Khan eine enge Allianz abschloß. Hethum war einer der wenigen, die das ganze Ausmaß der mongolischen Gefahr begriffen und entschlossen auf Zusammenarbeit mit ihnen setzten. Mönge machte ihm Zugeständnisse für die armenische Kirche in seinem Reich und sicherte ihm eine Art Beraterstellung für christliche Angelegenheiten zu. Dafür versprach Hethum, sich an der Expedition Hülagüs nach Vorderasien zu beteiligen. In Hethums Sicht war diese Allianz selbstverständlich und vernünftig. Gegen die Mongolen sich durchzusetzen, war unmöglich; ganz im Gegenteil hatten diese die Kleinarmenier von ihren Erbfeinden, den anatolischen Seldschuken, befreit, und es bestand ja immer die Hoffnung, der nestorianische Einfluß werde die Mongolen endgültig zum Christentum bekehren, zumal Mönges bedeutende Frau Doquz Khatun nestorianischen Glaubens war. Ein armenischer Geschichtsschreiber des ausgehenden 13. Jh. feierte Hülagü und seine Gattin geradezu mit der alten Kaiserakklamation als einen neuen Konstantin und eine neue Helena und als Instrumente der (göttlichen) Rache an den Feinden Christi, und als Konstantin und Helena wurden sie 1260 auch in einer westsyrischen Buchmalerei (Cod. syr. 559 im Vatikan) dargestellt. Hethum hielt seinerseits immer an dem Bündnis fest, erst mit Mönge, dann mit dem Il-Khan. Im gleichen Jahr, da Hethum in Qaraqorum weilte, versöhnte sich Kleinarmenien auch endgültig mit Antiochia. Die Beziehungen der beiden Länder waren seit 1224 getrübt, weil der hethumidische Regent damals den rechtmäßigen Herrscher, der aus antiochenischem Hause stammte, beseitigt hatte (s. oben S. 223). Jetzt aber heiratete Boemund VI. von Antiochia-Tripolis (1252–1275) Sibylle, die Tochter Hethums. Es ist nicht bekannt, ob damit auch ein Lehnsverhältnis Boemunds gegenüber Hethum für Antiochia verbunden war, aber auf jeden Fall geriet Antiochia jetzt völlig in das Fahrwasser der kleinarmenischen Politik, ja praktisch regierte der König von Kleinarmenien auch Antiochia, dessen Fürst nur noch in Tripolis residierte. Wenn Kleinarmenien jetzt das antiochenische Recht übernahm, so spricht das ebenfalls für eine zunehmende Verschmelzung der beiden Staaten. So war auch Antiochia in die armenisch-mongolische Allianz eingebaut, von der beide Seiten zunächst profitierten. Die Armenier halfen den Mongolen bei der Belagerung Aleppos, die Antiochener stießen vor Damaskus dazu, und nach der Eroberung der Stadt wurde die berühmte Große Moschee zum Entsetzen der Muslime in eine christliche Kirche verwandelt. Zum Lohn konnte Hethum sein Gebiet auf Kosten der Seldschuken nach Anatolien hinein erweitern und überdies im Südosten in Richtung auf Aleppo, während Boemund im Schatten der Mongolen die muslimische Enklave Latakia an der Küste eroberte und damit erstmals seit 1187 wieder eine Landverbindung zwischen Antiochia und Tripolis herstellte. Er mußte sich freilich bequemen, einen mongolischen Residenten in Antiochia aufzunehmen und, da die Mongolen die Bedeutung des griechischen Elements in der antiochenischen Bevölkerung genau erkannten, einen griechischen Patriarchen einzusetzen, was ihm die Exkommunikation Roms eintrug.

Der fränkische Süden war unentschlossen, wie er sich gegenüber den Mongolen verhalten solle, weil hier die ägyptische Macht näher war und drohender schien als die mongolische. Sowohl Johann von Jaffa wie Julian von Sidon trennten sich nach 1260 von ihren Frauen aus dem kleinarmenischen Königshaus (dem mongolischen Hauptverbündeten) oder diese sich von ihnen. Allerdings wollte man auf keinen Fall die Mongolen provozieren, dazu hatte man vor ihnen zu viel Angst. An Karl von Anjou erging 1260 ein dringender, aber erfolgloser Appell, der die mongolische Gefahr in düsteren Farben schilderte. Inzwischen hatte sich der mamlukische Sultan Qotuz bereits zur Gegenoffensive entschlossen. Er wollte ein Bündnis mit den Franken schließen, und diese waren unter seinem Druck anfangs nicht ganz unwillig, entschieden sich aber auf Anraten des Deutschmeisters doch zur Neutralität, so daß Qotuz zwar freien Durchzug hatte, aber nicht auf militärische Hilfe rechnen konnte.

Die Stellungnahme des Deutschmeisters war möglicherweise durch die Rücksicht auf die kleinarmenische Politik bestimmt. Das Verhältnis zwischen den Ritterorden des Hl. Landes war ebenso schlecht, wie es im 13. Jh. zwischen allen gleichgearteten Kräften Palästinas war. Die Johanniter und die Templer verfolgten schon seit langem meist eine entgegengesetzte Politik. Dies hatte sich zuerst 1168 gezeigt, als die Johanniter die Expansionsbestrebungen des Königs Amalrich nach Ägypten unterstützten, während die Templer zurückhaltend waren. Später ergriffen die Johanniter die Partei Konrads von Montferrat, was die Templer ins Lager der Lusignans trieb. Gegen Friedrich II. machten die Orden gemeinsame Sache, aber auch hier waren die Johanniter deutlich zögernder als die Templer. Im letzten Stadium des Longobardenkrieges kam es dann wieder zum offenen Gegensatz, da sich die Johanniter mehr den Kaiserlichen näherten, was fast zum offenen Krieg zwischen den Orden führte. Die Templer und die Barone setzten dann 1243 die Allianz mit Damaskus durch, während die Johanniter mehr für Ägypten waren. Der Deutschorden aber baute seine Stellung nach dem Zusammenbruch der staufischen Macht im Hl. Lande nur noch wenig aus. Er zog sich mehr in das kilikische Kleinarmenien zurück, wo ihn die Könige als deutsche Lehnsleute reich privilegiert hatten. Hethum I. scheint sein ganzes Königreich in eine freilich unklar definierte Verbindung *(in ve-*

ram fraternitatem et sororitatem) mit dem Orden gebracht zu haben. Die Rücksichtnahme auf diese Besitzungen mag den Meister der Deutschritter bewogen haben, 1260 von einem militärischen Vorgehen gegen die Mongolen abzuraten. Templer und Johanniter aber wurden nach 1243 im Hl. Lande immer mächtiger, je ärmer und kraftloser das Königreich war. Beherrschten die Italiener die Städte, so waren die Ritterorden die eigentlichen Herren des flachen Landes, soweit dies noch christlich war. Sie besaßen die festesten Burgen, vor allem nördlich von Tripolis, wo die Johannitermacht bei Margat und Krak des Chevaliers konzentriert war, während die Templer Chastel-Blanc und Tortosa hatten, aber auch im Süden, wo Safad und Château Pèlerin das Zentrum der Templer und Belvoir das der Johanniter waren. Allein die Orden konnten in Europa noch ritterliche Krieger rekrutieren, die bereit waren, dauernd im Hl. Land zu kämpfen. Sie besaßen also die einzige wirkliche Kampfkraft. Außerdem waren sie durch viele Schenkungen im Abendland unermeßlich reich geworden, und ihr weitgespanntes Netz von Niederlassungen ermöglichte ihnen bedeutende Finanztransaktionen, die sie in die Rolle von Bankiers drängten. Die Orden hielten nach 1243 so wenig Frieden miteinander wie vorher. Sie waren in eine ständige Kette von Konflikten verwickelt, die sich manchmal, so 1259 im Krieg von St. Sabas, zum offenen Krieg steigerten, in dem es schwere Verluste an Menschenleben zu beklagen gab. Der Papst konnte diese Streitigkeiten nur unvollkommen schlichten, weil er in Europa auf das Wohlwollen beider Orden angewiesen war und es mit keinem von beiden verderben durfte.

Der immer mehr verarmende Adel des Hl. Landes sah sich gezwungen, den Orden Burg um Burg, Herrschaft um Herrschaft auszuliefern[140]. So wie es dem Herrn von Margat im 12. Jh. ergangen war (oben S. 148), ging es jetzt dem Herrn von Sidon: 1253–1261 verkaufte er immer mehr an die Orden, vor allem an den Deutschen Orden im Schufgebirge, bis er schließlich sein ganzes restliches Lehen einschließlich der Burg Beaufort im Litaniknie an die Templer gab, nachdem die Mongolen 1260 Sidon verwüstet hatten. Der Herr von Arsuf aus dem ehedem so mächtigen Hause der Ibelins mußte seine Herrschaft Stück um Stück an die Johanniter verkaufen, bis er sie 1261 ganz aufgab, vier Jahre, ehe sie an die Mamluken fiel. Besonders instruktiv sind die Vorgänge um das kleine Lehen Caselimbert nördlich von Akkon, mit dem 1252 Johann II. von Ibelin-Beirut belehnt wurde. Er verpachtete es 1256 auf zehn Jahre gegen eine Annuität von 13000 Byzantinern an den Deutschen Orden. Als er 1260 in Gefangenschaft geriet und sich um 20000 Byzantiner freikaufen mußte, kam es zu komplizierten und anrüchigen Geschäften. Ohne die erforderliche Genehmigung der Zentralgewalt verkaufte Johann dem Deutschen Orden im Dezember 1261 in einem Vorvertrag sowohl Caselimbert für eine Annuität von 11000 Byzantinern (also für weniger als die alte Pachtsumme) wie auch das Fort Toron Aghmid in den Bergen von Beirut für eine einmalige Zahlung von 5000, die allerdings – so der Vorvertrag ausdrücklich – in der vorgesehenen Endfassung nicht erwähnt werden durften, was auch so geschah. Für die vorzeitige Entlassung des Ordens aus dem Pachtvertrag erhielt Johann einmalig weitere 4000. Zusammen gab ihm das im ersten Jahr genau die 20000, die er brauchte. Aber er mußte sie mit einem Schuldscheindarlehen über 16000 bei seinem Vetter Julian von Sidon vorfinanzieren, der nicht so liquide war und daher 10000 bei den Johannitern borgte. Die erhaltenen Endverträge, obwohl erst im Dezember 1261 für die Zeit bis Pfingsten 1262 in Aussicht genommen, wurden rückdatiert auf Anfang November 1261. Das gab dem ungenehmigten Verkauf einen legalen Anstrich, da es in dieser Zeit gerade keinen Regenten gab. Zusätzlich kaschierte man in den Endverträgen den Verkauf von Caselimbert als Tausch, den von Toron Aghmid gar als Schenkung, und deshalb durften die 5000 Goldstücke hier gar nicht mehr erscheinen, obwohl Johann ihren Empfang separat quittierte. Im September 1263 hatte Johann an Julian bereits 6000 zurückgezahlt. Die restlichen 10000 zahlte er durch Abtretung seiner Annuität für Caselimbert direkt an die Johanniter zurück, die dafür dem Deutschen Orden quittierten, der jetzt auch den Schuldschein erhielt. Seit 1263 verschuldeten sich die Amigdalas, Herren von Scandalion nördlich von Akkon, beim Deutschen Orden, der südlich davon die *Seigneurie de Joscelin* (oben S. 213) besaß. Als die Herrschaft 1272 zur Hälfte an die Mamluken gefallen war, begann der Orden damit, die Amigdalas durch weitere Kredite und Bürgschaften systematisch in den Bankrott zu treiben; 1280, als die Schuld bei 17000 Byzantinern stand und schon ausdrücklich die Kreditunwürdigkeit der Amigdalas festgestellt wurde, forderte der Orden die Abtragung der gesamten Schuld binnen eines Jahres. Da dies offenbar unmöglich war, dürfte der Orden die noch christliche Hälfte Scandalions übernommen haben, denn von den drei Brüdern Amigdala wanderte der Haupterbe nach Apulien aus, die anderen beiden traten in den Deutschen Orden ein.

Die Auflösung der öffentlichen Ordnung im Königreich Jerusalem seit der Abreise Ludwigs des Heiligen war offenkundig. Es wirkt wie eine Ironie, daß ausgerechnet jetzt (am Vorabend der großen mamlukischen Offensive) Johann von Jaffa seine Rechtskodifizierung vornahm (1265), die keine Auflösungserscheinungen erkennen läßt, sondern das Bild einer zwar machtlüsternen, aber doch auch mächtigen Aristokratie zeichnet. Dabei war der Graf von Jaffa selbst stark verschuldet. Das Reich war in Wirklichkeit in mehrere sich bekriegende Parteien zerfallen, von denen nur noch die italienischen Kommunen und die Ritterorden relativ (d.h. im Vergleich zu den Baronen) mächtig waren. Das Fehlen eines einheitlichen politischen Willens war das Hauptcharakteristikum dieser Epoche der Kreuzfahrerstaaten.

Einige Jahre nach der Schlacht bei Ain Dschalut, wahrscheinlich 1264, war die Stellvertretung des noch immer minderjährigen Regenten Hugo II. von Zypern neu zu regeln, und als Bewerber präsentierten sich der Haute Cour Hugo von Antiochia-Lusignan und Hugo von Brienne (s. Stammbaum oben S. 220). Nach dem bisher geltenden Recht der Primogenitur hätte Hugo von Brienne die Bailliage erhalten müssen, denn für die notwendig werdende Bestimmung, wer der nähere Verwandte Hugos II. sei, war die Stellung zur gemeinsamen Großmutter, der Königin Alice von Zypern, entscheidend. Brienne war der Sohn von Alices älterer Tochter Maria, während Antiochia-Lusignan von Alices jüngerer Tochter Isabella abstammte. Nach langen Debatten konnte Antiochia-Lusignan seinen Anspruch durchsetzen, weil er, obwohl einer jüngeren Linie entstammend, bei gleichem Verwandtschaftsgrad zu Hugo II. ein höheres Lebensalter hatte als sein Vetter

Brienne und dies als geblütsrechtlich ausschlaggebend angesehen wurde. Der wirkliche Grund für die Entscheidung lag wohl darin, daß Hugo von Antiochia-Lusignan bereits Bailli von Zypern und dort thronfolgeberechtigt war, also mehr politisches Profil hatte als Brienne. Der neue Bailli war in der Tat ein energischer Mann, der in dem Amt nicht nur einen Ehrentitel sah, sondern seine Zeit redlich zwischen Zypern und Akkon teilte, auch nachdem er 1267 König der Insel geworden war. Anfangs sah es so aus, als sollte Hugo eine Restauration der monarchischen Macht gelingen, denn er konnte die Ritterorden für sich gewinnen, den Herrn von Tyrus durch die Überlassung der Stadt, die an sich zur Krondomäne gehörte, aber seit 1243 oder bald danach rechtswidrig von den Montforts beherrscht wurde, an sich binden und die Ibelins durch seine Ehe mit einer der ihren wenigstens neutralisieren. Zum Schluß aber scheiterte er an den grandiosen Expansionsplänen, die Karl von Anjou von Italien aus betrieb.

Ein starker Regent war dringend vonnöten für das festländische Reich, ja er hätte viel stärker sein müssen als Hugo, um das Land zu retten. Inzwischen hatte sich nämlich die politische Lage im Mamlukenreich erneut verschoben. Sultan Qotuz war bald nach der Schlacht von Ain Dschalut ermordet worden (1260), und aus der Gruppe der Verschwörer war Rukn ad-Din Baibars Bunduqdari (1260–1277) zum Sultan aufgestiegen[141]. Baibars war die bedeutendste Persönlichkeit, die das Bahriyya-Regiment je hervorbrachte; man kann ihn nur mit Saladin vergleichen. Freilich hing seinem Aufstieg das Blut zweier Morde an, der Turan Schahs (1250) und der von Qotuz, aber das ändert nichts daran, daß er ein äußerst fähiger und begabter Herrscher war. Wenn es ihm im Gegensatz zu Saladin an einer moralischen Idee fehlte, die er hätte verfolgen und die ihn hätte emportragen können, so machte er diesen Mangel wett durch ein überlegenes strategisches Talent. Er war der einzige Mamluk, der den Aufbau einer ägyptischen Kriegsflotte versuchte, aber selbst er konnte seine Herkunft aus einem Reitervolk nicht verleugnen, denn es wurde ihm nie klar, daß die Franken überhaupt nur deshalb so lange gegen die Mamluken aushalten konnten, weil die Italiener das östliche Mittelmeer völlig beherrschten. Die allen Seemächten eigene Stärke gegenüber reinen Kontinentalmächten erkannte er nicht, und als 1270 seine ganze Flotte bei einem Landungsversuch in Zypern verloren ging, klang in seinem Brief an den König von Zypern der ganze Stolz des nomadischen Reiters durch: »Eure Pferde sind Schiffe, aber unsere Schiffe sind Pferde«. Seine Seeleute bezeichnete er verächtlich als »Bauern und Proleten«. Den Franken vergab er nie, daß der syrische Norden sich mit den Mongolen verbündet hatte, deren Gesetzgebung er übrigens bewunderte und imitierte. Er war entschlossen, auch den neutralen Süden büßen zu lassen, und es war sein erklärtes Ziel, die Franken ein für allemal ins Meer zu drängen, auch um den syrischen Handel in die ägyptischen Häfen umzuleiten. Er bereitete seinen großen Schlag sorgfältig vor, indem er zunächst das syrische Hinterland, vor allem Aleppo und Transjordanien, fest unter seine Kontrolle brachte. Überall ließ er die Burgen auf das sorgfältigste ausbessern und instandsetzen. Besonderen Wert legte er auf eine schnelle Nachrichtenübermittlung, die ihm seine unerwartet raschen Reaktionen gestattete. Er machte in bisher nicht gekanntem Maße von der Taubenpost

Gebrauch und bestand darauf, von allen Einläufen sofort unterrichtet zu werden, selbst wenn er gerade unbekleidet war.
Schon während er noch die restlichen Aiyubiden unterwarf, bedrohte er Antiochia, vernichtete 1263 Nazareth und seine berühmte Marienkirche und erschien unvermutet vor Akkon, angeblich von den Genuesen als Alliierter im Krieg von St. Sabas gerufen. Im Januar 1265 holte er dann zu einer großangelegten Offensive aus, die erst 1271 enden sollte. Zuerst eroberte er Caesarea und trennte damit Jaffa vom restlichen Königreich ab, dann besetzte er weiter nördlich Haifa, Toron und Arsuf; Akkon konnte nur durch das rasche Eingreifen des Bailli Hugo gerettet werden. Schon bei dieser Kampagne wendete Baibars eine Politik der verbrannten Erde an, der auch seine Nachfolger treu blieben: die Hafenstädte wurden vollkommen zerstört, um den Franken nicht als Kristallisationspunkt für neue Operationen oder gar Landungen zu dienen. Im Jahre 1266 griff Baibars gleichzeitig an allen Fronten an. Vor allem nahm er seine Rache an den Armeniern, deren Schutzherr Hülagü 1265 gestorben war und deren Hauptstadt Baibars nun verwüstete. Hethum I. dankte bald zugunsten seines Sohnes Leos III. (1269–1289) ab und ging in ein Kloster. Leo verschaffte sich durch ein neues Bündnis mit den Mongolen noch eine mehrjährige Pause. Auch die syrischen Assassinen, ein Unruhezentrum besonderer Art, fielen 1270 der Vernichtung anheim. Im Süden richtete sich Baibars' Kampagne vor allem gegen Safad, nach dessen Fall (1266) ihm ganz Galilaea zufiel. In Ramla überlebte die Kathedrale als Moschee bis heute, während im benachbarten Lydda die Kirche über dem Grab des Hl. Georg zerstört und aus ihren Trümmern jene kleine Brücke unmittelbar nördlich von Lydda erbaut wurde, über die bis zum kürzlichen Bau der Autobahn der gesamte Verkehr der Küstenstraße von Norden nach Jerusalem und Askalon rollte. Zwei Jahre später kapitulierte Jaffa nach einer nur eintägigen Belagerung, wenige Wochen später zerbrach auch die neue Verteidigungslinie, die die Franken nach dem Fall Safads am Fluß Litani und bei der Festung Beaufort aufgebaut hatten, und wiederum kurze Zeit später stand der Sultan plötzlich vor Antiochia, das sich bald ergab. Die Franken mußten ihre Allianz mit den Mongolen jetzt mit einem gräßlichen Blutbad sühnen und räumten kampflos den Rest Nordsyriens. Antiochia war als erste Stadt Syriens 1098 in die Hände der Christen gefallen, und diese hatten sich dort ununterbrochen 170 Jahre lang gehalten. Der Fall der Stadt war ein Menetekel.
Der Siegeszug Baibars' blieb in Europa nicht ohne Eindruck. Ludwig der Heilige, der nimmermüde Kreuzfahrer, nahm 1267 erneut das Kreuz, vielleicht durch Dominikanermissionare beeinflußt. Joinville, der alte Kampfgefährte, weigerte sich entschieden, dem König erneut nach Ägypten zu folgen, was die Forschung bis zu Richards hervorragender Biographie Ludwigs zu der irrigen Meinung verführt hat, der französische Adel habe dem Unternehmen generell ablehnend gegenübergestanden. Ebenso irrig ist die ältere Annahme, des Königs Bruder Karl von Anjou, der 1265 vom Papst mit Sizilien belehnt worden war, habe die Richtungsänderung nach Tunis als Teil seiner Mittelmeerpolitik bewirkt. Lefèvre hat aus den angiovinischen Kanzleiregistern vielmehr nachgewiesen, daß Karl noch im Juli 1269 davon ausging, Ludwig werde mit seiner Flotte über Syrakus nach

Ägypten segeln, und daß Karl damals selbst gar nicht teilnehmen wollte. Erst ab Mitte Juni 1270 scheint er in den Plan Ludwigs eingeweiht gewesen zu sein, unterwegs in Tunis den dortigen Sultan zu bekehren, was Ludwig seinem erstaunten Heer am 13. Juli in Cagliari bekanntgab, und erst am 27. Juli tat Karl erstmals öffentlich kund, daß er Ludwig auf seine Bitten hin bewaffnet unterstützen werde, und dirigierte den gesamten Nachschub nach Trapani als dem Tunis nächstgelegenen Hafen um. Das Unternehmen führte zu nichts. Ludwig starb im Lager vor Tunis entkräftet am 25. August 1270, wenige Tage nach seinem 1250 in Damiette geborenen Sohn Jean-Tristan. Karl von Anjou brach den Feldzug am 1. November ab[142]. Nur ein Nachzügler, Prinz Eduard von England, der zu spät nach Tunis gekommen war, segelte nach Akkon weiter, wo er 1271 eintraf, gerade als Baibars die Verteidigungslinie von Tripolis mit der Eroberung der letzten großen Ordensburgen Chastel-Blanc (Templer), Krak des Chevaliers (Johanniter) und Montfort (Deutscher Orden) eingedrückt hatte. Eduard blieb bis September 1272 im Hl. Land. Seine einzigen Erfolge waren eine Vermittlungsaktion zwischen dem König von Zypern und seinen Rittern (s. oben S. 214) und ein Waffenstillstand auf etwa elf Jahre mit Baibars.

Mit Prinz Eduard war auch der Archidiakon von Lüttich im Hl. Land, der 1271 als Gregor X. († 1276) auf den Stuhl Petri gewählt wurde. Er unternahm noch einmal die allergrößten Anstrengungen, um einen Kreuzzug zuwege zu bringen, erlebte aber nur Enttäuschungen. Von 1272–1274 forderte er Berichte und Pläne für einen neuen Kreuzzug an, von denen uns vier noch erhalten sind. Deutlich kommt hier die Kritik an der Kreuzzugsbewegung zum Ausdruck, die sich vor allem gegen den Ablaßhandel und den Mißbrauch der Kreuzzugssteuern richtete und das Nachlassen des Glaubens an das geistliche Verdienst der Kreuzfahrt beklagte. Die Reformvorschläge zielten teilweise darauf ab, den Ostkreuzzug gegen die Slawen zu verstärken, teilweise dachte man an eine Art stehenden Kreuzfahrerheeres, doch ließ sich mit solchen Vorschlägen die allgemeine Unlust nicht überwinden. Das von Gregor X. 1274 in Lyon gehaltene Konzil erreichte denn auch in der Kreuzzugssache nichts, sondern brachte nur eine wenig dauerhafte Union mit den Griechen zustande, die sich vor Karl von Anjous Expansionsplänen fürchteten. Eine am Rande des Konzils abgehaltene Besprechung des Papstes mit den Vertretern der führenden Mächte und der Ritterorden verlief, wenn ein aragonesischer Bericht stimmt, wahrhaft entlarvend. Die Teilnehmer schwiegen oder schoben sich gegenseitig die Rede zu; der Vertreter des französischen Königs verglich den geplanten Kreuzzug gar mit einem Köter, der einen großen Hund anbelle *(una semblanca del xen petit quan lladre al gran Ca)*[143].

Inzwischen warf Karl von Anjou seinen Schatten auch auf das Königreich Jerusalem. Als 1267 König Hugo II. von Zypern, Regent von Jerusalem, starb, trat sein Vetter Hugo von Antiochia-Lusignan in Zypern seine Nachfolge als König Hugo III. an, verlangte aber auch die Regentschaft über Jerusalem. Hierüber kam es in der Haute Cour in Akkon zu einer Auseinandersetzung mit Maria von Antiochia, die zu einer bemerkenswerten Fortentwicklung der Verfassung führte. Maria berief sich zu Recht darauf, sowohl die nächste Verwandte des ja noch lebenden Titularkönigs Konradin zu sein wie auch die nächste Verwandte seiner Großmutter Isabella II., die als letzte den Thron im Osten innegehabt hatte (s. Stammbaum oben S. 220). Hugo dagegen argumentierte, er sei der nächste Verwandte des letzten Regenten Hugo II. (ein Prinzip, das schon bei der Bestellung Heinrichs I. von Zypern zum Regenten 1246 eine Rolle gespielt haben mag, falls seine Tante Melisendis seine Ansprüche nicht nur an der Kurie, sondern auch in Akkon bekämpfte), weshalb er diesem ja auch in Zypern nachgefolgt sei. Hätte die Haute Cour sich an ihre eigene Entscheidung von ca. 1264 (oben S. 244f.) gehalten, so hätte sie jetzt den Anspruch Marias anerkennen müssen, denn diese stand, obwohl einer jüngeren Linie entstammend, geblütsrechtlich sogar um eine ganze Generation näher als Hugo III. an der letzten gemeinsamen direkten Vorfahrin, Isabella I. von Jerusalem, und nicht nur durch eine frühere Geburt, was 1264 den Ausschlag gegeben hatte. An dem 1264 etablierten Prinzip, daß die Primogenitur hier unbeachtlich sei, es also nicht darauf ankomme, der älteren Linie zu entstammen, hielt man auch 1269 fest, was an sich Maria begünstigte. Trotzdem wurde Hugo III. Regent von Jerusalem mit keinem anderen Recht, als daß er der nächste Verwandte nicht etwa des Herrschers Konradin, sondern des letzten Regenten war[144]. Auch wenn die Haute Cour dies vielleicht nicht förmlich zum Ausdruck brachte, da sie Marias Ansprüche mit prozeßrechtlichen Formalien abgelehnt zu haben scheint, hatte man damit die Regentschaft zur erblichen Institution gemacht. Man darf sich daher über weitere Seltsamkeiten des Falles nicht wundern. Als Konradin sich 1268 an der Rückeroberung Siziliens versuchte, geriet er in die Gefangenschaft Karls von Anjou und wurde am 29. Oktober 1268 in Neapel enthauptet. So endete die Herrschaft des staufischen Hauses in Palästina nun auch formal. Die Stadt Akkon feierte das Ereignis mit Feuerwerk und festlicher Illumination. Der Streit um die Regentschaft weitete sich nun zum Streit um die Thronfolge aus. Hugo III. wurde jetzt auch König von Jerusalem, aber Maria resignierte nicht, sondern gab bei seiner Krönung 1269 durch einen Notar, der nach diesem gefährlichen Geschäft die eilige Flucht aus der Kirche für angezeigt hielt, Protest zu Protokoll. Die Krone von Jerusalem wurde nun zum Handelsobjekt, denn Maria verkaufte 1277 in einem bisher unvorstellbar gewesenen Akt ihre Ansprüche an Karl von Anjou, der darauf sofort ein Truppendetachement mit Roger von San Severino als seinem Bailli nach Akkon sandte. Zu allem Unglück, das Baibars über die Franken gebracht hatte, leisteten sich diese jetzt auch noch den Luxus zweier Könige, und während Akkon, Sidon und die Templer für Karl von Anjou optierten, erkannten Tyrus und Beirut weiterhin Hugo I. an, der sich bei seinen paar verbliebenen Vasallen zum Teil recht unbeliebt gemacht hatte, vor allem als er nach dem Tode Boemunds VI. von Tripolis (1275) erfolglos die Regentschaft über den unmündigen Boemund VII. (1275–1287) verlangte. Er versuchte, die Übereignung von Sidon und Arsuf an die Ritterorden (oben S. 243) rückgängig zu machen. In Tyrus konnte er zwar dieses Juwel der Krondomäne den Montforts nicht mehr entreißen, aber er ließ seine Schwester in die Familie hineinheiraten und sicherte den Rückfall von Tyrus an die Krone nur für den Fall ihrer Kinderlosigkeit, wobei er dann allerdings den Montforts 150000 Byzantiner zahlen mußte. Als der Fall 1283 eintrat, fehlte Hugo das Geld. Er hatte

schon 1276 seinen Restaurationsversuch aufgegeben, bezeichnenderweise weil die Templer ein Dorf ohne seine Genehmigung gekauft hatten und er an dem übermächtigen Ritterorden in dieser Frage scheiterte. Über die unlenkbaren Akkonenser grollend, zog er sich nach Zypern zurück.
Im gleichen Jahr, in dem Karl von Anjou König wurde, starb Baibars in Damaskus. Der Waffenstillstand mit den Franken hatte es ihm erlaubt, in seinen letzten Jahren hauptsächlich gegen die Mongolen, die Armenier (1275), die Nubier und die anatolischen Seldschuken zu kämpfen. In den 17 Jahren seiner Regierung hatte er 38 Feldzüge durchgeführt, war etwa 40000 Kilometer weit gereist und hatte in 15 Schlachten selbst gefochten. Die doppelte Bedrohung des vorderasiatischen Islam durch Franken und Mongolen war gebannt. Neunmal hatte er die Mongolen bekämpft, fünfmal die Armenier, dreimal die syrischen Assassinen; die Franken aber waren ihm einundzwanzigmal unterlegen. Sie hatten alle festen Punkte im Landesinneren verloren und hielten nur noch die unmittelbare Küstenlinie vom Pilgerschloß südlich von Haifa bis nach Latakia als nördlichstem Punkt besetzt. Der Tod Baibars' verschaffte ihnen noch einmal eine kurze Ruhepause, denn sein Nachfolger Qalawun († 1290) benötigte drei Jahre, um seine Herrschaft zu festigen. Das Regiment Rogers von San Severino dauerte bis 1282; es hätte vielleicht Erfolge aufzuweisen gehabt, wenn das Land einig gewesen wäre. So blieb Roger nur die Möglichkeit, einen zehnjährigen Waffenstillstand mit Qalawun abzuschließen. Diesem Beispiel folgte dann auch Boemund VII. von Tripolis, der 1277–1282 mit den Templern und seinen rebellischen Vasallen in Dschubail zu kämpfen hatte, die er schließlich damit bestrafte, daß er sie im Burggraben von Nephin einmauerte und verhungern ließ.
Die Sizilianische Vesper im März 1282 ließ die Herrschaft Karls von Anjou, der damals aus Sizilien vertrieben wurde, zusammenbrechen, aber Akkon und Sidon erkannten ihn noch bis zu seinem Tode 1285 als König an, dann konnte der Sohn Hugos I. († 1284) als Heinrich I. die Herrschaft über Zypern (dort als Heinrich II.) und Jerusalem antreten, aber von einer geordneten Verwaltung war überhaupt nicht mehr zu reden. Jeder mußte für sich selber sorgen. Schon unter Baibars hatten einzelne Vasallen ihre Sonderverträge mit dem Sultan geschlossen, ohne den König zu fragen (Beirut 1269). Das wurde auch unter Qalawun nicht anders. Ein Vertrag, den er 1283 mit den Vertretern Karls von Anjou und der Ritterorden schloß, galt ausdrücklich nur für Akkon, Sidon und Château Pèlerin. Das bedeutet, daß der Sultan Tyrus und Beirut nicht mehr als Reichsgebiet anerkannte und man diese bittere Pille in Akkon schlucken mußte. Die Herrin von Tyrus erkaufte sich 1285 einen zehnjährigen Waffenstillstand nur mit großen Zugeständnissen: sie verpflichtete sich, im Kampf der Mamluken gegen die Franken neutral zu bleiben, keine neuen Befestigungen zu bauen und die gesamte Herrschaft so mit dem Sultan zu teilen, daß die Verwaltung und Rechtsprechung außerhalb der Stadt gemeinsam durchgeführt und das Einkommen halbiert wurde, was in diesen Verträgen eine gängige Bestimmung war[145]. Im selben Jahr fiel auch Margat, der Hauptstützpunkt der Johanniter, obwohl die Burg als uneinnehmbar gegolten hatte. Qalawun nahm keine Rücksicht auf laufende Waffenstillstandsverträge mehr. Wiederum ein Jahr später wurde Heinrich I. in Tyrus zum König von Jerusalem gekrönt (1286), und an-

schließend entfaltete sich in Akkon zum letztenmale der festliche Glanz einer königlichen Hofhaltung: in der Herberge des Johannitermeisters fand das zweiwöchige Krönungsfest statt, bei dem der Sagenkreis von König Artus und der Tafelrunde, Lanzelot und Tristan und viele andere ritterliche Romanzen aufgeführt wurden. Aber gegen die Mamluken half nichts mehr: 1287 fiel Latakia, 1289 war die Reihe an Tripolis. Hier hatte sich nach dem Tode Boemunds VII. (1287) eine Kommune unter dem Genuesen Bartolomeo Embriaco, Herrn von Byblos (Dschubail), gebildet, weil die Gräfinmutter den Bischof von Tortosa zum Regenten ernannt hatte und die Adligen dies nicht hinnahmen. Gegen Lucie, die aus Europa gekommene Schwester des verstorbenen Grafen, suchte die Kommune die Unterstützung Genuas. Als Genua aber vorschlug, in Tripolis einen genuesischen Podestà zu installieren, was auf eine Eingliederung von Tripolis in den genuesischen Staatsverband hinauslief, war selbst der genuesische Embriaco bereit, Lucie anzuerkennen. Aber nun warf sich Lucie den Genuesen in die Arme, die sie in Tripolis einsetzen konnten. Das war das Ende der Kommune und der Stadt Tripolis, denn die Feinde Genuas in der Levante, vielleicht Venedig oder Pisa, sollen über den genuesischen Machtzuwachs in Tripolis so verstört gewesen sein, daß sie 1289 Qalawun als Eroberer auf Tripolis hetzten. Nur der mongolische Il-Khan Argun (1284–1291) versuchte noch einmal, gegen die Mamluken eine Allianz zusammenzubringen. In richtiger Einschätzung der Lage suchte er bei den palästinensischen Franken erst gar keine Unterstützung, sondern wandte sich gleich nach Europa. Von 1285 bis 1289 durchreisten seine Gesandten das Abendland und brachten die Briefe des Il-Khan nach Rom, Paris und London, aber überall waren die europäischen Mächte mit ihren eigenen Problemen beschäftigt, und außer leeren Versprechungen und höflichen Entschuldigungen bekamen die Gesandten nichts zu hören[146].

Im Jahre 1290 rückte Qalawun gegen Akkon vor. Sein plötzlicher Tod schien die Franken zu retten, aber bereits im nächsten Frühjahr stand sein Sohn al-Aschraf Halil mit einem ungeheuren Heer und etwa 100 Belagerungsmaschinen vor der Stadt. Mit seinen 40 Kirchen, seinen vielen Türmen und seinen doppelten Mauern war Akkon noch immer ein imposantes Monument der fränkischen Herrschaft im Hl. Land. Die Franken zogen in der Stadt alle Truppen zusammen, deren sie habhaft werden konnten, verstärkt durch Ordensritter aus Europa und englische Soldaten unter dem Kommando des Waadtländers Otto von Grandson. Jetzt endlich hatte man die Größe der Gefahr erkannt und war sich im Abwehrwillen einig, aber jetzt war es zu spät. Am 6. April begann die Belagerung mit einem unablässigen Trommelfeuer aus den Steinschleudern und einem endlosen Regen von Pfeilen. Am 4. Mai kam König Heinrich aus Zypern und brachte nochmals Verstärkungen, aber am 15. Mai brach die äußere Mauer. Drei Tage danach begannen die Muslime mit einem Sturmangriff auf der gesamten Mauerlänge und drangen beim sogenannten »Verdammten Turm« in die Stadt ein. Wer konnte, suchte sich zu Schiff zu retten, und an den Kais spielten sich erschütternde Panikszenen ab, denn der Schiffe waren längst nicht genug. Von den prominenteren Verteidigern entkamen König Heinrich, sein Bruder Amalrich und Otto von Grandson; der Patriarch Nikolaus ertrank bei

der Flucht. Am Abend war alles vorbei, die Bevölkerung wurde dezimiert, die Dominikaner ließen sich in ihrer Kirche hinrichten, die alte Hymne *Veni Creator Spiritus* auf den Lippen. Nur die Templer hielten sich noch in ihrem Stadtschloß, bis am 28. Mai das unterminierte Gebäude krachend über ihnen zusammenstürzte.
Der Rest Palästinas wurde kampflos geräumt, Tyrus kapitulierte am 19. Mai, Sidon Ende Juni, das dortige Seeschloß am 14. Juli. Beirut folgte am 31. Juli, und die Templer verließen ihre Schlösser Tortosa und Château Pèlerin am 3. und 14. August, in Tortosa durch eine Nebenpforte *(pôterne)*, die damals und bis zum Bau der Küstenstraße vor kurzer Zeit direkt ins Meer führte. Die Mamluken zerstörten sorgfältig und planvoll die gesamte Küste, um den Franken ein für allemal die Möglichkeit einer Rückkehr zu nehmen. Der politische Sieg der Mamluken wurde aber teuer erkauft mit dem endgültigen Untergang der aus der Antike stammenden syro-palästinensischen Stadtkultur. Im Jahre 1335 wanderte Jakob von Verona traurig durch die verlassenen und in Ruinen liegenden Städte der Küste. Noch kündeten die Palasttrümmer von der einstigen Blüte, aber nur noch einige verwilderte Sarazenen wohnten innerhalb der eingestürzten Mauern. Das schöne gotische Portal von St. Andreas in Akkon, wo einst das Zentrum der Kommune gewesen war, schmückt seit 1295 und bis auf den heutigen Tag das Grabmal eines Sohnes Qalawuns in Kairo.
Die fränkische Herrschaft im Hl. Land war vorbei. Nur Peter Embriaco, Herr von Dschubail, hielt sich unter mamlukischem Schutz noch bis 1298 in seiner Herrschaft, vielleicht weil er des traditionellen Rückhalts der Herren von Dschubail an den Maroniten des libanesischen Gebirges sicher sein konnte, deren Widerstand die Mamluken erst nach 1300 brachen. Die Templer räumten 1303 ihren letzten Stützpunkt, die wasserlose Insel Ruad vor Tortosa. Das Hl. Land war verloren, aber nicht vergessen. Karl II. von Neapel stellte 1295 Getreide bereit, das in Zypern an den dorthin geflohenen, nun völlig verarmten akkonensischen Adel verteilt werden sollte. Als der Italiener Martoni 1394 nach Zypern kam, fiel ihm auf, daß die adligen Damen sich in der Öffentlichkeit in langen schwarzen Gewändern zeigten, die nur ihre Augen frei ließen. Er fragte, was es damit für eine Bewandtnis habe, und erfuhr, dies geschehe noch immer aus Trauer um den Verlust der Stadt Akkon im Jahre 1291.
Trotz des Ernstes der Situation, die im Gegensatz zu 1187/88 keinen christlichen Brückenkopf mehr auf dem syro-palästinensischen Festland beließ, gab man sich in Europa lange der Hoffnung hin, das Hl. Land zurückerobern und die Kreuzfahrerstaaten neu errichten zu können. Begünstigt durch das erste Heilige Jahr in Rom 1300 kam es zu einer kurzlebigen Massenhysterie in Europa, als sich das Gerücht verbreitete, der mongolische Il-Khan, der den Mamluken eine Niederlage beigebracht hatte, werde das Lateinerregiment in der Levante wiedererrichten. Die Flut von Memoranden, die für einen neuen Kreuzzug ausgearbeitet wurden, enthielt nicht nur militärische Vorschläge, sondern auch Pläne für eine neue Verfassung eines wiederzuerrichtenden Kreuzfahrerstaates. Auch über die Finanzierung machte man sich Gedanken und warf unter anderem begehrliche Blicke auf das gewaltige Vermögen der Ritterorden. Der französische König ließ deshalb

1307–1312 wegen angeblicher Häresie den Templerorden durch den avignonesischen Papst auflösen und konfiszierte dessen Vermögen. Aber im Grunde wurde das Problem in dieser Diskussion nur totgeredet. Soweit überhaupt gehandelt wurde, glitt die Kreuzzugsbewegung, ideologisch noch immer im alten Gewande, unmerklich in die Abwehr der osmanischen Türken über. Hier schufen sich die Johanniter von Rhodos (1310–1522) und Malta (ab 1530) aus eine neue Aufgabe, die sie als souveränes Gebilde eingliederte in eine Bewegung, die gesamteuropäisch hätte sein sollen, es aber oft nicht war. Insbesondere Frankreich verbündete sich seit Franz I. immer wieder mit dem Großtürken gegen Österreich-Ungarn und das Reich. Der Ausbau des Kreuzzugsablasses als eines Rekrutierungsmittels für innerkirchliche Auseinandersetzungen war stetig weitergegangen. Papst Gregor XII. bewilligte ungeniert einen Kreuzzugsablaß für diejenigen, die den Konzilspapst Johannes XXIII. bekämpften (1412). Weiter westlich wurde die Kreuzzugsidee zur Vertreibung der Mauren aus Spanien benutzt. Als Granada 1492 gefallen war, verkaufte man den Kreuzzugsablaß in Spanien zur Finanzierung liturgischer Zwecke mittels der *bula de la cruzada* weiter, die die römische Kurie den Königen von Spanien so lange ausstellte, bis die letzte derartige Bulle 1940 ausgelaufen war und es keinen spanischen König mehr gab[147]. Aber mindestens in diesem Stadium kann von Kreuzzug nicht mehr gesprochen werden, und ebenso war es nur ein von taktischen Erwägungen bestimmtes Ereignis und nicht einmal mehr eine historische Reminiszenz, wenn die französische Armee 1914 dort wieder erstmals Fuß in der Levante faßte, wo die Templer 1303 den letzten Stützpunkt aufgegeben hatten: auf der Insel Ruad vor Tortosa.

15. Bibliographie

Die Anmerkungen dienen im wesentlichen der Literaturangabe und nur gelegentlich dem Hinweis auf strittige Probleme. Die angeführten Titel stellen nur eine Auswahl aus der für dieses Buch durchgearbeiteten Literatur dar; sie sind daher nicht als wissenschaftlich-kritischer Belegapparat aufzufassen. Die Titel sind vielmehr so ausgewählt, daß dem Leser die wichtigste und neueste Literatur angegeben wird, mit deren Hilfe er leicht in die Detailprobleme eindringen und den Zugang zur übrigen Literatur finden kann. Den eigentlichen Anmerkungen sei eine Zusammenstellung der wichtigsten allgemeinen Literatur vorausgeschickt, die dann unten meist nicht mehr aufgeführt wird:

Quellensammlungen: Recueil des Historiens des Croisades (gekürzt: RHC.) mit den Unterabteilungen: Historiens Occidentaux (Hoc.), 5 Bde.; Historiens Orientaux (Hor.), 5 Bde.; Historiens Grecs, 2 Bde.; Documents Arméniens (Arm.), 2 Bde,; Lois, 2 Bde., alles 1841–1906. Documents relatifs à l'histoire des croisades, bisher 15 Bde. (1946–1984). Archives de l'Orient latin, 2 Bde. (1881–1884). Dazu ergänzend Revue de l'Orient latin, 12 Bde. (1893–1911). Corpus scriptorum historiae Byzantinae, 50 Bde. (1828–1897). Dazu als Quellenkunde: *G. Moravcsik*, Byzantinoturcica. Bd. 1 (²1958). *J. P. Migne*, Patrologiae cursus completus, Series Latina, 217 Bde. (1844–1864). Außerdem die großen nationalen Quellensammlungen, über die jede historische Bibliographie unterrichtet. – **Quellen:** Zugunsten einer reichhaltigeren Aufzählung der Sekundärliteratur, die ohnehin in die Quellen einführt, werden einzelne Quellen hier und bei den einzelnen Kapiteln in der Regel nicht mehr angegeben. Von besonderer Bedeutung für das erste Jh. der Kreuzzüge ist jedoch die *Historia* des Erzbischofs Wilhelm von Tyrus († 29. Sept. 1186), ed. RHC. Hoc. 1 mit dem wichtigen autobiographischen Kapitel XIX,12 nur bei *R. B. C. Huygens* in: Latomus 21 (1962) 811ff. Eine Neuausgabe der Chronik durch *Huygens* wird 1986 im Corpus Christianorum erscheinen. Für den Bereich der islamischen Chronistik finden sich ausgezeichnete Quellenkunden bei *C. Cahen*, La Syrie du Nord (1940) S. 33–93, für das 13. Jh. bei *H. L. Gottschalk*, Al-Malik al-Kāmil von Egypten und seine Zeit (1958) S. 6–19. Vgl. auch *J. Sauvaget*, Introduction à l'Histoire de l'Orient musulman: élements de bibliographie, 2. Aufl., ed. *C. Cahen* (1961). Für alle Details: *C. Brockelmann*, Gesch. d. arab. Literatur, 2. Aufl., 2 Bde. (1943–1949); Supplement: 3 Bde. (1937–1942). *G. Graf*, Gesch. d. christl. arab. Literatur, 5 Bde. (1944–1953). – **Urkunden:** Vor allem die Papsturkunden, katalogisiert mit Inhaltsanalysen bei *Ph. Jaffé*, Regesta pontificum Romanorum (bis 1198), 2. Aufl., 2 Bde. (1885–1888); *A. Potthast*, Regesta pontificum Romanorum (1198–1304), 2 Bde. (1874–1875) sowie die Register der päpstlichen Kanzlei für das 13. Jh. hg. v. der Ecole française de Rome, zu ergänzen durch *P. Pressutti*, Regesta Honorii papae III, 2 Bde. (1888–1895). Register Innocenz III. Migne, Patrologia Latina 214–217. *R. Hiestand*, Vorarbeiten zum Oriens pontificius I und II. Papsturkunden für Templer und Johanniter, 2 Bde. (1972–1984). Ein dritter Band für die Diözesanorganisation ist in Vorbereitung. Byzanz: Regesten der Kaiserurkunden des Oströmischen Reiches, ed. *F. Dölger*, 4 Teile für 565–1341 (1924–1960). Demgegenüber treten die westlichen Kaiser- und Königsurkunden zurück. Aus Italien besonders wichtig: *G. L. F. Tafel* und *G. M. Thomas*, Urkunden zur älteren Handels- u. Staatsgesch. d. Republik Venedig mit besonderer Berücksichtigung auf Byzanz u. die Levante, 3 Bde. (1856–1857). *C. Imperiale di Sant'Angelo*, Codice diplomatico della repubblica di Genova, 3 Bde. (1936–1942). *G. Müller*, Documenti sulle relazioni delle città toscane coll'Oriente cristiano (1879). Die Urkunden des eigentlichen Hl. Landes zusammengestellt bei *R. Röhricht*, Regesta regni Hierosolymitani (1893). Dazu Additamentum (1904). Ganz neu jetzt: Le cartulaire du chapitre du Saint-Sépulcre de Jérusalem, ed. *G. Bresc-Bautier* (1984). – **Literatur:** *H. E. Mayer*, Aspekte der Kreuzzugsforschung, in: Geschichte und Gegenwart. Festschrift Karl Erdmann (1980) S. 75ff. *Derselbe,* America and the Crusades, Proceedings of the American Philosophical Society 125 (1981) 38ff. (beides Wissenschaftsgeschichte). *H. E. Mayer,* Bibliographie zur Geschichte der Kreuzzüge (1960; 2. unveränd. Aufl. 1965), ergänzt durch *H. E. Mayer,* Literaturbericht über die Geschichte der Kreuzzüge 1958–1967, Historische Zeitschrift, Sonderheft 3 (1969) 642ff. In Bd. VI von *Setton,* History of the Crusades (s. unten) wird von *Mayer* eine Auswahlbibliographie erscheinen, die Vollständigkeit ab 1967 anstrebt. *P. Alphandéry,* La Chrétienté et l'idée de Croisade, ed. *A. Dupront,* 2 Bde. (1954–1959). *J. A. Brundage,* Medieval Canon Law and the Crusader (1969). *M. Villey,* La Croisade. Essai sur la formation d'une théorie juridique (1942). A History of the Crusades, ed. *K. M. Setton,* bisher 4 Bde. (1955–1977); Bd. 5 im Druck, Bd. 6 abgeschlossen. *K. M. Setton,* The Papacy and the Levant (1204–1571), 4 Bde. (1976–1984). *St. Runciman,* A History of the Crusades, 3 Bde. (1951–1954). *R. Grousset,* Histoire des Croisades, 3 Bde. (1934–1936). *P. Rousset,* Histoire des Croisades (1957). *M. Zabarov,* Krestonoscy na vostoke (Die Kreuzfahrer im Osten) (1980). *L. Bréhier,* L'Eglise et les croisades, 5. Aufl. (1928). *B. Kugler,* Geschichte der Kreuzzüge, 2. Aufl. (1891; trotz ihres Alters noch eine hervorragende Darstellung, vom Pathos abgesehen). *B. Z. Kedar,* Crusade and Mission. European Approaches toward the Muslims (1984). *C. Cahen,* Turcobyzantina et Oriens christianus (1974). *J. Richard,* Orient et Occident au moyen âge: contacts et relations (XIIe–XVe siècle) (1976). *Derselbe,* Les relations entre l'Occident et l'Orient au moyen âge (1977). *Derselbe,* Croisés, missionnaires et voyageurs (1983). *H. E. Mayer,* Kreuzzüge und lateinischer Osten (1983; die letzten fünf Titel Sammelbände der Variorum Serie, die hier genannt seien, weil ihre Thematik zu breit ist, um eine Nennung bei einzelnen Kapiteln zu ermöglichen). Nur unvollkommen einarbeiten konnte ich den Band mit Vorträgen des ersten Kongresses der Society for the Study of the Crusades and the Latin East 1983 in Cardiff: Crusade and Settlement, ed. *P. W. Edbury* (1985), der aber viele hier behandelte Aspekte berührt. *F. W. Wentzlaff-Eggebert,* Kreuzzugsdichtung des Mittelalters (1960). *G. Spreckelmeyer,* Das Kreuzzugslied des lateinischen Mittelalters (1974). Für einen marxistischen Standpunkt s. *W. Spiewok,* Die Bedeutung des Kreuzzugerlebnisses für die Entwicklung der feudalhöfischen Ideologie und die Ausformung der mittelalterlichen deutschen Literatur, Weimarer Beiträge 9/10 (1963/64) 669ff. Vgl. auch die wichtige Literatur unten Anm. 75. – The Cambridge Medieval History, Bd. 4: The Byzantine Empire, 2 Bde. (1966–1967). *G. Ostrogorsky,* Geschichte des byzantinischen Staates, 3. Aufl. (1963). *A. A. Vasiliev,* History of the Byzantine Empire, 2. Aufl., 2 Bde. (3. Neudruck 1961). *R. J. Lilie,* Byzanz und die Kreuzfahrerstaaten (1096–1204) (1981). *H. G. Beck,* Kirche und theol. Literatur im byzantinischen Reich (1959). *W. Norden,* Das Papsttum u. Byzanz (1903). – *C. Brockelmann,* Gesch. d. islamischen Völker u. Staaten (^{2}1943). *B. Spuler,* Gesch. d. islamischen Länder, 2 Bde. (Handbuch d. Orientalistik 6, 1952–1953). Enzyklopädie des Islam, 4 Bde. u. Suppl. (1913–1938). Neubearbeitung in engl. und franz. Sprache im Gange. *R. Roolvink* u. a., Historical Atlas of the Muslim People (1957) *E. de Zambaur,* Manuel de généalogie et de chronologie pour l'histoire de l'Islam (1927). *S. Lane Poole,* The Mohammadan Dynasties (^{2}1925). *N. Daniel,* Islam and the West. The Making of an Image (1960). *R. W. Southern,* Western Views of Islam in the Middle Ages (1962). *E. Sivan,* L'Islam et la croisade. Idéologie et propagande dans les réactions musulmanes aux croisades (1968).

16. Anmerkungen

1 *St. Runciman*, The Eastern Schism (1955).
2 *B. Lewis*, The Ismāʿīlites and the Assassins, in: A History of the Crusades 1 (1955) 99ff. *M. G. Hodgson*, The Order of the Assassins (1955).
3 *C. Cahen*, Pre-Ottoman Turkey. A General Survey of the Material and Spiritual Culture ca. 1071–1330 (1968). *Derselbe*, La première pénétration turque en Asie Mineure, Byzantion 18 (1946/48) 5ff. *Derselbe*, En quoi la conquête turque appellait-elle la croisade?, Bulletin de la Faculté des Lettres de Strasbourg 29 (1950) 118ff.
4 *W. Holtzmann*, Studien zur Orientpolitik des Reformpapsttums und zur Entstehung des ersten Kreuzzuges, Historische Vierteljahresschrift 22 (1924/25) 167ff. *Derselbe*, Die Unionsverhandlungen zwischen Kaiser Alexios I. und Papst Urban II. im Jahre 1089, Byzantinische Zeitschrift 28 (1928) 38ff. *F. L. Ganshof*, Robert le Frison et Alexis Comnène, Byzantion 31 (1961) 57ff. Um den Brief des Kaisers Alexios an Robert I. von Flandern, den *Ganshof* zu 1089/90 datierte, *Erdmann* (unten Anm. 5) S. 365f. und *Joranson* (American Historical Review 55, 1950, 811ff.) aber zu 1105 als gefälschtes Propagandastück für den Kreuzzug Boemunds I. von Antiochia gegen Byzanz, hat es eine eingehende Diskussion gegeben. Gegen 1105 hat *C. Cahen*, La politique orientale des comtes de Flandre et la lettre d'Alexis Comnène, Mélanges d'Islamologie (Gedenkschrift A. Abel, 1974) S. 84ff. so fundamentale Bedenken erhoben, daß dieses Datum als erledigt gelten kann, ohne daß man *M. de Waha*, La lettre d'Alexis Comnène à Robert Ier le Frison, Byzantion 47 (1977) 113ff. zustimmen könnte, der entgegen den Quellen dafür eintritt, daß der Brief, der in der Substanz echt sei, schon an den auf den Kreuzzug gegangenen Grafen Robert II. von Flandern gerichtet gewesen sei. *D. C. Munro*, Did the Emperor Alexios I ask for Aid at the Council of Piacenza 1095?, American Historical Review 27 (1922) 731ff. *P. Charanis*, Byzantium, the West and the Origin of the First Crusade, Byzantion 19 (1949) 17ff.
5 Allgemeine Literatur für dieses Kapitel: *C. Erdmann*, Die Entstehung des Kreuzzugsgedankens (1935), vor allem zum Hl. Krieg. Dagegen *J. Gilchrist*, The Erdmann Thesis and the Canon Law, 1083–1141, in: Crusade and Settlement (oben S. 254) S. 37ff. *Alphandéry* (oben S. 254) Bd. 1 *P. Rousset*, Les origines et les caractères de la première croisade (1945). *Derselbe*, Histoire d'une idéologie. La croisade (1983). *J. Riley-Smith*, Crusades (unten Anm. 108). *E. O. Blake*, The Formation of the »Crusade Idea«, Journal of Ecclesiastical History 21 (1970) 11ff. *B. Lacroix*, Deus le volt!: la théologie d'un cri, Etudes de civilisation médiévale (Festschrift E. R. Labande) (1974) S. 461ff. *E. Delaruelle*, L'idée de croisade dans la littérature clunisienne du XIe siècle et l'abbaye de Moissac, Annales du Midi 75 (1963) 419ff. und *H. E. J. Cowdrey*, Cluny and the First Crusade, Revue bénédictine 83 (1973) 285ff. haben den in der älteren Forschung insbesondere am Beispiel des hl. Krieges in Spanien überbetonten Anteil Clunys an der Entstehung der Kreuzzüge mit gewichtigen Argumenten bestritten. Wohl aber hat Cluny den von dem Cluniazenser Urban II. verkündeten Kreuzzug nach dem Konzil von Clermont unterstützt, und auch *Cowdrey* bleibt dabei, daß die von Cluny in der Gottesfriedensbewegung und in der Versittlichung der Ritterklasse geleistete Arbeit den Boden für die Kreuzzüge mitbereitet hat, nur nicht als eigens gewollte Bemühung von Cluny.
6 *D. C. Munro*, The Speech of Pope Urban II at Clermont, American Historical Review 11 (1906) 231ff. Zu der Debatte zwischen *Cowdrey* und mir (oben S. 15f.): *H. E. J. Cowdrey*, Pope Urban II's Preaching of the First Crusade, History 55 (1970) 177ff. *H. E. Mayer*, The Crusades (1972) S. 290 Anm. 6. Die Im-

plikationen von Cowdreys Aufsatz gehen weit über die Kreuzzugsfrage hinaus. Wenn er Recht hat, dann müssen an der Interpretation der päpstlichen Ostpolitik im 11. Jh. beträchtliche Revisionen vorgenommen werden.

7 *S. Mähl*, Jerusalem in mittelalterlicher Sicht, Die Welt als Geschichte 22 (1962) 11 ff. *R. Konrad*, Das himmlische und das irdische Jerusalem im mittelalterlichen Denken, Speculum historiale (Festschrift J. Spörl) (1965) S. 523 ff. Im Islam setzte sich die von den Mystikern propagierte Idee der Heiligkeit Jerusalems erst nach der Eroberung Edessas durch Zengi 1144 durch; von nun an war die Rückeroberung Jerusalems politisches Programm. Hierzu *E. Sivan*, Le caractère sacré de Jérusalem dans l'Islam au XIIe–XIIIe siècle, Studia islamica 27 (1967) 149 ff.

8 Alphandérys Thesen wurden bereits von seinem Herausgeber A. Dupront, La spiritualité des croisés et des pèlerins d'après les sources de la première croisade, in: Pellegrinaggi e culto dei santi in Europa fino alla I^a^ crociata (1963) S. 456 f. und entschiedener noch von *Blake* (oben Anm. 5) S. 14 relativiert oder negiert.

9 *B. Kötting*, Peregrinatio religiosa. Die Wallfahrten der Antike und das Pilgerwesen der alten Kirche (1950). *E. D. Hunt*, Holy Land Pilgrimage in the Later Roman Empire, A. D. 312–460 (1982). *H. Leclercq*, Pèlerinages aux Lieux Saints, Dictionnaire d'archéologie chrétienne et de liturgie 14 (1939) 65 ff. *C. Vogel*, Le pèlerinage pénitentiel, in: Pellegrinaggi e culto dei santi in Europa fino alla I^a^ crociata (1963), S. 37 ff.

10 *R. H. W. Regout*, La doctrine de la guerre juste de St. Augustine à nos jours (1934). *Erdmann* (oben Anm. 5). *F. H. Russell*, The Just War in the Middle Ages (1975). *E. D. Hehl*, Kirche und Krieg im 12. Jh. Studien zu kanonischem Recht und politischer Wirklichkeit (1980).

11 *C. Erdmann*, Die Aufrufe Gerberts und Sergius IV. für das Hl. Land, Quellen und Forschungen aus italienischen Archiven und Bibliotheken 23 (1931/32) 1 ff. *A. Gieysztor*, The Genesis of the Crusades. The Encyclica of Sergius IV, Mediaevalia et Humanistica 5 (1948) 3 ff.; 6 (1950) 3 ff.

12 *M. Defourneaux*, Les Français en Espagne aux XIe et XIIe siècles (1949). *H. E. J. Cowdrey*, The Mahdia Campaign of 1087, English Historical Review 92 (1977) 1 ff.

13 *H. E. J. Cowdrey*, Pope Gregory VII's ›Crusading‹ Plans of 1074, in: Outremer (unten Anm. 75) S. 27 ff. *I. S. Robinson*, Gregory VII and the Soldiers of Christ, History 58 (1973) 169 ff. *J. Riley-Smith*, The First Crusade and St. Peter, in: Outremer (unten Anm. 75) S. 41 ff.

14 *G. Duby*, La société aux XIe et XIIe siècles dans la région mâconnaise (1953). *Derselbe*, Au XIIe siècle: les »jeunes« dans la société aristocratique, Annales. Economies, Sociétés, Civilisations 19 (1964) 835 ff. Vgl. auch *R. Fossier* in Comptes rendus des séances de l'Académie des Inscriptions et Belles-Lettres 1971, S. 261. *G. Duby*, Le chevalier, la femme et le prêtre. Le mariage dans la France féodale (1981). Anders *J. Riley-Smith*, Earliest crusaders (unten Anm. 32) S. 721 ff. *D. Herlihy*, The Agrarian Revolution in Southern France and Italy, Speculum 33 (1958) 23 ff.

15 *A. Gottlob*, Kreuzablaß und Almosenablaß (1906). *N. Paulus*, Geschichte des Ablasses im Mittelalter, 3 Bde. (1922–1923; stark apologetisch). *B. Poschmann*, Der Ablaß im Lichte der Bußgeschichte (1948). Die hier vertretene Theorie, daß man Kreuzzugsablässe verkündet habe, ohne durch den Beschluß des Konzils von Clermont dazu autorisiert zu sein, und daß erst später die kanonistische Doktrin den theologischen Rahmen geliefert habe, hatte allein Vogel (oben Anm. 9) 1963 kurz gestreift, ohne daß mir dies bei der Erstauflage dieses Buches bereits bekannt gewesen wäre. Es war mir eine willkommene Bestätigung durch einen großen Kirchenrechtskenner.

16 Allgemeine Literatur für dieses Kapitel: *F. Chalandon*, Histoire de la première croisade (1925). *H. von Sybel*, Geschichte des ersten Kreuzzuges (^{2}1881; wichtig wegen seiner lange maßgeblich gebliebenen Quellenbewertung). *R. Röhricht*, Ge-

schichte des ersten Kreuzzuges (1901). *Rousset,* Origines (oben Anm. 5). *J. Prawer,* The Jerusalem the Crusaders Captured: a Contribution to the Medieval Topography of the City, in: Crusade and Settlement (oben S. 254) S. 1ff. *G. Constable,* The Financing of the Crusades in the Twelfth Century, in: Outremer (unten Anm. 75) S. 64ff. (auch für spätere Kreuzzüge). *H. E. J. Cowdrey,* Martyrdom and the First Crusade, in: Crusade and Settlement (oben S. 254) S. 46ff. *H. E. Mayer,* Zur Beurteilung Adhémars von Le Puy, Deutsches Archiv 16 (1960) 547ff. mit Resumé der voraufgegangenen Diskussion zwischen *Hill* und *Brundage,* dazu noch *J. Richard,* Journal des Savants (1960) S. 49ff. *Mayers* letzter Absatz ist revisionsbedürftig, weil er nicht alle Quellen berücksichtigte; vgl. *Guibert von Nogent,* Gesta Dei per Francos, RHC, Hoc 4, 121, 140, 148. *J. C. Andressohn,* The Ancestry and Life of Godfrey of Bouillon (1947). *G. H. Hagspiel,* Die Führerpersönlichkeit im Kreuzzug (1963; mit großer Vorsicht zu benutzen, vgl. Deutsches Archiv 20, 261f.). Dagegen ist *G. Waeger,* Gottfried von Bouillon in der Historiographie (1969) ein hervorragendes Buch. *H. E. Mayer,* Mélanges sur l'histoire du royaume latin de Jérusalem (Teil I: Etudes sur l'histoire de Baudouin Ier roi de Jérusalem), Mémoires de l'Académie des Inscriptions et Belles-Lettres N.S. 5 (1984) 10ff. über Balduin I. und Gottfried vor dem Kreuzzug. *P. Gindler,* Graf Balduin I. von Edessa (1901). *R. B. Yewdale,* Bohemund I Prince of Antioch (1924); s. auch den schönen Artikel von *D. Girgensohn,* Boemondo I, Dizionario biografico degli Italiani 11 (1969) 117ff. *R. L. Nicholson,* Tancred. A Study of His Career and Work (1940). *C. W. David,* Robert Curthose Duke of Normandy (1920). *J. H.* u. *L. L. Hill,* Raymond IV de St.-Gilles (1959; engl. Ausgabe 1962). *J. A. Brundage,* An Errant Crusader: Stephen of Blois, Traditio 16 (1960) 380ff. *P. Rousset,* Etienne de Blois, croisé fuyard et martyr, Genava N.S. 11 (1963) 183ff. *Lilie,* Kreuzfahrerstaaten (oben S. 254). *F. Chalandon,* Les Comnène. Etudes sur l'Empire byzantin au XIe et XIIe siècle. I: Essai sur le règne d'Alexis Ier Comnène (1900). *L. Dasberg,* Untersuchungen über die Entwertung des Judenstatus im 11. Jh. (1965). Besser ist *H. Liebeschütz,* The Crusading Movement in its Bearing on the Christian Attitude towards Jewry, Journal of Jewish Studies 10 (1959) 97ff.

17 Besonders deutlich sind diese Privilegien zusammengefaßt in den Canones der Lateransynode von 1123, wo alle Privilegien auf Urban zurückgeführt werden; vgl. *Mansi,* Concilia 21, 284. Erneut und erweitert zusammengefaßt wurden sie für den zweiten Kreuzzug in der Kreuzzugsbulle *Quantum praedecessores* (oben S. 88f.). Zur kanonistischen Theorie am Ende des 12. Jh. vgl. *J. A. Brundage,* The Crusade of Richard I. Two Canonical Quaestiones, Speculum 38 (1963) 443ff. Der beste Kenner des Konzils von Clermont nimmt, wie auch die sonstige Forschung, an, daß noch in Clermont ein gewisser institutioneller Rahmen für den Kreuzzug geschaffen worden sei: *R. Somerville,* The Council of Clermont and the First Crusade, Studia Gratiana 20 (1976) 323ff. Zur Debatte über das Gelübde: *A. Noth,* Heiliger Krieg und Heiliger Kampf in Islam und Christentum (1966) S. 120ff. Dagegen *J. A. Brundage,* The Army of the First Crusade and the Crusade Vow, Medieval Studies 33 (1971) 334ff. S. auch *Brundage,* Medieval Canon Law and the Crusader (1969) passim über die kirchenrechtliche Stellung des Kreuzfahrers, aber besonders S. 30–114 über das Gelübde (erweiternde Zusammenfassung der Vorarbeiten in Traditio 24, 1968, S. 77ff.; Catholic Historical Review 52, 1966, S. 234ff.; Traditio 22, 1966, S. 289ff.). Vgl. auch Deutsches Archiv 22, 673 und Historische Zeitschrift, Sonderheft 3, 678f.

18 *H. Hagenmeyer,* Le vrai et le faux sur Pierre l'Hermite (1883). *F. Duncalf,* The Peasants' Crusade, American Historical Review 26 (1920/21) 440ff. Zur Kreuzzugspredigt allgemein *C. Morris,* Propaganda for War: the Dissemination of the Crusading Ideal in the Twelfth Century, in: The Church and War (Studies in Church History 20, 1983) S. 79ff.

19 *J. Riley-Smith,* The First Crusade and the Persecution of the Jews, in: Persecution and Toleration (Studies in Church History 21, 1984) S. 51ff. tritt dafür ein, daß die Haufen der Vorkreuzzüge in Wahrheit wohlgeordnete Truppen gewesen seien. Auch glaubt er an die Ernsthaftigkeit des Arguments von der Strafwürdigkeit der Juden als Feinde Christi.

20 Möglicherweise sah Raimund aber die Erbrechte seiner Nachkommen in der Markgrafschaft Provence und der Grafschaft Toulouse bedroht, doch wäre hierüber eine genauere Untersuchung notwendig. – Raimunds Sonderrolle unter den Kreuzfahrerfürsten ist jüngst bestritten worden von *J. Richard,* Les Saint-Gilles et le comté de Tripoli, in: Islam et chrétiens du Midi (1984) S. 65ff.

21 *J. Richard,* Quelques textes sur les premiers temps de l'église latine de Jérusalem, Recueil Clovis Brunel 2 (1955) 421. *Mayer,* Adhémar (oben Anm. 16). Dagegen überzeugend *Hiestand,* Legaten (unten Anm. 90).

22 Die Diskussion zwischen *Lilie,* Kreuzfahrerstaaten (oben S. 254) S. 10–20 und *H. Möhring,* Historische Zeitschrift 234 (1984) 603 (*Lilies* Replik auf diesen Teil der sonst eher saloppen Rezension in *R. J. Lilie* u. *P. Speck,* Varia I = Poikila Byzantina 4, 1984, S. 125 Anm. 11) über die angebliche Vasallität der Kreuzfahrer gegenüber dem Kaiser in Konstantinopel (und damit auch über eine angebliche Lehnsnahme der östlich und südlich von Antiochia gelegenen ehemaligen Reichsteile bis Jerusalem) erledigt sich durch *J. H. Pryor,* The Oath of the Leaders of the First Crusade to Emperor Alexius I Comnenus, Parergon N.S. 2 (1984) 111ff., der zeigt, daß die Kreuzfahrer zwar Treueide, aber kein *homagium* leisteten, ein Lehnsverhältnis also nicht zustande kam.

23 Anna Komnena verlegt den Kampf auf den Gründonnerstag, doch folgt auch die moderne Byzantinistik hier Albert v. Aachen; vgl. *Dölger,* Byzantinische Kaiserregesten Nr. 1196. Alexios nahm auch mehrere der Führer nach byzantinischem Brauch durch Adoption in seine Familie auf, um ihr Abhängigkeitsverhältnis zu demonstrieren; vgl. *F. L Ganshof,* Recherche sur le lien juridique qui unissait les chefs de la première croisade à l'Empereur byzantin, Mélanges P. E. Martin (1961) 49ff.

24 Die *Gesta Francorum,* Boemunds »Hauschronik«, berichten noch von einer geheimen Übereinkunft, wonach Boemund Antiochia erhalten sollte, doch handelt es sich hier wahrscheinlich um eine etwa 1105 (vielleicht aber auch erst nach 1108) eingefügte Interpolation, die Boemunds Ansprüche auf Antiochia stützen sollte; vgl. *A. C. Krey,* A Neglected Passage in the Gesta, in: The Crusades and other Historical Essays Presented to D. C. Munro (1928), S. 57ff., neuerdings bestritten von R. Hill, Anonymi Gesta Francorum et aliorum Hierosolimitanorum (1962) S. 12f. Anm. 2 und von *H. Oehler,* Studien zu den Gesta Francorum, Mittellateinisches Jahrbuch 6 (1970) 74ff.

25 Vgl. *L. A. M. Sumberg,* The »Tafurs« and the First Crusade, Mediaeval Studies 21 (1959) 224ff. *M. Rouche,* Cannibalisme sacré chez les croisés populaires, in *Y. M. Hilaire,* La religion populaire (1981) 29ff. ist ein verfehlter Interpretationsversuch, der diesen Kannibalismus auch noch für eine der Ursachen des Erfolgs des Kreuzzugs hält.

26 *St. Runciman,* The Holy Lance found at Antioch, Analecta Bollandiana 68 (1950) 197ff.

27 *J. France,* The Crisis of the First Crusade from the Defeat of Kerbogha to the Departure from Arqa, Byzantion 40 (1970) 276ff. glaubt, daß Raimund anfangs nicht ernsthaft von Maarrat an-Numan nach Jerusalem zu ziehen gedachte.

28 *H. E. Mayer,* The Beginnings of the Lordships of Ramla and Lydda in the Latin Kingdom of Jerusalem, Speculum 60 (1985) 537ff.

29 Man hat hierin oft ein Bestreben des Klerus nach einer Art Theokratie in den Kreuzfahrerstaaten gesehen; vgl. *J. Hansen,* Das Problem eines Kirchenstaates in Jerusalem (1928). Dagegen mit Recht energisch *J. G. Rowe,* Paschal II and the

Relation between the Spiritual and Temporal Powers in the Kingdom of Jerusalem, Speculum 32 (1957) 471ff. Zu Arnulf von Chocques vgl. *R. Foreville,* Un chef de la première croisade. Arnoul Malecouronne, Bulletin philol. et hist. du Comité des Travaux hist. et scientif. 1953/54 (1955) 377ff.

30 Zur Frage von Gottfrieds Titel (frühere Annahme: *advocatus sancti Sepulchri* = »Vogt« oder »Beschützer« des Hl. Grabes) vgl. *J. Riley-Smith,* The Title of Godfrey of Bouillon, Bulletin of the Institute of Historical Research 52 (1979) 83ff., der mit gewichtigen Gründen dafür eintritt, Gottfried habe nur seinen niederlothringischen Herzogstitel geführt. Wegen des Fehlens von Urkunden Gottfrieds ist die Frage, deren Lösung wichtige Einsichten in Gottfrieds Verhältnis zur Kirche brächte, nicht mit letzter Sicherheit zu beantworten. Die ganz wenigen Zeugnisse für eine Vogtei am Hl. Grab schon bei *Riley-Smith,* dazu aber Wilhelm von Tyrus XX, 22, der zwar nicht Gottfried, aber König Amalrich als *defensor et advocatus* der hl. Stätten der Passion und Auferstehung bezeichnete.

31 *R. Blanchard,* Asie occidentale (Géographie universelle, 1929). *R. Thoumin,* Géographie humaine de la Syrie centrale (1936). *R. Dussaud,* Topographie historique de la Syrie antique et médiévale (1927). *F. M. Abel,* Géographie de la Palestine, 2 Bde. (^{2}1933–1938). *G. Dalman,* Arbeit und Sitte in Palästina, 7 Bde. (1928–1939). Meteorologische Meßwerte für 1928–1933 s. Zeitschrift des Deutschen Palästina-Vereins 52–55 (1929–1932) und 57 (1934).

32 Allgemeine Literatur für dieses Kapitel: *A. Wollf,* König Balduin I. von Jerusalem (1884). *R. L. Nicholson,* Joscelin I Prince of Edessa (1954). *A. Herzog,* Die Frau auf den Fürstenthronen der Kreuzfahrerstaaten (1919). *B. Hamilton,* Women in the Crusader States: the Queens of Jerusalem (1100–1190), in: Medieval Women (Festschrift R. Hill), hg. *D. Baker* (1978) S. 143ff. Ferner die oben Anm. 16 genannten Biographien. *J. Riley-Smith,* The motives of the earliest crusaders and the settlement of Latin Palestine 1095–1100, English Historical Review 98 (1983) 721ff. *Mayer,* Pontifikale von Tyrus (unten Anm. 90). *B. Hamilton,* Ralph of Domfront, Patriarch of Antioch (1135–1140), Nottingham Medieval Studies 28 (1984) 1ff. *F. Chalandon,* Les Comnène. II. Jean II Comnène et Manuel Ier Comnène (1912). *E. Sivan,* La genèse de la contre-croisade: un traité damasquin du début du XIIe siècle, Journal asiatique 254 (1966, ersch. 1967) 197ff.

33 Daß der bei Wilhelm v. Tyrus X, 4 überlieferte Briefwortlaut echt ist, wird größtenteils verneint, doch ist an der Existenz eines Briefes ähnlichen Inhalts kaum zu zweifeln.

34 *St. Runciman,* The Crusades of 1101, Jahrbuch der österreichisch-byzantinischen Gesellschaft 1 (1951) 3ff.

35 Zu diesem Unternehmen vgl. *J. G. Rowe,* Paschal II, Bohemund of Antioch and the Byzantine Empire, Bulletin of the John Rylands Library 49 (1966) 165ff., *Kindlimann* (unten Anm. 51) S. 119ff., *Lilie,* Kreuzfahrerstaaten (oben S. 254) S. 65ff. und den weiterführenden Aufsatz von *G. Rösch,* Der »Kreuzzug« Bohemunds gegen Dyrrhachion 1107/1108 in der lateinischen Tradition des 12. Jh., Römische Historische Mitteilungen 26 (1984) 181ff., der Boemunds Scheinerfolg aufzeigt.

36 Die staatsrechtliche Situation war in Wahrheit noch etwas komplizierter; vgl. *J. Richard,* Comté de Tripoli (1945) S. 26–43.

37 *H. E. Mayer* u. *M. L. Favreau,* Das Diplom Balduins I. für Genua und Genuas Goldene Inschrift in der Grabeskirche, Quellen und Forschungen aus italienischen Archiven und Bibliotheken 55/56 (1976) 22ff.

38 *Lilie,* Kreuzfahrerstaaten (oben S. 254) S. 82 (vgl. auch abschwächend *derselbe,* Handel und Politik zwischen dem byzantinischen Reich und den italienischen Kommunen, 1984, S. 72f.) hat hierin zu Unrecht einen militärischen Bündnisvertrag mit offensivem Charakter gesehen. Der Vertrag formulierte lediglich die pisanische Neutralität.

39 *H. E. Mayer,* Mélanges (oben Anm. 16) S. 49ff., auch zur Nachfolge Balduins II.

40 *G. Bautier,* L'envoi de la relique de la Vraie Croix à Notre-Dame de Paris en 1120, Bibliothèque de l'Ecole des Chartes 129 (1971) 387ff. *H. E. Mayer,* The Concordat of Nablus, Journal of Ecclesiastical History 33 (1982) 531ff., *Derselbe,* Jérusalem et Antioche au temps de Baudouin II, Comptes rendus des séances de l'Académie des Inscriptions et Belles-Lettres 1980, S. 717ff.

41 *J. G. Rowe,* The Papacy and the Ecclesiastical Province of Tyre, Bulletin of the John Rylands Library 43 (1960) 160ff.

42 Die geistlichen Ritterorden Europas, hg. v. *J. Fleckenstein* u. *M. Hellmann* (1980; darin besonders wichtig *R. Hiestand,* Die Anfänge der Johanniter, S. 31ff.). Eine moderne wissenschaftliche Templergeschichte existiert nicht. Am nächsten kommt ihr die Serie der Meisterbiographien von *M. L. Bulst-Thiele,* Sacrae domus militiae Templi Hierosolymitani magistri (1974). *M. Melville,* La vie des Templiers ([2]1974). – *J. Riley-Smith,* The Knights of St. John in Jerusalem and Cyprus ca. 1050–1310 (1967). *J. Delaville Le Roulx,* Les Hospitaliers en Terre Sainte et à Chypre (1904). *A. Luttrell,* The Hospitallers in Cyprus, Rhodes, Greece and the West 1291–1440 (1978). – *P. Bertrand de la Grassière,* L'ordre militaire et hospitalier de St.-Lazare de Jérusalem (1960). *Sh. Shahar,* Des lépreux pas comme les autres, Revue historique 267 (1982) 19ff. (beides nur mit Vorsicht zu benutzen). – *A. J. Forey,* The Order of Mountjoy, Speculum 46 (1971) 250ff.

43 Zur Nachfolge Balduins II.: *R. Hiestand,* Zwei unbekannte Diplome der lateinischen Könige von Jerusalem aus Lucca, Quellen und Forschungen aus italienischen Archiven und Bibliotheken 50 (1970) 25ff. *Derselbe,* Chronologisches zur Geschichte des Königreichs Jerusalem um 1130, Deutsches Archiv 26 (1970) 220ff. *H. E. Mayer,* Studies in the History of Queen Melisende of Jerusalem, Dumbarton Oaks Papers 26 (1972) 98ff., auch zur Revolte des Grafen Hugo von Jaffa. Allerdings halte ich nicht mehr daran fest, daß die Designation von 1131 den Heiratskontrakt von 1129 abänderte. Vielmehr bestätigte sie ihn (Hiestand und Hamilton, Women [Anm. 32] S. 149f.). Zum *haeres regni*-Problem vgl. *H. E. Mayer,* The Succession of Baldwin II of Jerusalem. English Impact on the East, Dumbarton Oaks Papers 39 (1985). Es soll ausdrücklich darauf aufmerksam gemacht werden, daß *R. C. Smail,* der sich seit langem mit Melisendis beschäftigt, in einem vielbeachteten Vortrag in Jerusalem eine abweichende Meinung zur Frage der Samtherrschaft vertreten hat. Er glaubt, daß der verfassungsrechtliche Status der Melisendis nach 1143 schon für die Zeitgenossen unklar war. Das ist auch oben S. 87 und 101 zu beachten.

44 *H. E. Mayer,* The Origins of the County of Jaffa, Israel Exploration Journal 35 (1985). Wilhelm von Tyrus kennt nur eine Revolte des Romanus, diejenige mit Hugo von Jaffa. *J. Richard,* The Latin Kingdom of Jerusalem S. 95 denkt an zwei auch zeitlich getrennte Revolten der beiden, was auch *H. E. Mayer,* Queen Melisende (oben Anm. 43) erwägt, doch dann mit zeitlich anderem Ansatz, während *Prawer,* Histoire de Jérusalem (unten Anm. 75) 1, 318 Anm. 8 und *derselbe,* Crusader Institutions (ebd.) S. 27 Anm. 3 u. S. 438 an zwei getrennte, aber gleichzeitige Revolten des Romanus und Hugos denkt. Zu Hugos Revolte *Mayer* a. a. O. S. 102ff. Allerdings glaube ich nicht mehr, daß Hugo für die Designation von 1131 und gegen den Ehevertrag von 1129 revoltierte, weil ich zwischen beiden keinen inhaltlichen Gegensatz mehr sehe.

45 *P. Deschamps,* Les châteaux des croisés en Terre Sainte, 3 Bde. u. 3 Alben (1934–1973). *M. L. Favreau-Lilie,* Landesausbau und Burg während der Kreuzfahrerzeit. Safad in Obergalilaea, Zeitschrift des deutschen Palästina-Vereins 96 (1980) 67ff. *Huygens* (unten Anm. 76). *G. Saadé,* Histoire du Château de Saladin, Studi medievali 3. Ser. 9 (1968) 980ff. *A. Grabois,* La cité de Baniyas et le château de Subeibeh pendant les croisades, Cahiers de civilisation médiévale 13 (1970) 43ff. *J. Riley-Smith,* The Templars and the Castle of Tortosa in Syria: An Un-

known Document Concerning the Acquisition of the Fortress, English Historical Review 84 (1969) 278 ff. (sehr interessant).

46 *W. H. Rüdt de Collenberg,* Les premiers Ibelins, Moyen Age 71 (1965) 433 ff., korrigiert bei *H. E. Mayer,* Carving up Crusaders: The Early Ibelins and Ramlas, in: Outremer (unten Anm. 75) S. 101 ff. *H. E. Mayer,* Ramla and Lydda (oben Anm. 28).

47 *H. E. Mayer,* Kaiserrecht und Heiliges Land, in: Aus Reichsgeschichte und Nordischer Geschichte (Festschrift K. Jordan, 1972) 193 ff. *R. C. Smail,* The international status of the Latin kingdom of Jerusalem, 1150–1192, in: The Eastern Mediterranean Lands in the Period of the Crusades, hg. *P. M. Holt* (1977) S. 23 ff. Hiestand (unten Anm. 48) S. 119.

48 Hauptliteratur für dieses Kapitel: *B. Kugler,* Studien zur Geschichte des zweiten Kreuzzuges (1866). *G. Constable,* The Second Crusade as Seen by Contemporaries, Traditio 9 (1953) 213 ff. *H. Gleber,* Papst Eugen III. (1936). *J. Leclercq,* L'encyclique de St.-Bernard en faveur de la croisade, Revue bénédictine 81 (1971) 282 ff. *Derselbe,* Pour l'histoire de l'encyclique de St.-Bernard sur la croisade, in: Etudes de civilisation médiévale (Festschrift R. Labande) (1974) S. 479 ff. *E. Delaruelle,* L'idée de croisade chez St.-Bernard, Mélanges de St.-Bernard (1953) S. 53 ff. *E. Willems,* Cîteaux et la seconde croisade, Revue d'histoire ecclésiastique 49 (1954) 116 ff. *L. Schmugge,* Zisterzienser, Kreuzzug und Heidenkrieg, in: Die Zisterzienser (1980) S. 57 ff. *H. Tüchle,* Ein Hildegard- und ein Bernhardbrief aus der ehemaligen Ochsenhausener Klosterbibliothek, Studien und Mitteilungen zur Geschichte des Benediktiner-Ordens 79 (1968) 17 ff. *G. Constable,* A Report of a Lost Sermon by St. Bernard on the Failure of the Second Crusade, Studies in Medieval Cistercian History Presented to Jeremiah O'Sullivan (1971) S. 49 ff. *E. Vacandard,* Vie de St.-Bernard, Bd. 2 ([4]1910). *P. Rassow,* Die Kanzlei St. Bernhards von Clairvaux, Studien und Mitteilungen zur Geschichte des Benediktinerordens 34 (1913) 243 ff. *W. v. Bernhardi,* Konrad III. (1883). *P. Lamma,* Comneni e Staufer, 2 Bde. (1955–1957). *R. Hiestand,* »Kaiser« Konrad III., der zweite Kreuzzug und ein verlorenes Diplom für den Berg Thabor, Deutsches Archiv 35 (1979) 82 ff. Zu den Motiven Ludwigs VII. von Frankreich beim Hoftag von Bourges s. die bemerkenswerten Ausführungen von *A. Grabois,* The Crusade of King Louis VII: a Reconsideration, in: Crusade and Settlement (oben S. 254) S. 94 ff. *F. Chalandon,* Comnène Bd. 2 (oben Anm. 32). *Derselbe,* Histoire de la domination normande en Italie et en Sicile, Bd. 2 (1907).

49 Bester Überblick über die Polemik bei *E. Caspar,* Die Kreuzzugsbullen Eugens III., Neues Archiv 45 (1924) 285 ff. (Text der Märzbulle).

50 Es ist allerdings nicht richtig, wenn *L. Grill,* Die Kreuzzugsepistel St. Bernhards Ad peregrinantes Jerusalem, Studien und Mitteilungen zur Geschichte des Benediktinerordens 67 (1956) 237 ff. glaubt, daß auch der Hl. Bernhard nach Spanien geschrieben habe, obwohl ein solches Schreiben schon früher häufig vermutet wurde. Der von Grill in einer Handschrift aus Ripoll gefundene Brief ist lediglich eine späte Kopie des den Jerusalemkreuzzug betreffenden Briefes Nr. 363 ohne Adresse. *P. Knoch,* Kreuzzug und Siedlung. Studien zum Aufruf der Magdeburger Kirche von 1108, Jahrbuch für die Geschichte Mittel- und Ostdeutschlands 23 (1974) 1 ff. Zum Wendenkreuzzug: *M. Bünding,* Das Imperium Christianum und die deutschen Ostkriege (1940) S. 35 ff. Ferner der Sammelband von *H. Beumann,* Heidenmission und Kreuzzugsgedanke in der deutschen Ostpolitik des Mittelalters (1963, auch für die weitere Entwicklung in diesem Bereich. In diesem Band S. 275 ff. der Aufsatz von *H. D. Kahl,* Zum Ergebnis des Wendenkreuzzuges von 1147, der das Unternehmen positiver bewertet als die übrige Forschung, sowie ein Nachdruck der Schrift von Bünding). *F. Lotter,* Die Konzeption des Wendenkreuzzugs (1977). Daß Teile des sächsischen Episkopats den Kreuzzug vorsätzlich sabotiert hätten, ist eine ganz unbewiesene Spekulation von *H. D.*

Kahl, Slawen und Deutsche in der brandenburgischen Geschichte des 12. Jh. 1 (1964) 186–235, besonders S. 225. Zu der Diskussion um Bernhards Alternative s. das Résumé bei *B. Z. Kedar*, Crusade and Mission (oben S. 254) S. 70f.

51 *W. M. Daly*, Christian Fraternity, the Crusaders and the Security of Constantinople, Medieval Studies 22 (1960) 59ff. *S. Kindlimann*, Die Eroberung von Konstantinopel als politische Forderung des Westens im Hochmittelalter (1969).

52 Zum Folgenden vgl. Lamma (oben Anm. 48). *P. Rassow*, Honor imperii. Die neue Politik Friedrich Barbarossas (1940). *K. Heilig*, Ostrom und das deutsche Reich um die Mitte des 12. Jh., in: Kaisertum und Herzogsgewalt im Zeitalter Friedrichs I. (1944) S. 159ff. *H. Vollrath*, Konrad III. und Byzanz, Archiv für Kulturgeschichte 59 (1977) 321ff.

53 *F. Kurth*, Der Anteil niederdeutscher Kreuzfahrer an den Kämpfen der Portugiesen gegen die Mauren, Mitteilungen des Instituts für österreichische Geschichtsforschung, Ergänzungsband 8 (1911) 133ff.

54 *Gerhoch v. Reichersberg*, De investigatione Antichristi, MG. Libelli de lite 3, 374ff., 380ff. Annales Herbipolenses, MG. Scriptores 16,3. *Bernhard v. Clairvaux*, De consideratione II 1, *Migne*, Patrologia Latina 182, 741.

55 Hauptliteratur für dieses Kapitel: Kreuzzugsgeschichten oben S. 254, Kreuzfahrerstaaten unten Anm. 75. Saladin unten Anm. 60, Zusammenbruch des Königreichs Jerusalem unten Anm. 66. *Chalandon* (oben Anm. 32). *Lilie*, Kreuzfahrerstaaten (oben S. 254). *N. Elisséeff*, Nūr ad-Dīn, 3 Bde. (1967). *Sivan* (oben S. 254). Zum Bürgerkrieg von 1152 *Mayer*, Queen Melisende (oben Anm. 43). *R. C. Smail*, Latin Syria and the West 1149–1187, Transactions of the Royal Historical Society 5. Serie 19 (1969) 1ff.

56 Ich habe, ohne dies zu beabsichtigen, die Versammlung in Tripolis einmal zu Sommer 1150, das anderemal zu Sommer 1152 datiert, aber schon ursprünglich vermutet, daß der König in beiden Jahren im Norden war (*Mayer*, Queen Melisende [oben Anm. 43] S. 158ff. *Derselbe*, Mélanges [unten Anm. 59] S. 138f.). Beide Datierungen sind einleuchtend zu begründen. Eine nochmalige Untersuchung des Textes bei Wilhelm von Tyrus XVII, 18–19 läßt mich annehmen, daß zwei Versammlungen in Tripolis anzunehmen sind, die erste 1150 vor dem Sturz der Melisendis zur Regelung der antiochenischen Ehefrage, die zweite nach ihrem Sturz zur Beilegung einer familiären Ehekrise in Tripolis (s. oben S. 103). Wilhelm berichtet, jedermann (also auch der König und Melisendis) sei nach der erfolglosen Diskussion der antiochenischen Frage heimgekehrt, so daß der tripolitanische Ehestreit bei anderer Gelegenheit besprochen worden sein muß, und dies unmittelbar vor der Ermordung des Grafen von Tripolis im Sommer 1152.

57 Zur oben S. 104 behandelten Frage des Status der Doppelgrafschaft Jaffa-Askalon vgl. *H. E. Mayer*, The Double County of Jaffa and Ascalon: One Fief or Two?, in: Crusade and Settlement (oben S. 254) S. 181ff. und ergänzend Livre de Jean d'Ibelin c. 177, RHC. Lois 1, 279f. Unteilbarkeit der »Vier Baronien«).– Zu Rainald von Châtillon s. *G. Schlumberger*, Renaud de Châtillon (^{2}1923). *B. Hamilton*, The Elephant of Christ: Reynald of Châtillon, Studies in Church History 15 (1978) 97ff. beurteilt sein Leben nach seiner Gefangenschaft (s. oben S. 107) im wesentlichen positiv. Angesichts der offenen Negierung der Krone durch Rainald (s. oben S. 123) fällt es schwer, diese Beurteilung zu übernehmen.

58 Dieser 18. Februar war zwar das Fest eines jerusalemitanischen Lokalheiligen, des Bischofs Simeon von Jerusalem, aber dies wird in zeitgenössischen Quellen nicht erwähnt, vielmehr sagt der altfranzösische Übersetzer des Wilhelm von Tyrus in seinem Bestreben, die Krönung einem Kirchenfest wenigstens anzunähern, sie sei wenige Tage vor Petri Stuhlfeier (22. Februar) erfolgt.

59 *H. E. Mayer*, Ein Deperditum König Balduins III. von Jerusalem als Zeugnis seiner Pläne zur Eroberung Ägyptens, Deutsches Archiv 36 (1980) 549ff. *G. Schlumberger*, Campagnes du roi Amaury de Jérusalem en Egypte (1906). *G.*

Wiet, L'Egypte arabe de la conquête arabe à la conquête ottomane (Paris ohne Jahr). *H. E. Mayer,* Mélanges sur l'histoire du royaume latin de Jérusalem (Teil II: Le service militaire des vassaux à l'étranger et le financement des campagnes en Syrie du Nord et en Egypte au XIIe siècle), Mémoires de l'Académie des Inscriptions et Belles-Lettres N.S. 5 (1984) 139ff.

60 Artikel »Saladin«, Enzyklopädie des Islam. Artikel »Ayyubids«, Encyclopedia of Islam, new edition. *S. Lane-Poole,* Saladin and the Fall of the Kingdom of Jerusalem (1898). *H. A. R. Gibb,* The Achievement of Saladin, Bulletin of the John Rylands Library 35 (1952) 44ff. *A. S. Ehrenkreutz,* Saladin (1972; eine mit Vorsicht zu benutzende Entmythologisierung, vgl. Speculum 49 [1974] 724ff.). *H. Möhring,* Saladin und der Dritte Kreuzzug (1980). *R. B. C. Huygens,* La campagne de Saladin en Syrie du Nord (1188), Colloque d'Apamée de Syrie. Bilan de recherches archéologiques (1972) S. 273ff. Zur Armee Saladins, s. *D. Ayalon,* Aspects of the Mamluk Phenomenon, Der Islam 53 (1976) 196ff.; 54 (1977) 1ff. und *derselbe,* Mamlukyyat, Jerusalem Studies in Arabic and Islam 2 (1980) 321ff. *M. C. Lyons* u. *D. E. P. Jackson,* Saladin. The Politics of the Holy War (1982). *A. Hartmann,* an-Nāsir li-Dīn Allāh (1180–1225). Politik, Religion, Kultur in der späten 'Abbāsidenzeit (1975). *E. Sivan,* Saladin et le Calife al-Nāsir, Scripta Hierosolymitana 23 (1972) 126ff. *A. Helbig,* al-Qādī al-Fādil (1908).

61 Lilies Meinung (Kreuzfahrerstaaten [oben S. 254] S. 317ff.), die er schon auf den Feldzug von 1168 anwendet, setzt voraus, daß Amalrich Byzanz nicht nur einmal wie 1169, sondern mehrfach vorsätzlich betrog, ohne daß Byzanz etwas merkte. Wäre Amalrich wirklich 1168 nur deshalb vorzeitig aufgebrochen, um Ägypten ohne Byzanz zu erobern, so wäre nicht einzusehen, warum Byzanz schon im folgenden Jahr gewaltige finanzielle Anstrengungen gemacht und überdies noch den byzantinischen Kommandeur schriftlich angewiesen haben sollte, ja nichts ohne die Zustimmung Amalrichs zu unternehmen. Lilies Meinung (S. 323) ist wesentlich davon bestimmt, daß er glaubt, Amalrich habe, wie sein Privileg für Pisa vom 17. September 1169 beweise, gar keine byzantinische Flotte gewollt, sondern Ägypten mit Hilfe Pisas erobern wollen. Aber *M. L. Favreau-Lilie* wird in ihrer Arbeit über die Italiener in den Kreuzfahrerstaaten (unten Anm. 96) unwiderlegbar nachweisen, daß Amalrich den Vertrag mit Byzanz von 1168, den er nach Lilie bereits damals nie zu halten gedachte, in Wahrheit noch 1169 erfüllen wollte, denn Favreau-Lilie kann in verblüffender Interpretation des Diploms für Pisa und unter Zuhilfenahme eines auch von mir mißverstandenen Diploms Amalrichs für die Johanniter, ebenfalls von 1169, zeigen, wie die Teilung Ägyptens 1168 und 1169 aussehen sollte: Jerusalem sollte Innerägypten mit Kairo und Bilbais und als einzigen Hafen Rosette erhalten, Byzanz den Rest. Daß Amalrich mit dem Diplom für Pisa sich 1169 ein Gegengewicht gegen Byzanz verschaffen wollte (so Mayer), wird von Lilie ebenso bestritten wie von Favreau-Lilie, weil keine positiven Zeugnisse über eine pisanische Beteiligung an dem Feldzug vorliegen.

62 *J. L. La Monte,* To what Extent was the Byzantine Empire the Suzerain of the Latin Crusading States, Byzantion 7 (1932) 253ff. *St. Runciman,* The Visit of King Amalric I to Constantinople in 1171, in: Outremer (unten Anm. 75) S. 153ff.

63 *B. Lewis,* The Assassins. A Radical Sect in Islam (1968). *C. E. Nowell,* The Old Man of the Mountain, Speculum 22 (1947) 497ff. *F. M. Chambers,* The Troubadours and the Assassins, Modern Language Notes 64 (1949) 245ff. *J. Hauzinsky,* Muzułmanska sekta asasynów w europejskim pismiennictwie wieków srednich (Die islamische Sekte der Assassinen in der europäischen mittelalterlichen Literatur, 1978).

64 *H. Möhring,* Heiliger Krieg und politische Pragmatik: Saladinus Tyrannus, Deutsches Archiv 39 (1983) 417ff. verficht ohne Überzeugungskraft aufgrund eines nur in einem arabischen Kanzleihandbuch des 15. Jh. überlieferten angeblichen Beileidsschreibens Saladins an Balduin IV. von Jerusalem die Meinung, es

habe in der Endzeit Amalrichs ein Bündnis zwischen diesem und Saladin gegeben. Neben anderen Ungereimtheiten nötigt dies Möhring freilich dazu, bereits für 1174 einen Vertragsbruch Amalrichs zu postulieren (nachdem das Bündnis noch 1173 funktioniert habe), da er daran festhält, daß Amalrich damals in eine profatimidische Verschwörung gegen Saladin verwickelt gewesen sei und gemeinsam mit den Normannen neuerlich die Eroberung Ägyptens geplant habe.

65 *Ch. Brand*, The Byzantines and Saladin, 1185–1192: Opponents of the Third Crusade, Speculum 37 (1962) 167ff. hat mit seiner Bewertung des Bündnisses als Eckstein byzantinischer Außenpolitik 1185–1192 die Dinge zweifellos übertrieben und eingrenzenden Widerspruch (so Deutsches Archiv 18, 601f. und Lilie unten) erfahren, doch geht es zu weit, wenn *H. Möhring*, Byzanz zwischen Sarazenen und Kreuzfahrern, in: Das Hl. Land im Mittelalter, hg. *W. Fischer* u. *J. Schneider* (1982) S. 64ff. das Bündnis nun rundweg bestreitet, letztlich nur deshalb, weil der Qadi al-Fadil Saladin im Sommer 1189 brieflich klarmachte, daß das Bündnis mit Byzanz (jetzt) ohne Wert sei. Am überlegtesten äußert sich *Lilie*, Kreuzfahrerstaaten (oben S. 254) S. 218ff. und *Lilie* u. *Speck*, Varia I (oben Anm. 22) S. 151ff.

66 Zum Folgenden vgl. *M. W. Baldwin*, Raymond III of Tripolis and the Fall of Jerusalem (1936). *H. Van Werveke*, Filips van de Elzas en Willem van Tyrus, Mededelingen van de koninkl. Vlaamse Academie voor Wetenschappen, Letteren en Schone Kunsten van Belgie. Kl. der Letteren 33 (1971) 3ff. (apologetisch zugunsten Philipps). *A. C. Krey*, William of Tyre, Speculum 16 (1936) 149ff. *R. Hiestand*, Zum Leben und zur Laufbahn Wilhelms von Tyrus, Deutsches Archiv 34 (1978) 345ff. *P. W. Edbury* u. *J. G. Rowe*, William of Tyre and the Patriarchal Election of 1180, English Historical Review 93 (1978) 1ff. Literatur zu Rainald von Châtillon oben Anm. 57. *H. E. Mayer*, Die Herrschaftsbildung in Hebron, Zeitschrift des deutschen Palästina-Vereins 101 (1985). Zu Agnes von Courtenay vgl. *Hamilton*, Queens of Jerusalem (oben Anm. 32) und *derselbe*, The Titular Nobility of the Latin East: the Case of Agnes of Courtenay, in: Crusade and Settlement (oben S. 254) S. 197 (beides sehr gut). *R. L. Nicholson*, Joscelyn III and the Fall of the Crusader States (1973; mit äußerster Vorsicht zu benutzen, vgl. Deutsches Archiv 30, 596). *B. Z. Kedar*, The Patriarch Eraclius, in: Outremer (unten Anm. 75) S. 177ff. *Derselbe*, The General Tax of 1183 in the Crusading Kingdom of Jerusalem: Innovation or Adaptation?, English Historical Review 89 (1974) 339ff. *H. E. Mayer*, Latins, Muslims and Greeks in the Latin Kingdom of Jerusalem, History 63 (1978) 175ff. *R. Hiestand*, Chronologisches zur Geschichte des Königreichs Jerusalem im 12. Jh., Deutsches Archiv 35 (1979) 542ff. Literatur zu Saladin vgl. oben Anm. 60. *F. Groh*, Der Zusammenbruch des Reiches Jerusalem (1909). *L. Usseglio*, I marchesi di Monferrato in Italia ed in Oriente durante i secoli XII e XIII, 2 Bde. (1926). Über die Schlacht bei Hattin vgl. *R. C. Smail*, The Predicaments of Guy of Lusignan, 1183–1187, in: Outremer (unten Anm. 75) S. 159ff. *H. E. Mayer*, Henry II of England and the Holy Land, English Historical Review 97 (1982) 721ff. *J. Prawer*, La bataille de Hattin, Israel Exploration Quarterly 14 (1964) 160ff. und *P. Herde*, Die Kämpfe bei den Hörnern von Hittin und der Untergang des Kreuzritterheeres, Römische Quartalschrift für christl. Altertumskunde u. Kirchengeschichte 61 (1966) 1ff. mit kontroversen Auffassungen über den Hergang der Schlacht. *B. Z. Kedar*, Ein Hilferuf aus Jerusalem vom September 1187, Deutsches Archiv 38 (1982) 112f.

67 *Ehrenkreutz*, Saladin (oben Anm. 60) S. 204ff. kennt fälschlich nur eine Belagerung von Tyrus und kritisiert Saladin, weil sie zu spät gekommen sei. Im August 1187 wurde Tyrus aber erstmals schon belagert, was Ehrenkreutz widerlegt. Der Versuch Möhrings (oben Anm. 60) S. 36ff., dies schon in den Juli zu verlegen, ist von *Lilie*, Varia I (oben Anm. 22) S. 163ff., besonders S. 164 Anm. 80, überzeugend widerlegt worden. Man ist erstaunt, daß Möhring diese chronologische

Schwierigkeit einfach ignoriert, obwohl sie ihm aus dem zitierten *J. Krämer,* Der Sturz des Königreichs Jerusalem (1952) S. 46 Anm. 60 bekannt war. Wenn Krämer diese Schwierigkeit (Eroberung der Burg Hunin am 26. Dezember 1187) als einen Irrtum abtut, so ist dies ein quellenkritischer Gewaltakt.

68 Hauptliteratur zu diesem Kapitel: *H. E. Mayer,* Die Stiftung Herzog Heinrichs des Löwen für das Hl. Grab, in: Heinrich der Löwe, hg. v. *W. D. Mohrmann* (1980) S. 307ff. *Derselbe,* Henry II (oben Anm. 66). Zu den Kreuzzugssteuern s. *Kedar,* General Tax (oben Anm. 66) und unten Anm. 69. *P. Zerbi,* Papato, impero e »respublica christiana« dal 1187 al 1198 ([2]1980). Lamma oben Anm. 48. *R. Chazan,* Emperor Frederick I, the Third Crusade and the Jews, Viator 8 (1977) 83ff. *G. Kleemann,* Papst Gregor VIII. (1912). *Y. Congar,* Henry de Marcy, abbé de Clairvaux, cardinal-evêque d'Albano et légat pontifical, Studia Anselmiana 43 (1958) 1ff. *A. Cartellieri,* Philipp II. August, König von Frankreich, Bd. 1 und 2 (1900–1906). *J. Richard,* Philippe Auguste, la croisade et le royaume, in: La France de Philippe Auguste, ed. R. H. Bautier (1982) S. 411ff. *H. van Werweke,* La contribution de la Flandre et du Hainaut à la troisième croisade, Moyen Age 78 (1972) 55ff. *J. Gillingham,* Richard the Lionheart (1978). *K. Norgate,* Richard the Lion Heart (1924). *J. Gillingham,* Richard I and the Science of War in the Middle Ages, in: War and Government in the Middle Ages (Festschrift J. O. Prestwich, 1984) S. 78ff. *H. E. Mayer,* Die Kanzlei Richards I. von England auf dem Dritten Kreuzzug, Mitteilungen des österreichischen Instituts für Geschichtsforschung 85 (1977) 22ff. *H. Fichtenau,* Akkon, Zypern und das Lösegeld für Richard Löwenherz, Archiv für österreichische Geschichte 125 (1966) 11ff. Zum Wiederaufbau Askalons s. Pringle, Walls of Ascalon (unten Anm. 100). *J. Forey,* The Military Order of St. Thomas of Acre, English Historical Review 92 (1977) 481ff. Saladin oben Anm. 60, Konrad von Montferrat oben Anm. 66, Heinrich von Champagne unten Anm. 126.

69 *F. A. Cazel,* The Tax of 1185 in Aid of the Holy Land, Speculum 30 (1955) 385ff.

70 *E. Eickhoff,* Friedrich Barbarossa im Orient. Kreuzzug und Tod Friedrichs I. (1977). *S. O. Riezler,* Der Kreuzzug Kaiser Friedrichs I., Forschungen zur deutschen Geschichte 10 (1870) 1ff. *K. Fischer,* Geschichte des Kreuzzuges Kaiser Friedrichs I. (1870). Zum deutsch-byzantinischen Konflikt 1189/90 vgl. *K. Zimmert,* Byzantinische Zeitschrift 12 (1903) 42ff.; 11 (1902) 303ff. *C. Cahen,* Selğukides, Turcomans et Allemands au temps de la troisième croisade, Wiener Zeitschrift für die Kunde des Morgenlandes 56 (1960) 21ff. *P. Scheffer-Boichorst,* Das Grab Barbarossas, in: Gesammelte Schriften 2 (1905) 154ff.

71 *M. Tumler,* Der Deutsche Orden im Werden, Wachsen und Wirken bis 1400 (1955). *W. Hubatsch,* Montfort und die Bildung des Deutschordensstaates im Heiligen Lande, Nachrichten der Akad. d. Wissenschaften in Göttingen. Phil.-hist. Kl. 1966, S. 161ff. *M. L. Favreau,* Studien zur Frühgeschichte des Deutschen Ordens (o. J. [1974]). *U. Arnold,* Entstehung und Frühzeit des Deutschen Ordens, in: Die geistlichen Ritterorden Europas, hg. *J. Fleckenstein* u. *M. Hellmann* (1980) S. 81ff. *Derselbe,* Jerusalem und Akkon. Zur Frage von Kontinuität oder Neugründung des Deutschen Ordens 1190, Mitteilungen des Instituts für österreichische Geschichtsforschung 86 (1978) 416ff. Arnold hat zwar die von Favreau vertretene Diskontinuität bestritten, aber nur indem er einen Ordensvorsteher Heinrich in zwei Personen zerlegte, um einen Meister Ulrich, in dem Favreau den Vorsteher des Spitals in Jerusalem sieht, in der Abfolge der Vorsteher unterbringen zu können und indem er den bisher nicht möglichen Nachweis von Besitz des jerusalemitanischen Spitals in Deutschland forderte, dessen Besitz dort aber nicht bestritten werden kann, da es undenkbar ist, daß etwa Konrad III. 1125 und 1148 oder Friedrich Barbarossa 1148 in Jerusalem diesem Spital keine Schenkungen in Deutschland gemacht hätten. Arnold räumt aber ein, daß die Kontinuitätstheorie mit den bisherigen Argumenten jedenfalls nicht mehr zu vertreten ist.

72 *Peter von Blois,* De Hierosolymitana peregrinatione acceleranda, Migne, Patrologia Latina 207, 1057ff. *Passio Reginaldi,* ebd. 957ff. *Radulf Niger,* De re militari et triplici via peregrinationis Ierosolimitane, hg. *L. Schmugge* (1977).

73 Untauglich ist der Versuch von *P. A. Williams,* The Assassination of Conrad of Montferrat: Another Suspect?, Traditio 26 (1970) 381ff., Heinrich von Champagne zum Mordanstifter zu stempeln, nur weil er als Nachfolger davon profitiert habe. Es war ja keineswegs gesagt, daß er nächster Mann der Witwe werden würde, wovon für die Nachfolge alles abhing.

74 *H. Toeche,* Kaiser Heinrich VI. (1876). *E. Traub,* Der Kreuzzugsplan Kaiser Heinrichs VI. (1910). *W. Leonhardt,* Der Kreuzzugsplan Kaiser Heinrichs VI. (1913), doch dazu *Dölger,* Kaiserregesten Nr. 1619. Zu Kleinarmenien vgl. The Cilician Kingdom of Armenia, ed. T. S. R. Boase (1978).

75 Für dieses Kapitel muß besonders nachdrücklich auf die in den folgenden Anmerkungen angeführten Arbeiten von Prawer, Richard, Riley-Smith, Cahen, La Monte und Mayer hingewiesen werden. Für Jerusalem allgemein wichtig: *J. Prawer,* Histoire du royaume latin de Jérusalem, 2 Bde. (1969–1970). *J. Richard,* Le royaume latin de Jérusalem (1953; englisch als The Latin Kingdom of Jerusalem, 2 Bde., 1979). *R. Röhricht,* Geschichte des Königreichs Jerusalem (1898; noch immer fundamental). *J. Prawer,* Crusader Institutions (1980). Outremer – Studies in the History of the Crusading Kingdom of Jerusalem Presented to Joshua Prawer (1982). *J. L. La Monte,* Feudal Monarchy in the Latin Kingdom of Jerusalem (1932). *J. Riley-Smith,* The Feudal Nobility and the Kingdom of Jerusalem (1973). *H. E. Mayer,* Probleme des lateinischen Königreichs Jerusalem (1983). *M. Benvenisti,* The Crusaders in the Holy Land (1970). Crusade and Settlement (oben S. 254), Teil II *passim. A. Ben-Ami,* Social Change in a Hostile Environment. The Crusaders' Kingdom of Jerusalem (1969) ist unbrauchbar. *J. Prawer,* u. *M. Benvenisti,* Atlas of Israel, Karte IX/10 (1970; mit Ortsindex). *C. Du Cange,* Les familles d'Outremer, ed. *E. G. Rey* (1869; Genealogien). *S. De Sandoli,* Corpus inscriptionum crucesignatorum Terrae Sanctae (1974). Aus Raumgründen steht hier das Königreich Jerusalem im Vordergrund. Für die anderen Kreuzfahrerstaaten sei verwiesen auf *C. Cahen,* La Syrie du Nord à l'époque des croisades et la principauté franque d'Antioche (1940). *J. Richard,* Le comté de Tripoli sous la dynastie toulousaine (1945). *Derselbe,* Le comté de Tripoli dans les chartes du Fonds de Porcellet, Bibliothèque de l'Ecole des Chartes 130 (1972) 339ff. Zu Zypern s. unten Anm. 123.

76 Zur Siedlungsgeschichte *Riley-Smith,* Earliest Crusaders (oben Anm. 32). *J. Prawer,* The Assise de Teneure and the Assise de Vente. A Study of Landed Property in the Latin Kingdom, Economic History Review 2. Ser. 4 (1951) 77ff. *Derselbe,* The Settlement of the Latins in Jerusalem, Speculum 27 (1952) 490ff. *Derselbe,* Colonization Activities in the Latin Kingdom of Jerusalem, Revue belge de philologie et d'histoire 29 (1951) 1063ff. *R. B. C. Huygens,* De constructione castri Saphet. Construction et fonctions d'un château fort franc en Terre Sainte (1981). *J. Prawer,* Jewish Resettlement in Crusader Jerusalem, Ariel. A Review of Arts and Sciences in Israel Nr. 19 (1967) 60ff.

77 *Prawer,* Crusader Institutions (oben Anm. 75) S. 11f., 351f. *Richard,* Documents chypriotes (unten Anm. 123) S. 67. *Derselbe,* Fonds de Porcellet (oben Anm. 75) S. 361ff. *Favreau-Lilie,* Landesausbau (oben Anm. 45) S. 79 Anm. 63. *Mayer,* Bistümer (unten Anm. 90) S. 77, 176.

78 Die *Tenure en bourgeoisie,* auch *héritage* genannt, war die hautpsächliche Rechtsform, in der freie nichtadlige Franken überwiegend Landbesitz in oder bei Siedlungen innehatten, obwohl der Adel nicht nur echte *héritages* besaß, sondern oft genug auch versuchte, Lehensbesitz als leichter verkäufliche *héritages* zu deklarieren.

79 Strittig ist wegen des ungeklärten Verlaufs der Ostmauer von Akkon die Einwoh-

nerzahl dieser Stadt. *Prawer,* Crusader Institutions (oben Anm. 75) S. 182, 380f., hat sich für 40000 Lateiner (zuzüglich Andersgläubige) ausgesprochen, *D. Jacoby,* Crusader Acre (unten Anm. 96) S. 41 ohne Einwohnerschätzung für eine Stadtfläche von 33 Hektar, was dazu zwingt, die Einwohnergesamtzahl auf spürbar unter 10000 zu drücken, da selbst bei 10000 die Bevölkerungsdichte bei 30000 pro km² läge (zum Vergleich: New York 9500 pro km² im Durchschnitt, aber 25000 in Manhattan). Das ist aber deshalb bedenklich, weil 1120 bereits urkundlich eine Vorstadt *(suburbium)* Akkons bezeugt ist, und dieser Hinweis auf ein Überquellen über die Mauern der Altstadt kann nicht einfach mit der Annahme hinweginterpretiert werden, es habe sich dabei nur um einige Häuser an einer Straßenkreuzung gehandelt (so *D. Jacoby,* Suburb of Acre, in: Outremer [oben Anm. 75] S. 206f.).

80 *A. D. von den Brincken,* Die »Nationes Christianorum Orientalium« im Verständnis der lateinischen Historiographie von der Mitte des 12. Jh. bis in die zweite Hälfte des 14. Jh. (1973). *M. R. Morgan,* The Meaning of Old French Polain, Latin Pullanus, Medium Aevum 48 (1979) 40ff.

81 Zu König und Adel vgl. *J. Prawer,* Les premiers temps de la féodalité dans le royaume de Jérusalem, Tijdschrift voor rechtsgeschiedenis 22 (1954) 401ff. *Derselbe,* La noblesse et le régime féodale du royaume latin de Jérusalem, Le Moyen Age 65 (1959) 41ff. *Derselbe,* Etude sur le droit des Assises de Jérusalem: droit de confiscation et d'exhérédation, Revue historique de droit français et étranger 4. Serie 39 (1961) 520ff.; 4. Serie 40 (1962) 29ff. Alle diese Arbeiten jetzt auch in Englisch in *Prawer,* Crusader Institutions (oben Anm. 75). *J. Riley-Smith,* Further Thoughts on Baldwin II's établissement on the Confiscation of Fiefs, in: Crusade and Settlement (oben S. 254) S. 176ff. Zur Feudalgeographie vgl. *R. Röhricht,* Studien zur mittelalterlichen Geographie und Topographie Syriens, Zeitschrift des Deutschen Palästina-Vereins 10 (1887) und die weitaus eindringenderen Arbeiten von *G. Beyer* in derselben Zeitschrift (*Mayer,* Bibliographie [oben S. 254] Nr. 3012, 3019, 3028, 3057, 3062, 4402).

82 *Edbury* und *Rowe,* William of Tyre (oben Anm. 66) S. 11f. sprechen sich gegen das Prinzip der Doppelpostulation als Norm aus, was *Hiestand,* Wilhelm von Tyrus (oben Anm. 66) S. 350f. überzeugend widerlegt hat. Vgl. auch *Kedar,* Eraclius (oben Anm. 66) S. 188.

83 Generell zu den Siegeln *H. E. Mayer,* Das Siegelwesen in den Kreuzfahrerstaaten (Abhandl. d. Bayer. Akad. d. Wiss., phil.-hist. Klasse, N.F. 18, 1978), besonders S. 59ff. Zu der Münzprägung der Barone *D. M. Metcalf,* Coinage (unten Anm. 100) S. 24ff. und *P. W. Edbury,* in: Coinage in the Latin East, ed. *Metcalf* u. *Edbury* (1980) S. 59ff. (sehr lesenswert).

84 *M. Greilsammer,* Structure and Aims of the Livre au Roi, in: Outremer (oben Anm. 75) S. 218ff.

85 Assisen der Haute Cour: RHC. Lois I. *M. Grandclaude,* Etude critique sur les livres des Assises de Jérusalem (1923).

86 *J. Richard,* Le statut de femme dans l'Orient latin, Recueils de la Société Jean Bodin 12 (1962) 377ff.

87 *Riley-Smith,* Feudal Nobility (oben Anm. 75) S. 40–98. *Derselbe,* Some Lesser Officials in Latin Syria, English Historical Review 87 (1972) 1ff. *Derselbe,* The survival in Latin Palestine of Muslim administration, in: The Eastern Mediterranean Lands in the Period of the Crusades, ed. *P. M. Holt* (1977) S. 9ff.

88 *Metcalf,* Coinage (unten Anm. 100) S. 9ff. *A.A. Gordus* u. *D. M. Metcalf,* Neutron activation analysis of the gold coinage of the Crusader states, Metallurgy in Numismatics 1 (1980) 119ff. *P. Balog* u. *J. Yvon,* Monnaies à légendes arabes de l'Orient latin, Revue numismatique 6. Serie 1 (1958) 133ff. Die verfehlte Theorie von *A. S. Ehrenkreutz,* Arabic Dinars Struck by the Crusaders, Journal of Economic and Social History of the Orient 7 (1964) 167ff., die Kreuzfahrer hätten

mit den schlechteren Imitationen bewußt den Kollaps der ägyptischen Währung herbeiführen wollen, wird heute allgemein abgelehnt.

89 *R. C. Smail,* Crusading Warfare (1956). Vgl. auch die Literatur oben Anm. 45. *P. W. Edbury,* Feudal Obligations in the Latin East, Byzantion 47 (1977) 328ff. *Mayer,* Mélanges (oben Anm. 59) S. 93ff. *Gillingham,* Science of War (oben Anm. 68). Die Liste der Ritterservitien und der Sergeants im Livre de Jean d'Ibelin, RHC. Lois 1, 422ff.

90 *W. Hotzelt,* Kirchengeschichte Palästinas im Zeitalter der Kreuzzüge (1940). *G. Fedalto,* La Chiesa latina in Oriente, 3 Bde. (1977–1978). *B. Hamilton,* The Latin Church in the Crusader States. The Secular Church (1980). *R. Hiestand,* Vorarbeiten zum Oriens pontificius I und II (1972–1984). *Derselbe,* Die päpstlichen Legaten auf den Kreuzzügen und in den Kreuzfahrerstaaten vom Konzil von Clermont bis zum vierten Kreuzzug (maschinenschriftliche Habilitationsschrift Kiel 1972; wird zum Druck vorbereitet). *H. E. Mayer,* Bistümer, Klöster und Stifte im Königreich Jerusalem (1977). *Ch. Coüasnon,* The Church of the Holy Sepulchre (1974). *V. C. Corbo,* Il Santo Sepolcro di Gerusalemme, 3 Bde. (1981). *B. Z. Kedar,* Palmarée, abbaye clunisienne du XIIe siècle en Galilée, Revue bénédictine 93 (1983) 260ff. *H. E. Mayer,* Sankt Samuel auf dem Freudenberge und sein Besitz, Quellen und Forschungen aus italienischen Archiven und Bibliotheken 44 (1964) 35ff. *B. Hamilton,* The Cistercians in the Crusader States, in: *Hamilton,* Monastic Reform, Catharism and the Crusades (1979) Nr. X. *B. Z. Kedar,* Gerard of Nazareth, a Neglected Twelfth Century Writer in the Latin East, Dumbarton Oaks Papers 37 (1983) 55f. *E. Friedman,* The Latin Hermits of Mount Carmel (1979). *H. E. Mayer,* Das Pontifikale von Tyrus und die Krönung der lateinischen Könige von Jerusalem, Dumbarton Oaks Papers 21 (1967) 141ff. *Runciman* (oben Anm. 1). Von den Brincken (oben Anm. 80). *P. Kawerau,* Die jakobitische Kirche im Zeitalter der syrischen Renaissance (^{2}1960). *R. W. Crawford,* William of Tyre and the Maronites, Speculum 30 (1955) 222ff. *K. S. Salibi,* The Maronite Church in the Middle Ages and its Union with Rome, Oriens christianus 42 (1958) 92ff. *Derselbe,* The Maronites of Lebanon under Frankish and Mamluk Rule, Arabica 4 (1957) 288ff. Über das Osterfeuer s. *A. S. Tritton,* The Easter Fire at Jerusalem, Journal of the Royal Asiatic Society 1963, S. 249ff. *S. Schein* (unten Anm. 138).

91 *R. B. C. Huygens,* Guillaume de Tyr étudiant. Un Chapitre (XIX,12) de son »Histoire« retrouvé, Latomus 21 (1962) 811ff.

92 *R. Hiestand,* Legat, Kaiser und Basileus, in: Aus Reichsgeschichte und Nordischer Geschichte (1972) S. 141ff.

93 *J. Prawer,* Etude préliminaire sur les sources et la composition du »Livre des Assises« des Bourgeois, Revue historique de droit français et étranger 4. Ser. 32 (1954) 198ff., 358ff. *Derselbe,* Crusader Institutions (oben Anm. 75) S. 263ff.

94 *R. B. Patterson,* The Early Existence of the funda and catena in the Twelfth Century, Speculum 39 (1964) 474ff. hat mit unzulänglicher Begründung (vgl. *H. E. Mayer,* Historische Zeitschrift, Sonderheft 3, 1969, S. 715) versucht, diese Gerichte schon früher entstanden sein zu lassen. Was sicher schon länger existierte, waren die so benannten Finanzbehörden, noch nicht aber die Gerichtshöfe.

95 *J. L. La Monte,* The Communal Movement in Syria in the Thirteenth Century, Haskins Anniversary Essays (1929) S. 117ff. *J. Prawer,* Crusader Institutions (oben Anm. 75) S. 46ff. *J. Riley-Smith,* The Assise sur la ligece and the Commune of Acre, Traditio 27 (1971) 179ff. *H. E. Mayer,* On the Beginnings of the Communal Movement in the Holy Land: the Commune of Tyre, Traditio 24 (1968) 443ff. *Derselbe,* Zwei Kommunen in Akkon?, Deutsches Archiv 26 (1979) 434ff. *J. Richard,* La féodalité de l'Orient latin et le mouvement communal: un état des questions, in: Structures féodales et féodalisme dans l'Occident méditerranéen (X^{e}–XIIIe siècles) (1980) S. 660ff. *J. Riley-Smith,* A Note on Confraternities in

the Latin Kingdom of Jerusalem, Bulletin of the Institute of Historical Research 44 (1971) 301 ff., dazu *Mayer*, Deutsches Archiv 27, 615 f. *J. Richard*, La Confrérie des Mosserins d'Acre et les marchands de Mossoul au XIIIe siècle, L'Orient syrien 11 (1966) 451 ff. *Derselbe*, La confrérie de la croisade: à propos d'un épisode de la première croisade, Etudes de civilisation médiévale (Mélanges E. R. Labande, 1974) S. 617 ff.

96 Grundlegend künftig *M. L. Favreau-Lilie*, Die Italiener im Hl. Land vom Ersten Kreuzzug bis zum Tode Heinrichs von Champagne (Kieler Habilitationsschrift 1983). Ergänzend *H. E. Mayer*, Marseilles Levantehandel und ein akkonensisches Fälscheratelier des 13. Jh. (1972). *Favreau*, Heinrich von Champagne (unten Anm. 126). *Dieselbe*, Italienische Levante-Piraterie (unten Anm. 126). *J. Riley-Smith*, Government in Latin Syria and the Commercial Privileges of Foreign Merchants, in: *D. Baker*, Relations between East and West in the Middle Ages (1973) S. 109 ff. *J. Prawer*, I Veneziani e le colonie veneziane nel regno latino di Gerusalemme, in: Venezia e il Levante fino al sec. XV, Bd. 1 (1973) 625 ff. *Mayer* u. *Favreau*, (oben Anm. 37). *D. Jacoby*, L'expansion occidentale dans le Levant: les Vénitiens à Acre dans la seconde moitié du treizième siècle, Journal of Medieval History 3 (1977) 225 ff. *Derselbe*, Crusader Acre in the Thirteenth Century: Urban Layout and Topography, Studi Medievali 3. Serie 20 (1979) 1 ff. *D. Abulafia*, Crocuses and Crusaders: San Gimignano, Pisa and the Kingdom of Jerusalem, in: Outremer (oben Anm. 75) S. 227 ff. *M. L. Favreau*, Zur Pilgerfahrt des Grafen Rudolf von Pfullendorf. Ein unbeachteter Originalbrief aus dem Jahre 1180, Zeitschrift für die Geschichte des Oberrheins 123 (1975) 31 ff. (Depositen in Venedig). *R. H. Bautier*, La collection de chartes de croisade dite »Collection Courtois«, Comptes-rendus des séances de l'Académie des Inscriptions et Belles-Lettres 1956, S. 382 ff. *D. Abulafia*, Invented Italians in the Courtois Charters, in: Crusade and Settlement (oben S. 254) S. 135 ff.

97 *W. Heyd*, Histoire du commerce du Levant au moyen âge, 2 Bde. (1885–1886). *A. Schaube*, Handelsgeschichte der romanischen Völker des Mittelmeergebietes bis zum Ende der Kreuzzüge (1906). *C. Cahen*, Un texte peu connu relatif au commerce oriental d'Amalfi au Xe siècle, Archivio storico per le provinze Napoletane 34 (1953–1954) 3 ff. *Derselbe*, Le commerce d'Amalfi dans le Proche-Orient musulman avant et après la croisade, Comptes rendus des séances de l'Académie des Inscriptions et Belles-Lettres 1977, S. 291 ff. *A. O. Citarella*, Patterns in Medieval Trade: The Commerce of Amalfi Before the Crusades, Journal of Economic History 28 (1968) 531 ff. *B. Z. Kedar*, Mercanti genovesi in Alessandria d'Egitto negli anni sessanta del secolo XI, in: Miscellanea di studi storici 2 (1983) 21 ff. *E. Bach*, La cité de Gênes au XIIe siècle (1955). *D. Abulafia*, Marseilles, Acre and the Mediterranean, 1200–1291, in: Coinage in the Latin East, ed. *P. W. Edbury* u. *D. M. Metcalf* (1980) S. 19 ff. *C. Cahen*, L'alun avant Phocée, Revue d'histoire économique et sociale 41 (1963) 433 ff. *G. Wiet*, Les marchands d'épices sous les sultans mamlouks, Cahiers d'histoire égyptienne 7 (1955) 81 ff.

98 *J. Prawer*, Crusader Institutions (oben Anm. 75) S. 201 ff. *E. Sivan*, Refugiés syro-palestiniens au temps des croisades, Revue des études islamiques 1967 (1968) S. 135 ff.

99 *J. Prawer*, Etude de quelques problèmes agraires et sociaux d'une seigneurie croisée au XIIIe siècle, Byzantion 22 (1952) 5 ff.; 23 (1953) 143 ff. *C. Cahen*, Le régime rural syrien au temps de la domination franque, Bulletin de la Faculté des Lettres de Strasbourg 29 (1950/51) 286 ff. *J. Richard*, Le casal de Psimolofo et la vie rurale en Chypre au XIVe siècle, Mélanges d'archéologie et d'histoire 59 (1947) 121 ff. *J. Riley-Smith*, Some Lesser Officials in Latin Syria, Englisch Historical Review 87 (1972) 1 ff.

100 *M. de Vogüé*, Les églises de Terre Sainte (1860). *C. Enlart*, Les monuments des croisés dans le royaume de Jérusalem, 2 Bde., 2 Alben (1925–1928). Künftig *D.*

Pringle, Church Buildings of the Crusader Kingdom of Jerusalem: a Corpus (geplant für 1987; vgl. einstweilen derselbe in Revue biblique 89, 1982, 92ff.). Über das Haupttor Jerusalems (heute Damaskustor) in der Kreuzfahrerzeit *J. B. Hennessy,* Preliminary Report on Excavations at the Damascus Gate, Jerusalem, 1964-6, Levant 2 (1970) 22ff. *Deschamps,* Châteaux (oben Anm. 45). *Z. Goldmann,* The Hospice of the Knights of St. John in Akko, Archaeology 19, no. 3 (1966) 182ff. *D. Pringle,* King Richard I and the Walls of Ascalon, Palestine Exploration Quarterly 116 (1984) 133ff.; vgl. zu früheren Bauphasen *B. Z. Kedar* u. *W. G. Mook,* Israel Exploration Journal 28 (1978) 173ff. *D. Pringle,* Some Approaches to the Study of Crusader Masonry Marks in Palestine, Levant 13 (1981) 173ff. *M. Barash,* Crusader Figural Sculpture in the Holy Land (1971). Crusader Art in the Twelfth Century, ed. J. Folda (1982). *H. Buschhausen,* Die süditalienische Bauplastik im Königreich Jerusalem von König Wilhelm II. bis Kaiser Friedrich II. (1978); vgl. dazu *Folda* u. *Burgoyne* im Art Bulletin 63 (1981) 321ff. und *Z. Jacoby* in Zeitschrift für Kunstgeschichte 47 (1984) 400ff. *Z. Jacoby,* Le portail de l'église de l'Annonciation de Nazareth au XIIe siècle, Monuments et Mémoires de la Fondation E. Piot 64 (1981) 141ff. *Dieselbe,* The Tomb of Baldwin V, King of Jerusalem, and the Workshop of the Temple Area, Gesta 18 (1979) 3ff. *Dieselbe,* The Workshop of the Temple Area in Jerusalem in the Twelfth Century: its Origin, Evolution and Impact, Zeitschrift für Kunstgeschichte 45 (1982) 325ff. *B. Kühnel,* Steinmetzen aus Fontevrault in Jerusalem, Wiener Jahrbuch für Kunstgeschichte 33 (1980) 83ff. Eine erhebliche Diskussion hat es gegeben um die beiden Türstürze an der Südfassade der Grabeskirche: *A. Borg,* Observations on the Historiated Lintel of the Holy Sepulchre, Jerusalem, Journal of the Warburg and Courtauld Institutes 32 (1969) 25ff.; *Derselbe,* The Holy Sepulchre Lintel, ebenda 35 (1972) 389ff.; *N. Keenan,* Local Christian Art in Twelfth Century Jerusalem, Israel Exploration Journal 23 (1973), 167ff., 221ff. Widerspruch von *L. Y. Rahmani,* The Eastern Lintel of the Holy Sepulchre, ebd. 26 (1976) 120ff. *H. Meurer,* Kreuzreliquiare aus Jerusalem, Jahrbuch der Staatlichen Kunstsammlungen in Baden-Württemberg 13 (1976) 7ff. *D. M. Metcalf,* Coinage of the Crusades and the Latin East in the Ashmolean Museum Oxford (1983). *G. Schlumberger,* Sigillographie de l'Orient latin (1943). *K. Weitzmann,* Studies in the Arts at Sinai (1982). *J. Folda* u. a., Crusader Frescoes at Crac des Chevaliers and Marqab Castle, Dumbarton Oaks Papers 36 (1982) 177ff. (mit tüchtiger Beschreibung, aber gewagten historischen Schlußfolgerungen; vgl. *Mayer,* Deutsches Archiv 40, 370). *H. Buchthal,* Miniature Painting in the Latin Kingdom of Jerusalem (1957). *J. Folda,* Crusader Manuscript Illumination at Saint-Jean d'Acre, 1275–1291 (1976); der Versuch, Akkon zu einem geistigen Zentrum zu machen, ist nicht überzeugend. Zu der Ausweitung von Buchthals Handschriftengruppe um weitere Handschriften, die ein »Johannitermeister« in reinem Pariser Stil ausgemalt haben soll, der zuerst in Paris das Zinsbuch von Ste.-Geneviève illuminiert haben, dann aber, da der Markt mit dem Tode Ludwigs des Hl. 1270 zusammengebrochen sei (als ob in Paris nur der König Kunstpatron gewesen sei!), nach Akkon gegangen sein soll, dessen Stil dann aber wieder nach Europa zurückgelangt sei, vgl. die Einwände von *H. Stahl,* Zeitschrift für Kunstgesch. 43 (1980) 416ff., die sich aus rein historischer Sicht noch vertiefen ließen. Zur *Chanson des Chétifs* vgl. *C. Cahen,* Le premier cycle de la croisade (Antioche-Jérusalem-Chétifs), Le Moyen Age 63 (1957) 311ff. *R. B. C. Huygens,* Latijn in Outremer. Een blik op de Latijnse letterkunde der kruisvarderstaten in het Nabije Oosten (1964). *Derselbe,* Guillaume de Tyr étudiant (oben Anm. 91); vgl. auch *derselbe,* Studi medievali 3. Serie 5 (1964) 1ff. und Latomus 25 (1966) 139ff. sowie Sacris Erudiri 27 (1984) 461ff. *Hiestand,* Wilhelm von Tyrus (oben Anm. 66). Der Versuch von *R. C. Schwinges,* Kreuzzugsideologie und Toleranz. Studien zu Wilhelm von Tyrus (1977), Wilhelm zu einem frühen Verfechter des Toleranzgedankens zu machen, ist fundamental verfehlt; vgl. *Mayer*, Deutsches Archiv 34, 255ff. und *H. Möhring*, ebd. 39, 439ff. *M. Bertram*, Johannes von Ancona: ein Jurist des 13. Jh. in den Kreuzfahrerstaaten, Bulletin of Medieval Canon Law NS 7 (1977) 49ff. *J. Richard*, La Fauconnerie de Jean de Francières et ses sources, Le Moyen Age 67 (1963) 893ff.

101 *J. S. Beddie*, Books in the East during the Crusades, Speculum 8 (1933) 240ff. Das Büchervermächtnis des Dekans von Chartres in Gallia christiana, ed. nova 8, col. 1200.

102 Hauptliteratur zum vierten Kreuzzug: Unter den Spezialmonographien ist die einzig brauchbare *D. E. Queller*, The Fourth Crusade. The Conquest of Constantinople 1201–1204 (1978). *J. Longnon*, Les compagnons de Villehardouin. Recherches sur les croisés de la quatrième croisade (1978). *D. E. Queller*, Medieval Diplomacy and the Fourth Crusade (1980). *A. Luchaire*, Innocent III. La question d'Orient (1907). *H. Roscher*, Papst Innocenz III. und die Kreuzzüge (1968; sehr gut). *H. Kretschmayr*, Geschichte von Venedig, 2 Bde. (1905–1920). *E. Winkelmann*, König Philipp von Schwaben (1873). Zu Bonifaz von Montferrat s. Usseglio (oben Anm. 66). *E. H. McNeal*, Fulk of Neuilly and the Tournament of Ecry, Speculum 28 (1953) 371ff. *E. E. Kittel*, Was Thibaut of Champagne the Leader of the Fourth Crusade?, Byzantion 51 (1981) 557ff. *Ch. M. Brand*, A Byzantine Plan for the Fourth Crusade, Speculum 43 (1968) 462ff. *Ch. G. Ferrard*, The Amount of Constantinopolitan Booty in 1204, Studi Veneziani 13 (1971) 95ff.

103 Bestes Résumé der älteren Diskussion: *E. Gerland*, Der vierte Kreuzzug und seine Probleme, Neue Jahrbücher für das klassische Altertum 13 (1904) 505ff., heute zu ergänzen um *D. E. Queller* u. *S. J. Stratton*, A Century of Controversy on the Fourth Crusade, Studies in Medieval and Renaissance History 6 (1969) 233ff. Ebenfalls grundlegend *W. Norden*, Der vierte Kreuzzug im Rahmen der Beziehungen des Abendlandes zu Byzanz (1898). Seit Gerland vor allem: *E. Faral*, Geoffrey de Villehardouin: la question de sa sincérité, Revue historique 177 (1936) 537ff. *H. Grégoire*, The Question of the Diversion of the Fourth Crusade. An Old Controversy solved by a Latin Adverb, Byzantion 15 (1940/41) 158ff. *A. Frolow*, Recherches sur la déviation de la IVe croisade vers Constantinople (1955). *J. Folda*, The Fourth Crusade, 1201–1203. Some Reconsiderations, Byzantinoslavica 26 (1965) 277ff. Den Papst machen für die Abweichung verantwortlich *M. A. Zaborov*, in: Vizantiiskii vremennik, N. S. 5 (1952) 152ff. und *S. de Mundo Lo*, Cruzadas en Bizancio. La cuarta cruzada a la luz de las fuentes latinas y orientales (1957). Einen unermüdlichen und vehementen Verteidiger hat Innocenz III. gefunden in *J. Gill*, Franks, Venetians and Pope Innocent III 1201–1203, Studi Veneziani 12 (1970) 85ff. (s. auch unten Anm. 105). Zur venezianischen Haltung zuletzt *R. Cessi*, Venezia e la quarta crociata, Archivio veneto 81 (1951) 1ff. u. *D. E. Queller* u. *G. W. Day*, Some Arguments in the Defense of the Venetians on the Fourth Crusade, American Historical Review 81 (1976) 717ff.

104 *J. Ebersolt*, Orient et Occident ([2]1954) S. 82ff. Will man eine Liste der von dem Chronisten Robert de Clari der Abtei Corbie in der Pikardie mitgebrachten Reliquien für echt halten, so hätte er fast den gesamten Reliquienschatz der Kapelle des Bukoleonpalastes in Konstantinopel geraubt.

105 Lateinisches Kaiserreich, venezianischer und genuesischer Besitz: *J. Longnon*, L'Empire latin de Constantinople et la principauté de Morée (1949). *E. Gerland*, Geschichte des lateinischen Kaiserreichs von Konstantinopel 1 (1905). *K. Hopf*, Geschichte Griechenlands vom Beginn des Mittelalters bis auf die neuere Zeit, 2 Bde. (1867–1868). *R. L. Wolff*, Studies in the Latin Empire of Constantinople (1976). *P. E. Schramm* (u. *R. Elze*), Herrschaftszeichen und Staatssymbolik 3 (1956) 837ff.; *J. Deér* in Byzantinische Zeitschrift 54 (1961) 306ff. betont stärker den byzantinischen Einfluß bei der Krönung der lateinischen Kaiser. *W. Norden*

(oben S. 254). *J. Gill,* Byzantium and the Papacy 1198–1400 (1979; für Fakten nur mit Vorsicht zu benutzen). *N. Oikonomidès,* La décomposition de l'Empire byzantin à la veille de 1204 et les origines de l'Empire de Nicée: A propos de la »Partitio Romaniae«, XVe Congrès international d'études byzantines (1976). *R. Spence,* Gregory IX's Attempted Expeditions to the Latin Empire of Constantinople: the Crusade for the Union of the Latin and Greek Churches, Journal of Medieval History 5 (1979) 163ff. *B. Hendrickx,* Les institutions de l'Empire latin de Constantinople (1204–1261): La cour et les dignitaires, Byzantina 9 (1977) 187ff. *Derselbe,* Les institutions de l'Empire latin de Constantinople (1204–1261): La chancellerie, Acta classica. Proceedings of the Classical Association of South Africa 19 (1976) 123ff. *L. Santifaller,* Beiträge zur Geschichte des lateinischen Patriarchats von Konstantinopel und der venezianischen Urkunde (1938). *E. A. R. Brown,* The Cistercians in the Latin Empire of Constantinople and Greece, Traditio 14 (1958) 63ff. *R. Clair,* Les filles d'Hautecombe dans l'Empire latin de Constantinople, Analecta sacri ordinis Cisterciensis 17 (1961) 261ff. *F. Thiriet,* La Romanie vénitienne au moyen âge (1959). *Derselbe,* Etudes sur la Romanie gréco-vénitienne (X^e^–XVe siècles) (1977). *R. J. Loenertz,* Byzantina et Franco-Graeca, 2 Bde. hg. v. *P. Schreiner* (1970–1978). *Derselbe,* Les Ghisi. Dynastes vénitiens dans l'Archipel 1207–1390 (1975). *M. Balard,* La Romanie génoise (XIIe-début du XVe siècle), 2 Bde. (1978).

106 *Ch. Perrat* u. *J. Longnon,* Actes relatifs à la principauté de Morée 1289–1300 (1967). *J. Longnon* u. *P. Topping,* Documents sur le régime des terres dans la principauté de Morée au XIVe siècle (1969). *D. Jacoby,* La féodalité en Grèce médiévale. Les Assises de Romanie. Sources, application et diffusion (1971). *A. Bon,* La Morée franque. Recherches historiques, topographiques et archéologiques sur la principauté d'Achaie (1205–1430), 2 Bde. (1969). *Longnon* (oben Anm. 105). *R. J. Loenertz,* Aux origines du despotat de l'Epire et de la principauté d'Achaie, Byzantion 43 (1973) 360ff. *P. Topping,* Studies on Latin Greece (1977). *D. Jacoby,* The Encounter of Two Societies: Western Conquerors and Byzantines in the Peoloponnesus after the Fourth Crusade, American Historical Review 78 (1973) 873ff. *Derselbe,* Les Etats latins en Romanie: phénomènes sociaux et économiques (1204–1350 environ), in: *D. Jacoby,* Recherches sur la Méditerranée orientale du XIIe au XVe siècle (1979) Nr. I. *Derselbe,* Les archontes grecs et la féodalité en Morée franque, Travaux et mémoires 2 (1967) 421ff. *G. G. Litavrin,* Le problème de la symbiose dans les Etats latins formés sur le territoire de Byzance (faits sociaux et économiques 1204–1261), XVe Congrès international d'études byzantines (1976). *E. Dade,* Versuche zur Wiedererrichtung der lateinischen Herrschaft in Konstantinopel 1261–1310 (1937). *D. J. Geanakoplos,* Emperor Michael Palaeologus and the West (1959).

107 *R. I. Burns,* The Catalan Company and the European Powers 1305–1311, Speculum 29 (1954) 751ff. *K. M. Setton,* Catalan Domination of Athens (²1975). *Derselbe,* Athens in the Middle Ages (1975). *D. Jacoby,* La compagnie catalane et l'Etat catalane de Grèce. Quelques aspects de leur histoire, Journal des Savants (1966) 78ff. *K. M. Setton,* Europe and the Levant in the Middle Ages and the Renaissance (1974). *A. E. Laiou,* Constantinople and the Latins: The Foreign Policy of Andronicus II, 1282–1328 (1972). *Ph. P. Argenti,* The Occupation of Chios by the Genoese and their Administration of the Island 1346–1566, 3 Bde. (1958). *Derselbe,* The Mahona of the Giustiniani. Genoese Colonialism and the Genoese Relationship with Chios, Byzantinische Forschungen 6 (1979) 1ff.

108 *H. Pissard,* La guerre sainte en pays chrétien (1912). *P. Belperron,* La croisade contre les Albigeois et l'union de Languedoc à la France (1942). Paix de Dieu et guerre sainte en Languedoc (1969). – *N. Housley,* The Italian Crusades. The Papal-Angevin Alliance and the Crusades against Christian Lay Powers, 1254–1343 (1982; vgl. Journal of Ecclesiastical History 34, 283f.) ist ein ausgezeichnetes

Buch, dessen Versuch, auch alle diese »politischen« Kreuzzüge (vgl. dazu jetzt *E. Kennan,* Innocent III, Gregory IX and Political Crusades: a Study in the Disintegration of Papal Power, in: Reform and Authority in the Medieval and Reformation Church [1981] S. 15ff.) als echte Kreuzzüge zu erweisen, mich allerdings nicht überzeugt hat. Housley schlägt sich in der von mir (Geschichte der Kreuzzüge [1965] S. 261ff., The Crusades [1972], S. 281ff., dagegen *J. Riley-Smith,* What Were the Crusades? [1977], dazu *Mayer* in Speculum 53 [1978] 841f.) initiierten Diskussion um eine enge (nur nach Jerusalem) oder weite (gegen alle Feinde der Kirche) Definition der Kreuzzüge eindeutig auf die Seite der Vertreter der weiteren Definition. Diese Debatte soll hier über diese Anmerkung hinaus nicht weiter fortgeführt werden, teils aus Raumgründen, teils weil die Fronten auf beiden Seiten dogmatisch verhärtet sind. Im Gegensatz zu Riley-Smith ist Housley durchaus polemisch und daher auch leichter angreifbar. Wer die Meinung, daß es sich bei diesen Kriegen im Kreuzzugsgewand um einen kirchlichen Mißbrauch handelte, so pauschal und verkürzend als »Vorurteil« abtut (S. 3f.), wer sich auf so schwache und ganz offen apologetische Vorbilder wie Purcell (unten Anm. 143) und *N. Paulus,* Geschichte des Ablasses im Mittelalter beruft, muß sich dann schon die Frage gefallen lassen, ob er diese Tradition nicht fortsetzt. Es nützt auch nicht, wenn *Housley,* Crusades against Christians: their Origins and early Developments, c. 1100–1216, in: Crusade and Settlement (oben S. 254) S. 17ff. jüngst mit großer Gelehrsamkeit die theoretischen und praktischen Ansätze für eine Bekämpfung von Ketzern und anderen Feinden der Kirche schon im 11. Jh. dargelegt hat. Er begeht damit nur denselben Fehler wie schon *Erdmann,* Entstehung (oben Anm. 5) S. 246f.: solche Kämpfe waren hl. Krieg; Kreuzzug war etwas anderes. Die Pervertierung liegt nicht in der Bekämpfung von Christen, da man das 13. Jh. nicht mit dem Maßstab der Aufklärung messen darf, sondern darin, daß man die Institution des Kreuzzuges dafür verwendete. Auch die Beispiele überzeugen nicht, denn trotz aller Mühe gelingt es Housley nicht, vor Innocenz III. einen Plenarablaß auch für die Überlebenden (im Gegensatz zu den Gefallenen, wo dies nichts Neues ist) solcher Kriege nachzuweisen, der das Charakteristikum der Züge ins Hl. Land war. Das gilt auch für Housleys pièce de résistance, nämlich die Lohnverheißung »wie beim Konzil von Clermont« Papst Innocenz' II. auf dem Konzil von Pisa von 1135 für alle, die gegen Roger II. von Sizilien ziehen. Housley hält dies für einen Kreuzzugsablaß (S. 23f.), weil der Editor Girgensohn es fälschlicherweise für einen solchen hielt. Wer dies tut, der hat die Erstauflage meines Buches nicht gelesen, denn dort wird gezeigt, was sich aus dem Beschluß von Clermont ohnehin längst hätte ergeben sollen, daß dort nur die Kirchenbuße erlassen wurde, nicht mehr, und daß erst das Volk einen Plenarablaß daraus machte. Wenn man sich 1135 ausdrücklich auf diesen Beschluß bezog, so kann daraus nicht mehr nachgewiesen werden, als daß auch Innocenz II. nur dieses den Sizilienkriegern zusicherte, nicht einen Plenarablaß, denn sonst hätte er die üblich gewordene Formel von der *remissio peccatorum* verwenden müssen. Housley ist natürlich viel zu versiert, um dieses nicht zu wissen und macht deshalb sogleich einen Rückzieher, der die Berufung auf Girgensohn, die dem Leser freilich schon insinuiert ist, abschwächt: ein Kreuzzug habe 1135 gleichwohl nicht stattgefunden, weil das Gelübde und die Kreuznahme nicht nachzuweisen seien. Es ist bisher auch nicht zu zeigen gelungen, daß die Zeitgenossen die von der Kurie betriebene Veränderung der Kreuzzugsidee nicht als Skandal empfunden hätten, und diese Opposition kann ja nicht grundlos gewesen sein, auch wenn Housley (S. 24) in der richtigen Erkenntnis, welche Gefahr dies für seine These darstellt, der Kritik sofort jede Repräsentanz der öffentlichen Meinung abspricht und sie als isoliert und vorurteilsbehaftet abstempelt. Die Diskussion auf dem Kreuzzugskongreß in Cardiff 1983 hat gezeigt, daß die weite Definition der Kreuzzüge außerhalb Englands so gut wie keinen Zuspruch findet (ausgenommen jetzt *M. Markowski,* Crucesignatus: its origins and early usage, Journal of Medieval History 10 (1984) 157ff., der erneut die öffentliche Meinung außer acht läßt und verkennt, daß nicht die kirchliche Doktrin umstritten ist, sondern der Grad ihrer Akzeptanz beim Volk) und ihr auch in England durchaus mit Gründen widersprochen wird (so in der mündlichen Diskussion, aber auch in dem schwungvollen Vortrag von *C. J. Tyerman,* The Holy Land and the Crusades in the Thirteenth and Fourteenth Centuries, in: Crusade and Settlement ([oben S. 254] S. 105ff.). – *E. Christiansen,* The Northern Crusade. The Baltic and the Catholic Frontier 1100–1525 (1980; vgl. English Historical Review 97, 122ff.).

109 *P. Raedts,* The Children's Crusade of 1212, Journal of Medieval History 3 (1977) 279ff. bestreitet noch stärker als Miccoli (s. unten), daß die Teilnehmer Kinder waren, sondern hält sie für sozial niedrig, aber erwachsen. Beides braucht einander nicht auszuschließen, vor allem nicht für das numerisch dominierende Element und für die Anführer; Raedts bestreitet auch konsequent, daß die Vorstellung von der besonderen Erwählung von »Kindern« eine Rolle gespielt habe, indessen sind Parallelen in der damaligen Zeit so dicht belegt, daß man die Beteiligung dieser Vorstellungen nur schwer in Abrede stellen kann. *G. Miccoli,* La crociata dei fanciulli del 1212, Studi medievali 3. Serie 2 (1961) 407ff. *U. Gäbler,* Der »Kinderkreuzzug« vom Jahre 1212, Schweizerische Zeitschrift für Geschichte 28 (1978) 1ff. ist eine ikonoklastische Arbeit. Er bestreitet, daß es sich überhaupt um einen Kreuzzug gehandelt habe, sondern es sei nur eine Jerusalemwallfahrt beabsichtigt gewesen. Mit den Quellen ist das kaum in Übereinklang zu bringen.

110 Hauptliteratur zu diesem Kreuzzug: *H. L. Gottschalk,* al-Kāmil (oben S. 253). *R. Röhricht,* Studien zur Geschichte des fünften Kreuzzuges (1891). *H. Hoogeweg,* Der Kreuzzug von Damiette, Mitteilungen des Instituts für österreichische Geschichtsforschung 8 (1887) 188ff.; 9 (1888) 249ff. *J. Clausen,* Papst Honorius III. (1895). *J. P. Donovan,* Pelagius and the Fifth Crusade (1950). Zu Johann von Brienne unten Anm. 126. *P. B. Pixton,* Die Anwerbung des Heeres Christi: Prediger des Fünften Kreuzzuges in Deutschland, Deutsches Archiv 34 (1978) 166ff. *J. A. Brundage,* The Crusader's Wife: A Canonistic Quandary, Studia Gratiana 12 (1967) 425ff. *Derselbe,* The Crusader's Wife Revisited, ebd. 14 (1967) 241ff.

111 *Kedar,* Crusade and Mission (oben S. 254) S. 113 Anm. 56 hat darauf hingewiesen, daß *P. Alphandéry* bereits 1909 dies als ein isoliertes Stück Rhetorik erwiesen habe. Alphandéry hat diese Meinung aber später fallenlassen. In La chrétienté et la croisade (oben S. 254) 2, 150 äußert er sich ohne Bezugnahme auf die alte Publikation in dem von mir vertretenen Sinne.

112 *F. Kempf,* Das Rommersdorfer Briefbuch des 13. Jh., Mitteilungen des österreichischen Instituts für Geschichtsforschung, Ergänzungsband 12 (1933) 502ff.

113 Das Dekret bei *Mansi,* Sacrorum conciliorum nova et amplissima collectio 22, 1058ff. Zu den Kreuzzugssteuern *A. Gottlob,* Die päpstlichen Kreuzzugssteuern des 13. Jh. (1892).

114 *M. Roncaglia,* San Francesco d'Assisi in Oriente, Studi Francescani 50 (1953) 97ff. *Derselbe,* St. Francis of Assisi and the Middle East ([3]1957). *G. Basetti-Sani,* Mohammed et St. François (1959). *L. Lemmens,* Die Franziskaner im Hl. Lande. I. Die Franziskaner auf dem Sion (1336–1551) ([2]1925). *O. van der Vat,* Die Anfänge der Franziskanermissionen und ihre Weiterentwicklung im Nahen Orient und in den mohammedanischen Ländern während des 13. Jh. (1934). Über das 14. und 15. Jh. aufschlußreich *S. Schein,* La Custodia Terrae Sanctae franciscaine et les Juifs de Jérusalem à la fin du moyen âge, Revue des études juives 141 (1982) 369ff. *E. R. Daniel,* The Franciscan Concept of Mission in the High Middle Ages (1975). *Kedar,* Crusade and Mission (oben S. 254) S. 120ff. *J. Richard,* La papauté et les missions d'Orient au moyen âge (XIIIe–XVe siècles) (1977), sowie die in Anm. 136 genannten Sammelbände Richards und die sonstige dort zitierte Literatur. *B. Altaner,* Die Dominikanermissionen des 13. Jh. (1924).

115 *Metcalf*, Coinage (oben Anm. 100) S. 22f. hat dies als numismatischen und verfassungsgeschichtlichen Nonsens bezeichnet, aber so lange Metcalf keine bessere Erklärung anzubieten hat, als daß diese Münzen trotz des in der Umschrift vorkommenden Namens *Damiata* in Akkon gemünzt seien, wird man doch besser bei der bisherigen Erklärung bleiben, zumal man Johann 1218 ausdrücklich die Herrschaft über die ägyptischen Eroberungen versprochen hatte (Estoire de Eracles, RHC. Hoc. 2, 329).

116 Grundlegend *J. Richard*, L'Extrême-Orient légendaire au moyen âge. Roi David et Prêtre Jean, Annales d'Ethiopie 2 (1957) 225ff. und bei *Richard*, Orient et Occident au moyen âge (1976) Nr. XXVI. *P. Pelliot*, Mélanges sur l'époque des croisades, Mémoires de l'Académie des Inscriptions et Belles-Lettres 44 (1951) 73ff.

117 Von diesem Kreuzzug an wird die ohnehin anfechtbare Zählung der Züge uneinheitlich. Manche Forscher numerieren den Kreuzzug nach Damiette gar nicht und zählen den Friedrichs II. 1228/29 als den fünften, den ersten Kreuzzug Ludwigs d. Hl. 1248–1250 als den sechsten. Andere zählen zwar den Kreuzzug gegen Damiette als fünften, lassen aber den Friedrichs II. aus; wieder andere zählen das Unternehmen vor Damiette als den fünften Kreuzzug und rechnen Friedrich II. den sechsten, Ludwig d. Hl. den siebten Kreuzzug zu.

118 Zum *passagium* Alphandéry (oben S. 254) 2, 131ff. *Schaube* (oben Anm. 97) S. 195ff., 201ff. *A. M. Chazaud*, Inventaire et comptes de la succession d'Eudes, comte de Nevers, Mémoires de la Société des Antiquaires de France 32 (1871) 169ff.

119 Zum Heidenbild: *Wentzlaff-Eggebert* (oben S. 254) S. 247ff. Kenntnis des Islam: Southern und Daniel (oben S. 254), besonders Daniel S. 309ff. (zur Frage der Idolatrie). *U. Monneret de Villard*, Lo studio dell'Islam in Europa nel XII e nel XIII secolo (1944). Koranübersetzungen: *M. Th. d'Alverny*, Deux traditions latines du Coran au moyen âge, Archives d'histoire doctrinale et littéraire du moyen âge 16 (1947/48) 69ff. *J. Kritzeck*, Peter the Venerable and Islam (1964). *F. A. Rouleau*, The Yangchow Latin Tombstone as a Landmark of Medieval Christianity in China, Harvard Journal of Asiatic Studies 17 (1954) 345ff.

120 Kreuzzug Friedrichs II.: *H. M. Schaller*, Kaiser Friedrich II., Verwandler der Welt (1964). *E. Kantorowicz*, Kaiser Friedrich II., 2 Bde (1927–31) *R. Röhricht*, Die Kreuzfahrt Kaiser Friedrichs II., in: Beiträge zur Geschichte der Kreuzzüge 1 (1874) 1ff. *E. Kestner*, Der Kreuzzug Kaiser Friedrichs II. (1873). Zur Krönung von 1229 in Jerusalem s. *Mayer*, Pontifikale (oben Anm. 90) S. 200ff. *Gottschalk*, al-Kāmil (oben S. 253). *H. Heimpel*, Hermann von Salza, in: Der Mensch in seiner Gegenwart (1954) S. 87ff. *W. Jacobs*, Patriarch Gerold von Jerusalem (1905).

121 Die oft »krumme« Laufzeit der Waffenstillstände erklärt sich aus der Differenz der christlichen und islamischen Jahre. Zehn Jahre galt dabei für die islamische Doktrin als Höchstdauer für solche Waffenstillstände.

122 *F. Kampers*, Die deutsche Kaiseridee in Prophetie und Sage (1896) S. 73ff. *H. M. Schaller*, Das Relief an der Kanzel von Bitonto: ein Denkmal der Kaiseridee Friedrichs II., Archiv für Kulturgeschichte 45 (1963) 295ff. Anders *R. Neu-Kock*, Das Kanzelrelief in der Kathedrale von Bitonto, ebd. 60 (1978) 253ff.; die Arbeit zwingt allerdings nicht dazu, Schallers Interpretation aufzugeben. Die Kontroverse zwischen *A. Brackmann* und *E. Kantorowicz* über die »Selbstkrönung« Friedrichs II. (Historische Zeitschrift 140, 1929, S. 534ff.; 141, 1930, S. 457ff.) war wenig fruchtbar.

123 *J. Richard*, Documents chypriotes des Archives du Vatican (1962). – *Derselbe*, Le Livre des Remembrances de la Secrète du Royaume de Chypre (1468–1469) (1983). *G. Hill*, A History of Cyprus, Bd. 2 und 3 (1948). *L. de Mas Latrie*, Histoire de l'île de Chypre sous le règne des princes de la maison de Lusignan, 3 Bde., im Nachdruck (vermehrt um weitere Arbeiten) 4 Bde. (1970). *J. Richard*, Le peuplement latin et syrien en Chypre au XIIIe siècle, Byzantinische Forschungen

7 (1979) 157ff. Zum Heereskonflikt von 1271 s. *Mayer*, Mélanges (oben Anm. 59) S. 106ff. *J. Richard*, La situation juridique de Famagouste dans le royaume des Lusignans, in: *Richard*, Orient et Occident au moyen âge (1976) Nr. XVII. *Derselbe*, Une économie coloniale? Chypre et ses ressources agricoles au moyen âge, Byzantinische Forschungen 5 (1977) 331ff. *D. Jacoby*, Citoyens, sujets et protégés de Venise et de Gênes en Chypre du XIIIe au XVe siècle, Byzantinische Forschungen 5 (1977) 159ff. *J. Richard*, Une famille de »Vénitiens blancs« dans le royaume de Chypre au milieu du XVe siècle, Rivista di studi bizantini e slavi (Festschrift A. Pertusi) 1 (1981) 89ff. *L. de Mas-Latrie*, Histoire des archevêques latins de l'île de Chypre, Archives de l'Orient latin 2[a] (1884) 207ff. *J. Richard*, Le royaume de Chypre et le Grand Schisme, Comptes-rendus des séances de l'Académie des Inscriptions et Belles-Lettres 1965 (1966) S. 498ff. *W. H. Rudt de Collenberg*, Etat et origine du haut clergé de Chypre avant le Grand Schisme d'après les registres des papes du XIIIe et du XIVe siècle, Mélanges de l'Ecole française de Rome, moyen âge – temps modernes 91 (1979) 197ff. *J. Gill*, The Tribulations of the Greek Church in Cyprus 1196 – ca. 1280, Byzantinische Forschungen 5 (1977) 73ff. *J. Richard*, Chypre du protectorat à la domination vénitienne, in: Venezia e il Levante fino al secolo XV, ed. A. Pertusi, I, 2 (1973) S. 657ff. *W. H. Rudt de Collenberg*, Le royaume et l'église de Chypre face au Grand Schisme (1378–1417), Mélanges de l'Ecole française de Rome, moyen âge – temps modernes 94 (1982) 621ff. *P. W. Edbury*, The Crusading Policy of King Peter I of Cyprus, 1359–1369, in: The Eastern Mediterranean Lands in the Period of the Crusades, ed. *P. M. Holt* (1977) S. 90ff. stellt die These auf, daß der Kreuzzug Peters I. nur die Handelsstellung Famagustas stärken sollte. *Derselbe*, The Murder of King Peter I of Cyprus (1359–1369), Journal of Medieval History 6 (1980) 219ff. *J. Richard*, La révolution de 1369 dans le royaume de Chypre, Bibliothèque de l'Ecole des Chartes 110 (1952) 108ff. *C. Enlart*, L'art gothique et de la Renaissance en Chypre, 2 Bde. (1899).

124 Da man in der Literatur bis vor kurzem oft nicht erkannte, daß Amalrich und Aimerich zwei verschiedene Namen sind, hat man häufig von Amalrich I. und Amalrich II. von Jerusalem gesprochen, die hier als Amalrich und Aimerich differenziert werden, wie es auch ihre eigenen Siegel tun.

125 *W. Hubatsch*, Der Deutsche Orden und die Reichslehnschaft über Cypern, Nachrichten der Akademie der Wissenschaften in Göttingen (1955) 245ff. *Hubatsch*, Montfort (oben Anm. 71). *H. E. Mayer*, Die Seigneurie de Joscelin und der Deutsche Orden, in: Die geistlichen Ritterorden Europas, ed. *J. Fleckenstein* u. *M. Hellmann* (1980) S. 171ff.

126 Kreuzfahrerstaaten 1192–1244: *P. Richter*, Beiträge zur Historiographie in den Kreuzfahrerstaaten, Mitteilungen des Instituts für österreichische Geschichtsforschung 13 (1892) 255ff.; 15 (1894) 561ff. *M. R. Morgan*, The Chronicle of Ernoul and the Continuations of William of Tyre (1973). Literatur oben Anm. 75. Herzog (oben Anm. 32). *H. Bettin*, Heinrich II. von Champagne, seine Kreuzfahrt und Wirksamkeit im Hl. Lande (1910). *M. L. Favreau*, Graf Heinrich von Champagne und die Pisaner im Königreich Jerusalem, Bullettino storico pisano 47 (1978) 97ff. *Dieselbe*, Die italienische Levante-Piraterie und die Sicherheit der Seewege nach Syrien im 12. und 13. Jahrhundert, Vierteljahresschrift für Sozial- und Wirtschaftsgeschichte 65 (1978) 461ff. *G. A. Loud*, The Assise sur la ligece and Ralph of Tiberias, in: Crusade and Settlement (oben S. 254) S. 204ff. (nicht überzeugend). *L. Böhm*, Johann von Brienne, König von Jerusalem, Kaiser von Konstantinopel (1938). *J. M. Buckley*, The Problematical Octogenarianism of John of Brienne, Speculum 32 (1957) 315ff. *J. L. La Monte*, John d'Ibelin, the Old Lord of Beirut, Byzantion 12 (1937) 417ff. *H. Müller*, Der Longobardenkrieg auf Zypern (1890). *G. N. Bromiley*, Philip of Novara's Account of the War between Frederick II of Hohenstaufen and the Ibelins, Journal of Medieval His-

tory 3 (1977) 325 ff. hat Zweifel an der Objektivität Philipps, der freilich immer als Parteigänger der Ibelins bekannt war; seine Memoiren bleiben unentbehrlich. *M. L. Bulst-Thiele,* Zur Geschichte der Ritterorden und des Königreichs Jerusalem im 13. Jh. bis zur Schlacht bei La Forbie am 17. Oktober 1244, Deutsches Archiv 22 (1966) 197 ff.

127 Während sich die Ibelins selbst auf die Grafen von Chartres zurückführten, was ganz bestimmt verkehrt ist, hat *J. Richard* im Bulletin de correspondance hellénique 74 (1950) 99 Anm. 3 eine pisanische Abkunft vertreten.

128 Kleinarmenien: Artikel Armīnya, in: Encyclopedia of Islam, New edition. The Cilician Kingdom of Armenia, ed. T. S. R. Boase (1978). *L. M. Alishan,* Léon le Magnifique (1888). *Derselbe,* Sissouan ou l'Arméno-Cilicie (1899). *W. H. Rüdt-Collenberg,* The Rupenides, Hethumides and Lusignans. The Structure of the Armeno-Cilician Dynasties (1963). *H. Hellenkemper,* Burgen der Kreuzritterzeit in der Grafschaft Edessa und im Königreich Kleinarmenien (1976).

129 *R. Röhricht,* Die Kreuzzüge der Grafen Theobald v. Navarra und Richard v. Cornwallis nach dem Hl. Land, Forschungen zur deutschen Geschichte 26 (1886) 67 ff. Zum Aufbau Askalons s. *Pringle,* Walls of Ascalon (oben Anm. 100).

130 *E. R. Daniel,* Apocalyptic Conversion: The Joachite Alternative to the Crusade, Traditio 25 (1969) 127 ff.; korrigiert bei *Kedar,* Mission (oben S. 254) S. 114.

131 *J. Richard,* Saint Louis, roi d'une France féodale, soutien de la Terre Sainte (1983; eine *tour de force* historischer Biographie). *W. C. Jordan,* Louis IX and the Challenge of the Crusade (1979). Als abschreckendes Beispiel von »Geschichtsschreibung«: *V. Rittner,* Kulturkontakte u. soziales Lernen im Mittelalter (1973; vgl. dazu *H. E. Mayer,* Historische Zeitschrift 219, 1974, 392 ff.). *E. Delaruelle,* L'idée de croisade chez St. Louis, Bulletin de littérature ecclésiastique 61 (1960) 241 ff. Dazu *J. Richard,* St. Louis dans l'histoire des croisades, Bulletin de la Société d'émulation du Bourbonnais 55 (1970) 229 ff. *Derselbe,* La politique orientale de St. Louis. La croisade de 1248, in: Septième centenaire de la mort de St. Louis. Actes des colloques de Royaumont et de Paris (1976) S. 197 ff. *A. Schaube,* Die Wechselbriefe König Ludwigs d. Hl., Jahrbücher für Nationalökonomie u. Statistik 70 (1898) 603 ff., 730 ff. Gegen einen »Verrat« des Kreuzzugsplans durch Friedrich II. überzeugend C. Cahen im Journal Asiatique 1970, S. 8 ff. *L. J. Friedman,* Text and Iconography for Joinville's Credo (1958).

132 *B. Z. Kedar,* The Passenger List of a Crusader Ship, 1250, Studi medievali 3. Serie 13 (1972) 267 ff. hat eine andere Meinung vertreten, weil auf diesem Schiff überwiegend nichtadlige Einzelpersonen reisten, überraschenderweise 9 Prozent Frauen. Doch reicht eine solche Liste allein für eine tiefgreifende Revision unserer Vorstellungen von der sozialen Zusammensetzung von Kreuzfahrerheeren noch nicht aus. Überdies war das Schiff am 30. Juli 1250 in Messina, also waren die Kreuzfahrer aufgebrochen, nachdem sie Kunde von der Eroberung Damiettes 1249 erhalten hatten. Für die geplante Besiedelung Ägyptens wären natürlich auch nichtritterliche Elemente nötig gewesen; beim Kreuzzug selbst sah das anders aus.

133 *J. Richard,* La fondation d'une église latine en Orient: Damiette, Bibliothèque de l'Ecole des Chartes 120 (1962) 39 ff.

134 *G. Schregle,* Die Sultanin von Ägypten (1961). *H. L. Gottschalk,* Die ägyptische Sultanin Šağarrat ad-Durr in Geschichte und Dichtung, Wiener Zeitschrift für die Kunde des Morgenlandes 61 (1967) 41 ff. Artikel Bahriyyah, in: Encyclopedia of Islam, new edition. Grundlegend die Aufsätze von *D. Ayyalon,* Studies on the Mamluks of Egypt (1250–1517) (1977) und zusätzlich die Aufsätze Ayalons oben Anm. 60. *P. M. Holt,* The Position and Power of the Mamluk Sultan, Bulletin of the School of Oriental and African Studies 38 (1975) 237 ff.

135 Zu Heinrich von Zypern als Regent s. *H. E. Mayer,* Die Kreuzfahrerherrschaft 'Arrābe, Zeitschrift des Deutschen Palästina-Vereins 93 (1977) 198 ff. Zur Ver-

waltungsreform von 1251 vgl. zweimal Mayer in den Proceedings of the American Philosophical Society (unten Anm. 138) und *Prawer,* Crusader Institutions S. 290ff.

136 *J. Richard,* La papauté (oben Anm. 114) und die Fülle von Aufsätzen in den drei Sammelbänden von J. Richard: Orient et Occident au moyen âge: contacts et relations (1976); Les relations entre l'Orient et l'Occident au moyen âge (1977); Croisés, missionnaires et voyageurs (1983; mit Weiterführung der Forschungen seines Handbuchs). *P. Pelliot,* Les Mongols et la papauté, Revue de l'Orient chrétien 23 (1922/23) 3ff.; 24 (1924) 225ff.; 28 (1931/32) 3ff. *G. Soranzo,* Il papato, l'Europa cristiana e i Tartari (1930). *I. de Rachewiltz,* Papal Envoys to the Great Khans (1971). *Altaner* (oben Anm. 114). *G. G. Guzman,* Simon of St. Quentin and the Dominican Mission of the Mongol Baiju. A Reappraisal, Speculum 46 (1971) 232ff. (weitere Arbeiten von Guzman über Simon von St. Quentin sind wegen der schönen Edition des Berichts durch J. Richard [1965] gegenstandslos). *P. Pelliot,* Recherches sur les chrétiens d'Asie centrale et d'Extrême-Orient (1973; posthum erschienen). Rouleau (oben Anm. 119). *C. W. Troll,* Die Chinamission im Mittelalter, Franziskanische Studien 48 (1966) 109ff.; 49 (1967) 22ff. Zu den Nestorianern: *E. Tisserant,* Artikel »Nestorienne (Eglise)«, Dictionnaire de théologie catholique. *F. Nau,* L'Expansion nestorienne en Asie, Annales du Musée Guimet 40 (1913) 193ff. *H. Cordier,* Le christianisme en Chine et en Asie centrale sous les Mongols, T'oung pao 18 (1917) 49ff. *J. Dauvillier,* Histoire et institutions des Eglises orientales au moyen âge (1983). *J. M. Fiey,* Les pèlerinages des Nestoriens et Jacobites à Jérusalem, Cahiers de civilisation médiévale 12 (1969) 113ff.

137 Artikel Čingiz-Khan und Čingizids, in: Encyclopedia of Islam, New Edition. *Pelliot* und *Richard* (oben Anm. 136) und die Aufsatzsammlungen von Richard oben Anm. 136, insbesondere The Mongols and the Franks, Journal of Asian History 3 (1969) 45ff. *G. A. Bezzola,* Die Mongolen in abendländischer Sicht 1220–1270 (1974). *J. J. Saunders,* The History of the Mongol Conquests (1971). *J. A. Boyle,* The Mongol World Empire 1206–1370 (1977). *W. Barthold,* Zwölf Vorlesungen über die Geschichte der Türken Mittelasiens (Neudruck 1962). *B. Spuler,* Geschichte der islamischen Länder. Die Mongolenzeit (1953). *B. Spuler,* Die Mongolen in Iran. Politik, Verwaltung und Kultur der Ilchanzeit 1220–1350 (^{2}1965). The Cambridge History of Iran, Band V: The Saljuk and Mongol Periods (1968; darin besonders wichtig das Kapitel von I. P. Petruschevsky über die gesellschaftlichen und wirtschaftlichen Zustände, das die verheerenden Konsequenzen der Mongoleninvasion für die alte Stadtkultur Mittelasiens beleuchtet. Gegen eine Überschätzung allerdings *B. Lewis,* The Mongols, the Turks and the Muslim Polity, Transactions of the Royal Historical Society 5. Serie 18 (1968) 49ff.). *L. Olschki,* Guillaume Boucher, a French Artist at the Court of the Khans (1946).

138 Literatur zu diesem Kapitel die allgemeinen Geschichten des Königreichs Jerusalem (oben Anm. 75), ferner *Prawer* (oben Anm. 95). Dazu *R. Röhricht,* Etudes sur les derniers temps du royaume de Jérusalem, Archives de l'Orient latin 1 (1881) 617ff.; 2^a (1884) 365ff. *Derselbe,* Der Untergang des Königreiches Jerusalem, Mitteilungen des Instituts für österreichische Geschichtsforschung 15 (1894) 1ff. *E. Stickel,* Der Fall von Akkon (1975; im Topographischen höchst anfechtbar). Zur Bailliage *Riley-Smith,* Feudal Nobility (oben Anm. 75), ferner *H. E. Mayer,* Ibelin versus Ibelin: The Struggle for the Regency of Jerusalem 1253–1258, Proceedings of the American Philosophical Society 122 (1978) 25ff. (auch zur Affaire Johann von Jaffa – Plaisance von Zypern), teilweise bestritten von *P. W. Edbury,* John of Ibelin's title to the county of Jaffa and Ascalon, English Historical Review 98 (1983) 115ff., dagegen *H. E. Mayer,* John of Jaffa, His Opponents and His Fiefs, Proceedings of the American Philosophical Society 128 (1984) 134ff. *P. W. Edbury,* The Disputed Regency of the Kingdom of Jerusalem

1264/6 and 1268, Camden Miscellany 27 (1979) 1ff. Zur neuen Siegelformel *Mayer*, Siegelwesen (oben Anm. 83) S. 59ff. Zur Rolle der Ritterorden *J. Prawer*, Military Orders and Crusader Politics in the second Half of the XIIIth Century, in: Die geistlichen Ritterorden Europas (1980) S. 217ff. *S. Schein*, The Patriarchs of Jerusalem in the Late Thirteenth Century: seigneurs espiritueles et temporeles?, in: Outremer (oben Anm. 75) S. 297ff. Zu Gottfried von Sergines die schöne biographische Skizze bei *J. Riley-Smith*, What Were the Crusades? (1977) S. 65ff. *P. Jackson*, The Crisis in the Holy Land in 1260, English Historical Review 95 (1980) 481ff. *J. Richard*, Les comtes de Tripoli et leurs vassaux sous la dynastie antiochienne, in: Crusade and Settlement (oben S. 254) S. 213ff. *J. Riley-Smith*, The Templars and Teutonic Knights in Cilician Armenia, in: Cilician Kingdom (oben Anm. 128) S. 92ff. N. Housley, Charles II of Naples and the Kingdom of Jerusalem, Byzantion 54 (1984) 527ff.

139 *G. Caro*, Genua und die Mächte am Mittelmeer, 2 Bde. (1895–1899). *Mayer*, Ibelin (oben Anm. 138) S. 51ff. Zur tripolitanischen Revolte von 1258 *Richard*, Porcellet (oben Anm. 75) S. 353ff. und *derselbe*, Comtes de Tripoli (oben Anm. 138).

140 *P. Hilsch*, Der Deutsche Ritterorden im südlichen Libanon, Zeitschrift des Deutschen Palästina-Vereins 96 (1980) 174ff. *M. L. Favreau*, Die Kreuzfahrerherrschaft Scandalion (Iskanderūne), ebd. 93 (1977) 12ff. *M. L. Favreau-Lilie*, The Teutonic Knights in Acre after the Fall of Montfort (1271), in: Outremer (oben Anm. 75) S. 272ff. Zu Caselimbert: *Mayer*, Siegelwesen (oben Anm. 83), S. 66ff., 90ff.

141 *A. A. Khowaiter*, Baibars the First: His Endeavours and Achievements (1978). *M. E. Quatremère*, Histoire des sultans mamlouks de l'Egypte, 2 Bde. in 4 Teilen (1838–1842). Encyclopedia of Islam, New Edition, Artikel Baybars I.

142 *R. Sternfeld*, Ludwigs d. Hl. Kreuzzug nach Tunis und die Politik Karls I. von Sizilien (1896). *R. Lefèvre*, La crociata di Tunisi del 1270 nei documenti del distrutto archivio angioino di Napoli (1977). *Y. Dossat*, Alfonse de Poitiers et la préparation financière de la croisade de Tunis: les ventes de forêts (1268–1270), in: Septième centenaire de la mort de St.-Louis. Actes des colloques de Royaumont et de Paris (1976) S. 121ff. Zum Kreuzzug des Prinzen Eduard: *B. Beebe*, The English Baronage and the Crusade of 1270, Bulletin of the Institute of Historical Research 48 (1975) 127ff.

143 *L. Gatto*, Il pontificato di Gregorio X (1959). *V. Laurent*, La croisade et la question d'Orient sous le pontificat de Grégoire X, Revue historique du Sud-Est européen 22 (1945) 105ff. *B. Roberg*, Die Union zwischen der griechischen und der lateinischen Kirche auf dem II. Konzil von Lyon (1964); vgl. auch derselbe in Annuarium historiae conciliorum 5 (1973) 241ff.; 15 (1983) 96ff. Vgl. hierzu demnächst auch *S. Schein*, The West and the Crusade. *P. A. Throop*, Criticism of the Crusade. A Study of Public Opinion and Crusade Propaganda (1940). *M. Purcell*, Papal Crusading Policy, 1244–1291 (1975) (anfechtbar; vgl. *H. E. Mayer*, Zeitschrift für Kirchengeschichte 88, 366ff.).

144 An sich hätte die Verwandtschaft zu Konradin hier für die Vergabe der Regentschaft ausschlaggebend sein müssen, anders als 1264, als es sich um die Bestellung eines Vertreters für den minderjährigen Regenten gehandelt hatte, so daß damals zu Recht nach dem Grad der Verwandtschaft zum noch lebenden Regenten gefragt worden war.

145 *P. M. Holt*, The Treaties of the Early Mamluk Sultans with the Frankish States, Bulletin of the School of Oriental and African Studies 43 (1980) 67ff. *Derselbe*, Qalāwūn's treaty with Acre in 1283, English Historical Review 91 (1976) 802ff. *Derselbe*, Qalāwūn's Treaty with Genoa in 1290, Der Islam 57 (1980) 101ff.

146 Literatur oben Anm. 114, 136 und 137, ferner *D. Sinor*, Les relations entre les Mongols et l'Europe jusqu'à la mort d'Arghoun et de Bela IV, Cahiers d'histoire mondiale 3 (1956) 39ff. *J. M. Fiey*, Chrétiens syriaques sous les Mongols (1975).

J. A. Boyle, The Il-Khans of Persia and the Princes of Europe, Central Asiatic Journal 20 (1976) 25 ff. Zu einem schon 1262 gemachten Allianzangebot Hülagüs vgl. *P. Meyvaert,* An Unknown Letter of Hulagu, Il-Khan of Persia, to King Louis IX of France, Viator 11 (1980) 245 ff. mit richtiger Einordnung durch *J. Richard,* Une ambassade mongole à Paris en 1262, Journal des Savants 1979, S. 295 ff.

147 Für die späten Kreuzzüge als Standardwerk jetzt Setton, Papacy (oben S. 254). *Schein* (oben Anm. 143) und *Housley,* Italian Crusades (oben Anm. 108). *L. Thier,* Kreuzzugsbemühungen unter Papst Clemens V. (1973). *A. Luttrell,* The Crusade in the Fourteenth Century, in: Europe in the Late Middle Ages, ed. *J. R. Hale* u. a. (1965) S. 122 ff. *J. Delaville Le Roulx,* La France en Orient au XIVe siècle, 2 Bde. (1886). *S. Schein,* The future regnum Hierusalem. A Chapter in Medieval State Planning, Journal of Medieval History 10 (1984) 95 ff. *Dieselbe,* Gesta Dei per Mongolos 1300. The Genesis of a Non-Event, English Historical Review 94 (1979) 805 ff. *C. J. Tyerman,* Marino Sanudo Torsello and the Lost Cause: Lobbying in the Fourteenth Century, Transactions of the Royal Historical Society 5. Serie 32 (1982) 57 ff. *A. J. Forey,* The Military Orders in the Crusading Proposals of the Late 13th and 14th Centuries, Traditio 36 (1980) 317 ff. *B. Z. Kedar* u. *S. Schein,* Un projet de passage particulier proposé par l'Ordre de l'Hôpital 1306–1307, Bibliothèque de l'Ecole des Chartes 137 (1979) 211 ff. *J. Delaville Le Roulx,* Les Hospitaliers à Rhodes (1310–1421) (1913). *A. Luttrell,* The Hospitallers in Cyprus, Rhodes, Greece and the West (1291–1440) (1978). *Derselbe,* Latin Greece, the Hospitallers and the Crusades (1982).

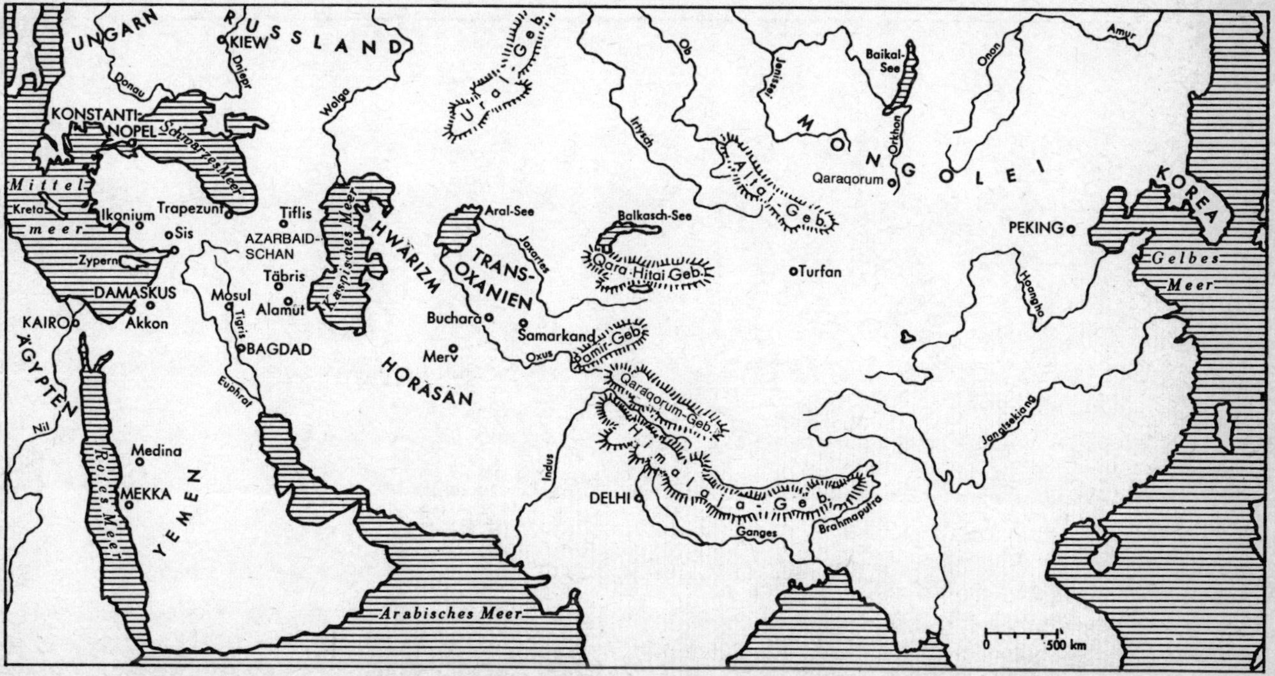

Karte 1: Mittel- und Ostasien

Karte 2: Südsyrien und Palästina

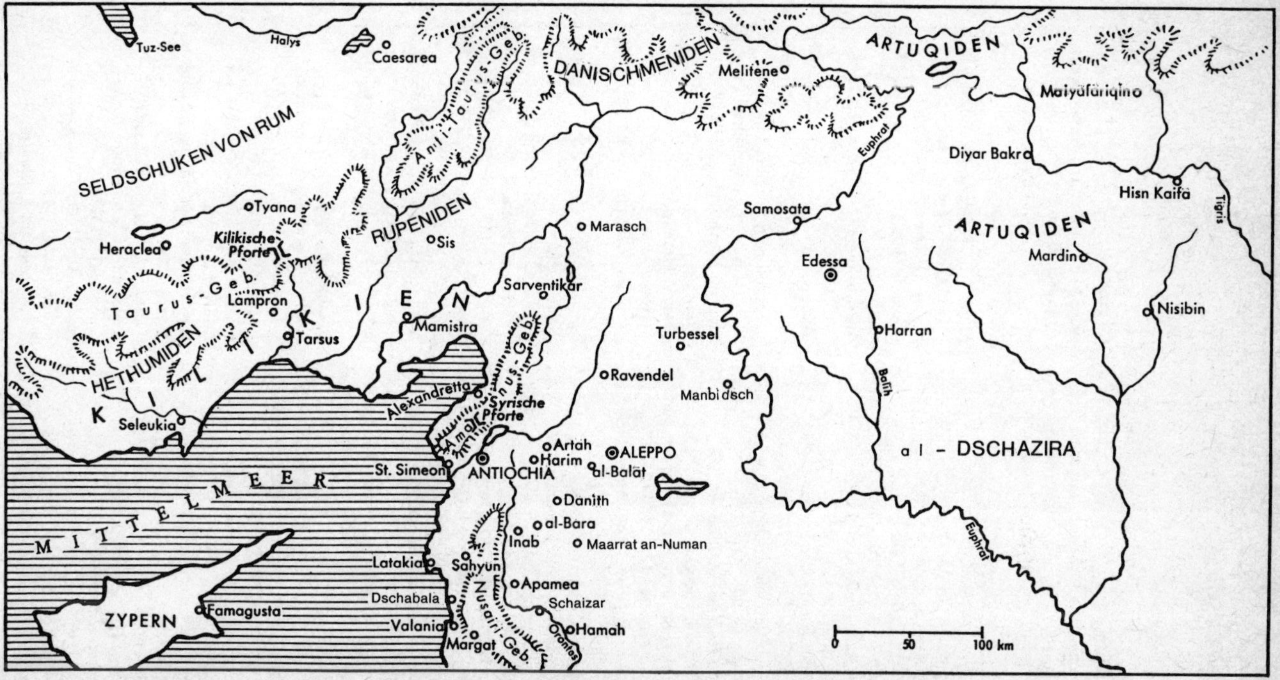

Karte 3: Nordsyrien

18. Register der Personennamen

Das Register enthält lediglich die historischen Personennamen; die Namen moderner Forscher sind nicht aufgenommen. Der arabische Artikel al bleibt unberücksichtigt. Innerhalb ein und desselben Stichwortes ist die Anordnung in der Regel hierarchisch, wobei der Klerus stets vor den Laien steht.